The Changes of the Legal System
in the Forty Years of
Reform and Opening-up

改革开放40年法律制度变迁

总 主 编　张文显
执行主编　柳经纬

宪法卷

Constitution

韩大元◎主编

厦门大学出版社
XIAMEN UNIVERSITY PRESS
国家一级出版社
全国百佳图书出版单位

图书在版编目(CIP)数据

改革开放40年法律制度变迁.宪法卷/韩大元主编.—厦门:厦门大学出版社,2019.12
ISBN 978-7-5615-7179-8

Ⅰ.①改… Ⅱ.①韩… Ⅲ.①宪法—法制史—研究—中国—现代 Ⅳ.①D929.7

中国版本图书馆CIP数据核字(2018)第253271号

出版人 郑文礼
策　划 施高翔
责任编辑 甘世恒
装帧设计 李夏凌
技术编辑 许克华

出版发行 厦门大学出版社
社　址 厦门市软件园二期望海路39号
邮政编码 361008
总编办 0592-2182177　0592-2181406(传真)
营销中心 0592-2184458　0592-2181365
网　址 http://www.xmupress.com
邮　箱 xmupress@126.com
印　刷 厦门集大印刷厂

开本 787 mm×1 092 mm　1/16
印张 29.25
字数 588千字
版次 2019年12月第1版
印次 2019年12月第1次印刷
定价 150.00元

本书如有印装质量问题请直接寄承印厂调换

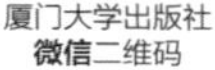
厦门大学出版社
微信二维码

厦门大学出版社
微博二维码

The Changes of the Legal System
in the Forty Years of
Reform and Opening-up

《改革开放40年法律制度变迁》丛书编委会

总 序

改革开放40年
中国法治的历程、轨迹和经验

今年是中国改革开放40年,也是中国厉行法治40年。厦门大学出版社立意高远地策划了"改革开放40年法律制度变迁"这一重大选题,旨在通过聚合我国当今知名法学家,全面回顾总结改革开放40年来我国法律制度变迁和依法治国事业取得的伟大成就,系统梳理改革开放40年来中国特色社会主义法律体系在中国特色社会主义事业波澜壮阔的发展进程中的变迁逻辑、生成规律和实现路径,启迪、展望和探索新时代我国法律制度的建构与发展,以唱响我国法学界献礼改革开放40周年主旋律和最强音,为庆祝改革开放40周年营造良好社会舆论环境,为我国学术界和实务界在新时代更好推动中国特色社会主义法律体系发展完善,推进全面依法治国、建设法治中国新征程,开创法治发展新时代贡献力量。

值此本套丛书出版之际,我以"改革开放40年中国法治的历程、轨迹和经验"为主题作序,与各位作者和编辑一道,豪情满怀地纪念改革开放40年,抒发中国特色社会主义法治的理论自信、制度自信和实践自信。

一、中国法治40年的历程

1978年,中国共产党召开了十一届三中全会,结束了长达十年的"文化大革命"。这次全会做出了"加强社会主义法制"的决定并提出了"有法可依、有法必依、

执法必严、违法必究”的法制工作方针。以十一届三中全会为起点，中国特色社会主义法治经历了三大历史阶段，实现了三次历史性飞跃。

（一）法制创建新时期（1978—1997）

这一时期，我国的法制建设以恢复重建、全面修宪和大规模立法为引领，主要有以下重要历史节点和重大事件：

1.“一日七法”。中共十一届三中全会召开时，虽然“文化大革命”从形式上已经结束，但中国仍处于“无法可依”的状态，国家法律几乎是空白。因此，当务之急是制定一批法律，迅速恢复法律秩序和以法律秩序为支撑的社会秩序。在党中央的领导下，1979年7月1日，五届全国人大二次会议一天之内通过了7部法律，即《刑法》《刑事诉讼法》《地方各级人民代表大会和地方各级人民政府组织法》《全国人民代表大会和地方各级人民代表大会选举法》《人民法院组织法》《人民检察院组织法》《中外合资经营企业法》，被法学界称为中国法治史上著名的“一日七法”。以“一日七法”为先导，我国陆续制定了《民法通则》《行政诉讼法》等一大批重要法律，形成了中国特色社会主义法律体系框架。

2.“九九指示”。有了刑法、刑事诉讼法等法律，能否确保法律实施，在当时的情况下却是一个大大的问号。为此，中共中央于1979年9月9日发出了《关于坚决保证刑法、刑事诉讼法切实实施的指示》。该《指示》要求各级党委要保证法律的切实实施，充分发挥司法机关的作用，切实保证人民检察院独立行使检察权，人民法院独立行使审判权，使之不受其他行政机关、团体和个人的干涉。这是改革开放初期，我们党着手清除法律虚无主义，纠正以党代政、以言代法、有法不依等错误习惯的重要文献，意志坚定、观点鲜明、有的放矢、意义重大。

3.世纪审判。在社会主义法制恢复重建初期，发生了中国现代历史上最重大的法律事件，即对林彪、江青反革命集团的大审判。1980年11月22日，《人民日报》发表特约评论员文章，指出：“对林彪、江青反革命集团的审判，是我国民主和法制发展道路上的一个引人注目的里程碑，它充分体现了以法治国的精神，坚决维护了法律的权威，认真贯彻了社会主义民主和法制的各项原则。”

4.全面修宪。新中国成立之初，党中央和中央人民政府就启动了制定宪法的程序。1954年9月20日，第一届全国人民代表大会通过《中华人民共和国宪法》。这部《宪法》以“根本法”“总章程”的定位，以人民民主原则和社会主义原则为支点，构建了中国历史新纪元的宪法框架，构筑了中国社会主义制度的“四梁八柱”。在“文化大革命”中制定的1975年《宪法》和1978年《宪法》是带有严重错误和缺点的宪法。1980年，中共中央决定全面修改“七八宪法”。经过29个月的艰苦努力，1982年12月4日，五届全国人大五次会议通过了全面修订后的《中华人民共和国宪法》。30多年来的发展历程充分证明，现行宪法及其修正案有力地坚持了中国共产党领导,有力地保障了人民当家做主,有力地促进了改革开放和社会主义现代化建设,有力地推动了社会主义法治国家建设进程,有力地维护了国家统一、民族团结、社会稳定,具有显著优势、坚实基础、强大生命力。

5.全民普法。在法制恢复重建之初,党和政府启动了全民法制宣传教育活动。1985年11月22日,六届全国人大常委会第四次会议通过《全国人民代表大会常务委员会关于在公民中基本普及法律常识的决议》。至今,我国已经先后制定和实施了七个"五年普法规划"。中国的全民普法运动既是中国历史上、也是人类历史上规模空前和影响深远的法治启蒙运动,是一场先进的思想观念和文明的生活方式的宣传教育运动。

(二)依法治国新阶段(1997—2012)

在中国法治的历史上,1997年是一个难忘的国家记忆。1997年召开的中共十五大划时代地提出"依法治国,建设社会主义法治国家",开启了依法治国新阶段。在这个阶段,主要有以下历史节点和重大事件。

1.确立依法治国基本方略。1997年9月,中共十五大召开。江泽民同志在十五大报告中明确提出,要"进一步扩大社会主义民主,健全社会主义法制,依法治国,建设社会主义法治国家"。这是中共首次将依法治国作为治国理政的基本方略。1999年3月15日,九届全国人大二次会议通过《中华人民共和国宪法》修正案,将"依法治国,建设社会主义法治国家"纳入宪法,使依法治国成为党领导人民治理国家的基本方略,建设社会主义法治国家成为国家建设和发展的重要目标之一。这标志着我国迈向了法治建设新阶段。

2.确立依法执政基本方式。2002年10月,中共十六大召开。江泽民同志在十六大报告正式提出"依法执政"概念。2004年9月19日,党的十六届四中全会通过了《中共中央关于加强党的执政能力建设的决定》,把加强依法执政的能力作为加强党的执政能力建设的总体目标之一,并就依法执政的内涵作出科学规定。依法执政基本方式的确立,表明我们党开启了依法治国基本方略与依法执政基本方式有机结合的治国理政的新境界。

3.形成中国特色社会主义法律体系。2011年3月10日,在十一届全国人大四次会议上,全国人大常委会工作报告庄严宣布:一个立足中国国情和实际、适应改革开放和社会主义现代化建设需要、集中体现党和人民意志的,以宪法为统帅,以宪法相关法、民商法等多个法律部门的法律为主干,由法律、行政法规、地方性法规等多个层次的法律规范构成的中国特色社会主义法律体系已经形成,国家经济建设、政治建设、文化建设、社会建设以及生态文明建设的各个方面均实现有法可依。中国特色社会主义法律体系的形成,是我国依法治国、建设社会主义法治国家历史进程的重要里程碑,也是世界现代法制史上最具标志性事件,其意义重大而深远，其影响广泛而深刻。

（三）全面依法治国新时代（2012—）

以中共十八大为历史节点，中国特色社会主义进入新时代，中国法治也跨入新时代。党的十八大以来，以习近平同志为核心的党中央在全面推进依法治国、加快建设中国特色社会主义法治体系和社会主义法治国家的伟大实践中，创造性地发展了中国特色社会主义法治理论，提出了全面依法治国新理念新思想新战略为坚持和开拓中国特色社会主义法治道路奠定了思想基础，为推进法治中国建设提供了理论指引。

1.明确定位"法治小康"。中共十八大提出全面建成小康社会。十八届三中全会、四中全会、五中全会、六中全会不断明晰和丰富全面建成小康社会的目标和各项要求。全面建成小康社会，在法治领域就是要达到依法治国基本方略全面落实，中国特色社会主义法律体系更加完善，法治政府基本建成，司法公信力明显提高，人权得到切实保障，产权得到有效保护，国家各项工作法治化。这是对我国法治建设目标的首次精准而全面的定位。

2.提出法治新十六字方针。2012年，由习近平同志主持起草的中共十八大报告提出："加快建设社会主义法治国家，必须全面推进科学立法、严格执法、公正司法、全民守法进程。"法学界称之为"新十六字方针"。"新十六字方针"体现依法治国新布局，为全面依法治国基本方略的形成奠定了理论和实践基础。

3.建设法治中国。"建设法治中国"是习近平总书记在十八大之后不久发出的伟大号召。2013年，中共十八届三中全会通过的《中共中央关于全面深化改革若干重大问题的决定》提出要推进法治中国建设。2014年，十八届四中全会进一步向全党和全国各族人民发出"向着建设法治中国不断前进""为建设法治中国而奋斗"的号召。"法治中国"概念是我们党在法治理论上的重大创新，也是对新时代中国法治建设的科学定位。在实践上，"建设法治中国"，其要义是依法治国、依法执政、依法行政共同推进，法治国家、法治政府、法治社会一体建设。

4.全面依法治国。十八大之后，以习近平同志为核心的党中央在完善"五位一体"总体布局之后提出了"四个全面"的战略布局，并把全面依法治国放在总体战略布局之中统筹安排。在这个布局中，全面建成小康社会是战略目标，全面深化改革、全面依法治国、全面从严治党是三大战略举措，对实现全面建成小康社会战略目标一个都不能缺，要努力做到"四个全面"相辅相成、相互促进、相得益彰。根据习近平总书记的这一战略思想，2014年10月，中共十八届四中全会通过了《中共中央关于全面推进依法治国若干重大问题的决定》，标志着我国法治建设站在了新的历史起点上。

5.建设中国特色社会主义法治体系。中共十八届四中全会是中国共产党执政历史上首次以法治为主题的中央全会，全会通过的《决定》原创性地提出全面依法治国的总目标是建设中国特色社会主义法治体系，建设社会主义法治国家。提出这个总目标，既明确了全面推进依法治国的性质和方向，又突出了全面推进依法治国的工作重点和总抓手。全面依法治国各项工作都要围绕这个总抓手来谋划、来推进。

6. 开启全面依法治国新征程。中国共产党第十九次全国代表大会是中国特色社会主义进入新时代之后中国共产党召开的最为重要的会议。十九大明确了从现在到 2020 年、从 2020 年到 2035 年、从 2035 年到 21 世纪中叶一个时段、两个阶段的法治建设目标，为依法治国和法治中国建设指明了前进方向、基本任务、实践路径。十九大把坚持全面依法治国上升为新时代坚持和发展中国特色社会主义的基本方略，凸显了法治在"五位一体"总体布局和"四个全面"战略布局中的地位，提升了法治在推进国家治理现代化和建设社会主义现代化强国中的基础性、支撑性、引领性作用。

二、中国法治 40 年的轨迹

以中共十一届三中全会做出的"加强社会主义法制"历史性决策为起点，在 40 年发展历程中，中国法治留下了辉煌的历史轨迹，显现出中国特色社会主义法治发展的鲜明特征和规律。

(一) 从"法制"到"法治"

"法制"，望文思义，就是国家的法律和制度。改革开放初期，面对法律几乎"荡然无存"的局面，法制建设的重心是加快立法，健全法制，做到有法可依。之后，在法律体系基本形成的情况下，法治建设经历了从法制到法治的发展。主要体现为：

从"法制"概念到"法治"概念。十一届三中全会之后，在法制领域和法学体系中，最正式最流行的概念就是"法制""法制建设"。中共十五大之后，最正式最流行的概念演进为"法治""依法治国""全面依法治国"等。虽然"法治"与"法制"这两个概念表面上只有一字之差，其内涵和意义却大不相同：第一，"法治"突出了实行法治、摒弃人治的坚强意志和决心，针对性、目标性更强。第二，"法治""法治国家"意味着法律至上，依法而治、依法治权。第三，与"法制"比较，"法治"意味着不仅要有完备的法律体系和制度，而且要树立法律的权威，保证认真实施法律，切实依照法律治理国家和社会。第四，法治包容了法制，涵盖面更广泛，更丰富。

从"方针"到"方略"。改革开放初期，中共十一届三中全会把社会主义法制建设作为党和国家坚定不移的基本方针。中共十五大在社会主义法制基本方针的基础上提出依法治国基本方略。从建设法制的方针到依法治国的方略，显现出中国法治理论和实践发生了深刻变化。

从“法制国家”到“法治国家”。1996年2月8日，在中共中央第三次法制讲座上，江泽民同志在总结讲话中明确提出要依法治国，建设社会主义“法制国家”，并对依法治国和建设法制国家的重大意义进行了阐述。1997年9月，党的十五大报告根据各方面的建议、特别是依法治国的实践逻辑，把此前的提法修改为“依法治国，建设社会主义法治国家。”用“法治国家”代替“法制国家”，是一次新的思想解放，标志着中央领导集体和全党认识上的飞跃。

从“健全社会主义法制”到“健全社会主义法治”。改革开放初期，面对无法可依、制度残缺的局面，党中央作出“健全社会主义法制”的决策，1982年宪法沿用了“健全社会主义法制”的提法。2018年，现行宪法第五次修改将原序言中的“发扬社会主义民主，健全社会主义法制”修改为“发扬社会主义民主，健全社会主义法治”。这一字“千金”的修改，从宪法上完成了从法制到法治的根本转型，反映出我国社会主义法治建设历史性的跨越和进步。

(二)从“依法治国”到“全面依法治国”

党的十五大将“依法治国”作为党领导人民治理国家的基本方略。十八大提出“全面推进依法治国”。十八届四中全会后，习近平总书记提出了内涵更为丰富、表述更为精致的“全面依法治国”概念。从“依法治国”到“全面推进依法治国”再到“全面依法治国”，提法的变化表明我们党依法治国的思路越来越清晰、越来越精准。

(三)从建设“法治国家”到建设“法治中国”

十八大以后，习近平总书记明确提出“法治中国”的科学命题和建设法治中国的重大历史任务。“法治中国”比“法治国家”的内涵更加丰富，思想更加深刻，形态更加生动，意义更具时代性。从“法治国家”到“法治中国”的转型，意味着我国法治建设的拓展、深化和跨越。

(四)从建设“法律体系”到建设“法治体系”

在全国人大常委会宣布中国特色社会主义法律体系已经形成之后，法治建设如何推进？这是摆在全党和全国人民面前的重大课题。习近平总书记经过深入调研和科学论证，提出“建设中国特色社会主义法治体系”。十八届四中全会正式将“建设中国特色社会主义法治体系”作为全面推进依法治国的总目标、总抓手、牛鼻子。从建设“法律体系”到建设“法治体系”，体现了我们党对法治建设规律认识的重大突破。

(五)从“以经济为中心”到“以人民为中心”

中共十一届三中全会果断地、历史性地把党和国家的工作重心从以阶级斗争为纲转向以经济建设为中心，与此同步，中国的法制建设也转向了以经济建设为中心，为经济发展“保驾护航”成为法制的核心价值。中共十八大之后，党中央明确地提出“以人民为中心”的思想，这是统揽全局、指导全面的思想。在法治领域，树立“以人民为中心”的思想，就是要倍加关注人民对民主法治、公平正义、人权保障、产权保护、安定有序、环境良好的美好向往，以满足人民对美好法治生活的向往为宗旨；坚持法治为了人民、依靠人民、造福人民、保护人民，把体现人民利益、反映人民意愿、维护人民权益、增进人民福祉、促进人的全面发展作为法治建设的出发点和落脚点，落实到依法治国全过程各方面。

(六)从“法律之治”到“良法善治”

从1978年至1997年间，我国法制建设的基本方针是“有法可依、有法必依、执法必严、违法必究”，总体而言，这是一种形式法治意义的“法律之治”。十八大提出“科学立法、严格执法、公正司法、全民守法”，从理论和实践上都向形式法治与实质法治的结合前进一大步。十八大以后，我们党明确提出“法律是治国之重器，良法是善治之前提”。十九大报告进一步提出“以良法促进发展、保障善治”。这是对新时代中国特色社会主义法治作为形式法治与实质法治相统一的法治模式的精辟定型。从“法律之治”到“良法善治”是法治理念的根本性飞跃。

(七)从“法制建设”到“法治改革”

从1978年到21世纪第一个十年，在法治领域，总的提法是法制建设，而且总体上也是按照“建设”来规划部署的。中共十八大以来，习近平总书记多次指出，“全面依法治国是国家治理的一场深刻革命”，并以革命的勇气和革命的思维，大刀阔斧地推进法治领域的改革，出台了数百项重大法治改革举措，大力解决立法不良、有法不依、执法不严、司法不公、监督疲软、权力腐败、人权保障不力等突出问题。实践充分证明，法治改革是加快推进法治中国建设的强大动力和必由之路。

(八)从常规建设到加快推进

改革开放以来，我国法制建设有序推进，取得了很大成就。但是，常规的、按部就班的法制建设难以适应全面深化改革、全面依法治国、全面从严治党的迫切要求，难以适应人民群众日益增长的多样化、高质量法治需要，难以跟进国家治理现代化的前进步伐。为此，党中央以时不我待、只争朝夕的姿态加快推进法治改革和法治建设，提出一系列“加快”各领域法治建设和改革的重大措施。

(九)法学教育从恢复重建到繁荣发展

中国的法学教育历史悠久,源远流长。但从20世纪50年代末,我国的法学教育随着法治的衰败而全面衰败。改革开放40年来,伴随着中国法治和中国高等教育前进的步伐,我国法学教育历经恢复重建、快速发展、改革创新,已经形成了具有一定规模、结构比较合理、整体质量稳步提高的教育体系。中国的法学教育已经跻身世界法学教育之林,法学教育的中国模式与法学教育的美国模式、欧洲模式呈三足鼎立态势。一个基本适应我国法治人才需要和法治中国建设需要、具有中国特色的法学体系初步形成。

(十)从人治到法治

40年的中国法治轨迹,总括而言,就是从人治到法治。法治与人治是两种互相对立的治国方略。在这个问题上,我们有经验也有教训。改革开放初期,邓小平同志针对"要人治不要法治"的错误观念以及人治导致"文革"悲剧的沉痛教训,强调指出:"要通过改革,处理好法治和人治的关系"。后来,他又尖锐地指出:要保持党和国家长治久安,避免"文化大革命"那样的历史悲剧重演,必须从法制上解决问题。中共十八大以来,习近平总书记深刻地阐述了厉行法治、摒弃人治的历史规律和深远意义。他指出:"法治和人治问题是人类政治文明史上的一个基本问题,也是各国在实现现代化过程中必须面对和解决的一个重大问题。综观世界近现代史,凡是顺利实现现代化的国家,没有一个不是较好解决了法治和人治问题的。""经验和教训使我们党深刻认识到,法治是治国理政不可或缺的重要手段。法治兴则国家兴,法治衰则国家乱。什么时候重视法治、法治昌明,什么时候就国泰民安;什么时候忽视法治、法治松弛,什么时候就国乱民怨。"基于对人治教训的深刻分析和对治国理政规律的深刻把握,以习近平同志为核心的党中央采取一系列重大举措,推动党、国家和社会告别人治传统而步入法治的光明大道。

三、中国法治40年的基本经验

40年的法治建设不仅取得了历史性成就,而且积累了一系列宝贵经验,形成了一整套科学理论。

(一)坚持和拓展中国特色社会主义法治道路

习近平总书记指出:"中国特色社会主义法治道路,是社会主义法治建设成就和经验的集中体现,是建设社会主义法治国家的唯一正确道路。""具体讲我国法治建设的成就，大大小小可以列举出十几条、几十条，但归结起来就是开辟了中国特色社会主义法治道路这一条。”坚持中国特色社会主义法治道路，“核心要义”是坚持党的领导，把党的领导贯彻到依法治国各方面和全过程，坚持中国特色社会主义制度，贯彻中国特色社会主义法治理论。改革开放40年来，我国的法治建设、法治改革和全面依法治国之所以能够取得历史性成就，根本原因在于我们坚定不移地走中国特色社会主义法治道路。

(二)坚持依法治国与以德治国相结合

法治与德治的关系问题，历来是治国理政的基本问题，是法学和政治学的基本论题。中共十五大以来，党中央总结古今中外治国理政的成功经验，明确提出了坚持依法治国与以德治国相结合的思想。中共十八届四中全会《决定》和习近平总书记在十八届四中全会上的讲话进一步明确提出依法治国与以德治国相结合是中国特色社会主义法治的基本原则，强调“必须坚持一手抓法治、一手抓德治”；既重视发挥法律的规范作用，又重视发挥道德的教化作用，实现法律和道德相辅相成、法治和德治相得益彰。党中央关于依法治国与以德治国相结合的深刻论述，突破了法治、德治水火不容的僵化思维定式，阐明了一种现代法治和新型德治相结合的治国理政新思路。正是遵循了依法治国与以德治国相结合的思想路线和决策部署，我国的法治建设和道德建设才能呈现出相得益彰的良好局面。

(三)坚持依法治国与依规治党有机统一

坚持依法治国与依规治党有机统一，是以习近平同志为核心的党中央在治国理政新实践中探索出来的新经验、概括出来的新理论。依法治国与依规治党有着内在联系，治党与治国相辅相成，依法执政与依规执政高度契合，缺一不可。基于对依法治国与依规治党有机统一关系的深刻认识，我们党采取了一系列措施统筹推进依法治国和依规治党。一是把党内法规制度体系纳入到中国特色社会主义法治体系之中，加快形成完善的党内法规制度体系。二是注重党内法规同国家法律的衔接和协调，共同发挥在治党治国中相辅相成的作用。三是提出思想建党和制度治党紧密结合、同向发力。四是同步推进国家治理体系现代化和中国共产党治理体系现代化，提高党科学执政、民主执政和依法执政的本领。五是探索职能相近的党政机关合并设立或合署办公，推进党和国家治理体制改革，推进国家治理体系和治理能力现代化。

(四)坚持法治与自治良性互动

在一个现代化国家，国家法治与社会自治始终是国家治理的根基所在。依法自治为公民、社会组织等各类社会主体通过自我协商、平等对话、参与社会治理、依法解决社会问题留出了广阔空间。中共十八届三中全会《决定》提出，正确处理政府和社会关系，加快实施政社分开，推进社会组织明确权责、依法自治、发挥作用，并要求放宽社会组织准入门槛，实现依法自治管理。四中全会《决定》进一步提出鼓励和支持基层组织和部门、行业依法治理，支持各类社会主体自我约束、自我管理。两个《决定》开辟了社会依法自治的崭新局面。中共十九大报告进一步提出“打造共建共治共享的社会治理格局”；发挥社会组织作用，实现政府治理和社会调节、居民自治良性互动；健全自治、法治、德治相结合的乡村治理体系。这些思想和方略，必将使法治、德治、自治更为有效衔接，推动国家治理和社会治理、国家法治与社会自治良性互动。

（五）坚持以依宪执政和依宪治国统领依法治国和法治中国建设

宪法是国家的根本法、总章程，是“治国理政的总依据”“全面依法治国的总依据”“国家各种制度和法律法规的总依据”。所以，依法治国首先要坚持依宪治国，依法执政首先要坚持依宪执政。1982 年宪法即现行宪法公布施行后，根据我国改革开放和社会主义现代化建设的实践和发展，在党中央领导下，全国人大先后 5 次对其个别条款和部分内容作出必要的、也是十分重要的修正，共通过了 52 条宪法修正案。现行宪法及其历次修改，为法的立改废释提供了宪法依据，使我国宪法以其科学理论、制度优势和强大权威，统领和引领着全面依法治国和法治中国建设的航程。

（六）坚持法治与改革双轮驱动

1978 年以来，中国特色社会主义事业有两大主题，一是改革开放，一是法治建设。两大主题有着内在的、相辅相成的必然联系。改革与法治如“鸟之两翼、车之双轮”，共同推动小康社会建设，是小康社会必不可少的动力支持与保障力量。同时，坚持在法治下推进改革，在改革中完善法治，使改革因法治而得到有效推进，使法治因改革而得到不断完善。

（七）坚持统筹推进国内法治与国际法治

统筹国内国际两个大局是我们党治国理政的基本理念和基本经验。十八大以来，以习近平同志为核心的党中央审时度势，统筹推进“两个法治”，使国内法治和国际法治相得益彰。我国以构建人类命运共同体为目标，以推动全球治理体系和治理规则变革为动力，秉持共商共建共享的全球治理观，建设国际法治，推进国际关系法治化，积极开展法律外交，主动参与国际立法，参与和支持国际执法、国际司法、国际仲裁，使国内法治与国际法治的契合达到前所未有的程度。

(八)坚持全面推进与重点突破相协调

全面推进依法治国是一项庞大的系统工程,必须统筹兼顾、把握重点、整体谋划,在共同推进上着力,在一体建设上用劲。在全面推进依法治国过程中,以习近平同志为核心的党中央注重统筹推进、协调发展。同时,善于牵住"牛鼻子"形成"纲举目张"的态势,如强调以中国特色社会主义法治体系为总目标、总抓手、"牛鼻子";始终把"关键少数"作为依法治国的重中之重;注重重点突破瓶颈问题,如倾力推进司法体制改革、破解制约司法公正和司法公信的瓶颈问题,仅中央全面深化改革领导小组就先后42次审议司法改革方案,出台涉及司法体制改革的文件多达53件。。

(九)坚持顶层设计、科学布局与试点探索、先行先试相结合

改革开放初期,无论是经济改革,还是法制建设,几乎都是"摸着石头过河"。十八大以来,以习近平同志为核心的党中央加强了对法治改革和法治建设的统一领导和顶层设计,提出全面推进依法治国的总目标、法治中国建设的总路径。把依法治国纳入"四个全面"战略布局,并与"两个一百年"的奋斗目标对接,把中国特色社会主义法治体系建设与国家治理体系和治理能力现代化紧密连接,彰显出顶层设计的政治引领、理论导航、行动指南作用。在加强统一领导和顶层设计的同时,注重调动地方、部门改革积极性,激励和支持地方、行业先行先试。各地在先行先试中创造了经验,积累了可复制可推广的经验。这些经验又为党中央顶层设计和推进全面改革提供了实践基础和科学依据。

(十)坚持遵循法治规律与秉持中国法理相一致

改革开放40年来,中国法治建设和法治改革的一个十分鲜明的特点就是既重视规律又重视法理,遵循法治规律,秉持法理精神。中共十八大以来,在全面推进依法治国的整个过程中,习近平总书记反复要求解放思想,实事求是,不断深化对法治规律的认识,按照依法治国、依法执政、依法行政、依法自治的客观规律办事,充分发挥法治在治国理政中的基本方式作用。正是由于注重探索法治规律、总结法治经验、凝练法治理论,保证了中国特色社会主义法治始终沿着法治规律科学发展,从胜利走向胜利。

在尊重和遵循规律的同时,也秉持了法理精神。十八大以来,习近平总书记不仅反复强调要学会运用法治思维和法治方式治国理政,而且善于运用法理思维和法理话语提升中国特色社会主义法治理论的解释力、感召力,夯实全面依法治国重大部署和改革方案的法理基础。在他关于法治的讲话和论著中,可以说各篇都有法理金句,通卷闪耀法理珠玑。如法治兴则国泰民安,法治衰则国乱民怨;法安天

下，德润民心；法律的权威源自人民的内心拥护和真诚信仰；自由是秩序的目的，秩序是自由的保障；发展是安全的基础，安全是发展的条件；党的政策是国家法律的先导和指引；依法设定权力、规范权力、制约权力、监督权力，把权力关进制度的笼子；和平、发展、公平、正义、民主、自由，是全人类的共同价值；等等。习近平总书记提炼出来的一系列法理命题为法律体系和法治体系注入了强大生命力，对全党和全国人民保持法治定力、拓展法治道路、深化法治改革、建设社会主义现代化法治强国产生了强大的感染力和推动力。

张文显

2018年11月10日

目　录

导

论

改革开放与宪法变迁

一、改革开放 40 年的宪法意义

纪念改革开放 40 年，我们需要了解“改革”“开放”与宪法的关联性。一般意义上说，“改革”指改变旧制度与事物，特指在现有体制内的“改良与革新”，是对革命秩序的一种“否定”。而“开放”一词通常指解除限制，释放某种活力。在宪法学视野里，20 世纪 80 年代启动改革主要针对的是“文革”所建立的不合理制度；而开放主要指将国家从封闭、半封闭中解放出来，学习外国的有益经验，使中国的发展与世界联系起来。革命与改革是不同的概念，体现为不同的宪法功能。经历了十年“文化大革命”的中国社会与民众，期待着生活的安定、个人的自由与“革命”情结的终结。从“革命”到“改革”的演变体现着宪法在中国社会演变中的新角色与新功能。因此，以“改革开放”一词取代“革命”是宪法自身发展的要求，包含着宪法的内在价值与动力。

据党史专家何方考证，1978 年 12 月中共十一届三中全会的报告里，“开放”二字一次未提，而“改革”二字虽然出现两次，却也不是后来人们理解的内涵。1984

年2月9日，邓小平视察厦门时指出："改革开放后，侨务工作很重要。"[①]据考证，这是党和国家领导人最早把"改革"和"开放"两个词放在一起使用，明确提出和使用"改革开放"一词。此后，报刊上开始出现"改革开放"的字样。如《人民日报》1984年9月13日刊发的《中组部领导集体对照检查近几年组织工作问题提出整改意见，抓领导干部调整保证改革开放顺利进行》新闻报道中使用了"改革开放"一词。[②]

1984年至1987年党的十三大召开前，邓小平谈到改革和开放问题时，多数情况下都是把"改革"和"开放"两个词连在一起使用。比如，1986年3月28日，邓小平指出："我们的现代化建设要取得成功，决定于两个条件。一个是国内条件，就是坚持现行的改革开放政策。如果改革成功，会为中国今后几十年的持续稳定发展奠定基础。还有一个是国际条件，就是持久的和平环境。"[③]1987年2月6日，邓小平强调指出："十三大报告要在理论上阐述什么是社会主义，讲清楚我们的改革是不是社会主义。"1987年至1993年期间，"改革开放"一词先后被写入党的基本路线、党章和宪法，在党和国家政策与制度层面得到确认，成为全党和国家的普遍共识。[④] 特别重要的是，1993年通过的宪法修正案，将"坚持改革开放"写入宪法序言，使之成为具有宪法效力的国家发展目标，明确了这一政策的宪法属性。2018年《宪法》修改再次把"改革"写入宪法，进一步明确改革的宪法功能。

1978年是新中国历史上具有特殊意义的年份，这一年发生了对中国社会发展产生重要影响的几件事。2018年是改革开放40周年，是党的十一届三中全会召开40周年，也是1978年《宪法》颁布40周年。

2008年在纪念党的十一届三中全会召开30周年大会上，时任总书记胡锦涛指出：十一届三中全会的召开"开启了我国改革开放历史新时期"[⑤]。在改革开放的新时期，宪法制度的变革以及宪法学研究为社会发展提供了必要的动力机制与合法性基础。可以说，改革开放从初始阶段到全面实施过程与宪法发展是密不可分的，宪法确立了改革开放的目的、原则与界限。对此有学者指出：从宪法视角看，改革开放有两个逻辑：一是改革，它是古今之变议题中的一个环节，属于宪法结构与时间性纵向逻辑；二是开放，它是中西碰撞议题中的一个环节，属于宪法结构的

---

① 中共中央文献研究室：《邓小平年谱（一九七五—一九九七）》（下），中央文献出版社2004年版，第959页。

② 新华社：《中组部领导集体对照检查近几年组织工作问题提出整改意见　抓领导干部调整保证改革开放顺利进行》，载《人民日报》1984年9月13日第1版。

③ 《邓小平文选》（第3卷），人民出版社1994年版，第203页。

④ 温卫东：《邓小平与"改革开放"一词的提出》，载《党的文献》2013年第3期。

⑤ 胡锦涛：《在纪念党的十一届三中全会召开30周年大会上的讲话》，载《人民日报》2008年12月19日第1版。

横向逻辑。[①] 按照这一思路分析，改革开放是一种“宪法制度的变革”[②]，宪法所提供的动力机制是一种前提，或者首要的因素。如果改革开放失去宪法的动力机制，会发生什么样的状况？如何从社会与宪法变迁的互动解释改革开放 40 年的发展？这是需要深入论证的命题。实践告诉我们，改革开放 40 年来，宪法学在新的宪法秩序的建构、宪法正当性与合法性的规范供给、凝聚宪法共识与塑造主流价值观等方面发挥了积极的作用。尤其是在 20 世纪 80 年代，宪法学研究回应时代与民众的呼声，积极履行社会责任，坚守专业精神，使其成为一门显学。

二、1978 年《宪法》与改革开放起步

为什么中国的改革开放政策始于 1978 年？从 1976 年“文革”结束到 1978 年《宪法》修改，是法律秩序转型的重要时期，也是新时期我国宪法发展的起点。1978 年《宪法》从法律上结束“文革”秩序，建立新时期的法律秩序，使改革开放政策的起步有了宪法基础。围绕 1978 年《宪法》而展开的宪法学研究成为从“文革”秩序向法律秩序转型的重要标志，也是宪法学界为塑造新时期的宪法生活而作出的积极努力。

1978 年 3 月 5 日第五届全国人大第一次会议通过 1978 年《宪法》，它是对 1975 年《宪法》的全面修改。宪法确定新时期的总任务是“……在本世纪内把我国建设成为农业、工业、国防和科学技术现代化的伟大的社会主义强国”，既体现国家价值观的转变，也表明规范体系的变化。这部宪法的序言正式宣布“我国社会主义革命和社会主义建设进入了新的发展时期”[③]。可以说，1978 年《宪法》作为新旧秩序转型时期的过渡性宪法，虽“存续时间不长，其间经过两次部分修改，在新中国宪法史上并没有留下什么重要影响”，[④]但它在宪法史上扮演着“恢复性的过渡宪法”的角色[⑤]，在建立新的宪法秩序方面发挥承前启后的作用。它力求恢复 1954 年《宪法》的原则与体制，同时为过渡到 1982 年《宪法》秩序打下必要的基础。

1978 年《宪法》回应了民众对法律秩序建立的期待，通过恢复设立人民检察院等体制使国家政权运行趋于正常化；在基本权利方面，恢复 1954 年《宪法》规定的

---

① 高全喜：《改革开放与宪法变迁》，载《民主与科学》2017 年第 3 期。

② 高全喜：《改革开放与宪法变迁》，载《民主与科学》2017 年第 3 期。

③ 1978 年《宪法》序言第 4 自然段规定：第一次无产阶级“文化大革命”的胜利结束，使我国社会主义革命和社会主义建设进入了新的发展时期。根据中国共产党在整个社会主义历史阶段的基本路线，全国人民在新时期的总任务是：坚持无产阶级专政下的继续革命，开展阶级斗争、生产斗争和科学实验三大革命运动，在本世纪内把我国建设成为农业、工业、国防和科学技术现代化的伟大的社会主义强国。

④ 许崇德：《中华人民共和国宪法史》，福建人民出版社 2005 年版，第 6 页。

⑤ 蔡定剑：《宪法精解》，法律出版社 2006 年版，第 66 页。

一些宪法权利,在一定程度上完善了基本权利体系;在治国理念上,虽然在宪法上没有完成拨乱反正,但宣布"文革"结束,力求在宪法框架内为即将开始的改革开放提供宪法依据。当然,1978年《宪法》的局限性是无法克服的,特别是仍将"无产阶级专政下的继续革命"作为宪法指导思想,这也成为1980年启动全面修改宪法工作的动因。[①]

在1978年《宪法》的修改过程中,宪法学界在特殊的环境下力求恢复宪法理论的专业性,参与修宪讨论,撰写学术论文。如许崇德教授在1978年修宪座谈会上提出应设立国家主席,并阐明其理由,但在"凡是派"占主导地位的情况下,宪法学原理与国家宪法体系问题无法得到认可,直到1982年《宪法》才设立国家主席。[②]在检察机关的设立方面,学界发挥了积极作用,使1978年《宪法》具有过渡性公法秩序的建构功能,不仅为十一届三中全会召开营造必要的宪法文化氛围,还为1982年《宪法》修改提供基础。

我们知道,对内改革是从1978年12月安徽凤阳县小岗村农村家庭联产承包责任制开始的,这也是宪法上财产权保护的起点。在公有制占绝对主导地位的体制下,允许部分地方实行土地承包制,使某种意义上的财产权获得正当性基础。对外开放是需要勇气与胆量的,开放的中国需要了解世界,同时世界也要了解中国。对此小平同志作了精辟的论述,他说:"中国在历史上对世界有过贡献,但是长期停滞,发展很慢,现在是我们向世界先进国家学习的时候了。"[③]同时强调"实行开放政策与传统并不矛盾",认为"好的传统必须保留,但要根据新的情况来确定新的政策"[④]。

这个时期,我们看到学界为维护宪法权威而做出的一些努力。从客观情况看,1978年《宪法》的指导思想与1978年以后的中国社会现实不适应,如何在宪法权威性与社会生活的适应性之间保持协调?这是"文革"结束后面临的第一个宪法问题。虽然当时宪法学研究还没有完全恢复,但学界以敏锐的眼光观察解决这一问题的途径。1979年7月1日,全国人大通过或者修改了7部重要法律,如《选举法》《全国人民代表大会组织法》《地方各级人民代表大会和地方各级人民政府组织法》《人民法院组织法》《人民检察院组织法》《刑法》等。这些法律中存在着与1978年《宪法》规定不一致的内容。当时有一种观点认为,既然1978年《宪法》指导思想存在着重大问题,中央已决定对这部宪法进行全面修改,颁布改革开放时期的新宪法,就没有必要对1978年《宪法》进行修改,可以直接通过7部法律。但宪法学者

① 韩大元:《新中国宪法发展60年》,广东人民出版社2009年版,第150～153页。

② 许崇德:《中华人民共和国宪法史》,福建人民出版社2005年版,第503页。

③ 《邓小平文选》(第3卷),人民出版社1994年版,第132页。

④ 《邓小平文选》(第3卷),人民出版社1994年版,第133页。

们认为，要健全社会主义法制，首先要维护宪法权威，如果置宪法规定于不顾，直接通过与现行宪法规定不一致的基本法律，不利于法制的发展。后来，中央采纳了宪法学者建议，采取宪法修改的方式为新法律的制定或者修改提供宪法依据，即通过1979年和1980年两次宪法修改，消除1978年《宪法》上的“文革”余毒，使宪法继续发挥过渡时期的调整功能。在中央决定修宪后，采用哪种方式对1978年《宪法》部分条款进行修改方面，曾计划通过决议的方式进行修改，原草案中规定“本决议与宪法相抵触的规定，依本决议执行”。对此宪法学者们提出这种表述本身可能违宪，并向修改宪法机关提出专家建议。主席团表示认可，对方案作了调整，决定将修改内容直接写入宪法文本。

针对有些人提出的宪法与刑法关系可使用“后法优于前法”的观点，宪法学界坚持宪法是根本法的基本原理。如1979年张友渔在修改宪法与7部法律的关系时强调“制定和修改法律，都要以宪法为根据”，是否违宪是根本问题，实际也存在这个问题，不能把宪法搁在一边，实行修改过的与宪法相抵触的法律，不能违反“法律与宪法抵触者无效”的原则。他同时针对有人以“后法优于前法”来否定宪法效力的情况，明确提出“后法优于前法，是指法律同法律的关系，不是指法律与宪法的关系，法律不能抵触宪法”[①]。这些理论探讨对于刚刚实行改革开放政策的中国法学界是新的命题，经过宪法学者的学术探讨与积极努力，为改革开放提供有力的宪法依据。

在1978年《宪法》的实施中，出现了关于实践是检验真理的唯一标准的讨论，其实质是“要不要解放思想的争论”[②]。当时人们的思想是比较僵化的，由于“文革”的余毒，人们不敢讲真话，不从实际出发，“书上没有的，文件上没有的，领导人没有讲过的，就不敢多说一句话，多做一件事，一切照抄照转”[③]，因此，打破思想僵化是实行改革开放政策的重要的思想基础。1978年5月开始的关于真理标准问题的大讨论中，1978年《宪法》上的言论自由等规定客观上提供了宽松的学术环境，使人们从封闭的思想禁锢中解放出来，回到实事求是的立场上。宪法学者这一时期的主要学术活动与观点，客观上推动了学术争鸣。可以说，没有宪法所建立的相对宽松的学术环境，这种敏感的学术话题是很难进行自由讨论的。另外，这个时期的宪法学处于重新定位与发挥学术影响力的阶段，对宪法问题的社会关注度比较高。

总之，1978年《宪法》虽存在着历史的局限性，但发挥了宪法秩序转型的过渡性功能，为制定改革开放所需要的重要法律提供了宪法依据。而十一届三中全会

---

① 张友渔：《宪政论丛》(下册)，法律出版社1986年版，第81页。

② 《邓小平文选》(第3卷)，人民出版社1994年版，第143页。

③ 《邓小平文选》(第3卷)，人民出版社1994年版，第143页。

的召开奠定了改革开放的理念与基本格局，没有十一届三中全会，就不会有40年改革开放的成就。因此，我们回顾40年改革开放的历史时不能忽略1978年《宪法》的贡献。

三、改革开放与1982年《宪法》

1982年12月4日，第五届全国人民代表大会第五次会议通过了现行宪法——1982年《宪法》。36年来，在中国社会的改革开放进程中，1982年《宪法》成为治理国家与社会生活的重要形式，奠定了国家治理体系的基础，确立了国家与社会的价值观与目标，推动了中国社会的发展与进步，凝聚了社会共识，维护了国家统一与社会稳定。可以说，1982年以来中国改革开放以及社会发展所取得的成就与宪法有着密不可分的联系。

（一）凝聚社会共识

在改革开放的历史进程中，1982年《宪法》为中国社会发展做出的贡献是多方面的，但笔者认为其中最重要的贡献之一是通过宪法治理初步形成了社会共识，为凝聚民心、维护社会共同体价值奠定了基础。宪法与社会共识的形成是社会治理的内在因素与基础。历史上，17、18世纪宪法的产生与发展注入了人类社会新的理念与智慧。人类通过宪法赋予国家理性与人性，防止公权力执掌者的肆意、任性，以保护个人的自由与权利。同时，宪法通过其国家权力的合理分配机制，为公权力与个人权利之间的平衡提供法律基础与依据。在宪法基础上形成的政治权威，遵循着一种理性的原则，使宪法的存在体现了国家权力的人民性和社会性，反映稳定和谐的政治秩序，从而使人的个性得到张扬，使人类生活更加幸福和多样化。

中华人民共和国的宪法发展经历了既符合宪法逻辑，又凸显一定政治逻辑的过程。1980年8月，中共中央向五届全国人大三次会议主席团提出修改宪法的建议，以之作为新的社会治理体系的基础。当社会治理经过“动荡”而寻求稳定的机制时，宪法的重要性就凸显出来，因而人们对即将“诞生”的宪法寄予期待。但是，我们首先需要明确的是，1982年《宪法》是运用修宪权的产物，并不是“制定宪法”的产物。

制宪权属于根本的政治决断。制宪权的行使不受既有法秩序的拘束或调整。作为制宪权主体的人民，他们的意志是一种不约而同式的表达。修宪权是制度化了的制宪权，它不等于制宪权。“不论是全面修改的权力还是部分修改的权力，修宪权都是作为制度化的制宪权而从属于始源性制宪权的意志。”[①]修宪权是制宪权

① [日]芦部信喜：《制宪权》，王贵松译，中国政法大学出版社2012年版，第47页。

在法秩序中的表现形式，能够防止制宪权这种始源性的政治决断对法秩序的破坏乃至毁弃。

从逻辑上说，如果认为1982年《宪法》是制宪行为的产物，等于认为在该宪法制定颁布前后，我国的国家性质发生了本质的变化。这显然是不符合历史事实的，因为1978年《宪法》并没有改变共和国政体和国家性质，1978年《宪法》中确认的社会共识可以通过修宪程序转化为新法律秩序下的社会共识。从宪法文本上说，1982年《宪法》确认的国家根本制度和根本任务，都是自中华人民共和国成立以来一脉相承并逐步发展的。[①] 在宪法修改的主体上，1982年《宪法》的修改是由作为最高国家权力机关的全国人民代表大会来完成的，全国人民代表大会成立宪法修改委员会主持具体的宪法修改工作，没有成立专门的制宪机关。

因此，1982年《宪法》本质上是一种修宪行为。但是，1982年《宪法》的文本基础并不是作为前一部宪法的1978年《宪法》，而是1954年《宪法》。对此，曾参加修宪工作的王汉斌指出："在通常情况下，修宪应以前一部宪法即1978年《宪法》为基础。但1978年《宪法》没有完全摆脱'文化大革命'的影响，有不少'文革'遗留的内容，难以作为修改的基础。而且这部宪法比较粗，只有60条，许多应该作出规定的没有作出规定。当时，研究了1954年《宪法》，认为这部宪法虽然有的条文已经过时，但它所规定的基本原则是比较适宜的。而且，这部宪法有106条，比较完善。经过'文化大革命'，人们还是比较怀念1954年《宪法》。"[②]以1954年《宪法》作为修改的文本基础在客观上是适宜的，与宪法修改理论并不矛盾。

在修改程序上，1982年《宪法》的修改遵循了1954年《宪法》规定的程序，没有采取重新"创造宪法的程序"。当时，宪法修改委员会曾面临采用何种修改程序的难题。因为1978年《宪法》只规定由全国人大修改宪法，而没有具体规定宪法的修改程序。1975年《宪法》也没有具体规定宪法修改程序问题，如修宪提案权主体、修宪具体表决方式等。而1954年《宪法》第29条规定，宪法的修改由全国人大以全体代表的三分之二的多数通过。因此，1982年《宪法》的全面修改只能以具有统一修改程序的1954年《宪法》所规定的程序为基础进行，这也进一步明确了1982年《宪法》修改权的性质。

选择1954年《宪法》作为修宪的文本基础，在权力基础上体现了修宪权服从于制宪权的价值判断，同时在文本内容上则体现了1954年《宪法》所凝聚的社会共

① 也有学者以变和不变的原理说明1982年《宪法》的性质是"第二次革命"，是记载和保证中国的第二次革命的宪法，在社会主义国家和社会的根本性质及根本发展方向方面不变，坚持改革开放和坚持四项基本原则不变。见龚育之：《宪法与改革》，载《宪法颁布十周年纪念文集》，法律出版社1993年版，第52页。

② 王汉斌：《王汉斌访谈录——亲历新时期社会主义民主法制建设》，中国民主法制出版社2012年版，第65页。

识，并且结合新的时代需要而进一步丰富凝练。在宪法内容上，如何回应民众的心声，使之成为社会共识的基础？通过修宪来确认共识，赋予国家发展以新的规范与正当性基础是当时社会成员的普遍诉求。1978年《宪法》是在"文化大革命"结束后不久通过的。由于受当时历史条件的限制和"左"的指导思想的影响，这部宪法与实际生活发生了严重的冲突。尽管1979年、1980年对1978年《宪法》进行了两次局部修改，试图恢复国家治理中的人文价值，寻求宪法规范与社会生活的合理平衡，但局部的修改仍无法纠正因远离人性与制度理性的错误，无法满足社会治理转型的内在需求。十年"文革"最直接和沉痛的教训就是民众缺乏自由与尊严的保障，连人类生存基本前提——个体生命的尊严也得不到有效保护，导致整个社会治理的扭曲与社会共识的缺失。由于国家指导思想与价值观的演变，在特殊历史背景下诞生的1978年《宪法》无法有效地承载保护人的尊严的内在诉求。正如彭真在宪法修改草案报告中指出的："根据历史的经验和'文化大革命'的教训，草案关于公民的各项基本权利的规定，不仅恢复了一九五四年《宪法》的内容，而且规定得更加切实和明确，还增加了新的内容。"①在此意义上，1982年《宪法》的颁布是全社会呼吁人性的一种制度性的回应与价值的诉求，构成了宪法正当性的意识基础，也是扩大社会共识的依据。

因此，1982年《宪法》的修改体现了让社会治理回归制度理性、弘扬人性旗帜的目的，体现了对民众的权利保护诉求的积极回应和满足，是对人的尊严、制度理性的恢复与塑造。

（二）重建社会、国家与个人的关系

在围绕修宪形成共识的基础上，1982年的宪法修改力求通过宪法规范承载社会共同体价值，为改革开放奠定正当性与合法性基础。作为建立社会治理体系的一种积极努力，1982年《宪法》一方面调整了整体的篇章结构，另一方面完善了基本权利的内容体系，力图理顺国家、社会与个人的关系，以建立有效的社会治理体系。

在篇章结构上，1954年《宪法》和1975年《宪法》、1978年《宪法》的顺序都是一致的，即除"序言"外，正文的四章分别为"总纲""国家机构""公民的基本权利和义务""国旗、国徽、首都"。1982年《宪法》改变了以往把"公民的基本权利和义务"放在"国家机构"之后的做法，篇章结构的调整体现了对人文精神的追求，凸显了宪法尊重和保障人权的核心价值，理顺了国家与公民存在的历史事实，体现了"没有人

① 彭真：《关于中华人民共和国宪法修改草案的报告（一九八二年十一月二十六日）》，载《彭真文选（一九四一——一九九〇年）》，人民出版社1991年版，第443页。

民的授权,国家机构就失去了权力的基础和来源"[①]的国家逻辑,也反映了国家的一切权力属于人民的宪法原则。在基本权利的规定上,重新调整基本权利体系,增加新的基本权利类型,如退休人员生活受保障、残障公民平等保护等权利,进一步明确了基本权利的内涵。从基本权利和义务条文的数量来看,1954 年《宪法》有 19 条,1975 年《宪法》有 4 条,1978 年《宪法》有 16 条,而 1982 年《宪法》有 24 条。

1982 年《宪法》调整宪法结构的本质与基本出发点是凸显人的尊严和价值。对人文精神的尊重首先体现为对"人格尊严"的保障。如前所述,"文化大革命"使得个人的人格和尊严遭到严重侵害。因此,对该时期的国家政治生活进行反思并在制度上保障个人的人格尊严成为现行宪法修改时的重要共识。1982 年《宪法》对人格尊严的保障给予了高度重视,第 38 条规定:"中华人民共和国公民的人格尊严不受侵犯。禁止用任何方法对公民进行侮辱、诽谤和诬告陷害。"[②]宪法还明确禁止非法拘禁和以其他方法非法剥夺或者限制公民的人身自由、禁止非法搜查公民的身体、禁止非法搜查或者非法侵入公民的住宅。

1982 年《宪法》上的基本权利体系集中体现了社会、国家与个人的关系。基于社会主义宪法的性质,1982 年《宪法》在基本权利的规定上突出体现了权利和义务一致性的特点。一方面,基本权利篇章一开始就规定"任何公民享有宪法和法律规定的权利,同时必须履行宪法和法律规定的义务",表明公民在国家和社会中享有的自由和必须承担的责任,自由不是任意和无边界的,而是与集体和国家共同发展、和谐有序的整体格局中的自由。另一方面,第 51 条规定公民在行使自由和权利的时候,"不得损害国家的、社会的、集体的利益和其他公民的合法的自由和权利"。这一规定是 1982 年《宪法》新增加的,体现了基本权利保障和限制的统一性。在理论上,第 51 条"是宪法对基本权利活动进行限制的总的原则和标准,确定了宪法内在界限"[③],具有基本权利概括限制条款的性质。同时,这一条款也暗含了国家、社会、公民三者之间的关系模式。公民既独立于国家、社会和集体,又不能脱离它们而存在,两者相互促进,共同发展,以实现更高层次的自由。

(三)确立国家的主流价值观

1982 年《宪法》既为社会治理提供基础,同时通过宪法规范不断调整社会治理的方式。在宪法与社会的互动中,通过实施宪法体现问题意识和现实关怀,发挥宪法对执政行为的调整功能,使国家决策更好地体现宪法理念、宪法意识和宪法

---

① 王汉斌:《王汉斌访谈录——亲历新时期社会主义民主法制建设》,中国民主法制出版社 2012 年版,第 69～70 页。

② 1982 年《宪法》草案的报告特别强调"人格尊严不受侵犯"条款的意义,并为扩大"人的尊严"解释空间提供了基础。参见韩大元:《公法的制度变迁》,北京大学出版社 2009 年版,第 352 页。

③ 胡锦光、韩大元:《中国宪法》,法律出版社 2004 年版,第 208 页。

精神。

1982年《宪法》是根据党的十一届三中全会以来的路线、方针、政策，适应新时期政治、经济、文化、社会发展的需要而修改的。1980年8月18日，邓小平同志在中央政治局扩大会议上发表讲话，全面、系统地阐述了党和国家领导制度改革的问题。他说："要使我们的宪法更加完备、周密、准确，能够切实保证人民真正享有管理国家各级组织和各项企业事业的权力，享有充分的公民权利，要使各少数民族聚居的地方真正实行民族区域自治，要改善人民代表大会制度，等等。关于不允许权力过分集中的原则，也将在宪法上表现出来。"[①]邓小平同志这个讲话实际上为修改1982年《宪法》确定了重要的指导思想。[②]

在宪法文本中，指导思想"是指导宪法制定和实施的思想理论基础"，"是宪法实践和宪法解释的基本依据"，"是整个宪法文本的思想灵魂"。[③] 1982年《宪法》把四项基本原则写进宪法，根据不同时期的历史发展要求，通过修宪的方式不断丰富和发展宪法的指导思想体系，使宪法的发展与时俱进。经过马克思主义中国化的两次历史性飞跃，形成了毛泽东思想和包括邓小平理论、"三个代表"重要思想、科学发展观等在内的中国特色社会主义理论体系两大理论成果。1993年中共中央修宪建议中提出"把建设有中国特色社会主义的理论和基本路线，明确载入宪法"。"这样修改，表明了建设有中国特色社会主义理论的指导地位，比较集中、完善地表述了党的基本路线。"[④]1997年召开的中共十五大将建设有中国特色社会主义理论概括为邓小平理论，1999年修改宪法，将这一理论作为指导思想的重要组成部分写入宪法。2004年《宪法》修改又把"三个代表"重要思想写进宪法。特别是在2018年修宪中，将科学发展观与习近平新时代中国特色社会主义思想载入宪法，使之成为新时代中国社会发展的指导思想。

（四）弘扬人文精神

宪法规定了国家生活中的根本内容，这些内容的重要性要求我们必须尊重宪法，树立宪法权威。遵守宪法、维护宪法，就是从根本上维护国家制度和社会生活的稳定。从1992年以后，随着宪法实施，国家价值观对社会治理产生越来越重要的影响，以建立人权文化为核心的文化建设进入新的转型阶段。

改革开放以来，我们坚持宪法的人性基础，尊重人的个性、尊严和权利，尊重人的主体地位，在国家生活中力求体现人文精神。改革开放40年来，我国的民主法

---

① 《邓小平文选》(第二卷)，人民出版社1994年版，第339页。

② 王汉斌：《社会主义民主法制文集》(上)，中国民主法制出版社2012年版，第16页。

③ 《宪法学》编写组：《宪法学》，高等教育出版社、人民出版社2011年版，第82～86页。

④ 具体参见《中国共产党中央委员会关于修改宪法部分内容的补充建议》之"附件二：关于修改宪法部分内容的建议的说明"。

制建设取得了重大进展——“民告官”的行政诉讼制度、国家赔偿制度的确立和运转，立法民主化、依法行政、司法改革的推进，以及权力制约和公民宪法权利的保障，直到“依法治国”写进宪法，党的领导、人民当家作主与依法治国有机统一成为社会主义民主政治的根本的制度安排。

1982年《宪法》颁行之初，我国还处于计划经济时期。宪法规定“国家在社会主义公有制基础上实行计划经济”，但开始注意到“市场调节的辅助作用”。同时，给予国营企业一定的“经营管理的自主权”，赋予集体经济组织“独立进行经济活动的自主权”。1988年《宪法》修改，私营经济开始获得宪法地位。1993年《宪法》修改，将“国营经济”修改为“国有经济”，将“国家在社会主义公有制基础上实行计划经济”修改为“国家实行社会主义市场经济”，体现了对经济自由的确认和维护，实现市场主体的多元性和自由竞争。在人身自由方面，以宪法为指导的一批法律的颁布，完善了人身自由的各项保障制度，包括1994年的《国家赔偿法》、1996年的《行政诉讼法》、1996年修改的《刑事诉讼法》、1997年修改的《刑法》以及2005年修正案（五）、2006年修正案（六）、2009年修正案（七）、2011年修正案（八），特别是2015年修正案（九），体现了宪法的“国家尊重和保障人权”的原则，稳步推进死刑制度改革，再一次废除9个死刑罪名。

在民生领域，国家重视民生立法，统筹协调“五位一体”立法工作，抓紧落实重点领域的立法，“进一步实现社会公平正义，通过制度更好地保障人民群众各方面权益”。同时在可持续的社会保障制度领域、社会救助制度领域以及卫生等领域的立法也在同步落实。特别是《立法法》首次确立了限制人身自由的法律保留原则，“在理念层面上已经达到了现代人权保障的标准”[①]。2015年第十二届全国人大三次会议通过了关于修改《立法法》的决定，这是15年来首次修改《立法法》，修改后的《立法法》授予设区的市地方立法权、规范授权立法、明确税收法定原则等六个方面有了新的进展。如修改后的《立法法》规定：“授权决定应当明确授权的目的、事项、范围、期限以及被授权机关实施授权决定应当遵循的原则等。授权的期限不得超过五年，被授权机关应在授权期满前六个月，向授权机关报告授权实施情况。”修改后的《立法法》将“税收”专设一项作为第六项，明确“税种的设立、税率的确定和税收征收管理等税收基本制度”只能由法律规定。这意味着，今后政府收什么税，向谁收，收多少，怎么收等问题，都要通过人大立法决定，有利于保障公民的财产权。

2004年“人权入宪”是这一阶段社会治理转型的重要标志。我国宪法专章规定了公民基本权利，但是依然将“人权”概念正式写入宪法，表明了国家价值观的变化。毫无疑问，“人权条款”确立为宪法原则后，它将成为评价一切公权力的一项重

① 韩大元：《公法的制度变迁》，北京大学出版社2009年版，第65页。

要尺度。尊重和保障人权,就必须坚决摒弃怀疑、抵触、反对人权的形形色色的错误思潮,牢固确立以人的尊严和价值、权利和自由为本位的现代宪法观。保障人权,就必须完善和发展宪法实施机制,将宪法规范具体落实在实际社会生活中,使之成为真正意义上的最高法。

(五)确立"依宪治国"理念

2002年12月4日,胡锦涛同志在首都各界纪念《中华人民共和国宪法》公布施行20周年大会上发表讲话,对1982年《宪法》颁行20年来取得的成就给予充分肯定,提出"实行依法治国的基本方略,首先要全面贯彻实施宪法"。2004年9月15日,胡锦涛同志在首都各界纪念全国人民代表大会成立50周年大会上发表讲话,进一步指出:"依法治国首先要依宪治国,依法执政首先要依宪执政。"这一表述深刻总结了中国共产党"依宪治国""依宪执政"的思想,将中国社会治理发展到新的阶段。

时隔10年后的2012年12月4日,习近平总书记在纪念现行宪法公布施行30周年大会上的讲话中高屋建瓴地指出,"宪法的生命在于实施,宪法的权威也在于实施",并将宪法实施上升到了与国家前途、人民命运息息相关的高度。习总书记强调"依法治国,首先是依宪治国;依法执政,关键是依宪执政",并要求"必须依据宪法治国理政",以"履行好执政兴国的重大职责"。2014年在庆祝全国人民代表大会成立60周年大会上,习总书记再次提出"宪法是国家的根本法,坚持依法治国首先要坚持依宪治国,坚持依法执政首先要坚持依宪执政"①。

这也表明,在改革开放进程中,中国共产党积极将法治的理念引入执政活动,高度重视并充分发挥宪法的作用。不仅从政策和法律调整转向以法治为主导的社会治理,而且从法律调整逐步转向宪法为主导的社会治理模式。这对于增强党的执政基础、规范公共权力运行、保障公民权利无疑具有重要意义。

依宪治国和依宪执政理论的提出是中国共产党作为执政党在宪法实施过程中,不断探索执政规律的历史经验的总结,同时标志着执政党执政理念与执政方式的转变。对依宪治国和依宪执政的强调,就是对宪法的强调,是对宪法实施的强调,要求立法、执法、司法等所有公权力行为都必须依照宪法、符合宪法,认真落实"党必须在宪法和法律范围内活动"的原则。

(六)维护国家法制的统一

宪法实施是将宪法文本落实到社会生活、国家政治生活中去的一套观念和制度。宪法实施的目的是发挥宪法对国家生活、社会生活的约束力,凝聚共同体的价

① 习近平:《在庆祝全国人民代表大会成立60周年大会上的讲话》,载《人民日报》2014年9月6日第2版。

值观，促进国家发展，保障人民权利。

我国根据人民代表大会制度，建立了具有中国特色的宪法监督制度。根据宪法规定，由全国人大及其常务委员会行使监督宪法实施的职权。宪法序言明确规定宪法作为根本法的地位，为宪法监督体制的运行提供了统一的基础。

在人民代表大会制度下，全国人大及其常务委员会行使监督宪法实施的职权，并在此基础上，构建了规范性文件的监督体系，这是中国特色社会主义宪法监督制度的重要内容。

在现代法治社会中，法律体系的形成是一个国家法律制度成熟和法学理论研究重要标志。加强立法，建立科学的法律体系，是宪法实施的重要方式。法律体系呈金字塔形，宪法位于塔顶，具有最高地位和最高效力，其法律审查的功能可以确保建立和维系法律体系的基本秩序。法律体系呈何种情形取决于宪法权威、立法观念、立法权限、利益导向等因素。立法不尊重宪法，立法观念水平参差，立法权限杂乱无章以及立法过程中的不正当利益的驱使，必然导致法律体系紊乱、法律规范冲突，破坏法律体系的一体化。突出宪法的法源性质和根本法地位，发挥宪法在立法中的支配和统帅作用，维护法律领域的基本秩序，是实现立法统一性和宪法秩序的根本保障。

根据《宪法》和《立法法》的规定，全国人民代表大会有权改变或者撤销全国人民代表大会常务委员会不适当的决定，包括不适当的法律。全国人民代表大会常务委员会有权撤销国务院制定的同宪法、法律相抵触的行政法规、决定和命令，有权撤销省、自治区、直辖市国家权力机关制定的不适当的决定。

同时，在宪法实践中建立了统一的备案审查制度，为国家法制的统一提供了有效保障。如 1982 年《宪法》第 100 条规定："省、直辖市的人民代表大会和它们的常务委员会，在不同宪法、法律、行政法规相抵触的前提下，可以制定地方性法规，报全国人民代表大会常务委员会备案。"

为了进一步规范有关法规的备案审查制度，自 2000 年《立法法》颁布以来，国务院先后制定了《规章制定程序条例》(2001 年)、《法规规章备案条例》(2002 年)等。《规章制定程序条例》对规章的备案机关的审查程序作出具体规定，并赋予特定主体违法审查的建议权。如第 35 条规定，国家机关、社会团体、企事业组织、公民个人认为规章同法律、行政法规相抵触的，可以向国务院书面提出审查的建议，由国务院法制机构研究处理。《行政法规、地方性法规、自治条例和单行条例、经济特区法规备案审查工作程序》对有关全国人大常委会法工委法规备案审查室工作程序作了具体的规定。

上述法制建设取得的成就是在我们总结经验和教训的基础上得出的，经历了长期的探索和实践，具有广泛的社会基础。总的来说，改革开放 40 年来，通过宪法治理，我国法制建设不断发展，形成了宪法发展的中国特色。

四、改革开放与宪法发展的基本经验

改革开放以来，特别是自1982年《宪法》颁行以来，根据改革开放与国家发展的客观需要，在总体上保持宪法稳定性的同时对现行宪法进行了五次修改，使宪法与社会发展保持一致，不断完善中国宪法制度与体系，形成了宪法与改革良性互动的运行机制与特色，积累了一定的经验。

（一）坚持党对宪法发展的领导

在我国的修宪过程中，始终坚持党的集中统一领导，把党的领导贯穿于宪法修改的全过程，确保宪法修改的正确政治方向，最大限度降低由于修宪可能引起的一些政治风险，确保修宪工作的有序进行，这已成为我国宪法制定与修改工作的基本特色与优势。

这一惯例来自1954年的制宪过程。在制定1954年《宪法》时，先由中共中央成立宪法起草小组完成宪法草案初稿的起草工作，再由中共中央把通过的草案初稿提交中华人民共和国宪法起草委员会讨论，后形成《中华人民共和国宪法（草案）》，并提交中央人民政府委员会审议，经过广泛的民主讨论，最终提请第一届全国人大审议通过。

在随后的历次修宪工作中逐渐形成了在党的统一领导下，既符合宪法精神，又行之有效的修宪工作程序和机制，即每次宪法修改，先由中共中央政治局形成《中共中央关于修改宪法部分内容的建议（草案）》，经党中央全会审议和通过，提交全国人大常委会审议，依法形成《中华人民共和国宪法修正案（草案）》，由全国人大常委会提请全国人民代表大会审议和通过。这一修改方式很好地将党的主张与人民的意志相结合，使修宪取得了良好的政治效果与社会效果。

（二）推动国家指导思想的与时俱进

国家指导思想是宪法制定、宪法修改、宪法解释以及宪法实施整个过程中的思想原则和行动指南，一般称之为“宪法的灵魂”。一部宪法是否科学，首先看指导思想是否正确。1954年《宪法》确立了社会主义与人民民主原则，它成为新中国第一部宪法的基本精神。1975年《宪法》和1978年《宪法》的指导思想是“无产阶级专政下的继续革命”，使宪法存在着历史局限性。从1982年《宪法》确定“四项基本原则”作为宪法指导思想以来，经过了1999年、2004年的修改，把邓小平理论、“三个代表”重要思想写入宪法，使之成为国家指导思想。2018年的修宪中，把科学发展观、习近平新时代中国特色社会主义思想载入宪法，在国家的指导思想上是又一次历史性飞跃。特别是习近平新时代中国特色社会主义思想入宪，它将成为我们未来中国社会发展、中国宪法制度完善以及中国法治发展的思想指导与理论指南。

（三）不断丰富国家发展目标

作为国家根本法，宪法必须对国家发展目标、基本国策以及国家价值观等作出规定，国家目标的宪法表述是中国宪法不同于其他国家宪法的重要特色之一。国家目标的规定，使人民不仅对现实生活有一个安定感与稳定感，同时对未来生活有合理期待。

改革开放以来，宪法通过对国家发展目标的丰富与完善，明确了国家发展目标，丰富了国家治理体系。1988 年以来的五次修改宪法注重对《宪法》序言第 7 自然段中有关国家指导思想、基本路线、根本目标等内容的修改。1999 年《宪法》作出了“我国正处于社会主义初级阶段”的判断；2004 年进一步明确了“我国将长期处于社会主义初级阶段”。在国家目标方面，1993 年“高度文明、高度民主的社会主义国家”被改为“富强、民主、文明的社会主义国家”，2004 年则在此基础上增加了“物质文明、政治文明和精神文明协调发展”的要求。2018 年的宪法修改中，《宪法》第 32 条修正案将序言第 7 自然段中“推动物质文明、政治文明和精神文明协调发展，把我国建设成为富强、民主、文明的社会主义国家”修改为“推动物质文明、政治文明、精神文明、社会文明、生态文明协调发展，把我国建设成为富强民主文明和谐美丽的社会主义现代化强国，实现中华民族伟大复兴”，从而将党的十九大提出的“五位一体”的总体布局与“两个一百年”的奋斗目标加以宪法化，使之成为清晰的宪法规范表述，从而在根本法中确立了国家发展目标。

（四）形成宪法与改革开放的良性互动

1982 年《宪法》实施以来共进行了 1988 年、1993 年、1999 年、2004 年与 2018 年五次宪法修改，每次修宪为改革开放的顺利进行提供宪法依据。

1993 年的《宪法》修改将“改革开放”载入宪法，使改革开放成为宪法规定的国家目标与政策，具有宪法的规范效力。2018 年的宪法修改，“改革”第二次入宪，进一步确认了改革在国家发展中的正当性与合宪性，为处理宪法与改革的关系提供宪法框架。《宪法》第 33 条修正案与《宪法》第 35 条修正案将国家发展脉络的表述由“革命和建设过程”修改为“革命、建设、改革过程”。我国正处于深化改革的历史进程，国家发展目标不断丰富，与《宪法》序言中的“改革开放”相呼应，表明了我国将继续推进改革开放的决心。不同时期的宪法修改，适应了改革开放发展的需要，并提供了宪法依据。

在经济体制方面，自 1988 年修宪对私营经济的地位和作用、土地使用转让两个方面的问题进行规定以来，我国经济体制得到了长足的发展。1993 年“社会主义市场经济”入宪、“国营企业”修改为“国有企业”；1999 年的《宪法》修改确立了我国“坚持公有制为主体、多种所有制经济共同发展的基本经济制度，坚持按劳分配为主体、多种分配方式并存的分配制度”；2004 年修宪则提出了“国家鼓励、支持和引导非公有制经济的发展”的要求。上述修改不仅使得公有制经济实现了经营权与所有权的分离，而且也使得国家对于非公有制经济的政策实现了从承认到鼓励的转变。通过宪法实践的发展，社会主义市场经济体制在现行宪法中得以确立并巩固。

在政治体制改革方面，人民代表大会制度得到了不断发展。1993年修宪将“县、市、市辖区人民代表大会”每届任期延长为5年；2004年修宪在全国人大代表的构成中增加了特别行政区，并将乡、镇一级人大任期也延长为5年。

1982年《宪法》适应健全社会主义法制的要求，在《宪法》第5条规定“国家维护社会主义法制的统一和尊严”，明确了“一切国家机关和武装力量、各政党和各社会团体、各企业事业组织都必须遵守宪法和法律。一切违反宪法和法律的行为，必须予以追究”，确立了宪法的最高法律地位。1999年通过的《宪法》第13条修正案提出“中华人民共和国实行依法治国，建设社会主义法治国家”，以动态的治理体系代替了静态的制度体系，深化了我们对于法治的认识，明确了宪法规范中国家形象的建构目标。2018年修宪，将“健全社会主义法制”修改为“健全社会主义法治”，在思想上进一步明确了法治的重要地位。同时，本次修宪将“全国人民代表大会法律委员会”修改为“全国人民代表大会宪法和法律委员会”，赋予该专门委员会以合宪性审查的职能，有助于推动宪法监督，有利于在制度实践中推进法治国家建设。

监察体制改革合宪性基础得到确认。国家监察体制改革是十八大以来，党对于健全党和国家监督体系的统一部署，是为建立统一而有权威的反腐败机制，以有效地控制公权力为目的的一项事关全局的重大政治改革，对加强党对反腐败工作的集中统一领导，实现反腐败工作的法治化将发挥重要作用。作为一项重大改革，它必须遵循法治原则，以宪法为依据。2018年修宪通过的21条宪法修正案中，有关监察委员会的共计11条，分别是《宪法》第37条、第41条、第42条、第43条、第44条、第46条、第48条、第49条、第50条、第51条、第52条修正案。宪法修正案明确了监察委员会的宪法地位，将为未来监察体制的发展提供宪法依据。监察委员会的重要功能就是监察所有公权力行使者，而限制公权力，保障人权是宪法的基本价值。所以，监察体制改革不仅在设立制度的时候要体现宪法精神，更重要的是在未来的运行中要认真遵循宪法原则，始终以宪法为依据，这样才能完成宪法赋予监察委员会的宪法使命。

（五）坚持宪法的稳定性与适应性的辩证统一

宪法有自身的发展逻辑，保持长期稳定性是宪法作为根本法的基本属性与特征，任何情况下不能削弱或者否定宪法应有的稳定性。这是国家长期稳定的基础。即使根据社会发展需要修改宪法时，也要采取对宪法稳定性、连续性与权威性影响最小的方式，尽可能降低因修宪可能导致的宪法秩序的变动。

如在宪法修改与宪法稳定性关系上，历次修宪实践始终坚持宪法稳定性与适应性的辩证统一，在修宪原则上坚持对宪法作部分修改、不作大改，“可改可不改的不改”的原则，力求保持1982年《宪法》的稳定性。如在宪法修改中尽量保持条文序号的不变。2004年《宪法》修改加入的“国家尊重和保障人权”，与原《宪法》第33条规定的公民资格、平等原则、权利义务相一致原则等内容彼此间有明显的差异性，但并没有单独设为1条，而是纳入第33条作为其第3款，从而避免了因为加入一项内容而可能导致从第34条直至最后一条全部改写序号的弊端。再如2018年《宪法》修改征求意见的过程中，有些部门提出在宪法中增加“市场在资源配置中起决定性作用”的表述。但有关部门研究后认为，在宪法已经规定了社会主义市场经济的情况下，市场经济的地位问题可以通过宪法解释完成，属于可改可不改的问题，因此决定不作修改。

(六)坚持宪法民主性与科学性的统一

在宪法发展中，如何平衡民主与科学价值是保持宪法作为根本法地位的重要特征。在宪法发展中，我们需要发扬民主，但是民主并不是唯一的标准，在什么时候修改宪法、修改哪些内容、如何修改等问题上，我们需要回应社会的关切与期待，但也要合理区分宪法与法律的不同功能。宪法是国家的根本法，相较于普通法律而言，它主要规定了国家的指导思想、根本制度、公民基本权利和义务等等，在内容上具有根本性、纲领性、引领性的特征。因此，并非任何内容均适合规定于宪法之中，社会生活中大量的内容只需在法律的范围内解决即可。在宪法修改中，要坚持宪法与法律的功能区分，通过必要的筛查程序将不属于宪法的问题排除出宪法修改的范围，避免混淆宪法与法律的界限。

自1982年《宪法》全面修改以来，历次宪法修改均强调了广泛征求意见的重要性。根据彭真副委员长《关于中华人民共和国宪法修改草案的报告》以及1988年以来历次《关于〈中华人民共和国宪法修正案(草案)〉的说明》中的阐述，每一次修宪均经历了科学的论证过程，以及社会意见的征求阶段，使得人民意志在宪法修改过程中得到了充分的展现，同时也保证宪法的修改内容符合人民的期待。如1982年《宪法》修改工作，自1980年9月10日五届人大三次会议接受中共中央建议决定成立宪法修改委员会到1982年12月4日五届人大五次会议通过，前后进行了长达两年的审慎、周到的讨论与论证工作。在此期间，宪法修改委员会广泛征集和认真研究各地方、各部门、各方面的意见，并在形成宪法修改草案后交付全民进行讨论。据彭真副委员长的说明，“许多重要的合理的意见都得到采纳”，“具体规定作了许多补充和修改，总共有近百处，纯属文字的改动还没有计算在内”。2018年《宪法》修改过程中，第一轮征集的宪法修改意见达2600多条，经过类型化以后形成180多条，最后形成21条修正案。

(七)积极运用宪法修正案方式

自1988年修宪以来，我们已经形成了比较成熟的修宪方式与修宪技术，每一次修宪，努力寻求保持宪法稳定性的途径，在实现了相关的重大政治判断的同时，努力防止对法的形式、法的安定性造成冲击。

1988年2月27日，第六届全国人大常委会委员长会议确定以宪法修正案方式修改宪法，认为这样的方式有利于维护宪法的长期稳定性。所谓宪法修正案，即由修宪机关在不改变宪法原文的前提下，通过修正案的形式对宪法的部分条文进行增加、废除与修改，并按照时间顺序分别附于宪法正文之后。其好处在于，修正案的文本包含了实质性的宪法修改提议，但其作为宪法文本之外的"独立法律文件"而被修宪机关通过，从而在形式上避免了对宪法原文结构的调整，有利于维护宪法的稳定性、权威性与可持续性。

这次修宪在现行《宪法》第三章增加一节"监察委员会"作为第七节，并新增5个条款，列于《宪法》第123条至第127条。如此一来，则目前《宪法》第三章第七节"人民法院和人民检察院"顺延为第八节，相应的条文也依次顺延，整部宪法的条文总数增加到143条。这种修改方式与1988年以来所采取的修正案的修改惯例有所不符，它虽然以宪法修正案的方式修改，但因条文数的改变，对宪法条文的援引可能带来技术上的一些困难。笔者建议，全国人大常委会法工委可以对2018年《宪法》修改文本的引用提出指南或者相关规则，统一宪法文本引用或者援引。根据宪法修正案的基本要求，在援引宪法条文的时候，仍引用现行的1982年《宪法》，宪法修正案可以独立引用。

五、中国宪法发展的未来

中国特色社会主义进入新时代，对推进依宪治国、依宪执政提出了新的更高要求；宪法在凝聚社会共识、维护国家法制统一、控制公权力、保障公民基本权利与自由方面发挥着越来越重要的作用，承载着人民对实现美好生活的期待。

在未来的国家治理中，人们更加关注宪法发展，期待通过宪法实现美好和谐的生活。未来我国宪法发展必然要立足于中国、具有国际视野，以解决中国问题为使命，运用宪法原理解释宪法现象，积极探索宪法本土化的发展途径。

（一）宪法实施与国家发展

宪法实施是维护社会共同体价值的基础与过程，宪法实施状况决定了转型时期能否在根本价值层面上维护国家的稳定和社会的良好发展。只有认真贯彻实施宪法，坚持和完善宪法确立的各项基本制度和体制，才能保证改革开放和社会主义现代化建设不断向前发展，保证最广大人民的根本利益不断得到实现，保证国家统一、民族团结、经济发展、社会进步和长治久安。

（二）维护人的尊严和主体性

40年来的宪法发展经验表明，人们对宪法的功能、意义有了更为明确的认识，逐步形成立宪主义价值理念。改革开放以来的实践表明,法治是国家生活的最大共识,要逐步实现从人治向法治的转变,实现由依法治国到依宪治国的发展,其基础和方向都是围绕人的尊严和主体性而展开的。合理配置并有效约束公权力、切实维护和实现公民的基本权利,已经成为全社会的基本共识。要逐步提升个人面对国家的主体地位,凸现人权价值,实现"国家尊重和保障人权"的理念。

(三)强化公职人员的宪法意识

通过40年来的宪法治理,社会各界对宪法的重要性毫无疑问已经取得了共识,对树立宪法权威也形成了基本一致的看法。民众的权利观念已经达到较高的水平,"护宪"意识不断提高,通过宪法来维护自身合法权益。不过,由于一些制度的不完善,具有宪法价值的实践问题未能取得更好的治理效果。实际上,对于民众的参与、表达等维权行为,应当站在宪法的高度认真对待,通过合宪的程序解决。通过宪法治理,既可以彰显宪法的权威和效力,又可以以此作为凝聚共识、维护根本价值观的基础和依据。

未来的宪法发展,必然要解决国家机关及其工作人员,尤其是领导干部的宪法意识问题,改变以政策、具体办法或领导意图来变通执行法律、法规的倾向。在执行和遵守宪法方面,公职人员要明确两方面观念:一是人本观念,即尊重和保障人权、维护公民基本权利,在制定和执行政策、作出重要决策时必须考虑民众的权利诉求,尊重人的生命价值;二是规则观念,按照宪法和法律、法规规定的程序和标准处理问题,做到公平、公正、公开,经得起公众的质疑和批评。将宪法观念进一步落实成自觉的行动,突出公权力行为的人本性与规范性,是未来宪法发展的重点领域,也将成为国家和社会和谐发展的保障。

(四)坚持"依宪治国、依宪执政"理念

改革开放以来的宪法发展史告诉我们,什么时候执政党确立了正确的政治路线,尊重宪法,那么宪法的实施就会取得良好的社会效果;什么时候执政党脱离了正确的政治路线,不重视宪法权威,其结果必然导致宪法理想与现实的冲突。

由依法执政到依宪执政的升华是执政活动正当性的基础。执政党活动的根本依据是宪法,这一点已经成为执政党和全社会的共识。未来的宪法发展要从落实依宪执政着手,理顺宪法与执政党活动的关系,认真落实"党在宪法和法律范围内活动"的原则。充分体现宪法在执政活动中的基础地位,使"依宪执政"成为自觉行动,将决定着社会主流价值观的维护和执政基础的稳定。

(五)完善宪法实施保障制度

随着社会的变革,宪法需要确立完善的适应社会变化的应变机制,灵活地运用宪法修改、宪法解释等手段,进一步强化宪法的社会适应性,强化宪法的社会调整功能。从宪法发展的经验看,并不是所有的问题都要经过宪法修改才能弥合宪法

规范与社会现实之间的缝隙,宪法解释是基本的途径之一。对于宪法规范与现实生活的冲突,应当逐步实现从“修宪型”模式转向“解释型”模式,积极发挥宪法解释功能。从某种意义上讲,宪法解释比宪法修改更为灵活,有利于节约立法成本、维护宪法的稳定性和权威性。宪法解释则既包含着发展宪法、适应社会发展的功能,也包含着实施宪法、使宪法发挥调控社会的功能。从长远来看,有必要建立宪法解释的程序,扩大宪法解释的运用范围,使宪法解释成为调整宪法规范与社会现实关系的基本形式。

党的十八大以来,党中央从全面依法治国的战略高度,提出完善宪法监督体制机制的目标与理念。特别是党的十九大提出“推进合宪性审查工作,维护宪法权威”,有关宪法监督机构的专门化问题再次成为学界关注的重大课题。

2018年3月11日,第十三届全国人民代表大会第一次会议通过了《中华人民共和国宪法修正案》,正式将“全国人民代表大会法律委员会”更名为“全国人民代表大会宪法和法律委员会”。

宪法和法律委员会是全国人大的专门委员会,是合宪性审查与法律草案的审议功能有机结合的混合型与综合性的机构,主要承担宪法监督与实施的职能。宪法和法律委员会除继续承担统一审议法律草案的功能外,还应建立综合的功能体系,为积极开展合宪性审查提供制度与规范基础。

宪法和法律委员会的设立有助于加强宪法实施与监督,有助于建立立法与宪法监督职能综合协调、整体推进的新机制,提高合宪性审查的实效性,有效解决宪法争议和违宪问题。同时,通过合宪性审查机制,发挥公民以及其他社会组织提起违宪违法审查建议的积极性,强化法律规范体系的内在统一性,建立合法性与合宪性审查的互动机制,为完善中国特色宪法监督制度积累经验。

(六)提炼宪法发展的中国经验

回顾40年来的宪法发展历程,我们认识到,宪法发展需要处理好政治性与法律性、稳定性与适应性、本土性与国际性的关系,把法律性作为认识与解释宪法现象的逻辑基础与出发点。宪法发展要维护宪法至上性与实效性,使宪法成为一切国家机关、社会团体与政党活动的最高准则与根本准则。落实依法治国、保障人权的国家价值观,就要认真实施宪法。

未来中国宪法发展的总体趋势是继续凝聚社会共识,“推进公共性,提升不同利益群体参与社会建设的积极性,需要增进公共权力部门与民众之间的相互信任”①,重视宪法运行机制,回应社会发展。中国宪法的发展必然要立足中国、具有国际视野,以中国问题的解决为使命,运用宪法原理解释宪法现象,阐释现实事件

① 李友海等:《当代中国社会建设的公共性困境及其超越》,载《中国社会科学》2012年第4期。

或制度运行过程，探索宪法规范和制度的良性互动的途径。同时，宪法发展要将传统文化的价值与宪法的普遍性原理相结合，使中国宪法发展成为关心人类发展命运、参与解决人类面临重大问题的制度与理念体系。

第一章

社会变迁与公民宪法意识

第一节 问题的提出

在宪法实施中，作为社会主体的民众对宪法的亲身感受与内心认同十分重要。从某种意义上说，健全的宪法意识是维护宪法权威的精神动力和社会基础。所谓宪法意识，是指公民对宪法的认知、情感、意志与理念的总称。宪法意识并非一成不变，它必然会在社会变迁的历史进程中形成新的表达形式，并对一个国家的宪法实施发挥不同的价值引导功能。社会变迁在本章意指社会的基本结构、规则体系与价值基础在一定因素作用下持续变动与发展的历史过程。

在社会变迁中，一方面，宪法意识构成宪法秩序内在的精神力量，发挥着重塑社会规范性判断与价值基础的"文化软实力"的作用，推动社会变迁；同时，稳定、成熟的宪法意识也是确保社会变迁良性运行的基础。中国宪法意识与社会变迁有着十分密切的思想与文化联系。另一方面，在宪法实践中，宪法意识也受到社会整体结构与价值基础变迁的形塑与影响，社会变迁推动、影响宪法变迁，一定历史时期的社会整体变迁也为特定时期的宪法意识确立价值目标。

改革开放以来，宪法实践走过了40年历程。中国改革开放所带来的社会变迁既通过公民宪法意识得到反映，也为特定时期的宪法意识所影响，而公民宪法意识的发轫、流变与成熟也无不受到中国社会变迁的影响。因此，探讨改革开放 40 年中的公民宪法意识不仅仅是从宪法学的角度对中国社会进行规范性的透视与评价，也是分析、展现公民宪法意识本身的积极功效以及面临挑战的一种学术努力。尤其在当下历史阶段，“法治中国”命题提出了“法治国家、法治政府和法治社会一体建设”的时代判断与要求，[①]这更需要我们重新审视宪法意识功能，为国家、政府与社会的法治化提供最低限度的价值共识，并为三者实现均衡、协调、共进的法治状态提供规范依据；通过揭示宪法意识在当代社会转型中的基本特征与功能，为建立健全的宪法实施机制，将宪法实施的动力根植于社会生活土壤之中提供学理上的思考与结论。因此，宪法意识研究也就成为“法治中国”背景下研究推进国家治理体系现代化的基础性命题，成为研究“法治中国”建设目标的深层次精神动力。

本章试图通过史料梳理和问卷调查等方法，考察改革开放 40 年来中国公民宪法意识的变迁历程，力求客观分析和评价中国社会变迁中公民宪法意识的现状与问题，探讨在全面实施宪法的过程中，提高公民宪法意识的途径与对策。

第二节　1954 年到 1982 年公民宪法意识的变化

对改革开放 40 年来中国公民宪法意识的变迁历程的考察，应放置于新中国第一部宪法——1954 年《宪法》制定以来公民宪法意识变迁的历程中加以客观分析。

一、公民宪法意识的高涨时期(1954—1956 年)

(一)宪法制定过程中执政党的宪法观念

1949 年以后，社会结构与民众需求的变化使制宪问题成为执政党和社会各界广泛关注的焦点。1953 年 1 月 13 日，为了进行宪法的起草工作，中央人民政府委员会成立了以毛泽东为主席的中华人民共和国宪法起草委员会。1953 年年底，中共中央成立宪法起草小组，由宪法起草委员会主席毛泽东亲自挂帅，其任务是为宪法起草委员会提供可供讨论与修改的宪法草案初稿。

当时，毛泽东本人对制定宪法十分重视，在南下杭州起草宪法的火车上，毛泽东对随行人员说：“治国，须有一部大法。我们这次去杭州，就是为了能集中精力做好这件立国安邦的大事。”在杭州期间，他对身边工作人员说：“宪法是一个国家的根本法，从党的主席到一般老百姓都要按照它做，将来我不当国家主席了，谁当也

① 习近平：《在首都各界纪念现行宪法公布施行 30 周年大会上的讲话》，载《人民日报》2012 年 12 月 5 日第 1 版。

要按照它做，这个规矩要立好。”[①]宪法起草小组的整个工作是在毛泽东的亲自领导下进行的，“宪法草案的每一章、每一节、每一条，毛主席都亲自参加了讨论”[②]。在1954年《宪法》制定过程中，以毛泽东为代表的中国共产党人已经意识到宪法对于国家建构的重要性，并认真地组织宪法的起草工作。此外，毛泽东还在不同场合强调宪法实施的重要性。

（二）宪法草案讨论中民众的宪法意识

1954年3月23日，中国共产党中央委员会正式向宪法起草委员会提出了《中华人民共和国宪法草案（初稿）》。当年3月23日到6月11日，宪法起草委员和全国政协组织了对宪法草案初稿的反复研究和讨论，全国各民主党派、无党派民主人士、各人民团体、教科文等单位通过召开座谈会等形式对草案初稿提出了大量的意见。[③] 6月16日，中央人民政府委员会正式公布宪法草案。

全民参与宪法草案的讨论从1954年6月16日开始，到9月11日结束，历时近3个月。宪法草案公布以后，民众欢呼雀跃。如臧克家作诗赞曰：“强忍住欢喜的眼泪，我朗诵这中国人民的‘大宪章’，它比黄金铸的字更宝贵，人人把它铭刻在心上。”[④]民众对于宪法草案的讨论也抱有极大的热情。为了搞好草案的讨论，各地成立了宪法起草讨论委员会，培养报告员和辅导学习讨论的骨干分子，有组织地进行宪法草案的讨论和宣传工作。如宪法草案公布后的一个月内，北京市已有近百万人对宪法草案进行了讨论。北京市宪法草案讨论委员会为了使各界人民能了解宪法草案的精神，训练了4000名报告员，在工厂、企业、机关、学校、建筑工地、乡村、街道等地作报告。[⑤] 根据上海《解放日报》1954年9月5日的报道，上海有270万人听到了有关宪法草案的报告，其中有156万人参加了讨论，共提出大约16.5万条修改和补充意见。[⑥]

民众在宪法草案讨论过程中提出的意见也体现了民众的宪法理念和认知。如在宪法与国家关系上，民众对基本权利与国家关系给予关注。在全国政协组织的宪法草案座谈会上，有人建议将“国家组织系统”和“公民的基本权利和义务”两章对调。该建议的理由之一便是：“我国一切权力都属于人民，应先规定‘公民的基本权利和义务’。这样表示我们充分地关心人民的权利和义务，并可启发人民重视自

① 穆兆勇：《毛泽东主持起草共和国第一部宪法》，载《党史博览》2003年第10期。

② 许崇德：《许崇德全集》（第6卷），中国民主法制出版社2009年版，第1861页。

③ 根据各座谈小组、地方和各单位讨论草案的情况，宪法起草委员会编辑了《宪法草案初稿讨论意见汇编》共25本。

④ 臧克家：《我们终于得到了它——〈中华人民共和国宪法草案〉公布了》，载《北京日报》1954年6月17日。

⑤ 韩大元：《1954年宪法制定过程》，法律出版社2014年版，第323页。

⑥ 许崇德：《中华人民共和国宪法史》，福建人民出版社2003年版，第238页。

己的权利和义务。"[1]另外，原草案第3条第3款规定："各民族都有发展自己的语言文字的自由，都有保持或者改革自己的风俗习惯和宗教信仰的自由。"对此有人建议，在这一款里，不仅应规定各民族都有发展自己的语言文字的自由，而且还应规定各民族都有使用自己语言文字的自由。宪法起草委员会认为这一建议是正确的，把该款改为"各民族都有使用和发展自己的语言文字的自由，都有保持或者改革自己的风俗习惯的自由"。[2]在宪法对公权力制约功能上，民众也对公权力的滥用现象表示担忧，希望建立控制权力的机制。比如，宪法草案全民讨论之后，根据民众的建议，为便于纠正审判工作中可能发生的错误，实行上级人民法院监督下级人民法院的审判工作，宪法草案第79条第2款增加了"上级人民法院监督下级人民法院的审判工作"的规定。[3]

民众积极参与宪法草案的讨论，部分原因在于宪法草案讨论委员会的积极宣传，更重要的是民众对于宪法的渴望和信赖。民众坚信宪法是国家繁荣和人民幸福的基础和保障，对宪法草案讨论所表现出来的政治热情空前高涨。通过讨论和宣传，宪法也更加贴近民众的生活。这不仅扩大了宪法存在的社会基础，而且为宪法的实施与遵守提供了良好的社会环境。

(三)1954年《宪法》实施初期公民的宪法意识

1954年《宪法》在颁布后的头两三年中取得了良好的实施效果，赢得了民众的尊重与信任。公民的宪法意识在1954年《宪法》确立的宪法秩序之下得到巩固和发展。

公民对国家机构的宪法认知得以强化。1954年《宪法》通过以后，按照宪法的规定组建了新的国家政权机构体系。1954年9月27日，第一届全国人民代表大会第一次会议选举毛泽东为中华人民共和国主席，朱德为副主席。同一天会议选举第一届全国人民代表大会常务委员会组成人员。9月28日，第一届全国人民代表大会第一次会议还选举产生了民族委员会、法案委员会、预算委员会、代表资格审查委员会。通过上述选举活动，建立了以宪法为基础的最高国家权力机关体系，使宪法规定的最高权力机关获得了宪法地位。同时，上述组建过程也强化了公民对于宪法上全国人民代表大会等国家机构的认知。

公民的宪法意识进一步体系化。这一时期，广泛开展了对1954年《宪法》的宣传和学习活动。宪法学者以宪法颁布为契机，对《共同纲领》和1954年《宪法》进行

① 1954年4月5日宪法起草委员会办公室印《宪法草案初稿讨论意见汇编》(一)。

② 刘少奇:《关于中华人民共和国宪法草案的报告》，载《中华人民共和国第一届全国人民代表大会第一次会议文件》，人民出版社1955年版，第25～26页。

③ 刘少奇:《关于中华人民共和国宪法草案的报告》，载《中华人民共和国第一届全国人民代表大会第一次会议文件》，人民出版社1955年版，第25～26页。

了广泛的宣传和研究。据不完全统计，从1949年到1956年共出版宪法图书344种，其中著述206种、资料138种，还发表了大量的论文。[①]这不仅有助于普及公民的宪法知识，加深民众对于宪法基本概念和宪法本质的认知，还有助于树立公民宪法意识。

公民在经济发展中加深了对宪法重要性的认识。1954年《宪法》实施初期，根据宪法规定的国家总任务以及各项经济政策，我国的社会主义经济建设取得很大的成就。在全国工农业生产总值方面，从1954年的1050亿元上升至1956年的1252亿元，递增19%。[②] 1954年《宪法》作为过渡时期的宪法，把经济政策宪法化，通过实施宪法推动经济发展，并在经济发展过程中获得了广泛的社会基础，使民众在实际发生变化的经济生活中更加理解和信任宪法。

二、公民宪法意识受冲击时期(1957—1965年)

(一)公民的基本权利遭到破坏

1954年《宪法》的制定与前期的良好实施初步培育了公民的基本权利意识。然而，自1957年反右斗争扩大化以后，实践中公民的基本权利受到严重侵犯。1954年《宪法》第89条规定："中华人民共和国公民的人身自由不受侵犯。任何公民，非经人民法院决定或人民检察院批准，不受逮捕。"而在反右斗争中，对于"右派分子"不是按照法律规定和法定程序来处理，而是随意限制、剥夺他们的人身自由，使公民的人身权利得不到基本保障。[③] 这种现实状况使得民众的权利意识刚刚树立便被打破，宪法观念难以维系。

此外，民众对于宪法保护公民基本权利的认知也面临媒体对"宪法"一词滥用的冲击。这一时期，报刊很少宣传1954年《宪法》的实施问题，而是运用大量的篇幅报道、提倡、贯彻工业"宪法"、农业"八字宪法"[④]等。这些冠之以"宪法"之名的口号和宣传实际上与作为国家根本法的宪法没有关系，相反，却容易造成民众对宪法的误解。民众在日常生活中难以感受到宪法对基本权利的保护功能，基本意识也逐步淡化。

---

① 韩大元：《1954年〈宪法〉与中国宪政》，武汉大学出版社2008年版，第361页。

② 中国人民银行调查统计司编：《中国金融统计(1952—1987)》，中国金融出版社1988年版，第174页。

③ 韩大元：《1954年〈宪法〉与中国宪政》，武汉大学出版社2008年版，第375页。

④ 参见《执行工业"宪法"大搞群众运动》，载《黑龙江日报》1958年10月25日；《贯彻"八字宪法"，提高播种质量》，载《人民日报》1959年3月19日；《坚持农业"八字宪法"》，载《人民日报》1959年10月19日；《按照作物生长规律管理秋田：坡胡公社系统全面贯彻执行农业"八字宪法"》，载《人民日报》1960年7月29日。

(二)宪法功能虚化使公民的宪法认知越发淡漠

人民代表大会制度是我国的根本政治制度,集中体现我国政治制度的特色与优势。但反右斗争扩大化开始后,这一根本的政治制度逐渐脱离了宪法程序。如关于人民代表大会的任期,1954 年《宪法》规定,全国人民代表大会每届任期四年。然而,第二届全国人大任期从 1959 年 4 月到 1964 年 12 月,长达五年零八个月。反右斗争扩大化也直接波及全国人民代表大会体制,代表们在大会上的一些发言被当作反党反社会主义的言论加以批判,有的代表因此失去了代表资格。[①] 宪法规定的人民代表大会制度的基本原则未得到遵守,政权体系的正当性与权威性受到直接影响,整个国家机构组织体系的运转发生了紊乱,从而根本上损害了人民民主专政的民主基础。

宪法权威的削弱带来的是国家重大决策合宪性基础的脆弱,决策无须考虑宪法、不依照宪法规定办事几乎成为一种习惯。按照 1954 年《宪法》第 27 条的规定,全国人大有权决定国民经济计划,审查和批准国家的预算和决算等。但是,党的八大二次会议通过的第二个五年计划指标,并没有依照法定程序提请全国人大审批,便在全国推行。1958 年开始的"大跃进"和人民公社化运动,实际上涉及调整国民经济计划和财政预算、改变宪法关于农村基层政权规定的重大问题,但都没有提请全国人大及其常委会讨论,便由党内决定实施了。[②]

同时,与公众生活关系密切的司法制度也开始遭到破坏。1958 年 3 月至 8 月,在司法制度的运作中,对宪法规定的一些基本原则进行了批判,如批判"片面强调保护人民民主权利"的错误,批判忽视"法制的阶级性和群众性"的错误,严重削弱了司法工作的宪法基础。随着司法系统宪法基础的削弱,一些重要的司法制度,如律师制度、公证制度、人民陪审制度等开始被取消。到 60 年代初,政法机关进行了大规模的精简,最高人民法院、最高人民检察院和公安部实行合署办公。这严重破坏了 1954 年《宪法》确立的法检公三机关相互制约、相互监督的宪法关系。到 60 年代中期,司法机关系统基本上处于瘫痪状态,直接影响到民众对宪法的信任与期待。

三、公民宪法意识的低谷时期(1966—1975 年)

这一时期,公民的基本权利失去了宪法保障。如 1954 年《宪法》规定了公民广

---

① 参见彭真向全国人大一届五次会议和二届一次会议所作的《关于全国人民代表大会常务委员会工作报告》。

② 1958 年 4 月中共中央发出《关于把小型农业生产合作社适当变为大社的意见》、1958 年 8 月中共中央政治局北戴河扩大会议作出《关于在农村建立人民公社问题的决议》以后,全国农村大办人民公社,到 1958 年年底,全国农户的 99%以上参加了人民公社。参见胡绳:《中国共产党七十年》,中共党史出版社 1991 年版,第 360～366 页。

泛的权利和自由，然而在“文化大革命”时期，公民的权利和自由被彻底抛在一边，不仅政治权利得不到保障，甚至连人身权利，以及起码的人格尊严都得不到保护，反而是所谓的“四大自由”[①]大行其道。

由于宪法与社会生活的脱节，1954 年《宪法》无法保持应有的规范力，宪法规范本身也缺乏基本的稳定性。1975 年 1 月 17 日，第四届全国人大通过了修改后的《中华人民共和国宪法》，而修宪的主要任务在于“反映我国人民坚持无产阶级专政下继续革命的共同愿望”[②]。1975 年《宪法》是新中国宪法发展史上的大倒退，脱离民众生活，无法发挥权力制约和公民权利保障的功能。

1954 年《宪法》是一部制定良好的宪法，但在宪法实施方面没有取得应有的效果，正常实施时间只有三年左右。而一部宪法的生命力不仅在于它的文本，更重要的是其实施过程。只有全面实施宪法，才能把纸上的宪法变为现实的宪法。

在国家生活中，宪法的实施状况对公民的宪法意识产生重要影响。如果宪法实施的效果差，条文徒具形式而没有任何规范力，是无论如何都不能激发民众的信任和尊重的。这一时期，政治运动的“无法无天”严重冲击了法律秩序，手持宪法亦不能保护自己起码的人身权利，正常的表达渠道几乎完全被取消，甚至宪法规定的基本原则也沦为被批判的对象。

四、公民宪法意识的恢复时期(1976—1982 年)

“文革”结束后，中国社会开始反思，民众开始思考国家体制的发展与法治化问题。1978 年《宪法》的颁布以及随后的两次修改过程中，民众积极参与修宪过程。修改小组曾收到来自民众的数百封来信，这些信函对修改宪法提出了各种意见，表现了民众极大的政治热情。[③] 1978 年 3 月 1 日，叶剑英在第五届全国人民代表大会第一次会议上关于修改宪法的报告中指出：“为了动员和依靠广大人民群众的力量来保证宪法的实施，当前应当结合深入揭批‘四人帮’在全国进行一次普遍的宪法宣传教育。”[④] 1978 年《宪法》颁布之后，全国各地普遍开展了对宪法的宣传活动。1978 年 4 月 13 日，中共中央发出《关于在全国普遍进行一次新宪法宣传教育的通知》，指出“五届人大通过的新宪法，是我国社会主义革命和社会主义建设新时期法治国家的总章程”。

1982 年 4 月 26 日，五届全国人大常委会第二十三次会议通过了《关于公布

① “四大自由”指“文革”期间的“大鸣、大放、大辩论、大字报”四种公民权利，“四大自由”曾被写入 1975 年《中华人民共和国宪法》。

② 王培英：《中国宪法文献通编》，中国民主法制出版社 2007 年版，第 188 页。

③ 《许崇德全集》(第 7 卷)，中国民主法制出版社 2009 年版，第 2284 页。

④ 叶剑英：《关于修改宪法的报告——一九七八年三月一日在中华人民共和国第五届全国人民代表大会第一次会议上的报告》，载《红旗》1978 年第 3 期。

〈中华人民共和国宪法修改草案〉的决议》,交付全国各族人民讨论。宪法修改草案公布之后,立即掀起了全民学习和讨论宪法的热潮。宪法草案的讨论,全国有几亿人参加。在时间上,这次讨论比 1954 年《宪法》草案的全民讨论还延长了一个月。规模之大,群众热情之高,都是十分感人的。① 可见,1982 年《宪法》修改前后,民众在积极参与宪法草案讨论过程中深切感悟了宪法精神,恢复并提升了宪法意识。

第三节　1982 年《宪法》实施以来公民宪法意识的演变

1982 年《宪法》颁布实施以后,在发展社会主义民主、加快社会主义法治建设的大背景下,民众的宪法意识逐步得以强化,而如何深入考察公民宪法意识的深层结构成为宪法学研究的重大课题。早在 1985 年有学者就提出:我们在宪法学的研究中,大都停留在对宪法的静态研究阶段,注重对宪法条文本身的诠释、阐发,忽视研究宪法制定以后在实际中的作用和发展;重视定性分析,忽视定量分析。对此,该学者曾于 1985 年 3 月 4 日到 3 月 18 日,在北京 5 个区县和 14 个单位进行了公民宪法意识的问卷调查,为较科学、全面地了解我国宪法实施状况和公民的宪法意识提供了可贵的一手资料。②而反观当前宪法学研究,"重视定性分析,忽视定量分析"的现象尽管有所改善,但仍然存在。

基于公民宪法意识在宪法发展和法治国家建设中发挥的重要作用,笔者分别在 2002 年、2007 年、2012 年、2017 年每隔四年进行了四次关于公民宪法意识的调查,通过 2017 年调查的数据与 2002 年、2007 年、2012 年三次数据③的对比,可以直观地考察 15 年来中国公民宪法意识变化的总体情况,并通过分析公民宪法意识变迁背后所潜含的政治、经济和文化等因素,探讨法治国家建设的未来图景。

一、2017 年调查数据分析

2017 年的调查从 2017 年 5 月开始准备,调查区域涉及北京、上海、山东、陕西等地。截至 2017 年 8 月,共收回有效问卷 233 份。在问卷的整理过程中,我们采用四舍五入法保留整数。本次问卷调查被调查对象的年龄、文化程度、民族成分、

---

① 许崇德:《中华人民共和国宪法史》(下卷),福建人民出版社 2005 年版,第 449 页。

② 严显生:《公民宪法意识问题的调查报告》,载《北京大学学报》1985 年第 4 期。

③ 韩大元、王德志:《中国公民宪法意识调查报告》,载《政法论坛》2002 年第 6 期;韩大元、秦强:《社会转型中的公民宪法意识及其变迁——纪念现行宪法颁布 25 周年》,载《河南省政法管理干部学院学报》2008 年第 1 期。

职业及工作或居住地构成如下[①]。(见表1-1、表1-2、表1-3、表1-4、表1-5)

表1-1　被调查对象的年龄

年龄	15～20岁	21～25岁	26～30岁	31～40岁	41～50岁	51岁及以上
人数	53	33	58	57	23	9
比例	23%	14%	25%	24%	10%	4%

表1-2　被调查对象的文化程度

文化程度：A.小学　B.初中　C.高中或中专　D.大学　E.硕士研究生　F.博士研究生

文化程度	A	B	C	D	E	F
人数	1	7	18	96	62	49
比例	1%	3%	8%	41%	26%	21%

表1-3　被调查对象的民族成分

民族成分	汉族	少数民族
人数	214	19
比例	92%	8%

表1-4　被调查对象的职业

职业：A.公务员　B.教师　C.学生　D.律师或律师助理　E.个体私营人员　F.普通职员　G.务农　H.其他

职业	A	B	C	D	E	F	G	H
人数	25	46	90	22	7	19	2	22
比例	11%	20%	39%	9%	3%	8%	1%	9%

表1-5　被调查对象的工作或居住地

工作或居住地	直辖市	省会或较大市	中小城市	小城镇	农村
人数	88	52	66	19	8
比例	38%	22%	28%	8%	4%

① 在统计过程中,我们发现有些问卷对于性别、年龄、文化程度、民族成分、工作或职业、居住地的填写有个别遗漏,但对问卷整体的有效性影响不大。此外,需要说明的是,问卷共设置了47个问题,由于有些问题比较相近,我们选择了其中31个具有代表性的问题进行分析。

(一)公民的宪法知识

1.宪法的制定与修改

题一,您知道现行宪法是哪一年颁布的?(　　)

A.1978 年　　B.1982 年　　C.1988 年　　D.1993 年　　E.不清楚

表 1-6　题一调查结果

A	B	C	D	E
7%	65%	3%	6%	19%

题一的调查结果显示,有 65%的民众知道现行宪法的颁布时间,但仍有三成以上的民众对宪法的颁布时间漠不关心或无从了解。(见表 1-6)

题二,我国现行宪法通过以来,您知道共进行过几次修改?(　　)

A.一次　　B.两次　　C.三次　　D.四次　　E.没有修改

F.不清楚

表 1-7　题二调查结果

A	B	C	D	E	F
1%	4%	13%	56%	1%	25%

自 1982 年《宪法》颁布以来,我国对 1982 年《宪法》进行了 4 次修改,形成了 31 条宪法修正案。宪法的修改是国家政治生活中的大事,题二意在了解民众对宪法修改的关注程度。调查结果显示,有 56%的民众知道宪法经过了 4 次修改,仍有四成以上的民众对于宪法修改情况回答不正确或不清楚。(见表 1-7)

题三,"人格尊严不受侵犯"是哪一年写入我国宪法的?(　　)

A.1954 年　　B.1975 年　　C.1978 年　　D.1982 年　　E.不清楚

表 1-8　题三调查结果

A	B	C	D	E
11%	3%	8%	47%	31%

人格尊严是权利主体宪法地位的基础,集中反映了宪法所维护的人权价值。现行宪法基于"文化大革命"任意侵犯公民人格尊严的教训而特别增加了人格尊严不受侵犯的条文,体现了对人权的尊重。题三意在考察民众对于人格尊严入宪的关注程度。调查结果显示,有 47%的民众作出了正确选择,有一半以上的民众回答不正确或不清楚。(见表 1-8)

题四,您是否知道私营经济的合法地位写入宪法的时间?(　　)

A.1982 年　　B.1988 年　　C.1993 年　　D.1999 年　　E.不清楚

表 1-9 题四调查结果

A	B	C	D	E
13%	22%	18%	10%	37%

1988年《宪法》修正案增加规定了私营经济的宪法地位。这一修宪内容与民众生活密切相关，题四意在考察民众对于关系其日常生活的宪法修改问题的关注程度。调查结果显示，有22%的民众认为私营经济的合法地位是在1988年写入宪法的，有七成以上的民众回答不正确或不清楚。（见表1-9）

通过对上述四个问题的考察，我们发现，民众在宪法的制定和修改方面的知识了解程度整体上有待提高，对四个问题回答的平均正确率不到50%。此外，我们发现民众对于宪法的制定时间和修改次数的了解程度相对较高，正确率接近50%，而对于宪法制定和修改方面相对具体内容的了解程度相对较低。

2.公民基本权利

题一，我国公民享有选举权和被选举权的法定年龄是？（　　）

A.16周岁　B.18周岁　C.20周岁　D.22周岁　E.不清楚

表 1-10 题一调查结果

A	B	C	D	E
4%	88%	2%	1%	5%

题一意在考察公民对于选举的熟悉程度。调查结果显示，有接近九成的民众作出了正确选择。（见表1-10）

题二，您认为，下列哪一个属于宪法规定的基本权利？（　　）

A.著作权　B.债权　C.平等权　D.专利权　E.不清楚

表 1-11 题二调查结果

A	B	C	D	E
4%	3%	87%	2%	4%

平等权是公民的一项基本权利，也是立法、执法和司法的基本原则，在现行宪法中被置于基本权利的首位。题二意在考察民众对于平等权作为宪法规定的基本权利的了解程度。调查结果显示，有接近九成的民众作出了正确选择。（见表1-11）

通过上述两个问题的考察，可以发现公民在基本权利的基础知识方面处于较高的水平，但同时也发现公民关于基本权利的知识往往与其他部门法中的相关知识之间存在着诸多混淆，仍有可提高的空间。

3.国家机构

题一，您认为，人民代表大会是国家的什么机关？(　　)

A.审判机关　　B.检察机关　　C.行政机关
D.权力机关　　E.立法机关　　F.不清楚

表 1-12　题一调查结果

A	B	C	D	E	F
1%	1%	5%	62%	28%	3%

题一主要考察公民对于人民代表大会在国家机构体系中的地位的认识。调查结果显示，有九成民众认为人民代表大会是国家的权力机关或国家的立法机关。(见表 1-12)

题二，中华人民共和国的国家主席由下列哪一个机构产生？(　　)

A.由中共中央委员会选举　　B.由全国人民代表大会选举
C.由选民直接选举　　D.由国务院选举　　E.不清楚

表 1-13　题二调查结果

A	B	C	D	E
9%	83%	1%	2%	5%

题二的设计是想通过调查国家主席的产生途径，考察公民对国家主席这一国家机构的了解和熟悉程度。调查结果显示，有 83%的民众认为我国国家主席是由全国人民代表大会选举产生。(见表 1-13)

题三，您认为，下列哪些机关属于我国宪法上规定的国家机关？(可多选)(　　)

A.人大　　B.政府　　C.党委　　D.法院
E.政协　　F.检察院　　G.纪委　　H.不清楚

表 1-14　题三调查结果

A	B	C	D	E	F	G	H
80%	81%	20%	82%	30%	83%	19%	4%

题三意在调查民众对于宪法规定的国家机关的了解程度。调查显示，民众认为宪法上的国家机关包括人大、政府、法院、检察院的分别约占 80%、81%、82%、83%。(见表 1-14)

通过上述三个问题的考察，我们发现民众对于上述问题回答的平均正确率为80%以上，这说明民众对于宪法规定的国家机构的了解程度比较高。

4.国际人权公约

题一，全国人大常委会在2001年批准加入了下列哪个人权公约？（　　）

A.《世界人权宣言》　　B.《经济、社会及文化权利国际公约》

C.《儿童权利国际公约》　　D.《公民权利和政治权利国际公约》

E.不清楚

表 1-15　题一调查结果

A	B	C	D	E
18%	21%	3%	26%	33%

我国分别于1997年和1998年签署加入了《经济、社会及文化权利国际公约》和《公民权利和政治权利国际公约》，全国人大常委会于2001年2月28日批准了《经济、社会及文化权利国际公约》，该公约已在我国生效。调查结果显示，仅有21%的民众对此作出了正确的选择，多数民众对此不清楚或无从了解。（见表1-15）

通过上述数据的分析，我们发现公民的宪法知识结构在总体上呈现出参差不齐的特点：有关宪法的制定和修改的知识方面，公民的宪法意识仍处于较低的水平；有关基本权利与国家机构的知识方面，公民的宪法意识比较高；有关国际人权公约的知识方面，公民的宪法意识相对薄弱。

（二）公民的宪法理念

1.宪法的本质

题一，下列关于宪法的说法中，您同意哪几种？（可多选）（　　）

A.宪法是用来规范和约束政府权力，并保护公民权利的法

B.执政党要服从宪法，不能有超越宪法的权力

C.宪法必须进入诉讼领域，成为法院判案的依据

D.依法治国、依法执政中的“法”，指的首先是宪法，其次才是一般的法律

表 1-16　题一调查结果

A	B	C	D
86%	85%	40%	87%

选项A的设置意在考察公民对现行宪法本质的认识。调查结果显示，有86%的民众认为宪法是用来规范和约束政府权力，并保护公民权利的法。

选项B的设置意在考察公民对执政党与宪法关系的理解。调查结果显示，有85%的被调查者认为执政党要服从宪法，不能有超越宪法的权力。这说明，多数民众对执政党与宪法之间的关系认识比较准确。

在我国，宪法之外的其他法律可以进入诉讼，成为法官的裁判依据，而对于宪法能否进入诉讼，学界争议很大。[①]选项C的设置意在考察民众对于宪法进入诉讼领域的认同度。调查结果显示，有40%的被调查者认为宪法必须进入诉讼领域，成为法院判案的依据。

1999年3月15日，九届全国人大二次会议通过宪法修正案，把“中华人民共和国实行依法治国，建设社会主义法治国家”写入了《宪法》第5条。选项D的设置意在考察民众对于宪法在依法治国和依法执政中地位的理解。调查结果显示，有87%的被调查者认为依法治国、依法执政中的“法”，指的首先是宪法，其次才是普通法律。可见，依法治国首先是依宪治国，依法执政首先是依宪执政的理念正成为大家的共识。（见表1-16）

2.权力的来源与规制

题一，您认为，国家机关行使的权力是谁授予的？（　　）

A.执政党　　B.人民　　C.国务院　　D.上一级国家机关

E.不清楚

表1-17　题一调查结果

A	B	C	D	E
2%	84%	8%	2%	4%

本题主要考察民众对国家机关权力来源的认识程度。调查结果显示，有84%的民众认为国家机关的权力是人民授予的。（见表1-17）

题二，您认为，在我国存在权力腐败的主要原因是什么？（可多选）（　　）

A.封建传统的影响　　B.生产力发展水平低

C.权力缺乏制约　　D.外国腐朽思想的渗透

E.有些干部自身素质差　　F.公民的民主意识不强

G.公务员待遇太低　　H.发展市场经济的负面效应

① 王振民：《我国宪法可否进入诉讼》，载《法商研究》1999年第5期；翟小波：《代议机关至上，还是司法化？》，载《中外法学》2006年第4期。

表 1-18 题二调查结果

A	B	C	D	E	F	G	H
46%	18%	86%	18%	67%	55%	19%	36%

题三，您认为，发挥宪法作用与惩治腐败之间有没有联系？（ ）

A.有联系　B.有一定联系　C.基本没有联系

D.没有联系　E.不清楚

表 1-19 题三调查结果

A	B	C	D	E
68%	23%	3%	2%	4%

在现实生活中，我国宪法确立的权力监督制约原则没有得到有效落实，宪法制度的防腐功能也没有得到充分发挥。

题二的调查结果显示，八成以上民众认为我国存在权力腐败首要原因是权力缺乏制约，而题三的调查结果显示，有接近九成的民众认为发挥宪法作用与惩治腐败之间有联系或有一定的联系。（见表 1-18、表 1-19）

（三）公民的宪法需求

1.公民对宪法重要性的认同

题一，您有没有读过我国《宪法》文本？（ ）

A.完整读过　B.读过一部分　C.没读过，但了解一些内容

D.没读过，不太了解

表 1-20 题一调查结果

A	B	C	D
37%	28%	13%	22%

宪法文本是宪法规范与宪法价值的载体，尊重宪法，必须从重视宪法文本开始。本题意在通过调查公民阅读宪法文本的情况，考察公民对宪法的重视程度。调查结果显示，有 37%的民众完整地读过宪法文本，有 28%的民众只读过宪法文本的一部分，还有 13%的民众尽管没有读过宪法文本，但了解一些内容，有 22%的民众没读过宪法文本，也不了解宪法的内容。（见表 1-20）

题二，您认为，与您日常生活联系最密切的法律是？（ ）

A.民法　B.刑法　C.诉讼法　D.劳动法　E.宪法

F.行政法　G.不清楚

表 1-21　题二调查结果

A	B	C	D	E	F	G
59%	4%	2%	15%	9%	6%	5%

本题意在考察公民对宪法与日常生活密切程度的认知。调查结果显示，有74%的民众认为民法或劳动法是与生活关系最密切的法律，有9%的民众认为宪法是与生活最密切的法律，有6%的民众认为行政法与其日常生活关系最为密切，选择刑法和诉讼法的各有4%和2%，有5%的民众对此不清楚。（见表 1-21）

2.公民对基本权利的需求

题一，下列权利中，哪种对您来说是最重要的？（可多选）（　　）

A.财产权　　B.选举权　　C.人身自由　　D.人格尊严
E.平等权　　F.言论自由　　G.受教育权　　H.劳动权

表 1-22　题一调查结果

A	B	C	D	E	F	G	H
73%	52%	83%	72%	72%	70%	65%	51%

本题意在通过公民对最重要的宪法权利的选择情况，考察当前公民最关切的权利与最迫切的权利需求。调查结果显示，民众认为较为重要的权利为人身自由、财产权、平等权、人格尊严和言论自由。（见表 1-22）

题二，您是否同意这种观点：我国宪法应当加大对公民个人财产权的保护力度，像保护公共财产一样保护公民的个人财产。（　　）

A.同意　　B.基本同意　　C.不太同意　　D.不同意　　E.不清楚

表 1-23　题二调查结果

A	B	C	D	E
69%	19%	5%	3%	4%

调查结果显示，公民对于个人财产权的保护有较高需求，有接近九成的民众认为我国宪法应当加大对公民个人财产权的保护力度，像保护公共财产一样保护公民的个人财产。（见表 1-23）

题三，在一些拆迁事件中，有的拆迁户手持《宪法》抵制拆迁，您怎么看待这种现象？（　　）

A.理解，非常支持　　B.理解，但不支持
C.不理解，没有实际作用　　D.无所谓

表 1-24　题三调查结果

A	B	C	D
43%	40%	12%	5%

本题意在考察民众对于直接依据《宪法》抵制拆迁行为的认同度。调查结果显示，有43%的人对于手持《宪法》抵制拆迁能够理解，并支持；有40%的民众认为能理解但并不支持；另外有12%的民众不理解，认为这没有实际作用；有5%的民众认为这无所谓。（见表1-24）

题四，如果您的基本权利受到侵犯，您认为应由哪个机关保护？（　　）

A.人大　　B.政府　　C.法院　　D.检察院　　E.不清楚

表 1-25　题四调查结果

A	B	C	D	E
13%	17%	57%	3%	10%

本题意在调查公民对于宪法规定的国家机关保障基本权利的认同程度。调查结果显示，有57%的民众对于法院保障公民的基本权利寄予很高的期待。此外，对于政府、人大和检察院的基本权利救济也抱有一定的期待，分别约占17%、13%和3%，有10%的民众表示不清楚。（见表1-25）

（四）公民的宪法评价

1.宪法发挥作用的整体评价

题一，您认为，现行《宪法》在国家生活、社会生活中发挥作用的情况如何？（　　）

A.好　　B.比较好　　C.比较差　　D.差　　E.不清楚

表 1-26　题一调查结果

A	B	C	D	E
8%	23%	34%	15%	20%

接近一半的民众对宪法发挥作用的评价为差或比较差，说明宪法在国家和社会生活中并没有发挥应有的作用，存在诸多有待完善的地方。只有31%的民众认为宪法发挥了好或比较好的作用。可见，民众并没有完全否认宪法的作用，而是认为宪法在某些方面发挥了重要的作用。此外，有20%的民众不清楚宪法是否在国家和社会生活中发挥了作用，这说明宪法并没有完全进入民众的实际生活，宪法实施机制的实效性值得进一步反思。（见表1-26）

2.基本权利行使状况的评价

题一,您对我国公民行使民主权利,参与政治、经济和社会生活的状况,是否满意?( )

A.满意 B.比较满意 C.不太满意 D.不满意 E.不清楚

表 1-27 题一调查结果

A	B	C	D	E
6%	22%	33%	24%	15%

本题意在考察民众对于基本权利行使的总体评价。调查结果显示,仅有 6%的民众表示满意,有 22%的民众表示比较满意,有 33%的民众表示不太满意,有 24%的民众表示不满意,有 15%的民众表示不清楚。(见表 1-27)

题二,当您投票选举人大代表的时候,您了解候选人的情况吗?( )

A.非常了解 B.基本了解 C.不太了解 D.不了解

表 1-28 题二调查结果

A	B	C	D
3%	14%	40%	43%

本题意在考察民众对于候选人的了解程度。调查结果显示,仅有 17%左右的民众对于候选人非常了解或基本了解,有 83%的民众对于候选人不太了解或不了解。(见表 1-28)

题三,2011 年底,全国举行了新一届县(区)、乡(镇)两级人大代表的选举工作。您是否知道您所在选区新当选的人大代表的姓名?( )

A.知道全部代表姓名 B.知道个别代表姓名

C.一个也不知道 D.不关注

表 1-29 题三调查结果

A	B	C	D
5%	28%	45%	22%

本题意在考察民众对于当选的人大代表的基本情况的熟悉程度。调查结果显示,有 45%的民众不知道县(区)、乡(镇)人大代表的名字,知道个别代表名字的占 28%,仅有 5%的民众知道全部代表的名字,有 22%的民众对此表示不关注。(见表 1-29)

题四,据您所知,您所在选区的人大代表为本选区选民做了哪些有益的事情?( )

A.做了很多　　B.做了一些　　C.基本没做什么　　D.一点也没做
E.不清楚

表 1-30　题四调查结果

A	B	C	D	E
4%	13%	20%	8%	55%

本题意在考察民众对于人大代表履行职责状况的了解程度。调查结果显示，有4%的民众认为本选区人大代表为本选区选民做了很多有益的事情，有13%的民众认为做了一些，有20%的民众认为基本没做什么，有8%的民众认为一点也没做，有一半以上的民众对此并不清楚。（见表1-30）

3.基本权利保护状况的评价

题一，您觉得现行《宪法》在公民的具体权利保护方面有没有作用？（　　）

A.根本不起作用　　B.基本不起作用
C.作用不大　　D.作用很大
E.不清楚

表 1-31　题一调查结果

A	B	C	D	E
5%	21%	41%	20%	13%

本题意在考察民众对宪法在现实生活中保护公民基本权利的作用的认同程度。调查结果显示，有5%的民众认为宪法在公民基本权利保护方面根本不起作用，有21%的民众认为宪法在公民基本权利保护方面基本不起作用，有41%的民众认为宪法在基本权利保护方面作用不大，有20%的民众认为宪法在基本权利保护方面作用很大，有13%的民众表示不清楚。（见表1-31）

（五）公民对宪法发展的期待

宪法期待体现了公民对于完善宪法的展望，是公民宪法意识的重要组成部分。

题一，您认为，要让宪法更好地发挥作用，应当采取哪些措施？（可多选）（　　）

A.党和国家的重视　　B.全面修改、完善宪法
C.提高公民法律素质　　D.建立违宪审查机构
E.不清楚

表 1-32　题一调查结果

A	B	C	D	E
68%	38%	66%	72%	7%

上文的调查结果显示，我国宪法的实施状况并不理想，宪法在国家和社会生活中无法发挥其应有的最高法效力，必然会造成宪法的应然效力与实然地位之间的巨大的反差。对此，应当如何保障宪法实施呢？本题意在调查民众对于宪法发挥作用的展望。调查结果显示，有72%的民众认为应当建立违宪审查机构，有66%的民众认为应当提高公民的法律素质，有68%的民众认为党和国家应当重视起来，有38%的民众认为应当修改宪法、完善宪法，另外，有7%的民众对此不清楚。（见表1-32）

题二，如果再次修改宪法，您认为需要优先完善哪些内容？（　　）

A.人大制度　B.政党制度　C.精神文明建设　D.经济制度

E.立法制度　F.司法制度　G.选举制度　H.宪法监督制度

I.人权保护　J.基层群众自治制度

表 1-33　题二调查结果

A	B	C	D	E	F	G	H	I	J
36%	41%	33%	33%	37%	50%	41%	63%	63%	44%

本题意在考察民众对于宪法修改内容的展望。调查结果显示，公民认为最需要完善的依次为宪法监督制度（63%）、人权保护（63%）、司法制度（50%）、基层群众自治制度（44%）、政党制度（41%）、选举制度（41%）、立法制度（37%）、人大制度（36%）、精神文明建设（33%）、经济制度（33%）。（见表1-33）

题三，您认为，我国现行宪法应增加规定公民的罢工自由吗？（　　）

A.应当增加　B.不应当增加

C.是否增加没有实际作用　D.不清楚

表 1-34　题三调查结果

A	B	C	D
49%	19%	18%	14%

题四，您认为，我国现行宪法应增加规定公民的迁徙自由吗？（　　）

A.应当增加　B.不应当增加

C.是否增加没有实际作用　D.不清楚

表 1-35 题四调查结果

A	B	C	D
64%	10%	13%	13%

题三和题四意在考察民众对于罢工自由和迁徙自由入宪的期待。调查结果显示,有49%的民众认为宪法应当增加规定公民的罢工自由,有19%的民众认为不应当增加,有18%的民众认为是否增加没有实际作用,有14%的民众不清楚。(见表1-34)

对于现行宪法是否应增加规定公民的迁徙自由,有64%的民众认为宪法应当增加规定公民的迁徙自由,有10%的民众认为不应当增加,有13%的民众认为是否增加没有实际作用,有13%的民众不清楚。(见表1-35)

题五,您认为,在普及宪法知识、提高宪法意识方面,国家应该采取哪些方式?(可多选)(　　)

A.向社会免费发放宪法文本　　B.设定国家宪法日或宪法节
C.定期进行公民宪法意识调查　　D.举办大型普法活动

表 1-36 题五调查结果

A	B	C	D
68%	72%	70%	75%

本题意在考察民众对于宪法知识普及的看法。调查结果显示,有68%的民众认为有关部门应当向社会免费发放宪法文本,有72%的民众认为应当设定国家宪法日或宪法节,有70%的民众认为应当定期进行公民宪法意识调查,有75%的民众认为应当举办大型普法活动。(见表1-36)

二、公民宪法意识变迁的比较(2002—2017年)

通过对2017年的问卷调查的分析,可以对我国公民的宪法意识的现状有一个基本的了解。而从2002年到2017年这15年间,公民的宪法意识有哪些变化?为了回答这一问题,我们试图通过将2017年的问卷数据与2002年、2007年、2012年的相关问卷数据进行比较,力求分析社会变迁15年之间公民宪法意识变化的情况。

(一)公民宪法知识掌握情况的变迁

1.宪法的制定与修改

题一,您知道现行宪法是哪一年颁布的?

题二,我国现行宪法通过以来,您知道共进行过几次修改?

题三,“人格尊严不受侵犯”是哪一年写入我国宪法的?

题四,您是否知道私营经济的合法地位写入宪法的时间?

表 1-37　15 年间民众选择正确率的对比表

年份	题一	题二	题三	题四
2002	73%*	29%	27%	23%
2007	68%	47%	—	—
2012	49%	48%	40%	20%
2017	65%	56%	47%	22%

* 章渔:《根植宪法意识》,载《人民政坛》2002 年第 12 期。

题一的调查结果显示,2002 年到 2012 年 10 年间,民众对于现行宪法颁布时间的认知呈现薄弱化趋势;从 2012 年到 2017 年 5 年间,民众对于现行宪法颁布时间的认知有所回升。

题二的调查结果显示,从 2002 年到 2017 年,公民对宪法修改的关注呈现出稳步上升的较好态势。其中,2002 年到 2007 年公民对宪法修改的认知进步明显的一个重要的原因是,2004 年《宪法》修改所引发的民众对于宪法修改基本知识的关注度有所提高。

题三的调查结果显示,民众对于人格尊严入宪的认知程度有了明显的进步和提高。

题四的调查结果显示,民众对于私营经济合法地位入宪的重要性的认识一直处于较低的水平。(详见表 1-37)

2.基本权利

题一,我国公民享有选举权和被选举权的法定年龄是多少?

题二,您认为,下列哪一个属于宪法规定的基本权利?(正确答案为平等权)

表 1-38　15 年间民众选择正确率的对比表

年份	题一	题二
2002	86%	81%
2007	92%	—
2012	79%	78%
2017	88%	87%

题一的调查结果显示,民众对于选举年龄的认知在整体上处于较高的水平。从 2002 年到 2007 年明显进步,随后的 5 年间有所下滑,在近 10 年间呈现上升

趋势。

题二的调查结果显示,近5年民众对于平等权的认知有所进步。(见表1-38)

3.国家机构

题一,您认为,人民代表大会是国家的什么机关?

题二,中华人民共和国的国家主席是由哪一个机关产生?

题三,您认为,下列哪些机关属于我国宪法上规定的国家机关?(可多选)

表1-39　15年间民众选择正确率的对比表

年份	题一	题二	题三(选择人大)*
2002	84%	81%	—
2007	87%	84%	79%
2012	75%	85%	68%
2017	90%	83%	80%

* 2007年的调查结果显示,认为宪法上的国家机关包括党委、政协和纪委的民众分别占12%、26%、8%;2012年的调查结果显示,认为宪法上的国家机关包括党委、政协和纪委的民众分别占23%、36%、25%;2017年的调查结果显示,认为宪法上的国家机关包括党委、政协和纪委的民众分别占20%、19%、30%。

题一的调查结果显示,多数民众对于人民代表大会性质的认识比较准确。从2002年到2007年,民众的认知正确率提升了3%,从2007年到2012年民众的认知正确率有所下滑,近5年有明显进步。

题二的调查结果显示,民众对于国家主席的产生方式的认知一直保持较高的水平。

题三的调查结果显示,2007年到2012年,民众对于党委和纪委在宪法体制中地位的认知错误率增加,并在近5年维持稳定,这说明应进一步理顺党委和政府的职权界限。(详见表1-39)

4.国际人权公约

题一,全国人大常委会在2001年批准加入了下列哪个人权公约?

表1-40　15年间民众选择正确率的对比表

年份	题一
2002	10%
2012	16%
2017	21%

可见,15 年来,民众整体上对于国际公约的认知尽管有所进步,但整体上仍处于较低的水平。(见表 1-40)

(二)公民宪法理念的变迁

题一,下列关于宪法的说法中,您同意哪几种?(可多选)(　　)

A.宪法是用来规范和约束政府权力,并保护公民权利的法

B.宪法必须进入诉讼领域,成为法院判案的依据

表 1-41　15 年间民众选择对比表

年份	A	B
2002	78%	73%
2007	80%	55%
2012	80%	40%
2017	86%	40%

选择 A 的比较显示,多数民众对于宪法功能的认识是较准确的,初步确立了立宪主义的基本理念,为我国宪法实施打下了良好的群众基础。

选择 B 的比较显示,民众对于宪法进入诉讼领域的期许逐步消减,但尚未破灭,仍有大约 2/5 的被调查者认为宪法应当进入诉讼,成为法院判案的依据。(见表 1-41)

题二,您认为,国家机关行使的权力是谁授予的?(　　)

A.执政党　　B.人民　　C.国务院　　D.上一级国家机关

E.不清楚

表 1-42　10 年间民众选择对比表

年份	A	B	C	D	E
2007	11%	74%	10%	4%	1%
2012	6%	67%	21%	3%	3%
2017	2%	84%	8%	2%	4%

题二的调查结果显示,近 5 年来,民众对于人民主权原理的认同度有较大提升,将国务院作为国家机关权力的授予机关的民众比率下降明显。民众能够比较准确地把握宪法上党和人民之间的关系。(见表 1-42)

题三,您认为,在我国存在权力腐败的主要原因是什么?(　　)

A.封建传统的影响　　B.生产力发展水平低

C.权力缺乏制约　　D.外国腐朽思想的渗透

E.有些干部自身素质差　　F.公民的民主意识不强

G.公务员待遇太低　　H.发展市场经济的负面效应

表1-43　15年间民众选择对比表

年份	A	B	C	D	E	F	G	H
2002*	10%	10%	51%	1%	7%	3%	2%	3%
2012	14%	9%	53%	1%	8%	5%	2%	8%
2017	46%	18%	86%	18%	67%	55%	19%	36%

* 问卷过程中有回答遗漏的情况，而计算比例时是以所有的534份问卷为总体进行计算的，因此，比例总和与100%之间误差较大。

题三的调查结果显示，近5年，民众对于腐败问题的根源在于权力缺乏制约的认识大幅度提升，说明国家权力运行中……，权力制约制度仍然缺乏实效性。（见表1-43）

题四，您认为，发挥宪法作用与惩治腐败之间有没有联系？（　　）

A.有联系　B.有一定联系　C.基本没有联系　D.没有联系　E.不清楚

表1-44　15年间民众选择对比表

年份	A	B	C	D	E
2002*	46%	36%	7%	4%	8%
2012	51%	38%	6%	2%	3%
2017	68%	23%	3%	2%	4%

* 在百分比的计算过程中，取整数出现误差。

题四的调查结果显示，近5年，宪法规范和约束国家权力的功能并没有得到有效发挥，民众对于依靠宪法惩治腐败寄予较高期待。（见表1-44）

通过分析，我们发现，15年间，民众在宪法理念层面，依然坚守着立宪主义的基本理念，多数民众认为宪法是限制国家权力、保障公民基本权利的法，国家权力来自人民，并且对于运用宪法力量惩治腐败的期望越来越高。同时，我们也发现，近年来，宪法迟迟未能进入诉讼领域，成为法院审判的依据，民众的期待有所消减。

（三）公民宪法需求的变迁

1.对宪法重要性认识的变迁

题一，您有没有读过我国《宪法》文本？（　　）

A.完整读过　　B.读过一部分

C.没读过，但了解一些内容　　　　D.没读过，不太了解

表 1-45　10 年间民众选择对比表

年份	A	B	C	D
2007*	45%	—	—	—
2012	19%	38%	22%	21%
2017	37%	28%	13%	22%

*2007 年问卷调查的问题为：您家里有没有我国现行《宪法》文本？您有没有完整地读过我国《宪法》文本？A. 有，完整地读过；B. 有，没有完整地读过；C. 没有，完整地读过；D. 没有，没有完整地读过。我们取完整读过宪法文本的数据，即选择 A(29%)与选择 C(16%)的数据总和与 2012 年的数据进行比较。参见韩大元、秦强：《社会转型中的公民宪法意识及其变迁——纪念现行宪法颁布 25 周年》，载《河南省政法管理干部学院学报》2008 年第 1 期。

调查结果显示，近 5 年以来，民众对于《宪法》文本的重视程度逐步提升，但仍有较大的提升空间。对此，有必要通过各种途径弘扬《宪法》价值、普及《宪法》知识。比如，可通过向公民赠送《宪法》文本、鼓励公民阅读《宪法》文本等方式，让民众感悟宪法精神，提升民众对《宪法》文本的重视程度。(见表 1-45)

题二，您认为，与您日常生活联系最密切的法律是？(　　)

A.民法　B.刑法　C.诉讼法　D.劳动法　E.宪法　F.行政法　G.不清楚

表 1-46　10 年间民众选择对比表

年份	A	B	C	D	E	F	G
2007*	76%	3%	—	—	10%	7%	4%
2012	56%	3%	3%	24%	8%	4%	2%
2017	59%	4%	2%	15%	9%	6%	5%

*2007 年问卷调查的问题为：您认为与您日常生活联系最密切的法律是？A. 民法；B. 刑法；C. 宪法；D. 行政法；E. 不清楚。其中未设置“诉讼法”与“劳动法”两项。

调查结果显示，近 5 年以来，民众对于宪法重要性的认识一直不够充分，这与宪法在社会生活中没有得到有效实施密切相关。我们应更加注重宪法的实施，完善宪法监督体制和程序，提高公民对宪法重要性的认识，树立宪法权威。(见表 1-46)

题三，在一些拆迁事件中，有的拆迁户手持《宪法》抵制拆迁，您怎么看待这种现象？(　　)

A.理解，非常支持　　　　B.理解，但不支持

C.不理解，没有实际作用　　　　D.无所谓

表 1-47　10 年间民众选择对比表

年份	A	B	C
2007*	56%	32%	6%
2012	34%	61%	5%
2017	43%	52%	5%

* 问卷过程中有回答遗漏的情况，而计算比例时是以所有的 414 份问卷为总体进行计算的，因此，比例总和与 100%之间有一定误差。

调查结果显示，近 5 年来，民众对于依靠宪法维权有所期待，呈现上升趋势。但面对各种非法拆迁，公民的私有财产权没有得到应有的宪法保护，仍有五成以上的民众对依宪法维权逐步失去信心。（见表 1-47）

2.公民基本权利需求的变迁

题一，下列权利中，哪种对您来说是最重要的？（　　）

A.经济权利　　B.政治权利　　C.人身自由

表 1-48　10 年间民众选择对比表

年份	A	B	C
2007(不可多选)	4%	20%	76%
2012(可多选)	59%	57%	72%
2017(可多选)	73%	70%	83%

题二，您是否同意这种观点：我国宪法应当加大对公民个人财产权的保护力度，像保护公共财产一样保护公民的个人财产。（　　）

A.同意　　B.基本同意　　C.不太同意　　D.不同意　　E.不清楚

表 1-49　15 年间民众选择对比表

年份	A	B	C	D	E
2002*	59%	20%	4%	2%	5%
2012	63%	25%	6%	3%	3%
2017	69%	19%	5%	3%	4%

* 问卷过程中有回答遗漏的情况，而计算比例时是以所有的 534 份问卷为总体进行计算的，因此，比例总和与 100%之间误差较大。

调查结果显示，人身自由一直是公民最为关切的基本权利，公民对于财产权等经济权利的关切程度也迅速上升，甚至超越了对政治权利的关切程度。这一方面说明国家对于公民的人身自由的保障仍需加强，另一方面说明公民对于财产权等经济权利保护的危机感和需求同步上升，要求国家有所作为。（见表 1-48、见表 1-49）

(四)公民宪法评价的变迁

1.宪法发挥作用的整体评价变迁

题一，您认为，现行宪法在国家生活、社会生活中发挥作用的情况如何？（　　）

A.好　　B.比较好　　C.比较差　　D.差　　E.不清楚

表 1-50　15 年间民众选择对比表

年份	A	B	C	D	E
2002*	5%	34%	26%	17%	17%
2007**	6%	19%	38%	12%	10%
2012	13%	25%	33%	15%	14%
2017	8%	23%	34%	15%	20%

* 在百分比的计算过程中，取整数出现误差。

** 问卷过程中有回答遗漏的情况，而计算比例时是以所有的 414 份问卷为总体进行计算的，因此，比例总和与 100%之间有一定误差。

调查结果显示，近 5 年来，民众对于宪法实施状况的评价，评价为“好”与“比较好”的比例总体呈下降趋势，有接近一半的民众对于宪法实施状况并不满意，有相当比例的民众对于宪法实施状况不清楚，而如何保障“纸上的宪法”变成“现实的宪法”，如何让宪法在现实生活中发挥作用，让民众感受到宪法的存在是值得关注的重大问题。（见表 1-50）

2.基本权利行使状况的评价

题一，您对我国公民行使民主权利，参与政治、经济和社会生活的状况，是否满意？（　　）

A.满意　　B.比较满意　　C.不太满意　　D.不满意　　E.不清楚

表 1-51　15 年间民众选择对比表

年份	A	B	C	D	E
2002*	6%	21%	33%	33%	6%
2012	14%	16%	33%	29%	8%
2017	6%	22%	33%	24%	15%

* 在百分比的计算过程中，取整数出现误差。

调查结果显示，15年以来，民众对于行使民主权利，参与政治、经济和社会生活状况的满意或比较满意的比例一直处于较低的水平上。（见表1-51）

题二，当您投票选举人大代表的时候，您了解候选人的情况吗？（　　）

A.非常了解　　B.基本了解　　C.不太了解　　D.不了解

表1-52　15年间民众选择正确率的对比表

年份	A	B	C	D
2002*	1%	16%	31%	48%
2007**	2%	12%	30%	45%
2012	1%	21%	30%	48%
2017	3%	14%	40%	43%

* 问卷过程中有回答遗漏的情况，而计算比例时是以所有的534份问卷为总体进行计算的，因此，比例总和与100%之间误差较大。

** 问卷过程中有回答遗漏的情况，而计算比例时是以所有的414份问卷为总体进行计算的，因此，比例总和与100%之间有一定误差。

调查结果显示，近15年来，选举人对于候选人的了解并没有随着选举制度的进步和发展而得到改善。对候选人的不了解必然导致选举人投票的随意性和盲目性，民主选举的价值便大打折扣。（见表1-52）

题三，您是否知道您所在选区新当选的人大代表的姓名？（　　）

A.知道全部代表姓名　　B.知道个别代表姓名　　C.一个也不知道

D.不关注

表1-53　15年间民众选择对比表

年份	A	B	C	D
2002*	2%	—	41%	—
2007**	1%	31%	46%	—
2012	3%	39%	42%	16%
2017	5%	28%	45%	22%

*2002年问卷调查的问题为：您知道您那个选区的人大代表的名字吗？A. 知道全部；B. 知道大部分；C. 知道少部分；D. 知道个别代表；E. 一个也不知道。其中，党政机关工作人员、事业单位工作人员和法律工作者知道个别代表姓名的比例分别为26%、34%、23%。

**2007年问卷调查的问题为：您知道您那个选区的人大代表的名字吗？A. 知道全部；B. 知道大部分；C. 知道少部分；D. 知道个别代表；E. 一个也不知道。在选项设置上与2002年相同，但与2012年的问卷调查选项设置有所不同。

调查结果显示，15年来，我国区、乡的人大代表与选民之间缺少联系的基本状况并没有得到改善，多数民众不知道人大代表的名字，而如何加强人大代表和选民之间的良性沟通、如何让人大代表真正成为选民利益的代言人是完善人民代表大会制度的关键。（见表1-53）

题四，据您所知，您所在选区的人大代表为本选区选民做了哪些有益的事情？（　　）

A.做了很多　　B.做了一些　　C.基本没做什么　　D.一点也没做

E.不清楚

表1-54　15年间民众选择对比表

年份	A	B	C	D	E
2002	1%	21%	14%	10%	54%
2007*	2%	14%	17%	6%	54%
2012	11%	14%	18%	9%	48%
2017	4%	13%	20%	8%	55%

* 问卷过程中有回答遗漏的情况，而计算比例时是以所有的414份问卷为总体进行计算的，因此，比例总和与100%之间有一定误差。

调查结果显示，15年来，民众对于人大代表工作成绩的评价较低，有部分民众对于人大代表的工作并不满意，有一半以上的民众对人大代表是否做了有益的事并不清楚。这说明有些人大代表并没有密切联系选民，反映选民诉求。（见表1-54）

3.基本权利保护状况的评价变迁

题一，您觉得，现行宪法在公民的具体权利保护方面有没有作用？（　　）

A.根本不起作用　　B.基本不起作用　　C.作用不大　　D.作用很大

E.不清楚

表1-55　10年间民众选择比表

年份	A	B	C	D	E
2007*	5%	14%	51%	19%	7%
2012	5%	17%	48%	24%	6%
2017	5%	21%	41%	20%	13%

*问卷过程中有回答遗漏的情况，而计算比例时是以所有的414份问卷为总体进行计算的，因此，比例总和与100%之间有些误差。

上述调查结果显示，10年来，民众对于宪法保护公民基本权利发挥的作用并不满意，现行宪法需要进一步完善和落实基本权利的救济制度。（见表1-55）

（五）公民宪法期待的变迁

题一，您认为，要让宪法更好地发挥作用，应当采取哪些措施？（可多选）（　　）

A.党和国家的重视　　B.全面修改、完善宪法　　C.提高公民法律素质
D.建立违宪审查机构　　E.不清楚

表1-56　15年间民众选择对比表

年份	A	B	C	D	E
2007	49%	36%	58%	66%	8%
2012	65%	47%	70%	72%	14%
2017	68%	38%	66%	72%	7%

调查结果显示，10年来，民众对于推进社会主义法治国家建设抱着越来越强烈的期待，并且，越来越多的民众认为要让宪法更好地发挥作用，需要党和国家的重视、建立违宪审查机构，多数民众认为必须提高公民法律素质。（见表1-56）

题二，如果再次修改宪法，您认为需要优先完善哪些内容？（可多选）（　　）

A.人大制度　　B.政党制度　　C.精神文明建设　　D.经济制度
E.立法制度　　F.司法制度　　G.选举制度　　H.宪法监督制度
I.人权保护　　J.基层群众自治制度

表1-57　15年间民众选择对比表

年份	A	B	C	D	E	F	G	H	I	J
2002	20%	31%	16%	25%	—	42%	39%	47%	32%	19%
2007	31%	30%	13%	15%	—	42%	37%	46%	50%	14%
2012	27%	36%	33%	32%	36%	52%	31%	57%	60%	25%
2017	36%	41%	33%	33%	37%	50%	41%	63%	63%	44%

调查结果显示，15年来，人权保护、宪法监督和司法制度一直是民众最为关注的问题，也是民众认为修宪时应当着重完善的重点问题。而民众之所以一直认为这三项制度需要完善，是因为这些制度与民众生活关系密切，但在现实中实施状况并不理想。（见表1-57）

第四节　结　　语

总之，宪法贵在实践，通过宪法的有效实施，使宪法成为国家政治生活的最高准则，成为人们在日常生活中能够感受的生活规范和行为准则。而落实依宪治国、依宪执政目标，必须加强宪法实施，强化宪法监督机制，构建公众维护宪法权威的"宪法意志"。当代中国社会的思想观念与规则体系的整体变迁正越来越催生落实宪法监督机制的宪法意识与诉求。在如何完善宪法体制的问卷调查中，我们发现民众对于完善宪法监督制度的期待与日俱增。党的十八届三中全会提出"推进法治中国建设"的重大政治决断，为树立宪法监督机制的观念提供了基本的政治与思想土壤。"法治中国"是对"依法治国"命题的重大飞跃，也是执政党依法执政理念的重大发展。这一命题的具体展开与落实关键在于全面实施宪法，建立宪法实施监督机制，在于以宪法意识为核心的法治思维能够真正在国家、政府与社会层面成为全体公民的基本价值共识。《中共中央关于全面深化改革若干重大问题的决定》根据我国宪法实施面临的问题与新情况，提出"进一步健全宪法实施监督机制和程序，把全面贯彻实施宪法提高到一个新水平"。坚持宪法至上理念，以更加理性、务实而开放的心态探究宪法实施的路径和机制，才能为全面实施依法治国，推进法治中国建设提供坚实的宪法基础。

第二章

宪法与经济发展

第一节 引 言

自1978年中国共产党十一届三中全会以来的40年间，我国经济一直持续而高速地发展，取得了举世瞩目的成就。从1978年到2016年，我国的人均国内生产总值(GDP)从155美元增加到当前的8100美元左右；从经济总量上来说，按照市场汇率计算，我国已经是世界第二大经济体。[①]根据世界银行的数据，中国经济的增长，使得至少4亿人摆脱了贫困。[②] 这一巨大变化被国内外一些学者称为"中国奇迹""中国模式"。[③] 虽然这样的说法或许有些夸张，但至少可以说，我国确实走出了一条独具特色的"中国道路"。

与此同时，我国在政治领域也发生了一些深刻的变化，而其中最明显的，则是

① 林毅夫：《改革开放近40年，中国经济如何创造奇迹？》，http://sike.news.cn/statics/sike/posts/2017/12/219527790.html，下载日期：2018年7月22日。

② 甘阳：《中国道路：三十年与六十年》，载《读书》2007年第6期。

③ 刘瑞翔、安同良：《中国经济增长的动力来源与转换展望》，载《经济研究》2011年第7期。值得注意的是，"中国奇迹"的说法，早在1994年就有人提出。参见林毅夫、蔡昉、李周：《中国的奇迹：发展战略与经济改革》，上海三联书店、上海人民出版社1994年版。

逐渐向依法治国、依宪治国方向转变。在20世纪70年代末期，“法治”“人权”“私有财产”之类的理念都被当作“资产阶级”的观念而成为批判和抨击的对象。[①] 可是，在20世纪末21世纪初，“中华人民共和国实行依法治国”“国家尊重和保障人权”“公民的合法的私有财产不受侵犯”等理念都被庄严地写进了宪法。2017年10月召开的中国共产党第十九次代表大会上，习近平总书记在向大会所作的报告（以下简称“十九大报告”）中也明确提出要“全面推进依法治国”，要“加强宪法实施和监督，推进合宪性审查工作，维护宪法权威”。[②]可以肯定地说，过去40年间我国的宪法制度也在日益完善。

那么，经济发展与宪法制度的完善之间是否存在联系？如果是的话，是什么样的联系？本章的目的，正是要对这些问题加以分析。本章第二节将对过去40年来我国的经济改革加以概述，并从中发掘我国经济增长的原因。第三节将考察宪法在改革时期所扮演的角色，包括宪法自身所发生的变动。第四节将结合一些具体的例子来分析改革时期中国的经济发展与宪法制度之间的关系，包括各自的进步以及局限。最后一节是本章的结论。

第二节　中国的改革与经济发展

要理解过去40年间中国经济高速增长的原因，首先要了解改革之前中国的经济体制。从20世纪50年代到70年代末期，中国实行的是计划经济，全社会被组织成一个“国家辛迪加”，即一家由政府垄断的、“雇佣”了全体居民的“大企业”。[③]农村的人民公社和城市的国营企业，都可以说是“国家辛迪加”的基层单位，它们都不仅负责经济生产，而且承担着广泛的社会、政治职能。[④] 无论在城市还是在农村，都没有真正的市场。几乎一切经济活动都是按照政府的计划进行的。在这种体制下，人们缺乏私人财产权，也缺乏参与劳动或提高生产率的积极性。[⑤]由此导致的结果，便是经济效率的低下，而人民的生活水平更是在相当长的时期内没有实

---

① 周叶中、江国华主编：《在曲折中前进：中国社会主义立宪评论》，武汉大学出版社2010年版，第594～595页。

② 习近平：《决胜全面建成小康社会，夺取新时代中国特色社会主义伟大胜利——在中国共产党第十九次全国代表大会上的报告》，http://www.gov.cn/zhuanti/2017－10/27/content_5234876.htm，下载日期：2018年7月22日。

③ 吴敬琏：《当代中国经济改革教程》，上海远东出版社2010年版，第12、230页。

④ 吴敬琏：《当代中国经济改革教程》，上海远东出版社2010年版，第125页。

⑤ 吴敬琏：《当代中国经济改革教程》，上海远东出版社2010年版，第89～90页。

质性的改善。[①]

中国经济之所以能够在过去40年间高速增长，主要得益于经济体制的改革，而这场改革的主线则是从计划经济到市场经济的转变（尽管在改革初期这一方向并不是很明确）。这是一个复杂而曲折的过程，包括微观经营机制（人民公社、国营企业等）的改革、资源计划配置制度（物资、外贸、金融管理体制）的改革，以及宏观政策环境（价格、利率、汇率、工资）的改革等。[②]限于篇幅，这里的分析主要集中于微观经营机制的改革，因为它为改革期间中国经济的发展提供了最初的同时也是最主要的动力，而其他方面的改革在很大程度上都是为了配合微观经营机制的改革而展开的。

当然，微观经营机制的改革本身也是很复杂的。总体而言，农村人民公社的改革相对比较容易，基本是在农民自发的改革中就完成了。而"体制内"的城市国营企业的改革则艰难得多，而且迄今尚未完成。不过，由于国家在改革期间逐渐允许甚至开始鼓励"体制外"的非公有制经济的发展，中国经济还是在过去40年间实现了持续增长。[③]下面将对微观经营机制改革的几个比较重要的方面加以概述，以揭示中国经济增长的原因。

一、农业生产体制的改革

中国的经济改革，最先取得突破的，是在农业生产领域，而且是以农民自发改革的方式开始的。1978年12月，面对饥荒的威胁，安徽省凤阳县小岗村的18户农民背着公社和大队签订了一个"生死契约"，约定将全村的土地按人口分包到户，在完成年度应交公粮的前提下，各户可以保留所有的剩余产出。[④]虽然这种做法在当时是违背中央政策的，[⑤]但却取得了"意外"的成功：1979年小岗村粮食产量就达到615万多千克，比原来的产量增长了3倍。[⑥]

农民自发的"试验"推动了中央政策的转变。1980年5月31日，邓小平在同

---

① 林毅夫、蔡昉、李周：《中国的奇迹：发展战略与经济改革》，上海三联书店、上海人民出版社1994年版，第10页。

② 林毅夫、蔡昉、李周：《中国的奇迹：发展战略与经济改革》，上海三联书店、上海人民出版社1994年版，第137～177页。

③ 邹东涛、欧阳日辉：《中国所有制改革30年(1978—2008)》，社会科学文献出版社2008年版，第251页。另可参见吴敬琏：《当代中国经济改革教程》，上海远东出版社2010年版，第二章。

④ 毛育刚：《中国农业演变之探索》，社会科学文献出版社2001年版，第38页。

⑤ 例如，1978年12月中共十一届三中全会讨论、1979年9月中共十一届四中全会通过的《中共中央关于加快农业发展若干问题的决定》明确禁止"分田单干"（即"包干到户"）和在一般地区"包产到户"，其中写道："不许分田单干。除某些副业生产的特殊需要和边远山区、交通不便的单独户外，也不要包产到户。"

⑥ 苏星：《走向社会主义市场经济》，载《经济研究》1998年第11期。

中央负责工作人员谈话中，明确肯定了“双包”(即“包产到户”和“包干到户”)试验。[①]同年9月中共中央批转的一份文件中指出：“在那些边远山区和贫困落后的地区……群众对集体丧失信心，因而要求包产到户的，应当支持群众的要求，可以包产到户，也可以包干到户。”[②]这一文件极大地促进了家庭承包制的发展：虽然1980年年初全国只有1.1%的生产队实行家庭承包制，但这个比例在当年年底就达到了20%。[③]

此后，越来越多的地区开始实行家庭承包制，而且在所有这些地区，“都毫无例外地获得农业增产的效果”。[④]为了鼓励家庭承包制的进一步发展，中共中央和国务院在1982年1月发出的关于农村经济政策的“一号文件”中明确肯定了包括包产到户和包干到户在内的农业生产责任制，并指出：“不论采取什么形式的生产责任制，只要群众不要求改变，就不要变动。”文件中还特别提到，包干到户的做法“取消了公分分配，办法简便，群众欢迎”[⑤]。在得到中央的肯定之后，家庭承包制迅速推广。1983年年初，实行“双包”的生产队已经占到全国生产队的93%，其中大部分都是“包干到户”。[⑥]

由于家庭承包制大大激发了农民参与农业生产和提高劳动生产率的积极性，农业产出在改革的最初几年间获得了高速增长。在1978—1984年间，全国粮食、棉花、油料、糖料产量的年均增长率分别达到4.95%、19.3%、14.7%、12.3%。其中粮食产量在1984年达到了40731万吨，创下了历史新高。[⑦]虽然此后家庭承包制在促进农村经济的进一步发展方面的影响减弱，但由于乡镇企业的兴起，以及城乡之间的逐渐融合，农村劳动力得以向非农产业转移，因而也带动了农村经济的继续发展。[⑧]

二、个体经济、私营经济的发展

在改革之前，公有制经济被认为是社会主义国家唯一的经济形式，而非公有制

---

① 吴敬琏：《当代中国经济改革教程》，上海远东出版社2010年版，第95页。

② 具体参见中共中央1980年9月发布的《关于进一步加强完善农业生产责任制的几个问题》。

③ 蔡昉：《中国农村改革三十年——制度经济学的分析》，载《中国社会科学》2008年第6期。

④ 毛育刚：《中国农业演变之探索》，社会科学文献出版社2001年版，第40页。

⑤ 具体参见中共中央1982年1月批转的《全国农村工作会议纪要》。

⑥ 国家经济体制改革委员会编：《中国经济体制改革十年》，经济管理出版社、改革出版社1988年版，第157页。另可参见毛育刚：《中国农业演变之探索》，社会科学文献出版社2001年版，第47页。

⑦ 国家统计局：《中国统计年鉴1995》，中国统计出版社1995年版，第347～348页。

⑧ 蔡昉：《中国农村改革三十年——制度经济学的分析》，载《中国社会科学》2008年第6期。另可参见万忠兵：《20年来我国乡镇企业发展的回顾与分析》，载《调研世界》1998年第11期。

经济则几乎完全被禁止。即使在1976年以后的拨乱反正时期,"割掉资本主义尾巴""要让资本主义绝种"之类的观念仍然禁锢着人们的思想。在十一届三中全会以后,虽然面临着意识形态方面的巨大阻碍,但政府还是逐步放开了对私人创业活动的限制,使非公有制经济得以发展起来。[①]

非公有制经济的发展,首先是从个体经济开始的。"文化大革命"结束后,约有1500万名知识青年回城,他们的就业成为摆在各级政府面前的一个严峻问题。[②]针对这种情况,1979年4月9日,国务院批转的《关于全国工商行政管理局长会议的报告》指出:"可以根据当地市场需要,在征得有关业务部门同意后,批准一些有正式户口的闲散劳动力从事修理、服务和手工业的个体劳动,但不准雇工。"[③] 1980年《中共中央关于转发全国劳动就业会议文件的通知》提出要"鼓励和扶植城镇个体经济的发展",并要求"有关部门对个体经济要积极予以支持,不得刁难、歧视"。[④]这样,个体经济便得到了政策的允许,尽管它从性质上来说并不是公有制经济。

起初,个体经济意味着一人经营或家庭经营,不允许雇用工人,因为当时雇工是被看作"剥削"而严格禁止的。但是,如果不允许雇工,个体经济的生产和经营规模就难以扩大,也就很难为整体的国民经济建设做出多大贡献。[⑤]在这种背景下,国务院在1981年7月发布的《关于城镇非农业个体经济若干政策性规定》中指出,个体经营户必要时"经过工商行政管理部门批准,可以请一至两个帮手;技术性较强或者有特殊技艺的,可以带两三个最多不超过五个学徒"[⑥]。从此,雇工8人,就成了划分"个体企业"和"私营企业"的分界线:前者不构成"剥削",是政策所允许的,而后者则相反。[⑦]

不过,无论是从经验还是从逻辑的角度来看,将个体企业的雇工人数限制在8人以下,其合理性都难以得到解释。而在实践中,一些个体工商户的生产经营规模

---

① 吴敬琏:《当代中国经济改革教程》,上海远东出版社2010年版,第54页。

② 吴敬琏:《当代中国经济改革教程》,上海远东出版社2010年版,第155~156页。

③ 国家经济体制改革委员会办公室编:《经济体制改革文件汇编(1978—1983)》,中国财政经济出版社1984年版,第1098页。

④ 国家经济体制改革委员会办公室编:《经济体制改革文件汇编(1978—1983)》,中国财政经济出版社1984年版,第619页。

⑤ 吴敬琏:《当代中国经济改革教程》,上海远东出版社2010年版,第156页。另可参见邹东涛、欧阳日辉:《中国所有制改革30年(1978—2008)》,社会科学文献出版社2008年版,第253页。

⑥ 国家经济体制改革委员会办公室编:《经济体制改革文件汇编(1978—1983)》,中国财政经济出版社1984年版,第629页。

⑦ 吴敬琏:《当代中国经济改革教程》,上海远东出版社2010年版,第54、156页。

不断扩大,雇工数也很快超过了8人。[①]例如,当时安徽芜湖市著名的个体户“傻子瓜子”1981年雇工10人,1982年超过60人,1983年1月则达到103人。这种情况在当时引发了激烈的争论。一些支持旧体制的人认为,雇工的本质是资本主义,必须对其加以限制和打击。但当时的中央高层领导则表现得比较慎重。党和国家主要领导人曾多次发表讲话,明确指出:对于雇工经营“不要采取‘戴帽子’、‘割尾巴’等简单取缔的办法”。[②]针对“傻子瓜子”的雇工问题,邓小平说要“放两年再看”。[③]这在当时是一种很大的进步,因为它意味着政府不再像过去一样将雇工当作“资本主义尾巴”而“割掉”。政策上的默许,使得私营经济也逐步发展起来。[④]

1984年之后,尽管非公有制经济的发展仍然数次受到旧体制支持者的激烈批评,但由于其客观上有利于经济发展,也有利于人民生活水平的改善,它还是得到了政策的认可和支持,并且逐渐被纳入宪法和法律的保护范围。而宪法和法律的认可,反过来又促进了非公有制经济的发展。

三、国营(有)企业的改革

与允许“体制外”的非公有制经济发展不同,“体制内”的国营企业(1993年修宪以后称为“国有企业”,以下简称“国企”)的改革道路则艰难得多,因为其中涉及非常复杂的利益关系。尽管国企改革从1978年就启动了,但迄今仍然未能完全摆脱困局。在这40年间,国企改革大致经历了三个阶段:扩大企业自主权阶段,所有权和经营权两权分离阶段,以及建立现代企业制度阶段。[⑤] 本节下文是对国企改革过程的一个简要回顾。

扩大企业自主权的试点工作,最初是从四川省开始的。1978年10月,四川省选择了重庆钢铁厂等6家国营工业企业进行了扩大企业自主权的试点,基本做法是政府把一部分管理权下放给企业,确定在完成任务的基础上,企业可以提取一部分利润留成,职工个人可以得到一定的奖金。这6家试点企业在不到一年的时间内就实现了企业产出和职工收入“双增加”的效果,从而引起其他企业的效仿。[⑥]为

---

① 邹东涛、欧阳日辉:《中国所有制改革30年(1978—2008)》,社会科学文献出版社2008年版,第255页。

② 邹东涛、欧阳日辉:《中国所有制改革30年(1978—2008)》,社会科学文献出版社2008年版,第254页。

③ 邹东涛、欧阳日辉:《中国所有制改革30年(1978—2008)》,社会科学文献出版社2008年版,第255页。

④ 吴敬琏:《当代中国经济改革教程》,上海远东出版社2010年版,第158页。

⑤ 汪海波:《中国国有企业改革的实践进程(1979—2003年)》,载《中国经济史研究》2005年第3期。

⑥ 张文魁:《国有企业改革30年的中国范式及其挑战》,载《改革》2008年第10期。

了进一步在全国范围内摸索经验，1979年7月，国务院发布《关于扩大国营工业企业经营管理自主权的若干规定》等5个文件，要求各地、各部门选择一些企业进行扩大企业自主权的试验。此后一年多的时间内，扩大企业自主权的试点工作不断取得进展。到1980年年底，全国参加试点的工业企业达到6600家，它们的产值占全国预算内工业产值的60%，利润占70%。[①]

虽然扩大企业自主权的做法提高了试点企业职工增产增收的积极性，但由于国营企业仍然不受市场竞争的约束，于是引发了经济秩序混乱、财政赤字剧增和通货膨胀等弊端。[②]为了进一步增强企业活力，中共中央于1984年10月提出了“两权分离”的改革思路，决定将国有企业的所有权和经营权适当分开。[③]在“两权分离”的实践中采用的最主要的形式则是企业承包制：承包人每年向国家上缴固定数额的收益，超过上缴基数的收益则归承包人支配，或按一定比例在国家和承包人之间分配。[④]正如农村的家庭承包促进了农业产量的增长一样，企业承包制也激发了承包人和职工的积极性，使国企的效益有所提升。[⑤]

1992年以后，国企改革思路转向了“企业制度创新”，也就是建立“现代企业制度”，即成立那种“产权清晰、权责明确、政企分开、管理科学”的现代公司。[⑥]以这种思路为指导，国家在90年代（特别是1997年以后）对国企进行了大规模的重组，具体措施包括剥离不良债务、兼并破产、分流冗员等，同时用股份制等方式对许多国有企业实行所有权改革。[⑦]进入21世纪之后，以这种思路为指导的所有权改革依然在继续，多数小型企业被出售，许多中型企业和一些大型企业则通过改制而成为混合所有制的股份公司。[⑧]

然而，直到今天，国企改革仍然是一项未完成的任务。在2007年党的十七大报告中，“深化国有企业公司制股份制改革，健全现代企业制度……增强国有经济

① 汪海波：《中国国有企业改革的实践进程（1979—2003年）》，载《中国经济史研究》2005年第3期；吴敬琏：《当代中国经济改革教程》，上海远东出版社2010年版，第127页。

② 吴敬琏：《当代中国经济改革教程》，上海远东出版社2010年版，第51、127页。

③ 具体参见1984年10月党的十二届三中全会讨论通过的《中共中央关于经济体制改革的决定》。

④ 汪海波：《中国国有企业改革的实践进程（1979—2003年）》，载《中国经济史研究》2005年第3期；吴敬琏：《当代中国经济改革教程》，上海远东出版社2010年版，第129页。

⑤ 汪海波：《中国国有企业改革的实践进程（1979—2003年）》，载《中国经济史研究》2005年第3期。

⑥ 吴敬琏：《当代中国经济改革教程》，上海远东出版社2010年版，第133页。

⑦ 张文魁：《国有企业改革30年的中国范式及其挑战》，载《改革》2008年第10期。

⑧ 张文魁：《国有企业改革30年的中国范式及其挑战》，载《改革》2008年第10期。

活力”仍然被列为未来经济发展的重要任务。[①]就目前来说，虽然国有经济在整个国民经济中所占的比例较先前已经大为下降，但在能源、原材料、交通、通信等国民经济的上游行业，国企仍然拥有强大的垄断优势。[②]要在这样的国有独资或国家绝对控股的企业中建立有效的公司治理，如果不是完全不可能的话，难度也是极大的。[③]

第三节　改革时期的中国宪法

改革时期的一个重要特点，就是社会现实的急剧而深刻的变化。以前面已经讲到的经济体制的改革为例，1979 年中央的政策仍然在原则上禁止“分田单干”，但到 1982 年年底，全国农村的大部分地区都已实行了家庭承包制。与此相似，1978 年，非公有制经济几乎是被完全禁止的，但到 1982 年时，个体经济已经受到国家政策的鼓励和扶持，而(雇工超过 8 人的)私营经济实际上也在政策的默许下发展了起来。此外，国企的经营机制也正在发生变化，企业的经营管理权越来越多地从政府转移到企业。

颁布于 1982 年的我国现行宪法，正是在改革初期的这种变动不安的环境下制定的，而其中的许多规定也都打上了那个时代的烙印。例如，它对于国家总任务的规定，不再是“无产阶级专政下的继续革命”，而是“社会主义现代化建设”。[④]就经济体制而言，1982 年《宪法》规定国家“实行计划经济”，但同时也承认“市场调节的辅助作用”(第 15 条)。在更微观的层面上，宪法规定国营企业在“服从国家的统一领导和全面完成国家计划”的前提下，可以有一定程度的“经营管理的自主权”(第 16 条)；个体经济是“社会主义公有制经济的补充”(第 11 条)。所有这些规定，都反映了当时的政策对各种经济成分的“定位”。

然而，1982 年《宪法》的颁行，并不意味着可以“一劳永逸”。改革时期社会现实的急剧变化往往对宪法规范造成冲击。在面对这些冲击的时候，我国的宪法往往无力“抵抗”，而只能“让位于现实”，其实在表现则是宪法规范为了“适应”现实而

---

① 具体参见胡锦涛 2007 年 10 月 15 日在中国共产党第十七次全国代表大会上的报告《高举中国特色社会主义伟大旗帜，为夺取全面建设小康社会新胜利而奋斗》。

② 吴敬琏：《当代中国经济改革教程》，上海远东出版社 2010 年版，第 138 页。另可见张文魁：《国有企业改革 30 年的中国范式及其挑战》，载《改革》2008 年第 10 期。

③ 吴敬琏：《当代中国经济改革教程》，上海远东出版社 2010 年版，第 140 页。

④ 1975 年《宪法》和 1978 年《宪法》的序言都将“无产阶级专政下的继续革命”规定为国家的基本任务之一。

发生变动。[①] 具体来说，在改革时期的中国，宪法规范的变动主要是通过两种方式实现的：其一为宪法的变迁（换个角度来看可能就是"违宪"），其二为宪法的修改。[②]用一种比较直观的说法，可以将它们分别看作是对宪法的"无形修改"和"有形修改"。[③]下面将结合过去40年间中国宪法的变动来说明宪法在改革的过程中所扮演的角色，以及它与经济发展的关系。

一、宪法变迁，以及"良性违宪"

在宪法学中，"宪法变迁"是一个有着特定含义的概念，它是指在宪法条文本身未发生改变的情况下，由于社会生活的变迁，宪法条文的实质含义在不知不觉间发生变动的情况。[④] 最早提出这一概念的，是德国公法学者耶利内克（Georg Jellinek）。在《宪法的修改与宪法的变迁》一书中，耶利内克系统地阐释了宪法变迁的几种情况：(1)基于议会、政府及裁判所的解释而发生的变迁。(2)基于政治上的需要所发生的变化。(3)根据宪法惯例而发生的变化。(4)因国家权力的不行使而发生的变化。(5)根据宪法的根本精神而发生的变化。[⑤]

就改革时期的中国而言，宪法变迁的现象并不鲜见。例如，20世纪80年代初期，虽然经济体制改革已经被提上了日程，但迫于政治方面的压力，当时主流的看法仍然是"计划经济为主、市场调节为辅"。[⑥] 正是在这种背景下，1982年《宪法》第15条规定国家"实行计划经济"，尽管同时也承认"市场调节的辅助作用"，然而，随着改革的深入，党的政策很快就发生了变化。在1984年10月颁布的《中共中央关于经济体制改革的决定》中，中共中央指出，社会主义计划经济是"在公有制基础上的有计划的商品经济"，"必须自觉依据和运用价值规律"。这样的解释，已经不同于人们传统上对计划经济的理解，因为依据传统的解释，计划经济是指那种"由社会（通过社会主义国家）制定计划来管理的国民经济"。[⑦] 有学者认为，中共中央对"计划经济"的解释，实际上构成了对宪法的"无形修改"：尽管宪法条文的文字没有

---

① 林来梵：《从宪法规范到规范宪法：规范宪法学的一种前言》，法律出版社2001年版，第286页。

② 林来梵：《从宪法规范到规范宪法：规范宪法学的一种前言》，法律出版社2001年版，第291页。

③ 林来梵：《从宪法规范到规范宪法：规范宪法学的一种前言》，法律出版社2001年版，第287～288页。

④ 秦前红：《论宪法变迁》，载《中国法学》2001年第2期。另可参见林来梵：《从宪法规范到规范宪法：规范宪法学的一种前言》，法律出版社2001年版，第287～288页；王锴：《宪法变迁：一个事实与规范之间的概念》，载《北京航空航天大学学报（社会科学版）》2011年第3期。

⑤ 秦前红：《论宪法变迁》，载《中国法学》2001年第2期。另可参见林来梵：《从宪法规范到规范宪法：规范宪法学的一种前言》，法律出版社2001年版，第287～288页；王锴：《宪法变迁：一个事实与规范之间的概念》，载《北京航空航天大学学报（社会科学版）》2011年第3期。

⑥ 吴敬琏：《当代中国经济改革教程》，上海远东出版社2010年版，第52页。

⑦ 卫夏：《宪法的"无形修改"浅析》，载《法学评论》1986年第4期。

变化,但它的实质含义已经发生了变化。[①]这里所谓的“无形修改”,实际上可以看作是对宪法变迁的一种比较质朴的说法。[②]

上面这个例子,似乎可以纳入耶利内克所说的通过宪法解释而导致宪法变迁的情形。但这里有一个问题:依据1982年《宪法》,解释宪法的权力属于全国人大常委会(第67条);中共中央的政策是否构成实质性的宪法“解释”,是值得怀疑的。正是由于这个原因,有学者指出,不应该肯定“无形修改”,因为它可能导致法治秩序的颠覆,“这样的‘无形修改’,早已被惨痛的事实教训证明为毫无‘科学性’的‘违宪现象’”。[③]

事实上,宪法变迁与“违宪”的差别可能只是程度的差别,二者之间并不存在明确的界限。[④]例如,1982年《宪法》禁止任何组织或者个人“侵占、买卖、出租或者以其他形式非法转让土地”(第10条)。但在改革的过程中,深圳等经济特区已经将土地使用权进行拍卖。[⑤] 这种现象既可以被看作是“违宪”,[⑥]也可以被看作是宪法的变迁。[⑦] 1982年《宪法》将人民公社等合作经济确定为“劳动群众集体所有制经济的主要组成部分”(第8条),但家庭承包制的推广实际上使得人民公社制度在1984年前后就基本瓦解了,[⑧]这种情况同样既可以被看作是“违宪”,也可以被看作是对宪法的“变通”。[⑨]

尽管许多学者对种种“违宪”现象表现出忧虑,但中国改革时期的吊诡之处在于:有些看似“违宪”的现象,无论从政治还是从经济的角度都能得到大多数人的赞同,并且符合大多数人的利益。例如,与人民公社体制相比,家庭承包制无疑能够大幅增加粮食和其他农产品的产量,而这显然有利于人民生活水平的提高,至少有助于解决温饱问题。在这种情况下,如果以“违宪”为理由而禁止家庭承包制,似乎有悖常情常理。

---

① 卫夏:《宪法的“无形修改”浅析》,载《法学评论》1986年第4期。

② 韩大元:《共和国60年法学论争实录·宪法卷》,厦门大学出版社2009年版,第156页。

③ 倪正茂:《驳“无形修改”宪法论》,载《法学评论》1987年第3期。

④ 例如,王锴指出,在耶利内克的分类中,“看不出宪法变迁与违宪的明确区分”。参见王锴:《宪法变迁:一个事实与规范之间的概念》,载《北京航空航天大学学报(社会科学版)》2011年第3期。

⑤ 《新时期“土地革命”,深圳首次土地使用权拍卖》,载《中国房地产报》2010年10月1日。

⑥ 郝铁川:《良性违宪论》,载《法学研究》1996年第4期。

⑦ 依笔者掌握的资料,迄今尚没有人明确提出这一观点。但韩大元教授指出,郝铁川教授的文章中提到的一些事实与宪法的规定不一致的问题,可以通过宪法解释权的运用加以解决,而不一定将它们视为违宪。参见韩大元:《社会变革与宪法的社会适应性——评郝、童两先生关于“良性违宪”的争论》,载《法学》1997年第5期。

⑧ 吴敬琏:《当代中国经济改革教程》,上海远东出版社2010年版,第55、88页。

⑨ 张千帆:《宪法变通与地方试验》,载《法学研究》2007年第1期。

也许是为了解释这一现象，有学者在20世纪90年代中期提出了“良性违宪”的观点。所谓“良性违宪”，是指那些“表面上看似违宪，但实际上却符合历史发展趋势的事件”。至于一种“违宪现象”究竟是不是“良性”，则要看它是否“有利于发展社会生产力，有利于维护国家和民族的根本利益”。例如，在1988年之前，“发展私营经济与宪法相抵触，但当时这样做符合发展社会生产力的要求”，因而可以说是“良性违宪”。[①]

但是，如果肯定“良性违宪”，就有一种危险：它可能为违宪行为打开“方便之门”，而违宪行为的增多则必然损害宪法的权威，甚至会导致“宪法虚无主义”。[②]事实上，即使提出“良性违宪”的学者也承认，“在鉴定某行为为良性违宪之后，必须在一定的时间内，通过法定程序修改宪法，使良性违宪最终转变为合宪”，否则，“良性违宪”现象的长期存在将“有损人们对宪法权威的认同”。[③]

所幸的是，在中国的改革时期，上面提及的这些宪法变迁或“良性违宪”的现象，最终都因宪法的局部修改而变得合宪，因而也避免了长时间、大范围的“违宪”。与宪法变迁这种“无形修改”不同，宪法修改是根据宪法自身规定的程序“名正言顺”地对宪法的文本进行修改，因而其正当性也更容易得到人们的承认。下面将对改革时期中国宪法的修改作一简单阐述。

二、宪法的修改

自从1982年《宪法》颁布以来，全国人民代表大会分别于1988年、1993年、1999年和2004年对宪法作了四次修改，共形成31条修正案。[④] 这四次修宪有一个共同的特征：它们都可以说是对党在相应时期的基本政策的“确认”，而党的基本政策又是根据改革的现实需要而作出的；从这个意义上来说，宪法的修改，也是“为改革服务”的。[⑤]下面将结合这四次修宪中一些关键的修正案来说明这一特征。

如前所述，改革中的某些措施，往往有“违宪”的嫌疑，而这种嫌疑则会对改革措施的正当性产生不利的影响；为了防止宪法成为改革的阻碍，就有必要对那些与

---

① 郝铁川：《良性违宪论》，载《法学研究》1996年第4期。

② 童之伟教授对“良性违宪”提出了批评，参见童之伟：《“良性违宪”不宜肯定》，载《法学研究》1996年第6期。韩大元教授也对“良性违宪”保持着比较谨慎的态度，参见韩大元：《社会变革与宪法的社会适应性——评郝、童两先生关于“良性违宪”的争论》，载《法学》1997年第5期。

③ 郝铁川：《良性违宪论》，载《法学研究》1996年第4期。

④ 蔡定剑：《宪法精解》(第二版)，法律出版社2006年版，第102～120页。另可参见周叶中、江国华：《在曲折中前进：中国社会主义立宪评论》，武汉大学出版社2010年版，第577～589页。

⑤ 例如，在1988年修宪前，时任党的总书记赵紫阳提出的修宪原则之一，就是要“为改革服务”。后来的几次修改，也具有类似的特征。参见马岭：《宪法学原理解读》，山东人民出版社2007年版，第65页。

改革不相适应的条文加以修改。正是在这种理念的指导下，七届全国人大在 1988 年 4 月对 1982 年《宪法》作了第一次修改，共形成两条修正案。其中一条修正案增加了关于私营经济的规定，将其界定为“社会主义公有制经济的补充”，并明确提出“国家允许私营经济在法律规定的范围内存在和发展……国家保护私营经济的合法权利和利益”。这实际上就是在宪法中确认了 1987 年 10 月召开的中共十三大提出的关于私营经济的政策，也消除了那种认为“发展私营经济与宪法相抵触”的顾虑。这次通过的另外一条修正案则将 1982 年《宪法》第 10 条中禁止出租土地的“出租”二字删去，并增加了“土地的使用权可以依照法律的规定转让”的规定，可以说是在事后“确认”了深圳等地对土地使用权进行有偿转让的实践。

1988 年以后，随着改革前期积累的一些矛盾的逐渐呈现，中国的改革出现了一些波折。不断上涨的物价、严重的通货膨胀，以及价格双轨制所引发的倒买倒卖、牟取暴利的“官倒”现象，都导致了群众的强烈不满。而 1989 年的“政治风波”，更使一些人开始对继续深化改革产生了疑惑，“实行市场化就是改变社会主义制度”“中国搞市场经济就是走向资本主义”之类的观念开始浮出水面。[①]在这种情况下，为了打消人们的疑虑，邓小平在 1992 年春发表的南方谈话中指出：“计划”和“市场”都只是经济手段，社会主义国家也可以利用市场这一机制来促进经济发展。在当年 10 月召开的十四大的政治报告中，中共中央进一步确认了邓小平南方谈话的核心观点，并且明确指出，“我国经济体制改革的目标是建立社会主义市场经济体制”。报告还对市场体系的培育、国企的改革、政府职能的转变以及产业结构的调整和优化等一系列重大问题作了阐述。[②]

为了使宪法与党的十四大报告相一致，八届全国人大在 1993 年 3 月对 1982 年《宪法》进行了第二次修改，其中与经济制度的关系比较密切的一些修改包括：(1)将原宪法中“国家在社会主义公有制基础上实行计划经济”的规定修改为“国家实行社会主义市场经济”；(2)将农村中的家庭联产承包为主的责任制确定为“社会主义劳动群众集体所有制经济”，同时删去了关于人民公社和农业生产合作社的规定；(3)作为“国民经济中的主导力量”的，不再是“国营经济”，而称为“国有经济”；(4)原宪法中的所有关于国营企业的规定中，将“国营企业”全部改为“国有企业”，同时删去了要求国营企业“服从国家的统一领导和完成国家计划”的规定。

在明确了经济体制改革的方向是市场经济之后，中国经济的发展(特别是非公有制经济的发展)又迎来了一个春天。1992—1997 年间，我国个体工商户、私营企

---

① 冯建华：《改革：中国不变的“主旋律”》，载《北京周报》2007 年第 8 期。另见吴敬琏：《当代中国经济改革教程》，上海远东出版社 2010 年版，第 378～379 页。

② 具体参见江泽民 1992 年 10 月 12 日在中国共产党第十四次代表大会所作的政治报告《加快改革开放和现代化建设步伐，夺取有中国特色社会主义事业的更大胜利》。

业户以及外商投资企业的数量，年均增长率分别达到15%、49%和24%。[①]到1998年，民营部门（包括个体经济和私营经济等所有非国有和非集体所有的经济实体）的产值在国内生产总值中的比重已经从1978年的1%上升到41.9%；[②]而城镇人口中在民营部门就业的人所占的比例则达到了49%。[③] 这种情况使得宪法中关于个体经济、私营经济的规定显得"过时"了，因为它们显然已经不再仅仅是公有制经济的一种"补充"。在此背景下，第九届全国人大在1999年3月对宪法进行了第三次修改，把"公有制为主体，多种所有制经济共同发展"确定为中华人民共和国的"基本经济制度"，并把原宪法中关于个体经济和私营经济的规定合并修改为"在法律规定范围内的个体经济、私营经济等非公有制经济，是社会主义市场经济的重要组成部分"。这两条修正案实际上都是对1997年9月召开的中共十五大所确立的方针政策的肯定。

进入21世纪，随着非公有制经济的进一步发展，公民的私人财产普遍有了不同程度的增加，越来越多的公民掌握了一定数量的私有生产资料。[④] 在这种情况下，人们对用法律保护自己的财产有了更为迫切的要求。在2002年11月召开的党的十六大的政治报告中，中央提出"必须毫不动摇地鼓励、支持和引导非公有制经济发展"。[⑤] 以此为指导，2004年3月，十届全国人大对宪法进行了第四次修改，其中与经济制度的关系较为密切的修改包括：(1)进一步明确国家发展非公有制经济的方针，将原宪法中"国家对个体经济、私营经济实行引导、监督和管理"修改为"国家鼓励、支持和引导非公有制经济的发展"；(2)完善对私有财产的保护，将原宪法中关于私人财产的规定修改为"公民的合法的私有财产不受侵犯"，同时增加了关于国家在为了公共利益而征收或征用公民的私有财产时，必须"给予补偿"的规定。

可以看出，至少就那些与经济相关的宪法条款的修改而言，几乎可以说都是"为改革服务"的：通过修改那些与改革不相适应的条文，可以防止宪法成为改革的阻碍；同时，在必要的情况下增加一些条文，则可以巩固改革的成果，并且指明未来

---

① 白永秀、任保平、吴振磊：《我国非公有制经济发展30年：回顾与展望》，载《江西社会科学》2008年第7期。

② 陆正明：《论我国非公有制经济的发展》，载《四川师范学院学报（哲社版）》1999年第5期；吴敬琏：《当代中国经济改革教程》，上海远东出版社2010年版，第73页（数据来源于《中国统计年鉴》）。

③ 吴敬琏：《当代中国经济改革教程》，上海远东出版社2010年版，第172页（数据来源于《中国统计年鉴》）。

④ 据国家统计局调查统计，2002年6月，我国城镇家庭财产平均每户为22.8万元。参见许安标：《宪法修改的背景、过程与内容》，载《法学》2004年第4期。

⑤ 具体参见江泽民2002年11月8日在中国共产党第十六次全国代表大会上所作的报告《全面建设小康社会，开创中国特色社会主义事业新局面》。

的改革方向。而且，在每一次修宪的过程中，作为执政党的中国共产党都发挥了重要的作用：宪法修正案的起草、提出，甚至最终的表决，都是在党的领导下进行的；而宪法修正案的内容通常是对党已经提出的基本政策的“确认”。[①]有学者将这种修宪模式称为“政策性修宪”，[②]可以说是非常恰当的。

当然，四次修宪中也包含一些与经济并没有直接关系的修正案。就本章而言，有两条修正案值得特别重视：其一为 1999 年修宪时增加的“中华人民共和国实行依法治国，建设社会主义法治国家”这一条款，另一个则是 2004 年修宪时增加的“国家尊重和保障人权”这一条款。虽然这两个条款在一定程度上来说也是“为改革服务”的，但它们的意义却远远超出了这一功利性目标，因为“法治”和“人权”等理念都是立宪主义不可或缺的方面，无论是不是“为改革服务”，它们都有自身独立的价值。

第四节　宪法与经济发展：“中国经验”

从前面的阐述不难看出，在过去 40 年间，中国的改革是以经济建设为中心的，作为根本大法的宪法也服务于这个中心。在这种背景下，宪法的变动相对来说比较频繁，而宪法的权威性则难以树立。事实上，在这个时期，宪法的主要作用，似乎只是对党在不同时期的基本政策加以“确认”，以巩固改革的成果，促进改革的发展。

虽然宪法的稳定性和权威性都显得不足，但这并不意味着中国在宪法发展方面没有进步，也不意味着宪法制度对中国的经济增长没有意义。在实践中，限制政府权力的方式多种多样，其中最常见的则是权力分立和制衡；公民的基本权利和自由也有多种形态，包括政治权利、人身自由、经济权利等。[③]

在改革时期的中国，虽然宪法的权威性显得不足，但宪法发展方面还是取得了不少进步：从宪法文本来看，“法治”“人权”“私有财产”等理念已经被纳入其中，这本身就是一种进步；从实践来看，公民的基本权利和自由也有了越来越可靠的保障，而政治权力则受到越来越多的约束。这些进步一方面是由经济发展带动的，另一方面又反过来对经济发展提供了重要的制度支持。就本章的目的而言，经济权利(包括财产权和经济自由)与地方“分权”具有较强的相关性。

---

① 1988 年、1993 年、1999 年和 2004 年对宪法的修改，在很大程度上分别确认了党在十三大(1987 年)、十四大(1992 年)、十五大(1997 年)和十六大(2002 年)所提出的方针政策。

② 殷啸虎：《论“政策性修宪”及其完善》，载《法商研究》2000 年第 1 期。

③ 林来梵：《从宪法规范到规范宪法：规范宪法学的一种前言》，法律出版社 2001 年版，第 22～25 页。

一、财产权

财产权对于经济的发展具有重要的意义。其中的道理其实很简单，几乎可以说是人人都可理解的常识：通常情况下，如果一个人不能从自己的劳动中得到财产方面的利益，他就缺乏参与劳动或提高生产率的积极性。事实上，改革前中国的计划经济最严重的弊端之一，就在于财产权的不明晰和无保障。无论是农村的人民公社还是城市的国营企业，都缺乏有效的劳动激励机制。对于公社的社员或国企的职工来说，无论生产率是高是低，他们得到的物质回报都没有多大的差别。在这种情况下，他们自然倾向于“怠工”“偷懒”。[①]

中国20世纪70年代末期以来的改革中的许多重要措施，其本质都是赋予劳动者一定的财产性权利或利益，以激发他们的劳动积极性。例如，家庭承包制（特别是“包干到户”）之所以能够提高农业产量，就是因为在“交够国家的、留足集体的”这个前提下，“剩下都是自己的”，这对农民来说就是一种很大的激励。同样，国企改革初期所采用的扩大企业自主权的做法之所以能够提高国企产量，也是因为它使国企的管理人员和职工能够从自己的努力中获得财产方面的利益。

就改革时期的中国而言，宪法和法律在保障公民财产权方面的作用比较有限，尽管这种作用一直在增强。例如，农民通过承包而获得的土地，大致可以看作是一种契约上的权利，尽管这种权利在80年代初就已经得到政策的允许，但直到1993年，它才在宪法中得到“确认”。同样，在改革初期，公民的私有财产权事实上就得到了允许，但直到2004年，“公民的合法的私有财产不受侵犯”才被写进宪法。

从获得政策允许到最终获得宪法“确认”，公民财产权体系逐渐建立起来，而这本身就可以看成是宪法制度逐步完善的过程。在这里，可以从一个侧面看到宪法与经济发展之间的关系：财产保障制度的初步建立，能够促进经济的发展；经济的发展可以使公民拥有更多的私人财产，这又会使人们更加渴望通过完善的制度来保障财产权，而这种愿望又会推动宪政制度的进一步发展。前面已经讲到，2004年修宪时之所以将私人财产权纳入宪法的保护范围，至少部分原因在于：随着经济的发展，公民的私人财产普遍有了增加，越来越多的公民掌握了一定数量的私有生产资料；在这种情况下，人们对用法律保护自己的财产有了更为迫切的要求。[②]

二、经济自由

所谓经济自由，大致可以归纳为以下几种：人员流动自由、职业自由、合同自

---

① 吴敬琏：《当代中国经济改革教程》，上海远东出版社2010年版，第90页。

② 许安标：《宪法修改的背景、过程与内容》，载《法学》2004年第4期。

由，以及竞争自由。[①]在一个宪法制度比较完善的国家，这几种自由都能得到充分的保障。但在改革之前的中国，这些自由却受到了严重的限制。在改革期间，政府逐渐放松了对这些自由的限制，而这正是中国经济在此期间高速增长的最重要的因素之一。下面将结合一些具体的例子来说明经济自由与经济发展之间的关系。

就人员流动自由而言，改革前的中国曾实行过一项对公民的流动自由构成严重限制的制度——户籍制度。从20世纪50年代中期开始，出于维持社会秩序和实施工业化战略的需要，我国就开始在全国建立统一的户口登记制度，并对人口迁徙进行限制性管理。特别是在1958年《中华人民共和国户口登记条例》颁布以后，跨地区的人口流动（尤其是农村到城市的人口流动）受到了严格限制。[②]在此后20多年间，城市与农村的二元户籍制度使得农民在很大程度上被束缚在土地上，几乎完全没有迁徙的自由。改革开放以来，政府逐渐放松了对农民到城市就业的限制。1984年中共中央发布的“一号文件”中，开始允许务工、经商、办服务业的农民自带口粮在城镇落户。在政策上放松之后，80年代中后期，出现了从农村到城市务工经商的“民工潮”。而在90年代后，跨区域流动和进城打工更是成为农村剩余劳动力转移的主要途径。[③] 人口的自由流动，使得劳动力得到了有效的配置，对于改革期间中国经济的发展具有重要的意义。

在改革之前，公民的职业自由（包括进入职业的自由，选择职业的自由，以及禁止强迫劳动等）[④]也受到严重的限制。上一段讲到的户籍制度，事实上也构成了对公民职业自由的限制：它将农民“绑”在了土地上，使他们很少有机会从事农业以外的工作。除此之外，公民的职业自由还受到其他许多限制：一方面，公民被禁止自由地从事某些职业，就连小商小贩、长途贩运之类的商业活动都被当作“投机倒把”活动而遭到禁止；另一方面，在“不劳动者不得食”[⑤]的压力下，公民又被“强迫”从事某些职业，哪怕他们自己不愿意。改革时期允许个体经济和私营经济的发展，在很大程度上也可以看作是放松了对公民职业自由的限制。这一举措大大激发了人们的活力和创造力，为中国经济的增长做出了巨大的贡献。

---

① ［美］孙斯坦：《自由市场与社会正义》，金朝武、胡爱平、乔聪启译，中国政法大学出版社2001年版，第291～295页。另见林来梵：《从宪法规范到规范宪法：规范宪法学的一种前言》，法律出版社2001年版，第177页。

② 王海光：《当代中国户籍制度形成与沿革的宏观分析》，载《中共党史研究》2003年第4期。

③ 王海光：《当代中国户籍制度形成与沿革的宏观分析》，载《中共党史研究》2003年第4期。另可参见孙政才：《农业与农村改革30年》，中国农业出版社2008年版，第225页。

④ ［美］孙斯坦：《自由市场与社会正义》，金朝武、胡爱平、乔聪启译，中国政法大学出版社2001年版，第293页。

⑤ 1975年《宪法》（第9条）和1978年《宪法》（第10条）都将“不劳动者不得食”作为一项原则规定下来。

合同自由与职业自由有一定的相关性，但并不相同。改革之前，无论是公民还是企业都没有签订合同的自由。安徽凤阳县小岗村的农民签订承包单干的字据时，他们知道这样做可能给他们带来“坐牢杀头”的灾难。[①]城镇个体经济在发展初期，也被禁止雇工；即使请几个帮手，也要经过工商管理部门的批准。事实上，在计划经济体制下，合同自由几乎是完全没有必要的。无论是在城镇的国营企业还是在农村的人民公社，生产什么、生产多少、用什么办法生产、产品销给谁，都由政府机关通过计划的指令决定，各生产单位之间不需要也无权力自由地签订合同。[②]

竞争自由对于经济发展具有重要的促进作用。在改革之前的中国，竞争自由受到了严重的抑制。无论是生产部门还是销售部门，都被国有或者集体所有的企业垄断，私营经济根本没有发展的空间，更谈不上自由竞争。而改革期间的许多措施，都可以看作是对竞争自由的认可。例如，允许非公有制经济发展，不仅使公有制经济和非公有制经济之间形成了竞争，而且使非公有制经济内部的各个部分（个体、私营、外资）之间也形成了竞争。这些竞争无疑有利于提高生产率，提升经济效益，促进经济增长。

总之，正是因为改革期间政府放松了对公民和企业的经济自由的限制，个体经济、私营经济等非公有制经济才得以发展。而非公有制经济的发展，对于中国经济的增长具有无可替代的重要意义。可以毫不夸张地说，如果政府没有放松对经济自由的限制，中国经济就根本不可能在过去40年间实现高速增长。

三、地方“试验”

如前所述，宪法的核心要求之一，就是对政治权力加以限制，而限制政治权力最常见的方式之一，则是分权，包括纵向分权（中央与地方之间的分权）和横向分权（立法、行政、司法三部门之间的分权）。就这里的讨论而言，中央与地方的“分权”对于经济发展具有重要的意义，因为它有利于开展地方“试验”，因而也有利于成功经验的发现和传播。

前面对于中国改革的阐述应该使我们看到：中国的经济改革，并不是由某一个人或一群人刻意“设计”的，而是在“摸着石头过河”的过程中逐渐探索出来的。在这个过程中，地方“试验”起到了非常重要的作用，正如有学者所指出的，在改革期间，“几乎所有意义重大的举措都是首先在地方试验成功的条件下才在全国范围内

① 小岗村的农民在分田单干的字据中写道：“如不成，我们干部坐牢杀头也甘心。大家社员们保证把我们的小孩养活到18岁。”参见吴敬琏：《当代中国经济改革教程》，上海远东出版社2010年版，第94页。

② 参见吴敬琏：《当代中国经济改革教程》，上海远东出版社2010年版，第89～90、123～124页。

推行的”。[1]例如，农村的联产承包责任制，最初就是在小岗村农民的成功探索之后才推广开来的。国企改革，是从四川省扩大企业自主权的试验开始的。此外，国家还专门开辟经济特区进行引进外资的“试验”；而当时的许多具有开创性的措施，都是在经济特区首先采取的，前面讲到的深圳土地使用权的转让就是一个例子。可以说，正是通过地方“试验”，那些有利于提高生产力的制度才被“发现”，进而在全国推广开来。

事实上，有学者指出，中国的经济改革之所以能够成功，而苏联在解体前的经济改革却遭遇了失败，其中一个关键的因素就在于中国的经济改革是在“分权化”(decentralization)的轨道上进行的。[2] 在改革前夕，中国只有大约3%的国营企业直接归中央政府调控，其余的企业都由各级地方政府管理，其利润也多归地方政府。在改革的过程中，地方政府一方面尝试用各种方法对国企进行改革，另一方面也积极发展国企之外的非公有制经济。这种分散于各地的“多中心”的“试验”，在解体前的苏联是完全行不通的，因为苏联实行的是中央计划经济，其经济改革能否成功，完全取决于中央对国有企业的改革，但国有企业的改革是最为困难的，因为涉及无数利益关系以及无数工人的福利。[3]

第五节　结　　语

本章分析了改革开放时期中国的宪法发展与经济发展之间的复杂而微妙的关系。总体而言，中国在这两个方面都取得了进步，尽管二者有一些区别，如经济发展是政府追求的目标，而宪法发展很大程度上则是在追求经济发展的过程中产生的“无意的后果”，但这两个方面的进步都是有局限的，而各自的局限性也紧密相关。就宪法发展而言，由于合宪性审查机制的缺失等因素，我国宪法尚难对政治权力构成有效的约束，而宪法在保障公民权利方面也显得乏力；就经济发展而言，虽然中国经济在过去40年间高速增长，但这种增长的公正性与可持续性值得继续关注。

基于以上分析，笔者认为，未来中国必须对宪法实施予以更多的关注，要启动合宪性审查机制，使宪法能够对现实生活产生规范作用，使公民的权利真正得到保障，使公权力受到有效的制约，使经济发展遵循基本的公平、正义。

---

① 张千帆：《宪法变通与地方试验》，载《法学研究》2007年第1期。

② 甘阳：《中国道路：三十年与六十年》，载《读书》2007年第6期。

③ 甘阳：《中国道路：三十年与六十年》，载《读书》2007年第6期。

第三章

宪法与土地制度

1982年《宪法》的一个突出特点是，首次对土地制度进行了明确规定。该部宪法第10条规定"城市的土地属于国家所有。农村和城市郊区的土地，除由法律规定属于国家所有的以外，属于集体所有；宅基地和自留地、自留山，也属于集体所有。国家为了公共利益的需要，可以依照法律的规定对土地实行征用。任何组织或者个人不得侵占、买卖或者以其他形式非法转让土地。一切使用土地的组织和个人必须合理地利用土地"。

本章首先梳理土地制度是如何被写入宪法的，然后通过"事实与规范"这一分析框架，讨论土地制度和宪法规范在1982年以后是如何相互影响的；最后，本章将对过去三十多年间土地制度与宪法规范之间的关系作出评价，并在此基础上提出相关制度发展建议。

第一节　土地制度是如何入宪的

1977年8月，"文化大革命"结束。1978年，中国重新修订宪法。尽管仍处于极"左"思维盛行的年代，但这次修宪并没有任何关于城市土地国有化的规定。国家城市建设总局在1982年3月27日发布的《关于城市(镇)房地产产权、产籍管理暂行规定》(城发房字77号)中提出：根据宪法规定精神，我国城市房屋存在着几种不同的所有制。应加强房屋和土地产权产籍管理。……(对于)城市土地,城市房地产管理机关,要依照法律的规定,确认产权,区别各种不同的土地所有权及使用权状况,进行土地普查登记,并建立产籍资料及各项管理制度。

很明显,此时的国家城市建设总局并不承认"文革"期间的"城市土地国有化"行为,而且试图对各种不同的土地所有权进行普查和登记。不过,这种情况很快被1982年12月4日第五届全国人大第五次会议通过的《中华人民共和国宪法》所改变。1982年宪法在第10条第1款以简洁明了、决然且毫无但书的语式,增加了"城市的土地属于国家所有"的规定。那么1982年《宪法》为何要增加这一新的规定呢?这就需要回到1980—1982年的修宪史中去寻找答案。

现行宪法的修改是从1980年开始的。这年的8月18日,邓小平在《党和国家领导制度的改革》中提出,"中央将向五届人大三次会议提出修改宪法的建议"。[①] 8月30日,中共中央向五届人大三次会议提出《关于修改宪法和成立宪法修改委员会的建议》。9月10日,五届人大三次会议根据中共中央的建议通过了宪法修改委员会名单,共103名委员,叶剑英为主任,宋庆龄、彭真为副主任。9月15日,宪法修改委员会召开了第一次全体会议,会议决定设立宪法修改委员会秘书处,胡乔木为秘书长,吴冷西、胡绳、甘祠森、张友渔、叶笃初、邢亦民、王汉斌为副秘书长。9月17日,宪法修改委员会秘书处第一次会议召开。[②]

在最初的一段时间内,对于是否要在宪法中规定土地所有权以及如何规定这一问题,宪法修改委员会秘书处并没有确定的意见。在1981年2月10日上午召开的宪法修改委员会秘书处第十次会议上,胡绳报告说:"有些问题我们还拿不准,如有关土地的所有权问题、关于农村人民公社经济的一些问题、关于中外合资经营的问题等。"[③]事实上,在最初的两个草案[即2月20日形成的《宪法草稿》和《宪法讨论稿(2月28日)》]中,并没有出现关于土地制度的规定。1981年3月11日到25日,宪法修改委员会秘书处对《宪法讨论稿(2月28日)》进行讨论和修改。正是在此期间,秘书处首次提出应当在总纲"经济制度"一节中增写关于"全民所有和集体所有的土地"的条款。[④]

为什么要在宪法中规定土地所有权制度呢?时任宪法修改委员会秘书处副秘书长的王汉斌后来回忆道:"起草宪法才发现1954年《宪法》对土地所有权根本没

---

① 邓小平:《党和国家领导制度的改革》,载《邓小平文选(一九七五—一九八二)》,人民出版社1983年版,第299页。

② 许崇德:《中华人民共和国宪法史》,福建人民出版社2003年版,第559～563页。

③ 许崇德:《中华人民共和国宪法史》,福建人民出版社2003年版,第603页。

④ 许崇德:《中华人民共和国宪法史》,福建人民出版社2003年版,第609～610页。

有规定。奇怪了，土地这么重要的事情怎么能不作规定，所以这次就要规定土地所有制。”[①]这一说法得到了《宪法》“总纲部分”起草小组成员肖蔚云的印证。在1986年《我国现行宪法的诞生》一书中，肖蔚云提到：“有人提出，宪法对土地问题，包括土地所有权、使用权、租赁、合理利用和征用等问题都应当作出明确规定。土地是重要的生产资料和自然资源，而我国前几部宪法对它都没有作出全面的明确的规定。一九五四年《宪法》只规定‘矿藏、水流，由法律规定为国有的森林、荒地和其他资源，都属于全民所有’，以及‘国家依照法律保护农民的土地所有权’，但对城市和城市近郊的土地所有权没有规定，山岭、草原、滩涂等也未作规定。宪法修改委员会采纳了这一建议。”[②]

1981年7月，因为胡乔木身体不好，中共中央决定由彭真同志直接领导宪法的起草工作。1981年10月到11月，彭真数次主持召开宪法修改委员会秘书处工作会议，对宪法修改草案进行逐章逐节反复讨论。[③] 12月16日，彭真与项淳一、顾昂然集中讨论了宪法修改过程中的11个具体问题。在谈到土地所有权时，他认为：“关于土地所有权，过去宪法和法律没有明确规定，但历来对城市土地是按国有对待，农村土地是集体所有。这次宪法明确规定，城市的土地属于国家所有。农村和城市郊区的土地，包括个人使用的宅基地和自留地，除法律规定为国家所有的以外，属于集体所有。任何单位和个人不得买卖和租赁土地。这对坚持社会主义是必需的。”[④]

12月19日，彭真向中共中央写了《关于宪法修改草案几个问题的报告》。该报告主要就宪法修改过程中存在的16个问题进行说明和请示，其中所列的第9个主要问题就是土地所有权问题。[⑤] 12月中下旬，邓小平两次审阅宪法修改草案初稿，随后中央政治局和书记处也对这个草案初稿进行了讨论。不过，从现有的资料来看，邓小平同志主要关心的是实行“一院制”还是“两院制”，是否设置国家主席，如何正确处理全国人民代表大会和全国人大常委会同最高人民法院的关系，国务院各部设立和部长任免，人民代表大会换届年限等与政治体制有关的问题，他对宪法修改草案关于土地所有权的规定没有表示明确意见。[⑥]

---

① 王汉斌：《宪法、刑法、刑诉法、民法：经历怎样的博弈，进步如何取得，留下哪些遗憾——王汉斌亲历的重大立法论争》，载《南方周末》2013年4月18日。

② 肖蔚云：《我国现行宪法的诞生》，北京大学出版社1986年版，第42页。

③ 《彭真传》编写组：《彭真年谱》（第五卷），中央文献出版社2012年版，第115～120页。

④ 《彭真传》编写组：《彭真年谱》（第五卷），中央文献出版社2012年版，第123页。

⑤ 《关于1982年〈宪法〉的起草过程——王汉斌访谈录之三》，载《法制日报》2011年3月29日。

⑥ 《彭真传》编写组：《彭真传》（第四卷），中央文献出版社2012年版，第1454～1455页；中共中央文献研究室：《邓小平年谱》（1975—1997），中央文献出版社2004年版，第793页。

1982年2月27日到3月16日，宪法修改委员会第二次全体会议在人民大会堂举行，彭真主持会议。会议预先印发了《中华人民共和国宪法修改草案（讨论稿）》及《宪法修改草案（讨论稿）说明》两个文件。该《讨论稿》第10条规定"城市土地归国家所有，农村和城郊土地归集体所有"。《说明》对此解释说："明确规定我国的土地所有制的第十条是新增加的。这一条规定城市（不包括城市郊区）的土地属于国家所有，其他的一切土地属于国家或集体所有，并规定'任何单位和个人不得买卖和租赁土地'。这些规定是我国实际情况的反映。更具体的规定有待于制定土地法，但把原则的规定载入宪法，对于农村集体经济组织的发展，对于城市建设都是有利的。"①

3月9日上午，宪法修改委员会第二次全体会议开始分成3个小组讨论。在3月10日关于社会主义经济制度的讨论中，荣毅仁（时任全国政协副主席）提出：草案规定，除城市外，绝大部分土地归集体所有，问题很大。现在开矿很困难。建军马场、开采石油等都涉及土地问题。宪法规定任何单位和个人不得买卖、租赁土地。实际上，属于集体的土地就在买卖、租赁。耿飚（时任国防部部长）认为：这个问题与军队关系很大。空军、海军的机场都在郊区或者农村。宪法应考虑到不妨碍国家建设和将来的发展。②

在3月12日的分组讨论中，在讨论到土地所有权问题时，方毅（时任国家科委主任）提出，这两种所有制的矛盾日益尖锐和严重。"国家企业、事业要发展，要用地，而土地有限，郊区和农村土地归集体所有，变成了他们向国家敲竹杠、发洋财的手段。一亩地索要上万元，靠卖地生产队可以安排社员一辈子、三辈子都过好日子，不需劳动了。草案虽然规定'任何单位和个人不得买卖'，他可以变相卖地，提出交换条件，如给他办工厂，招收农民当工人，包养到死。矛盾发展到武斗，你盖他就拆。科学院盖房用地，付了三次钱，国家财政开支成了无底洞。现在国家盖房要比登天还难，而农民自己盖房，却大量占用好地。郊区农民自盖旅馆的很多，有的大队不种地，单靠出租旅馆赚大钱。这样下去，富了农民，穷了全民，矛盾越来越尖锐。我国矿藏发现较少，发现了要开采就与农民发生矛盾，要花很大代价，限制了国家的发展。"因此，建议土地一律归国家所有，集体只有使用权。这个问题是理论上、实践上面临的一个很大的问题，很值得权衡利弊得失，全面探讨研究。

荣毅仁主张：在宪法中明确宣布"国家依照法律规定，给予机关、企业、集体、个人土地使用权，发给土地使用证"。另外还应当规定"土地不准买卖和转让"，"国家需要征用土地时，依照法律规定，给使用单位以补偿"。他认为，把国家的土地分为全民所有和集体所有不好，集体只能是永久使用权。

---

① 许崇德：《中华人民共和国宪法史》，福建人民出版社2003年版，第619页。

② 许崇德：《中华人民共和国宪法史》，福建人民出版社2003年版，第637页。

杨秀峰(时任人大常委会法制委员会副主任)认为:“土地所有权问题很复杂,各地情况也不一样。现在,对城市土地再不宣布国有,不得了。”[①]

在3月16日的分组讨论中,杨秀峰就宪法草案序言和总纲提出了意见。在谈到土地问题时,他表示“赞成土地国有,但由于关于土地的所有权问题牵涉太广、变动太大,要慎重。现在农村土地为集体所有,城郊哪些土地属于国家或集体所有,很难分,是否跟农民交代清楚。土地国有,他们可以依法长期使用,要他们同意接受,不要硬性规定”[②]。

1982年4月12日下午,宪法修改委员会第三次全体会议在人民大会堂举行。宪法修改委员会秘书长胡乔木就重新修改的宪法草案向委员们作了扼要的介绍,他提到:“土地所有权做了文字改动。有人提议城乡土地一律规定为国家所有,另有人则认为,农村土地国有,会引起很大震动,没有实际意义。开始的时候,土地为农民个体所有,合作化后已经归了集体。所以不必宣布国有。如果规定农村土地一律国有,除了动荡,国家将得不到任何东西。即使宪法规定了国有,将来国家要征用土地时,也还是要给农民报酬。由于目前没有统一的法律规定,因此出现不好的现象,例如农民要价过高,提出种种苛刻的条件。现在规定征用的统一办法。既然不许买卖,所以国家不用‘征购’,而只提‘征用’。”[③]

4月14日,宪法修改委员会第三次全体会议在讨论到土地问题时,胡子婴(时任民建中央常委,全国政协常委)认为:“国家落后,地下要宝。油田在草地下面,问题常发生。草地所有者不断向国家要钱。迁安铁矿,这个土地纠纷很大,产生工农之间的矛盾。国家是要开发的,所以应规定土地为国家所有。”

杨秀峰表示:“现在的条文是可以的,现实中发生的问题,那都是政策问题,有的是工作问题,可由土地法、民法去解决。”[④]

4月15日,宪法修改委员会第三次全体会议继续举行,彭真主持会议,讨论到第10条关于土地的规定时,钱昌照(第七届全国政协副主席、中国国民党革命委员会中央副主席)提出:“我国人口太多,污染很重,要建卫星城,要开发资源,要建港口,现在规定了土地是集体所有,将来就会扯皮。建议写明:届时国有。”

胡子婴认为:“应规定全部土地归国家所有,人民公社有使用权。国家挖矿藏,都在草地下面,胜利油田、迁安铁矿,挖掉一棵树就要给农民1000元。那不行。还要求把他们全部老少都包养到老。胜利油田给农民盖了房子,安了电灯,每年还闹个没完。社会主义国家土地应该国有,使用权可以固定,以利于乡村建设。”

---

① 许崇德:《中华人民共和国宪法史》,福建人民出版社2003年版,第644～645页。

② 许崇德:《中华人民共和国宪法史》,福建人民出版社2003年版,第658页。

③ 许崇德:《中华人民共和国宪法史》,福建人民出版社2003年版,第665～666页。

④ 许崇德:《中华人民共和国宪法史》,福建人民出版社2003年版,第679～680页。

荣毅仁提议把第4款中的“侵占”提到前面，同时把“租赁”去掉，他说：“临时用地堆一下材料，是不是必须租赁，可以在土地法中具体规定。他表示，我是赞成土地国有的。但该不该国有，是个大问题。过去没有宣布过。所有制纠纷很大，阻挠了国家建设。”

耿飚认为：“外交工作上修建大使馆，地皮是租给他的，租期99年，所以土地租赁是可以的。”

杨秀峰认为：“土地所有这是一个根本性的问题。生产资料公有制两种形式，是历史发展来的。乔木同志说的农村土地国有没有实际意义，但会引起很大震动。我也认为，这样做有什么意义？没有意义！更会吃大锅饭。土地归国有，如何管理？谁来使用？管理很复杂，还有干部的情况。国有的问题不是当务之急。我看维持原文还较实在。国有的问题没有必要，也不急于搞。”

彭真表示：“土地问题在起草的过程中，反复了很多次。当初苏联，列宁主张土地全归国有。斯大林没有接受。我国土改时，给农民发土地证。后来合作社，还实行土地分红。到人民公社化，算是解决了。土地所有制牵涉心理状态，其实都是农民使用。你要用地，他1亩地要你30万元。（荣毅仁插话：要100多万！）我赞成国有，但应采取渐进。现在国务院搞了个《土地征用条例》。总之，无论国家所有，还是集体所有，你用土地，他都得向你要钱。现在，先把城市定了，规定‘城市的土地属于国家所有’，郊区的土地则按照法律。法律规定为国有的，属于国有。农村、镇、城市郊区的土地属于集体所有，这样，震动小一些。侵占、买卖土地是不准的。山是国有的，村子附近的小山有的是集体所有的。先笼统点，作为过渡。”

荣毅仁提出：“应该原则上土地国有，例外是集体所有。现在呢，原则上集体，法律规定的才是国有。”

江华（时任最高人民法院院长）认为：“宅基地，大城市与中小城市有区别；房改了的与没有房改的，二者也有区别。一下子国有，这些区别全没了。”

杨尚昆（时任中央军委常务副主席兼秘书长）说：“我赞成维持原文，土地即使国有，扯皮也解决不了。城市土地国有，天津街道拆迁时有3户硬不搬。北京广安门也有这种情况。宣布国有，震动太大，有征用这一款，就可以了。逐步过渡较好，先通过《土地征用条例》。”

刘澜涛（政协第五届全国委员会副主席兼秘书长）认为：“我们从井冈山起，农民就为土地而战。党的‘六大’曾在党纲上写过搞国有。”

杨尚昆认为：“现在苏联的集体农庄可以自由买卖土地。列宁山的边上有农民户，自己养牛，就是不搬走。”

彭真认为：“我们民主革命没收封建土地分给农民，现在要把农民的土地没收归国有，这震动太大。”

讨论到第13条“社会主义的公共财产神圣不可侵犯”时，彭真认为：“这一条很重要。贪污、盗窃、损害公共财产。1亩地要30万元,敲国家竹杠,这是侵占国家利益。”[①]

1982年4月22日,宪法修改委员会向五届全国人大常委会第二十三次会议提交了《中华人民共和国宪法修改草案》,该草案第10条规定:

> 城市的土地属于国家所有。
>
> 农村、镇和城市郊区的土地,除由法律规定属于国家所有的以外,属于集体所有;宅基地和自留地、自留山,也属于集体所有。
>
> 国家为了公共利益的需要,可以依照法律的规定对土地实行征用。
>
> 任何组织或者个人不得侵占或者买卖、租赁土地。[②]

同日,宪法修改委员会副主任彭真向全国人大常委会作了《关于中华人民共和国宪法修改草案的说明》的报告。不过,其在报告中并没有提及宪法草案关于土地问题的规定。4月23—24日,全国人大常委会对宪法修改草案进行了分组讨论,常委们的讨论也没有涉及土地及集体经济组织的问题。

1982年4月26日,五届全国人大常委会第二十三次会议通过了《关于公布〈中华人民共和国宪法修改草案〉的决议》。该决议要求:全国各级机关、军队、政党组织、人民团体以及学校、企事业单位组织和街道、农村人民公社等基层单位,在1982年5月至1982年8月期间,安排必要时间,组织讨论《中华人民共和国宪法修改草案》,提出修改意见,并逐级上报。[③]

在历时4个月的全民讨论中,全国各地群众表现出了高度的政治热情和积极性,对该宪法修改草案提出了大量的意见。比如,贵州省就组织了2286次讨论会,参加会议的有42600多人,宪法修改委员会秘书处办公室还先后收到民众来信1538封。[④] 中央和国务院各部门、人民解放军、各民主党派和各人民团体共91个单位都报来了材料,29个省、自治区、直辖市报了两次材料。宪法修改委员会秘书处把各方面的修改意见编成《全民讨论宪法修改草案意见汇集》(共五集),分送宪法修改委员会各位委员,供讨论修改时参考。[⑤]

在各地民众和党政机关干部的来信中,我们可以看到,并非所有的人都同意宪法草案关于土地所有权的规定,有些来信对第10条规定就提出了疑问甚至批评,比如,湖南省建委办公室吴民瑞认为,草案第10条规定“城市的土地属于国家所

---

① 以上谈话实录参见许崇德:《中华人民共和国宪法史》,福建人民出版社2003年版,第680~682页。

② 《中华人民共和国宪法修改草案》,人民出版社1982年版,第13页。

③ 《中华人民共和国宪法修改草案》,人民出版社1982年版,第1页。

④ 许崇德:《中华人民共和国宪法史》,福建人民出版社2003年版,第719页。

⑤ 《关于1982年〈宪法〉的起草过程——王汉斌访谈录之三》,载《法制日报》2011年3月29日。

有”，这个规定“概念难解释清楚，执行时也不好办”。原因是：(1)现有城市的市区范围是不断变化的，如长沙市解放时市区仅6.7平方公里，现在是53平方公里，今后还可能扩大。而新发展的市区与原有郊区犬牙交错，很难准确地划分清楚。(2)今后还将有越来越多的县镇和工矿区升级为城市。如1957年以前湖南省有9个城市，现在有15个城市。这些新增城市的土地以前属于集体所有，批准为市后是否就变成属于国家所有呢？

还有不少群众对宪法修改草案关于宅基地所有权的规定提出不同意见。河北纪维涛等人提出“宅基地应属于国家所有，但应明文规定社员使用权”。北京王永泉等提出“宅基地是属于个人的，不应归国家或集体所有。尤其是土改以前属于贫农的宅基地，是祖祖辈辈传下来的，宪法应给予保护”[①]。

全民征求意见结束后，宪法修改委员会于1982年11月4—6日及8—9日继续修改宪法草案，多名委员发表意见。尽管我们目前无法找到宪法修改委员会在这一段时间的讨论记录，也无法知晓该委员会内部是否就上述意见进行过讨论，但可以确定的是，这些意见并没有受到应有的重视，也没有得到采纳。1982年11月26日下午，五届全国人大五次会议在人民大会堂开幕，宪法修改委员会彭真副主任受叶剑英主任的委托，代表宪法修改委员会作《关于中华人民共和国宪法修改草案的报告》。该报告提到：关于土地的所有权问题，宪法修改草案从我国的现实状况出发，作出了明确规定。城市的土地属于国家所有。农村和城市郊区的土地，除由法律规定属于国家所有的以外，属于集体所有。宅基地和自留地、自留山，归农户长期使用，但是不属于农户私有。对于集体所有的土地，国家为了公共利益的需要，可以依照法律实行征用。“任何组织或者个人不得侵占、买卖、出租或者以其他形式非法转让土地。”这些原则规定，对于保证国家的社会主义经济建设，特别是保证农业经济发展的社会主义方向，具有重大的意义。这里需要说明一下，草案第10条中原来是把镇的土地和农村、城市郊区一律看待的，全民讨论中有人指出，全国各地情况不同，有些地方镇的建制较大，今后还要发展，实际上是小城市。因此删去了有关镇的规定。镇的土地所有权问题，可以根据实际情况分别处理。[②]

1982年11月27日到12月3日，全国人大各代表团对宪法修改草案和彭真同志的报告进行了讨论。依照宪法修改委员会秘书处秘书顾昂然的回忆，大会经过逐章逐条审议，提出不少好意见，根据代表意见进行了修改，涉及的条文有19条，有的条文修改不只一处，如果连序言、总纲的修改都算上，一共修改了近30处。[③]

---

① 许崇德：《中华人民共和国宪法史》，福建人民出版社2003年版，第721页。

② 彭真：《关于中华人民共和国宪法修改草案的报告》(1982年11月26日代表宪法修改委员会向五届人大五次会议所做的报告)，载《彭真文选：一九四一——一九九〇年》，人民出版社1991年版，第445页。

③ 顾昂然：《社会主义法制与立法工作》，中国政法大学出版社1989年版，第59页。

尽管我们对于全国人大各代表团是否以及如何讨论土地问题的情况并不是很清楚，但宪法修改委员会11月26日提交的《宪法修改草案》并没有对"城市的土地属于国家所有"这一规定做任何改动。① 12月4日，第五届全国人民代表大会第五次会议就宪法修改草案进行了投票表决。当天出席会议的全国人大代表有3040人，有效票3040张，其中赞成票3037张，弃权票3张，宪法第10条关于土地制度的规定获得通过。②

第二节　土地制度的改革与1988年修宪

从法律效果以及对社会的实际影响来看，1982年《宪法》虽然首次明确规定了土地制度，但直到1988年，这一条款对于中国社会来说，并没有产生太多实际上的影响。这一方面是因为宪法所规定的土地制度是对当时社会现实的确认；另一方面则是因为无论是城市土地还是农村土地，都被取消了资产价值，都是可以无偿使用的，所以除了上文列举的吴民瑞等人的异议以外，宪法关于土地制度的规定，包括"国家为了公共利益的需要，可以依照法律的规定对土地实行征用"（宪法第10条第4款）在内，并没有引起人们的广泛关注。

为了让人们更加全面了解1980年代土地制度与宪法规范之间的关系，我们首先来观察一下当时的经济和社会发展状况。在整个1980年代，城里的工人们依然头顶"领导阶级"的光环日夜劳作，但计划经济编织的生产网络笼罩在城市上空，从采购材料到产品销售，一个工厂所有的生产活动都在按部就班地缓慢运行，国营企业并没有太多的起色，经济也没有因此有所好转。反倒是毛泽东时代留下的"社办工业"带给人们颇多惊喜。这一最初在"超英赶美"理想冲动下诞生，后来被命名为"乡镇企业"的乡村工业模式，③在经历了跌宕起伏的命运之后，通过中国农民的自发努力，逐步成为当时中国经济增长的"发动机"。

乡镇企业为何能在1980年代的中国异军突起？经济学家们争得不亦乐乎，也给出了许多不同的答案，但当时的土地制度往往被人忽视。彼时的农民和农民集

---

① 不过，宪法第10条在全国人大表决的前一天确实进行了修改——原因是呼和浩特制锁厂的普通工人王银祥在11月27日花费了自己月工资的四分之一向全国人大打电报，提出了关于土地利用的4点建议（200余字）。全国人大主席团（及其工作组）认为该建议确实很重要，所以在宪法草案第10条中增加了一款"一切使用土地的组织和个人必须合理地利用土地"。参见肖蔚云：《我国现行宪法的诞生》，北京大学出版社1986年版，第115～116页。

② 顾昂然：《社会主义法制与立法工作》，中国政法大学出版社1989年版，第59页。

③ 1984年中共中央4号文件，决定把社队企业改名为乡镇企业，包括乡镇办、村（村民小组）办、联户（合伙）办、户（个体私营）办四个轮子。

体虽然因为没有被编织进计划经济体系中备受歧视，但分田到户之后，他们却拥有了一定的土地发展权(land development rights)，从农业生产中解放出来以后，农民们可以在自己的土地(集体土地)上创办乡镇企业，建设城镇，自主进行工业化和城市化。当时的人们在意识形态上依然小心谨慎，批判乡镇企业“挖社会主义墙脚”或“属于自发的资本主义”的小股运动也时有发生，但农村的土地发展权并没有被剥夺，集体土地的非农化使用，比如建设工厂和发展小城镇，被认为是合理的、必要的、应当予以鼓励和支持的。1979 年，中共中央号召，“社队企业要有一个大发展，逐步提高社队企业的收入占公社三级经济收入的比重。凡是符合经济合理的原则，宜于农村加工的农副产品，要逐步由社队企业加工”[①]。

不久之后，中央发现，“目前，乡镇企业已成为国民经济的一支重要力量”。1987 年，一向稳健的小平同志按捺不住自己的兴奋，对来访的南斯拉夫共产主义者联盟代表科罗舍茨介绍说：农村改革中，我们完全没有预料到的最大的收获，就是乡镇企业发展起来了，突然冒出搞多种行业，搞商品经济，搞各种小型企业，异军突起。这不是我们中央的功绩。乡镇企业每年都是百分之二十几的增长率，持续了几年，一直到现在还是这样。乡镇企业的发展，主要是工业，还包括其他行业，解决了占农村剩余劳动力百分之五十的人的出路问题。农民不往城市跑，而是建设大批小型新型乡镇。如果说在这个问题上中央有点功绩的话，就是中央制定的搞活政策是对头的。这个政策取得了这样好的效果，使我们知道我们做了一件非常好的事情。这是我个人没有预料到的，许多同志也没有预料到，是突然冒出这样一个效果。……农村改革的成功增加了我们的信心，我们把农村改革的经验运用到城市，进行以城市为重点的全面经济体制改革。[②]

当然，这一时期农村的土地利用模式也存在着很多问题。比如，“村村点火、户户冒烟”式的乡村工业化和富裕起来的农民希望改善居住条件的需求，导致了耕地大量流失，进而威胁到粮食的安全。1985 年，粮食产量突然下降了 2820 万吨，这引起了一直对粮食安全保持着高度敏感性的中央政府的忧虑。中央政府认为这是一个危险的信号，所以很快就发出了“认真清理非农业用地，制止乱占耕地”的命令，并要求各级政府尽快制订和完善土地利用总体规划和城市、村镇建设规划。负责全国土地、城乡地政的统一管理工作的国家土地管理局也应运而生。[③]

不过，对于粮食安全和耕地保护的担忧并没有走得太远，也没有演变为对农民

---

① 具体参见 1979 年 9 月 28 日党的十一届四中全会通过的《中共中央关于加快农业发展若干问题的决定》。

② 邓小平：《改革的步子要加快》(1987 年 6 月 12 日)，载《邓小平文选》第 3 卷，人民出版社 1993 年版，第 237 页。

③ 具体参见 1986 年 3 月 21 日发布的《中共中央、国务院关于加强土地管理、制止乱占耕地的通知》。

土地发展权的剥夺。当时的中央政府只是希望建立一套规范的农业用地非农化的管理和审批程序，凡国家建设征用土地，乡镇企业建设用地，农民盖房占用耕地、园地，只要获得县级或县级以上人民政府的批准，都可以在集体土地上实施。① 在1984年、1985年的一号文件中，中共中央号召各地，应设置以土地公有为基础的地区性合作经济组织，并允许和鼓励农村地区性合作经济组织按规划建成店房及服务设施自主经营或出租，参与县和县以下小城镇的发展。② 1988年《宪法》修改后，“土地的使用权可以依照法律的规定转让”更是得到了宪法的承认。

这种允许农民在国家计划之外，按照市场规律自主进行工业化和城市化（主要表现为小城镇）的土地制度，实现了个体富足，也促进了整个国家经济的发展。1985—1997年间，集体建设用地每年使用量超过了同期国有建设用地的使用量，③ 乡镇企业也由1980年代初期的“从无到有”，发展到1980年代末在中国工业中“三分天下有其一”，再到1990年代中期占据“半壁江山”。换句话说，正是因为当时的制度允许农民利用其所享有的土地发展权、劳动和经济自由权等权利去大力发展经济，中国改革开放初期的经济才能持续高速增长，邓小平在1980年代末所说的“中央制定的搞活政策是对头的”的含义就在于此。

不过，乡村经济和建设的复苏很显然只是改革开放的第一步，而不是改革的全部。邓小平同志及其领导的决策层很快就将农村改革的经验运用到了城市，并开启了以城市为重点的全面经济体制改革。1987年10月，深圳市政府修改了《深圳特区土地管理暂行规定》，将原来“土地使用权不能转让”的条款改为“土地使用权可以有偿出让、转让、抵押”，同时将该条例更名为《深圳经济特区土地管理条例》。同年12月1日，深圳便借道香港成功引进了英国的“土地批租制”，将一块8858平方米、紧靠水库的土地以525万元的价格有偿出让。④ 然而，《深圳经济特区土地管理条例》是在1987年12月29日才获得广东省人大常委会通过的，而且当时宪法第10条第4款规定，“任何组织或者个人不得侵占、买卖、出租或者以其他形式非法转让土地”，所以竞得这一块8858平方米土地的深圳房地产公司原总经理骆锦星认为，“这是要冒很大政治风险的”，“这可是触动《宪法》和《土地法》的大事啊，当时宪法对土地买卖是明文禁止的，买卖出租土地犯法，是要坐牢的”⑤。不过，

---

① 具体参见1986年3月21日发布的《中共中央、国务院关于加强土地管理、制止乱占耕地的通知》。

② 具体参见1984年1月1日发布的《中共中央关于一九八四年农村工作的通知》以及1985年1月1日发布的《中共中央、国务院关于进一步活跃农村经济的十项政策》。

③ 蒋省三、刘守英、李青：《中国土地政策改革：政策演进与地方实施》，上海三联书店2010年版，第19页。

④ 刘伟：《土地拍卖“第一槌”促成宪法修改》，载《深圳特区报》2010年7月19日。

⑤ 刘伟：《土地拍卖“第一槌”促成宪法修改》，载《深圳特区报》2010年7月19日。

1988年4月22日，全国人大常委会迅速修改了宪法第10条第4款关于禁止土地“出租”的规定，并以“土地的使用权可以依照法律的规定转让”取而代之。

中国宪法学界最初并没有对“（深圳）土地拍卖‘第一槌’促成宪法修改”这一事件作出及时回应。然而，当郝铁川教授在1996年以深圳市的土地拍卖为例证来论证其所提出的“良性违宪论”时，[①]如何评价1988年土地制度的改革与宪法规范之间的关系就成了一个摆在宪法学界面前的突出问题。在郝铁川教授看来，法律相对于社会现实的发展具有滞后性，特别是在社会变革和危急时期更为突出，这导致了良性违宪的产生。加之中国实施的是“摸着石头过河”的改革方案，因此应当允许良性违宪的存在。不过，这种观点很快就遭到了其他学者的质疑，比如，童之伟教授就批评道：一个城市的土地使用权转让，早一点晚一点对国家全局利益谈不上有什么影响，远不是那种不采取某个违宪措施就会亡国灭种的紧急情况，为什么不用合宪的方式解决呢！即使是不得已采取违宪手段，违宪行为本身在事后也应当受到否定的评价。只要感到宪法束缚了自己的手脚、妨碍了本地的利益，就不惜公然违宪，这种做法开创的先例极其恶劣，至少从理论上应彻底否定，否则肯定会在我国法治建设道路上留下严重隐患。[②]

随后，宪法学界就“良性违宪”问题展开了热烈的讨论。韩大元教授认为：“规范与现实的冲突与违宪状态应作区别，……宪政运行中出现的冲突，并不必然表现为违宪，其中有可能是属于‘正常的冲突’。对于这种冲突，我们可以通过宪法解释权的运用加以解决，当宪法解释权的运用达到极限时，才可采用宪法修改的方式，使社会基本的要求通过正常的宪法程序得到解决。”[③]林来梵教授则认为：“急剧或频繁的宪法变动有可能危及实在的宪法规范（包括规范宪法的规范）所应具备的最低限度的稳定性和权威性，为此，宪法解释就成为我们有必要加以重视的那种用以缓解宪法变动的缓冲手段。然而，由于在现实中不存在具有实效性的违宪审查制度或宪法诉讼机制，所以在目前的我国宪法学领域中，那种精微缜密的注释宪法学亦不可能成就，即使成就了，亦不可能为实在的宪法规范获取稳定性、实效性以及规范价值的功能找到根本的出路。这种根本的出路只有一条，那就是：通过改革开放以及社会主义市场经济的形成和发展这样一个必要的历史阶段，中国宪法最终修成正果，成为具有实至名归的规范宪法。”[④]

不过，多年以后，沈岿教授还是从宪法解释的角度，证明了1987—1988年的土

① 郝铁川：《良性违宪论》，载《法学研究》1996年第4期。

② 童之伟：《“良性违宪”不宜肯定——对郝铁川同志有关主张的不同看法》，载《法学研究》1996年第6期。

③ 韩大元：《社会变革与宪法的社会适应性——评郝、童两先生关于“良性违宪”的争论》，载《法学》1997年第5期。

④ 林来梵：《规范宪法的条件和宪法规范的变动》，载《法学研究》1999年第2期。

地制度变革并不一定需要通过宪法修改来完成，深圳做法可以解释为合宪。他提出："普遍认识以为，深圳做法违反了'不得出租'的宪法规定。但是，仔细探究该条款的结构，关于'不得买卖、出租或者以其他形式非法转让土地'，可能存在两种理解：(1)所有转让土地的行为都是非法的，无论转让是买卖、出租还是其他形式；(2)买卖、出租或者以其他形式转让土地并不都是宪法禁止的，宪法禁止的是'非法转让'。按照宪法内部规范一致性的体系解释方法，对第10条第4款的理解(1)与第10条第5款规定的'一切使用土地的组织和个人必须合理地利用土地'相悖，而解释方案(2)则是与合理利用土地原则兼容，因此深圳的做法可以解释为合宪。"①

不过，由于宪法第10条第4款已经作了修改，因此这段历史只能作为一个学术公案来评说和分析了。从制度发展层面来看，1988年《宪法》修改之后，《土地管理法》对于宪法第2条修正案进行了很好的落实。该法规定："国有土地和集体所有的土地的使用权可以依法转让。土地使用权转让的具体办法，由国务院另行规定。国家依法实行国有土地有偿使用制度。国有土地有偿使用的具体办法，由国务院另行规定。"②1990年5月19日，国务院发布了《城镇国有土地使用权出让和转让暂行条例》，该条例根据土地的不同用途，为居住用地，工业用地，科教文卫体育、商业、旅游娱乐等用地分别设置了不同的使用权年限。但集体土地使用权的转让办法却并没有同时出台。

1992年，邓小平发表了南方谈话，为市场经济鼓与呼。一年之后，中共中央通过了《关于建立社会主义市场经济体制若干问题的决定》。该决定提出："改革从农村起步逐渐向城市拓展，实现城乡改革结合，微观改革与宏观改革相配套，对内搞活和对外开放紧密联系、相互促进，是符合中国国情的正确决策。……在本世纪末初步建立起新的经济体制，是全党和全国各族人民在新时期的伟大历史任务。……当前培育市场体系的重点是，发展金融市场、劳动力市场、房地产市场、技术市场和信息市场等。"③

然而，在表达了要在我国建立市场经济体制之后，这份文件却同时指出："我国地少人多，必须十分珍惜和合理使用土地资源，加强土地管理。切实保护耕地，严格控制农业用地转为非农业用地。国家垄断城镇土地一级市场。实行土地使用权有偿有限期出让制度，对商业性用地使用权的出让，要改变协议批租方式，实行招标、拍卖。同时加强土地二级市场的管理，建立正常的土地使用权价格的市场形成机制。通过开征和调整房地产税费等措施，防止在房地产交易中获取暴利和国家

① 沈岿：《宪法规范层次论：一种解释方法》，载《清华法学》2012年第5期。

② 《土地管理法》(1986年6月25日第六届全国人民代表大会常委会第十六次会议通过)第2条。

③ 具体参见中共中央《关于建立社会主义市场经济体制若干问题的决定》(中国共产党第十四届中央委员会第三次全体会议于1993年11月14日通过)。

收益的流失。控制高档房屋和高消费游乐设施的过快增长。加快城镇住房制度改革,控制住房用地价格,促进住房商品化和住房建设的发展。”[①]也就是说,在1990年代初的中国社会,虽然市场经济战胜了计划经济,虽然《土地管理法》规定“国有土地和集体所有的土地的使用权可以依法转让”,但基于“保护耕地”和“防止在房地产交易中获取暴利和国家收益的流失”这两个原因,执政党并不建议国家允许集体土地直接进入土地市场,而是建议“国家垄断城镇土地一级市场”。

第三节 土地立法与未来发展

1993年,现行宪法被再次修改。宪法第9条修正案规定宪法原第17条关于“集体经济组织在接受国家计划指导和遵守有关法律的前提下,有独立进行经济活动的自主权”“集体经济组织依照法律规定实行民主管理,由它的全体劳动者选举和罢免管理人员,决定经营管理的重大问题”修改为“集体经济组织在遵守有关法律的前提下,有独立进行经济活动的自主权”,“集体经济组织实行民主管理,依照法律规定选举和罢免管理人员,决定经营管理的重大问题”。

从字面上理解,所谓“集体经济组织有独立进行经济活动的自主权”应该就包括农民集体经济组织有独立在自己拥有的土地上,开展现代工商业和第三产业经营活动的权利,否则1993年《宪法》修正案去掉“接受国家计划指导”这个限定条件就没有意义了。然而,随后的土地法律制度变迁史表明,现实不容乐观。虽然计划经济的牢笼被打破,但国家却通过立法的手段彻底剥夺了农民在1980年代所享有的土地发展权和经济自由。

1994年7月5日,八届全国人大常委会第八次会议通过了《中华人民共和国城市房地产管理法》。该法第1条在说明其立法目的时指出,“为了加强对城市房地产的管理、维护房地产市场秩序,保障房地产权利人的合法权益,促进房地产业的健康发展,制定本法”。所谓“加强对城市房地产的管理”,就是一方面要保障国家的土地收益不流失,另一方面还要把房地产生产要素纳入社会主义市场经济的轨道,建立起符合市场经济体制的房地产产权制度、房地产运行制度和房地产管理制度,充分发挥城市房地产作为支柱产业的巨大作用。[②] 所谓“维护房地产市场秩序”主要是通过以下几个方面的措施:(1)依法实行国有土地有偿、有限期使用制度,限制土地划拨制度的适用范围;(2)由国家垄断城镇国有土地市场全出让的一

① 中共中央《关于建立社会主义市场经济体制若干问题的决定》(中国共产党第十四届中央委员会第三次全体会议于1993年11月14日通过)。

② 房维廉:《中华人民共和国城市房地产管理法释义》,人民法院出版社1994年版,第2页。

级市场，城市规划区内的集体土地，只有经过征用转为国有土地后，该幅国有土地的使用权方可有偿出让，以避免土地资源的流失；(3)土地使用权出让必须符合土地利用总体规划、城市规划和年度建设用地计划；(4)商业、旅游、娱乐和豪华住宅用地，有条件的，必须采取拍卖和招标的方式进行出让；(5)房地产开发必须按照土地使用权出让合同约定的土地用途、动工期限开发土地，否则收取土地闲置费直至无偿收回土地使用权；(6)以出让方式取得土地使用权的，只有达到法定投资开发进度的，才能转让；(7)规定了设立房地产开发企业应当具备的条件。①

当时的立法者认为，我国城市基础设施建设最大的困难是资金短缺，在旧的国有土地使用制度下，土地使用者无偿无期限使用土地，土地所有者却无任何收益，形成城市基础设施建设只有投入没有回收，政府投入越多财政包袱就越重的恶性循环。实行国有土地有偿有期限使用制度，把本应归国家的土地收益收归人民政府，以地养地，以地生财，就从根本上解决了城市基础设施建设的难题。② 另外，当时的立法者同时还认为，房地产业的发展，不仅可以为城市经济发展提供基本物质基础和前提，而且有利于逐步改善城市居民的居住条件，有利于为国家开辟重要财源，加速城市建设和经济的发展。因此要通过立法“依法促进房地产业的健康发展，使其真正成为国民经济的一个重要支柱产业”。③

为了实现上述立法目的，该部法律规定本法只适用于“在中华人民共和国城市规划区国有土地范围内取得房地产开发用地的土地使用权，从事房地产开发、房地产交易，实施房地产管理”的行为，④市、县人民政府要有计划、有步骤地进行国有土地使用权出让，出让土地使用权用于房地产开发的，须根据省级以下人民政府下达的控制指标拟定年度出让土地使用权总面积方案，按照国务院规定，报国务院或者省级人民政府批准。⑤ 对于集体所有的土地，该法规定，即便是被划入了城市规划区，也不能直接出让土地使用权，而必须先依法征用转为国有土地，然后才能有偿出让。⑥

在全国人大常委会审议该部法律草案的过程中，有人对草案中规定的“集体所有的土地，经依法征用转为国家土地后，该幅国有土地的使用权方可出让”(草案第

① 房维廉:《中华人民共和国城市房地产管理法释义》，人民法院出版社1994年版，第3页。

② 房维廉:《中华人民共和国城市房地产管理法释义》，人民法院出版社1994年版，第18页。

③ 房维廉:《中华人民共和国城市房地产管理法释义》，人民法院出版社1994年版，第6页。

④ 《中华人民共和国城市房地产管理法》(1994年7月5日八届全国人大常委会第八次会议通过)第2条。

⑤ 《中华人民共和国城市房地产管理法》(1994年7月5日八届全国人大常委会第八次会议通过)第10条、第11条。

⑥ 《中华人民共和国城市房地产管理法》(1994年7月5日八届全国人大常委会第八次会议通过)第9条。

9条)提出异议,认为:集体所有的土地,应当允许由所有权人出让,当然应当有所限制,如基本农田保护区的土地不得出让。理由是,1988年七届全国人大第一次会议通过的宪法修正案规定,土地的使用权可以依照法律规定转让;1988年4月12日第七届全国人大第五次会议通过的《关于修改〈中华人民共和国土地管理法〉的决定》,明确规定集体所有的土地的使用权可以依法转让。集体所有的土地的所有权,包含对土地的使用权、收益权、处分权,理应可以由所有权人出让。如果所有权人无权出让,只有征用后才能出让并进入房地产市场,是不合理的,也是与宪法和土地管理法的规定不一致的。①

然而,有另外一种意见认为:"本法应当明确规定集体所有的土地不能用于房地产开发。否则,将不利于保护耕地、保护农业生产。"全国人大法律委员会在研究了各方面的意见之后认为,"在这个问题上,必须认真贯彻党的十四届三中全会的精神,'我国地少人多,必须十分珍惜和合理利用土地资源,加强土地管理,切实保护耕地,严格控制农业用地转为非农业用地。国家垄断城镇土地一级市场。'同时本法应当与宪法和土地管理法相衔接,建议将草案第九条修改为'城市规划区内的集体所有的土地,经依法征用转为国有土地后,该幅国有土地的使用权方可有偿出让。'八届全国人大常委会第八次会议同意法律委员会的上述修改意见"②。

在随后的《中华人民共和国城市房地产管理法释义》中,立法者对此解释道:"将耕地改为房地产开发用地所带来的经济效益往往比作为农业用地的耕地本身要高得多。出于经济利益的驱动,近几年来,许多地方的农业集体经济组织或者村民委员会随意将耕地转为房地产开发用地的势头有增无减,已成为我国耕地大量减少的直接原因之一,严重影响了农业生产的发展,也不利于社会安定团结,本条规定限制了农业集体经济组织或村民或者村民委员会随意将耕地转为房地产开发用地的行为,其目的就在于保护农业用地,防止耕地被大量占用。"③

那么,城市规划区以外的集体土地可否不经征用直接出让呢?关于这个问题,考虑到与《土地管理法》衔接问题,《城市房地产管理法》没有明确规定。不过,参与制定《城市房地产管理法》的立法者在该法权威释义中认为,虽然1988年的《土地管理法》第2条第4款规定了"集体所有的土地的使用权可以依法转让",但该法同时规定"土地使用权转让的具体办法,由国务院另行规定",而"目前国务院尚未就集体所有土地的使用权转让问题作出规定,因此,当前城市规划区以外的集体所有土地的使用权出让尚没有法律依据,也就是说,还不能直接出让"④。

① 房维廉:《中华人民共和国城市房地产管理法释义》,人民法院出版社1994年版,第233页。
② 房维廉:《中华人民共和国城市房地产管理法释义》,人民法院出版社1994年版,第233页。
③ 房维廉:《中华人民共和国城市房地产管理法释义》,人民法院出版社1994年版,第34页。
④ 房维廉:《中华人民共和国城市房地产管理法释义》,人民法院出版社1994年版,第35页。

从法解释的基本原理来看，立法者对于《土地管理法》第2条第4款的解释，很难说是完全正确的。因为既然《宪法》和《土地管理法》都赋予了集体土地权利人以依法转让集体土地使用权的权利，那么集体土地使用权转让就是有法律依据的。虽然国务院尚未出台“集体土地使用权转让的具体办法”，但依照“法无明文禁止即（公民享有）自由”的理论，集体土地使用权转让并不违法。但可惜的是，随后的立法既不是去积极承认集体土地使用权转让的合法性，也不是严格监督法律的落实，督促国务院尽快制定集体土地使用权转让具体办法，而是通过修改《土地管理法》，彻底堵死了集体土地通向土地一级市场的道路。

根据立法者的介绍，1998年《土地管理法》的修改主要包括以下几个方面：首先，耕地保护被提升到了关系“国家发展全局和中华民族生存安危”的高度，成为土地管理制度设计的出发点和落脚点。[①] 用原国家土地管理局局长邹玉川的话来说，即是“在立法指导思想上，从保障建设用地供应为主，转变为切实保护耕地为主，保护耕地像一条红线，贯穿始终”；[②]其次，为了保护耕地，1986年《土地管理法》所建立的分级限额征地审批制度被废除，[③]修改后的《土地管理法》将全国土地区分为“农用地、建设用地和未利用地”，并依此为基础，要求政府制定和实施土地利用总体规划和土地利用年度计划，进而建立土地用途管制，基本农田保护，农地转用审批，占补平衡，省级区域内耕地总量动态平衡和农村“一户一宅”等一系列制度。[④] 通过这一系列制度，中央上收了之前赋予市、县政府的土地管理权，建立了一套高度集权的土地计划管理审批制度，并辅之以党政处分和刑罚惩罚等措施来保证这一套制度的实施。最后，为了实现国有土地资产的保值和增值，该法不仅要求政府积极推行国有土地有偿出让制度，而且规定“任何单位和个人进行建设，需

---

① 卞耀武：《中华人民共和国土地管理法释义》，法律出版社1998年版，第43、393页。

② 何志强：《土地管理制度的生命力——原国家土地管理局局长邹玉川访谈录》，载《中国地产市场》2008年第11期。

③ 《土地管理法》（1986年6月25日六届全国人大常委会第十六次会议通过）第25条规定：“国家建设征用耕地一千亩以上，其他土地二千亩以上的，由国务院批准。征用省、自治区行政区域内的土地，由省、自治区人民政府批准；征用耕地三亩以下，其他土地十亩以下的，由县级人民政府批准；省辖市、自治州人民政府的批准权限，由省、自治区人民代表大会常务委员会决定。征用直辖市行政区域内的土地，由直辖市人民政府批准；直辖市的区人民政府和县人民政府的批准权限，由直辖市人民代表大会常务委员会决定。”

④ 《土地管理法》（1998年8月29日第九届全国人民代表大会常务委员会第四次会议修订通过）第4条、第17条、第31条、第34条、第44条、第45条、第62条。

要使用土地的，必须依法申请使用国有土地”[①]。1988 年《土地管理法》关于“集体所有的土地的使用权可以依法转让”的规定被删除，取而代之的是“农民集体所有的土地的使用权不得出让、转让或者出租用于非农业建设”这一完全相反的规定，[②]国务院由此也卸去了制定“土地使用权转让的具体办法”的义务。

全国人大常委会法制工作委员会经济法室整理的《各省、自治区、直辖市对土地管理法(修订草案)的意见》显示，在 1998 年《土地管理法》修改的过程中，有很多民众和地方政府(及其组成部门)对该法禁止集体土地流转表示不解和不满。“有的地方、群众提出，为了切实保护耕地，禁止农用地使用权进入市场转为建设用地是必要的，但是已经转为建设用地的集体土地应当允许流转，这也是已经普遍发生的情况，是符合市场经济要求的”；四川省建议在《土地管理法》中增加“农民集体所有的土地使用权，在不改变所有权和土地用途的前提下，可以依法转让、出租或者抵押。具体办法由国务院规定”；浙江省土地管理局，杭州、绍兴等地土地管理局也认为“国有土地实行有偿使用的制度适用的范围太小，应当将其扩大到集体土地。实际上目前集体土地也正在实行土地有偿使用制度，……建议规定集体土地实行有偿使用制度”[③]。但当时的立法者断然拒绝了这些建议。全国人大常委会法律工作委员会在当时警告说：“由于我国的土地市场刚刚建立，政府管理土地市场的各项措施还不健全，加上前几年‘房地产热’、‘开发区热’造成大量的闲置土地，如果再允许集体土地进入市场，将又有大量集体土地变为建设用地，形成更多的闲置土地，国有土地使用制度改革也将难以进行。”[④]

1999 年，国务院办公厅发布行政命令，要求“农民的住宅不得向城市居民出售，也不得批准城市居民占用农民集体土地建住宅，有关部门不得为违法建造和购买的住宅发放土地使用证和房产证。”[⑤]2004 年，国务院发布《关于深化改革严格土地管理的决定》，强调要“加强农村宅基地管理，禁止城镇居民在农村购置宅基

---

① 《土地管理法》第 43 条。该条规定有三个例外规定，“兴办乡镇企业和村民建设住宅经依法批准使用本集体经济组织农民集体所有的土地的，或者乡(镇)村公共设施和公益事业建设经依法批准使用农民集体所有的土地的”，可以不申请国有土地而直接使用集体土地，但这三类用地受到严格规定。

② 《土地管理法》第 63 条。该条规定有个例外规定，即“符合土地利用总体规划并依法取得建设用地的企业，因破产、兼并等情形致使土地使用权依法发生转移的”，集体土地使用权可以转让。

③ 卞耀武：《中华人民共和国土地管理法释义》，法律出版社 1998 年版，第 318、366、381 页。

④ 卞耀武：《中华人民共和国土地管理法释义》，法律出版社 1998 年版，第 176 页。

⑤ 具体参见国务院办公厅 1999 年 5 月 6 日发布的《关于加强土地转让管理严禁炒卖土地的通知》。

地”①。随后，国土资源部要求各地“严禁城镇居民在农村购置宅基地，严禁为城镇居民在农村购买和违法建造的住宅发放土地使用证”②。2007年，国务院办公厅再次强调：“农村住宅用地只能分配给本村村民，城镇居民不得到农村购买宅基地、农民住房或‘小产权房’”。③

虽然2000年通过的《立法法》规定，对非国有财产的征收，涉及基本经济制度以及财政、税收、海关、金融和外贸的基本制度只能由法律规定，如果相关事项尚未制定法律，全国人民代表大会及其常务委员会有权作出决定，授权国务院根据实际需要，对其中的部分事项先制定行政法规。④ 然而，有关行政机关并没有理会《立法法》的这些规定，在没有获得全国人大及其常委会授权的情况下，通过不具有法律效力的行政规范性文件，对涉及基本经济制度并涉及对农民财产进行管制性征收的农村宅基地作出了“禁止出售”的规定。

第四节　房地产征收制度的改革与2004年修宪

上文主要梳理的是土地产权和土地管理制度的改革。这两个制度领域虽然存在很多矛盾，但这些矛盾主要存在于宏观层面，因此在很长一段时间内并没有成为社会关注的焦点。然而，基于上述土地产权和土地管理制度而产生的房地产征收制度却是与所有人的生活密切相关的。1990年代以后，中国的城市化和工业化提速，城市里的房屋拆迁和农村中的土地征收日益频繁。为了适应社会发展的要求，房地产征收制度也在不断进行改革。

1991年3月22日，国务院公布了新中国历史上的第一部《城市房屋拆迁管理条例》，该条例主要是为了落实1990年全国人大通过的《城市规划法》而制定的，其出台的背景是，改革开放之后，国家希望通过加快拆迁工作来尽快解决“文革”以来停滞不前的城市和住房建设问题，并希望通过改善城市的基础设施建设来促进经济的增长。

尽管这一条例是以加快城市拆迁为立法目的的，而且也没有公平补偿的规定，

① 具体参见国务院2004年10月21日发布的《关于深化改革严格土地管理的决定》。不过该规定同时指出要“引导新办乡村工业向建制镇和规划确定的小城镇集中。在符合规划的前提下，村庄、集镇、建制镇中的农民集体所有建设用地使用权可以依法流转”。

② 具体参见国土资源部2004年11月2日发布的《关于加强农村宅基地管理的意见》。

③ 具体参见国务院办公厅2007年12月30日发布的《关于严格执行有关农村集体建设用地法律和政策的通知》。

④ 《中华人民共和国立法法》(2000年3月15日第九届全国人民代表大会第三次会议通过，自2000年7月1日起施行)第8条至第9条。

但是在颁布之初，该条例并没有受到太多的质疑，甚至在某种程度上还受到民众的热烈欢迎。之所以出现这种情况，是因为在这一时期，大规模的国有土地有偿出让并没有开始，拆迁安置用房所需的土地基本上是划拨，而且该条例主要是按照户口对被拆迁人（包括房屋所有权人和房屋的承租人）进行“安置”补偿的。该条例规定，拆迁补偿实行产权调换、作价补偿，或者产权调换和作价补偿相结合的形式。产权调换的面积按照所拆房屋的建筑面积计算。作价补偿的金额按照所拆房屋建筑面积的重置价格结合成新结算。[①] 拆迁人对应当安置的被拆除房屋使用人，依照本条例规定给予安置。安置用房不能一次解决的，应当在协议中明确过渡期限。[②] 对被拆除房屋使用人的安置地点，应当根据城市规划对建设地区的要求和建设工程的性质，按照有利于实施城市规划和城市旧区改建的原则确定。对从区位好的地段迁入区位差的地段的被拆除房屋使用人，可以适当增加安置面积。[③]

也就是说，在这一阶段，房屋拆迁是与“安置”紧密联系在一起的，通过住房安置，被拆迁人基本不用花费太多的钱，就可以改善自己的居住环境，而作为拆迁人的政府则可能是成本高于收益的。1994 年以后，随着我国的住房制度和房地产开发制度的改革，上述情况逐步发生了改变。1994 年 7 月，国务院下发了《关于深化城镇住房制度改革的决定》，该《决定》将住房制度改革的目标定位为：建立与社会主义市场经济体制相适应的新的城镇住房制度，实现住房商品化、社会化；加快住房建设，改善居住条件，满足城镇居民不断增长的住房需求。后人将其概括为“三改四建”。所谓“三改”，即改变计划经济体制下的福利性体制，从住房建设投资由国家、单位统包的体制改为国家、单位、个人三者合理负担的体制；从国家、单位建房、分房和维修、管理住房的体制改为社会化、专业化运行体制；从住房实物福利分配方式改为以按劳分配的货币工资分配为主的方式。所谓“四建”，即建立与社会主义市场经济体制相适应的新住房制度，包括建立以中低收入家庭为对象、具有社会保障性质的经济适用住房供应体系和以高收入家庭为对象的商品房供应体系；建立住房公积金制度；发展住房金融、保险，建立政策性、商业性并存的住房信贷体系；建立规范化的房地产交易市场和房屋维修、管理市场。

1994 年 7 月 5 日，第八届全国人民代表大会常务委员会第八次会议通过了《城市房地产管理法》。该法尽管没有明确禁止公民或者其他单位自行建设房屋，但是规定房地产开发必须具备一定的资质，而且国家采取税收等方面的优惠措施

---

① 《城市房屋拆迁管理条例》（中华人民共和国国务院令第 78 号〔1991〕1991 年 6 月 1 日起施行）第 20 条。

② 《城市房屋拆迁管理条例》（中华人民共和国国务院令第 78 号〔1991〕，1991 年 6 月 1 日起施行）第 27 条。

③ 《城市房屋拆迁管理条例》（中华人民共和国国务院令第 78 号〔1991〕，1991 年 6 月 1 日起施行）第 28 条。

鼓励和扶持房地产开发企业开发建设居民住宅。[①] 该法还对房地产开发企业进行了定义，即房地产开发企业是以营利为目的，从事房地产开发和经营的企业。设立房地产开发企业，应当具备下列条件：(1)有自己的名称和组织机构；(2)有固定的经营场所；(3)有符合国务院规定的注册资本；(4)有足够的专业技术人员；(5)法律、行政法规规定的其他条件。设立房地产开发企业，应当向工商行政管理部门申请设立登记。工商行政管理部门对符合本法规定条件的，应当予以登记，发给营业执照；对不符合本法规定条件的，不予登记。设立有限责任公司、股份有限公司，从事房地产开发经营的，还应当执行公司法的有关规定。房地产开发企业在领取营业执照后的一个月内，应当到登记机关所在地的县级以上地方人民政府规定的部门备案。[②]

这即是说，从1994年开始，中国开始进入了“土地使用权有偿化”“住房商品化”时代，但是商品房的建筑权却被垄断在以营利为目的的房地产开发商的手中。于是，这时的城市房屋拆迁就出现了与之前完全不同的特征：首先，由于住房的商品化，城市房屋的建设和拆迁主体由政府转变为房地产开发商；其次，由于住房建设所需要的土地被排除在土地划拨范围之外，[③]因此房地产开发商获得国有土地使用权的方式主要是购买(拍卖、招标或者双方协议的方式)；再次，房地产开发商是以营利为目的的企业法人，其建造房屋的首要目的是获取利润，而不是满足人民群众的住房需要，因此当房地产开发商申请进行房屋征收时，其更希望能够减少拆迁过程中的麻烦，降低补偿标准，从而实现利润的最大化。

2001年6月13日，国务院发布了305号令对《城市房屋拆迁管理条例》进行了修改，并于同年11月1日开始实施。对于本次修改，当时的建设部主管领导称，主要是因为原条例的一些规定已经明显不适应城市房屋拆迁工作的需要，主要表现为以下几个方面：(1)对被拆迁房屋所有人的补偿标准过低。导致房屋所有人对拆迁的积极性不高，甚至产生抵触情绪。(2)原条例规定的安置方式单一。主要以实物安置为主，缺乏选择的余地，导致被拆迁人迟迟不搬，影响拆迁进度。拆迁户多采取租房或挤住亲戚家里过渡，很容易出现由于资金无法落实导致逾期不迁，或者新建的安置用房因质量、环境与被拆迁人期望值不一致，引发拆迁纠纷。沈阳市曾一度有13万人在外过渡，最长的过渡期限达8年。(3)原条例将户口因素作为确定安置面积的标准，在实践中引发许多难以处理的问题。随着市场经济的发展，城

---

① 《城市房地产管理法》第29条。

② 《城市房地产管理法》第30条。

③ 《城市房地产管理法》第24条规定：“下列建设用地的土地使用权，确属必需的，可以由县级以上人民政府依法批准划拨：(一)国家机关用地和军事用地；(二)城市基础设施用地和公益事业用地；(三)国家重点扶持的能源、交通、水利等项目用地；(四)法律、行政法规规定的其他用地。”

市人口流动频繁，户口变动情况复杂，按户口安置，容易被一些人所利用，谋取不正当利益。如上海市反映，凡是要进行改造拆迁的地区，在短期内，人口一般都要增加20%，有的8平方米的房子，户籍登记却有十几人。(4)原条例有关强制拆迁的规定不明晰。强制拆迁的条件比较模糊，手续复杂，可操作性差。(5)原条例对拆迁单位的资金运用缺乏有效的监管。由于拆迁单位取得拆迁许可证后抽逃资金，导致安置房不能及时建设、补偿资金不能及时到位的情况时有发生。①

《城市房屋拆迁管理条例》在2001年的修订主要涉及以下几方面：(1)将拆迁补偿的标准由被拆迁房屋的重置价结合成本结算，修改为根据被拆迁房屋的区位、用途、建筑面积等因素，以房地产市场评估价格确定货币补偿金额，尽管这一项规定是符合市场经济要求的，但是这一时期国有土地使用权已经开始有偿化出让，该规定却只是补偿房屋的价格，却不补偿国有土地使用权的价值，从而造成了制度性的不公正。(2)明确了被拆迁人为房屋的所有人，重点对房屋所有人进行补偿，兼顾对使用人的安置。将房屋所有人与使用人的租赁行为作为拆迁法律关系的从属关系，尊重所有人和使用人的权利。在签订拆迁协议之前，能够解除租赁关系的，对房屋所有人进行补偿。解除不了租赁关系的，实行产权调换。在租赁协议中约定拆迁解决办法的，从其约定。(3)增加了被拆迁人对补偿方式的选择权。除了拆除非公益事业房屋的附属物、拆迁人与被拆迁人解除不了租赁协议之外，被拆迁人可以选择拆迁补偿方式，实际上此后的拆迁补偿，越来越多地朝着货币补偿的方向前进。(4)进一步完善了房屋拆迁许可证审批程序(第7条)，延期拆迁申请审批程序(第9条)，拆迁裁决程序(第16条)和强制拆迁程序(第17条)。(5)充实和完善法律责任，加大对违法行为的处罚力度，保护拆迁当事人的合法权益。

应当说，经过2001年的修订，《城市房屋拆迁管理条例》在政府依法行政和保护公民的财产权方面已经取得了很多重要的进步。但也应当看到，修改后的条例在立法宗旨、立法原则等框架性的问题上依然存在缺陷。

(1)该条例第1条规定："为了加强对城市房屋拆迁的管理，维护拆迁当事人的合法权益，保障建设项目顺利进行，制定本条例。"既没有区分公共利益和商业利益，也没有要求房屋征收权只能基于公共利益的需要才能行使，因此违背了征收权的本质，也降低了人们对于房屋征收活动的认同感和支持度。

(2)该条例在程序方面的规定不是很完善，具体表现为：首先，规划的制定和变更往往要引发拆迁，规划程序对于拆迁至关重要，但是规划法和拆迁条例规定的规

---

① 《建设部住宅与房地产司司长谢家瑾同志在全国城市房屋拆迁工作会议上的讲话：认真贯彻新条例　加强房屋拆迁管理工作》，http://house.focus.cn/news/2001-10-17/22222.html，下载日期：2017年10月16日；孙玉波：《〈城市房屋拆迁管理条例〉为何要修改》，载《粤港信息日报》2001年11月1日。

划程序极为简陋，甚至与房屋拆迁紧密相连、直接影响公众利益的分区规划和详细规划没有规定任何通知、听证和监督程序，使公众根本没有任何表达意见的渠道。其次，拆迁许可的审批是拆迁过程的重要环节，拆迁许可证是拆迁人剥夺被拆迁人房地产权利的尚方宝剑，一旦获得这一利器，被拆迁人在法律上便只能任人宰割。另外，拆迁许可的审批程序也是暗箱操作，在被拆迁人没有任何的知情、参与和监督的情况下，政府审批机关就可以给建设单位批准拆迁许可。再次，拆迁补偿产生纠纷后，一般由批准拆迁的房屋拆迁主管部门裁决。至于拆迁安置补偿纠纷，有的由房地产管理局裁决，有的由拆迁办裁决，有的由城建局裁决。拆迁指挥部、房管局、土管局、城建局和拆迁办以及拆迁事务所等均是政府下属机构或职能部门。补偿安置协商不成，再由有关部门裁决，这种做法实际上就是"做自己案件的法官"。

(3)有关补偿的规定过于简陋，被拆迁人获得的补偿偏低、安置不到位。房产在大多数中国人的生活资料中占绝对比重，尤其是对于很多贫困家庭而言，失去住房就等于流离失所，生活无着。对于城市居民，因城市生活成本不断上涨，未能获得足额补偿的拆迁户面临的选择是在同样地段获得更小面积的房产，或者搬迁至更边远、房价和生活条件更低的郊区。而且搬迁对于有些居民来讲意味着丧失赖以谋生的手段，更不用说离开原有的居住环境所造成的精神上的损失。依照《房屋拆迁管理条例》的规定，房屋拆迁补偿的方式有两种，一是金钱补偿，二是房屋产权调换。其立法本意在于拆迁补偿同房地产市场价格接轨，使被拆房屋体现其市场价值。然而，由于条文本身规定得过于原则，在实践中这一规定并未得到贯彻，采用金钱和房屋产权调换方式进行补偿都存在很大问题。最典型的是将被拆迁人的房屋价格评估过低，而对安置房屋的价格评估过高。另外，在实践中拆迁人为被拆迁人提供的安置房屋质量低劣，房屋安置迟迟不予兑现等现象也十分严重，这也是被拆迁人极为不满并频频上访的原因所在。

另外，《城市房屋拆迁管理条例》只规定了城市房屋的拆迁补偿，而忽视了更具财产价值的土地权利的补偿，其不公正性也是显而易见的。如果说为了公益需要提前收回的土地应当补偿，那么为了商业目的提前收回的土地更应补偿。除此之外，该条例还存在房屋评估机构的选定程序不明确、补偿责任的承担主体不适格等诸多问题。上述问题的存在严重影响了社会的稳定。特别是在进入21世纪之后，伴随着中国城市化和现代化进程的加快，相关矛盾不但没有减少，反而不断激化。

2004年修宪时，宪法修改的重点就包括对土地征收补偿制度的改革。宪法第20条修正案规定，宪法第10条第3款"国家为了公共利益的需要，可以依照法律规定对土地实行征用"应修改为"国家为了公共利益的需要，可以依照法律规定对土地实行征收或者征用并给予补偿"。第24条修正案则规定，宪法第33条增加"国家尊重和保障人权"作为该条的第3款。

宪法的修改使得《城市房屋拆迁管理条例》以及《土地管理法》关于农村土地征

收补偿制度规定的合宪性变成了一个愈加凸显的问题。社会各界纷纷质疑《城市房屋拆迁管理条例》存在违宪的嫌疑。[①] 2007 年 10 月通过的《物权法》则使得《土地管理法》以及《城市房屋拆迁管理条例》中存在的制度不公正再次成为学术界讨论的重点。2009 年 11 月"唐福珍自焚"事件曝光之后,被拆迁户的悲惨经历震撼了整个社会,《房屋拆迁管理条例》成为整个社会关注的问题。2009 年 11 月 18 日,北京大学五位教授上书全国人大常委会,要求审查这部条例的合宪性;2010 年 1 月和 2010 年 12 月,国务院法制办两次向全民征求对《城市房屋拆迁管理条例》的意见;2011 年 1 月 19 日,国务院废除了 2001 年的《城市房屋拆迁管理条例》,并以《国有土地上房屋征收与补偿条例》取而代之。这一制度变迁过程,又恰好是整整十年。

与之前的《城市房屋拆迁管理条例》相比,《国有土地上房屋征收与补偿条例》在指导思想、立法原则、适用范围以及其他一些具体的制度设计方面都取得了诸多进步。比如,(1)将公共利益征收与商业开发彻底分开,房屋征收只能基于公共利益的需要;(2)政府是房屋征收的主体,政府也是补偿主体,禁止建设单位参与搬迁活动;(3)在补偿方面,确立了"公平补偿"的原则,并且规定应当"以市场价格作为补偿标准",先补偿,后搬迁;(4)确立了征收补偿程序的"程序正当原则";(5)取消了旧条例关于行政强制进行房屋拆迁的规定,加强了司法对于房屋征收与补偿工作的审查力度;(6)强调了评估机构的中立性,由被征收人选定房屋评估机构,并强化了评估机构的法律责任;(7)对于房屋征收的实施方式进行了严格限定,野蛮拆迁可能被追究刑事责任。

不过,这部新条例依然存在一些"原地踏步"的制度规定。比如,房地产征收不是为了房屋本身,而是为了房屋之下的土地,所谓的"房屋拆迁"这个名词就能证明一切。然而,新的条例却没有摆脱《城市房屋拆迁管理条例》所建立的"补房不补地"的思路,依然规定"房屋被依法征收的,国有土地使用权同时收回"[②]。虽然这一条文的规范含义极为含混(比如,何为"收回",有偿抑或无偿收回),但是有一点

---

① 比如,韩大元:《宪法文本中"公共利益"的规范分析》,载《法学论坛》2005 年第 1 期;张千帆:《"公共利益"是什么? ——社会功利主义的定义及其宪法上的局限》,载《法学论坛》2005 年第 1 期;范进学:《定义"公共利益"的方法论及概念诠释》,载《法学论坛》2005 年第 1 期;郑贤君:《"公共利益"的界定是一个宪法分权问题——从 Eminent Domain 的主权属性谈起》,载《法学论坛》2005 年第 1 期;张翔:《公共利益限制基本权利的逻辑》,载《法学论坛》2005 年第 1 期;胡锦光、王锴:《论我国宪法中"公共利益"的界定》,载《中国法学》2005 年第 1 期;沈开举、杨俊峰:《我国城市房屋拆迁问题的宪政思考》,载《郑州大学学报(哲社版)》2005 年第 2 期;杨建顺:《论房屋拆迁中政府的职能——以公共利益与个体利益的衡量和保障为中心》,载《法律适用》2005 年第 5 期。

② 《国有土地上房屋征收与补偿条例》(中华人民共和国国务院令第 590 号,2011 年 1 月 19 日国务院第 141 次常务会议通过)第 13 条第 3 款。

是极为明确的，即它在告诉人们，中国公民所享有的国有土地使用权是无足轻重的，甚至是毫无价值的。另外，在公共利益的认定方面，强调“国家安全、促进国民经济和社会发展”都属于公共利益，这可以理解。但在目录中限定只有“政府组织实施的”各项公共事业才属于公共利益，即将“政府组织实施”等同于“公共利益”实际上可能会带来两个方面的后果：一方面，政府组织实施的非公益性项目可能会依靠这个制度漏洞进入征收行列；另一方面，排除了民间非营利性组织进行公益性事业建设征收土地的可能性。

尽管如此，城市房地产征收制度的改革还是在短短的十年内取得了重大的进步。与之相比，《土地管理法》的修改则要困难得多。2008 年，中共中央通过了《关于推进农村改革发展若干重大问题的决定》，该《决定》要求：“逐步建立城乡统一的建设用地市场，对依法取得的农村集体经营性建设用地，必须通过统一有形的土地市场、以公开规范的方式转让土地使用权，在符合规划的前提下与国有土地享有平等权益。抓紧完善相关法律法规和配套政策，规范推进农村土地管理制度改革。”①立法机关一直在积极响应执政党的号召，从 2008 到 2012 年，全国人大常委会几乎每年都会将《土地管理法》的修改工作列入立法计划，但这部法律的修改一再延迟。②

2013 年十八届三中全会以后，《土地管理法》的修改进程明显加快。首先，党中央在《关于全面深化改革若干重大问题的决定》中为土地制度的全面深化改革作出了顶层设计。该《决定》提出，土地制度的全面深化改革就是要“建立城乡统一的建设用地市场”，并实现“在符合规划和用途管制前提下，允许农村集体经营性建设用地出让、租赁、入股，实行与国有土地同等入市、同权同价”的目标。而在利益调整和经济体制改革方面，中央则定下了“使市场在资源配置中起决定性作用和更好发挥政府作用”的总原则和总方针。其次，全国人大常委会也开始积极行动，为土地制度的改革做法律上的准备。2015 年 2 月，全国人大常委会同意了国务院所提出的“在北京市大兴区等三十三个试点县（市、区）行政区域，暂时调整实施土地管理法、城市房地产管理法关于农村土地征收、集体经营性建设用地入市、宅基地管理制度的有关规定”提案。2015 年 12 月，全国人大常委会又同意了国务院提出的“在北京市大兴区等 232 个试点县（市、区）行政区域，暂时调整实施《物权法》第 184 条、《担保法》第 37 条关于集体所有的耕地使用权不得抵押的规定，允许以农

---

① 《中共中央关于推进农村改革发展若干重大问题的决定》（2008 年 10 月 12 日中国共产党第十七届中央委员会第三次全体会议通过）。

② 据《法制日报》报道，2013 年 7 月，第十一届全国人大常委会第三十次会议对《土地管理法修正案草案》进行首次审议后，因各方对征地补偿标准的设定、法律修改路径等存在不同意见，该次会议未对此修正案进行表决，《土地管理法》修改再次延期。参见《专家称土地管理法修法进程或将延期》，载《法制日报》2013 年 7 月 9 日。

村承包土地(耕地)的经营权抵押贷款;在天津蓟县等59个试点县(市、区)行政区域,暂时调整实施《物权法》第184条、《担保法》第37条关于集体所有的宅基地使用权不得抵押的规定,允许以农民住房财产权(含宅基地使用权)抵押贷款"的决定。[①]而在2017年的立法工作计划中,全国人大常委会明确将《土地管理法》的修改工作列为预备及研究论证项目,[②]而国土资源部也于2017年5月23日发布了《中华人民共和国土地管理法(修正案)》(征求意见稿)。[③]

第五节 通过释宪完善土地制度

从全面深化改革的推进情况来看,当下土地制度的改革与完善无疑正处于一个关键时期。在这个重要的历史转折时期,一方面要注意依照和根据宪法来进行改革,另一方面也要对现行宪法中的土地条款作重新的理解,从而适应社会发展的要求。

从目前的实践情况来看,为了落实十八届三中全会所提出的"建立城乡统一的建设用地市场。在符合规划和用途管制前提下,允许农村集体经营性建设用地出让、租赁、入股,实行与国有土地同等入市、同权同价"以及"缩小征地范围,规范征地程序,完善对被征地农民合理、规范、多元保障机制"这两项改革目标,《土地管理法》第43条和第63条就需要进行修改,因为正是这两个条文建立了"凡是搞建设,必须申请国有土地"且"集体土地使用权不得出让、转让或者出租用于非农业建设"的制度。对此,社会各界是有共识的,全国人大常委会已于2015年2月27日作出了暂时调整实施《土地管理法》这两个条款以及《房地产管理法》第8条关于"城市规划区内的集体所有的土地,经依法征用转为国有土地后,该幅国有土地的使用权方可有偿出让"的规定。国土资源部2017年5月所发布的《土地管理法(修正案)》(征求意见稿)和司法部发布的《土地管理法(修正案草案)》(第二次征求意见稿),

---

① 全国人大常委会2015年2月暂停实施《土地管理法》《房地产管理法》相关条款的决定和2015年2月暂停实施《物权法》《担保法》相关条款的决定,有效期都到2017年12月31日。试点结束之后,"对实践证明可行的,修改完善有关法律;对实践证明不宜调整的,恢复施行有关法律规定"。

② 《全国人大常委会2017年立法工作计划》,http://www.npc.gov.cn/npc/xinwen/2017—05/02/content_2021068.htm,下载日期:2017年6月14日。

③ 国土资源部:《关于〈中华人民共和国土地管理法(修正案)〉(征求意见稿)公开征求意见的公告》,2017年7月,国土资源部向国务院报送了《〈中华人民共和国土地管理法(修正案)〉(送审稿)》。2018年5月,新组建的司法部向全国供销总社、苏州大学等22家单位发出了《关于征求对土地管理法(修正案草案)(第二次征求意见稿)意见的函》,就这部法律的修改再次征求意见。从历次征求意见的结果来看,学术界对于土地产权和土地管理制度如何进行改革,依然存在着很大的分歧,而这些分歧又跟如何认识中国宪法关于土地制度的规定密切相关。

也已经决定废止上述条款。

不过，对于落实“集体经营性建设用地入市”这一改革目标来说，仅仅暂时实施乃至修改上述法律条文是不够的，因为现行《土地管理法》第8条还有关于“城市市区的土地属于国家所有”的规定。这个条款之所以重要，是因为如果《土地管理法》第43条、第63条修改了，而这一条文却岿然不动，那就会带来法秩序内部的紧张与冲突问题。其具体表现是，根据当前土地制度全面深化改革所设定的目标，未来城市规划区内的集体土地除非基于公共利益的需要，否则不能征收为国家所有，而应当由集体土地所有权人自行有偿出让，而这就意味着城市规划区内会存在永久性属于集体的土地。然而，随着城市化的快速发展，许多“城市规划区”会逐渐发展成“城市市区”。这时，扩展后的“城市市区”就会有集体土地的存在，而这将与《土地管理法》第8条第1款“城市市区的土地属于国家所有”的规定相冲突。

事实上，此一问题，在1998年《土地管理法》的修改过程中，就曾引起人们的关注。当时有单位和个人提出，随着城市建设的不断扩大，城市市区范围内还有集体的土地，建议对原第6条关于“城市市区的土地属于全民所有即国家所有”的规定作实质性修改。但当时的立法者认为“宪法第10条第1款对此有明确的规定，而且宪法是国家的根本大法，是制定法律的依据，本法第1条也开宗明义地规定了‘根据宪法，制定本法’，因此在宪法未修改之前，制定任何法律均不能违背宪法所规定的基本原则，本法也不例外”[①]。全国人大常委会最终没有对原《土地管理法》第6条作实质性修改，而只是对其进行了细微调整，修改后的《土地管理法》第8条第1款删除了“全民所有”这一表述，然后规定“城市市区的土地属于国家所有”。

《土地管理法》确实是依据《宪法》制定的，不过《宪法》第10条第1款关于“城市的土地属于国家所有”并不意味着只能将其落实为“城市市区的土地属于国家所有”，也不意味着“只能在宪法第10条第1款先行修改，《土地管理法》第8条第1款才能进行修改”。事实上，通过学术界这几年的讨论，人们已经开始发现，宪法第10条第1款是存在多种解释和落实的方式的，因此我们可以通过重新理解宪法条文，并将这种新的理解方案落到《土地管理法》中，从而适应当前的土地制度全面深化改革的需要。

具体来说，我们认为，《宪法》第10条第1款和第10条第2款规定的“城市的土地属于国家所有。农村和城市郊区的土地，除由法律规定属于国家所有的以外，属于集体所有；宅基地和自留地、自留山，也属于集体所有”，规范性质是“财产权资格授予条款”；规范含义是“宪法授权国家和集体通过一定的方式将城市、城市郊区和农村的土地转变为国家所有”；规范功能是“授予了国家和集体取得城市、城市郊区和农村土地所有权的资格”。那么国家可以通过哪些具体的方式将城市、城市郊

① 卞耀武：《中华人民共和国土地管理法释义》，法律出版社1998年版，第58～59页。

区以及农村的土地转变为国家所有呢？或者换句话说，第10条第1款、第2款所授予国家获得城市、城市郊区和农村中非国有土地所有权的“资格”，在何种条件下可以转变为现实呢？这个问题的答案要以中华人民共和国成立以来的土地国有化历史为基础，着力从现行有效的宪法文本中去寻找。通过对现行宪法文本进行分析，我们认为，我国宪法所支持的土地国有化方式主要有以下四种：

一、宪法解释或法律具体化

全国人大或全国人大常委会可以通过解释《宪法》第10条第1款、第2款或制定具体法律条款来落实宪法第1款、第2款的方式，将城市、城市郊区和农村中特定区域的部分土地确定为国家所有。[①] 因为这两个条款作为授权性规范，直接授予了国家将城市、城市郊区和农村特定区域的土地确定为国家所有的权力。那么城市、城市郊区和农村中的哪些土地可以适用这种国有化方式呢？答案是没有进入我国财产法秩序中的无主土地或公共土地，比如城市中的空地和街道地基，城市郊区和农村中的无主空地，无主森林、荒地、荒山、沼泽、滩涂等。不过，宪法仅仅是授权国家可以通过宪法解释或制定法律的方式将上述土地类型确定为国家所有，但如果全国人大或全国人大常委会没有对《宪法》第10条第1款、第2款作出具体的宪法解释或制定具体的法律，那么这些土地就依然属于没有进入我国财产法秩序的无主土地或公共土地。对于这些土地类型，国家可以基于主权及行政管理权来设定保护、开发、利用和流转规则，但不能在没有制定法律的情况下径直宣称其是这些土地的所有权人。[②]

由此，我们也找到了这种土地国有化方式的边界，即其在适用对象上，只能针对我国城市、城市郊区和农村中的无主土地或公共土地展开，而不能适用于已经进入我国财产法秩序并属于其他人所有的非国有土地。在落实方式和程序上，由于“土地国有化”涉及国家基本财产和经济制度的问题，因此根据《立法法》的规定，原则上应当由立法机关通过解释宪法或制定法律，而不宜通过制定行政法规、地方性法规、部门规章、地方政府规章以及其他规范性法律文件的方式来加以落实。事实

---

① 现行宪法第62条第3款和第67条第2款明确赋予了全国人大和全国人大常委会制定法律的权力。在宪法解释这一问题上，第67条第1款授予了全国人大常委会“解释宪法”的权力，第62条第11款则授予全国人大以“改变或者撤销全国人民代表大会常务委员会不适当的决定”的权力。根据这两项规定，在我国现行宪法秩序之下，如果要对具体的宪法条款作出解释的话，还是以全国人大常委会为主体较为合适。全国人大可以通过行使第62条第11款所赋予的“撤销权”来撤销全国人大常委会不适当的宪法解释，但不宜直接作出具体的宪法解释。

② “无主土地”与“公共土地”的区别主要在于，前者属于人类还没有开发和利用的土地，后者则属于已经为人类开发利用但不特定主体都可以使用的土地，类似于经济学所说的“公地”。相关论述还可以参见程雪阳：《中国宪法上国家所有的规范含义》，载《法学研究》2015年第4期。

上，中华人民共和国成立之初，也是通过“法律具体化”的方式来落实这种土地国有化方式的。比如，1950年的《土地改革法》就曾规定“大森林、大水利工程、大荒地、大荒山、大盐田和矿山及湖、沼、河、港等，均归国家所有”。[①] 关于具体的宪法解释方式，下文会着重讨论。

二、土地征收

现行宪法第10条第3款关于“国家为了公共利益的需要，可以依照法律规定对土地实行征收或者征用并给予补偿”的规定，是“征收权(力)授予条款”，其赋予国家在基于公共利益需要的时候，可以对城市或农村中的非国有土地所有权进行征收，或者对城市、农村中的国有土地使用权或其他土地权利进行征用。不过，当国家准备对这些土地进行征收或征用时，除了“公共利益”这个前提之外，其还应当遵循“依照法律规定”和“给予补偿”这两个条件。在之前的解释方案中，笔者曾经提出，宪法第10条第1款与第3款共同构成了一个完整的授权性规范。现在看来，这个结论并不完全准确，因为这两个条款以及宪法第10条第2款，都是可以分别独立构成完整的授权性规范的。它们之间的区别在于，宪法第10条第1款、第2款授予国家的是获得私法上城市、城市郊区和农村土地财产所有权的资格，而宪法第10条第3款授予国家的则是公法上的征收和征用土地的公权力。不过，这三个规范属于关系极为密切的关联性条款，当国家行使宪法第10条第3款所授予的征收权来征收城市、城市郊区和农村中的非国有土地所有权时，宪法第10条第1款和第2款分别为这种征收权的行使提供了更加坚实的基础。

三、市场购买、互换和接受赠与等

除了通过上述这两种途径外，国家还可以通过私法方式获得城市和农村中非国有土地所有权，比如国家可以在土地市场上有偿购买非国有土地，或者接受非国有土地所有权人的赠与，也可以与非国有土地所有权人在平等的基础上进行土地所有权的互换。不过，这种所有权变动方式需要遵循宪法序言所确定的社会主义市场经济原则以及民法的基本原则和规则，采用平等自由谈判的方式来进行。我们甚至可以像荷兰那样，赋予政府以购买集体土地所有权的优先购买权，从而确保

---

① 《土地改革法》(1950年6月发布)第18条。

土地利用规划的实施和公共利益的实现。[①]

有人担心国家通过市场购买或接受赠与获得非国有土地所有权，会违背宪法第10条第4款第1句关于"任何组织或者个人不得侵占、买卖或者以其他形式非法转让土地"的规定。这种疑虑是可以打消的，因为这个条文存在两种解释方案：其一，所有转让土地的行为都是非法的，无论转让是买卖、侵占还是其他形式；其二，宪法禁止的只是"非法转让土地所有权"，合法的土地所有权转让则是宪法允许的。[②] 如果我们采取后一种解释方案，那么只要没有违背具体法律的禁止性规定，国家完全可以通过有偿购买、互换或接受赠与等方式来获得非国有土地的所有权。

之所以要支持后一种解释方案，并非仅仅是基于本章论证的需要或者笔者自身的个人审美，而是有法解释学上充足的理由。因为按照宪法内部规范一致性的解释要求，如果对第10条第4款采取前一种解释方案，那么就会与第10条第5款规定的"一切使用土地的组织和个人必须合理地利用土地"相悖，因为禁止一切土地转让行为明显不利于土地资源的合理利用，而采用后一种解释方案则不存在这个问题。[③] 另外还要注意，如果第10条第4款第1句是要禁止所有土地所有权转让行为的话，那么其合理的表述应该是"任何组织或者个人不得侵占、买卖或者以其他形式转让土地"。但现行宪法明显不是这样规定的，其关于"非法转让"的限定表明，这部宪法只是排除以违法的方式进行国有土地所有权和集体土地所有权转让，而并不排除国有土地与集体土地之间的相互转让、抵押、担保、互换、赠与或其他合法形式转让。毕竟，根据宪法第6条的规定，全民所有制和劳动群众集体所有制都属于社会主义公有制的组成部分，因此在国家所有权与集体所有权之间通过

---

① 在荷兰，各地市政府可以在特定区域或特定地块上设定优先购买权，然后向相关土地上的物权人发放一份通知，告知后者如果想出售这块土地的话，有义务首先向本地市政府报价，如果市政府没有意向购买的话，该土地权利人才可以将其卖给他人。如果该土地权利人没有履行这一义务，直接将已设定了政府优先购买权的土地在公开市场上出售给他人，那么市政府可以到法院请求该项交易无效。从总体上来看，市政府的优先购买权并不像征收那么严厉，但其对于落实本地分区规划来说，具有非常积极的意义。关于该项制度的详细介绍可以参见[荷]考克曼、维斯塔潘、冯克：《荷兰土地利用规划》，载张千帆主编：《土地管理制度比较研究》，中国民主法制出版社2013年版，第160～163页。

② 这种解释方案最早是由沈岿教授提出来的，在2012年的文章中，他提出，在1988年第二宪法修正案通过之前，1982年《宪法》第10条第4款作为一项禁止性规定，目的是防范土地公有制（即国有制和集体所有制）受到侵害。然而，即便是在当时的历史背景下，也并不是所有的转让土地行为都会使土地公有制受到侵蚀或破坏。由此可以推论，宪法没有严格禁止所有转让土地行为，而只是禁止通过"非法转让土地"侵害土地公有制的行为。参见沈岿：《宪法规范层次论：一种解释方法》，载《清华法学》2012年第5期。

③ 沈岿：《宪法规范层次论：一种解释方法》，载《清华法学》2012年第5期。

上述方式进行产权变动，并不会突破社会主义公有制本身。[①]

四、无偿没收

即在特定的情况下，国家可以在不给予补偿和对价的情况下，径直将城市、城市郊区和农村中的非国有土地转变为国家所有。应该说，这种土地国有化方式并非一种新鲜事物，古今中外的财产法制度中都存在这种制度。然而，在现代法治国家，这种国有化方式只能在特定的条件下针对特殊主体或特定的土地类型实行，不能作为一项普遍性的原则来加以适用。从上文的历史梳理情况来看，除了“文革”期间外，中华人民共和国成立以来的其他时期虽然也存在这种土地国有化方式，但也是将其作为例外来执行的。而在现行宪法秩序之下，要实行这种土地国有化方式，只能严格基于宪法第28条规定的“国家维护社会秩序，镇压叛国和其他危害国家安全的犯罪活动，制裁危害社会治安、破坏社会主义经济和其他犯罪的活动，惩办和改造犯罪分子”来落实，不能将其扩大适用于其他情况。当然，这也要求我们必须对宪法第28条进行进一步的法解释学体系建构，因为并非所有的犯罪行为都可以构成“没收土地财产权”的理由。

除了这四种方式外，现行宪法是否允许通过城乡规划或者行政区划的变更或其他方式，对已经属于其他主体所有的土地进行国有化呢？答案是否定的，因为通过城乡规划或者行政区划的变更来进行土地国有化的本质就是无偿没收土地所有权，而这并不符合现行宪法第28条的规定。有人可能会问，如果自1949年建政以来国家都没有通过这四种方式对城市、城市郊区和农村的非国有土地进行国有化的话，那如何认定这些位于城市、城市郊区和农村的非国有土地所有权呢？笔者的看法是，其依然属于原所有权人所有。当然，这就意味着我国的许多城市里是可能存在非国有土地的，也就是说城市的土地是可以不属于国家所有的，城市也不一定非要建立在国有土地之上。不过，即便是出现了这种情况，也不会对宪法第10条第1款的社会主义属性产生减损效果。因为宪法已经授权国家可以通过这四种方式来获得这些非国有土地的所有权。只要满

---

① 当然，基于宪法第6条的限定，这个条款是禁止国有土地和集体土地的所有权转让给私人所有的。另外，在谈到宪法第10条第4款的含义时，彭錞认为“任何组织或者个人不得侵占、买卖、出租或者以其他形式非法转让土地”这一规定之所以在1982年入宪，根本原因在于“保护农地的现实需要”以及20世纪50年代以来确立的“农地非农化的国家征地原则”。参见彭錞：《八二宪法土地条款：一个原旨主义的解释》，载《法学研究》2016年第3期。这种解释值得商榷。因为在“大跃进”时期，农村有“大炼钢铁”运动，人民公社时期，农村不仅是搞农业，而且是“工、农、商、学、兵”一起发展，所以“农地非农化的国家征地原则”在1990年代之前并不存在。1982年增加这一规定的原因在于，在传统的计划经济体制和意识形态下，土地只具备资源使用功能，而不具有资产功能。也正是因为这个原因，所以即便是到了1987年，当深圳探索土地使用权有偿出让时，还是有人指责说这是“搞资本主义，是卖国行为”。相关资料参见卢轶、葛铿：《深圳冒险敲响中国土地“第一拍”》，载《南方日报》2009年9月7日；刘伟：《土地拍卖“第一槌”促成宪法修改》，载《深圳特区报》2010年7月19日。

足相关条件，国家完全可以在适当的时候结合具体的情况在以上四种方式中选择合适的方式，对这些非国有土地进行国有化。

如果上述对于宪法的这种理解是可行的，那么具体到《土地管理法》的修改中，我们就可以将其第8条第1款修改为“城市中的土地属于国家所有，但已经登记为集体所有或其他主体所有的除外”。当然，除了第8条第1款外，我们还需要对上文提到的《土地管理法》第43条和第63条进行实质性修改。具体来说，我们建议，应将《土地管理法》第43条修改为“任何单位和个人进行建设，需要使用土地的，可依法申请使用国有土地和集体土地”，将第63条修改为“农民集体所有的经营性建设用地，在符合土地利用规划的基础上，可以依法有偿转让；农民集体所有的农业用地使用权不得出让、转让或者出租用于非农业建设，但土地利用规划变更之后，依法获得许可的除外”。

如此修改之后，不仅十八届三中全会所确定的“集体建设用地与国有建设用地同等入市、同权同价”以及“缩小征地范围”的改革目标可以实现，中央在《关于完善产权保护制度依法保护产权的意见》(2016年11月4日)中所强调的“落实承包地、宅基地、集体经营性建设用地的用益物权，赋予农民更多财产权利，增加农民财产收益……逐步实现各类市场主体按照市场规则和市场价格依法平等使用土地等自然资源”的承诺可以得到更好的落实，更为重要的是，现行宪法的正当性和对社会发展的适应性也都能得到进一步加强。

另外，上文业已提到，宪法第10条第1款和第2款，不仅授予了国家通过特定方式将城市、城市郊区和农村的土地转变为国家所有的资格，而且也授予了集体通过一定的方式将城市、城市郊区和农村的土地转变为集体所有的资格。那么集体可以通过哪些方式来落实宪法这一规定呢？我们认为，基于“集体”与“国家”的不同，集体土地所有权不宜通过土地征收或没收的方式建立或获得，但其可以通过上文提到的“宪法解释或法律具体化”以及“市场购买、互换和接受赠与等”方式建立或获得。

在集体土地方面，由于集体的本质是“农民在经济领域的自由联合”，因此农民也可以通过投资入股的方式来建立集体土地所有权。这种方式在1950年代的中国就曾出现过，当时所谓“高级农业合作社”就是这样的组织。而在时下的农村土地制度改革过程中，很多地方在对农村土地进行了确权登记后成立了新的农业合作社，土地所有权归该农业合作社所有，也是对这种方式的合理落实，而且其也是符合宪法第17条关于“集体经济组织在遵守有关法律的前提下，有独立进行经济活动的自主权”这一规定的。具体来说，我们认为，应当依照“股份合作—按份共有”理论对《宪法》第10条第2款进行宪法解释，即将该款中的“集体所有”解释为“经集体成员表决同意登记为企业法人的，集体土地属于法人所有，集体成员享有股权；集体成员不同意进行法人登记的，集体土地属于按份共有，集体成员根据自己的份额对集体土地享有财产权”。

第四章

基本权利理论演变

基本权利是宪法学的重要研究领域之一，其理论研究与实践程度标志着一个国家宪法的发展程度。中华人民共和国成立后的前30年，基本权利研究却颇多坎坷。虽然在20世纪50年代已初步形成了基本权利概念与初步框架，但1957年后，由于国内社会政治环境急剧变化，基本权利研究受到意识形态的严重影响，失去了进一步发展的条件，进入了长期停滞的状态。[①] “文化大革命”结束以后，伴随着国家工作重心的转移、改革开放的深入以及1978年《宪法》与1982年《宪法》的相继颁布施行，我国宪法学研究得以恢复，并迅速蓬勃发展。作为学术概念的基本权利再度回到我国宪法学者的视野之中，而在“权利意识觉醒”的社会大背景下，基本权利研究在宪法学学术体系中的地位日益上升。

本章拟对1978年以来宪法学界的基本权利研究进行初步梳理，考其脉络、察其特色，并进行简单的总结评价，以期对我国未来的基本权利的理论与实践有所展望。

---

① 韩大元主编:《中国宪法学说史》(下卷)，中国人民大学出版社2012年版，第672页。

第一节　发展阶段

1978 年以来的宪法学发展中,基本权利研究经历了从沉寂的学术边缘逐步成为学术焦点、成为重要学术潮流的历程。其中,2001 年的"齐玉苓案"和 2004 年的人权入宪,是两个值得特别关注的具有里程碑意义的事件,笔者以此为节点,将我国基本权利研究的发展历程大致划分为以下三个阶段。

一、第一阶段:1978 年《宪法》颁行到"齐玉苓案"发生之前

这一阶段从 1978 年《宪法》颁布施行至 2001 年"齐玉苓案"发生之前,跨越 23 年。1978 年 3 月 5 日第五届全国人大第一次会议通过了 1978 年《宪法》,它正式确认了"文化大革命"的结束,并宣布"我国社会主义革命和社会主义建设进入了一个新的发展时期"[①]。以此为契机,我国宪法学研究重新起步,并在 1982 年《宪法》全面修改后逐步升温。但这一时期,基本权利研究却未受到学术界的足够重视。比如,当时发行量最大的宪法学教材——1983 年由吴家麟教授主编的《宪法学》[②],将公民基本权利和义务设为一编,但内容只占全书篇幅的 12%。[③] 80 年代初期,教科书在学界理论研究中的重要性远超今日,从其内容设置、体例编排中可以窥见当

① 1978 年《宪法》序言第 4 自然段规定:"第一次无产阶级'文化大革命'的胜利结束,使我国社会主义革命和社会主义建设进入了新的发展时期。根据中国共产党在整个社会主义历史阶段的基本路线,全国人民在新时期的总任务是:坚持无产阶级专政下的继续革命,开展阶级斗争、生产斗争和科学实验三大革命运动,在本世纪内把我国建设成为农业、工业、国防和科学技术现代化的伟大的社会主义强国。"

② 吴家麟主编:《宪法学》,群众出版社 1983 年版。

③ 童之伟教授曾对我国具有代表性的宪法学教科书和相关著作中有关公民基本权利和义务的内容所占比例进行梳理,借以分析基本权利理论在我国宪法学教学研究中的发展趋势。他指出:1996 年许崇德教授主编的《中国宪法》(中国人民大学出版社 1996 年版)将公民的基本权利和义务设为一编,内容约占全书篇幅的 9%;2002 年肖蔚云教授主编的《宪法学概论》(北京大学出版社 2002 年版)将公民的基本权利和义务分上下两章设为一编,内容约占全书篇幅的 12%;2004 年许崇德教授主编的《宪法》(中国人民大学出版社 2004 年版)将公民的基本权利和义务设为一编,内容约占全书篇幅的 19.5%;2004 年张千帆教授主编的《宪法学》(法律出版社 2004 年版)将公民基本权利分为人权总论、人权分论两章设为一编,内容约占全书篇幅的 23%;2004 年胡锦光、韩大元教授合著的《中国宪法》(法律出版社 2004 年版)分为总论、公民的基本权利和基本义务、国家机构三编,基本权利部分约占全书的 30%。参见童之伟:《中国 30 年来宪法学教学与研究》,载《法律科学》2007 年第 6 期。

时理论研究的重点与方向。[①] 当时，学术界普遍认为，“宪法是国家的‘总纲领、总章程’，强调其在经济发展、社会进步中的工具性价值，因此，在研究上也主要集中于宪法总论、国家制度等方面，而忽略了其在人权保障方面的终极性价值”[②]。当然，除以上观念因素以外，宪法学科的研究力量也是导致这一状况产生的重要因素。宪法学研究恢复之初，研究力量较为有限，相较于建构国家基本制度、稳定改革开放的法律基础等更为紧迫的研究工作，基本权利研究一时未成为宪法学界的关注重点。

在整个80年代，学术界对于基本权利的研究主要集中在概念说明上，即结合现行宪法中公民基本权利和义务的制定历史、围绕《中华人民共和国宪法》第二章的结构与内容，对相应的基本权利条款进行简单说明。[③] 其论述重点在于阐明现行宪法在基本权利设置方面的现实性。[④] 例如，对宪法未规定“迁徙自由”“罢工自由”的现实考虑进行说明，[⑤]以及结合“文化大革命”的惨痛教训，说明宪法规定“人身自由”“人格尊严”条款的原因与意义。[⑥] 有学者指出，“这一时期的宪法学对于基本权利的简单解说，并非严格意义上的学术研究，而是用主流政治话语体系中的概念来界定基本权利”。[⑦] 这一评价基本公允。应该看到，这一时期的研究尚未及在理论研究层面充分展开，而对1982年《宪法》的制定过程以及我国制宪历史的描述与说明才是重点，这是任何国家宪法制定之初相关学术研究开展的普遍现象。这些条文解说在学术史上的价值，也主要在于为将来研究提供原始材料而非推进理论纵深。

但不可否认的是，以上工作在促进整个社会基本权利意识的提高、形成尊重和保护基本权利的宪法观念、型塑国家和社会的意识形态等方面都有着不可低估的重大意义。[⑧] 例如，对新出现在宪法中的“人格尊严”条款，以及对人身自由强化司法程序保护的历史背景的说明，对于理解1982年《宪法》的精神非常有价值。

---

① 除了吴家麟教授主编的《宪法学》以外，80年代比较重要的宪法学教科书还包括：肖蔚云、魏定仁、宝音胡日雅克琪：《宪法学概论》，北京大学出版社1982年版；许崇德：《中国宪法学》，天津人民出版社1986年版；张光博：《宪法学》，吉林大学出版社1983年版；廉希圣：《宪法学教程》，中国政法大学出版社1988年版等。

② 韩大元：《基本权利概念在中国的起源与演变》，载《中国法学》2009年第6期。

③ 相关论述参见吴家麟：《论公民的基本权利和义务》，载《法学杂志》1982年第4期；许崇德：《我国宪法公民基本权利和义务规定的发展变化》，载《中学政治课教学》1983年第1期；陈云生：《公民基本权利和义务的法律特征》，载《政治与法律》1985年第6期。

④ 王向明：《公民基本权利的现实性》，载《政治与法律丛刊》1983年第1期。

⑤ 肖蔚云：《我国现行宪法的诞生》，北京大学出版社1986年版，第46～48页。

⑥ 肖蔚云：《我国现行宪法的诞生》，北京大学出版社1986年版，第137～139页。

⑦ 翟国强：《“82宪法”实施以来基本权利理论的发展趋势》，载《法学论坛》2012年第6期。

⑧ 翟国强：《“82宪法”实施以来基本权利理论的发展趋势》，载《法学论坛》2012年第6期。

值得注意的是，我国宪法学界对于基本权利理论较为深入的研究，开始出现于20世纪90年代的港澳基本法制定过程中。基于处理港澳居民的权利义务问题的现实需求，宪法学界开始对基本权利展开相比之前更为深入的理论研究。[①] 这也说明，作为实践科学的法学，其学术研究的展开，实践问题的引导往往比纯粹学术倡导更加有力。这一时期，学者亦开始对基本权利的内涵、外延、性质、特征等概念性问题进行初步界定，并就基本权利的效力、冲突、保障等方面展开分析，[②]有些成果颇具开辟荆榛之意义。[③] 这些著述对后来的研究影响颇为深远。

二、第二阶段："齐玉苓案"到2004年《宪法》修改

本阶段自2001年"齐玉苓案"至2004年《宪法》修改，虽只短短四年，却发生了基本权利研究的重要转折。

承继20世纪90年代后期对于基本权利基础理论的初步探讨，进入2000年，学界相关研究日渐深入，逐步有专题化、理论化的发展趋势。加之与基本权利相关之实践争议频出，[④]接连引发学界热议，迅速奠定了基本权利理论的学术焦点地位。

这一趋势发端于2001年的"齐玉苓案"。针对最高法院就该案所作司法解释中折射出的基本权利在私法中的效力、基本权利的国家义务、宪法司法化、宪法私

① 如王叔文：《论香港特别行政区居民的权利和义务》，载《法律科学》1990年第5期；王爱华：《香港特别行政区居民基本权利和义务的特点》，载《暨南学报》1992年第4期；肖蔚云：《香港特别行政区居民权利和自由的保障》，载《中国法律》1996年第3期；周珂：《国外和澳门地区基本权利的保护上诉》，载《法学家》1997年第4期。

② 如徐显明：《"基本权利"析》，载《中国法学》1991年第6期；童之伟：《公民权利国家权力对立统一关系论纲》，载《中国法学》1995年第6期；[韩]权宁星著、韩大元译：《基本权利的竞合与冲突》，载《外国法译评》1996年第4期。

③ 其中如周永坤教授《论宪法基本权利的直接效力》一文，于未兆之际，率先注意到了基本权利直接效力问题，对后来引起高度关注的"齐玉苓案"批复的学界讨论及相关理论化研究，产生了重要影响。参见周永坤：《论宪法基本权利的直接效力》，载《中国法学》1997年第1期。

④ 以实践中"案例"或者"事例"为对象的研究，在这一时期成为热点。具有代表性的是，从2006年开始，中国人民大学宪治与行政法治研究中心每年发布该年度的"十大宪法事例"。其中涉及基本权利的案例或事例所占比例甚高。而以此类"事例""案例"为分析对象，分别形成了系列出版物：韩大元教授主编的《中国宪法事例研究》（法律出版社）和胡锦光教授主编的"十大宪法事例评析"丛书（法律出版社）。

法化等诸多命题，宪法学界展开了广泛的探讨。[①] 正是借助本案的热点效应，基本权利首次成为学界研究的理论焦点，并在其后几年持续受到各方关注，形成了一系列专题研究成果[②]，并开启了基本权利理论研究的繁荣局面。

“齐玉苓案”之后，2004年的宪法修改对于基本权利研究也有重大推动意义。此次修宪中，基本权利是重中之重。“人权条款”入宪，使基本权利在更多层面上获得了开放性，加之私有财产权条款以及社会保障条款在本次修宪中亦得以明确，再一次激发了学术界对于该领域的研究热情。此次修宪前后，相关讨论极为热烈。[③]

此外，2002年发生的“延安黄碟案”、2003年的“张先著诉芜湖人事局乙肝歧视案”“孙志刚收容遣送案”等等社会热点，也使得基本权利研究越发受到学界重视并逐步迈上正轨。而以实践热点为导向的研究方式也是这一时期基本权利研究的重要形态。

同时，学界对于基本权利研究的理论化亦在本时期初见端倪。从总论[④]上对基本权利的价值理念、宪法构成、法律保障的理论论述，到各论中对人性尊严、表达自由、知情权等权利的具体分析，[⑤]相应的理论化研究渐次展开，为后来基本权利

① 对“齐玉苓案”着重探讨的论述还包括费善诚：《我国公民基本权利的宪法诉讼制度探索》，载《浙江大学学报》2001年第4期；朱福惠：《公民基本权利宪法保护观解析》，载《中国法学》2002年第6期；韩大元：《论社会变革时期的基本权利效力问题》，载《中国法学》2002年第6期；徐振东：《宪法基本权利的民法效力》，载《法商研究》2002年第6期；邓世豹：《论公民基本权利的司法适用性》，载《法学评论》2003年第1期；殷啸虎：《公民基本权利司法保障的宪法学分析》，载《法学论坛》2003年第2期；张千帆：《认真对待宪法——论宪政审查的必要性与可行性》，载《中外法学》2003年第5期。

② 如《中国社会科学》曾发表系列文章，包括王磊：《宪法实施的新探索——齐玉苓案的几个宪法问题》，载《中国社会科学》2003年第2期；强世功：《宪法司法化的悖论——兼论法学家在推动宪政中的困境》，载《中国社会科学》2003年第2期；蔡定剑：《中国宪法实施的私法化之路》，载《中国社会科学》2004年第2期。

③ 相关著述除在后文有关人权条款、私人财产权等部分有所论及以外，还包括马岭：《对宪法“公民的基本权利和义务”一章的修改建议》，载《国家行政学院学报》2003年第5期；杨海坤：《公民基本权利修宪应作精良设计》，载《法学论坛》2003年第4期；上官丕亮：《生命权应当首先入宪》，载《法学论坛》2003年第4期。

④ 总论与各论的划分，参见郑贤君：《基本权利原理》，法律出版社2010年版，第2页。

⑤ 总论方面，如郑贤君：《基本权利的宪法构成及其实证化》，载《法学研究》2002年第2期；李步云、邓成明：《论宪法的人权保障功能》，载《中国法学》2002年第3期；郑贤君：《全球化对公民社会权保障趋势的影响——国家中心责任向非国家行为体过渡的社会权保障》，载《首都师范大学学报》2002年第2期；林来梵、张卓明：《论权利冲突中的权利位阶——规范法学视角下的透析》，载《浙江大学学报》2003年第6期；徐振东：《基本权利的侵害与救济》，载《法律科学》2004年第1期。各论方面，如朱福惠：《论迁徙自由》，载《四川师范大学学报》2001年第2期；杜承铭：《论表达自由》，载《中国法学》2001年第3期；杜承铭：《论迁徙自由权》，载《武汉大学学报》2001年第4期；张庆福：《论知情权》，载《江苏行政学院学报》2002年第1期；杨士林：《“公众人物”的名誉权与言论自由的冲突及解决机制》，载《法学论坛》2003年第6期；黄学贤、郭妹：《试论紧急状态下公民基本权利之保障》，载《当代法学》2004年第4期。

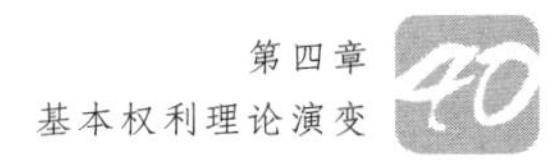

理论体系的建构奠定了基础。

三、第三阶段:2004年《宪法》修改之后

经历了21世纪初几次重要的专题性讨论,基本权利作为宪法学研究的焦点领域的地位日益凸显。2005年以后,以《基本权利的双重性质》等系列论文[①]为代表,众多学者致力于对基本权利理论的相关基础性问题进行深入、细致、全面的分析思考,其内容涵盖了基本权利的性质与功能[②]、冲突与竞合[③]、效力与限制[④]、与相关权

---

① 张翔:《基本权利的双重性质》,载《法学研究》2005年第3期;张翔:《论基本权利的防御权功能》,载《法学家》2005年第2期;张翔:《基本权利的受益权功能与国家的给付义务——从基本权利分析框架的革新开始》,载《中国法学》2006年第1期。

② 有学者借鉴德国理论,通过基本权利具有"主观权利"和"客观的法"的双重性质进行分析,思考如何强化基本权利效力问题。有学者则从基本权利积极属性与消极属性"双重属性"的角度对基本权利的性质展开讨论。部分学者从基本权利的功能体系角度出发,以基本权利的防御权、受益权、客观价值秩序等功能与国家相应的义务为分析框架,对基本权利进行深入的法理分析。参见张翔:《基本权利的双重性质》,载《法学研究》2005年第3期;张翔:《论基本权利的防御权功能》,载《法学家》2005年第2期;张翔:《基本权利的受益权功能与国家的给付义务——从基本权利分析框架的革新开始》,载《中国法学》2006年第1期;陈征:《基本权利的国家保护义务》;载《法学研究》2008年第1期。

③ 权利冲突与竞合方面的问题长期以来被认为是法理、民法学者的研究领域,宪法学则游离其外。2005年后,就权利冲突而言,从宪法学角度进行研究的成果不断涌现,并引发了学术争鸣。相关研究将其探讨的权利冲突范围限定在宪法领域,并对一般法律权利的冲突和宪法上的基本权利冲突进行了相应区分,致力于从宪法学上寻求相应的解决方案。关于基本权利的竞合问题,亦有学者从一般法学方法的角度加以分析并提出了特别规范优先规则、核心接近规则等若干适用原则加以解决。参见张翔:《基本权利冲突的规范结构与解决模式》,载《法商研究》2006年第4期;马岭:《宪法权利冲突与法律权利冲突之区别——兼与张翔博士商榷》,载《法商研究》2006年第6期;徐振东:《基本权利冲突认识的几个误区——兼与张翔博士、马岭教授商榷》,载《法商研究》2007年第6期;林来梵、翟国强:《论基本权利的竞合》,载《法学家》2006年第5期。

④ 基本权利的限制问题,特别是从"公共利益"角度展开的相关研究在学界备受关注,对此后有详述。相关研究的文献还有秦前红:《论我国宪法关于公民基本权利的限制规定》,载《河南政法管理干部学院学报》2005年第2期;何永红:《基本权利限制的宪法审查——以审查基准及其类型化为焦点》,法律出版社2009年版等。

利概念的关系[①]等总论内容[②]以及人性尊严、生命权、政治自由、选举权、财产权、社会权等各论方向[③]，产生了一系列富有影响的成果[④]。在以社会热点为导向的研究

① 相关研究如夏正林：《从基本权利到宪法权利》，载《法学研究》2007年第6期；蒋德海：《基本权利与法律权利关系之探讨——以基本权利的性质为切入点》，载《政法论坛》2009年第2期；张龑：《论人权与基本权利的关系——以德国法与一般法学理论为背景》，载《法学家》2010年第6期。

② 总论部分其他研究参见韩大元：《国家人权保护义务与国家人权机构的功能》，载《法学论坛》2005年第6期；刘志刚：《限制抑或形成：论关涉基本权利法律之功能的二元性》，载《河南省政法管理干部学院学报》2005年第6期；郑贤君：《公法价值向私法领域的再渗透——基本权利水平效力与契约自由原则》，载《浙江学刊》2007年第1期；于飞：《基本权利与民事权利的区分及宪法对民法的影响》，载《法学研究》2008年第5期；官吉娥：《宪法基本权利规范在刑事法中的效力研究》，武汉大学2009届博士学位论文；王鸿鸣：《人权保障中的限制问题研究》，中国社会科学院2009届博士学位论文；杜强强：《论法人的基本权利主体地位》，载《法学家》2009年第2期；龚向和：《"理想与现实"基本权利可诉性程度研究》，载《法商研究》2009年第4期；张红：《基本权利与私法》，中国政法大学2009届博士学位论文。

③ 各论相关重点领域研究后将论及，其他文献可参考焦洪昌：《从王春立案看选举权的司法救济》，载《法学》2005年第6期；刘素华：《论通信自由的宪法保护》，载《法学家》2005年第3期；王锴：《安乐死的宪法学思考》，载《法律与医学杂志》2006年第2期；徐振东：《社会基本权理论体系的建构》，载《法律科学》2006年第3期；周伟：《论禁止歧视》，载《现代法学》2006年第5期；上官丕亮：《究竟什么是生存权》，载《江苏警官学院学报》2006年第6期；王贵松：《价值体系中的堕胎规制——生命权与自我决定权、国家利益的宪法考量》，载《法制与社会发展》2007年第1期；牛文展：《论表达自由的宪法保障：一种规范的模式研究》，中国人民大学2007届博士学位论文；凌维慈：《住宅的公法保障——以日本经验为焦点的比较法考察》，浙江大学2007届博士学位论文；胡锦光：《论以人为本的"人"》，载《法商研究》2008年第1期；章剑生：《知情权及其保障——以〈政府信息公开条例〉为例》，载《中国法学》2008年第4期；王锴：《论我国宪法上的劳动权与劳动义务》，载《法学家》2008年第4期；沈岿：《反歧视：有知和无知之间的信念选择：从乙肝病毒携带者受教育歧视切入》，载《清华法学》2008年第5期；苏力：《弱者保护与法律面前人人平等：从孕妇李丽云死亡事件切入》，载《北京大学学报》2008年第6期；张红：《论一般人格权作为基本权利之保护手段——以对"齐玉苓案"的再检讨为中心》，载《法商研究》2009年第4期；秦强：《我国宪法人权条款研究》，中国人民大学2009届博士学位论文；焦洪昌：《论作为基本权利的健康权》，载《中国政法大学学报》2010年第1期；蒋劲松：《被选举权、竞选正当性与竞选权》，载《法学》2010年第2期；王旭：《劳动"政治承认与国家伦理"——对我国〈宪法〉劳动权规范的一种阐释》，载《中国法学》2010年第3期；王月明：《公民监督权体系及其价值实现》，载《华东政法大学学报》2010年第3期；赵宏：《社会国与公民的社会基本权——基本权利在社会国下的拓展与限定》，载《比较法研究》2010年第5期；夏泽祥：《我国宪法人权条款之实施——从美国宪法"保留权利条款"生效方式说起》，载《法学》2010年第12期；杨盛达：《人之尊严的构造保障——以现代宪法比较为中心》，中南财经政法大学2010届博士学位论文；梁洪霞：《公民基本义务原理、规范与运用》，西南政法大学2010届博士学位论文。

④ 如周伟：《宪法基本权利 原理·规范·应用》，法律出版社2006年版；郑贤君：《基本权利研究》，中国民主法制出版社2007年版，《基本权利原理》，法律出版社2008年版；张翔：《基本权利规范建构》，高等教育出版社2008年版；李秀群：《宪法基本权利水平效力研究》，中国政法大学出版社2009年版；马岭：《宪法权利解读》，中国人民公安大学出版社2010年版。

范式之外，学者们建构基本权利理论体系的学术自觉开始展现。相关研究的政策面向也开始朝着理论面向转变，高水平的理论研究由此勃兴并渐趋成熟。

近年来，我国的基本权利理论研究日臻精深完善。一方面，学界继续就相关基础性问题展开深入研究，推动了中国宪法下基本权利理论体系的建构①；与此同

① 相关文献包括陈征：《国家从事经济活动的宪法界限——以私营企业家的基本权利为视角》，载《中国法学》2011 年第 1 期；刘志刚：《立法缺位状态下的基本权利》，载《法学评论》2011 年第 6 期；马岭：《国家权力与人的尊严》，载《河北法学》2012 年第 1 期；夏正林：《论基本权利的一般性和特殊性》，载《法学评论》2012 年第 5 期；陈征：《宪法自由权与平等权冲突的解决途径》，载《浙江社会科学》2014 年第 12 期；刘连泰、左迪：《宪法权利间接水平效力的类型》，载《厦门大学学报》2013 年第 5 期；白斌：《宪法价值视域中的涉户犯罪——基于法教义学的体系化重构》，载《法学研究》2013 年第 6 期；秦小建：《宪法为何列举权利？——中国宪法权利的规范内涵》，载《法制与社会发展》2014 年第 1 期；郑贤君：《基本义务的宪法界限：法律保留之适用》，载《长白学刊》2014 年第 3 期；谢立斌：《论基本权利的立法保障水平》，载《比较法研究》2014 年第 4 期；李忠夏：《基本权利的社会功能》，载《法学家》2014 年第 5 期；高慧铭：《论基本权利的滥用禁止》，载《清华法学》2015 年第 1 期；郑毅：《论同一主体的基本权利冲突》，载《政治与法律》2015 年第 2 期；杨登杰：《执中行权的宪法比例原则》，载《中外法学》2015 年第 2 期；李海平：《基本权利间接效力理论批判》，载《当代法学》2016 年第 4 期；陈鹏：《论立法对基本权利的多元效应》，载《法律科学》2016 年第 6 期；周林刚：《从基本权利的角度解释美国的联邦集权》，载《学术月刊》2017 年第 1 期；许瑞超：《德国基本权利第三人效力的整全性解读》，载《苏州大学学报（法学版）》2017 年第 1 期；黎敏：《“宪法体系化”再思考——限权宪法原理下的限权原则体系与宪法价值秩序》，载《政法论坛》2017 年第 2 期；胡玉鸿：《论我国宪法中基本权利的“级差”与“殊相”》，载《法律科学》2017 年第 4 期；柳建龙：《论基本权利竞合》，载《法学家》2018 年第 1 期；王锴：《论德国法上的基本权利丧失》，载《环球法律评论》2018 年第 2 期；黄宇骁：《论宪法基本权利对第三人无效力》，《清华法学》2018 年第 3 期；等等。

时，在各论上，紧贴社会热点，不断拓展学术前沿，高质量、高水平的研究成果层出不穷，[①]多元化研究的态势已然形成。

第二节 学术热点

改革开放以来，在我国基本权利研究日趋繁荣的过程中，出现了许多学术热点，它们对于我国基本权利理论的构建、发展、成熟起到了重要的作用，并不断回应了中国法治建设中的重大争议。梳理这些学术热点，可以充分展现我国基本权利研究的特色，亦可预测并反思未来研究的进路与方向。

一、公民基本权利和义务的关系

公民的基本权利和义务的关系，是我国宪法学界特别关注的问题，也是我国宪

① 各论相关文献包括杜强强：《基本权利的规范领域和保护程度——对我国宪法第35条和第41条的规范比较》，载《法学研究》2011年第1期；王贵松：《我国优生法制的合宪性调整》，载《法商研究》2011年第2期；汪进元：《人身自由的构成与限制》，载《华东政法大学学报》2011年第2期；张卓明：《论选举权的规范内涵》，载《华东政法大学学报》2011年第3期；韩大元：《论安乐死立法的宪法界限》，载《清华法学》2011年第5期；孟凡壮：《立法禁止克隆人的合宪性之争》，载《云南大学学报》2011年第5期；张翔：《学术自由的组织保障》，载《环球法律评论》2012年第4期；陈斯彬：《论良心自由作为现代宪政的基石——一种康德主义的进路》，载《清华法学》2012年第6期；王锴：《婚姻、家庭的宪法保障——以我国宪法第49条为中心》，载《法学评论》2013年第2期；杜强强：《宪法上的艺术自由及其限制——以"敏感地带"行为艺术案为切入点》，载《法商研究》2013年第6期；陈征：《论宪法出版自由的保护范围》，载《当代法学》2014年第4期；丁晓东：《探寻反歧视与平等保护的法律标准——从"差别性影响标准"切入》，载《中外法学》2014年第4期；蓝寿荣：《休息何以成为权利——劳动者休息权的属性与价值探析》，载《法学评论》2014年第4期；谢立斌：《宪法社会权的体系性保障——以中德比较为视角》，载《浙江社会科学》2014年第5期；余军：《正当程序：作为概括性人权保障条款——基于美国联邦最高法院司法史的考察》，载《浙江学刊》2014年第6期；张翔：《大学章程、大学组织与基本权利保障》，载《浙江社会科学》2014年第12期；张震：《宪法上住宅社会权的意义及其实现》，载《法学评论》2015年第1期；陈海嵩：《宪法环境权的规范解释》，载《河南大学学报(社会科学版)》2015年第3期；姜峰：《言论的两种类型及其边界》，载《清华法学》2016年第1期；孙平：《系统构筑个人信息保护立法的基本权利模式》，载《法学》2016年第4期；聂鑫：《"刚柔相济"：近代中国制宪史上的社会权规定》，载《政法论坛》2016年第4期；余军：《生育自由的保障与规制——美国与德国宪法对中国的启示》，载《武汉大学学报(哲学社会科学版)》2016年第5期；聂鑫：《财产权宪法化与近代中国社会本位立法》，载《中国社会科学》2016年第6期；陈明辉：《言论自由条款仅保障政治言论自由吗》，载《政治与法律》2016年第7期；石肖雪：《以财产权保障条款为依托的损失补偿机理——功利主义与自由主义的辩证统一》，载《浙江学刊》2017年第1期；胡彦涛：《自媒体时代表达自由法律限制的论证方法》，载《政治与法律》2017年第3期；王理万：《迁徙自由的规范结构与宪法保障》，载《政治与法律》2017年第4期；等等。

法基本权利理论中颇具独特性的内容。理解这一问题的相关理论争议，对于理解我国宪法中基本权利的内涵甚有意义。对于这一理论问题的研究上承50年代，吴家麟教授首次提出基本权利和义务具有一致性的观点[①]，后为1982年《宪法》所接受并成为学界通说。但在近年的研究中，却开始出现不同观点乃至反对的声音。

我国《宪法》第33条第4款中“任何公民享有宪法和法律规定的权利，同时必须履行宪法和法律规定的义务”，是对我国基本权利与义务关系的集中规定。对该条款中“权利与义务”关系的理解，中国宪法学界目前主要有三种观点。

其一，权利与义务的一致性。

该观点承继自苏联宪法学，是我国现行宪法在公民的基本权利和义务一章制定过程中贯彻始终的指导思想。[②] 权利与义务的一致性是：对于个体自身而言，当一个人主张或者行使某一权利时，意味着负有一定的义务；对于他人而言，某一个体的权利须伴随着他人的义务。[③] 其核心在于强调社会主义国家的国家利益与个人利益的一致性，以及公民享有权利和履行义务的一致性。根据此观点的一个自然的推论是，公民的基本权利与义务具有价值上的同等地位，这种观点体现在术语上就是与基本权利相对应的“基本义务”。[④]

其二，基本权利与义务的不对等性。

该观点在承认基本权利的享有主体与义务的承担主体具有同一性的同时，认为两者在内容上是不对等的。公民的某项基本权利并不必然意味着必须履行某种相应的基本义务，如受国家平等保护的权利、人格尊严不受侵犯的权利等。[⑤] 有学者在此基础上进行补强，强调宪法第二章章名为“公民的基本权利和义务”，并没有使用“基本义务”的概念，学界却普遍接受了“基本义务”的术语，缺乏学术反思。相比于公民的基本权利可以直接约束国家公权力，义务则必须经过法律具体化后方可约束公民。[⑥] 因此，有部分学者认为公民的宪法义务本质上就是对基本权利的

---

① 吴家麟：《宪法基本知识讲话》，中国青年出版社1954年版，第96页。

② 肖蔚云：《我国现行宪法的诞生》，北京大学出版社1986年版，第54页；张友渔：《宪政论丛》（下册），群众出版社1986年版，第212页。

③ 郑贤君：《权利义务相一致原理的宪法释义——以社会基本权为例》，载《首都师范大学学报》2007年第5期。

④ 张翔：《基本权利的体系思维》，载《清华法学》2012年第4期。

⑤ 林来梵：《从宪法规范到规范宪法——规范宪法学的一种前言》，法律出版社2001年版，第247页。

⑥ 张翔：《基本权利的体系思维》，载《清华法学》2012年第4期。

限制与干预，不具备基本权利在宪法上的价值核心地位。[①]

其三，宪法是否规定公民义务。

依据观点，规定公民义务是普通法律的任务，宪法的目的是防止这些法律过分侵犯任何理性公民都不可能同意放弃的基本权利，因而没有为义务条款留下任何余地。此外，宪法有关公民义务的规定大都是多余、含糊和难以实施的，它们容许任意的扩大化解释，从而更加背离了宪法保障权利的基本目的。因此，规定公民义务是法律的事情，宪法不应该规定公民义务。[②]

值得注意的是，近两年来，有学者开始跳出前述三种理论的窠臼探讨宪法中公民的权利与义务的关系问题，重构了基本义务的规范内涵，并在宪法规范体系中确认了它独立的规范地位。[③] 不过，尽管存在诸多质疑与批评，当前学界的通说观点仍然是"权利与义务的一致性"，[④]对公民基本权利与义务的关系的理解，仍然是未来我国基本权利基础理论建构中的关键问题。

二、"齐玉苓案"

以案例为导向的专题化研究是我国基本权利理论研究的一项重要方式，它通过对具体的基本权利案件的宪法学分析来展示基本权利理论的应用价值。如田永诉北京科技大学案、北京民族饭店选举权诉讼案、赵C姓名权案等典型案例，引发了宪法学界对于基本权利保障与宪法审查的强烈关注，为基本权利理论的研究提供了现实的分析样本。[⑤] 而其中，影响最为深远的当属2001年发生的"齐玉苓案"。

2001年8月，山东省高级人民法院就"齐玉苓案"[⑥]中由姓名权纠纷引发的受教育权问题造成的适用法律疑难报请最高人民法院解释[⑦]。最高院批示回复："根

① 当前，如郑贤君、冯家亮、姜峰、陈征等学者均在其论著中持有类似观点。参见韩大元、冯家亮：《中国宪法文本中纳税义务条款的规范分析》，载《兰州大学学报(哲学社会科学版)》2008年第6期；参见姜峰：《宪法公民义务条款的理论基础问题——一个反思的视角》，载《中外法学》2013年第2期；参见郑贤君：《基本义务的宪法界限：法律保留之适用》，载《长白学刊》2014年第3期；参见陈征：《国家权力与公民权利的宪法界限》，清华大学出版社2015年版，第23页。

② 张千帆：《宪法不应该规定什么》，载《华东政法学院学报》2005年第3期。

③ 王晖：《法律中的团结观与基本义务》，载《清华法学》2015年第3期；参见王锴：《为公民基本义务辩护——基于德国学说的梳理》，载《政治与法律》2015年第10期；姜秉曦：《我国宪法中公民基本义务的规范分析》，载《法学评论》2018年第2期。

④ 梁洪霞：《公民基本义务原理——规范与运用》，西南政法大学2010届博士学位论文。

⑤ 翟国强：《"82宪法"实施以来基本权利理论的发展趋势》，载《法学论坛》2012年第6期。

⑥ 案情详见《冒名上学事件引发宪法司法化第一案》，载《南方周末》2001年8月16日。

⑦ 《关于齐玉苓与陈晓琪、陈克政、山东省济宁市商业学校、山东省滕州市第八中学、山东省滕州市教育委员会姓名权纠纷一案的请示》，1999鲁民终字第258号。

据本案事实，陈晓琪等以侵犯姓名权的手段，侵犯了齐玉苓依据宪法规定所享有的受教育的基本权利，并造成了具体的损害后果，应承担相应的民事责任。”[①]山东省高院据此判决，被告陈晓琪及其父亲陈克政必须赔偿原告因受教育权被侵犯而蒙受的相关直接与间接损失，其他被告负相应连带责任。[②] 据此，山东省高院直接援引《宪法》中公民享有受教育的基本权利条款，判决原告胜诉，由此引发了宪法学界的高度关注与热烈讨论。学界在肯定了其积极意义的同时，提出了诸多质疑。其中，备受学界关注的是以下两个层面的问题的展开。

(一)宪法“司法化”

宪法“司法化”，即宪法条款能否在个案中由法院直接适用的问题。有学者认为宪法学界所用的“司法化”一词有欲将宪法典的适用权完全让法院包揽并排斥立法机关等主体适用的意思，故而直接采用“宪法的司法适用”的表述更为合适。[③]

对于该问题的探讨，20 世纪 90 年代已有先声。有学者在《中国宪法的司法适用性探讨》一文中认为，宪法的司法适用性是宪法发展趋势之一，受宪法的法律特性及司法机关的性质、活动方式所决定，中国应当着力研究宪法司法适用的可能性，逐步促进宪法的司法适用。[④] 对此周永坤教授亦有专文论述，他从基本权利直接效力的角度出发，认为直接效力是落实基本权利的必然产物，是维护人民主权、建设法治国家的客观需要，而我国现在已基本具备了实现宪法基本权利直接效力的主客观条件，应当从修改宪法、建立健全释宪和司宪制度等方面加以推动。[⑤] 该文在对“齐玉苓案”的讨论中被多次援引。

回到案件本身，有学者从以下四方面论证了宪法处理“齐玉苓案”的合法性与合理性，即认为该案引用宪法符合宪法法律关系；该案引用宪法符合直接适用条件；引用宪法条文处理该案不必然破坏私法自治原则；适用宪法解决该案有利于宪法权威的提高。[⑥] 也有学者强调，宪法是审判工作的根本法律依据，在无普通法律作具体规定而宪法有原则规定时，民事、行政诉讼案件中可以适用宪法原则，引用

---

① 《关于以侵犯姓名权的手段侵犯宪法保护的公民受教育的基本权利是否应承担民事责任的批复》，法释〔2001〕25 号。

② 《齐玉苓诉陈晓琪等以侵犯姓名权的手段侵犯宪法保护的公民受教育的基本权利纠纷案》，载《中华人民共和国最高人民法院公报》2001 年第 5 期。

③ 童之伟：《宪法司法适用研究中的几个问题》，载《法学》2001 年第 11 期，胡锦光教授是宪法“司法化”术语的最早使用者，但之后他放弃了这一术语，其理由与童之伟教授的观点类似，参见胡锦光：《宪法司法化的必然性与可行性探讨》，载《法学家》1993 年第 1 期。

④ 胡锦光：《中国宪法的司法适用性探讨》，载《中国人民大学学报》1997 年第 5 期。

⑤ 周永坤：《论宪法基本权利的直接效力》，载《中国法学》1997 年第 1 期。

⑥ 朱应平：《适用宪法处理齐玉苓案并无不当》，载《华东政法学院学报》2001 年第 6 期。

宪法条文，最高人民法院该批复可以说是对1955年新疆高级人民法院的批复[①]的澄清，因而是值得欢迎的，但须在如何适用及其程序上作进一步研究与规定。[②]

有学者则认为，最高人民法院在该案的批复中，没有区分宪法权利的侵权责任与民事权利的侵权责任之间的价值内涵，致使为了使齐玉苓获得事实上的救济，而全然不顾法理的严肃性，采取带有“强迫逻辑”色彩的法理推理，法理设计比较粗糙，相比之下，通过行政诉讼或者国家赔偿的途径更为适当。[③]

还有不少学者就该案能否直接引用宪法条文进行判决等相关问题提出质疑。有学者指出，宪法“司法化”语意不清晰，表述内容欠妥，在《宪法》已经规定了全国人大及其常委会解释宪法，监督宪法实施的情况下，当前的任务是如何更好更快地去促进这种发展，而不是要偏离它，另用最高人民法院行使违宪审查权的美国式体制去取代它。[④] 有学者认为我国的宪法适用应当依循宪法本身规定的路径，也就是走最高国家权力机关立法适用和监督适用的路径，而宪法适用“司法化”的路径背离现行宪法，是行不通的。[⑤]

(二)宪法私法化

宪法私法化，有学者强调它是不同于前面提到的宪法“司法化”的另一个概念，其含义是作为公法的宪法在私法领域的直接适用。[⑥]

对于宪法私法化，有学者认为我国宪法实施由两种纠纷解决机制组成：一是宪法中的国家权力纠纷和国家权力侵害纠纷，它通过违宪审查机制实施；二是宪法中公民基本权利受到国家权力以外的侵犯或两种公民宪法权利相冲突的私权纠纷，它通过宪法私法化的宪法诉讼方式实施。基于此，为保障宪法实施，我国应当探索宪法私法化的司法化之路。[⑦] 有学者从公私法的划分与宪法规定内容出发，明确宪法是公法，但它并非不能调整私法关系，因此对最高人民法院的批复持赞成态度。[⑧] 还有学者虽认同“基本权利的效力可以扩及私人领域”这一判断的正确性，但同时认为，本案中最高人民法院在这种效力的实现方式上是越权和违宪的，因为

---

① 《最高人民法院关于在刑事判决中不宜援引宪法作论罪科刑的依据的复函》，研字第11298号。

② 肖蔚云：《宪法是审判工作的根本法律依据》，载《法学杂志》2002年第3期。

③ 莫纪宏：《受教育权宪法保护的内涵》，载《法学家》2003年第3期。

④ 许崇德：《“宪法司法化”质疑》，载《中国人大》2006年第11期。

⑤ 童之伟：《宪法适用应依循宪法本身规定的路径》，载《中国法学》2008年第6期。

⑥ 《齐玉苓案：学者的回应——记一次北京大学法学院宪法与行政法学者的讨论》，载《法制日报》2001年9月16日。

⑦ 蔡定剑：《中国宪法实施的私法化之路》，载《中国社会科学》2004年第2期。

⑧ 王磊：《宪法实施的新探索——齐玉苓案的几个宪法问题》，载《中国社会科学》2003年第2期。

最高人民法院的批复事实上代行了专属于全国人大常委会的宪法解释权，相比于此，宪法与民法的“科际整合”与法学方法的综合运用方是该问题的解决之道。[①]

不过，也有相当学者对宪法的私法化持批评态度。有学者指出，该案所折射出的司法政策与理论，“犹如把以往绑在栏厩里的宪法放了缰，任其纵横驰骋于社会各个领域”，若承认宪法私法化，则有将宪法权利规范所调整的范围无限泛化，导致公权对私人社会全面干预的风险。[②] 有学者从历史的合理性和现实的积极意义两个角度分析宪法的公法性质，强调以宪法的司法适用为借口，让宪法全面介入纯属公民私域的民事争议，隐含着巨大的社会风险。[③] 有学者对比美、德宪法效力界定的模式，根据宪法的公法性质、平衡作用、稳定性以及宪法审查机构对议会立法民主合法性的尊重等四方面论证，认为宪法主要在公法领域发挥作用，在私法领域内仅限于间接效力，不宜被直接适用。而“齐玉苓案”中，将宪法适用于私人被告，不当扩大了宪法适用的范围。[④]

总体而言，“齐玉苓案”为我国宪法基本权利理论研究提供了生动的素材，虽然2008 年最高院废止了该案批复的效力[⑤]，但该案所带来的影响仍然深远持久。目前，随着 2018 年《宪法》第 40 条修正案的通过，学界对于宪法实施的体制与方式的理论分歧逐渐被弥平，由新设立的全国人大宪法和法律委员会承担合宪性审查职能成为各方共识，如何通过合理的制度建构更好地实现公民基本权利的保障功能成为下一阶段宪法学界共同的使命。[⑥]

三、基本权利理论体系建构

20 世纪 90 年代已经出现了一些具有较高学术品质的基本权利基础方面的论

① 张翔：《基本权利在私法上效力的展开——以当代中国为背景》，载《中外法学》2003 年第 5 期。

② 沈岿：《宪法统治时代的开始？——“宪法第一案”存疑》，载张庆福主编：《宪政论丛》第 3 卷，法律出版社 2003 年版，第 540 页。

③ 秦前红：《关于“宪法司法化第一案”的几点法理思考》，载《法商研究》2002 年第 1 期。

④ 张千帆：《论宪法效力的界定及其对私法的影响》，载《比较法研究》2004 年第 2 期。

⑤ 《最高人民法院关于废止 2007 年底以前发布的有关司法解释（第七批）的决定》，法释[2008]15 号。

⑥ 当前较为重要的研究文献包括：秦前红：《合宪性审查的意义、原则及推进》，载《比较法研究》2018 年第 2 期；林来梵：《合宪性审查的宪法政策论思考》，载《法律科学》2018 年第 1 期；韩大元：《关于推进合宪性审查工作的几点思考》，载《法律科学》2018 年第 1 期；孙煜华、童之伟：《让中国合宪性审查制形成特色并行之有效》，载《法律科学》2018 年第 1 期；胡锦光：《论推进合宪性审查工作的体系化》，载《法律科学》2018 年第 1 期；等等。

文。[①] 进入21世纪以后，宪法学者筚路蓝缕、共同推动，基本权利理论研究日渐深入。近几年，我国基本权利理论研究的体系化水平有较大提高，一个以中国宪法的基本权利规范体系为基础，具有内在逻辑性以及自我完结性的宪法权利理论体系初具规模。[②]

2001年，林来梵教授提出，随着我国改革开放的不断深入以及社会主义市场经济的形成与发展，公民的权利意识在不断提高，宪法权利规范的体系与内涵也在日趋完善。与此相应，致力于构建一套能够适应时代要求的宪法权利规范理论体系，业已成为当下我国宪法学所直面的一个重要课题。[③] 基于该判断，林来梵教授从规范宪法学的角度，以现行的宪法规范为核心，将宪法权利理论框架初步建构为宪法权利的内涵、基本性质、享有主体、类型、保障、界限以及宪法权利规范的效力七大部分，[④]从而构成了一个较为完整的基本权利理论框架，在此之下不断充实基本权利的基础理论研究。

2005年后，随着各具体基本权利理论研究深入，相关研究之"破碎"的弊端亦逐渐显现[⑤]，越来越多的学者认识到了基本权利理论研究体系化的重要性，并致力于推动相关研究的开展。有学者进行了非常细致的框架体系的搭建，从基本权利的法律与文本地位、规范与结构、分类、主体与效力、限制、冲突与竞合、国家保护义务、救济等八方面入手，以纯粹法学方法的角度系统地分析了基本权利的各项原理和规范体系[⑥]。有学者则从基本权利的生成逻辑角度出发建构基本权利基础理论体系，主要包括基本权利的概念和分类、核心价值及其导向功能、功能和国家保护义务、主体和效力、生成与限制、位阶竞合与冲突。[⑦] 而在现行宪法基本权利规范的层面上，还有学者将基本权利划分为人的生命与尊严、平等权、参政权、表达自由、人身自由、宗教信仰自由、文化教育权利、社会经济权利、监督权与请求权共九大类，其中每一项基本权利又具体分为若干不同的权利形态，构成完整的权利体系。[⑧]

---

① 例如徐显明：《"基本权利"析》，载《中国法学》1991年第6期；周永坤：《论宪法基本权利的直接效力》，载《中国法学》1997年第1期。

② 翟国强：《"82宪法"实施以来基本权利理论的发展趋势》，载《法学论坛》2012年第6期。

③ 林来梵：《从宪法规范到规范宪法——规范宪法学的一种前言》，法律出版社2001年版，第73页。

④ 林来梵：《从宪法规范到规范宪法——规范宪法学的一种前言》，法律出版社2001年版，第75～105页。

⑤ 所谓"破碎"，参见张翔：《基本权利的体系思维》，载《清华法学》2012年第4期。

⑥ 郑贤君：《基本权利原理》，法律出版社2010年版。

⑦ 汪进元：《基本权利的保护范围——构成、限制及其合宪性》，法律出版社2013年版，第10～81页。

⑧ 韩大元：《中国宪法学上的基本权利体系》，载《江汉大学学报》2008年第1期。

同时，另有学者借鉴德国基本权利教义学体系，对我国《宪法》第二章及其中与基本权利相关的条款进行整体性的把握与建构，设计出一个从整体上理解我国基本权利的解释方案。该方案通过对《宪法》第 33 条与第 51 条进行解释，认为《宪法》第 33 条包含着基本权利主体、国家义务、基本权利的功能体系、基本权利体系的开放性等重要内容；而第 51 条则蕴含对于基本权利的限制、对于基本权利限制的限制等关键因素，两者共同构成了基本权利理论体系。①

对于以上基本权利理论体系建构，有学者认为其论述基本上都是将基本权利理论体系视为一种宪法文本上的基本权利和基本义务的分类体系或一种理想状态的基本权利分类体系，无助于把握宪法权利现实运行的复杂情境，因此，从宪法权利运行的过程与原理出发，应将宪法权利体系视为"宪法权利价值体系""宪法权利规范体系""宪法义务体系"与"宪法权利运行体系"四者的有机构成。②

此外，还有学者在比较法的基础上，从现行宪法的文本出发，对我国现行宪法的基本权利体系既有缺陷进行分析，认为其整体结构相对松散，内涵不明确、表述不规范，权利体系与权利规范结构不完整、缺乏必要性条款，并由此对我国基本权利体系进行了重构，将其划分为四个部分，即"个人基本权利和自由""政治权利""经济、社会、文化权利""基本权利的保障"。③

除从基本权利的理论框架、规范框架入手建构基本权利理论体系之外，还有学者着重研究并尝试建立基本权利理论的分析框架，以厘清宪法中基本权利条款的规范内涵和规范结构，使之在技术层面上成为可以适用的规范。④ 为此，基于"社会权—自由权"二分法之相对化的现实，有学者以基本权利的功能体系为分析工具，通过对基本权利的防御权功能、受益权功能、客观价值秩序功能及相对应的国家义务的体系化，将其建成严密精微的分析系统，从而为基本权利研究确立一套严格的规范与逻辑体系。⑤

从理论框架、规范框架到分析框架，我国基本权利的理论体系正处于逐步成熟阶段，但总体上，这一体系仍然是初步的、相对分散的，其与我国宪法文本之契合亦有不足，仍需进一步完善。对此，除了对体系本身的深入研究并自我完善以外，对基本权利体系背后的基本权利理论的探寻以及借助实践对体系自身的检验与调适亦不可或缺。⑥

---

① 张翔：《基本权利的体系思维》，载《清华法学》2012 年第 4 期。

② 刘茂林、秦小建：《论宪法权利体系及其构成》，载《法制与社会发展》2013 年第 1 期。

③ 秦奥蕾：《基本权利体系研究》，山东人民出版社 2009 年版，第 143～260 页。

④ 张翔：《基本权利的双重性质》，载《法学研究》2005 年第 3 期。

⑤ 张翔：《基本权利的规范建构》，高等教育出版社 2008 年版，第 37～142 页。

⑥ 张翔：《基本权利的体系思维》，载《清华法学》2012 年第 4 期。

四、"人权入宪"

2004年通过的宪法第24条修正案规定:"宪法第三十三条增加一款,作为第三款,'国家尊重和保障人权'"。该条款被学界称为"人权条款"。"人权条款"被写入宪法,一方面以其自身的开放性为基本权利理论开拓了新的研究领域,同时也为"人的尊严"等宪法价值找到了新的解释空间。因此,该条款受到了学界的广泛认可与高度重视。

(一)人权的内涵

对于人权的内涵,从一般理论角度出发,它是指作为人应当享有的自由和资格;[①]从规范的层面解释,则可认为它是人作为人的基本权利,[②]虽表述各异,但就其核心理念,学界已达成共识:人权的本质在于"尊重人作为人所具有的尊严"。[③]

(二)人权与基本权利

随着"人权条款"入宪,并作为宪法第二章"公民基本权利和义务"的第一个条文即第33条第3款的内容,人权与基本权利之间的关系究竟如何,成了学界必须厘清的重要问题。

对此,有学者从两者的关联出发,指出基本权利是实定化的人权,是因其"根本性、基础性与决定性,并在权利体系中所处的核心地位"而为宪法所纳入保护范围的那一部分人权,即基本人权。人权是公民权利产生的源泉,是其合理性的基础,公民基本权利来源于人权,公民基本权利也就是规定在宪法中的人权,是人权中"法定形态"的一部分。[④]

有学者则从区别的角度从六方面对人权与基本权利进行精细比较[⑤],即:(1)人权是自然权利、道德权利,而基本权利是实定权利。(2)人权具有永久的价值上的效力,而基本权利是法律和制度保障的权利,效力和领域有限制。(3)人权来源于自然法,而基本权利来源于人权。(4)人权是抽象的道德权利,基本权利是具体的法律权利。(5)人权的主体是抽象的人,具有普遍性,是所有人;基本权利的主体则是一国公民。(6)人权的范围具有较强的开放性,基本权利的体系则相对封闭。还有学者从德国法与一般法学理论的角度,强调人权肯定是指先于或外于国家的权利,而基本权利则是指宪法上规定的权利,它与国家权力相伴生,前者不受国家

---

① 韩大元:《宪法文本中"人权条款"的规范分析》,载《法学家》2004年第4期。

② 林来梵、季彦敏:《人权保障:作为原则的意义》,载《法商研究》2005年第4期。

③ [日]大沼保昭:《人权、国家与文明》,王志安译,生活·读书·新知三联书店2003年版,第212页。

④ 焦洪昌:《"国家尊重和保障人权"的宪法分析》,载《中国法学》2004年第3期。

⑤ 韩大元主编:《宪法学》,高等教育出版社2006年版,第135页。

权力的制约，并能引导国家权力，后者则和国家权力是一种相伴生的构成性关系。[①]

从中不难发现，对于人权与基本权利之间的关联关系，学界至少在以下方面基本达成了共识，即人权与基本权利存在一定的区别与张力，但基本权利是人权的实定化。

(三)“人权条款”的功能

对于被写入宪法的“人权条款”到底能够发挥怎样的功能，学界也存在着许多不同的观点与看法。

有学者将该款视作“概括性条款”，与《德国基本法》第 1 条、第 2 条、第 19 条相似，可以通过解释起到框架搭建的作用。在该条款中，包含着基本权利的主体、基本权利对国家的拘束力、国家对基本权利的义务类型、公民的基本权利与义务的关系等关键因素，以此条文的解释为中心，可以从价值上和规范的内在联系上统摄整合各个基本权利条款。[②] 有学者则从该条款中“人权”一词所蕴含的本质价值中，为“人的尊严”找到了新的解释空间，使之得以摆脱宪法第 38 条的解释困境。在此基础上，对相应的规范依据进行重构，以将宪法第 33 条第 3 款的概括性人权保障条款、宪法列举权利体系和作为宪法渊源的国际人权法上“人的尊严”的规定作为我国宪法中“人的尊严”的规范依据。[③] 还有学者从“人权条款”开放性的角度出发，结合该条款在宪法规范体系中所处的位置以及中国法文化背景与当前时代条件，强调“人权条款”为宪法未列举权利提供了“安身之所”。[④]

当然，有学者亦作提醒，人权与基本权利之间存在价值上互换的空间和多种形式，对此需要适当限制人权条款的内涵，使之保持概括性条款的性质，[⑤]不应赋予其太多实质性的内容，以防止该条款的滥用。

不难看出，“人权条款”入宪，承载了学界的很多期待，学者们虽从不同角度对此加以解读，差异颇大，但指向的目标是同一的，即建立一个更加完善的人权保障体系，以更好地实现宪法的核心价值。

五、基本权利的限制问题

有学者认为，所谓基本权利限制，是指依据宪法和法律的明确规定对权利主体

① 张龑：《论人权与基本权利的关系——以德国法和一般法学理论为背景》，载《法学家》2010 年第 6 期。

② 张翔：《基本权利的体系思维》，载《清华法学》2012 年第 4 期。

③ 李海平：《宪法上人的尊严规范分析》，载《当代法学》2011 年第 6 期。

④ 张薇薇：《“人权条款”：宪法未列举权利的“安身之所”》，载《法学评论》2011 年第 1 期。

⑤ 胡锦光、韩大元：《中国宪法》，法律出版社 2007 年版，第 172 页。

的行为和法益的限定和制止，广义的限制还包括对于基本权利的剥夺和禁止。[①]学界对于基本权利限制的理论研究，遵循了以下脉络——是否需要限制？何种情况下需要限制？如何限制？[②]

（一）基本权利为何要受到限制

对于为何基本权利要受到限制，现代宪法理论认为，个人并非独立存在的个体，而是生活在共同体之下，与他人有着密切关联的个体，从而“为使共同体下的每个人都能获得良善的生活，基本权利并非不得限制”。[③] 因此，对于基本权利的限制，有其存在的必然性与正当性。对此，有学者从性恶论的法哲学基础以及“双重制约理论”的理论依据两方面出发，为基本权利的限制提供理论依据。[④] 除此之外，就基本权利限制的功能和意义而言，亦有学者强调，对于基本权利的合理限制是基本权利保障的重要组成部分[⑤]，是义务和责任的要求，是权利秩序的要求，是权力良性运行的要求。[⑥]

（二）基本权利限制的理由

考察各国基本权利的限制条款，其目的或理由常常表述为“维护公共利益”，公共利益实质上规定了基本权利限制的界限。由此，何为公共利益、如何界定公共利益，成为学界关注的研究重点。

长久以来，学术界多数学者因公共利益的高度的抽象性，认为它作为一项宪法原则是不可定义的。[⑦] 然而，随着2004年修宪，我国《宪法》将“公共利益”纳入其范畴，加之在土地征用和城市房屋拆迁过程中引发了社会上对于“公共利益”事件的重视，如何把握公共利益的内涵与外延日益成为学术界亟待解决的问题。

对此，有学者从公共利益受益对象的不特定性与受益对象的多数人的特点来理解公共利益[⑧]；有学者则分别从“公共”和“利益”两方面进行分析，强调公共利益

---

① 汪进元：《基本权利的保护范围——构成、限制及其合宪性》，法律出版社2013年版，第47页。

② 姜明安主编：《公法理论研究与公法教学》，北京大学出版社2009年版，第181页。

③ Peter Badura、Horst Dreier主编：《德国联邦宪法法院五十周年纪念论文集》（下册），苏永钦等译注，国科会经典译注计划，第17页，转引自赵宏：《限制的限制：德国基本权利限制模式的内在机理》，载《法学家》2011年第2期。

④ 胡肖华、徐靖：《论公民基本权利限制的正当性与限制原则》，载《法学评论》2005年第6期。

⑤ 石文龙：《论我国基本权利限制制度的发展》，载《比较法研究》2014年第5期。

⑥ 周叶中、李德龙：《论公民权利保障和限制的对立统一》，载《华东政法学院学报》2003年第1期。

⑦ 范进学：《定义“公共利益”的方法论及概念诠释》，载《法学论坛》2005年第1期。

⑧ 汪进元：《基本权利的保护范围——构成、限制及其合宪性》，法律出版社2013年版，第47～48页。

是相对公共体内的少数人而言的，对它的理解关键不在于共同体的不确定性，而在于谁来主张公共利益；[①]有学者认为公共利益界定是一个宪法分权问题，立法机关、行政机关、司法机关共同参与，相互之间有一定制约，其中立法机关确定概括标准、行政机关确定具体标准、司法机关在争议时介入纠纷解决；[②]有学者则运用反向解释，明确将政府自身的利益、商业利益、特定利益集团的利益排除在公共利益之外[③]。此外，还有学者从我国宪法文本出发，认为宪法文本中的公共利益是社会共同体的利益整合，其内容以公共秩序与社会秩序为基本价值取向，并与国家利益、社会利益相区别。[④] 在对公共利益加以界定的基础上，有学者就其之所以能够成为限制基本权利的理由展开分析，并从基本权利"外在限制说"的角度认定，公共利益构成了对基本权利的外在限制。但也同时明确，在这个层面上，应当对公共利益作出严格的限定。[⑤]

除"公共利益"外，有学者还认为，公共秩序、国家安全、紧急状态、他人的权利和自由也能构成限制基本权利的理由。[⑥]

（三）基本权利限制的方式

学界通常认为，基本权利限制的主要方式包括了宪法限制、法律限制两种。宪法限制即宪法在规定了公民基本权利的同时，通过一定的方式明确基本权利的界限，其主要表现为宪法的公共利益条款。[⑦] 法律限制是指立法机关的限制，亦可称之为法律保留，有学者将之分别归纳为一般法律保留与个别法律保留，前者适用于所有基本权利，后者则根据法律具体条文对基本权利加以限制。[⑧] 此外，行政机关限制、特别权力机关限制亦有学者有所论及。[⑨]

（四）基本权利限制的限制

基于基本权利对于公民的重要性，学界普遍认同对于基本权利的限制应当受到更为严格的限制，因为如果对基本权利的限制处置不当，它很容易就会成为公权

---

① 胡锦光、王锴：《我国宪法中"公共利益的界定"》，载《中国法学》2005 年第 1 期。

② 郑贤君：《公共利益的界定是一个宪法分权问题——从 Eminent Domain 的主权属性谈起》，载《法学论坛》2005 年第 1 期。

③ 刘连泰：《"公共利益"的解释困境及其突围》，载《文史哲》2006 年第 2 期。

④ 韩大元：《宪法文本中"公共利益"的规范分析》，载《法学论坛》2005 年第 1 期。

⑤ 张翔：《公共利益限制基本权利的逻辑》，载《法学论坛》2005 年第 1 期。

⑥ 郑贤君：《基本权利原理》，法律出版社 2010 年版，第 210～211 页。

⑦ 郑贤君：《基本权利原理》，法律出版社 2010 年版，第 214 页。

⑧ 董和平、韩大元、李树忠：《宪法学》，法律出版社 2000 年版，第 329～330 页。

⑨ 郑贤君：《基本权利原理》，法律出版社 2010 年版，第 215 页；汪进元：《基本权利的保护范围——构成、限制及其合宪性》，法律出版社 2013 年版，第 52～54 页。

力机关践踏人权的"合法武器"[①]。如何对基本权利的限制进行有效规制，学者们各有见解。

有学者从基本权利限制的基本原则出发，认为对公民基本权利的限制应遵循"不损害基本权利本身原则""法律保留原则""明确化原则""司法审查原则"。[②] 有学者结合基本权利限制合宪性理论，从形式合宪性与实质合宪性两方面进行考量，认为对于基本权利的限制，在形式部分应当符合法律保留、个案法律禁止及正当法律程序等考量要素，在实质部分则应包括比例原则、本质内容不得侵犯和三重审查基准。[③] 在此基础上，又引出了如何对基本权利限制合宪性进行判断的问题。对此，有学者提出了"三层次"的分析框架，将个案中对基本权利限制的分析大致分为三个步骤：首先，确定基本权利的保障范围和基本权利主体，明确所涉及的基本权利；其次，确定国家对基本权利限制的认定标准，分析该基本权利是否受到了限制；最后，确定该限制行为是否有违宪阻却事由的存在，并依此作出该限制行为合宪或违宪的判断。[④] 近年来，比例原则已成为学界研究基本权利限制及其限制的限制的基本分析工具，并为相关部门法所借鉴，促使基本权利研究朝着更为精细化的方向发展。[⑤]

六、基本权利与部门法研究

近十年以来，随着我国法律体系的完善，部门法研究中开始遇到宪法问题，宪法研究也开始关注部门法问题，由此使宪法与部门法关系成为理论研究的热点。这一现象在基本权利研究领域表现得尤为明显。因此，以处理宪法与部门法关系为目标的"基本权利在私法关系中的效力""宪法对部门法的辐射作用""部门法中的基本权利冲突"等理论装置被学界迅速引入，并形成了相当丰厚的学术积累。

(一)基本权利与民法研究

自2005年《物权法》草案公布至今，宪法与民法之间一直保持着较为充分的学术互动，促使相关领域的研究在最近几年愈发深入。有学者通过乌木案探讨了宪

① 赵宏：《限制的限制：德国基本权利限制模式的内在机理》，载《法学家》2011年第2期。

② 唐忠民、王继春：《论公民基本权利限制的基本原则》，载《西南大学学报》2007年第2期。

③ 王新胜：《基本权利限制的合宪性考量》，载《西部法学评论》2010年第6期。

④ 张翔：《基本权利限制问题的思考框架》，载《法学家》2008年第1期。

⑤ 杜强强：《入户犯罪、牵连犯处断与比例原则——兼论合宪性解释对刑法释义学命题的尊重》，载《首都师范大学学报(社会科学版)》2016年第1期；杨登峰：《从合理原则走向统一的比例原则》，载《中国法学》2016年第3期；吴昱江：《试论比例原则在国家安全与言论自由平衡下的使用——以美国司法判例为鉴》，载《政法论丛》2016年第3期；陈璇：《正当防卫与比例原则——刑法条文合宪性解释的尝试》，载《环球法律评论》2016年第6期；陈景辉：《比例原则的普遍化与基本权利的性质》，载《中国法学》2017年第5期。

法中的国家所有和私法中的国家所有权之间的一致性问题，认为后者是前者所具有的国家内容实现义务功能的展开方式之一，同时要受到前者的约束。[①] 有学者对采矿权的非征收限制进行了探讨，指出"采矿权作为民法上财产权的一种特殊类型，具有高经济价值和高社会关联性，落入宪法财产权的保护范围。立法为了公共利益，可以对采矿权施加非征收性限制，但这些限制必须符合比例原则，且不能导致采矿权人基于采矿权而享有的核心利益的丧失。"[②]另外，还有学者就基本权利对民事法律行为的效力与限度展开探讨，指出对民事法律行为效力的影响是基本权利进入民法场域的重要管道。但是，这种影响不是通过基本权利对民事法律行为的直接适用实现的，需要通过公法性强制规范和公序良俗原则发挥作用。因此，法官在适用公序良俗原则判断民事法律行为效力的时候必须借助基本权利对其进行客观化塑造，但必须对注入私法场域的基本权利进行流量控制。[③]

（二）基本权利与刑事法研究

在刑事法领域，有学者结合诽谤等犯罪相关司法解释与《中华人民共和国刑法修正案（九）》有关规定，从此类犯罪的一般性构造与诉讼条件出发，对网络领域信息发布、传播的合法边界展开基于宪法视角的解释。该学者认为，网络时代此类犯罪的构造与诉讼问题涉及宪法言论自由的边界划定问题。基于刑法谦抑的精神，犯罪的处罚应限制在迫不得已的必要限度以内，故此类犯罪的认定，理应在惩罚犯罪以保护相关法益的基础上，适当对言论更为宽容。[④] 对于言论自由的话题，还有刑法学者认为，根据宪法与刑法的关系、言论自由的价值与刑法的具体规定，言论自由与刑事犯罪可以从"宪法不保护且刑法所禁止的言论""刑法不禁止且宪法所保护的言论""宪法不保护但刑法未禁止的言论"与"需要具体判断宪法是否保护及刑法是否禁止的言论"四方面进行讨论。该学者指出，刑法规定了七种具体的煽动罪，但对于煽动罪的认定不能过于形式化，必须充分考虑言论自由的宪法价值，尽可能保护利益主体的诉求表达。

有学者基于基本权利保障的比例原则审查模式，分析了死刑的合宪性问题。他认为，死刑制度本身并不一定涉及人的尊严，但却剥夺了犯罪人的生命。虽然比例原则需要给立法者留出决策空间，但对于死刑这一项最严酷的刑罚，则应采取严格审查标准。在适用比例原则分析死刑的宪法正当性时，仅应考虑死刑的主观目的，其客观功能至多在适用狭义比例原则审查时才予以考量。在这一基础上，死刑

---

① 朱虎：《国家所有和国家所有权——以乌木所有权归属为中心》，载《华东政法大学学报》2016 年第 1 期。

② 宦吉娥：《法律对采矿权的非征收性限制》，载《华东政法大学学报》2016 年第 1 期。

③ 刘志刚：《基本权利对民事法律行为效力的影响及其限度》，载《中国法学》2017 年第 2 期。

④ 刘艳红：《网络时代言论自由的刑法边界》，载《中国社会科学》2016 年第 10 期。

制度是否符合比例原则是值得怀疑的。

有学者以刑法剥夺政治权利为切入点探讨了法律保留与基本权利限制的关系问题，认为我国宪法第34条虽然规定了“依照法律被剥夺政治权利”，但并未对政治权利的内容进行界定。刑法第54条虽然将“政治权利”界定为包含了选举权和被选举权、言论、出版、结社、集会、游行、示威自由等基本权利在内的四大权利，但是这一规定仍存在三方面合宪性的疑虑：(1)刑法对宪法上规定的政治权利进行内容形成，只限于那些必须依赖国家或法律秩序才能行使的权利，选举权和被选举权属之，但言论、出版、结社、集会、游行、示威自由并不属之；(2)根据《宪法》第34条，政治权利属于需要法律保留的基本权利，但根据《宪法》第35条，言论、出版、结社、集会、游行、示威自由属于无法律保留的基本权利，两者性质不同、限制方式不同，不能等同；(3)即使可以限制罪犯的言论、出版、结社、集会、游行、示威自由，那也是基于特别权力关系的需要，而无法简单地用“剥夺政治权利”来涵盖。[①]

还有学者从基本权利冲突的视角，专门就《刑事诉讼法》第118条第1款所规定的“近亲属证人免于强制出庭”制度展开研究，认为该条款体现了刑诉法对宪法的具体化，但在对《宪法》第125条“被告人有权获得辩护”以及《宪法》第49条“婚姻、家庭受国家的保护”这两项基本权利的保障上存在不足，有待法律解释之完善。基于法律的合宪性解释以及个案中的法益衡量，如果出现婚姻家庭法益已非常淡漠的具体情境，则可以对该但书条款进行“目的性限缩”，从而得强制近亲属证人出庭质证。[②]

（三）基本权利与环境法研究

在环境法领域，推动环境权入宪一直是近年来学界研究的重点。早在2002年，就有学者指出，随着经济社会的发展与生态环境的恶化，环境权入宪将会是社会发展的基本趋势。[③] 在这一时期，学者们纷纷从环境权作为基本权利的内涵、架构、功能等方面进行阐发，强调了环境权入宪对于环境权保障和环境立法、执法、司法的发展均具有重要意义。[④]

在此基础上，为了给我国环境权入宪提供形式参考，对世界各国环境权入宪的实证研究、比较研究也愈发受到关注。有学者通过从各国环境权入宪的时间、地

---

① 王锴：《论法律保留与基本权利限制的关系——以〈刑法〉第54条的剥夺政治权利为例》，载《师大法学》2017年第2期。

② 张翔：《“近亲属证人免于强制出庭”之合宪性限缩》，载《华东政法大学学报》2016年第1期。

③ 张力刚、沈晓蕾：《公民环境权的宪法学考察》，载《政治与法律》2002年第1期。

④ 吴卫星：《生态危机的宪法回应》，载《法商研究》2006年第5期；吴卫星：《生态文明建设进程中环境权入宪的功能》，载《环境保护》2008年第3期；张一粟、陈奇伟：《论我国环境权入宪的基本架构》，载《法学论坛》2008年第4期；陈伯礼、余俊：《权利的语境变迁及其对环境权入宪的影响》，载《法律科学》2009年第6期。

域、类型、宪法位置等四个方面进行比较研究，发现20世纪90年代以来环境权入宪已经成为当代宪法发展的一般规律，环境权正逐渐成为超越地域、法系、国家性质和国家发展水平的普遍性权利。① 有学者专门就法国的环境宪章进行了分析，认为环境法在传统上基于环境公益而强调国家环保职责，这种偏颇由于环境人权的宪法化而得到纠正。从总体上看，环境宪章通过多样化实施促进了环境法的完善与环保实践的优化。② 还有学者对非洲国家宪法中的环境权条款进行研究，认为非洲国家环境权入宪甚为显著，多数国家将其规定在权利法案部分，并允许公民依据宪法环境权条款提起环境公益诉讼。③ 此外，有学者探讨了美国、日本等国拒斥环境权概念的原因，并对于环境权的内涵本身是否具有独立的规范内涵与价值基础提出了疑问。④ 对此，国内也有学者特别指出，目前学界所探讨的是一种人类整体意义上的环境权概念，而在环境的整体利益和综合利益之下发生的人类个体的单独的、分配性的利益关系是财产关系、人身关系等，与之相联系的权利是财产权、人身权，而不是环境权。⑤

为了确立环境权的基本权利地位，近年来，学界对于环境权的规范研究逐渐加深。有学者分析了环境权的规范效力，认为环境权在规范上具有可诉性效力与具体化效力两个层面，鉴于目前我国环境立法较为系统，在可诉性效力方面缺乏构造的必要性。⑥ 对此，有学者明确指出，宪法环境权之规定并非可"独立实施"的条款，不具有直接司法适用的效力，是一种具有"宪法委托"性质的宣示性权利，其实现主要不是通过司法方式予以救济，而是建立在具体立法的基础上。⑦ 还有学者根据《宪法》第26条的规定，对环境权保障的国家义务进行了分析，认为环境权国家保护义务须遵循"环境品质"和"不足禁止"之下限基准，以及"国家能力"和"法益衡平"之上限基准。⑧

从总体上看，经过十余年的讨论，环境法学界对于环境权的基本权利属性及其

---

① 吴卫星：《环境权入宪之实证研究》，载《法学评论》2008年第1期；吴卫星：《环境权入宪的比较研究》，载《法商研究》2017年第4期。

② 王建学：《法国的环境保护宪法化及其启示——以环境公益与环境人权的关系为主线》，载《暨南学报（哲学社会科学版）》2018年第5期。

③ 张敏纯、张宝：《非洲环境权入宪的实践及其启示》，载《求索》2011年第4期。

④ 王曦、谢海波：《论环境权法定化在美国的冷遇及其原因》，载《上海交通大学学报》（哲学社会科学版）2014年第4期；徐祥民、宋宁而：《日本环境权说的困境及其原因》，载《法学论坛》2013年第3期。

⑤ 徐祥民：《对"公民环境权论"的几点疑问》，载《中国法学》2004年第2期。

⑥ 胡静：《环境权的规范效力：可诉性和具体化》，载《中国法学》2017年第5期。

⑦ 陈海嵩：《环境权实证效力之考察：以宪法环境权为中心》，载《中国地质大学学报（社会科学版）》2016年第4期。

⑧ 韩敬：《国家保护义务视域中环境权之宪法保障》，载《河北法学》2018年第8期。

入宪的重要意义已基本达成共识。在实践层面，学者们指出，目前宪法环境权的中国生成有两种路径选择：一是通过对宪法相关条款的解释引申出环境权；二是通过宪法修改方式增加一个独立的环境权条款。[①]

第三节　评价与展望

改革开放40年来，我国的基本权利理论研究迅速发展，从宪法理论的学术边缘逐步走向核心领域，在理论深度、研究视野以及对现实的回应能力等方面都取得了长足的进步。以理论框架、规范框架与分析框架为主干的基本权利理论体系初步建构并渐趋成熟，而各单项基本权利的分析研究亦呈多元化、精细化趋势发展。同时，基本权利研究逐渐摆脱了抽象论说的"纯学术"形象，而开始与部门法相结合并尝试以基本权利理论对现实问题加以分析回应，所取得的成绩不可谓不显著。

基本权利研究领域取得的成就，既是改革背景之下关注现实、积极回应、逐步积累的结果，也是开放潮流中不断吸收借鉴外国合理经验的结果。有学者指出，如果抛开中国语境，这种研究某种程度上甚至已经实现了与当今西方宪法权利理论的接轨。[②] 但是，在近年的理论研究中，也有学者观察到，若未经辨析而直接引入西方理论，易致南橘北枳的"稗贩"[③]弊端。因此，如何把握理论外的社会背景之差异，实现西方理论的一般原理与中国实际的对接，并在目前已初步构建且趋完善的基本权利的理论与分析框架基础上，真正形成一套对中国实践具有解释力的基本权利理论体系以实现基本权利理论的本土化，真正落实以本国实定法为对象的法教义学的任务，应当成为学界下一阶段重要的努力方向。

基本权利理论本土化的不足对其进一步体系化、精细化也造成了制约。正如前述，目前我国的基本权利理论体系仍是初步的、分散的，比较法借鉴较多，基本权利理论与我国宪法之间的契合度尚有不足，相对粗糙的理论体系尚不足以有效理顺我国宪法中各项基本权利间的关系，解决与之相关的冲突、竞合等诸多实际问题，从而导致与实践脱节。总体上看，我国基本权利的研究，与最终形成以我国宪法文本为基础、具有内在逻辑性以及自我完结性的理论体系[④]之间尚有距离。

此外，很多学者认为，作为宪法学研究"显学"的基本权利理论，在现阶段还存

---

① 吴卫星：《环境权入宪的比较研究》，载《法商研究》2017年第4期；吕忠梅：《环境权入宪的理路与设想》，载《法学评论》2018年第1期。

② 翟国强：《"82宪法"实施以来基本权利理论的发展趋势》，载《法学论坛》2012年第6期。

③ 对于基本权利研究中"稗贩"弊端的批评，参见张翔：《基本权利的体系思维》，载《清华法学》2012年第4期。

④ 翟国强：《"82宪法"实施以来基本权利理论的发展趋势》，载《法学论坛》2012年第6期。

在着限制其进一步发展的瓶颈，即欠缺具有实效性的违宪审查制度的因素。目前，对于基本权利理论的研究，学者往往会不自觉地预设一个依据基本权利规范进行合宪性审查的语境，从而，如果违宪审查制度得不到有效运行，基本权利理论最终只能沦为纸上谈兵。[①] 基于这种认识，学界对于2018年《宪法》修改后我国合宪性审查制度的发展怀有热切期待，希望能够尽快完善相应制度，使得宪法学的理论研究，也包括基本权利理论，能够得到迅速发展的机遇。

但是，我们要看到，合宪性审查制度的建构是一个相对长期的过程，不可能一蹴而就，学界在着力推动制度建构的同时，也不能忽视基本权利理论在实践层面发挥作用的其他方式。在普通司法中对法律的合宪性解释[②]，就是基本权利理论得以发挥作用的重要领域。[③] 例如当下关于"寻衅滋事""扰乱公共秩序"等罪名的适用，就存在着合宪性控制的必要。[④] 此外，在法律与公共政策的制定过程中，也存在大量与基本权利相关的争议，这也应该是基本权利理论研究所致力的领域[⑤]。

总之，宪法学界不可"怀违宪审查之忧"而致"丧学术建构之志"，当面对实践，脚踏实地，完成宪法学作为规范科学所应承担的理论任务。[⑥]

---

① 翟国强：《"82宪法"实施以来基本权利理论的发展趋势》，载《法学论坛》2012年第6期。

② 张翔：《两种宪法案件：从合宪性解释看宪法对司法的可能影响》，载《中国法学》2008年第3期。

③ 近年来，合宪性解释已逐渐为学界所接受，并运用于相关研究之中，取得了较为理想的成绩。参见黄明涛：《两种"宪法解释"的概念分野与合宪性解释的可能性》，载《中国法学》2014年第6期；苏永生：《刑法合宪性解释的意义重构与关系重建——一个罪刑法定主义的理论逻辑》，载《现代法学》2015年第3期；杜强强：《合宪性解释在我国法院的实践》，载《法学研究》2016年第6期；夏正林：《"合宪性解释"理论辨析及其可能前景》，载《中国法学》2017年第1期。

④ 类似的研究，如张翔、田伟：《"副教授聚众淫乱案"判决的合宪性分析》，载《判解研究》2011年第2辑。

⑤ 类似的研究，如张翔：《机动车限行、财产权限制与比例原则》，载《法学》2015年第2期。

⑥ 关于宪法学应以法教义学为其"学科根本"的观点，参见张翔：《宪法教义学初阶》，载《中外法学》2013年第5期；白斌：《宪法教义学》，北京大学出版社2014年版。

第五章

实践中的基本权利

第一节　基本权利的实践

经过改革开放40年的发展，我国的基本权利理论研究逐渐形成了一定的体系与框架，并转化到实践命题，推进中国法治的发展。本章将以改革开放以来财产权、人身自由、人的尊严以及社会保障权等具体基本权利的保障为线索，分析我国基本权利发展的实践脉络，并在此基础上对其未来的发展作出展望。

一、"私有财产权"保障

财产权问题研究开启于20世纪90年代。彼时，由于经济体制改革和对外开放进程不断加快，法学界以国家建设"社会主义市场经济"的决策为契机，提出了"市场经济是权利经济的命题"[①]，宪法学界对此也有所注意[②]。而财产权问题作为经济体制改革的重点内容之一，在1988年、1993年与1999年的宪法修改中受到相当重视，加之20世纪90年代末到21世纪初，在土地征收、房屋拆迁过程中出现

① 张文显：《市场经济与现代法的精神论略》，载《中国法学》1994年第6期。

② 韩大元：《市场经济与宪法学的繁荣》，载《法学家》1993年第3期。

的公民权利诉求，共同促使宪法财产权问题成为研究热点。[①] 相关研究主要以“私有财产权”为概念载体。[②]

(一)推动财产权入宪

早在20世纪90年代初，胡锦光教授就提出市场经济的前提和基础在于保障市场主体的财产权，其中包括承认和保障个人财产权。而当时《宪法》第13条“国家保护公民的合法收入、储蓄、房屋和其他合法财产的所有权”的规定从其保护范围、保护强度以及救济方式而言已无法满足社会现实的需要，故而应当推动私人财产权入宪。[③] 林来梵教授亦运用规范分析的方法，从保障对象的限定性、规范体系的不完整性、规范含义的不确定性、保障制度的倾斜性四方面论证了我国宪法对私人财产保障的内在局限性，并由此提出了修宪建议，将私人财产权纳入其中。[④] 此外，还有学者从私人财产权在国家法律文化构建中的重要意义、我国与西方立宪国家财产权设置比较法分析等角度论证私人财产权入宪的必要性。[⑤]

《宪法》第22条修正案规定“公民的合法的私有财产不受侵犯”，从而将保护公民合法的私有财产权明确写入宪法。这一修改为学界研究财产权提供了新的法律支持，也进一步推动了学术界对私有财产权的研究与重视。[⑥]

(二)财产权的基本内涵

对于财产权的界定，首先来自于发展更早的民法学。因此，宪法财产权的内涵的确定，往往需要借助民法层面的观察。[⑦] 结合民法对于财产权的规定，学界主流观点认为，宪法上的私人财产权是指“公民个人通过劳动或其他合法的方式取得财产和占有、使用、处分财产的权利”。[⑧]

基于对宪法上财产权与民法上财产权紧密关系的认识，有学者专门对其进行

---

① 赵世义:《论财产权的宪法保障与制约》，载《法学评论》1999年第3期；李累:《论法律对财产权的限制——兼论我国宪法财产权规范体系的缺陷及其克服》，载《法制与社会发展》2002年第2期；黄竹胜:《论私有财产权》，载杨海坤:《宪法基本权利新论》，北京大学出版社2004年版，第466页。

② 姜明安:《公法理论研究与公法教学》，北京大学出版社2009年版，第165页。

③ 胡锦光:《市场经济与个人财产权的宪法保障》，载《法学家》1993年第3期。

④ 林来梵:《论私人财产权的宪法保障》，载《法学》1999年第3期。

⑤ 殷啸虎:《私人财产权宪法保障的法文化思考》，载《华东政法大学学报》2000年第1期；林来梵:《针对国家享有的财产权——从比较法角度的一个考察》，载《法商研究》2003年第1期；上官丕亮、秦绪栋:《私有财产权修宪问题研究》，载《政治与法律》2003年第2期。

⑥ 张庆福、任毅:《论公民财产权宪法保障制度》，载《法学家》2004年第4期。

⑦ 该观点王涌教授、张翔教授论文皆有论及，参见王涌:《自然资源国家所有权三层结构说》，载《法学研究》2013年第4期；张翔:《机动车限行、财产权限制与比例原则》，载《法学》2015年第2期。

⑧ 胡锦光、韩大元:《中国宪法》，法律出版社2007年版，第287页。

了区分，认为宪法上的财产权是公民针对国家而享有的一种权利，直接反映了公民与国家权力之间在宪法秩序中的关系；而民法上的财产权则主要属于公民对抗公民的一种权利，由此形成了作为平等主体的私人之间的财产关系，并得出，宪法上的财产权与民法上的财产权的区别，既不在于财产权的客体，也不在于财产权的主体，而在于反映在同一客体上的不同主体之间的关系。①

（三）私人财产权的限制

任何一项权利都不是绝对的，财产权的社会性决定了其存在界限。就我国而言，学界对于财产权的研究在强调保护私有财产权的同时，也认同对其的限制。然而，由于长期以来，我国对私有财产权保障存在不足，因而在财产权研究中，学界更为注重对国家权力限制私人财产权的界限问题，即“对私有财产权限制的限制”。

对此，有学者总结外国研究经验，将财产权限制条件概括为：显然是必须的法定公共需要；公正合理的补偿；必须经过正当法律程序。② 也有学者对我国《宪法》第20条修正案“国家为了公共利益的需要，可以依照法律规定对土地实行征收或者征用并给予补偿”进行宪法解释，论述我国限制私人财产权的主要条件，包括：符合法定要件；出于“公共利益”需要；及时、充分、合理的补偿。③更多学者则从“公共利益”本身出发，主张将国家对私人财产权进行的限制严格限定在特定情况之下。由于公共利益因其抽象性和不确定性，若不加以具体界定，很容易导致在实践中被滥用。基于此，诸多学者摆脱传统定义下的固有基本模式转而对“公共利益”的界定展开具体分析。其中有学者认为，公共利益是私人利益的总和，不应从整体论和有机论的角度进行分析，而应坚持个体主义的立场，对其判断进行逐案决定。④ 有学者则借鉴美国司法判例，认为“公共利益”的界定可据“政府行为是否引起了对私人财产的侵犯、是否规范了私人财产”等一整套标准构成进行判断。⑤ 亦有学者提出将“以宪法统领公益，假立法规范公益，由程序形成公益，仰程序救济公益”四大方面作为识别公共利益的途径。⑥

近年来，学术界对于财产权限制的研究更为广泛、深入。有学者从财产权的社会义务角度进行分析，认为在对财产权的限制中，不仅存在给予补偿的征收征用问

① 林来梵：《针对国家享有的财产权——从比较法角度的一个考察》，载《法商研究》2003年第1期。

② 范毅：《论公民财产权的宪法地位》，载《法学家》2000年第2期。

③ 张千帆：《宪法》，北京大学出版社2008年版，第193页。

④ 张千帆：《“公共利益”是什么？——社会功利主义的定义及其宪法上的局限性》，载《法学论坛》2005年第1期。

⑤ 郑贤君：《“公共利益”的界定是一个宪法分权问题——从Eminent Domain的主权属性谈起》，载《法学论坛》2005年第1期。

⑥ 沈桥林：《公共利益的界定与识别》，载《行政与法》2006年第1期。

题，还存在“不予补偿的单纯限制问题”，即财产权的社会义务，[①]并将其作为分析工具，分析“单双号限行”等社会问题。[②] 还有学者对“国家实行征收后使第三人成为新财产所有者并将实现公共利益的任务转交给这一受益私人”的问题进行了探讨，着重就“公共利益”能否由私人实现、征收能否令第三人受益等问题展开分析，并构建第三人受益征收的相应原则。[③]

(四)私人财产权的保障

对于财产权的保障问题，学界主要就保障制度的不足展开分析。除前文林来梵教授在2004年《宪法》修改之前对当时私人财产保障体系的缺陷所加评述外，2004年修宪后，亦有学者从宪法内在逻辑结构的角度考察私有财产权保障制度，并指出：在我国，国家、集体财产权与公民私人财产权地位依然不平等，着重突出公共财产的局限性仍未改变；公民私人财产权的宪法地位仍不明晰，将保护公民财产权的职责转移给了普通法律；公民财产权设置于第一章总纲而非第二章公民的基本权利和义务部分，条文设置存在冲突；未规定“合理补偿”或“适当补偿”标准，以及“正当程序”，以对私人财产征收征用等限制手段加以限制，保障水平不够充分。[④]

相应地，有学者从规范财产权限制的角度提出了保护私有财产权的措施认为：对私有财产权的限制必须由法律明文规定，必须是基于公共使用和公共利益，必须适当补偿、保证最低水平和发展生产力，必须平衡政府权力和个人权利。[⑤] 也有学者从比较法的角度，借鉴《德意志联邦共和国基本法》与《澳门特别行政区基本法》，对我国宪法规范内涵深入挖掘，提出以比例原则控制立法，规范财产权限制，以保障私人财产权。[⑥]

(五)具体私人财产权研究

鉴于房屋与土地征收与私人财产之间愈发突出的矛盾，私有财产权研究对房屋、土地征收方面有较多着力。有学者从补偿的角度，提出引入“公正补偿”的标准，借助立法与司法渠道，提高征收成本，以严格限制国家征收，充分保障私人财产权。[⑦] 有学者提出借鉴美国、日本房屋征收制度中公共利益的界定经验，以公共利益的明确化并辅之以调解、协议确认、和解等特别程序，缓和社会矛盾，缓解国家与

---

① 张翔：《财产权的社会义务》，载《中国社会科学》2012年第9期。

② 张翔：《机动车限行、财产权限制与比例原则》，载《法学》2015年第2期。

③ 陈征：《私有财产征收中的第三人受益》，载《浙江社会科学》2013年第9期。

④ 陈新：《财产权的宪法地位评析》，载《政法论坛》2004年第3期。

⑤ 莫纪宏：《实践中的宪法学原理》，中国人民大学出版社2007年版，第306～312页。

⑥ 张青波：《试论宪法对私有财产权的保障》，载《澳门法学》2013年第8期。

⑦ 张千帆：《“公正补偿”与征收权的宪法限制》，载《法学研究》2005年第2期。

私人之间的冲突张力。[①]

近年来，随着对私人财产权研究的日益深入，学界的研究目光开始逐步转向国家所有权领域，以保障并实现财产权充分利用为视角切入并展开分析。有学者对自然资源国家所有权进行探讨，认为将国家对于自然资源所有权规定为纯粹的国家占有自然资源的“占有模式”有其不可突破的局限，而应以宪法规制的形式使所有权相对化，使国家所有权成为防止垄断的措施而非与民争利的工具，确保社会成员持续性共享自然资源。[②] 有学者则就我国《宪法》第10条第1款“城市的土地属于国家所有”的规定，从解释学的角度对国家的城市土地所有权展开分析，认为第10条第1款存在着解释为“城市的土地可以属于国家所有，也可以不属于国家所有”的空间，进而得出“如果国家决定基于公共利益的需要行使征收权，那么这项权力的行使除了要符合公共利益要件以外，还应当依照法律的规定对相关土地实行征收或者征用并给予补偿，而不能通过制定规范性文件或者城市规划的方式将非国有土地所有权‘概括国有化’”的结论。[③] 还有学者着力分析“风光”所有权的归属问题，强调人们长期对公有权、私有权和国有权这三类所有权存在认识上的误区。公有权与国有权之间存在严格意义上的界分。风、太阳光等自然资源属于公物，由全民享有所有权，但是通过信托由国家来管理。[④] 这些研究相互间争论激烈，难以达成共识，说明该领域的基础理论建构尚未完成，有待继续努力。[⑤]

二、“人身自由”保护

人身自由，也称“身体自由”，在宪法学中有狭义和广义两种理解。狭义的人身自由是指人的身体活动自由，具体包括积极作为的身体活动自由和消极不作为的身体活动自由，如现行《宪法》第37条规定的人身自由便属于该范畴。而广义的人身自由则是指具有特定目的并伴随特定的物质和精神需求的身体活动自由，包括居住自由、通信自由、出入境自由等。[⑥] 本部分所分析的人身自由限定于狭义的人身自由，即《宪法》第37条规定的人身自由。

---

① 林来梵、陈丹：《城市房屋拆迁中的公共利益界定——中美“钉子户”案件的比较》，载《法学》2007年第8期；朱芒：《日本房屋征收制度的基本状况》，载《法学》2007年第8期。

② 王旭：《论自然资源国家所有权的宪法规制功能》，载《中国法学》2013年第6期。

③ 程雪阳：《论“城市的土地属于国家所有”的宪法解释》，载《法制与社会发展》2014年第1期。

④ 侯宇：《“风光”所有权归属之宪法学辨析——以〈黑龙江省气候资源探测与保护条例〉为例》，载《中共浙江省委党校学报》2013年第4期。

⑤ 瞿灵敏：《如何理解“国家所有”？——基于对宪法第9、10条为研究对象的文献评析》，载《法制与社会发展》2016年第5期。

⑥ 孙孝福：《论人身自由及其保障机制》，载《中南政法学院学报》1989年第1期；汪进元：《人身自由的构成与限制》，载《华东政法大学学报》2011年第2期。

(一)改革开放初期人身自由保障体制

现行宪法对于人身自由的规定来自“文化大革命”的惨痛教训。正是由于“文革”时期“随意抓人、关押人、隔离审查和抄家等非法行为”①对公民人身所造成的巨大伤害,1982年《宪法》修改时专门在第37条对人身自由作出了详细的规定,特别强调“任何公民非经人民检察院批准或者决定或者人民法院决定,并由公安机关执行,不受逮捕;禁止非法拘禁和以其他方法非法剥夺或者限制公民的人身自由,禁止非法搜查公民身体”。这表明了现行宪法的“反文革”价值立场,并为我国强化对公民人身自由的保护提供了根本法上的规范依据。

在此基础上,随着《刑法》、《刑事诉讼法》、《逮捕拘留条例》(1979年通过,根据1996年全国人大修改《刑事诉讼法》的决定失效)、《治安管理处罚条例》(1986年通过,2005年《治安管理处罚法》通过后废止)、《人民法院组织法》、《人民检察院组织法》等法律法规相继颁布施行,我国初步形成了人身自由保障的法律规范体系。②为此,2000年通过的《立法法》在第8条第5项的规定中进一步明确了限制人身自由的“法律保留”原则。

受到时代背景的影响,改革开放初期宪法学对于人身自由保障的研究与思考主要集中于如何保障公民不受非法的逮捕与拘禁上,加之当时我国的法律体系仍处于初创阶段,刑事法制与行政法制建设成为当时学术界关注的重点,进而使得相关研究重心逐渐落到了刑法学、行政法学与诉讼法学的领域,主要围绕逮捕、拘留等问题展开。

(二)“孙志刚收容遣送案”“非典事件”与人身自由保障之反思

2003年,“孙志刚收容遣送案”与“非典事件”的相继发生,使得有关人身自由保障问题的探讨被再度拉回到宪法学的视角。

在孙志刚案中,学者们发现由于宪法监督机制的缺失,实践中对于人身自由的限制并未严格按照《宪法》《立法法》的规定实行法律保留,公权力机关依据《收容遣送办法》等行政法规、规章对公民人身自由进行不当限制的情况屡屡发生。③ 不仅如此,还有学者指出,即使在刑事领域,公共强力部门对于人身自由限制同样有着滥用的嫌疑,由此导致部分冤案的发生。④ 因此,就应对措施而言,多数学者在建

① 肖蔚云:《我国现行宪法的诞生》,北京大学出版社1986年版,第138页。

② 孙孝福:《论人身自由及其保障机制》,载《中南政法学院学报》1989年第1期

③ 邓少岭:《“孙志刚案与违宪审查”学术研讨会综述》,载《中国法学》2003年第4期。

④ 童之伟:《从若干起冤案看人身自由的宪法保护》,载《现代法学》2004年第5期。

立行之有效的违宪审查制度上达成了共识，并就该问题展开了深入的讨论。[①]

而在同年发生的“非典事件”中，出于控制疫情的需要，强制隔离等限制人身自由的措施成为必须。然而，由于国务院没有依照《中华人民共和国传染病防治法》的规定明确将SARS确定为“甲类传染病”，有学者认为抗SRAS限制人身自由措施存在合法性瑕疵。[②] 于是，为了论证相关措施的正当性，有学者开始回溯到《宪法》第37条去寻找它的合宪基础。[③] 以此为契机，学界对于人身自由保障的研究不再仅仅局限于逮捕、拘留等方面，强制医疗、强制戒毒乃至防汛等行为中涉及的人身自由保障问题也逐渐进入学界的视野。

（三）人身自由保障的新发展

近年来，随着宪法学研究的逐渐深入，人身自由保障领域也取得了不少新的发展。第一，对于人身自由本身研究逐渐体系化、精细化。如有学者对《宪法》第37条进行了精细的规范分析，明确该条款在性质上属于限权条款而非授权条款，因此并不会对确立逮捕的司法令状主义造成障碍。[④] 有学者从人身自由的构成与限制展开，对人身自由的限制方式与限制理由进行了类型化的分析，指出对于人身自由的限制包括限制与剥夺、追惩性限制与保护性限制、隔离性限制与管束性限制等，而它们的目的只能为了国家安全和公共利益。[⑤] 有学者从基本权利限制的分析脉络出发对限制人身自由的行为给出了详细的要求，强调限制人身自由不能侵犯到人身自由作为基本权利的本质内容；必须遵守宪法保留和法律保留；必须遵循限制条件明确化原则，对人身自由的限制应当明确限制的对象、措施、范围等；必须遵循比例原则，让限制的目的和手段得到和谐；必须遵循法律程序，实现真正正义。[⑥]

第二，人身自由保障的研究领域得到了进一步的扩展。如有学者从人身自由保障的视角切入分析强制医疗程序问题，认为我国的强制医疗制度明显偏向于防卫社会而忽视人身自由的保护，虽然基于本人健康利益或公共利益之维护，通过强

---

① 相关的观点参见邓少岭：《“孙志刚案与违宪审查”学术研讨会综述》，载《中国法学》2003年第4期；童之伟、王福华：《市场经济社会人身自由的宪法保障——“孙志刚案与违宪审查”学术研讨会纪要》，载《上海交通大学学报（哲学社会科学版）》2003年第4期；周伟：《公民人身自由的宪法保护》，载《法学》2003年第4期；童之伟：《从若干起冤案看人身自由的宪法保护》，载《现代法学》2004年第5期。

② 朱芒：《SARS与人身自由——游动在合法性和正当性之间的抗SARS措施》，载《法学》2003年第5期。

③ 钟会兵：《个人权利与公共利益的平衡——抗SARS中限制人身自由措施的正当性与合法性分析》，载《法律适用》2003年第7期；黄学贤、郭殊：《试论紧急状态下公民基本权利之保障》，载《当代法学》2004年第5期。

④ 张翔：《逮捕权配置与宪法相关条款的释义》，载《法制日报》2013年5月22日第12版。

⑤ 汪进元：《人身自由的构成与限制》，载《华东政法大学学报》2011年第2期。

⑥ 张国志：《限制人身自由的限制——法治中国背景下的思考》，载《法制博览》2016年第2期。

制医疗限制人身自由固然具有正当性，但这并不足以消解其内在的合法性困境。因此，从充分保障精神病人的人身自由权出发，有必要进一步完善强制医疗制度，建立以人权保障为取向的强制医疗程序。[①] 有学者对防汛中的“强制转移权”进行分析，认为强制转移权的设定涉及人身自由，属于《立法法》规定的法律保留范围内的事项。《浙江省防汛防台防旱条例》对此作出规定，在形式合法性方面存在瑕疵；但是，这一措施的设定具有合目的性、必要性和平衡性，在实质合法性方面合乎比例原则。因此，需要采用修订法律或法律解释的方式整合形式合法性和实质合法性，在包括突发事件应对在内的行政事务中实现一种经由形式法治的实质法治。

第三，针对传统刑事法、行政法在人身自由保障中遇到的新问题展开分析。有学者分析了监察体制改革中的留置措施，认为它对人身自由的限制强度与逮捕类似，在我国《宪法》第 37 条对组织法立法权限的限制下存在合宪性困难。基本权利教义学虽然接受政党内部规则对党员权利的克减以及公民的“基本权利放弃”，但关于留置措施讨论中的“家法说”和“权利放弃论”都较难证立。廉政机构的设置及其权力的配置，应该在宪法框架下积极稳妥推进。[②] 还有学者对检察监督在人身自由保障中可能发挥的作用予以关注。他认为，现有监督体系对限制人身自由行政强制措施监督的失范给行政相对人的人身权利造成了难以弥补的损失。而建立暂时性法律保护制度能够弥补现有监督体系的不足，实现对限制人身自由行政强制措施的有效监督。检察监督的独立性、专业性、高效率能够落实暂时性法律保护制度、拓展暂时性法律保护的路径。人身自由暂时性法律保护主要是通过令状主义来实现的。在我国，可以考虑由检察院发出人身保护令状，并通过事前报告的方式申请令状，从而实现对人身自由的保障。[③]

(四)关于人民代表人身自由的特殊保护

在我国宪法规范体系中，除了第 37 条规定了对公民人身自由的保护外，《宪法》第 74 条还对全国人大代表的人身自由保障作出了特殊的规定，“全国人民代表大会代表，非经全国人民代表大会会议主席团许可，在全国人民代表大会闭会期间非经全国人民代表大会常务委员会许可，不受逮捕或者刑事审判”。在此基础上，《中华人民共和国全国人民代表大会和地方各级人民代表大会代表法》(以下简称《代表法》)第 32 条将该种特殊保护进一步扩大到县级以上的各级人民代表大会人民代表，同时规定了对乡、民族乡人民代表大会的人大代表进行人身自由限制的报

---

① 陈越峰：《防汛与人身自由——以“强制转移权”设定的合法性分析为例》，载《行政法学研究》2010 年第 1 期。

② 张翔、赖伟能：《基本权利作为国家权力配置的消极规范——以监察制度改革试点中的留置措施为例》，载《法律科学》2017 年第 6 期。

③ 周伟：《论限制人身自由行政强制措施的检察监督》，载《学习论坛》2018 年第 6 期。

告制度。

该制度主要包括报告制与许可制两方面。其中,报告制是执法机关就对人大代表人身自由采取限制性法律措施而向该级人民代表大会主席团或常务委员会报告说明的制度,它适用于因现行犯罪而对县级以上人大代表以及针对乡、民族乡、镇一级人大代表人身自由所采取的限制性法律措施或刑事审判。许可制是执法机关就对人大代表人身自由采取限制性法律措施而向该级人民代表大会主席团或常务委员会提请审批的制度。它适用于除因现行犯罪之外而对县级以上人大代表人身自由采取的限制性法律措施。两种制度除适用对象外,在执行程序及法律后果上都存在一定差异。[①]

对于这一特殊保护制度,有学者通过分析1982年《宪法》修改时修宪者的原意对其设立目的进行了探讨,指出该制度的设立不是要赋予代表或议员超越于一般公民之上的不平等的特权,而是为了要保证由代表或议员组成的国家权力机关或立法机关能够有效地行使国家权力。因此,该制度适用不以是否担任人大代表为前提,而是以是否影响人大代表执行代表职务为判别标准。[②]

目前,该制度在实践中也出现了较多的问题,并引起了学界的热议。如不受逮捕权中的“逮捕”是否涵盖一切限制人大代表人身自由的强制性措施;对于院内现行犯是否完全不适用“不受逮捕权”;人大主席团或人大常委会对逮捕的许可仅仅是形式上的一种同意程序,抑或可以对逮捕的理由依据等进行实质性审查,以及这种许可是否可附带期限或条件;对乡级人大代表的逮捕采用事后报告的方式是否有不合理之处等。[③] 为了进一步完善该制度,也有学者提出了以下三方面的建议:第一,明确人大许可审查以程序性审查为主,以实体性审查、事务性审查为辅的原则;第二,完善人大主席团或常务委员会许可采取强制措施和进行审判的具体操作流程及审查的期限;第三,建立对人大主席团或者人大常委会作出许可或不许可决定不服的救济途径。[④]

三、“人的尊严”保护

现代宪法学首先要回答什么是宪法意义上的人,人为什么必须有尊严、宪法如何保护人的尊严等基本问题。在宪法的世界里,人的尊严是不可缺少的人的本质

---

① 刘娅玲:《对人大代表人身自由采取限制性法律措施的报告及许可制度浅议》,载《人大研究》1992年第11期。

② 莫纪宏:《论人民代表人身特权的法律保护》,载《河南财经政法大学学报》2012年第5期;屠振宇:《人大代表人身特别保护的合宪性解释》,载《理论月刊》2015年第9期。

③ 李莉:《对我国人大代表不受逮捕权的几个问题的探讨》,载《政治与法律》2011年第3期。

④ 莫纪宏:《论人民代表人身特权的法律保护》,载《河南财经政法大学学报》2012年第5期。

要素，是人类享有的最根本的权利，是构成法治社会的理性与道德基础。[①] 因此，如何保障“人的尊严”也随之成为现代宪法学的核心内容。

（一）基本内涵

宪法上“人的尊严”研究的开展，首先要在概念上解决“谁的尊严”“何为尊严”“尊严的约束对象”三个问题。[②]

在第一个问题上，多数学者赞成“人的尊严”主体是生物学上的人、普遍意义上的人；[③]有学者则进一步指出，“人的尊严”意义上的人，既非全体主义国家中作为受令者而存在的个人，亦非“国家与市民社会”二元对抗结构之上那种“古典自由主义”的个人，而是在共同体中为了形成“亲自承担责任”的生活而拥有的“人格”，即一种“人格主义”意义上的人。[④] 此外，就该问题，还有一些在学界一时难以达成共识的争议主体存在，如未出生的胎儿、克隆人、无法恢复自我实现状态的植物人等，尚待继续研究。[⑤]

就第二个问题而言，对于“尊严”的界定，学界亦有诸多不同见解。有学者从正面将其定义为“之所以形成人格者”“人的固有价值、独立性、本质”或者“人格的核心”等。[⑥] 不过，也有学者出于对“人格”内涵的不同理解，指出“人的尊严并不是对人外在的天赋、成就、贡献、能力的褒奖，而只是对人人具有平等身份的法律宣示”[⑦]。而有学者则从反面加以规定，认为“凡是具体的个人被贬为客体、纯粹的手段，或是可任意替代的数值时，便是人性尊严受到侵犯”。[⑧] 此外，还有学者从正反不同层面界定尊严，认为从“人本身即是目的”这一道德律令出发，人的尊严即是指人的自主、自治；当一个人被矮化为客体、物体或数值时，便落入了他治、他决的框架之下，从而丧失了尊严。[⑨] 由于从价值意涵上，宪法上“人的尊严”是其他权利与

---

① 韩大元：《生命权的宪法逻辑》，译林出版社 2012 年版，第 1 页。

② 李累：《宪法上“人的尊严”》，载《中山大学学报》2002 年第 2 期。

③ 李累：《宪法上“人的尊严”》，载《中山大学学报》2002 年第 2 期。

④ 林来梵：《从宪法规范到规范宪法——规范宪法学的一种前言》，法律出版社 2001 年版，第 174 页。

⑤ 李累：《宪法上“人的尊严”》，载《中山大学学报》2002 年第 2 期；李海平：《宪法上人的尊严的规范分析》，载《当代法学》2011 年第 6 期；韩大元：《生命权的宪法逻辑》，译林出版社 2012 年版，第 102～149 页。

⑥ 蔡维音：《德国基本法第一条“人性尊严”规定之探讨》，载《宪政时代》1992 年第 1 期，转引自李海平：《宪法上人的尊严的规范分析》，载《当代法学》2011 年第 6 期。

⑦ 胡玉鸿：《人的尊严的法律属性辨析》，载《中国社会科学》2016 年第 5 期。

⑧ 黄桂兴：《浅论行政法上的人性尊严理念》，载城仲模：《行政法之一般法律原则》（一），台湾三民书局 1999 年版，第 10～11 页，转引自韩大元：《生命权的宪法逻辑》，译林出版社 2012 年版，第 107 页。

⑨ 李震山：《人性尊严与人权保障》，台湾元照出版公司 2001 年版，第 14 页。

自由的源泉，既作为自然法的原则，也作为实定法原则而受到承认，因此，以消极的方式表现其价值更符合“人的尊严”的内在属性。[①]

对于第三个问题，有学者认为，宪法作为公法，宪法上的“人的尊严”所约束的首先是国家公权力，国家对个人负有尊重、保护、促进的义务。[②] 还有学者在赞成上述观点的基础上，指出应当把社会公权力也纳入人的尊严的约束对象范围。当然，社会公权力毕竟不是国家公权力，人的尊严对其的保护义务范围是有限的，仅限于自由、自主、平等的范围内。[③]

（二）“人格尊严”条款研究

为了找到保障“人的尊严”的宪法规范基础，有学者注意到我国〈宪法〉第38条“人格尊严”条款与“人的尊严”概念的相似性，试图从“人格尊严”中获得“人的尊严”的规范依据。这种观点认为，该条前段的“公民的人格尊严不受侵犯”，可理解为一个相对独立的规范性语句，表达了类似于人的尊严这样具有基础性价值的原理，作为我国宪法基本权利体系的出发点或基础的宪法价值。[④] 有学者对前述论证进行了补充完善，认为《宪法》第38条在形式上体现为“内部统摄与外部相互构成的规范地位”。它既可以在最小的范围，即第38条内，以前句统摄后句，形成原则对规则的拘束；也可以越出第38条，在较小范围内与人身自由规范体系的其他条款互相构成；还可以越出“人身自由规范体系”，在更大的范围与平等权、政治自由等基本权利发生价值关联和构成。[⑤] 还有学者采纳康德关于人作为道德主体的观点，对人格尊严作出了和人的尊严相类似的解释，从而认可了第38条有进一步发展成为整个基本权利基础的潜能。但是，该学者同时指出，它无法通过宪法解释的方案完成，只能通过将来修改宪法来实现。[⑥]

然而，也有学者认为，《宪法》第38条从文义解释、体系解释的角度，难以将“人格尊严”解释成为“人的尊严”，只有通过目的解释，在试图针对法条作出符合时代发展和变迁之目的的解释的基础上，方有可能。但是，由于目的解释主观性强，其运用受到严格限制。在一般情况下，文义解释、体系解释等客观性解释方法与之相比优先适用。因此，以“人格尊严”涵盖“人的尊严”的期望虽好，但这一解释既超出

---

① 韩大元：《生命权的宪法逻辑》，译林出版社2012年版，第107页。

② 李累：《宪法上“人的尊严”》，载《中山大学学报》2002年第2期。

③ 李海平：《宪法上人的尊严的规范分析》，载《当代法学》2011年第6期。

④ 林来梵：《人的尊严与人格尊严——兼论中国〈宪法〉第38条的解释方案》，载《浙江社会科学》2008年第3期。

⑤ 王旭：《宪法上的尊严理论及其体系化》，载《法学研究》2016年第1期。

⑥ 谢立斌：《中德比较宪法视野下的人格尊严——兼与林来梵教授商榷》，载《政法论坛》2010年第4期。

了文义范围又脱离了解释文本，其可接受性值得怀疑。[①] 此外，还有学者强调，我国《宪法》第38条“人格尊严”的哲学基础不同于其他国家的“人是目的、人格发展、交往理论”，而是着重于个人的名誉与荣誉保护；宪法的文本表述并非“人的尊严”“人性尊严”，而是“人格尊严”，且该条既未规定在总纲中，亦未置于“公民的基本权利和义务”一章之首，即使与“国家尊重与保护人权”一款结合起来理解，亦无法取得与其他国家宪法上“人的尊严”的规范地位。[②]

综上所述，有学者指出“人的尊严”在我国的制度化存在三大难题，即其作为前实定法基础的概念内涵界定困难；作为主观权利的性质存在争议；作为客观规范如何实现实定法化仍有疑问，[③]值得学界进一步深思。

(三)“生命权”研究

生命权作为人之为人存在的逻辑前提，集中体现人的价值与尊严，[④]是学界关于“人的尊严”理论研究的重要领域之一。

所谓生命权，有学者指出，该权利就是“活的权利”或“生命安全的权利”，它是人的生命受法律保护，不被任意剥夺的权利；[⑤]有学者从生命权演变的视角出发，认为随着现代医学、科技的发展，生命权的内涵已不仅仅止于保障生命免受潜在侵害，开始涉及如何以一系列规则调整人们如何对待和影响生命等积极层面；[⑥]有学者从社会具体现实立论，强调生命权的内容与范围并非先验的、本质的存在，而是在制度性的论证管道中被逐渐塑造的；[⑦]当然，还有学者强调，生命权有其理论所能容纳的界限，它只能是一种克制性的权利，而不应主动干预新兴生命伦理争议，我国宪法生命权的形式与内容应当限制在合理的界限内。[⑧]

生命权虽具根本价值属性，但是多数学者已然承认在实然的宪法世界，生命权的价值也表现为相对性。为了公共利益的需要，为了保护他人的生命，不得不对特定主体的生命进行限制，如胎儿生命权的限制、死刑制度的存在、部分国家“安乐死”的合法化以及诸如警察使用武器致人死亡、军人作战夺取敌人生命等。[⑨]

---

① 李海平：《宪法上人的尊严的规范分析》，载《当代法学》2011年第6期。

② 郑贤君：《宪法“人格尊严”条款的规范地位之辨》，载《中国法学》2012年第2期。

③ 王晖：《人之尊严的理念与制度化》，载《中国法学》2014年第4期。

④ 韩大元：《中国宪法学应当关注生命权问题的研究》，载《深圳大学学报》2004年第1期。

⑤ 上官丕亮：《生命权的全球化与中国公民生命权入宪研究》，载《金陵法律评论》2004年春季卷。

⑥ 韩大元：《生命权的宪法逻辑》，译林出版社2012年版，第10页。

⑦ 易军：《生命权：藉论证而型塑》，载《华东政法大学学报》2012年第1期。

⑧ 刘泽刚：《宪法生命权的界限》，载《华东政法大学学报》2013年第5期。

⑨ 韩大元：《生命权的宪法逻辑》，译林出版社2012年版，第29页；上官丕亮：《论生命权的限制标准》，载《江汉大学学报》2012年第2期。

就我国而言，由于宪法未直接规定生命权，学者们多从宪法学一般原理与体系论证出发，综合《宪法》第37条“人身自由”、第38条“人格尊严”条款，推定生命权在我国的基本权利属性。[①] 2004年“人权入宪”后，基于《宪法》第33条第3款“国家尊重与保障人权”内涵的开放性，使得生命权在我国有了更为坚实的宪法基础与解释空间。但是，以上诸说仍是学理解释，生命权要真正成为一项宪法上的基本权利，必须由宪法解释机关作出明确的解释，或者由宪法修改机关通过修改宪法，将生命权明确写入宪法。[②] 有学者再三强调，基于生命权的现代价值与21世纪人权发展的趋势，应当在我国宪法中直接规定生命权。[③]

四、社会保障权的发展

现代社会中，社会保障制度在保障公民基本生活、促进维持社会秩序的和谐稳定以及实现社会公正等方面所起的作用不可低估，世人所尚的“学有所教、劳有所得、病有所医、老有所养、住有所居”的社会大同理想借由社会保障之力逐步变为现实，从宪法角度来看，以社会保障权为代表的社会权利也成了继传统自由权之后的新的基本权利群，它的出现也成了界分近代宪法与现代宪法的一个重要标志。现行《宪法》第45条规定公民的“获得物质帮助权”，2004年通过的《宪法》第14条修正案规定国家负有“建立健全同经济发展水平相适应的社会保障制度”的义务，由此逐渐获得了宪法学界的关注。

（一）社会保障权的基本概念

学界对于社会保障权的探讨，首先围绕这一权利概念的名称展开，尤其是结合我国1982年《宪法》第45条的具体规定，应当如何为这一权利命名。对此学者们之间有不同的学术观点。

1. 学界的相关争论

我国《宪法》第45条第1款规定：“中华人民共和国公民在年老、疾病或者丧失劳动能力的情况下，有从国家和社会获得物质帮助的权利。国家发展为公民享受这些权利所需要的社会保险、社会救济和医疗卫生事业。”由于该条与西方国家生存权的规定内容极为相似，且尊重宪法文本在我国尚未成为全体国人乃至学界一个深入人心的共识，加之宪法学学术研究存有一定程度的崇洋现象——以外国宪法条文为依据解释中国权利现象较为普遍，故而我国学界对该条称谓的认识存在

---

① 韩大元：《生命权的宪法逻辑》，译林出版社2012年版，第14页。

② 上官丕亮：《论宪法上的生命权》，载《当代法学》2007年第1期。

③ 上官丕亮：《宪法与生命——生命权的宪法保障研究》，法律出版社2010年版，第100页；上官丕亮：《生命权应当首先入宪》，载《法学论坛》2003年第4期。

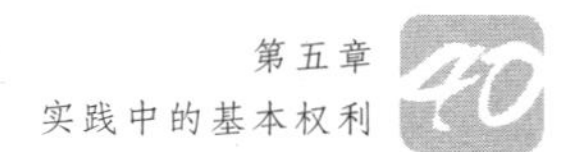

以下观点：[①]

（1）生存权。[②] 一些学者认为，我国宪法虽然在文本上没有出现“生存权”的字样，但许多国家宪法都明确规定了生存权。1993 年俄罗斯《宪法》第二章第 20 条第 1 款明确规定：“每个人都享有生存权。”日本国《宪法》第 25 条规定：“一切国民都享有维持最低限度的健康的和有文化的生活权利，国家必须在生活的一切方面努力提高和增进社会福利，社会保障以及公共卫生事业。”韩国等国家的宪法亦有类似规定。可见生存权已是多数国家一项较为普遍的权利，我国亦不例外，生存权的条款体现就是现行《宪法》第 45 条。为在宪法话语系统上与其他国家保持一致，应将该条理解为我国宪法规定的生存权。

（2）社会保障权。[③] 有学者认为，生存权是指相当生活水准权，包括食物权、衣着权、住房权等，而社会保障权则通常被视为是一种公民因年老、疾病或者丧失劳动力等情况而面临生活困难时要求国家或社会予以物质帮助的权利，因而生存权与社会保障权密切相关。《世界人权宣言》第 25 条是将相当生活水准权（即生存权）与社会保障权放在一起规定的，在规定人人享有相当生活水准权之后，接着规定：“在遭到失业、疾病、残废、守寡、衰老或其他不能控制的情况下丧失谋生能力时，有权享受保障。”显然，该学者认为社会保障权、生存权的内容有相似之处，因而将社会保障权作为生存权在我国的称谓，并未提及我国宪法规定的物质帮助权。

（3）物质帮助权。一些学者认为，应将第 45 条称为物质帮助权。其根据是，应充分尊重我国宪法文本，不应参照外国宪法命名我国公民宪法上的实定权利。从内容上看，我国宪法上的物质帮助权与外国宪法相比也有很大区别，它是以我国社会现实为基础规定的，体现了社会主义宪法理念，且有实定法上的依据，应直接以第 45 条为依据命名这一权利，即物质帮助权。在此需要提到另外一种说法：我国宪法上没有社会保障权，而近些年来社会保障立法实践的依据是 1982 年《宪法》第 45 条。“随着经济的发展、社会的变迁以及人权价值和理念的勃兴，我国宪法中的‘物质帮助权’条款具有现实的落后性，表现为：第一，从语义学的角度来看，‘社会保障’与‘物质帮助’不属于同一个范畴和层次。无论在内涵方面，还是在外延方面，‘社会保障’比‘物质帮助’丰富得多，而物质帮助涵盖面较为狭窄，不能完全适应公民基本权利的保障需要。第二，从法理层面上，‘社会保障’与‘物质帮助’反映了不同的权利关系和权利理念。‘物质帮助’没有正确地反映出国家与公民之间法

① 郑贤君、李样举：《作为宪法权利的物质帮助权辨析》，载《长白学刊》2009 年第 3 期。

② 在中文数据库，以生存权作为关键词进行搜索，很多学者在表述《宪法》第 45 条规定的内涵时用了生存权一词，如张吏全：《论〈人格权法〉与〈宪法〉的立法协调——从生存权的私法化谈起》，载《广西政法管理干部学院学报》2007 年第 6 期。

③ 上官丕亮：《究竟什么是生存权》，载《江苏警官学院学报》2006 年第 6 期。

权关系，公民与国家的权利义务也就难以正确界定；'社会保障'明确了国家与公民之间的权利义务关系，它表明国家的一种责任和义务。第三，'物质帮助'不符合国际潮流和趋势。国际人权公约使用的是'社会保障'，国外宪法大多使用'社会保障'。因此，应整合我国《宪法》第 14 条、第 45 条，改'物质帮助权'为'社会保障权'。"[①]

2. 主流观点

目前，无论生存权、社会保障权，还是物质帮助权，其称谓上的差异并未掩盖其内容上的趋同，以至于学者谢鹏程在界定社会保障权时指出："社会保障权是指公民在基本生活得不到满足时请求政府和有关社会组织予以保障的权利，亦称物质帮助权。"[②]但是毋庸置疑，这几个概念无疑都反映了国家对弱势群体的生存照顾义务，以及国民持有要求国家尽此义务的权利。这方面，日本大须贺明教授指出："生存权的目的在于，保障人能够过着像人那样的生活，以在社会实际生活中确保人的尊严；其主要保护帮助生活贫困者和社会的、经济上的弱者。"[③]日本在 1967 年的朝日诉讼一案和生计保护标准与生存权案件中，分别从司法实践对生存权给予肯定。[④]

鉴于此，目前学界普遍认为 1982 年《宪法》第 45 条规定的权利宜认定为物质帮助权，其与社会保障权不可完全等同，这其中以学者郑贤君和李样举撰写的《作为宪法权利的物质帮助权辨析》为代表，在这篇文章中，他们认为，物质帮助权应是国家对国民负有生存照顾义务，主要理由有如下几点：

(1)基于对我国宪法文本的尊重。我们生存在主权国家，一国宪法既是该国主权权威的最高体现，也是最高法，对本国宪法文本的尊重亦是对本国以宪法统领的法律秩序及权威的尊重。由于我国宪法实效的现状不尽如人意，导致人们在谈论相关的宪法权利时，出现抛开或无视本国宪法一味以他国宪法概念或术语进行分析的现象。各国宪法文本及词语选择是制宪者深思熟虑的结果，是基于本国社会现实、价值理念、哲学基础、宪法传统而作出的选择，尽管不同国家宪法措辞含义相近乃至相同，但其内涵却因国情相异而有重大差异，故而克服无视或抛弃本国既定宪法规范奢谈外国宪法概念这一根深蒂固之流弊，是树立和尊重我国宪法权威的首要之举，物质帮助权当在其列。

(2)法律实证主义传统的适度重建。生存权在我国是一种流行的政治话语，无论其内涵还是外延，既与我国宪法上的物质帮助权存有巨大差异，也与外国宪法上

---

① 李磊：《社会保障权的宪法保护问题研究》，载《河北法学》2009 年第 10 期。

② 谢鹏程：《公民的基本权利》，中国社会科学出版社 1999 年版，第 126 页。

③ [日]大须贺明：《生存权论》，林浩译，法律出版社 2001 年版，第 5～6 页。

④ 韩大元、莫纪宏：《外国宪法判例》，中国人民大学出版社 2005 年版，第 299、314 页。

的生存权有根本之不同。关于这一点，我国历年颁布的人权状况白皮书就是非常有力的佐证。[①] 如果以生存权冠称第45条，则与政治话语系统里的生存权一词难以分辨，妨碍人们从法律意义上认识作为宪法权利的物质帮助权的属性、特征、实现途径和手段。为了彰显其特有的宪法内涵而非政治品格，从学科意义上与政治学作进一步区分，还原宪法文本词语的权威性实属必要，"物质帮助权"应是该权利的恰当称谓。

(3)宪法规范内涵的差异。一方面，物质帮助权的权利主体是特定公民，而非社会全体。从语词上看，《宪法》第45条规定获得物质帮助的主体是特定的，即具备年老、疾病或者丧失劳动能力等特定条件的公民，而一些国家宪法生存权的主体是"每个人""一切国民"。如日本国《宪法》第25条规定："一切国民都享有维持最低限度的健康的和有文化的生活权利，国家必须在生活的一切方面努力提高和增进社会福利，社会保障以及公共卫生事业。"因此，我国宪法规定的物质帮助权的权利主体的范围小于一些国家的规定。另一方面，我国宪法对该权利的措辞是"物质帮助"，西方国家宪法的措辞则是"生存"。"物质帮助"和"生存"有明显差异，前者仅限于"物质"，国家发挥其积极能动作用所要帮助的仅是公民的"物质"生活，而非生活的一切方面，虽然对"物质"二字可以做扩张或者限缩解释；而后者则包括"生活的一切方面"。

(4)权利实现手段与程度不同。在多数西方国家，生存权的实现较多依靠国家构建完备而又卓有成效的社会保障制度，具体包括健全和完善的社会立法，行政机关制定详细的实施细则和条例，以及司法机关有效的司法保护。从我国法律现实来看，物质帮助权在上述几方面的展开与发达国家都有非常明显的距离，只有行政机关实施的个别社会救助措施，全面和完善的社会保障立法阙如，司法救济则更为遥远。

所以，结合我国1982年《宪法》第43条、第44条、第45条的规定，尤其是2004年《宪法修正案》第23条规定："国家建立健全同经济发展水平相适应的社会保障制度。"可以看出第45条物质帮助权、第43条的休息权以及第44条的建立退休制度的规定，这些可以说是单列出来的。由此判断，"我国宪法既明确规定了物质帮助权，也明确规定了社会保障权，而且二者的规范内涵有较为明显的差异，在我国宪法对二者均有明示规定的前提下，以社会保障权涵盖物质帮助权甚为不妥。"[②] 但是从我国宪法规定的情况来看，社会保障权范围相对较为广泛，而物质帮助权则是结合我国宪法规定的中国化处理。由于普遍认为：社会保障包括所得保障、医疗

---

① 《2004年中国人权事业的进展》，http://www.humanrights.cn/cn/rqlt/rqwj/rqbps/t20061011_16-0243.htm，下载日期：2014年6月10日。

② 郑贤君、李样举：《作为宪法权利的物质帮助权辨析》，载《长白学刊》2009年第3期。

保障、福利保障、教育保障，生育保险等，二者在内容上的确存在一部分重合，但是由于物质帮助权的实现条件比较严格，所以说物质帮助权并不能等同于社会保障权，亦不能从根本上涵盖社会保障权。

对前述论述，有学者也持赞同观点，认为物质帮助权与社会保障权不能等同，因为“从权利享有的主体看，享有物质帮助权的主体是‘年老、疾病或者丧失劳动能力’的人；而依据社会保障理论，年老、疾病、伤残、失业、生育、家人死亡、遭遇灾害、面临生活困难等情形下的人都有权享受社会保障。从权利的内容看，物质帮助权的内容仅限于物质上的保障；而社会保障制度的内容既包括物质保障，又包括社会服务。从权利的客体看，物质帮助权的客体仅限于物；而社会保障制度的客体既包括物，又包括行为。从帮扶的程度看，物质帮助权是‘帮助’，依《现代汉语词典》的解释：‘帮助是替人出力、出主意或给予物质上、精神上的支持。’从汉语的使用习惯分析，‘帮助’就如帮忙、帮工、帮手一样，是起次要作用的、辅助作用的人或者手段，主要的工作或责任还是要‘主人’承担。而社会保障制度是‘保障’。‘保障是保护(生命、财产、权利等)使不受侵犯和破坏’。从保障一词中找不到谁主谁次的含义。所以，帮助的帮扶程度是要低于保障的”[①]。

持有前述观点的还有学者迟景明和孙波，他们从另外一个角度对社会保障与物质帮助权的关系进行了解读，认为“把社会保障权直接表述为物质帮助权是很狭隘的，这样的表述在深入理解社会保障权概念的角度上，混淆了社会保障权与其相关相近权利的概念之间的差别，淡化了社会保障权在以宪法为核心的法律制度，即法权体系中作为一项基本人权和公民基本权利的独立地位。当然，社会保障权利的实现应以人的生存权的实现为前提和基础，社会保障法律制度也是以人的生存权利保障为基本理念，但这并不能作为把生存权或物质帮助权和社会保障权画上等号的理由”[②]。

(二)社会保障权的制度保障

“社会保障是与市场经济伴生的一项制度，它是市场经济国家为解决市场失灵、达成均富社会所采取的途径和做法。”[③]在对社会保障制度进行深入研究的过程中，对于责任主体及其承担方式的研究十分重要。有学者[④]认为把社会保障权看成是公民所拥有的基本权利，国家就有义务满足权利人的合法要求，保障权利人

---

① 肖巧平：《从物质帮助权到社会保障制度：新中国宪法“扶贫帮困”的历史轨迹》，载《中共党史研究》2010年第3期。

② 迟景明、孙波：《社会保障权的基本概念辨析》，载《大连海事大学学报(社会科学版)》2006年第2期。

③ 林嘉：《论法治国家目标与社会保障法制化》，载《中国人民大学学报》2002年第2期。

④ 郭曰君、吴新平：《以宪法为依据，保障公民的社会保障权——从宪法修正案第二十三条谈起》，载《辽宁大学学报》2004年第4期。

的社会保障权益的实现，社会保障机关无权对此进行自由裁量。有学者认为将作为公民基本权利的社会保障权直接规定在宪法中，可以为公民实现社会保障权提供宪法保障。把公民的社会保障权看成是一种宪法上的权利，从而对国家向公民提供社会保障体系，实现公民的社会保障权有着法律上的强制性意义。[①] 基于此，有学者指出："国家，也只有国家，有必要也有可能承担实现公民社会保障权的宪法责任。国家以征税的权力为基础，以大量的转移支付为手段，以积极的立法为保证，以社会保障权的积极义务的提供者、调节者和公断者的身份尊重、保护并实现全体公民普遍享有的这种社会保障的权利。"[②]

在立法方面，与前几部宪法相比，1982 年《宪法》中出现了更多关于社会保障的条款，这些条款也成了社会保障立法的具体依据。如第 21 条规定："国家发展医疗卫生事业，发展现代医药和我国传统医药，鼓励和支持农村集体经济组织、国家企业事业组织和街道组织举办各种医疗卫生设施，开展群众性的卫生活动，保护人民健康。国家发展体育事业，开展群众性的体育活动，增强人民体质。"第 33 条第 3 款规定："国家尊重和保障人权。"第 44 条规定："国家依照法律规定实行企业事业组织的职工和国家机关工作人员的退休制度。退休人员的生活受到国家和社会的保障。"第 45 条规定："中华人民共和国公民在年老、疾病或者丧失劳动能力的情况下，有从国家和社会获得物质帮助的权利。国家发展为公民享受这些权利所需要的社会保险、社会救济和医疗卫生事业。国家和社会保障残废军人的生活，抚恤烈士家属，优待军人家属。国家和社会帮助安排盲、聋、哑和其他有残疾的公民的劳动、生活和教育。"

随着经济的迅速发展，我国对 1982 年《宪法》进行了五次修改，尤其是 2004 年修宪，明确把"国家建立健全同经济发展水平相适应的社会保障制度"加以规定，作为我国《宪法》第 14 条第 4 款，这一款由于处于我国宪法中的总纲部分，按照学界对总纲内容的一般认识，这些条款被视为制宪者对立法者施加的具有一定拘束性的宪法委托较为合适，其"虽然不具有传统法规范的拘束力，并非一定通过法院诉讼来加以实现，但它可以为立法机关确立指导原则，明确立法方向"。[③] 所以说，这一条款对我国社会保障立法而言无疑具有"国家义务"的性质。

在司法方面，由于社会保障权的实现很大程度上受制于一个国家经济发展程度等诸多弹性的因素，所以社会保障立法在具体规定上并不是很明确，以至于国外

---

① 张姝：《对我国社会保障争议解决机制的理论反思——基于权利救济的考察》，载《当代法学》2009 年第 6 期。

② 薛小建：《论社会保障权》，载《比较法研究》2010 年第 5 期。

③ 郑贤君：《宪法方法论》，中国民主法制出版社 2008 年版，第 323 页。

一些学者把国家对社会保障所负的义务只是视为行为义务，而不是结果义务。[①] 这一观点在当时社会保障被视为福利的情况下有一定的市场，然而随着权利理念的普及，人们对社会保障权权利属性的认识愈发深刻，社会保障权具有可诉性逐渐成为学界的主流观点。

目前，在我国学界，多数学者认为社会保障权具有可诉性，有学者认为从目前实证法（国内法和国际法）角度来看，社会保障权的可诉性是有充分依据的，尤其是从国内法角度来看，“最能分辨出社会保障权可诉性问题的法规莫过于诉讼法了。基于社会保障权的宪法权利性质，因此最能找到答案者当属宪法诉讼和行政诉讼了。在没有宪法诉讼的中国，其主要判断依据就是《行政诉讼法》了。”我国2015年5月1日实施的新《行政诉讼法》第12条关于“受案范围”的规定，认为行政机关没有依法支付抚恤金、最低生活保障待遇或者社会保险待遇的，公民可以提起行政诉讼。这说明关于社会保障权的救济是可以提起行政诉讼的。在司法实践中，关于社会保障权方面的司法判决在各级法院并不少见，但每个领域分布并不均衡，有学者以《人民法院报》刊登的社会保障权方面的判决作为分析范例进行了统计，有关涉诉的社会保障权大致分布如下：社会保障权中的社会保险权，主要有工伤保险、养老保险和医疗与生育保险，工伤保险案例47个（占72.3%）、养老保险案例5个、医疗与生育保险案例极少；社会优抚权案例5个；社会救助权案例1个；社会福利权极少。[②]

对此，有学者基于实证的考察之后谨慎地得出结论：社会保障权的可诉性还存在诸多不足，从案例整体布局看。当前我国有关社会保障权可诉性案例的分布很不均匀。主要集中在工伤保险领域。其他领域，如社会保险权之医疗与生育保险领域、社会救助权领域、社会福利权领域，其可诉性案例可谓凤毛麟角。从案例适用依据看，规定社会保险权的规范位阶较低，如“决定”“通知”和部门规章，从现行行政诉讼体制来看（人民法院在审理行政案件时只能依据法律法规，并参照规章），这对社会保障权进行有效保障十分不利。从义务视角来看，社会保障权的重心乃在于国家具体给付义务的履行。但是总体上来看，目前的社会保障带有明显给付性质，在这种情况下，司法判决作出的过程就需要考虑经济发展等诸多弹性因素，在这种情况下，其可诉性就面临诸多障碍而大打折扣。[③]

由此可见，目前社会保障权作为一种宪法权利，其实现依靠国家积极能动作

---

① [挪]A.艾德等：《经济、社会和文化的权利》，黄列译，中国社会科学出版社2003年版，第32～61页。

② 龚向和、邓炜辉：《当代中国社会保障权之可诉性透视——基于〈人民法院案例选〉(1992—2010)的文本分析》，载《河北法学》2012年第3期。

③ 龚向和、邓炜辉：《当代中国社会保障权之可诉性透视——基于〈人民法院案例选〉(1992—2010)的文本分析》，载《河北法学》2012年第3期。

用，但这一过程中其要受制于许多现实因素。虽然以社会保障权为代表的社会权具有与传统自由权存在不同之处，但作为一种宪法权利，其获得司法救济亦是该权利的本质内涵。然而，“我国没有专门的社会保障争议处理机制，目前区分不同的社会保障争议，分别按照劳动争议和行政争议的方式处理。这种机制对社会保障权的救济是不完整的和有限的：从内容上看，只有劳动者的社会保险权和城市居民的最低生活保障权可以得到司法救济；从形式上看，只能按照劳动争议或行政争议处理，远远不能满足权利保障的要求”。[①] 所以就我国当下而言，扩大社会保障权的救济范围具有十分重要的理论价值和现实意义。

五、残障人权利保障

在我国社会保障权的发展进程中，残障人士的权利保障问题始终受到了密切的关注。1978 年《宪法》第 50 条第 2 款规定，国家关怀和保障革命残废军人、革命烈士家属的生活；1982 年《宪法》修改时，进一步增加了“国家和社会帮助安排盲、聋、哑和其他有残疾的公民的劳动、生活和教育”的内容，它们在实际上以宪法形式确认了保障残障人的宪法基础。2004 年通过的《宪法》第 24 条修正案将“国家尊重和保障人权”写进宪法上，它意味着“人权”从一般的政治原则转变为统一的法律概念和宪法原则，预示着国家价值观的深刻变化，对中国残障人制度的发展产生重要影响，提供了有力的宪法规范支持。

目前，以宪法为基础，根据立法先行、依法发展的原则，我国基本建立起一套广泛覆盖残疾人康复、教育、就业、无障碍设施、社会保障等方面的法律法规体系，并随着残疾人事业发展和依法治国进程而不断发展与完善。

（一）坚持立法先行

2012 年全国人大对《中华人民共和国残疾人保障法》立法进行了评估，认为，“以宪法为核心，以残疾人保障法为基础，以行政法规、地方性法规为配套，以国务院部门规章和地方政府规章为补充的保障残疾人权益法律规范体系基本形成”。

迄今为止，中国现行法律中涉及残疾人保障的法律法规共有 154 部，在民法、商法、行政法、经济法、社会法、刑法、诉讼法及非诉讼程序法中都涉及对残疾人权益保障的规定。

《中华人民共和国残疾人保障法》（以下简称《残疾人保障法》）是新中国第一部保护残疾人权益的专门法律。《残疾人保障法》于 1990 年颁布，并于 2008 年第一次修订。《残疾人保障法》系统地规定了残疾人在康复、教育、劳动就业、文化生活、福利、环境等方面所享有的权利。在《残疾人保障法》的指导下，中国先后出台了

① 张姝：《对我国社会保障争议解决机制的理论反思——基于权利救济的考察》，载《当代法学》2009 年第 6 期。

《残疾预防和残疾人康复条例》《残疾人教育条例》《残疾人就业条例》《无障碍环境建设条例》一系列有关残疾人权利保障的配套行政法规。

2016年，制定或修改关于残疾人的专门法规、规章，其中省级10件、地市级9件；制定或修改保障残疾人权益的规范性文件省级23件、地市级54件、县级208件。

(二)残障人权益保障体系

促进残障人事业发展，维护残疾人权益要认识到残疾人既是普通公民，又是特殊群体，法律针对残疾人权益容易遭受侵害的情况制定了适应于残疾人的特殊保护形式。

1. 康复权保障

《残疾人保障法》第二章第15条规定："国家保障残疾人享有康复服务的权利。各级人民政府和有关部门应当采取措施，为残疾人康复创造条件，建立和完善残疾人康复服务体系，并分阶段实施重点康复项目，帮助残疾人恢复或者补偿功能，增强其参与社会生活的能力。"为了预防残疾的发生、减轻残疾程度，帮助残疾人恢复或者补偿功能，促进残疾人平等、充分地参与社会生活，发展残疾预防和残疾人康复事业。

如2016年通过实施精准康复服务，279.9万残疾儿童及持证残疾人得到基本康复服务，其中，视力残疾人40.0万，听力残疾人18.5万，肢体残疾人135.7万，智力残疾人23.1万，精神残疾人62.6万。全年有15.0万0～6岁残疾儿童得到基本康复服务。2017年国家颁布实施了《残疾预防和残疾人康复条例》，弥补了中国残疾人康复专项法规方面的空白，为保障残疾人康复提供了法律支撑。

2. 受教育权保障

宪法规定了残疾人的教育权，具体体现在《宪法》第45条。在《残疾人保障法》《妇女权益保障法》《未成年人保护法》等对残疾人教育均有相关规定。《残疾人保障法》第三章对残疾人教育权规定主要内容包括：相关单位职责、依特性实施教育、发展方针、办学渠道、普通教育方式、特殊教育方式、成人教育、师资以及辅助手段九个方面。

在《残疾人保障法》的指导下，《残疾人教育条例》明确规定"国家保障残疾人享有平等接受教育的权利，禁止任何基于残疾的教育歧视"，并对残疾人教育的发展目标和理念、入学安排、教学规范、教师队伍建设以及保障和支持等方面进行了修改、完善。

国务院法制办修订了《残疾人教育条例》，继续实施《特殊教育提升计划(2014—2016年)》，实施《第二期特殊教育提升计划(2017—2020年)》，进一步提高了残疾人素质和平等参与社会的能力。

2016年全国共有特殊教育普通高中班(部)111个，在校生7686人，其中聋生

6129人、盲生1557人。残疾人中等职业学校(班)118个,在校生11209人。全国有9592名残疾人被普通高等院校录取,1941名残疾人进入高等特殊教育学院学习。

3. 就业权保障

宪法、法律、法规对残疾人就业权给予保障,主要有《劳动法》《残疾人保障法》《职业教育法》《就业促进法》等。《劳动法》第14条规定:“残疾人、少数民族人员、退出现役的军人的就业,法律、法规有特别规定的,从其规定。”《职业教育法》第15条规定了残疾人接受职业教育的权利。《就业促进法》明确规定,国家保障残疾人的劳动就业权,各级人民政府应当对残障人就业统筹规划,为他们创造就业条件,用人单位招用人员不得歧视残疾人。

修订后的《残疾人保障法》进一步规定:禁止基于残疾的歧视。国家保障残疾人劳动的权利。残疾人劳动就业,实行集中与分散相结合的方针,除了在福利企业集中就业以外,还首次在法律中明确规定国家实行按比例安排残疾人就业的制度,并采取优惠政策和扶持保护措施,使残疾人劳动就业逐步普及、稳定、合理。

2016年,全国持证残疾人新增就业31.2万人,城乡实名培训60.5万人。城乡持证残疾人就业人数为896.1万人,其中按比例就业66.9万人,集中就业29.3万人,个体就业63.9万人等。

2016年度培训盲人保健按摩人员18997名、盲人医疗按摩人员5267名;保健按摩机构达到18605个,医疗按摩机构达到1211个。

4. 合理便利权

《残疾人保障法》专章对无障碍建设作了规定。1996年国家颁布的《老年人权益保障法》中规定:“新建或者改造城镇公共设施、居民区和住宅,应当考虑老年人的特殊需要,建设适合老年人生活和活动的配套设施。”这些规定,保障了中国众多的残障人、老年人以“平等”“参与”“共享”为宗旨,享有与其他公民平等的权利,并保护其不受侵害。2012年国家出台了《无障碍环境建设条例》,内容涉及无障碍设施建设、无障碍信息交流和无障碍社区服务3部分,明确了“创造无障碍环境,保障残疾人等社会成员平等参与社会生活”的立法目的,确立了“无障碍环境建设应当与经济和社会发展水平相适应,遵循实用、易行、广泛受益的原则”。

2016年全国共出台了451个省、地市、县级无障碍建设与管理法规、规章和规范性文件;1623个市、县、区系统开展无障碍建设,为93万户残疾人家庭实施了无障碍改造。

5. 社会保障权

《残疾人保障法》第六章第46条规定:“国家保障残疾人享有各项社会保障的权利。政府和社会采取措施,完善对残疾人的社会保障,保障和改善残疾人的生活。”第六章集中规定了残疾人依法加入社会保险,享受社会救助,以及其他帮扶措施，体现了残疾人社会保障的一般需要。

残障人社会保险是残疾人社会保障体系的核心和基本组成部分，主要是在残疾人患病、年老、失业、工伤、生育等特殊情况下保障基本生活需要。落实城镇贫困残疾人个体参加基本养老保险补贴政策，鼓励并组织个体就业残疾人参加社会保险。已开展试点的地区帮助农村残疾人参加农村社会养老保险。残疾人及其所在单位应当按照国家有关规定参加社会保险。

在残疾人社会救助制度方面，《残疾人保障法》第48条规定："各级人民政府对生活确有困难的残疾人，通过多种渠道给予生活、教育、住房和其他社会救助。"同时，第49条规定："地方各级人民政府对无劳动能力、无扶养人或者扶养人不具有扶养能力、无生活来源的残疾人，按照规定予以供养。"

截至2016年年底，城乡残疾居民参加城乡社会养老保险人数达到2370.6万，参保率79.0%。有269.4万非重度残疾人享受了全额或部分代缴养老保险费的优惠政策。

第二节　基本权利发展图景

一、基本权利的数量会增加

（一）宪法文本的发展趋势

中华人民共和国成立以来的1954年《宪法》、1975年《宪法》、1978年《宪法》和1982年《宪法》，基本权利数量在不断增加。1954年《宪法》的集中权利条款为第85条至第99条，共15个条文，依次涉及选举权和被选举权，言论、出版、集会、结社、游行、示威，宗教信仰，人身自由，住宅不受侵犯，通信秘密，居住和迁徙自由，劳动权，休息权，物质帮助权，受教育权，文化活动权，妇女平等权，婚姻、家庭、母亲和儿童的权利，控告权，取得赔偿权，华侨的权利，外国人居留权[①]等22项基本权利；1975年《宪法》的集中权利条款为第26条至第29条，共4个条文，其中还包括义务条款，实际上并不是严格的集中权利条款，依次涉及拥护党的领导，选举权和被选举权，劳动权，受教育权，休息权，控告权，妇女平等权，婚姻、家庭、母亲和儿童的权利，国外华侨的权利，言论，通信，出版，集会，结社，游行，示威，罢工权，宗教信仰自由，人身自由，住宅不受侵犯，外国人居留权等21项基本权利；1978年《宪法》的集中权利条款为第44条至第55条，共12个条文，涉及选举权和被选举权，言论，通

① 其实，从严格意义上说，外国人居留权不适合规定在中国公民资格前提下的"公民基本权利和义务"一章中。

信，出版，集会，结社，游行，示威，罢工自由，“大鸣、大放、大辩论、大字报”的权利，宗教信仰自由，人身自由，住宅不受侵犯，劳动权，休息权，物质帮助权，受教育权，文化活动权，妇女平等权，控告权，婚姻、家庭、母亲和儿童的权利，华侨和侨眷的权利，控告权，申诉权等 24 项基本权利；1982 年《宪法》的集中权利条款为第 33 条至第 50 条，共 18 个条文，涉及财产权[①]，平等权，选举权和被选举权，言论、出版、集会、结社、游行、示威自由，宗教信仰自由，人身自由，人格尊严，住宅不受侵犯，通信自由和通信秘密，批评，建议，申诉，控告，检举权，取得赔偿权，劳动权，休息权，退休人员生活保障权，物质帮助权，受教育权，文化活动权，妇女平等权，婚姻、家庭、母亲和儿童的权利，华侨的权利、归侨和侨眷的权利等 29 项权利。相比前几部宪法，1982 年《宪法》除了在集中权利条款的数量以及权利本身的内容的数量上呈现增长趋势，而且其权利的内容本身更加合理，比如平等权和人格尊严作为现代社会中最主要的宪法权利的规定；除此以外，还需要注意 1982 年《宪法》文本自身的权利仍然处于不断增长的状态，比如 2004 年财产权的修改以及人权入宪。

（二）经济社会的持续健康发展

从根本上讲，所有的权利不过是处在一定社会发展水平之下的人们对自己所期望满足的生存条件的法律确认，权利的内容与所能达到的程度除了受到人们对自己生存条件认识水平的影响外，更要直接地受到一定社会阶段所能达到的发展水平的制约。正因为这样，马克思才说：“权利永远不能超出社会的经济结构以及由此经济结构所制约的社会的文化发展。”[②]从这个意义上讲，宪法权利内容的发展变化实际上体现着人类社会在经济、政治、文化上所达到的发展水平。[③] 经济社会的持续发展，会推动内在权利诉求的不断生成。比如随着人们生活水平的提高，人们对于文化生活以及文化权利的需求会日益强烈；再比如环境权更大程度上也是人们在解决基本的穿衣吃饭等温饱问题后，为了享受更好质量的生活而提出来的权利。经济社会的发展，也会推动政治民主化的进程，市场规则要求政治运行的公开、公平与透明，这也可以在侧面推动权利的发展。

我国自 1978 年以来，经济持续高速发展，经济社会事业取得了长足进步。在可持续发展理论的基础上，继续处理好经济社会发展中的各种关系，我国的经济社会事业应该还可以持续健康发展，这为 1982 年《宪法》规定的基本权利发展提供了现实的社会基础。

（三）公民权利意识的增强

权利意识会影响和支配公民权利行使的行为。因而，公民权利意识的增长也

---

① 尽管财产权没有规定在第 33 条至第 50 条中，但是其基本权利的地位是不容置疑的。

② 马克思、恩格斯：《马克思恩格斯选集》第 3 卷，人民出版社 1995 年版，第 12 页。

③ 王广辉、翟国强：《社会权初论》，载《河南省政法管理干部学院学报》2008 年第 3 期。

会推动权利的发展及实现。在我国现行《宪法》颁布25周年之际，有学者曾经组织做过社会调查，其中一个题目为关于“人权条款”的看法，其中69%的人选择了积极意义的答案。在2004年的《宪法修正案》中，最鼓舞人心的莫过于人权条款的入宪。人权条款入宪对于中国宪法发展的价值定位，对于中国法治建设的价值取向都将有着深远而不可估量的积极影响。在国家确立了人权保障的基本价值观之后，各个国家机关在行使职权过程中必须以人权保障为终极目的与价值旨归，国家机关对人权的重视必然会影响和改善公民的人权状况。调查结果显示，69%的公民知道我国宪法中增加了人权条款，不知道和不关心的仅占到21%，可见，民众对国家保障人权的这种积极姿态还是普遍予以关注的。宪法中基本权利的规定，归根到底还是为了尊重和保障人权，维护人的尊严。因此，对于国家和政府来说，尊重和保障人权是其最根本的职责。尽管经济发展、环境保护、人口政策等都是政府的职能，但是，政府的所有职能背后都具有一个潜藏着的价值依据，那就是政府的所有职能最终都是为了保障人权，都是为了人的尊严。人权，从性质上来说，是一种对抗国家的道德权利，是从应然角度对国家和政府保护人权方面提出的要求，所以，人权条款的入宪，实质上是政府人权保护义务的宪法化。69%的公民关注宪法中的人权条款，也反映了公民对于政府的人权保障义务的期待。政府对人权的保护义务不仅体现在具体权利的保护上，而且更重要的是表现为一种人权价值观上，政府要以人权保护为根本宗旨，弘扬人权精神、形成人权文化，最终使得人权作为一种价值观深入政府和社会的方方面面。在现实中，之所以各种矿难和安全生产事故屡屡发生，除了安全生产制度落实不力之外，更主要的一个原因是没有形成一种人权文化，没有从人权层面看待工人和劳动者的生命权问题。如果我们从工人和劳动者的生命权角度或者从人权价值观角度来重新认识安全生产问题，那么我们就会发现，安全生产问题是关系人之生命权的根本问题，必须将其放在生产的首要环节来加以考虑。所以，能否在全社会中形成人权文化、人权价值观，是衡量人权保障是否落实的重要参考因素。在今后的法治建设中，如何贯彻宪法中的人权精神、人权文化和人权价值观，如何将宪法中的人权条款转化为具有约束力的宪法规范进而成为显示权利保护的法律依据，就成为法学界需要进一步予以关注的问题。① 公民对人权条款的关注，显示了近年来公民权利意识的增强，这会使得公民习惯在日常生活中以权利要求来规制行为，从而推动权利的实现及新权利的出现。

(四)人权教育的实施②

人权教育及其实施，对公民基本权利的发展起到了“润物细无声”的效用。所

① 韩大元、秦强：《社会转型中公民的宪法意识及其变迁——纪念现行宪法颁布25周年》，载《河南政法管理干部学院学报》2008年第1期。

② 在此感谢周尚君、温泽彬二位同事提供的资料帮助。

谓人权教育，是指国家通过各种教育形式，传播人权理念，促使社会成员意识到个人尊严与尊重他人的重要性，加强种族、族群、宗教、语言群体之间的了解、包容与发展。《联合国人权教育十年行动计划》将人权教育定义为："努力开展培训、传播和信息，目的是通过传授知识及技能和塑造态度，建立普遍的人权文化，以便：(1)加强对人权和基本自由的尊重；(2)充分发展人的人格和人的尊严感；(3)促进所有民族、土著人民，以及种族、民族、宗教和语言群体间的了解、容忍、男女平等和友谊；(4)使人人都能在自由社会中有效参与；(5)推动联合国维护和平的活动。"《联合国人权教育十年行动计划》还提出了推进人权教育的战略，包括：评估需求和制定有效策略；建立和加强国际、区域、国家和地方各级的方案与能力；协调教育材料的编制；加强大众传媒的作用；以及在全球传播《世界人权宣言》。[①] 接受人权教育本身就是人权的基本内容。许多国际公约都明确指出，人人都有接受人权教育的权利。人权教育是一项系统工程，需要各方面共同努力才能实现全社会普及人权知识的历史使命。下面从主体、对象、形式和内容四个方面对人权教育进行解释。

20 世纪 90 年代以来，中国政府积极响应联合国的倡议，在国内推进人权教育。历经 20 多年的探索，中国人权教育取得了不菲的成绩，体现了中国政府在人权发展进程中的努力与决心。综观中国人权教育实践，其主要特征可概括为以下三点：

1. 中国社会主义人权理论体系形成

1991 年 11 月 1 日，国务院新闻办公室发表《中国的人权状况》白皮书，这是我国政府发布的第一份人权白皮书，也是我国第一个关于人权问题的官方文件。以 1991 年《中国的人权状况》白皮书为标志，中国社会主义人权理论体系初步建立并逐渐发展。白皮书从中国历史和国情出发，以历史对比为主线，摆事实、讲道理，围绕生存权和发展权是首要人权的观点展开，向世界系统阐述了我国在人权问题上的基本立场和政策，阐述了我国政府和人民为促进人权所做的巨大努力和取得的历史性成就。历经 20 多年的理论研究与探索，迄今为止，我国政府已经发布了十余部相关报告，已形成一整套有中国特色的社会主义人权理论体系，为我国人权教育提供了理论基础。

2. 非政府机构及研究组织发挥重要影响

在官方保障机构之外，一些专门从事人权教育研究与知识普及的非政府机构及组织在中国人权教育与知识普及中发挥着非常重要的作用。其中中国人权研究会和中国人权发展基金会有较大影响。1993 年 3 月，中国人权研究会正式成立，该组织是由北京 9 所高等院校、7 个研究所和中华全国总工会、中华全国妇女联合

① 联合国：《人权教学入门》，http://www.un.org/chinese/hr/abc/，下载日期：2012 年 8 月 9 日。

会等群众团体中研究和关心人权问题的专家、学者发起的全国性民间学术团体，该中心以人权理论和实践研究为基础，在促进中国和世界人权事业的健康发展中起到重要作用，在人权教育方面具有重要影响力。

3. 形成以研究、宣传与教育为一体的人权教育体系

国务院新闻办公室发布的人权官方文件包括：1991年11月1日《中国的人权状况》白皮书；1992年8月10日国务院新闻办公室发布的《中国改造罪犯的状况》白皮书，它通过大量事实，系统地介绍了中国对罪犯从关押到刑满释放整个过程中对罪犯应有权利的具体法律规定，阐述了中国对罪犯改造的基本原则和基本实践，让世界公众更好地了解中国罪犯的人权状况；1994年6月2日《中国妇女的状况》白皮书，全面、系统地阐述了新中国所获得的历史性解放和所享有的男女平等的地位和权利，阐明了我国对保障妇女人权的贡献与成就；1995年8月23日《中国的计划生育》白皮书，介绍了中国计划生育政策的来由、实施与效果，向国际社会表明，中国的计划生育是符合国情的战略决策，是中国保障人权的正确选择；1995年12月27日《中国人权事业的进展》白皮书，全面阐述了1991年至1995年我国人权状况的重大进展和良好发展态势；1996年4月3日《中国的儿童状况》白皮书，全面介绍了中国保护儿童生存和发展的状况；1997年4月30日《1996年中国人权事业的进展》白皮书，着重介绍了我国1996年在人权方面所取得的新的进展，向国际社会展示了中国人权不断发展的基本事实；1999年4月14日《1998年中国人权事业的进展》；2000年2月17日《中国人权发展五十年》白皮书，对中国50年人权发展状况进行了全面的回顾和展望；《2014年中国人权事业的进展》等等。

中国人权研究会成立以来，积极组织开展人权理论研究与宣传普及工作，于1998年设立了"中国人权网"，包括中英文两个版本；于2002年2月创办了《人权》杂志（双月刊，中、英文两个版本）；定期出版研究报告《中国人权在行动》；不定期编纂出版《中国人权年鉴》；组织出版了《世界人权约法总览》《世界人权约法总览续编》《新世纪中国人权》《"人权入宪"与人权法制保障》《〈世界人权宣言〉与中国人权》《东方文化与人权发展》《人权与和谐世界》《中国监狱人权保障》《论人权与主权》等；组织翻译出版了大量国外人权著作，其中包括《人权百科全书》《世界人权宣言——努力实现的共同标准》《经济、社会和文化权利教程》等著作。

中国人权研究会积极开展人权知识普及和教育工作，努力提高全社会的人权意识。曾与中央人民广播电台联合主办"话说人权"系列讲座；在《人民日报》开设"人权知识百题问答"专栏；在《人民日报》（海外版）开辟"中国人权面面观"专栏，编写出版《人权知识百题问答》《人权基本文献要览》《人权知识干部读本》等普及教材；开设人权专题研讨班，对各级政府官员、监狱执法人员进行人权培训。

综观中国人权教育实践，在短短20多年取得了突破性进展，主要表现为：一是人权教育与中国人权问题紧密结合。既不回避中国人权问题，也不奉西方人权理

论为绝对真理，紧密结合中国国情，积极稳妥地推进中国人权发展及人权教育；二是探索一条符合中国国情的人权教育途径。国家结合普法活动，积极依托现有的义务教育、中等教育、高等教育、职业教育体系和国家机关内的培训机构以及广播、电视、报刊、网络等多种媒体，有计划地开展形式多样的人权教育，普及和传播法律知识和人权知识，并对公职人员、中小学生、大学生的人权培训和教育，分别提出了不同的具体要求；三是深入广泛开展人权对话与交流。一些西方国家对中国人权现状持有偏见，但对抗无助于问题解决，中国政府与民间组织一直积极在国内外开展人权文化研究与交流，先后举办多次大型多边国际人权研讨会，派员参加联合国及其他国际领域的人权会议和活动，组团出访美国、英国、法国、德国、奥地利、比利时、荷兰、瑞士、意大利、西班牙、澳大利亚、新西兰、摩洛哥、埃及等国家进行人权沟通与对话，为中国人权发展与人权教育起到了很大的促进作用。

二、社会权的比重会增加

权利并非抽象的存在，而是植根于社会发展的现实之中。从世界各国宪法权利发展的历史看，自由权利经历了由仅仅强调自由权到自由权和社会权并重的格局。在西方资本主义发展的早期，以经济上的自由竞争为基础的基本社会发展主线，产生了夜警国家、消极守夜人的国家理念，这种基本理念对法律及权利上的要求就是，法律对于国民的自由不强制、不限制、不妨碍就是最大的保护。[①] 因而，强调公民的自由权利高于一切。这种权利思想反映在近代宪法的文本中，其人权体系之中并没有社会权，而主要是以自由权为核心的权利体系。如英国宪法历史上的文件《自由大宪章》《权利法案》等都是关于公民自由权的规定。1787 年的美国宪法中充满着对国家权力的限制条款，也是自由权本位的表现，至于后来的十条修正案，也主要是关于自由权的规定，这些条款有效地防止了国家权力的越界，保证了公民的自由权。

但是自由竞争的基本法则也带来了新的问题，比如垄断的出现以及两极分化的形成。诸如贫富悬殊、经济危机、通货膨胀、工人失业、环境污染等问题困扰着人们，人们逐渐认识到："凡是不能给数以百万计的人们以基本的安全的任何制度，都不能配称为拥护个人自由和发展的有组织的制度。"[②]于是针对上述靠经济体系本身无法修复的问题，需要国家通过积极的财政手段对社会生活尤其是经济生活进行干预，以此来保障国民普遍过上最低限度的生活，使国民能够实现广泛的自由和平等。由于当时抽象的自由权体系已经不能保证国民在社会生活中的应有尊严，作为对此的一种补充，旨在保障国民实现个人生活的社会权利就进入了各国的宪

---

① [英]亚当·斯密：《国富论》(上卷)，郭大力、王亚南译，商务印书馆 1979 年版，第 315 页。

② [美]约翰·杜威：《人的问题》，傅统先等译，上海人民出版社 1965 年版，第 106 页。

法文本中。

我国1982年《宪法》文本中的社会权条款主要包括第42条至第50条，包括劳动权，休息权，退休人员的生活保障权，物质帮助权，受教育权，文化活动权，妇女平等权，婚姻、家庭、母亲和儿童的权利，华侨、归侨和侨眷的权利。其中，强调妇女的平等权，主要是基于我国一直以来男尊女卑的社会传统以及男强女弱的社会现状，对妇女权益配置的一种纠偏性保障；婚姻、家庭、母亲和儿童的权利，其着眼点也是通过对社会构成细胞之家庭的保障而追求社会的稳定、平衡与发展。

通过对权利发展趋势以及国内外宪法文本的考察，笔者认为我国1982年《宪法》文本中的社会权比重应该还会继续提高。其一，1982年《宪法》的社会主义性质。社会主义的理念本身就是在纠正资本主义发展所存在的社会问题中产生的，换句话说，宪法的社会主义性质会寻求在自由权和社会权的平衡中，在充分肯定自由权价值的前提下，适度侧重社会权。其二，我国所处的社会转型期的特殊要求。我国目前所处的社会转型期具有急剧性、多重性、复杂性等特点，多种价值观冲突、社会财富分配不均、自然环境承载力下降等是最为突出的问题，这些问题使得社会权的价值空间更为凸显。其三，我国经济社会持续发展所产生的社会权诉求。随着国家经济社会事业的持续发展，以及公民生活水平的不断提高，享受和发展生活、社会安宁和谐、自然环境优美等社会权诉求会日益强烈并催生新的社会权利出现。

三、基本权利体系的科学化

当代中国宪法学的基本权利体系形成于20世纪50年代，并随着社会的变迁不断变化。如20世纪50年代出版的代表性的宪法学著作对基本权利的分类是：平等权；选举权与被选举权；言论、出版、集会、结社、游行、示威的自由；宗教信仰自由；人身自由和住宅的不受侵犯、通信秘密受法律的保护、居住和迁徙的自由；劳动的权利；劳动者的休息权利；劳动者的获得物质帮助的权利；接受教育的权利；进行科学研究、文学艺术创作和其他文化活动的自由；妇女的平等权利；对于任何违法失职的国家机关工作人员的控告权利。[①] 我国1982年《宪法》是对1954年《宪法》的传承与发展，从宪法文本中看，依次规定了财产权，平等权，选举权和被选举权，言论，出版，集会，结社，游行，示威自由，宗教信仰自由，人身自由，人格尊严，住宅不受侵犯，通信自由和通信秘密，批评，建议，申诉，控告，检举权，取得赔偿权，劳动权，休息权，退休人员生活保障权，物质帮助权，受教育权，文化活动权，妇女平等权，婚姻、家庭、母亲和儿童的权利，华侨的权利、归侨和侨眷的权利等29项权利。

---

① 李达：《中华人民共和国宪法讲话》，湖北人民出版社1954年版，第9页。

当然，基本权利体系并非为各种宪法权利的简单列举和分类组合，[①]而是指各项基本权利按照一定的逻辑顺序排列，具有内在权利间关系性，注重权利的整体性与社会的联系性的权利体系。我国1982年《宪法》所确立的中国基本权利体系包括了自由权、社会权与请求权的基本内容，既继承传统宪法学上的基本权利内容，同时也体现了当代基本权利内容的多样性。可以说，中国宪法规定的基本权利范围大体上反映了当今世界权利发展的普遍性要求，其内容的概括具有一定的特色。基于宪法权利体系的开放性与发展性，在我国1982年《宪法》文本中，新权利的证成，与既有权利的逻辑关系与顺序，以及基本权利新的内涵的解释与发展等是需要理论上解决的问题。

(一)基本权利理论研究的增强

虽然我国1982年《宪法》的制定对于公民基本权利的研究起到了极大的推动作用，但是真正对基本权利理论的系统化研究开始于20世纪90年代，其学术起点是基本权利概念与特别行政区居民基本权利的分析，而体系化的研究则始于2000年以后。2000年后基本权利研究出现了专题化与理论化的趋势。除了数量众多的论文，就学术专著而言，其中较有影响性的包括郑贤君教授的《基本权利原理》(法律出版社2010年版)、张翔教授的《基本权利的规范建构》(高等教育出版社2008年版)等书。随着国外宪法学理论的大量借鉴与吸收，美国、德国、日本等国家的基本权利理论与相关的判例影响了我国宪法学界。2001年最高人民法院作出“齐玉苓案”的司法解释后，基本权利效力、宪法与私法、受教育权的宪法救济、宪法与司法的关系等问题引发了学术争议。

基本权利研究的理论推动。近些年来，在宪法学的研究中，基本权利一直是备受关注的领域。以2009—2016年在中国法学创新网所认定的16家核心杂志[②]上所发表的宪法学文章为例，可以看出以基本权利为题的文章占该年《宪法》学论文总篇数的比例基本上维持在25%～30%(如表5-1)。当然，2013—2016年的比例偏低，这可以理解为，随着党的十八届三中全会和四中全会的召开，呈现出了深化改革与宪法治理之间的逻辑径路。具体来说，国家治理现代化作为深化改革的目标，实现治理现代化的必由之路是全面推进依法治国，而坚持依法治国首先要坚持依宪治国。在此背景下，宪法学理论及制度建设被赋予新的时代使命和要求，因此宪法学的研究视野扩大而且出现向宏大的制度建设提供宪法依据的研究路径，从而具体的基本权利研究的题目相对偏少了，但是基本权利的研究始终是宪法学研

---

① 刘茂林、秦小建:《论宪法权利体系理论的完善》，载《法商研究》2012年第3期。

② 16家核心杂志分别指《中国社会科学》《中国法学》《法学研究》《中外法学》《法商研究》《法学家》《法学》《清华法学》《现代法学》《政法论坛》《法制与社会发展》《法律科学》《法学评论》《政治与法律》《比较法学研究》《环球法律评论》。

究中的重要领域。从权利理论与实践的互动关系上看，基本权利的研究为基本权利的制度实践提供理论准备和支撑。

表 5-1 以基本权利为题的宪法学论文篇数(2009—2016)

年份	2009	2010	2011	2012	2013	2014	2015	2016
宪法学论文总篇数	111	76	96	115	67	126	120	103
以基本权利为题的篇数	29	27	27	30	12	19	29	20

有学者曾指出当下我国宪法基本权利体系理论化研究的课题①有以下几个方面：(1)在基本权利理念上，合理地协调自由权与社会权价值，既重视自由权的现代价值，同时也要大力发展社会权，并在两者的价值链条中发展新类型的权利；(2)在基本权利体系上，需要根据中国社会发展的实际条件与需求，增加国际社会普遍承认的权利内容，使宪法保障的基本权利与国际社会普遍公认的普遍价值观保持协调；(3)在基本权利与"人权公约"关系上，采取逐步接轨的发展步骤，进一步落实"国家尊重和保障人权"的国家基本价值观，尽可能缩小与"人权公约"之间的差距，以适应经济全球化发展的需要；(4)在基本权利立法上，需要借鉴世界各国公民基本权利立宪的经验，特别是发展中国家基本权利发展的经验，建立具有多样性与开放性的基本权利体系；(5)在基本权利保障上，根据中国社会转型的特点与政治理念，需要对宪法作为"根本法"的价值理念进行反思，从单纯的立法保障转向立法、司法与宪法诉讼相互平衡的基本权利保障体系；(6)在基本权利运行机制上，积极发挥宪法解释功能，更多地通过宪法解释的方式解决基本权利发展中遇到的现实问题。比如，根据实际需求与可行的条件，逐步增加基本权利类型，对宪法文本中能够推导的新的权利形态，尽可能采用宪法解释方式来解决，避免因盲目扩大基本权利范围而导致的"基本权利体系膨胀"的现象；(7)在基本权利救济模式上，建立和完善基本权利可诉性的诉讼制度，为基本权利的实现提供更为广泛而有效的救济机制。

(二)宪法学的专业化

从宪法的产生上看，政治条件即政权的更迭是其中非常重要的一个条件。人们在描述宪法的特点时也时常谈到宪法集中反映政治力量对比的关系。基于宪法

① 韩大元：《中国宪法学上的基本权利体系》，载《江汉大学学报(社会科学版)》2008年第1期。

的特点，在学科分类上，宪法学既被视为是法学的分支学科，也被视为是政治学的分支学科。当然，作为法学分支学科的宪法学和作为政治学分支学科的宪法学，其研究视角、研究方法和研究范畴均是有所不同的。作为法学分支学科的宪法学，须强调其法学知识的专业性。就我国而言，在宪法学的学术性与政治性关系上，20世纪90年代以后，学术界出现了回归“学术自我”的倾向，在一定程度上克服了宪法学的“政治属性”，保持宪法学适度的中立性与自主性。从学科的性质看，宪法学与政治的关系的确十分密切，无论从国家与公民关系的调整，还是国家治理规则的确定以及国家权力的运作，政治因素对宪法学知识体系的影响是不能忽视的，在价值形态上宪法学知识体系不可能完全“中立”，更不可能排斥价值。但如何把宪法学的价值问题学术化，如何建立宪法学自身的话语体系是值得认真思考的问题。应当承认，宪法学具有自身的学术逻辑与自主体系，应该反映现实生活，但不能以现实需求作为维持学术品格的唯一条件，更不能以政治压倒学术，代替学术，否则宪法学将会成为没有学术品格的政治工具，无法发挥其学术的社会价值。我们为什么需要宪法学？宪法学到底给我们的生活带来了什么？30多年的经验表明，保持学术品格是宪法学发展与成熟的重要条件，政治理性应转化为学术理性，要自觉地尊重宪法文本与学术理性，这对中国宪法发展是至关重要的。[①]

宪法学的学科专业意识的建立以及宪法学的日趋专业化，使得宪法学者发挥法学场域内的知识与智慧从而研究并推动包括宪法基本权利在内的课题深化及科学化成为一种可能。学术自治与相对独立是不证自明的学术共识。研究领域的相对独立与自治是宪法学的立身之本，也是宪法学者执着坚持的基本原则，否则宪法学者的存在亦失去意义。有些国家的宪法明文规定保障大学自治、教学自治等学术自由。例如德国《基本法》第5条规定：“艺术与科学、研究与讲学均属自由，讲学自由不得免除对宪法之忠诚。”日本国《宪法》第23条规定：“保障学术自由。”意大利《宪法》第33条规定：“艺术与科学自由，其讲授也自由。”针对宪法学最易受到政治左右的情形，有学者提出当下中国知识分子要完成自己的历史使命，既要从西方知识霸权中解放出来，也必须从当下政治权力的支配中解放出来，即“将学术的还给学术，将政治的还给政治”。宪法学者一旦成为墙头草、政治的附庸，那么宪法学终将不堪重负。因此，学术独立与自治有赖于学者们共同的长期的努力和坚守，共同营造良好的独立的学术共同体来完成。[②]

---

① 韩大元：《中国宪法学的学术使命与功能的演变——中国宪法学30年发展的反思》，载《北方法学》2009年第2期。

② 胡弘弘：《论宪法学者当下的使命》，载《法商研究》2007年第3期。

四、完善基本权利的保障体制

(一)权利本身的救济属性

法谚有云:“无救济即无权利”,救济既是权利的实现途径,亦是权利的本身属性。按照《牛津法律大辞典》的解释,“救济是纠正、矫正或改正已发生或业已造成伤害、危害、损失或损害的不当行为”[①]。如果在权利被侵害后,再启动救济手段,则权利的侵害事实已经造成,甚至有些是无法挽回的,因此,权利的救济,不能仅仅理解为事后的补救,而是事后的补救和事前的预防相结合,而且预防更重要。

虽然按照启蒙思想中社会契约理论的一般理解,国家权力来自于公民权利。国家权力即指国家的立法权、行政权、司法权等公共权力,是由公民权利派生和转化而来的,国家权力的基础、来源和运行目的都是公民权利。在现代社会,国家权力的享有、配置和运行都由宪法所明确规定,即都必须受到法律的规范和制约,特别是需要公民权利来制约国家权力。但是国家权力具有相对独立性和天生扩张性,而且能够与国家权力形成对抗的是人们的整体意志,即“公意”,而公民个体权利相对于国家以及国家权力处于弱势地位,因此,从公民权利与国家权力的现实运作关系中看,权利的可救济性对于公民而言显得尤其重要。

近些年来,我国不遗余力地通过全面深化改革对现有制度进行改进,从而为实现基本权利的救济和保障提供客观的秩序保障。比如,十八大以来,我国不断自上而下地推进反腐力度,并正逐步试点设立国家监察委员会来承担反腐重任以保证公权力运行的廉洁性。另外,由一系列个案推动的制度变革正逐步改善我国对基本权利的保障水平和力度。例如劳教制度的废除、新《行政诉讼法》的颁布、诸多“冤假错案”的纠正以及司法中心主义的司法体制的改革,无不旨在改善立法的同时促进司法独立的提升,从而在“正义的最后一道屏障”上实现对公民基本权益的最终救济。

(二)强化宪法功能

宪法的功能是指由宪法的本质要素和有机结构所决定的内在的、固有的效能。就宪法功能的实质分类而言可以归纳为三大方面,即赋权(力)、限权(力)和保权(利)。其一,赋权功能。宪法的内容虽然非常广泛,但实质内容有两种,即规范国家权力和保障公民权利。其中规范国家权力包括赋予其权力和限制其权力。赋权是限权的前提条件,限权是赋权的必然要求和结果。宪法的赋权功能主要在于使各级各类国家机关能依法享有和配置其职权和职责,以便于合法地行使和运行。其二,限权功能。宪法的限权功能即限制和约束国家权力以使其合法地行使和运

---

① 《牛津法律大辞典》,光明日报出版社1988年版,第764页。

行。宪法以条文明确规定各级各类国家机关享有哪些职权也就是只能享有哪些职权,而不能越权和渎职,即同时又明确了其权限。限制和约束国家权力,即制约国家权力,是宪法的一项基本功能,是以法制权的最重要形式,只有这样,才能防止强势的国家权力对弱势的公民权利的侵犯。所以宪政的基本精神就是有限政府,保障民权。其三,保权功能。近代宪法就是为保障公民权利而产生的,资产阶级大革命就是在启蒙思想的指导下,为天赋人权、人民主权的彰显而斗争,革命胜利后,均颁布宪法性文件来宣告人权,如 1789 年法国的《人权宣言》、1776 年美国的《独立宣言》等。社会主义宪法的产生也是以公民权利的宣告为序幕和重要标志的,如 1917 年苏俄的《被剥削劳动人民权利宣言》。从世界各国宪法规定看,公民权利在各国宪法文本中都处于非常重要和突出的地位。如我国现行宪法在总纲部分后就规定公民权利,德国宪法在文本的第一部分就规定公民权利;而且其内容也越来越丰富,既有完善的政治方面的权利,又有丰富的经济、社会及文化方面的权利。宪法的保权功能一方面体现在宪法文本对公民权利的直接规定和宣告上;另一方面还体现在对国家权力的规范限制上,对国家权力的规范和制约最终也是为了保障公民权利。总之,保障公民权利是宪法的一项基本功能,而且是最基本的功能,是宪法的实现以及实行宪治的最终目的。事实上,从宪法功能的三个有机组成部分来看,宪法的保障人权功能是最核心的功能。因而,正如列宁所说"宪法就是一张写着人民权利的纸",①换言之,宪法是人权和公民权利的保障书。

法学本质上是一门实践之学,宪法学的研究同样也要关注宪法实践,关注社会现实,用宪法基本理论来解释宪法现象,解决面临的实际问题。在某种意义上,宪法学生命力的强弱不在于其理论体系的完备程度,而在于其对社会现实的解释力与解决问题的能力上。所以,要想保持宪法旺盛的生命力,宪法学必须关注鲜活的社会现实,从千变万化的社会实践中源源不断地汲取营养,从而保持宪法学自身的丰腴。传统的宪法学研究缺乏对宪法实践问题的关注,在研究中或是空而论道,或是闭门造车,将思维局限于狭仄的书斋中。这样,客观上造成的局面是:一方面,众多的宪法学研究成果束之高阁,无人问津;另一方面,社会上发生的大量宪法性事件缺乏理论上的解释,得不到宪法层面的解决。学术与实践之间缺乏一种理性的沟通,既影响了宪法学术的进一步发展,也造成了宪政实践的裹足不前。40 多年来改革开放的进程中,出现了一些社会普遍关注的热点问题或焦点问题,每个问题背后潜含着深刻的宪法原理和立宪主义理念。通过对这些热点事件的关注,公民的宪法知识会得到潜移默化的增长,无形中提高了公民的宪法意识和权利意识。在社会上有着重要影响的宪法事件,如孙志刚事件、高考招生平等案、乙肝歧视案等,社会各界都给予了普遍的关注,这对于提高公民宪法意识和权利意识起到了促

① 《列宁选集》第 9 卷,人民出版社 1995 年版,第 448 页。

进作用，而最终事件的解决又会或多或少地推动公民基本权利的保障以及中国宪法制度的发展。

(三)人权保障机构的设立

人权本质是控制国家权力，人权与国家两者应处于对立与对抗状态。完全依赖于“国家”保护形式，有可能在客观上造成人权主体性价值不确定的后果，即当国家权力的保护缺乏制度和理性制约时，本应成为保护主体的国家却成了侵害人权的主体。长期以来，在国家机关实现人权的过程中，司法机关是最主要的力量，司法程序成为尊重和保障人权价值的一种基本形式。为此，有些学者把人权保障义务的实现寄托在司法的功能上，强调以司法控制来达到人权价值不受侵犯的目的。然而人们逐渐发现，司法的人权保护方式存在一定的障碍，特别是在一些非西方国家，“司法机关＝人权的保护神”的观念目前面临新的挑战。在现代社会中，人权实现的过程是价值多元化的过程，不能由国家机关或社会的某个机构垄断其过程，只有在国家与社会的良性互动中才能为人权的实现提供有效的形式。

从世界范围看，在人权保障机制中建立国家人权机构并充分发挥其作用是国际社会的基本经验。许多国家在建立比较完善的司法体制的同时，也在积极推动国家人权保护机构的建设，有的国家还成立了适合本国国情的国家人权委员会，人权保障机构的设立有力地推动了该国公民基本权利的保障。因此有学者建议，[①]中国也有必要设立相对独立的国家人权机构。应根据实际情况，考虑在适当的时候设立具有相对独立性的专门性的人权保护机构——国家人权委员会，并赋予该委员会类似于人民团体，但高于一般人民团体的地位，使它在政府、民间与社会之间发挥统一协调功能，具体制定人权发展规划，参与和办理有关人权事项。国家人权保护机构并不代替法律规定的国家机关的职责，只是对其他国家机关不能发挥作用的领域起到补充和推进作用。具体而言，国家人权保护机构的职权包括：制定国家的人权政策；参与国家参加、批准国际人权条约的过程，提出意见和建议；协调国家机关之间在人权保护问题上出现的权限争议；同国际或地区人权保护机构之间进行合作与交流；负责实施人权教育政策，普及人权知识；接受“穷尽法律程序”或保护领域不明确而出现的人权侵害事件，并向有关部门提出劝告等。建立国家人权保护机构可以分两步走：第一步，整合现有人权保障机构(如国务院儿童妇女工作委员会、中国残疾人联合会、中华全国总工会等)与机制的资源，切实发挥现有制度的功能；第二步，完善现有人权保障制度，在制度框架内建立统一协调人权发展的机构，如司法部下设“人权教育司”、外交部下设“人权司”等，以积累人权实践

---

① 《韩大元教授接受本报记者采访时提出——应建立相对独立的国家人权保护机构》，载《检察日报》2005年10月25日。齐延平：《国家人权保障责任与我国国家人权机构的设立》，载《人权》2005年第6期。

经验;第三步,设立国家独立的人权机构,对国家的人权事务与有关人权的立场进行统一协调。

(四)加强人权的法治保障

1999年3月15日,第九届全国人民代表大会第二次会议通过了《中华人民共和国宪法修正案》,这也是我国1982年《宪法》的第三个修正案。在这个修正案中,一个非常重大的改变,就是把"依法治国"正式写入了宪法。依法治国就是依照体现人民意志和社会发展规律的法律治理国家,而不是依照个人意志、主张治理国家;要求国家的政治、经济运作、社会各方面的活动统统依照法律进行,而不受任何个人意志的干预、阻碍或破坏。简而言之,依法治国就是依照法律来治理国家。依法治国不仅是发展社会主义市场经济的客观需要、社会进步的重要标志以及国家长治久安的重要保障,更重要的是它是人权保障的应有之义和有力途径。2014年10月28日,《中共中央关于全面推进依法治国若干重大问题的决定》发布,这是一部更全面、具体,更有针对性的依法治国路径图。在中国共产党的领导下,我国不断取得了一系列的法治建设的成果。

首先,立法日趋科学化。党的十八大以来,伴随着立法草案公开征集意见机制、审议和表决前评估机制等立法程序的不断完善,人权保障立法的科学性得以增强,人权保障的制度体系也进一步优化。比如,2012年修改的《劳动合同法》,体现了对劳务派遣工人工作权的保护,更加精细和严格地界定劳务派遣用工范围,尤其是保证他们享受同工同酬待遇的权利;2015年《刑法修正案(九)》,取消了9个罪名的死刑,适用死刑罪名减少至46个;2014年修改的《行政诉讼法》,扩大受案范围,尤其是将拆迁、社会保障等人民群众最迫切期待解决的争议纳入可诉范围,对公民权利的保护不再仅限于人身权和财产权。尤其是2017年通过的《民法总则》,深入贯彻了"尊重和保障人权"的宪法原则,从某种意义上可谓一部加强版的中国人权宣言。

其次,严格执法水平提升。近年来,政府在依法履行职能方面,继续深化行政审批制度改革;同时推进政务公开,建立和完善政府权力清单、责任清单制度并深化简政放权。例如,2018年的《政府工作报告》显示,政府在提前完成减少行政审批事项1/3目标的基础上,又取消165项国务院部门及其指定地方实施的审批事项,清理规范192项审批中介服务事项、220项职业资格许可认定事项。"权力被滥用往往是人权的最大破坏者,强化对行政权力的制约和监督至关重要。"公安部法制局局长孙茂利认为。据他介绍,近年公安机关加强执法规范化建设,坚持严格规范公正文明执法,努力让每一个涉及当事人切身权益的执法环节都公开透明,依法全面保护当事人的合法权益。比如,各地公安机关普遍开发了网上执法办案与监督信息系统,逐步为一线执法民警配备执法现场记录仪,对重要执法实行同步录音录像,努力实现"在阳光下执法"。

最后，公正司法，构筑人权保障的坚实防线。近年来，在助力人权保障的司法体制改革方面，可谓新策频出、多维推进。如落实了“谁办案谁负责、谁决定谁负责”的司法责任制目标，改进庭审质效。实施司法机关内部人员过问案件的记录和责任追究制度，防止人为干扰司法。如设立巡回法庭，着力破解诉讼中因“主客场”问题可能导致的司法不公。值得一提的是，2016年《关于推进以审判为中心的刑事诉讼制度改革的意见》，为切实保障人权作出了许多新的制度设计，如贯彻了罪刑法定、疑罪从无非法、证据排除等原则，明确了审判程序在刑事诉讼中的中心地位，从源头上防范刑讯逼供、非法取证等侵犯人权的违法行为。

第六章

宪法与国家立法权

第一节　国家立法机关立法职权的变迁

一、全国人大及其常委会的宪法地位

(一)全国人大的宪法地位

1949 年 9 月 29 日，中国人民政治协商会议第一届全体会议通过的《中国人民政治协商会议共同纲领》确立了中华人民共和国的根本政治制度是以民主集中制为基础的人民代表大会制度，规定国家最高政权机关为全国人大，在普选的全国人大召开以前，由中国人民政治协商会议的全体会议执行全国人大的职权，制定中华人民共和国中央人民政府组织法，选举中华人民共和国中央人民政府委员会，并付之以行使国家权力的职权。1954 年 9 月 15 日至 28 日，第一届全国人大第一次会议召开，其间审议并通过了《中华人民共和国宪法》。

1954 年《宪法》第 2 条规定："中华人民共和国的一切权力属于人民。人民行使权力的机关是全国人民代表大会和地方各级人民代表大会。全国人民代表大会、地方各级人民代表大会和其他国家机关，一律实行民主集中制。"第 21 条规定：

“中华人民共和国全国人民代表大会是最高国家权力机关。”由此以正式宪法的形式确立了全国人大作为我国最高代表机关和最高国家权力机关的宪法地位。此后，1975年《宪法》、1978年《宪法》及1982年《宪法》关于全国人大宪法地位的规定虽然在表述形式上和1954年《宪法》有所不同，但在实质内容上并无差异。1975年《宪法》、1978年《宪法》及1982年《宪法》关于全国人大宪法地位的规定，详见表6-1。

表6-1　全国人大的宪法地位

年份	1975年《宪法》	1978年《宪法》	1982年《宪法》
宪法地位	第3条规定：中华人民共和国的一切权力属于人民。人民行使权力的机关，是以工农兵代表为主体的各级人民代表大会。	第3条规定：中华人民共和国的一切权力属于人民。人民行使国家权力的机关，是全国人民代表大会和地方各级人民代表大会。全国人民代表大会、地方各级人民代表大会和其他国家机关，一律实行民主集中制。	第2条规定：中华人民共和国的一切权力属于人民。人民行使国家权力的机关是全国人民代表大会和地方各级人民代表大会。
	第16条规定：全国人民代表大会是在中国共产党领导下的最高国家权力机关。	第20条规定：全国人民代表大会是最高国家权力机关。	第57条规定：中华人民共和国全国人民代表大会是最高国家权力机关。

（二）全国人大常委会的宪法地位

《中国人民政治协商会议共同纲领》仅规定全国人大为国家最高政权机关，并未规定全国人大常委会的设置及其宪法地位。[①] 1954年《宪法》第30条第1款规定：“全国人民代表大会常务委员会是全国人民代表大会的常设机关。”第33条规定：“全国人民代表大会常务委员会对全国人民代表大会负责并报告工作。”由此明确了全国人大常委会的宪法地位，即全国人大常委会是我国最高权力机关的常设机关，对全国人大负责并报告工作。

1975年《宪法》仅于第18条第1款规定：“全国人民代表大会常务委员会是全国人民代表大会的常设机关。”而未规定全国人大常委会对全国人大负责并报告工作。对于全国人大常委会的宪法地位，1978年《宪法》恢复了1954年《宪法》的做法，于第24条规定：“全国人民代表大会常务委员会是全国人民代表大会的常设机

① 《中国人民政治协商会议共同纲领》第12条第2款规定：“国家最高政权机关为全国人民代表大会。全国人民代表大会闭会期间，中央人民政府为行使国家政权的最高机关。”

关，对全国人民代表大会负责并报告工作。”

在全国人大常委会的宪法地位方面，1982 年《宪法》不仅继续规定全国人大常委会是全国人大的常设机关，对其负责并报告工作，而且增加规定了“全国人民代表大会和全国人民代表大会常务委员会行使国家立法权”。依此规定，全国人大常委会即是全国人大的常设机关，在全国人民代表大会闭会期间行使最高国家权力，同时也是享有国家立法权的机关，有权依照宪法和法律的规定，行使国家立法权。

二、全国人大及其常委会的构成分析

（一）全国人大的构成分析

全国人大由省、自治区、直辖市、特别行政区和军队选出的代表组成。省、自治区、直辖市的全国人大代表由各省、自治区、直辖市的人民代表大会选举产生（台湾省除外）；[①]香港和澳门两个特别行政区的全国人大代表，由各自的选举会议根据全国人大确定的选举办法采用间接选举的方式产生；军队的全国人大代表，由解放军各总部、各大军区级单位和中央军事委员会办公厅的军人代表大会选举产生。[②]全国人大召开会议时，各省、自治区、直辖市、香港特别行政区、澳门特别行政区、军队分别组成代表团参加会议，目前共有 35 个代表团。

根据《全国人民代表大会和地方各级人民代表大会选举法》（以下简称《选举法》）的规定，全国人大代表的总数不超过 3000 人。[③] 历届全国人大的代表总数及其构成情况见表 6-2、表 6-3、表 6-4 及表 6-5。

表 6-2　历届全国人大代表身份构成情况表

届别	代表总数	工人、农民		知识分子		干部		解放军		归国华侨		其他	
		人数	比例（%）	人数	比例（%）	人数	比例（%）	人数	比例（%）	人数	比例（%）	人数	比例（%）
一	1226	163	13.29	缺失	缺失	缺失	缺失	60	4.89	30	2.45	缺失	缺失
二	1226	136	11.09	缺失	缺失	缺失	缺失	60	4.89	30	2.45	缺失	缺失
三	3040	384	12.63	缺失	缺失	缺失	缺失	120	3.95	30	0.99	缺失	缺失
四	2885	1475	51.13	346	11.99	322	11.16	486	16.85	30	1.04	226	7.84

① 台湾省的全国人大代表是采用协商选举的办法产生。参见蔡定剑：《中国人民代表大会制度》，法律出版社 2003 年版，第 170 页。

② 蔡定剑：《中国人民代表大会制度》，法律出版社 2003 年版，第 168～171 页。

③ 1986 年修改《选举法》时即开始规定全国人大代表名额不超过 3000 人。此后，该法经过 1995 年、2004 年、2010 年及 2015 年四次修改，此规定一直未变。

续表

届别	代表总数	工人、农民		知识分子		干部		解放军		归国华侨		其他	
		人数	比例（%）	人数	比例（%）	人数	比例（%）	人数	比例（%）	人数	比例（%）	人数	比例（%）
五	3497	1655	47.33	523	14.96	468	13.38	503	14.38	35	1.00	313	8.95
六	2978	791	26.56	701	23.54	636	21.36	267	8.97	40	1.34	543	18.23
七	2970	684	23.03	697	23.47	733	24.68	267	8.99	49	1.65	540	18.18
八	2977	612	20.55	649	21.8	841	28.24	267	8.97	36	1.21	573	19.24
九	2979	563	18.90	628	21.08	988	33.16	268	8.99	37	1.24	495	16.62
十	2984	551	18.47	631	21.14	968	32.44	268	8.98	38	1.27	528	17.69
十一	2987	381	12.75	603	20.19	1120	37.50	267	8.94	35	1.17	581	19.45
十二	2987	401	13.42	610	20.42	1042	34.88	26.8	8.97	35	1.17	631	21.13

注：十二届的381名、401名"工人农民代表"系来自一线的工人、农民代表数。

资料来源：全国人大常委会代表资格审查委员会关于全国人大代表的代表资格的审查报告；《历届全国人民代表大会代表构成统计表》，载《人民日报》1999年9月15日第10版；蔡定剑：《中国人民代表大会制度》，法律出版社2003年版，第220页；殷泓、王逸吟：《十二届全国人大代表构成分析》，载《光明日报》2013年2月28日第3版。

表6-2反映了历届全国人大代表的身份构成及其变化情况。就总体而言，工人、农民、知识分子、干部、解放军代表构成了全国人大代表的主体部分，归国华侨、爱国人士及其他社会成员代表也占有一定的比例。从纵向看，不同社会成员的代表数量及其所占比例在不同时期又存在一定的差异性。工农代表在历届全国人大代表中一直占有较高比例（均在10%以上），四届时所占比例最高（51.13%），超过了全国人大代表总数1/2，其后则呈逐届下降趋势。[①] 知识分子和干部代表则总体呈上升趋势，二者从七届开始所占比例已超过工农代表，干部代表至九届时，更是高达33.16%。[②] 解放军代表在四届和五届所占比重较高，分别为16.85%和14.38%，之后数届所占比重均接近9%。

---

① 值得注意的是，2010年《选举法》修改后，首次实行城乡按相同人口比例选举全国人大代表，从选举结果看，来自一线的工人、农民代表较十一届提高了5.18个百分点，其中农民、工代表数量大幅增加。参见殷泓、王逸吟：《十二届全国人大代表构成分析》，载《光明日报》2013年2月28日第3版。

② 十一届全国人大代表中，省级政府组成部门领导干部的比例大幅下降，比上届减少了1/3；十二届全国人大代表中的党政领导干部总数继续明显下降，降幅达到近7个百分点。参见殷泓、王逸吟：《十二届全国人大代表构成分析》，载《光明日报》2013年2月28日第3版。

表 6-3 历届全国人大代表党派构成情况表

届别	代表总数	中共党员		民主党派和无党派人士		非党群众	
		人数	比例(%)	人数	比例(%)	人数	比例(%)
一	1226	668	54.49	274	22.35	284	23.16
二	1226	708	57.75	284	23.16	234	19.09
三	3040	1667	54.84	565	18.59	808	26.58
四	2885	2217	76.85	238	8.25	430	14.90
五	3497	2545	72.78	495	14.15	457	13.07
六	2978	1861	62.49	543	18.23	574	19.27
七	2970	1986	66.87	540	18.18	444	14.95
八	2977	2036	68.40	572	19.21	369	12.39
九	2979	2130	71.50	460	15.44	389	13.06
十	2984	2178	72.99	480	16.09	326	10.92
十一	2987	2195	73.49	382	12.79	402	13.50

注:表中的“无党派人士”系专指非党的爱国人士和社会名流,与“非党群众”有别。

资料来源:《第九届全国人民代表大会常务委员会代表资格审查委员会关于第十届全国人民代表大会代表的代表资格的审查报告》;刘政等:《人民代表大会工作全书》,中国法制出版社 1999 年版;蔡定剑:《中国人民代表大会制度》,法律出版社 2003 年版,第 220 页;刘智等:《数据选举》,中国社会科学出版社 2001 年版,第 321 页;刘乐明、何俊志:《谁代表与代表谁?十一届全国人大代表的构成分析》,载《中国治理评论》2013 年第 2 期。

表 6-3 统计了历届全国人大代表的党派构成情况。中共党员代表在历届全国人大代表中所占比重均超过 50%,其中最低为 54.49%,最高为 76.85%。民主党派和无党派人士代表所占比重在一至三届时最高,四届时最低,仅占 8.25%。非党群众代表的人数和所占比重与民主党派和无党派人士代表大体相当,三届时最高,达 26.58%,一届也超过 20%,其余各届,均在 10%至 20%之间。中共党员代表在全国人大代表的党派构成中处于明显优势,这和当代中国实行的中国共产党领导的多党合作制度是相一致的。而民主党派和无党派人士、非党群众代表在其中所占比重的变化又受到不同时期国家政治和社会总体环境的影响。

表 6-4 历届全国人大代表中少数民族代表情况表

届别	代表总数	少数民族代表数	占代表总数的比例(%)
一	1226	177	14.44
二	1226	180	14.68

续表

届　　别	代表总数	少数民族代表数	占代表总数的比例(%)
三	3040	373	12.27
四	2885	270	9.36
五	3497	381	10.90
六	2978	404	13.57
七	2970	445	14.98
八	2977	440	14.78
九	2979	429	14.40
十	2984	415	13.91
十一	2987	411	13.76
十二	2987	409	13.69

资料来源:《第九届全国人民代表大会常务委员会代表资格审查委员会关于第十届全国人民代表大会代表的代表资格的审查报告》;《第十届全国人民代表大会常务委员会代表资格审查委员会关于第十一届全国人民代表大会代表的代表资格的审查报告》;刘政等:《人民代表大会工作全书》,中国法制出版社1999年版;蔡定剑:《中国人民代表大会制度》,法律出版社2003年版,第220页;刘智:《数据选举》,中国社会科学出版社2001年版,第321页;刘乐明、何俊志:《谁代表与代表谁?十一届全国人大代表的构成分析》,载《中国治理评论》2013年第2期;殷泓、王逸吟:《十二届全国人大代表构成分析》,载《光明日报》2013年2月28日第3版。

表6-4统计了历届全国人大代表中少数民族代表的数量和变化情况。为了保证各少数民族当家作主的权利,1982年《宪法》第59条规定各少数民族都应当有适当名额的代表。《选举法》第17条进一步规定少数民族应选全国人大代表,由全国人民代表大会常务委员会参照各少数民族的人口数和分布等情况,分配给各省、自治区、直辖市的人大选出。人口特少的民族,至少应有代表1人。从历届全国人大代表的民族构成情况看,除四届和五届外,其余各届少数民族代表所占比重均在12%以上,远远超过其在全国总人口中所占的8.04%。其中,七届比例最高,为14.98%。七届以后,少数民族代表的数量呈逐届下降趋势。

表6-5　历届全国人大代表中妇女代表情况表

届　　别	代表总数	妇女代表数	占代表总数的比例(%)
一	1226	147	11.99
二	1226	150	12.23
三	3040	542	17.83

续表

届　　别	代表总数	妇女代表数	占代表总数的比例(%)
四	2885	653	22.63
五	3497	740	21.16
六	2978	632	21.22
七	2970	634	21.35
八	2977	626	21.02
九	2979	650	21.82
十	2984	604	20.24
十一	2987	637	21.33
十二	2987	699	23.40

资料来源:《第十届全国人民代表大会常务委员会代表资格审查委员会关于第十一届全国人民代表大会代表的代表资格的审查报告》;刘政:《人民代表大会工作全书》,中国法制出版社 1999 年版;蔡定剑:《中国人民代表大会制度》,法律出版社 2003 年版,第 220 页;刘乐明、何俊志:《谁代表与代表谁? 十一届全国人大代表的构成分析》,载《中国治理评论》2013 年第 2 期;殷泓、王逸吟:《十二届全国人大代表构成分析》,载《光明日报》2013 年 2 月 28 日第 3 版。

表 6-5 统计了历届全国人大代表中妇女代表的数量和变化情况。为了保证妇女参与国家政治生活,妇女代表一直是人大代表选举时强调的一个重点,每届代表资格审查委员会所作的关于代表资格的审查报告都会突出妇女代表的人数及其所占比例。从各届全国人大代表的性别构成来看,前三届妇女代表占比不高,均不到 20%。其中一届最低,为 11.99%;四届开始,妇女代表所占比例有一定提升,均为 21%左右,比较稳定,但相对于妇女在全国总人口中所占比例(48%左右)而言,则明显偏低。

全国人大代表的上述构成情况和国家性质是相一致的,体现了全国人大所具有的广泛性和代表性。就此而言,全国人大作为国家最高权力机关并行使国家立法权,其正当性是毋庸置疑的。但不容忽视的是,也正是全国人大代表在构成上的现状,使得这种正当性受到了一定程度的影响。这主要表现在以下几个方面:

第一,全国人大代表人数众多。历届全国人大代表的人数不尽一致,但除前两届为 1226 名外,其余各届均为 3000 名左右,可谓是世界上规模最大的代议机关。这一方面使得全国人大具有广泛的代表性和民主性,另一方面却不便于它有效议事,从而影响到包括立法权在内的职权的行使和人民代表大会制度作用的发挥。代议机关要从事立法和决定其他重要事项,人数太多不便于召开会议和讨论决定问题,所以,其人数是有限度的,并非越多越好。就全国人民代表大会而言,每次会议要审议和决定诸多重大事项，[①]加之会期又非常短，[②]这就更需要提高其议事效率。但是，近3000名代表齐聚一堂，加之代表履职能力参差不齐，这在很大程度上制约和影响了其有效议事。因此，在全国人大代表的人数问题上，也应当考虑民主和效率的平衡，以寻求二者的最佳结合点。[③]

第二，全国人大代表的结构不尽合理。工人、农民、知识分子、干部、解放军代表构成了全国人大代表的主体部分。改革开放以来，社会变迁带来的利益格局和利益主体的多元化与分层化，使得当代中国社会成员的阶级和阶层构成发生了巨大的变化。在此背景下，继续沿用以前的代表名额分配模式，已难以适应此种变化，并进一步影响到人大代表的民意代表性，以至于“人大代表谁也不代表，选民找不到代表，代表也没有自己真正的选民”[④]。例如，现在所谓的“农民代表”，除了极少数是真正意义上的农民外，大多数是农民企业家，同样，“工人代表”，除少数劳动模范外，大多数也是企业主。这样的“农民代表”或“工人代表”代表的到底是农民和工人的利益，还是企业主的利益？此外，即便是在目前这种代表名额分配模式下，不同身份的代表所占比重也是明显失衡的。例如，各级领导干部担任人大代表的现象非常普遍，以至于在全国人大代表中“官员代表”占了相当比例，从七届开始甚至超过了工农代表；再如，工农代表虽然在历届全国人大代表中所占比例一直较高，但由于长期实行城乡不平等的代表名额分配制度，使得农民代表相对于其人口总数而言，明显偏低。解决上述问题的基本路径主要有：实行职业代表制；实行领

---

① 全国人大的常规议题包括：(1)听取和审议政府工作报告、常委会工作报告、人民法院工作报告、人民检察院工作报告；(2)听取、审议和审查本年度国民经济和社会发展计划和上一年度国民经济和社会发展计划执行情况的报告；(3)听取、审议并审查、批准本年度国家预算和上一年度预算执行情况的报告；(4)审议通过法律议案；(5)审议通过有关重大事项决定的议案；(6)选举、决定任免事项；(7)听取其他情况的报告和汇报。参见蔡定剑：《中国人民代表大会制度》，法律出版社2003年版，第437页。

② 从一届一次会议至十一届四次会议，全国人大每次会议开会天数(含预备会议和休会天数)最长者为26天，最短者为9天，平均会期不足15天。

③ 也正是基于此种考虑，很多有识之士呼吁减少各级人大代表的数量，就全国人大代表而言，有学者认为，应以不超过1000人为宜。参见蔡定剑：《一个人大研究者的探索》，武汉大学出版社2007年版，第89页。

④ 蔡定剑教授认为这是当前中国人大代表制度最大的问题。蔡定剑：《一个人大研究者的探索》，武汉大学出版社2007年版，第87页。

导干部与人大代表身份分离制度；[①]实行城乡平等的代表名额分配制度。[②]

第三，全国人大代表为兼职代表。绝大多数全国人大代表都是兼职代表，他们当选代表后，并不脱离原工作岗位，其主要时间和精力仍要放在自己的本职工作上，而执行代表职务的活动时间非常短，仅占全年时间的1/10。代表的生活来源也主要是原工作岗位的薪金和福利待遇，只是在执行代表职务时会有些补贴。人大代表的非专职化使得大多数人大代表未经过专门的政治社会化过程，他们的政治认知、政治价值观以及政治态度通常只是从其日常生活经历中获得。这在很大程度上影响了人大代表的履职能力，从而产生“弱素质代表问题”。[③] 代表履职能力的参差不齐，又使得在人大会议上出现所谓的“哑巴”代表（不发言）、“个人”代表（凭个人的认识水平发表一通个人见解）及“观风”代表（看别人怎么发言和怎么投票画圈）等。[④] 笔者认为，改变此种状况的根本途径和办法，就是在逐步减少全国人大代表名额的基础上实行专职代表制，同时提高代表的物质待遇，为代表提供工资、经费、助理及办公条件。

（二）全国人大常委会的构成分析

全国人大常委会由委员长、副委员长、秘书长及委员组成，每届任期5年，委员长和副委员长连续任职不得超过两届。常委会组成人员不得担任国家行政机关、审判机关和检察机关的职务。这有利于全国人大常委会对国务院、最高人民法院和最高人民检察院的工作实行监督。

全国人大常委会组成人员由全国人大选举产生。组成人员候选人名单由中共中央在广泛民主推荐和民主协商的基础上，按照全国人大常委会组成人员的结构

---

① 即行政机关和司法机关领导不兼任人大代表职务，有学者指出，之所以要进行这种改革，是因为官员当人大代表存在诸多弊端：一是人民代表大会几乎成了“干部会”；二是官员代表影响会议效率和普通代表行使权利；三是不利于人民代表大会开展监督；四是官员当人大代表大量挤占了基层代表和普通代表的名额。参见蔡定剑：《一个人大研究者的探索》，武汉大学出版社2007年版，第88页。

② 2010年3月14日，经修改的《选举法》第14条第1款规定：“地方各级人民代表大会代表名额，由本级人民代表大会常务委员会或者本级选举委员会根据本行政区域所辖的下一级各行政区域或者各选区的人口数，按照每一代表所代表的城乡人口数相同的原则，以及保证各地区、各民族、各方面都有适当数量代表的要求进行分配。在县、自治县的人民代表大会中，人口特少的乡、民族乡、镇，至少应有代表一人。”第16条第1款规定：“全国人民代表大会代表名额，由全国人民代表大会常务委员会根据各省、自治区、直辖市的人口数，按照每一代表所代表的城乡人口数相同的原则，以及保证各地区、各民族、各方面都有适当数量代表的要求进行分配。”从而为改变农村每名人大代表所代表的人口数远远高于城市每名人大代表所代表的人口数的状况提供了制度依据。但是，由于原制度的惯性作用，欲在短期内从根本上改变这种状况是不太现实的。

③ 孙哲：《全国人大制度研究(1979—2000)》，法律出版社2004年版，第257～259页。

④ 蔡定剑：《一个人大研究者的探索》，武汉大学出版社2007年版，第87页。

要求，提出建议人选名单，向全国人大会议主席团推荐，主席团分别提交各代表团进行酝酿和协商，主席团会议再根据多数代表的意见，确定正式候选人名单，提交大会选举。常委会委员为差额选举产生，委员长、副委员长及秘书长实行等额选举。[①] 常委会组成人员候选人得票数超过全体代表的过半数，始得当选。如委员长、副委员长、秘书长候选人得票数未超过全体代表的过半数，则由主席团另提人选，进行再次投票。表 6-6 为历届全国人大常委会组成人员的人数及党派构成情况。

表 6-6　历届全国人大常委会组成人员的人数及党派构成情况

届别	人数	委员长	副委员长	秘书长	委员	中共党员		民主党派、无党派人士(含群众)	
						人数	比例(%)	人数	比例(%)
一	79	1	13	1(兼)	65	40	50.6	39	49.4
二	79	1	16	1(兼)	62	40	50.6	39	49.4
三	115	1	18	1(兼)	96	67	58.3	48	41.7
四	167	1	22	未设	144	129	77.2	38	22.8
五	196	1	20	1(兼)	175	153	78.1	43	21.9
六	155	1	20	1	133	113	72.9	42	27.1
七	155	1	19	1(兼)	135	107	69	49	31.6
八	155	1	19	1	134	108	69.7	47	30.3
九	155	1	19	1	134	102	65.8	53	34.2
十	175	1	15	1(兼)	159	123	70.3	52	29.7
十一	175	1	13	1(兼)	161	119	68.4	55	31.6

注：表内人数以每一届人大第一次会议选出的为准，未反映以后的变动情况。第十一届的数据为笔者根据《中华人民共和国全国人民代表大会公告(十一届第 1 号)》及中国人大网(http://www.npc.gov.cn/npc/xinwen/ node_2.htm)公布的相关信息统计而来。

资料来源：蔡定剑：《中国人民代表大会制度》，法律出版社 2003 年版，第 233 页。

表 6-6 反映了历届全国人大常委会组成人员的规模及党派构成情况。一届至五届，全国人大常委会组成人员的规模变化较大，总体上呈逐届增长趋势，由一届的 79 人增加到五届的 196 人。六届到九届，全国人大常委会组成人员一直是固定

① 七届之前，全国人大常委会组成人员一直实行等额选举，从七届全国人大一次会议开始，常委会委员由差额选举产生。

的，为155人。十届时，全国人大常委会组成人员的人数增加至175人，十一届全国人大常委会仍由175人组成。[①] 在党派构成方面，中共党员在常委会组成人员中占有明显优势。前三届，民主党派、无党派人士担任全国人大常委会组成人员的比例较高，分别为49.4%、49.4%和41.7%。图6-1为全国人大常委会组成人员的规模变化和全国人大代表总数的变化对比图。

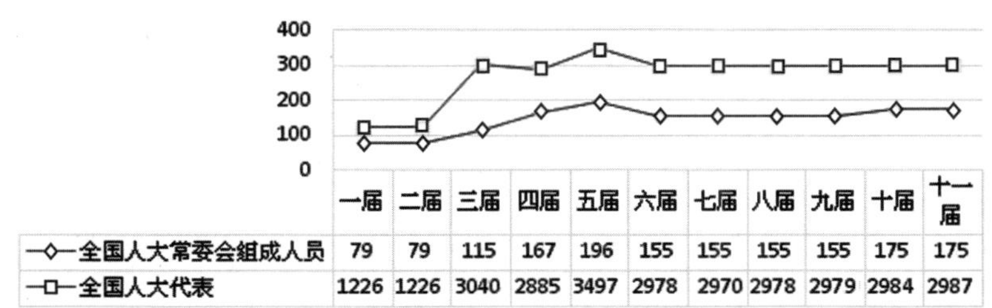

图6-1　全国人大常委会组成人员的规模变化和全国人大代表总人数的变化对比图

说明：为更直观地反映全国人大常委会组成人员的规模变化和全国人大代表总人数的变化的相关性，本图中对全国人大代表总人数的数据做了技术处理，即：本图中的全国人大代表总人数＝全国人大代表实际总人数×0.1。

从图6-1可以发现，全国人大常委会组成人员的规模变化基本上和全国人大代表总人数的变化是一致的，二者之间存在明显的正相关关系。也就是说，全国人大代表总数越多，全国人大常委会组成人员的规模也越大。例如，到三届时，全国人大代表的总数由二届的1226名增加至3040名，全国人大常委会组成人员数也由二届的79名增加至115名；从六届开始，全国人大代表的总人数变化不大，全国人大常委会组成人员的规模也相对稳定。

表6-7反映了全国人大常委会的年龄、学历构成和专兼职情况。在年龄构成方面，委员的年龄普遍较大，以61岁至70岁之间的委员为主。51岁至60岁的委员人数较少，50岁以下的委员则更少。就整体而言，全国人大常委会委员的年龄结构偏老龄化。之所以如此，这和过去全国人大常委会带有明显的安排退休领导干部的色彩，从党政军领导岗位转岗的干部在全国人大常委会委员中占有较大比例有着直接的关联。党的十三大报告提出“逐步实现委员年轻化”的目标之后，六届以来，全国人大常委会委员老龄化的状况有所改观，突出表现在71岁以上当选委员的人数大幅减少，至十一届时已没有71岁以上的委员当选。50岁以下的委员呈明显上升趋势，51岁至60岁的委员人数也增幅较大。因此，虽然委员的平均年龄仍然较大，但年轻化的趋势较为明显。

① 全国人大常委会组成人员的人数在十届时从九届的155名增加至175名，其主要原因是在十届全国人大一次会议表决通过的新一届常委会委员名单中，增加了19名专职委员。

表 6-7 六届至十一届全国人大常委会委员的年龄、学历构成和专兼职情况表

构成情况		届别					
		六	七	八	九	十	十一
年龄构成	50 岁以下	8	2	4	5	21	14
	51～60 岁	8	13	20	18	31	63
	61～70 岁	51	74	90	110	121	97
	71 岁以上	66	46	19	1	2	0
学历构成	研究生	2	6	22	20	49	86
	大学	75	69	66	79	92	68
	大专	4	12	19	20	29	14
	大专以下	52	48	27	15	5	6
专兼职情况	专职	53	65	60	64	169	173
	兼职	80	70	74	70	6	1

资料来源：朱景文：《中国人民大学中国法律发展报告 2010：中国立法 60 年——体制、机构、立法者、立法数量》，中国人民大学出版社 2011 年版，第 65 页。

在学历构成方面，自六届以来，全国人大常委会委员的学历层次有明显提高。常委会委员中具有大学和大学以上文化程度的委员人数不断攀升，所占比重不断提高。第六届时，具有大学或研究生（含硕士研究生和博士研究生）学历的委员占 57%，其中有研究生学历的委员占 1%；七届时，具有大学或研究生学历的委员占 55%，其中有研究生学历的委员占 4%；八届具有大学或研究生学历的委员占 65%，其中有研究生学历的委员占 16%；九届具有大学或研究生学历的委员所占比例升至 73.89%，其中有研究生学历的委员占 14.93%；至十一届，包括委员长会议组成人员在内，大学及以上学历的委员占 88.51%，其中具有研究生学历的委员占 49.43%。与上述趋势相对应，大专和大专以下学历的委员数量则不断下降。因此，就整体而言，全国人大常委会组成人员的学历层次是较高的。

专兼职情况方面，六届至十一届，全国人大常委会专职委员的人数总体呈上升趋势。全国人大常委会委员的专职化经历了一个渐进发展的过程，1982 年《宪法》规定，常委会组成人员不得兼任国家行政机关、审判机关和检察机关的职务。1987 年党的十三大报告提出“逐步实现委员的专职化”，2002 年党的十六大报告提出“要优化人大常委会组成人员的结构”。到十届时，全国人民代表大会常务委员会委员专职化取得了突破性进展，专职委员人数已远远超过兼职委员，二者之比为 169∶6。十届全国人大一次会议表决通过的新一届常委会委员名单中，19 名具有较强专业背景、年富力强的专职委员备受瞩目，被视为全国人大常委会迈向专职化的重要举措。十一届专职委员与兼职委员的比例进一步提高。[①]

全国人大常委会作为全国人大的常设机关，与全国人大共同行使国家立法权。但是，由于全国人大行使国家立法权受其代表人数众多、会期短等因素的影响和制约，从而使得全国人大常委会实际上成为行使国家立法权的主要机关。正如有学者所指出的，“实际上，全国人大保持了立法机关的象征性职能，全国人大常委会则变成了一个立法过程中更有权力和更有影响力的参与者”[②]。随着全国人大常委会立法职能的增强，必然会对其组成人员提出数量、年龄及专业化等方面的要求。前述全国人大常委会规模的扩大和组成人员的年轻化、专职化及高学历化的发展趋势和此种要求是相适应的，实际上也有利于其履行立法职能。但不容忽视的是，总体规模仍然偏小而缺乏充分的代表性、组成人员平均年龄仍然偏高和专职化的不彻底等，也在一定程度上影响了其立法职能的发挥。

三、全国人大及其常委会的立法职权

1954 年《宪法》第 22 条规定：“全国人民代表大会是行使国家立法权的唯一机关。”据此，只有全国人大才是国家立法机关，只有它有权制定和修改法律。另外，1954 年《宪法》第 27 条还将修改宪法和监督宪法实施的权力赋予全国人大。根据 1954 年《宪法》第 31 条的规定，全国人大常委会作为全国人大的常设机关，虽然有权制定法令，但它并没有制定和修改法律的权力。[③] 为了解决全国人大闭会期间不能行使立法权而开会期间会期又短，从而不能适应立法工作需要的问题，1955 年 7 月 30 日，第一届全国人大第二次会议通过决议，授权全国人大常委会根据实际需要、适时制定“部分性质的法律”。[④] 1959 年 4 月 28 日，第二届全国人大第一次会议再次通过决议，授权全国人大常委会在全国人大闭会期间，根据实际情况的发展和工作需要，对于现行法律中一些已经不适用的条文，适时进行修改。通过这两次立法授权，全国人大常委会遂获得了制定“部分性质的法律”的权力和部分修

---

① 值得注意的是，虽然宪法规定了全国人大常委会组成人员不得在国家行政机关、审判机关和检察机关担任职务，但并未规定不得在其他单位和机构担任职务，这就给全国人大常委会组成人员在上述机关以外的其他单位任职留下了空间。实际情况也确实如此，例如，有不少委员虽然未在国家行政机关、审判机关和检察机关担任职务，却在高校、研究机构、部队及社团组织担任了领导职务。

② 孙哲：《全国人大制度研究(1979—2000)》，法律出版社 2004 年版，第 124 页。

③ 根据 1954 年《宪法》第 31 条的规定，全国人大常委会有权制定的“法令”属于广义的“法律”。在此意义上，也可以说 1954 年《宪法》也赋予了全国人大常委会一定的立法权。关于广义立法权和狭义立法权的区分，参见易有禄：《正当立法程序研究——以立法权正当行使的程序控制为视角》，中国社会科学出版社 2009 年版，第 7～12 页。

④ 此“部分性质的法律”，即单行法规，在性质上仍然不能完全等同于全国人民代表大会制定的“法律”。

改全国人大制定的法律的权力。

较之于1954年《宪法》，1975年《宪法》关于全国人大及其常委会职权的规定，不仅在形式上过于简单，而且在实质上大大缩小了全国人大常委会的职权。除保留了全国人大常委会的召集全国人民代表大会会议、解释法律、制定法令、批准和废除同外国缔结的条约等项职权外，对于1954年《宪法》明确赋予全国人大常委会的其他各项职权未作规定，特别是没有保留1954年《宪法》规定的全国人大常委会的各项监督职权和人事任免职权。[①] 在立法职权方面，1975年《宪法》沿袭了1954年《宪法》的做法，虽然没有像后者那样明确规定"全国人民代表大会是行使国家立法权的唯一机关"，但也没有规定全国人大常委会享有制定和修改法律的权力，而是继续规定全国人大有权修改宪法、制定法律，全国人大常委会有权解释法律和制定法令。[②]

相对于1975年《宪法》而言，1978年《宪法》在全国人大及其常委会职权的规定上，更为全面和详尽，恢复了1954年《宪法》明确赋予全国人大常委会而为1975年《宪法》所取消的不少职权，如主持全国人大代表的选举，监督国务院、最高人民法院和最高人民检察院的工作，改变或者撤销省、自治区、直辖市国家权力机关的不适当的决议，规定和决定授予国家的荣誉称号，决定特赦，以及各项人事任免权，等等。但较之于1954年《宪法》，1978年《宪法》关于全国人大常委会职权的规定仍然是减多增少。[③] 在立法职权方面，根据1978年《宪法》的规定，修改宪法、制定法律的权力仍由全国人民代表大会行使，全国人大常委会只有制定法令的权力，而没有制定和修改法律的权力。除增加规定全国人大常委会有权解释宪法外，基本上和1975年《宪法》是一致的。

为了充分发挥全国人大常委会作为最高国家权力机关的常设机关的作用，1982年《宪法》在1954年《宪法》和1978年《宪法》的基础上，进一步扩大了全国人大常委会的权力。这主要表现在以下几个方面：(1)规定全国人大常委会监督宪法的实施；(2)规定全国人大常委会有权制定和修改除应当由全国人大制定的法律以外的其他法律；(3)规定全国人大常委会在全国人大闭会期间，有权在不同全国人大制定的法律的基本原则相抵触的前提下，对之进行部分补充和修改；(4)规定全国人大常委会在全国人大闭会期间，审查和批准国民经济和社会发展计划、国家预

---

① 当然，1975年《宪法》在极大地缩小全国人民代表大会常务委员会职权的同时，也增加了两项职权，即派遣和召回驻外全权代表及接受外国使节。这两项职权在1954年《宪法》中，是由国家主席行使的，由于1975年《宪法》取消了国家主席的设置，故转由全国人民代表大会常务委员会行使。

② 对于监督宪法实施权应由谁行使，1975年《宪法》没有作出明确规定。

③ 增加的职权仅有解释宪法一项，而减少的职权则包括：撤销国务院的同宪法、法律和法令相抵触的决议和命令；规定军人和外交人员的衔级和其他专门衔级；决定全国总动员或者局部动员；决定全国或者部分地区的戒严。

算在执行过程中所必须作的部分调整方案；(5)规定全国人大常委会在全国人大闭会期间，根据国务院总理的提名，决定部长、委员会主任、审计长、秘书长的人选；[①](6)规定全国人大常委会在全国人大闭会期间，根据中央军事委员会主席的提名，决定中央军事委员会其他组成人员的人选。在立法职权方面，1982年《宪法》和前三部宪法最大的区别在于明确赋予全国人大常委会制定和修改法律的权力。具体而言，全国人大有权制定和修改刑事、民事、国家机构和其他基本法律，而全国人大常委会不仅可以制定和修改除应当由全国人大制定的法律以外的其他法律，还可以在全国人大闭会期间有条件地对全国人民代表大会制定的法律进行部分补充和修改。

《立法法》及其修改后在1982年《宪法》的基础上进一步明确了全国人大及其常委会的立法权限，还规定下列事项只能由全国人大或其常委会制定法律：(1)国家主权的事项；(2)各级人民代表大会、人民政府、人民法院和人民检察院的产生、组织和职权；(3)民族区域自治制度、特别行政区制度、基层群众自治制度；(4)犯罪和刑罚；(5)对公民政治权利的剥夺、限制人身自由的强制措施和处罚；(6)税种的设立、税率的确定和税收征收管理等税收基本制度；(7)对非国有财产的征收、征用；(8)民事基本制度；(9)基本经济制度以及财政、海关、金融和外贸的基本制度；(10)诉讼和仲裁制度；(11)必须由全国人民代表大会及其常务委员会制定法律的其他事项。[②] 上述事项尚未制定法律的，全国人大及其常委会有权作出决定，授权国务院可以根据实际需要，对其中的部分事项先制定行政法规，但是有关犯罪和刑罚、对公民政治权利的剥夺和限制人身自由的强制措施和处罚、司法制度等事项除外。

值得注意的是，1982年《宪法》和《立法法》虽然通过区分“基本法律”和“其他法律”的方式明确全国人大和全国人大常委会各自的立法权限，但是，由于对于什么是“基本法律”和什么是“其他法律”，《宪法》和《立法法》均未予以明确界定，全国人大常委会迄今也未作出相应的解释，所以，“基本法律”和“其他法律”之间的界限实际上是不清楚的。这就使得在立法实践中，哪些事项应当由全国人大来制定“基本法律”，哪些应当由全国人大常委会来制定“其他法律”，缺乏明确的标准和依据，以至于一些性质和重要性程度差不多的法律，如《全民所有制工业企业法》和《企业

① 1954年《宪法》和1978年《宪法》规定的全国人大常委会对国务院组成人员的任免决定权只涉及个别人选。

② 2015年修正的《立法法》对该条做了一定修改，改动有二：其一是将“税收基本制度”单独作为一项，即“税种的设立、税率的确定和税收征收管理等税收基本制度”单列；其二是将“对非国有财产的征收”改为“对非国有财产的征收、征用”。前一改动，主要是为了体现“税收法定原则”的要求；后一改动是因为原来很多立法中对“征收”和“征用”是不加区分的，而自2004年《宪法修正案》对其做了区分之后，相关立法均对二者予以区分，故修改后的《立法法》也做了区分。

破产法(试行)》、《继承法》和《收养法》,前者由全国人大制定,后者由全国人大常委会制定;有些按其性质和重要性程度本属于基本法律范畴的法,如《中国人民解放军选举全国人民代表大会代表的办法》、《集会游行示威法》等,本应由全国人大制定,实际上却是由全国人大常委会制定的。此外,在全国人大闭会期间,全国人大常委会对某些基本法律的修改也明显超出了《宪法》和《立法法》规定的范围,例如,对《民族区域自治法》《婚姻法》《刑法》等基本法律所作的修改,不仅修改的范围十分广泛,而且修改的内容涉及原法所确定的基本制度,已经很难用"部分补充和修改"来形容了。[①]

第二节　国家立法权行使状况的数量分析

一、不同时期立法的数量分析

图 6-2 反映了 1949 年 9 月 27 日至 2017 年 6 月 30 日我国国家立法的总体数量情况,各类立法主体制定的法律和有关法律问题的决定共 843 件,其中,法律 559 件,有关法律问题的决定 284 件。[②] 法律的数量要明显超过有关法律问题的决定的数量。就不同主体立法的数量而言,全国人大常委会的立法数量高居首位,全国人大紧随其后,而中国人民政治协商会议、中央人民政府委员会的立法在数量上则明显偏少。[③] 其主要原因是,1954 年 9 月 15 日第一届全国人民代表大会第一次会议召开后,中国人民政治协商会议全体会议不再行使包括立法权在内的全国人大的职权,中央人民政府委员会和中央人民政府主席则被依据 1954 年《宪法》而成立的国务院和国家主席所取代而不再存在。[④]

如图 6-3 所示,我国改革开放前后,国家立法的数量存在明显的阶段性差异。无论是法律的数量,还是有关法律问题的决定的数量,在 1949—1978 年和 1979—2017 年两个阶段均有着明显的差异,改革开放后国家立法的总量是改革开放前的 5.15 倍,其中,法律的数量是改革开放前的 5.82 倍,有关法律问题的决定的数量是改革开放前 4.16 倍。其主要原因是,在前一阶段,除 1949—1958 年是立法发展较快时期、立法数量较多之外,1959—1978 年的 20 年间由于受政治运动和法律虚无主义的影响,立法长期处于停滞状态;而 1979 年以来,随着国家的工作重点转移

① 易有禄:《全国人大常委会基本法律修改权行使的实证分析》,载《清华法学》2014 年第 5 期。

② 这里统计的 559 件法律,实际上是立法活动的次数,包含修改法律数,即法律总数=制定法律数+修改法律数。

③ 中央人民政府委员会制定的 21 件法律中有 4 件是中央人民政府主席批准的。

④ 全国人大和全国人大常委会立法数量的对比分析,将于本节第三部分进行。

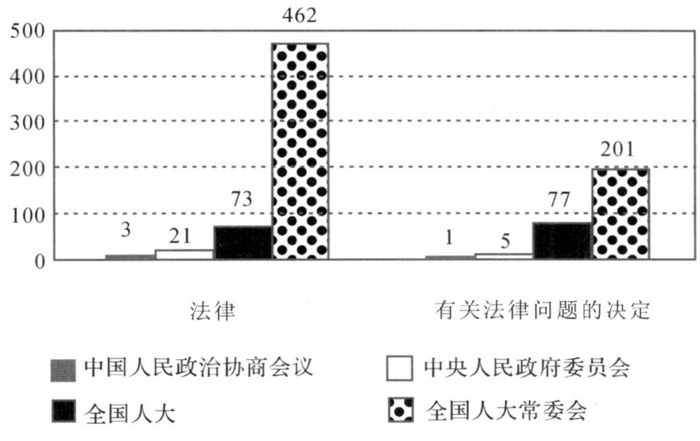

图 6-2　国家立法的总体数量情况(1949—2017)

资料来源:本节图表所用数据资料如未另加说明,2008 年 2 月 28 日之前的数据资料来源于全国人大常委会法工委立法规划室编:《中华人民共和国立法统计》,中国民主法制出版社 2008 年版;2008 年 2 月 28 日之后的数据资料来源于中国人大网(http://law.npc.gov.cn/FLFG/)。

到以经济建设为中心,在加强社会主义民主、健全社会主义法制的宏观背景下,我国的立法工作取得了长足发展,国家立法的数量也呈现出不断增加的发展趋势。

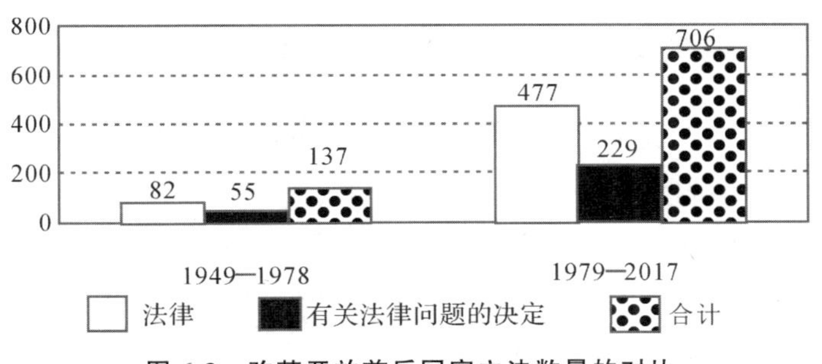

图 6-3　改革开放前后国家立法数量的对比

图 6-4 反映了 1949—1978 年我国国家立法的年度变化情况。从中可以发现改革开放前我国国家立法主要集中于前 10 年(1949—1958 年),此期间共制定法律和有关法律问题的决定 111 件,占改革开放前国家立法总数的 81.02%,特别是 1954—1958 年,每年的立法数量都在 10 件以上,到 1957 年达到峰值 24 件。1959 年至 1978 年的 20 年间立法数为 26 件,仅占改革开放前国家立法总数的 18.98%,没有一年的立法数超过 10 件,其中,1962 年、1967 年至 1974 年、1976 年至 1977 年共有 11 个年度的立法数为 0。持续的政治运动和法律虚无主义的盛行给我国社会主义法制带来的巨大破坏作用由此可见一斑。

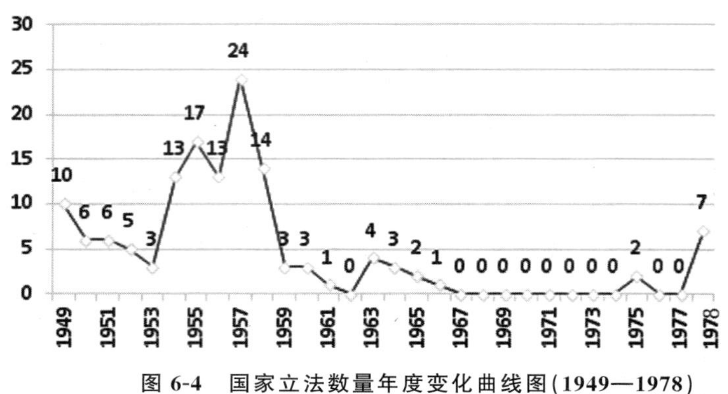

图 6-4　国家立法数量年度变化曲线图(1949—1978)

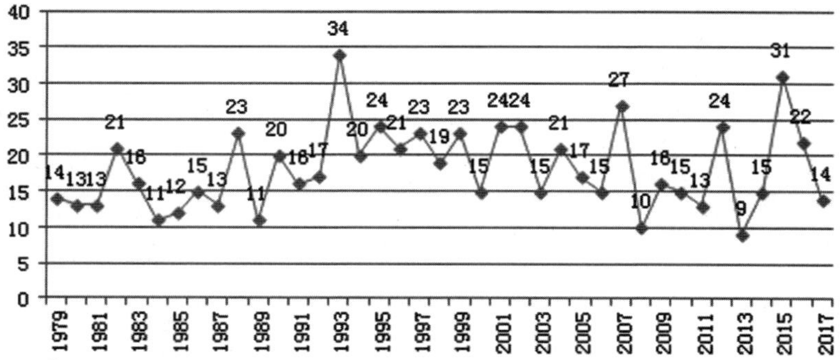

图 6-5　国家立法数量年度变化曲线图(1979—2017)

如图 6-5 所示,1979 年以后我国国家立法进入快速发展期,立法数量总体上呈上升趋势,每年的立法数量除 2013 年外均在 10 件以上,1993 年达到峰值 34 件,立法数量在 20 件以上的有 13 年,而改革开放前仅有一年的立法数量超过 20 件。2000 年以后,我国国家立法的增长速度有所减缓,但仍保持在较高的水平。改革开放后的前 20 年,我国国家立法数量的急剧攀升,与改革开放初期法制建设基础薄弱,各领域普遍存在无法可依的客观情势有着密切关系。进入 21 世纪后,国家立法增长速度开始放缓,其主要原因是随着立法工作的快速发展,我国的法律体系由极不完备到渐趋完备,社会生活各领域无法可依的状况得到了根本性改变,立法的数量矛盾得到很大缓解,而立法的质量问题则日益突显。

二、不同主体立法的数量分析

在 1982 年《宪法》之前,我国前三部宪法均未赋予全国人大常委会国家立法权,它作为最高权力机关的常设机关依据宪法只有制定法令的权力,而没有制定和修改法律(狭义)的权力,1955 年和 1959 年全国人大的两次授权,则使全国人大常委会获得了制定“部分性质的法律”(即单行法规)及在全国人大闭会期间部分修改全国人大制定的法律的权力。[①]

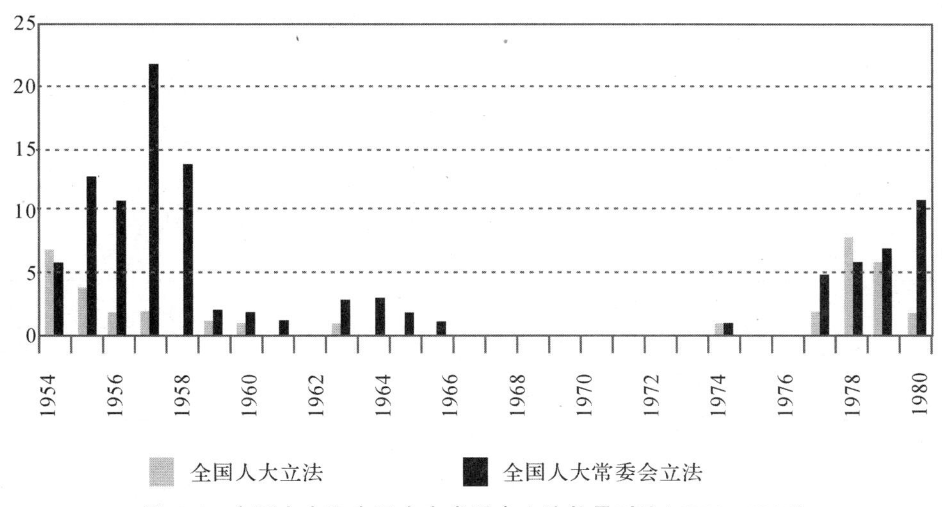

图 6-6　全国人大和全国人大常委会立法数量对比(1954—1981)

图 6-6 和表 6-8 反映了 1954—1981 年全国人大和全国人大常委会立法数量的对比情况,从中可以发现,全国人大常委会的立法数量要多于全国人大的立法数量。在该阶段全国人大常委会制定的法律和有关法律问题的决定共 110 件,而全国人大制定的法律和有关法律问题的决定为 37 件,前者是后者的 2.97 倍。就各年度而言,除 1954 年和 1979 年两年外,其他年度全国人大的立法数量均未超过全国人大常委会。

表 6-8　全国人大和全国人大常委会立法数量对比情况表(1954—1981)

年　份	法　类　型	
	全国人大立法	全国人大常委会立法
1954	7	6
1955	4	13
1956	2	11
1957	2	22
1958	0	14

① 本章第一节第三部分。

续表

年份	法类型	
	全国人大立法	全国人大常委会立法
1959	1	2
1960	1	2
1961	0	1
1962	0	0
1963	1	3
1964	0	3
1965	0	2
1966	0	1
1967	0	0
1968	0	0
1969	0	0
1970	0	0
1971	0	0
1972	0	0
1973	0	0
1974	0	0
1975	1	1
1976	0	0
1977	0	0
1978	2	5
1979	8	6
1980	6	7
1981	2	11
合计	37	110

为了充分发挥全国人大常委会作为最高国家权力机关的常设机关的作用，1982年《宪法》进一步扩大了全国人大常委会的权力。在立法职权方面，根据1982年《宪法》的规定，全国人大和全国人大常委会行使国家立法权，全国人大常委会不仅可以制定和修改除应当由全国人大制定的法律以外的其他法律，还可以在全国

人大闭会期间对全国人大制定的法律进行部分补充和修改,但是不得同该法律的基本原则相抵触。

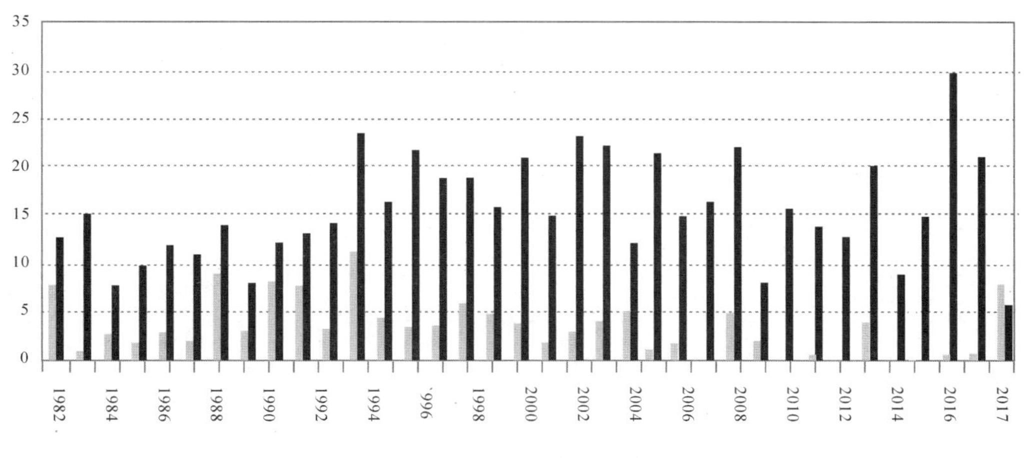

图 6-7　全国人大和全国人大常委会立法数量对比(1982—2017)

图 6-7 和表 6-9 反映了 1982—2017 年全国人大和全国人大常委会立法数量的对比情况,总体上和前一阶段差不多,即全国人大常委会的立法数量远远超过全国人大的立法数量,前者是后者 4.89 倍。就各年度而言,除 2017 年因仅统计到该年度 6 月 30 日截止的立法数量而情况尚不明确外,其他各年度全国人大常委会的立法数量均要超过全国人大的立法数量。

表 6-9　全国人大和全国人大常委会立法数量对比情况表(1982—2017)

年份	立法类型	
	全国人大立法	全国人大常委会立法
1982	8	13
1983	1	15
1984	3	8
1985	2	10
1986	3	12
1987	2	11
1988	9	14
1989	3	8
1990	8	12

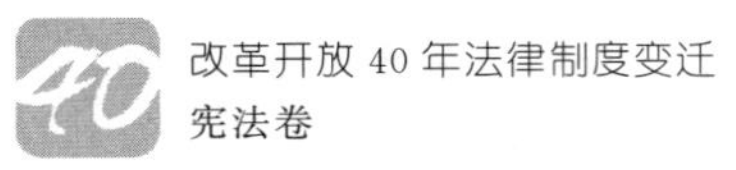

续表

年份	立法类型	
	全国人大立法	全国人大常委会立法
1991	3	13
1992	3	14
1993	11	23
1994	4	16
1995	3	21
1996	3	18
1997	5	18
1998	4	15
1999	3	20
2000	1	14
2001	2	22
2002	3	21
2003	4	11
2004	1	20
2005	2	15
2006	0	15
2007	5	22
2008	2	8
2009	0	16
2010	1	14
2011	0	13
2012	4	20
2013	0	9
2014	0	15
2015	1	30
2016	1	21
2017	8	6
合计	113	553

全国人大常委会在立法数量上之所以远较全国人大多，我们认为其主要原因有二：其一，全国人大代表人数众多、会期短等因素影响和制约了它充分行使国家立法权，特别是1982年《宪法》生效实施后，全国人大常委会成为和全国人大共同行使国家立法权的主体，从而使得全国人大常委会实际上成为行使国家立法权的主要机关；[①]其二，从1982年《宪法》关于全国人大和全国人大常委会立法权限划分的规定来看，全国人大修改宪法、制定和修改基本法律，全国人大常委会除制定和修改法律外，还可以在全国人大闭会期间有条件地对基本法律进行部分补充和修改。这样一来，全国人大常委会的立法权限实际上要比全国人大的立法权限更为宽泛，而且基本法律本来在数量上就应该比法律要少。

三、不同部门立法的数量分析

图6-8反映了我国各法律部门法律数量（含现行有效的法律和已失效的法律）的对比情况，从中可以发现，各法律部门的法律数是不均衡的。[②] 在七个法律部门中，行政法部门的法律数高居首位，为115件，占比32.12%。经济法部门紧随其后，法律数为87件，占比24.3%。法律数量排名第三的法律部门是宪法及宪法相关法，为68件，占比18.99%。民商法部门的法律数也较多，为41件，占比11.45%。社会法、诉讼与非诉讼程序法及刑法三个法律部门的法律数相对较少，它们占法律总数的比例均不到10%。其中，法律数量最少的法律部门是刑法，只有5件。

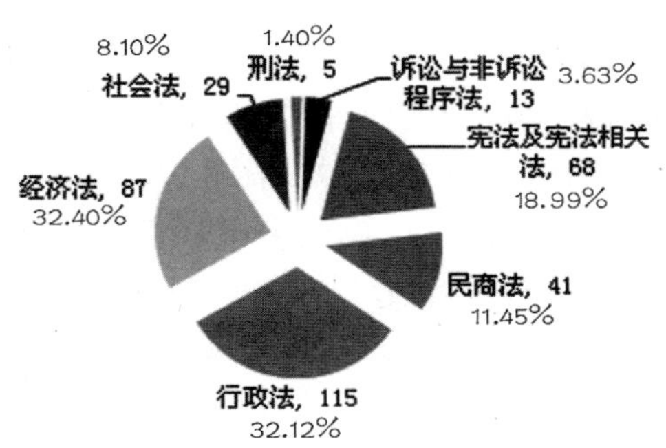

图6-8 各法律部门法律数量对比（有效与失效）

① 正如有学者所指出的，"实际上，全国人大保持了立法机关的象征性职能，全国人大常委会则变成了一个立法过程中更有权力和更有影响力的参与者"。孙哲：《全国人大制度研究（1979—2000）》，法律出版社2004年版，第124页。

② 各部门法律数量的统计截止时间为2017年6月30日。

如图 6-9 所示,在我国现行有效的 256 件法律中,各法律部门的法律数量也是不均衡的,其排序情况和各法律部门在法律总数中的排序情况完全相同。[①] 行政法部门的法律数仍居第一,为 88 件,占比 34.38%。经济法部门的法律数为 59 件,占比 23.05%,位居第二。法律数量排名第三的法律部门仍然是宪法及宪法相关法,为 42 件,占比 16.41%。民商法部门的法律数为 33 件,占比 12.89%。社会法、诉讼与非诉讼程序法及刑法三个法律部门的法律数在现行有效的法律总数中所占比例均不到 10%,刑法是现行有效的法律数量最少的法律部门。[②]

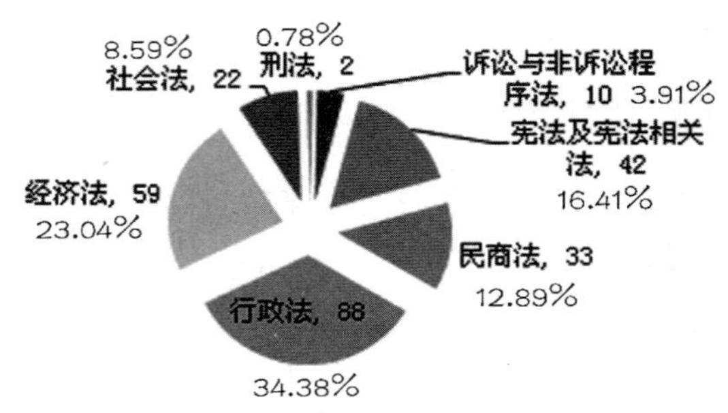

图 6-9 各法律部门法律数量对比(有效)

虽然法律的数量是反映法律部门发达程度的一项重要指标,但显然不能由此得出法律数量越多的法律部门就越发达的结论。一国法律体系中各法律部门的法律数量的多寡是由多方面因素综合决定的:首先是法律部门调整领域的广泛程度,一般而言,调整领域越广泛的法律部门,需要其调整的社会关系的范围和种类也越广和越多,客观上也就需要该法律部门有更多数量的法律来实现其调整功能;其次是法律部门的法典化程度——法典化程度越高的法律部门其法律数量越少,换言之,法典化程度低的法律部门的法律数量一般要较法典化程度高的法律部门为多;再次是立法机关的重视程度,即立法机关在一定时期愈加"看重"的法律部门,该法律部门在该时期则必然成为立法工作的重点而使其法律数量不断增加。

① 现行有效的法律数量的统计截止时间为 2017 年 6 月 30 日。

② 值得注意的是,判断一国法律体系中各法律部门法律数量的比例是否适当,不能单纯看各法律部门的法律数量是否均衡,而要结合各法律部门的现有法律已在多大程度上满足了其调整领域的各种社会关系对法律调整的需求来看。也就是说,只要各法律部门的现有法律已经能够满足各自调整领域的各种社会关系对法律调整的需求,即便是其中有些法律部门的法律数量相对于其他法律部门而言明显偏少,也不能由此简单地得出各法律部门法律数量的比例失当或不合理的结论。由于各法律部门调整领域的各种社会关系对法律调整的需求本身就存在数量上的差异性,因此,一国法律体系中各法律部门在法律的数量上并不一定要保持绝对的均衡。

就我国七个法律部门现行有效的法律数量而言，行政法的法律数量之所以高居首位，其主要原因在于行政法不仅调整领域非常广泛，而且法典化程度很低。刑法的调整领域虽然也非常广泛，但其法典化程度在目前七个法律部门中是最高的，所以其法律数量最少。诉讼和非诉讼程序法的法律数量较少，亦和其法典化程度较高有关。经济法和民商法的法律数量较多，则主要是因为改革开放以来，尤其是实行市场化改革以后我国国家立法机关对“经济立法”的重视，同时也和这两个法律部门的法典化程度较低有着直接的关联。① 宪法及宪法相关法的法律数量能够位居第三，则主要有三方面的原因：调整领域非常广泛，虽然宪法的法典化程度很高但宪法相关法的法典化程度较低。社会法的法律数在现行有效的法律中所占比例虽然也不到10%，但要比刑法、诉讼与非诉讼程序法的法律数量多，也和社会法的法典化程度偏低相关，近年来我国国家立法机关越来越重视社会立法也是其中的原因之一。②

① 1980年，《全国人大常委会工作报告》指出：“随着四个现代化建设事业的发展，经济立法的工作已越来越重要……今后随着经济的调整和经济体制改革工作的进展，需要进一步加强经济立法。”1984年，《中共中央关于经济体制改革的决定》进一步提出：“经济体制的改革和国民经济的发展，使越来越多的经济关系和经济活动准则需要用法律形式固定下来。……国家立法机关要加快经济立法。” 1993年《宪法修正案》明确规定：“国家加强经济立法，完善宏观调控。”1994年，八届全国人大常委会二次会议提出：“按照宪法的要求，常委会把经济立法作为第一位的任务，争取在本届任期内大体形成社会主义市场经济法律体系的框架。”而所谓“经济立法”，实际上是一个非常宽泛的概念，并非仅限于经济法部门意义上的立法，也包括其他调整经济关系的立法。从法律部门归属上看，经济法部门立法和大多数民商法部门立法，甚至包括部分行政法部门立法，都可归入“经济立法”的范围之内。在此背景下，经济法和民商法这两个法律部门也就“很自然”地成为各届全国人大及其常委会立法工作的重点。例如，在1993年3月至2008年3月，全国人大及其常委会的立法总件数为130件，其中，经济法部门立法33件，民商法部门立法20件，二者合计53件，占比40.77%。

② 从八届开始，在全国人大常委会立法规划中，社会法立法项目所占比重的逐届递增，说明全国人大及其常委会在加强经济立法的同时，对社会立法也愈来愈重视。特别是在2002年党的十六大提出建设社会主义和谐社会和2007年党的十七大提出深入贯彻落实科学发展观、加快推进以改善民生为重点的社会建设之后，社会立法逐渐成为全国人大及其常委会立法工作的重点。从2007年3月十届全国人大五次会议开始，吴邦国委员长在《全国人大常委会工作报告》中多次提出，要在继续完善经济、政治、文化等领域立法的同时，着力加强社会领域立法，为构建社会主义和谐社会提供有力的法律保障。2010年，为适应立法工作需要，进一步加强社会立法，经中央机构编制委员会批准，全国人大常委会法制工作委员会成立了社会法室。随着我国加强社会管理、发展社会事业对立法的需求的不断增长，社会立法在今后相当时期内仍将是全国人大及其常委会立法工作的重点。

第三节　国家立法权运行过程的程序分析

一、立法规划和起草法案

(一)立法规划

立法规划就是有权主体依照一定原则和程序对未来一定时期内的立法目标和项目作出的总体安排。[①] 科学合理的立法规划在优化立法次序、突出立法重点、均衡立法结构、节约立法成本、提高立法质量等方面具有重要作用。

1949年后,很长一段时间内既无立法规划的制度规范,亦无制定和实施立法规划的实践。直到改革开放以后,随着立法需求的不断增强和大规模立法活动的开展,立法规划才逐渐进入人们的视野,成为立法准备阶段的一项重要工作。最初的立法规划工作主要是由国务院进行的:1981年,国务院经济法规中心拟定了《1982—1986年经济立法规划》;1986年,国务院法制局拟定的《1986年立法计划》获国务院批准;1987年,国务院制定了"七五"期间的立法规划。[②] 七届之前,全国人民代表大会常务委员会没有正式的立法规划。1985年1月,六届全国人大常委会第九次会议结束后,全国人大常委会召集省级人大常委会的负责同志座谈,请各地提出在对外开放和经济体制改革中,需要制定哪些法律。会后,全国人大常委会决定,要分轻重缓急,有计划地根据具体情况加快经济立法工作。1988年7月,七届全国人大常委会第二次会议通过的工作要点明确提出,立法工作要制定规划,抓住重点,有计划、有步骤地进行。与此同时,法律委员会提出了《关于五年立法规划的初步设想》,并印发七届全国人大常委会二次会议。1989年4月,七届全国人大二次会议结束后,全国人大常委会秘书处拟定了《关于七届全国人大立法工作的安排意见》,明确了列入安排意见的法律草案的起草单位和提请审议的时间。1991年,七届全国人大常委会制定了《全国人大常委会立法规划(1991年10月—1993

---

① 关于立法规划的性质,有学者指出,立法规划是准法性质的规范性文件,它具有法的性质,但又非完全意义上或典型意义上的法,而是特殊意义上的法,即"准法"或"半法"。参见周旺生:《关于立法规划的几个理论问题》,载《北京大学学报(哲学社会科学版)》1993年第3期。对此,持不同意见者认为立法规划最终形成的文本并非"法",不具有"法"的性质,同时也不是"准法",立法规划是体现立法政策的、有一定约束力与强制性的规范性法律文件。参见李雅琴:《论立法规划的性质》,载《河北法学》2010年第9期。

② 最初,国务院的立法规划不仅包括自己有权制定的法规项目,还包括应当由全国人大及其常委会制定的法律项目,1993年,从八届全国人大开始,国务院和全国人大常委会才在各自的立法权限范围内分别制定立法规划或立法计划。

年3月)》,[1]这是全国人大常委会第一个正式的立法规划。此后,从八届开始,每届全国人大常委会在届初制定当届立法规划,已成为一种立法惯例并延续至今。同时,为具体落实五年立法规划,一般在上一年年末由全国人大常委会有关工作机构编制次年的年度立法计划草案(届初当年除外),由委员长会议审议通过。1998年,九届全国人大常委会提出立法工作要做到"年度有计划、五年有规划、长远有纲要"。2002年,全国人大常委会办公厅设立秘书二局,专门负责立法规划和立法计划的起草和落实工作,以加强专门委员会和起草单位的联系,及时掌握法律草案的起草情况,督促法律草案按时提请审议。2007年,全国人大常委会对立法工作机制作出重要调整,决定由法制工作委员会承担立法的规划、组织、协调、指导、服务等职能,统筹立法工作的全过程,并在法制工作委员会设置立法规划室,专门负责原办公厅秘书二局承担的工作。此外,为了使立法规划和立法计划的编制和实施更加规范,全国人大常委会还制定了《关于全国人大常委会立法规划及年度立法计划的制定工作程序》。[2]

表6-10 七届至十二届全国人大常委会立法规划一览表

届别	立法规划	起讫时间
七	《全国人大常委会立法规划》	1991年10月—1993年3月
八	《八届全国人大常委会立法规划》	1993年3月—1998年3月
九	《九届全国人大常委会立法规划》	1998年3月—2003年3月
十	《十届全国人大常委会立法规划》	2003年3月—2008年3月
十一	《十一届全国人大常委会立法规划》	2008年3月—2013年3月
十二	《十二届全国人大常委会立法规划》	2013年3月—2018年3月

① 该立法规划制定时,离七届全国人大及其常委会任期届满仅剩一年多时间,因此,相对于八届以后全国人大常委会的五年立法规划而言,这是一个"不完整"的立法规划。

② 该文件在性质上属于内部工作文件,并不具有法律约束力。

表 6-11 七届至十二届全国人大常委会立法规划落实情况统计表

届别	类别与件数	落实情况							
		已审议		未审议		通过		审议未通过	
		数量	比例(%)	数量	比例(%)	数量	比例(%)	数量	比例(%)
七	一类(21件)	13	61.90	8	38.10	10	47.62	3	14.29
	二类(43件)	2	4.65	41	95.35	2	4.65	0	0
	合计(64件)	15	23.44	49	76.56	12	18.75	3	4.69
八	一类(115件)	70	60.87	45	39.13	66	57.39	4	3.48
	二类(37件)	8	21.62	29	78.38	7	18.92	1	2.70
	合计(152件)	78	51.32	74	48.68	73	48.03	5	3.29
九	一类(63件)	45	71.43	18	28.57	41	65.08	4	6.35
	二类(26件)	11	42.31	15	57.69	8	30.77	3	11.54
	合计(89件)	56	62.92	33	37.08	49	55.06	7	7.87
十	一类(59件)	39	66.10	20	33.90	36	61.02	3	5.08
	二类(17件)	4	23.53	13	76.47	4	23.53	0	0
	合计(76件)	43	56.58	33	43.42	40	52.63	3	3.95
十一	一类(49件)	24	48.98	25	51.02	23	46.94	1	2.04
	二类(15件)	1	6.67	14	93.33	1	6.67	0	0
	合计(64件)	25	39.06	39	60.94	24	37.50	1	1.56
十二	一类(47件)								
	二类(21件)								
	三类								
	合计(68件)								
总体落实情况	一类(258件)	167	64.73	91	35.27	153	59.30	14	5.43
	二类(123件)	25	20.33	98	79.67	21	17.07	4	3.25
	合计(381件)	192	50.39	189	49.61	174	45.67	18	4.72

注:(1)从八届全国人大起,第一类为"本届内审议的法律草案",第二类为"研究起草、成熟时安排审议的法律草案";(2)十二届的第一类项目为"条件比较成熟、任期内拟提请审议的法律草案",第二类项目为"需要抓紧工作、条件成熟时提请审议的法律草案",第三类项目为"立法条件尚不完全具备、需要继续研究论证的立法项目",其中第三类项目未列出具体的法律草案名称,故十二届立法项目的总数不含第三类项目;(3)已审议包括审议通过和审议未通过;(4)本表中的各项比例,均以各届立法规划中各类立法项目的总件数为计算的基数。(5)十一届的数据,统计截止时间为 2011 年 6 月

30 日。(十一届和十二届的数据和总体落实情况的数据为笔者所加)

资料来源:全国人大常委会法工委立法规划室:《中华人民共和国立法统计》,中国民主法制出版社 2008 年版,第 299～353 页。

表 6-11 的统计数据表明,各届全国人大常委会立法规划的立法项目数多寡不一,总体上呈下降趋势:七届 64 件,到八届时增加到 152 件,为历届最多,八届以后,逐届下降。[①] 就第一类和第二类立法项目的数量对比而言,七届和其余各届的差异非常明显。在七届全国人大常委会立法规划中,二类项目远远超过一类项目,后者仅占总立法项目数的 32.81%;而在八届至十二届全国人大常委会立法规划中,二类项目则远远少于一类项目,后者所占比重均超过了 60%。之所以如此,笔者认为,其主要原因在于七届全国人大常委会立法规划制定时,七届全国人民代表大会及其常委会的任期已仅剩一年多时间,故其安排的立法项目主要是二类项目。八届至十二届全国人大常委会立法规划中立法项目数逐届下降的趋势,和同期各届全国人民代表大会及其常委会实际立法数的逐届下降是一致的。这在一定程度上反映了不同时期立法需求的变化和全国人民代表大会及其常委会立法任务的繁重程度。

在立法规划的落实方面,全国人大常委会立法规划中的立法项目的审议率和通过率总体上均不高。[②] 两类立法项目的平均审议率和通过率分别为 50.39%和 45.67%。其中,一类项目的平均审议率和平均通过率分别为 64.73%和 59.3%,均明显高于二类项目,七届至十届,立法规划中已审议的一类和二类项目之比分别为:即七届已审议的 15 件法律草案中,一类 13 件,二类 2 件,双方之比为 13∶2,依此类推。也就是说,以审议率和通过率作为评价标准,一类项目的落实情况要好于二类项目。之所以如此,笔者认为主要原因在于两类立法项目的性质不同,即一类属于“本届内审议的法律草案”,而二类属于“研究起草、成熟时安排审议的法律草案”。也就是说,二类项目本身就是“研究起草、在条件成熟时才安排审议”的法律草案。因此,在目前这样一种立法项目二分法的架构下,评价各届全国人大常委会立法规划的落实情况,主要应该看一类项目的审议率和通过率。[③] 七届至十届中立法规划落实情况最好的是九届,两类立法项目合计审议率和通过率分别为

① 十二届的立法项目数较之于十一届略有上升。

② 这里的通过率是以立法项目的总数为计算基准的,如果以已审议的立法项目数为计算基准,则“通过率”是非常高的。例如,七届至十届全国人大常委会立法规划中共有 192 件立法项目在本届内已审议,其中就有 174 件立法项目获得通过,其“通过率”高达 90.63%。也就是说绝大多数经审议并交付表决的立法项目都能获得通过。

③ 在笔者看来,对两类立法项目落实情况的评价标准应该是不同的:对一类项目,主要看其审议率和通过率;对二类项目则主要看其是否已研究起草,审议率和通过率仅作为参考标准。

62.92%和55.06%，二者均为历届最高；立法规划落实情况最差的是七届，两类立法项目合计审议率和通过率分别为23.44%和18.75%，二者均为历届最低。[①]

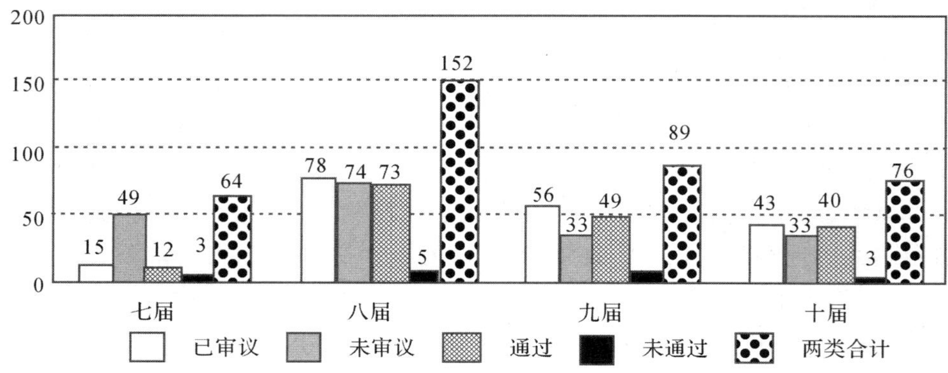

图6-10　七届至十届全国人大常委会立法规划落实情况对比图(两类合计)

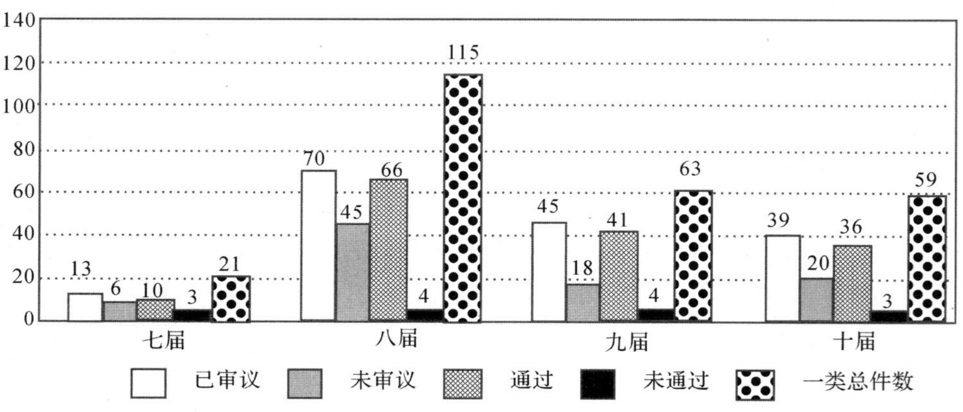

图6-11　七届至十届全国人大常委会立法规划落实情况对比图(一类)

图6-11反映了七届至十届全国人大常委会立法规划一类项目的落实情况。一类项目的审议率均在60%以上，最低为八届的60.87%，最高为九届的71.43%。一类项目的通过率，除七届为47.62%外，其余三届，均超过50%，最高者为九届的65.08%。较之于二类项目，一类项目的审议率和通过率都更高。

图6-12反映了七届至十届全国人大常委会立法规划二类项目的落实情况。二类项目的审议率和通过率都很低。其中，审议率最低者为七届的4.65%，最高者为九届的42.31%；通过率最低者为七届的4.65%，最高者为九届的30.77%。同一类项目相比，二类项目的审议率和通过率均低得多。

表6-12统计的列入七届至十一届全国人大常委会立法规划中的制定类立法

① 单就一类立法项目的落实情况而言，七届的一类立法项目已审议率略高于八届。

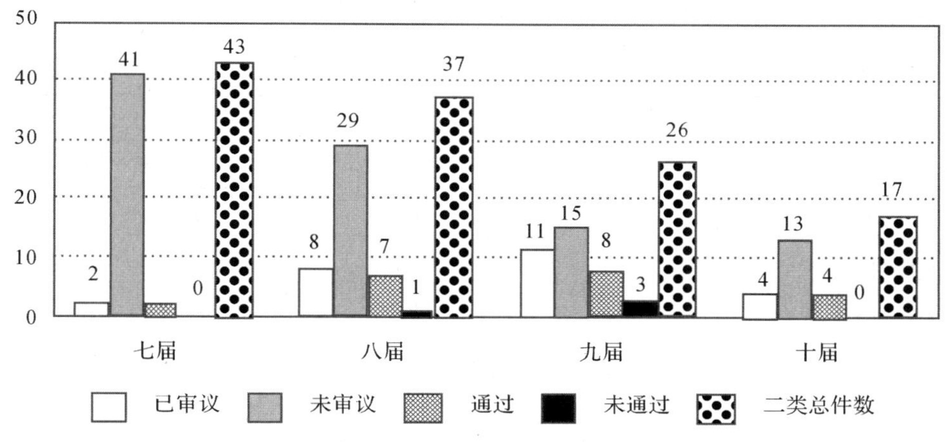

图 6-12　七届至十届全国人大常委会立法规划落实情况对比图(二类)

项目和修改类立法项目的数量情况,显现出二者之间明显的"此消彼长"的发展态势:制定类立法项目所占比重逐届下降,而修改类立法项目所占比重则逐届上升。这种发展趋势和同期全国人民代表大会及其常委会实际立法中制定法律与修改法律的数量情况是基本一致的。[①] 全国人大常委会立法规划中制定类立法项目和修改类立法项目的数量变化,是全国人民代表大会及其常委会的立法工作从以制定法律为主逐渐转移到制定法律和修改法律并重的发展趋势的量化显现,体现了全国人民代表大会及其常委会立法工作重心的渐进转移性,即从以制定法律为主逐渐转移到制定法律和修改法律并重的发展趋势。具体而言,七届和八届全国人民代表大会及其常委会的立法工作是以制定新的法律为主,并少量地修改原有法律;从九届开始,全国人民代表大会及其常委会在实际立法中愈来愈重视法律修改的工作,法律修改的数量超过了法律制定的数量。可以预见的是,随着中国特色社会

---

① 根据笔者的统计,从七届到十届,全国人大及其常委会制定法律和修改法律的比率依次为:8.8/1、3.88/1、0.88/1、0.76/1。另据李林研究员的统计,截至 2008 年 2 月 28 日,在全国人大及其常委会制定的现行有效的 229 件法律中,有 71 件法律被修改,占现行有效法律总数的 31%。从年份看,现行有效法律的修改情况是:1978—1982 年制定法律 22 件,修改 0 件;1983—1992 年制定法律 70 件,修改 1 件;1993—2002 年制定法律 98 件,修改 33 件;2003—2008 年,制定法律 32 件,修改 37 件。参见李林:《中国立法的现状、经验和未来发展》,载李林:《全面落实依法治国基本方略》,中国社会科学出版社 2009 年版,第 331～332 页。

主义法律体系的正式形成，这一比率将进一步朝法律修改的方向倾斜。[①]

表 6-12　七届至十一届全国人大常委会立法规划中制定类和修改类立法项目数据统计表

届　别	制定类立法项目		修改类立法项目		两类立法项目的比率
	件数	比例(%)	件数	比例(%)	
七届	59	92.19	5	7.81	11.8/1
八届	121	79.61	31	20.39	3.9/1
九届	63	70.79	26	29.21	2.42/1
十届	46	60.53	30	39.47	1.53/1
十一届	36	56.25	28	43.75	1.29/1

资料来源：七届至十一届全国人大常委会立法规划。

立法规划中制定类立法项目与修改类立法项目及实际立法中法律制定和法律修改"此消彼长"的数量变化情况，还在一定程度上反映了全国人大及其常委会的立法工作从"数量型立法"向"质量型立法"转变的发展趋势。改革开放以来，我国立法数量的急剧增长和改革开放之初我国法律体系极不完备、各领域普遍存在无法可依的问题有着直接的关联。正如邓小平针对当时的情况所指出的："现在的问题是法律很不完备，很多法律还没有制定出来。""成熟一条就修改补充一条。不要等待'成套设备'。总之，有比没有好，快搞比慢搞好。"[②]在此特定的时代背景下，立法数量的快速增长固然是评价和衡量我国立法状况的一项重要指标。但不容忽视的是，在一定时期内，我国的立法工作在追求"数量型发展"的同时，也存在难以顾及，甚至不太重视立法质量的问题。如果说该问题在立法的数量矛盾仍然是立法工作中的主要矛盾时，还表现得不太明显和突出的话，那么，随着我国立法的数量达到一定规模，各领域无法可依的局面有了一定改观后，则日益突显出来了。为此，从九届开始，全国人大及其常委会日渐重视立法的质量，并采取了一些具体措

① 2011年1月24日，吴邦国委员长在形成中国特色社会主义法律体系座谈会上的讲话中明确指出："我们的法律体系形成后，应当把更多的精力放到法律的修改完善上来，放到配套法规的制定上来，当然还要制定一些新的法律，以适应形势发展的需要，推动中国特色社会主义法律体系的与时俱进和发展完善。"全国人大常委会法制工作委员会：《中国特色社会主义法律体系学习读本》，新华出版社2011年版，第10～11页。

② 《邓小平文选》第2卷，人民出版社1994年版，第146～147页。

施。[①] 将修改法律与制定法律置于同等重要的地位，愈发重视法律修改工作，就是其中之一。这是因为，之所以要修改原有法律，要么是原有法律已滞后于社会发展的需求，要么是原有法律本就存在质量问题，或者二者兼而有之。[②] 无论是哪种情况，修改法律都是完善原有法律、提高立法质量的重要途径和有效举措。中国特色社会主义法律体系形成以后，我国立法工作从数量型立法向质量型立法转变的趋势将更加明显。

改革开放以来，立法规划的制定和实施，对于满足社会生活各领域对立法的高需求，[③]对于提高立法质量和立法效率、降低立法成本，以及中国特色社会主义法律体系的形成，均发挥了重要的作用。但是，从立法规划制定和实施的总体情况来看，我国的立法规划工作在制度建设和实际运作上，都存在许多亟待完善之处。

第一，立法规划的制度缺位。制定和实施立法规划的实践虽然在我国已经有30多年的时间，并已成为一种稳定的立法惯例，但由于这主要是立法准备阶段的一项工作，不在正式立法程序的规范范围之内，因此，立法规划工作尚未实现规范化和制度化，不仅在《宪法》中没有相关规定，甚至在《立法法》这样专门规范立法活动的基本法律中也没有任何规定。[④] 正是由于缺乏相应的制度规范，以至于立法规划权的性质、归属和立法规划的效力不甚明确，立法规划的制定和实施过程缺乏程序性规范，从而最终使得立法规划工作具有很大的随意性与不确定性。为了实现立法规划的规范化、程序化、民主化和科学化，提高立法规划的质量，建议在《立法法》中对立法规划作出专门性的制度安排，就立法规划权的归属和立法规划的效

① 这些具体措施，除重视法律的修改外，还包括：在立法程序上，将常委会审议法律草案的审次由以往的“两审制”改为“三审制”，并通过公布重要的法律草案等途径增强立法的民主性；在立法周期方面，相对放慢了立法步伐，延长了单件立法从提出法案到通过法案的时间。参见朱景文主编：《中国法律发展报告——数据库和指标体系》，中国人民大学出版社2007年版，第124页。

② 关于法律修改原因较为全面的论述，参见杨斐：《法律修改研究——原则・模式・技术》，法律出版社2008年版。

③ 改革开放以后，中国立法机关持续性地开展立法规划工作，在很大程度上就是为了在短期内迅速解决社会生活各领域存在的“无法可依”的紧迫问题。

④ 2002年1月1日实施的《行政法规制定程序条例》第二章专章对立法计划和立项作了规定，要求国务院于每年年初编制本年度的立法工作计划，只要适应改革、发展、稳定的需要，有关改革实践经验基本成熟，所要解决的问题属于国务院职权范围并需要国务院制定行政法规的事项，均可以申请立项。国务院法制机构根据国家总体工作部署对部门报送的行政法规立项申请汇总研究，拟定国务院年度立法工作计划后，由国务院审查批准。于2002年1月1日施行的《规章制定程序条例》亦对立法计划作出了明确规定，“国务院部门法制机构，省、自治区、直辖市和较大的市的人民政府法制机构，应当对制定规章的立项申请进行汇总研究，拟定本部门、本级人民政府年度规章制定工作计划，报本部门、本级人民政府批准后执行。”（第11条）“对于列入年度规章制定工作计划的项目，承担起草工作的单位应当抓紧工作，按照要求上报本部门或本级人民政府决定。”（第12条）但是行政法规制定程序与规章制定程序仅对国务院及其部委的立法规划活动具有约束力。

力、制定程序、实施及调整等作出明确规定。

第二，立法规划的民主性和科学性不够。《立法法》第5条规定："立法应当体现人民的意志，发扬社会主义民主，坚持立法公开，保障人民通过多种途径参与立法活动。"一般认为，该条规定确立了我国立法的民主性原则。为贯彻该原则，全国人大常委会或其工作机构，在正式立法阶段中，一直很重视通过座谈会、论证会、听证会及公布法律草案等形式和途径听取各方面的意见，从而极大地促进了我国立法的民主化进程；在立法规划的制定过程中，近年来也开始采取各种方式听取各方面意见。但是，相对于正式立法阶段而言，立法规划制定过程的民主性仍显不够。就总体而言，立法规划的制定过程基本上还是立法机关和行政机关的内部过程，缺乏必要的开放性。例如，迄今为止，全国人大常委会或其工作机构未就立法规划的制定召开过听证会，也未有公布立法规划草案征求意见实例，[①]即便是召开座谈会、论证会，参加的也主要是专家、学者和官员，普通民众仍然缺乏参与立法规划这一配置立法资源和控制立法输入的立法过程的途径和机会。这表明我国立法规划工作的民主性亟待加强。

立法规划是规划制定者实施的一项有目的、有意识的自觉活动，而依法律调整社会发展过程中的需要则是客观的，要想使二者统一起来，规划制定者就必须使自己的主观符合客观。因此，立法规划工作本身应当是一种科学活动，不仅要符合社会发展的客观需要，还要尊重立法规划本身的规律。然而，从我国立法规划制定和实施的情况来看，其科学性明显不够。这主要表现在以下几个方面：(1)立法规划工作缺乏通盘考虑和系统安排，对相关单位和部门所报的立法项目缺乏筛选和充分论证，重点不突出，随意性较大，以至于有的立法规划被人们称为"拼盘"；[②](2)立法规划制定过程中的立法调研和立法预测不够，以至于有的立法规划脱离客观实际，既不具有现实的可行性，又缺乏前瞻性；(3)立法规划本身的体系设计不合理，立法项目之间及立法项目和现行法律、法规之间既有交叉重叠，又有空白地带。

第三，立法规划的实施情况不理想。从上文对全国人大常委会立法规划落实情况的分析可以发现，其实施情况是不尽如人意的，这主要体现在审议率和通过率偏低。即便是立法规划中的一类项目，其已审议率也仅在60.87%～71.43%，也就是说，有30%～40%的一类项目是落实不了的。立法规划制定出来后，相当数量的立法项目难以落实，这既会影响特定立法项目的立法进程，使得立法工作不能

① 近年来，一些地方(北京、福建、云南、甘肃、山东、四川、宁夏、湖北等)的人大常委会曾在制定地方性法规立法规划的过程中向社会公开征集立法项目建议。云南省人大常委会还通过了《关于向社会公开征集立法项目和法规草案稿的决定》。北京市人大常委会将2003年至2007年五年立法规划项目建议草案公布后，市民参与热情高，参与群体覆盖面广，建议质量高，60%以上立法建议被采纳。参见朱力宇、张曙光：《立法学》，中国人民大学出版社2009年版，第93页。

② 李培传：《论立法》，中国法制出版社2004年版，第107～108页。

回应相关领域的立法需求，更会影响立法规划本身的权威性和严肃性。因此，必须在剖析其原因的基础上，探究提高立法规划落实率的有效途径与措施。就前者而言，笔者认为，导致立法规划落实情况不理想的原因是多方面的，除了上述立法规划的制度缺失和立法规划的民主性与科学性不够这两方面的原因外，还有以下几个方面的原因：

(1)立法规划制定后，社会客观情势发生了重大变化，导致立法规划中原定的某些立法项目的紧迫性或必要性发生改变，或者使得其制定条件尚不具备。这实际上同时也说明立法规划本身的前瞻性和科学性不够。也就是说，在确定某些立法项目时，对于社会客观情势将来可能发生的变化及立法项目的必要性和可行性等缺乏科学预测和充分论证，以至于"计划不如变化"——立法规划难以应对社会形势的发展变化，从而致使相应立法项目不能落实，并因此影响立法规划的整体落实率。

(2)立法规划制定和实施过程中部门利益显现，在各部门的利益发生冲突时，又缺乏有效的协调机制。立法在本质上是经由特定的程序确立调整各种利益关系的一般性规范。因此，立法过程也就是利益选择、取舍和协调的过程。就立法规划的制定和实施而言，前者关涉立法项目安排的先后次序利益，后者则直接影响相关主体的利益得失。[①] 这就使得前述法律草案起草过程中的"部门利益问题"同样有可能在立法规划制定和实施过程中发生。从全国人大常委会立法规划的制定和实施情况来看，确实存在部门利益的显现和冲突问题。例如：在编制立法规划时，各主管部门竞相提出"符合"本部门利益的立法项目，并阻挠那些"不符合"本部门利益的立法项目列入立法规划；在实施立法规划时，利益相关部门对于前者是积极落实，对于后者则是能不落实就不落实，甚至为其落实人为地设置障碍和阻力。而当各部门之间因立法规划的制定或实施发生利益冲突时，又缺乏有效的协调机制予以协调，在很多情况下，常委会自身的协调能力也明显不够。

(3)立法规划实施过程中回避矛盾、避重就轻、拈易怕难的做法，也在一定程度上影响了立法规划的有效落实。由于立法规划的实施本身就关涉相关主体的利益，而且对于列入立法规划中的立法项目，不同主体之间也会有不同的意见，甚至还会有争议，因此，立法规划实施过程中同样存在不同主体间的利益冲突和矛盾。就列入立法规划中的立法项目而言，不同的立法项目之间，其落实的复杂和难易程度也是不同的：有些立法项目落实起来相对简单和容易，而有些立法项目却比较复杂且难度较大。这就使得立法机关在实施立法规划时，必须面对矛盾和困难而作

---

① 在立法规划制定过程中，由于立法资源的有限性，使得先安排"谁"提出的立法项目本身就成为一种利益；而在立法规划实施过程，特定立法项目的落实情况——是否提请审议及是否获得通过——则有可能在给某些主体带来相关利益的同时，而使得另一些主体的利益受到减损。

出选择:是直面矛盾还是回避矛盾?是迎难而上还是先易后难?从以往全国人大常委会立法规划实施的情况看,在大多数情况下,立法机关是选择了前者。这样一种选择,必然会使得那些在各有关方面之间存在较大争议,甚至矛盾,以及那些制定或修改起来比较复杂和难度较大的立法项目,在立法规划实施时难以得到有效落实。[①]

为此,笔者认为,要改变我国立法规划实施情况不佳的现状,首先,应当加强立法规划的制度建设,尤其要强调立法规划的约束力。建议在《立法法》中对立法规划作出专门性的制度安排,就立法规划权的归属和立法规划的效力、制定程序、实施及调整等作出明确规定。由立法机关在其立法规划权限范围内制定的立法规划具有类似于"法"的性质和效力,对于相关立法活动应当具有约束力,如对于列入立法规划的立法项目,必须安排人力、物力及时间组织实施,并且非有重大理由不得随意更改、废弃等。[②] 就全国人大常委会制定的立法规划而言,为了强调其约束力,应当在《全国人大常委会工作报告》中加入立法规划实施情况的内容,经此向全国人大汇报全国人大常委会实施立法规划情况,由全国人大进行审议,对于立法规划的调整和未落实的立法项目,应在报告中说明理由。

其次,应当增强立法规划本身的科学性,使立法规划活动尊重立法规划自身的客观规律,顺应社会发展的客观需要。具体而言,就是要加强立法规划制定过程中的立法调研和立法预测,在发扬民主和充分论证的基础上确定立法项目,以保证立法规划立足于我国的具体国情和社会现实的客观需要,既具有现实的可行性,又具有合理的前瞻性;在立法项目的选择和立法规划的体系设计上,注意不同立法项目之间及立法项目和现行法律、法规之间在调整对象和功能上的协调、统一与互补。

---

① 《电信法》立法项目即是典型例证。我国1980年就启动了《电信法》的起草工作,从七届开始,该立法项目先后四次被列入全国人大常委会立法规划,除七届为二类立法项目外,其余三届都是一类立法项目,但迄今仍未提交全国人大常委会审议。究其原因,除了我国电信业和电信市场的发展仍处于转型期、市场竞争机制和管理体制仍有待完善等因素外,一个很重要的原因就是《电信法》的制定涉及方方面面的利益,电信企业、政府主管部门、消费者群体等在电信业市场准入、监管体制、资费政策、消费者权益保护等问题上存在很大争议。

② 关于立法规划权的性质,学界尚未形成统一意见。笔者认为,对于立法规划权性质的界定,应当和立法规划权的归属与立法规划的效力结合起来考虑。也就是说,不同主体的立法规划权,具有不同的性质,作为立法规划权行使结果的立法规划的效力也不同。具体而言,当立法规划权由立法机关享有和行使时,它是由立法权派生的一项权力,其权能体现为对具有竞争性的不同立法项目优先次序的安排,实质上是一种立法资源配置权,此时的立法规划具有类似于法的效力,即具有"准法"的性质和效力;当立法规划权由立法机关以外的主体享有和行使时,其在性质上就只是一种立法建议权,是由立法提案权或行政权派生的一种权力,此时的立法规划的效力,则取决于立法机关对其是否采纳或批准,经立法机关采纳或批准者,和前一种立法规划具有同等效力,未经立法机关采纳或批准的立法规划对立法机关而言,则没有明确的和直接的约束力而仅具有间接的或潜在的约束力。

再次，应当采取有效措施，着力解决立法规划制定和实施过程中的“部门利益问题”。无论是制定立法规划，还是实施立法规划，都应从国家的整体利益和人民的根本利益出发，在尊重客观规律的前提下，统筹兼顾，正确认识不同利益诉求，妥善处理各部门、各方面对立法的需要，以调动各部门、各方面的立法积极性，有效利用立法资源，加快立法进程，提高立法质量。要强化国家立法机关在立法规划制定和实施过程中的主导性与权威性，避免立法规划权旁落，尽可能减少“部门立法规划”的色彩，从源头上预防和解决立法过程中的“部门利益问题”。要加强立法规划工作的民主性，通过公布立法规划草案、举行听证会、召开座谈会和论证会等形式和途径，征求各方面的意见，防止领导个人意志、个别主管部门、少数利益群体左右立法规划。[①] 要完善立法规划制定和实施过程中的协调机制，特别是要增强常委会的协调能力，在发生冲突和矛盾时，常委会主要领导应出面协调。

(二)起草法案

起草法案，是指有立法提案权的机关、组织和人员或受其委托的主体，将应当以书面形式提议的法案形诸文字的活动。[②]

对于起草法案是不是立法程序的组成部分，在学理上有不同的认识，多数著述是把它排除在立法程序的范围之外的。[③] 我国《立法法》在规定国家立法机关的立法程序时也没有对起草法案作出规定。[④] 尽管如此，但学界对于起草法案是立法过程中的一个必经阶段并具有重要作用的认识是基本一致的。有学者甚至指出，在有些国家，众多立法的命运实际上在这一阶段就被决定了，因为以后的审议、表决只是或主要是履行法定程序，徒具形式而已。[⑤] 以下主要对我国法律案的起草

---

① 为贯彻立法的民主性原则，全国人大常委会或其工作机构，在正式立法阶段中，一直很重视通过座谈会、论证会、听证会及公布法律草案等形式和途径听取各方面的意见，从而极大地促进了我国立法的民主化进程。在立法规划的制定过程中，近年来也开始采取各种方式听取各方面意见。但是，相对于正式立法阶段而言，立法规划制定过程的民主性仍显不够。就总体而言，立法规划的制定过程基本上还是立法机关和行政机关的内部过程，缺乏必要的开放性。例如，迄今为止，全国人大常委会或其工作机构未就立法规划的制定召开过听证会，也未有公布立法规划草案征求意见的实例，即便是召开座谈会、论证会，参加的也主要是专家、学者和官员，普通民众仍然缺乏参与立法规划这一配置立法资源和控制立法输入的立法过程的途径和机会。这表明我国立法规划工作的民主性亟待加强。

② 周旺生：《立法学教程》，北京大学出版社 2006 年版，第 453 页。

③ 苗连营：《立法程序论》，中国检察出版社 2001 年版，第 166 页。

④ 《立法法(草案)》(1999 年 8 月 6 日稿)和《中华人民共和国立法法(专家建议稿)》均将起草法案作为立法准备阶段的一项重要工作而作出规定。前者是将“规划和起草”放在“立法准备”一节，和“立法程序”一节并列；后者是将“规划和起草”放在“立法准备”一章，与“法律审议程序”“行政法规审定程序”“省级地方性法规审议程序”并列。

⑤ 周旺生：《立法学教程》，北京大学出版社 2006 年版，第 173 页。

展开分析。

《立法法》只规定了哪些主体有权向全国人大及其常委会提出法律案，并规定提出法律案应同时提出法律草案文本及其说明，对于向全国人大及其常委会提出的法律草案应由谁起草则未予规定。从起草法律案的实际情况来看，凡是有权向全国人大及其常委会提出法律案的主体都有权起草法律草案，但又不限于这些主体。具体情况如下：

1. 由全国人大主席团、全国人大常委会及其委员长会议、全国人大各专门委员会提出的法律案，一般由下列主体起草：(1)全国人大各专门委员会；(2)全国人大常委会法制工作委员会；(3)专门成立的法律起草委员会。

2. 由全国人大代表或全国人大常委会组成人员提出的法律案，一般由全国人大代表或全国人大常委会组成人员起草。但是，由于受条件所限，全国人大代表和全国人大常委会组成人员实际上很难承担法律草案的起草工作，所以，他们也就很少提出法律案。

3. 由国务院提出的法律案，通常由以下主体起草：(1)原国务院法制办公室；(2)国务院各部、委员会及直属机构。

4. 由最高人民法院和最高人民检察院提出的法律案，由最高人民法院和最高人民检察院起草，此类法律案一般是与审判工作或检察工作及审判组织或检察组织有关的法律案。

5. 由中央军事委员会提出的有关军事方面的法律案，由中央军委起草，主要由中央军委法制局具体负责。

6. 联合起草。对于那些涉及面比较广的法律，一般采取由一个部门牵头，各有关方面组成联合起草小组的方式负责起草。

7. 委托起草。有些法律草案，并非由享有提案权的国家机关起草，而是委托其他主体，如一些全国性的社团组织(全国总工会、全国妇联、共青团中央、科学技术协会、中国残疾人联合会等)起草。[①]

从七届至十一届全国人大常委会立法规划中所预定的具体立法项目的法律草案起草单位的情况来看，不同单位起草法律草案的数量是明显不均衡的。

图6-13反映了七届全国人大常委会立法规划预定的法律草案起草单位的情况。从中可以发现，国务院在法律草案的起草中占据绝对主导地位。在第一类21件拟提请审议的法律草案中，17件由国务院所属部门起草，占比为80.95%；1件

① 蔡定剑：《一个人大研究者的探索》，武汉大学出版社2007年版，第207～208页。

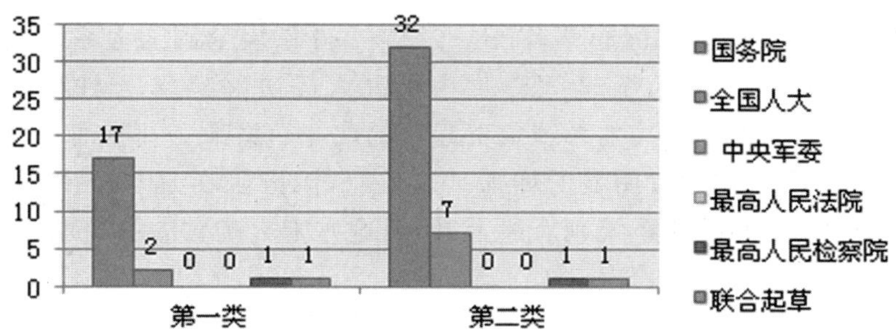

图 6-13　七届全国人大常委会立法规划各系统起草法律草案的件数对比图

资料来源：全国人大常委会法工委立法规划室：《中华人民共和国立法统计》，中国民主法制出版社 2008 年版，第 305～308 页。

由国务院所属部门与其他单位联合起草；2 件由全国人大系统起草；[①]1 件由最高人民检察院起草。在第二类 43 件拟抓紧时间调研论证的法律草案中，32 件由国务院所属部门起草，占比 74.42%；1 件由国务院所属部门和其他单位联合起草；7 件由全国人大系统起草；2 件由最高人民法院起草；1 件由最高人民检察院起草。

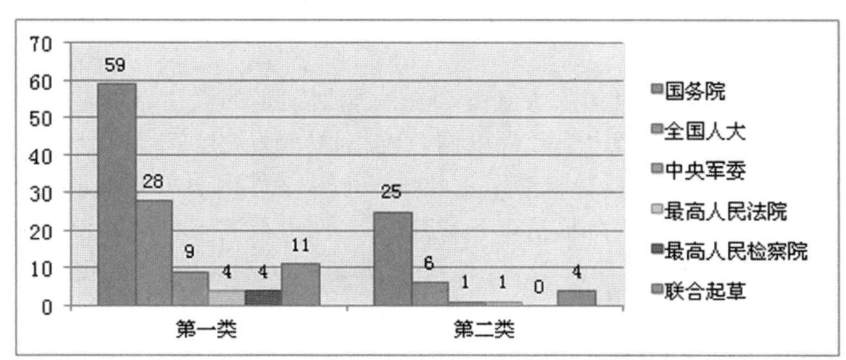

图 6-14　八届全国人大常委会立法规划各系统起草法律草案的件数对比图

资料来源：全国人大常委会法工委立法规划室：《中华人民共和国立法统计》，中国民主法制出版社 2008 年版，第 309～315 页。

图 6-14 反映了八届全国人大常委会立法规划预定的法律草案起草单位的情况。在第一类 115 件法律草案中，59 件由国务院所属部门起草，占比 51.3%；28 件由全国人大系统起草，占比 24.35%；9 件由中央军委系统起草；4 件由最高人民

---

① 这里的“全国人大系统”包括全国人大各专门委员会、全国人大常委会办公厅、全国人大常委会法制工作委员会、全国人大常委会预算工作委员会等全国人大及其常委会内部负责法律草案起草工作的部门或机构。

法院起草;4件由最高人民检察院起草;11件是联合起草。在第二类37件法律草案中,25件由国务院所属部门起草,占比67.57%;6件由全国人大系统起草,占比16.22%;1件由中央军委系统起草;1件由最高人民法院起草;4件是联合起草。相较于七届,国务院以外的其他系统负责起草的法律草案所占比重有所增加,特别是全国人大系统所占比重有明显的增加。这表明,国务院在起草法律草案中的地位和作用有所下降,而其他系统则有所上升,但这并未影响它的主导地位和作用。

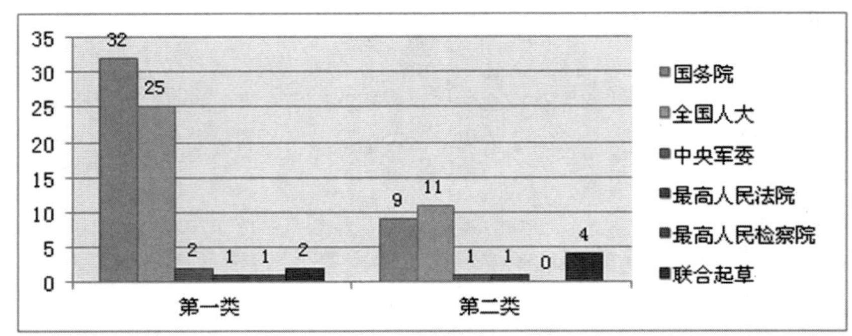

图 6-15　九届全国人大常委会立法规划各系统起草法律草案的件数对比图

资料来源:全国人大常委会法工委立法规划室:《中华人民共和国立法统计》,中国民主法制出版社2008年版,第316～320页。

图6-15反映了九届全国人大常委会立法规划预定的法律草案起草单位的情况。第一类63件法律草案中,32件由国务院提请审议或起草,占比50.79%;[①]25件由全国人大系统提请审议或起草,占比39.68%;2件由中央军委系统提请审议或起草;1件由最高人民法院提请审议或起草;1件由最高人民检察院提请审议或起草;2件是联合起草。[②] 第二类26件法律草案中,9件由国务院提请审议或起草,占比34.6%;11件由全国人大系统提请审议或起草,占比42.31%;1件由中央军委系统提请审议或起草;1件由最高人民法院提请审议或起草;4件是联合起草。同八届相比,由国务院起草的法律草案所占比重继续下降,特别是第二类,由67.57%下降至34.6%;而全国人大系统起草的法律草案所占比重,第一类由24.35%上升至39.68%,第二类由16.22%上升至42.31%。这表明,国务院在起

① 从九届开始,全国人大常委会立法规划中将提请审议机关或起草单位合并列入,对于由国务院提请审议或负责起草的,不再列出具体的起草部门,而是统称为“国务院”。因国务院所属部门无权向全国人民代表大会及其常委会提出法律案,而且由国务院提请审议的法律草案,通常都是由国务院所属部门起草,所以,这里仍然将其计入由国务院起草的件数。

② 63件法律草案中,《中华人民共和国宪法修正案(草案)》未列出提请审议机关或起草单位,因根据我国《宪法》第64条的规定,宪法的修改,由全国人大常委会或者1/5以上的全国人大代表提议,故将其计入由全国人大系统提请审议或起草。

草法律草案中的地位和作用继续下降，而全国人大系统的地位和作用则继续上升。但值得注意的是，在第一类法律草案中，由国务院提请审议或起草的，仍在50%以上。这表明它在起草法律草案方面，相对于其他系统而言，仍然居于主导地位。

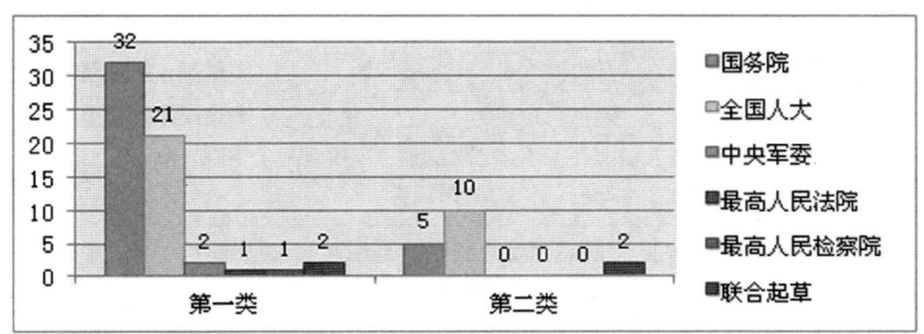

图 6-16　十届全国人大常委会立法规划各系统起草法律草案的件数对比图

资料来源：全国人大常委会法工委立法规划室：《中华人民共和国立法统计》，中国民主法制出版社2008年版，第321～324页。

图6-16反映了十届全国人大常委会立法规划预定的法律草案起草单位的情况。第一类59件法律草案中，32件由国务院提请审议或起草，占比54.24%；21件由全国人大系统提请审议或起草，占比35.59%；2件由中央军委系统提请审议或起草；1件由最高人民法院提请审议或起草；1件由最高人民检察院提请审议或起草；2件是联合起草。[①] 第二类17件法律草案中，5件由国务院提请审议或起草，占比29.41%；10件由全国人大系统提请审议或起草，占比58.82%；2件是联合起草。相较于九届，第一类法律草案中，由国务院起草的法律草案所占比重有所回升，第二类法律草案中由其起草的法律草案的比重下降了5个百分点；全国人大系统则恰好与之相反，其起草的法律草案所占比重，第一类由39.68%下降至35.59%，第二类由42.31%上升为58.82%。这体现了二者在起草法律草案方面此消彼长的互动关系。

图6-17反映了十一届全国人大常委会立法规划预定的法律草案起草单位的情况。在第一类49件法律草案中，33件由国务院提请审议或起草，占比67.35%；12件由全国人大系统提请审议或起草，占比24.49%；4件是联合起草。在第二类15件法律草案中，7件由国务院提请审议或起草，占比46.67%；4件由全国人大系统提请审议或起草，占比26.67%；4件是联合起草。相较于十届，在两类法律草案

① 59件法律草案中，《中华人民共和国宪法修正案（草案）》未列出提请审议机关或起草单位，因根据我国《宪法》第64条的规定，宪法的修改，由全国人民代表大会常务委员会或者1/5以上的全国人民代表大会代表提议，故将其计入由全国人大系统提请审议或起草。

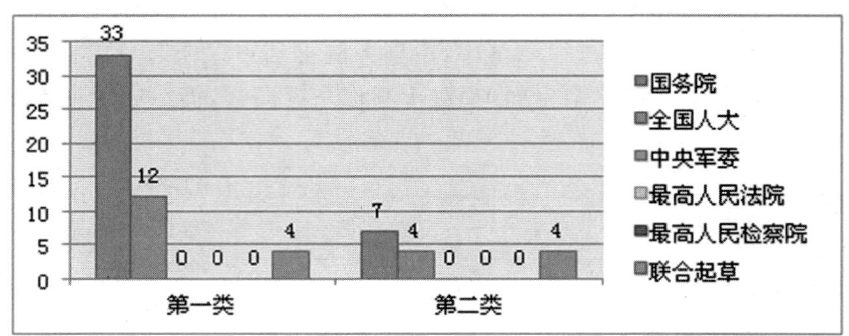

图 6-17 十一届全国人大常委会立法规划各系统起草法律草案的件数对比图

资料来源:《十一届全国人大常委会立法规划》。

中,由国务院起草的法律草案所占比重均有明显上升,第一类由 54.24%增加至 67.35%,第二类由 29.41%增加至 46.67%,而全国人大系统起草的两类法律草案所占比重则明显下降。值得注意的是,在十一届全国人大常委会立法规划所确定的法律草案提请审议机关或起草单位中,除中央军委和国务院联合起草 6 件法律草案外,最高人民法院和最高人民检察院都没有列入提请审议机关或起草单位。

表 6-13 七届至十一届全国人大常委会立法规划预定的立法项目起草单位数据统计表

系统	届别											
	七		八		九		十		十一		合计	
	一类	二类	一类	二类	一类	二类	一类	二类	一类	二类	件数	比例(%)
全国人大	2	7	28	6	32	9	21	10	12	4	131	29.44
国务院	17	32	59	25	25	11	32	5	33	7	246	55.28
中央军委	0	0	9	1	2	1	2	0	0	0	15	3.37
最高人民法院	0	2	4	1	1	1	1	0	0	0	10	2.25
最高人民检察院	1	1	4	0	1	0	1	0	0	0	8	1.80
联合起草	1	1	11	4	2	4	2	2	4	3	35	7.86
合计	21	43	115	37	63	26	59	17	49	15	445	

说明:在联合起草的 35 件法律草案中,19 件由全国人大专门委员会或全国人大常委会工作机构牵头,15 件由国务院所属部门牵头,1 件由全国总工会牵头。

资料来源:七届至十一届全国人大常委会立法规划。

从表 6-13 的统计数据可以发现,七届至十一届全国人大常委会立法规划中的立法项目，近85%是由全国人大系统和国务院负责起草的。[①] 其中，国务院又居于明显的主导地位，445件立法项目中，有一半以上由其负责起草，总体占比为55.28%。[②] 而由中央军委、最高人民法院、最高人民检察院负责起草的法律草案的数量则非常少，三者所占比重之和仅为7.42%。其中，由最高人民检察院负责起草的法律草案的件数最少，总体占比为1.8%。

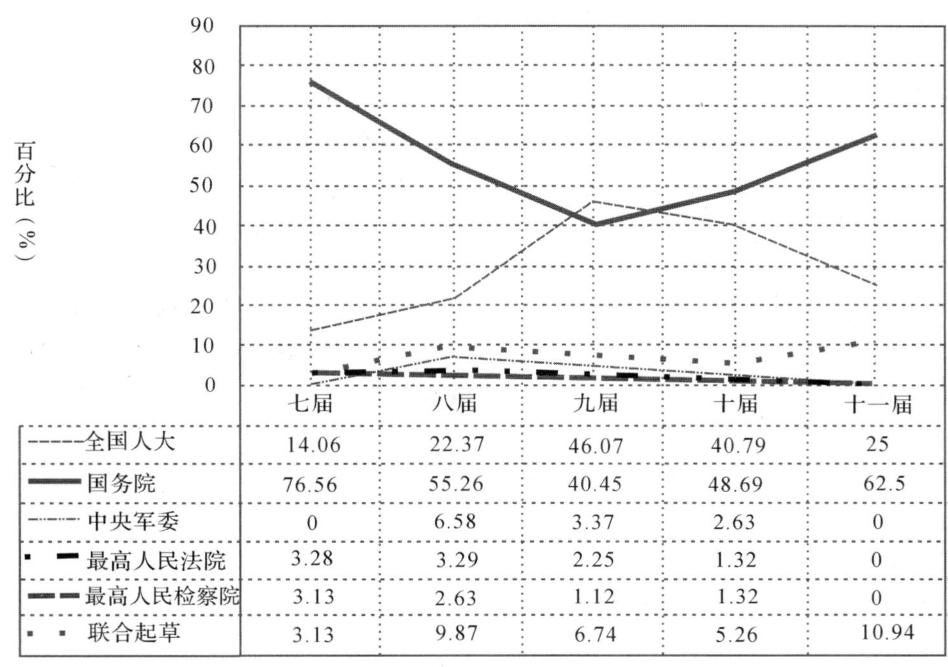

	七届	八届	九届	十届	十一届
全国人大	14.06	22.37	46.07	40.79	25
国务院	76.56	55.26	40.45	48.69	62.5
中央军委	0	6.58	3.37	2.63	0
最高人民法院	3.28	3.29	2.25	1.32	0
最高人民检察院	3.13	2.63	1.12	1.32	0
联合起草	3.13	9.87	6.74	5.26	10.94

图 6-18　七届至十一届全国人大常委会立法规划各系统起草法律草案所占比重

图6-18反映了七届至十一届全国人大常委会立法规划中各系统起草的法律草案所占比重的动态对比情况。其中，中央军委、最高人民法院、最高人民检察院三个系统负责起草的法律草案所占比重尽管在各届之间也有所升降，但变化幅度

① 由于联合起草的35件法律草案，绝大多数也是由全国人民代表大会专门委员会、全国人大常委会工作机构及国务院所属部门牵头，加上这部分法律草案的话，由全国人大系统和国务院负责起草的法律草案的比重则高达92.66%。

② 由于立法规划制定后并不能得到完全的实施，所以上述统计数据只能在一定程度上反映不同系统在法律草案起草中的地位和作用。但从国务院实际起草法律草案的相关统计数据看，由其起草的法律草案的数量还要超过上述统计数据。根据笔者的统计，1979年7月1日至2007年12月29日，全国人民代表大会及其常委会通过的现行有效的221件法律中，由国务院起草的法律件数为142件，总体占比为64.25%。参见全国人大常委会法工委立法规划室：《中华人民共和国立法统计》，中国民主法制出版社2008年版，第3～93页。

不大。变化幅度较大的是全国人大和国务院两个系统。七届到九届，由全国人大系统负责起草的法律草案所占比重逐届增加，到九届时已上升至46.07%，而由国务院负责起草的法律草案所占比重则从七届的76.56%下降至九届的40.45%。值得注意的是，从十届开始，由国务院负责起草的法律草案所占比重有较大幅度的回升，到十一届时已升至62.5%。这表明，在全国人大常委会立法规划预定的立法项目起草单位中，国务院仍然居于主导地位。

从以上的数据统计和分析可以发现，在七届至十一届全国人大常委会立法规划预定的法律草案起草单位中，国务院居于明显的主导地位。而这恰恰是长期以来我国法律起草方面存在的主要问题。因为，在国务院，实际负责起草法律草案的是国务院所属部门（包括所属部委、直属机构、办事机构、直属事业单位、国务院部委管理的国家局，以下统称国务院主管部门），由它们负责法律草案的起草既有有利的一面，也有不利的一面。有利的方面主要表现在：国务院主管部门处于管理国家行政事务的前沿，有熟悉业务、了解情况的优势，能更及时和更全面地了解政治、经济、文化和社会生活等各个方面的发展变化，能更透彻和准确地把握现实社会生活中各方面的需求及发展趋向，能更敏锐地发现需要法律调整的社会问题及通过立法加以调整的途径和方法等；[①]其不利，甚至是存在很大弊端的方面在于：政府主管部门主导法律草案的起草，容易受部门利益影响，甚至为了部门利益而立法，从而产生“利益部门化、部门利益法律化”及“借法扩权”和“借法逐利”的诟病——将法案起草工作看作是争权夺利的好机会，在起草法案时，从本部门本行业的利益出发，利用起草法律来维护和加强本位利益，强化和扩张行政权力，推卸自身的责任和义务等。[②]

因此，如何解决政府主管部门主导法案起草工作所产生的各种问题，不仅关涉立法工作本身的改进和立法质量的提高，而且涉及对行政权力的制约和公民权利的保障等宪政层面的问题。对此，学界提出了许多有针对性的建议，诸如充分发挥国家权力机关在包括法案起草工作在内的立法工作中的主导与核心作用，[③]实行

---

① 这也正是国务院在法律草案的起草中能够居于主导地位的原因之一。有学者指出，在我国政府主导法案起草的原因主要有二：一是我国法律所规定的大部分提案主体现阶段都没有能力在法案起草中发挥主导作用；二是政府及其所属部门自身具有的信息优势、人才优势和技术优势使得其有能力参与法案起草并在其中发挥主导作用。参见田振宇：《政府如何参与法案起草》，http://lifaxue.com/content.asp? id=3973，下载日期：2011年3月25日。

② 蔡定剑：《一个人大研究者的探索》，武汉大学出版社2007年版，第208页；苗连营：《立法程序论》，中国检察出版社2001年版，第175～176页；田振宇：《政府如何参与法案起草》，http://lifaxue.com/content.asp? id=3973，下载日期：2011年3月25日。

③ 从图6-18可以发现，从八届以来，全国人大系统在逐渐加强自身的法律草案起草方面工作，由其负责起草的法律草案所占的比重从七届的14.06%，逐届增加，到十届时已上升至40.79%，但十一届时又有明显下降。

立法回避制度，设置专门的法案起草机构，完善立法协调制度，拓宽法案起草渠道，为法案起草工作提供经费保障，加快起草人员的职业化进程等。[①] 笔者认为，这些措施的实施将在一定程度上解决上述问题，但同时也认为，解决这些问题的根本之策，是强化正式立法程序，尤其是审议和表决程序的作用。这是因为，政府主管部门在法案起草过程中之所以敢于“借法扩权”和“借法逐利”以及它们的“企图”之所以能够实现，一个很重要的原因是，起草法案在我国的立法过程中“太重要”了，而法案提出之后的审议与表决却显得无足轻重，以至于难以发挥其应有的“淘汰”功能——使那些“问题法案”难以通过或者在作出重大修正后才能通过。这个问题如果不解决，即便是将来主导法案起草的不再是政府主管部门了，上述问题也难以彻底解决。

二、提出法案和审议法案

（一）提出法案

1. 立法提案权的归属

提出法案，就是由有立法提案权的机关、组织或人员按照法定的方式和程序向立法机关提出的关于制定、认可、修改、补充和废止规范性法律文件的议事原案的专门活动。

根据《立法法》第 14 条、第 15 条、第 26 条及第 27 条之规定，全国人大主席团可以向全国人大提出法律案，由大会会议审议；全国人大常委会、国务院、中央军事委员会、最高人民法院、最高人民检察院、全国人大各专门委员会，可以向全国人大提出法律案，由主席团决定列入会议议程；一个代表团或者 30 名以上的代表联名，可以向全国人大提出法律案，由主席团决定是否列入会议议程，或者先交有关的专门委员会审议、提出是否列入会议议程的意见，再决定是否入会议议程；全国人大常委会委员长会议可以向常务委员会提出法律案，由常务委员会会议审议；国务院、中央军事委员会、最高人民法院、最高人民检察院、全国人大各专门委员会，可以向全国人大常委会提出法律案，由委员长会议决定列入常务委员会会议议程，或者先交有关的专门委员会审议、提出报告，再决定列入常务委员会会议议程；全国人大常委会组成人员 10 人以上联名，可以向全国人大常委会提出法律案，由委员长会议决定是否列入常务委员会会议议程，或者先交有关的专门委员会审议、提出是否列入会议议程的意见，再决定是否列入常务委员会会议议程。

从上述规定看，我国国家立法的提案权主体范围非常广泛，但在立法实践中，

---

① 蔡定剑：《一个人大研究者的探索》，武汉大学出版社 2007 年版，第 208 页；苗连营：《立法程序论》，中国检察出版社 2001 年版，第 177～180 页；田振宇：《政府如何参与法案起草》，http://lifaxue.com/content.asp? id=3973，下载日期：2011 年 3 月 25 日。

向全国人大及其常委会提出的立法议案绝大多数是由全国人大和国务院两个系统提出的,[①]而且尤以国务院提出的居多。这表明其他立法提案权主体所享有的提案权,事实上带有很大的虚置意味,从而使我国国家立法的提案权归属制度同实践中的立法提案权行使状况发生疏离。图6-19反映了八届和九届全国人大期间机构提案权主体所提法律案的情况,表明国务院在向全国人大及其常委会提出法律案方面实际上也是居于主导地位。表6-14反映了八届和九届全国人大期间代表提交立法议案的情况,则表明代表提案虽然在数量上较多,但属于立法议案的提案在提案总数中所占比例偏低。

表6-14　八届和九届全国人大期间代表提交立法议案基本情况

届　次	代表议案总数	建议、批评及意见	立法议案	立法议案所占比例(%)
八届一次	611	518	93	15.2
八届二次	723	624	99	13.7
八届三次	732	622	110	15.1
八届四次	603	479	124	26.7
八届五次	700	560	140	20
九届一次	830	640	190	24
九届二次	759	530	229	30.1
九届三次	916	721	195	21.3
九届四次	1040	772	268	25.7
九届五次	1194	909	285	23.9
合　计	8108	6375	1733	21.4

资料来源:中国人大网,http://www.npc.gov.cn,下载日期:2009年3月9日。

① 全国人大系统提出的立法议案绝大多数是机构议案,由代表提出的立法议案数量上非常少。之所以如此,其原因主要有二:其一,按照《立法法》的规定,提出法律案,应当同时提出法律草案文本及其说明,而全国人大代表受条件所限,一般很难起草出法律草案作为立法议案提出;其二,根据《全国人大议事规则》的规定,全国人大会议的议程由常委会在一个月之前确定并事先通知代表。这样,代表在人大会议期间提出的议案,就很难列入本次会议的议程,而只能留待会后处理(通常是作为代表提出的建议意见处理)。

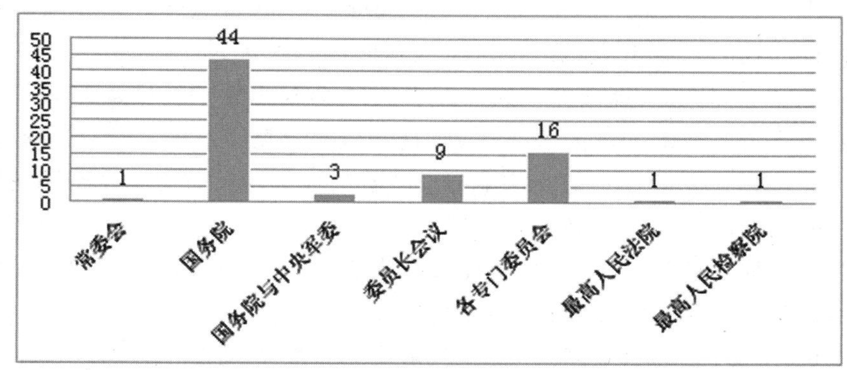

图 6-19　八届和九届全国人大期间机构提案权主体所提法律案基本情况

资料来源：中国人大网，http://www.npc.gov.cn，下载日期：2009 年 3 月 9 日。

应该说，我国现行的国家立法提案权归属制度和现实国情是基本适应的，但从其实际行使情况中也反映出存在的一些不足，亟待完善。具体而言，笔者认为，应当在现行规定的基础上，适当扩大享有立法提案权的主体范围。鉴于各民主党派、工商联、工会、共青团和妇联等社会团体的代表性、组织性以及它们在我国社会政治生活中的实际作用，建议赋予其中央或全国性机关以立法提案权，即允许它们在其任务范围内向全国人大或其常委会提出法律案。这在我国是有先例可循的，在国外也不乏其例。此外，应当建立公民创制权制度，允许 50 万以上选民可以向全国人大提出立法议案，30 万以上选民可以向全国人大常委会提出立法议案。由一定数量的选民享有立法提案权并不是一种创新，在一些国家早已实行这种制度。[①] 我国是一个人民当家作主的社会主义国家，但按照现行宪法和法律的规定，广大人民群众却不能依法直接向国家立法机关提出立法议案，这不能不说是我国民主立法实践的一个缺憾。

2. 立法提案权行使的限制

立法提案权的行使不是任意的，而必须受到相应的限制。一般而言，各国对立法提案权行使的限制主要包括权限限制、程序限制、形式限制和时间限制。

立法提案权行使的权限限制，是指提案权人必须在自己的权限范围内提出立法议案。提案人超越自身权限范围所提立法议案，一般作无效议案处理。从各国对立法提案权行使要求的情况来看，立法提案权行使的权限限制主要表现在财政

① 例如，在奥地利，20 万以上的选民可以提出立法议案；在意大利和瑞士，5 万以上选民可以提出立法议案；在索马里，1 万以上选民可以提出立法议案。参见吴大英、任允正、李林：《比较立法制度》，群众出版社 1992 年版，第 438 页。

法案的提出上，此类法案只能由政府提出或经政府同意后提出。[①] 我国国家立法提案权行使的权限限制主要不是表现在法案的内容方面，而是表现在受案机构和提案人的职权范围方面，即向全国人大或其常委会提出的法律案应当是属于全国人大或其常委会职权范围内的法律案，而且一般与提案人自身的业务或职权范围相适应。[②] 笔者认为，我国应在此基础上，借鉴其他国家的做法，对各种立法提案权主体所提法案的内容予以必要限制。[③]

立法提案权行使的程序限制，即提案权人在提出立法议案时必须遵循法定的程序要求。我国国家立法提案权行使的程序限制主要有二：其一，全国人大以外的其他国家机关，即国务院、最高人民法院、最高人民检察院及中央军事委员会提出的法律案，由该机关的会议讨论通过后，再由该机关作为正式法律议案提出。[④] 例如，国务院或国务院各部委起草的法律草案，一般要经国务院常务会议讨论通过后，由国务院总理签署作为正式法律案提请全国人大常委会审议。其二，全国人大代表和全国人大常委会组成人员提出法律案有人数上的限制，即30名以上的全国人大代表联名，可以向全国人大提出法律案；全国人大常委会组成人员10人以上联名，可以向常委会提出法律案。

立法提案权行使的形式限制，是指立法提案权人提出立法议案必须符合法定的或习惯的形式要求。在我国，根据《立法法》的规定，提出法律案，应当同时提出法律草案文本及其说明。笔者认为，该规定不加区分地要求所有立法提案权主体提出法律案应同时提出法律草案及其说明有欠妥当。众所周知，我国的人大代表迄今尚未实现专职化，由于条件所限，一般很难起草出法律草案作为立法议案提出，要求其提出法律案必须提出法律草案及其说明，无异于限制了人大代表的立法

① 易有禄：《各国议会立法程序比较》，知识产权出版社2009年版，第35～36页。财政法案之所以只能由政府提出，主要是因为政府作为行政权的拥有者，享有依据行政目标的需要编制财政预算、支配财政支出的权力，国会在这方面的职能在于监督而不能越俎代庖。而且，除了内阁制国家的入阁议员可以内阁名义提出该类法案外，其他议员由于没有具体参与行政事务，不可能具有掌握全部行政机器运作全貌的能力，因此，与其默认议员在此领域的立法提案权，不如明文禁止更具有实际意义。

② 周旺生：《立法学教程》，北京大学出版社2006年版，第245页。

③ 例如，对于涉及国家机关职权划分的法律案和涉及对公民政治权利和人身自由的剥夺与限制的法律案，只能由全国人大主席团、全国人大常委会、全国人大各专门委员会、全国人大代表及代表团提出；而涉及财政税收的法律案，则只能由全国人大财政经济委员会及国务院提出。

④ 在我国立法实践中，所有向全国人大提出的法律案，都是事先向全国人大常委会提出，由委员长会议决定提交代表大会审议，还是提交常委会审议。即使准备提交代表大会审议的法律案，也要交常委会至少初步审议一次，然后在全国人大召开之前的一次常委会上，决定列入代表大会的议程草案，再由代表大会正式会议举行之前的大会预备会议通过议程草案进入会议议程。参见蔡定剑：《一个人大研究者的探索》，武汉大学出版社2007年版，第211页。

提案权。在我国，全国人大代表向全国人大提出的和立法问题相关的议案，之所以多数很难以法律案的形式进入会议议程，而只能被当作立法建议在会后交由有关部门处理，就制度层面上的原因而言，该条规定是其中之一。因此，建议在法律案的形式要求上，对于不同立法提案权主体，应当有所区别，即对于国家机关提出的法律案应当要求提案人同时提出法律草案文本及其说明，对于全国人大代表和全国人大常委会组成人员提出的法律案，则不应要求提案人必须同时提出法律草案文本，而只要求说明立法理由。

立法提案权行使的时间限制，即立法提案权的行使必须遵循法定的时间要求。在我国，向全国人大提出法律议案的时间分为两种情况。一是需要本次会议审议的法律议案。按照《立法法》和《全国人大议事规则》的规定，全国人大常委会在全国人大会议举行的1个月前，应将准备提请会议审议的法律草案发给代表。因此，提请本次会议审议的法律案，至迟应在举行会议的1个月之前提出。二是代表在会议期间提出的法律议案一般不可能成为本次会议的审议对象，对其提出时间，《全国人大议事规则》规定，由主席团第一次会议决定代表提出议案的截止日期。所以代表提出法律案的时间不得迟于这一日期。至于向全国人大常委会提出法律案的时间，法律上同样未作明确规定。而按照《立法法》的要求，列入常委会会议议程的法律案，除特殊情况外，应当在会议举行的7日前将法律草案发给常委会组成人员。据此，向全国人大常委会提出的法律议案至迟必须在举行会议的7日以前提出。

3. 法案的列入议程和撤回

法案的列入议程是指有立法提案权的机关、组织或人员提出的立法议案被正式列入立法机关的议事日程而进入实质性审议程序。在立法实践中，法案提出后，并不是都能被列入议程。为此，许多国家都有关于法案是否列入议程的程序性规定，在法案列入议程进行实质性审议之前，先由特定主体按照法定程序决定是否将其列入议程。决定法案是否列入议程的主体，在大多数国家是立法机关的委员会或领导机构。享有国家立法提案权的各类主体所提法案列入全国人大或其常委会会议议程的程序如表6-15所示。

表 6-15　全国人大及其常委会立法议案列入议程的程序

法律案的类型	提案权主体	列入议程的程序
向全国人大提出的法律案	全国人大主席团	直接进入议程
	全国人大常委会、全国人大各专门委员会、国务院、中央军事委员会、最高人民法院、最高人民检察院	由主席团决定列入会议议程
	一个代表团或者30名以上的代表联名	由主席团决定是否列入会议议程，或者先交有关的专门委员会审议、提出是否列入会议议程的意见，再决定是否列入会议议程
向全国人大常委会提出的法律案	委员长会议	直接进入议程
	国务院、中央军事委员会、最高人民法院、最高人民检察院、全国人大各专门委员会	由委员长会议决定列入常务委员会会议议程，或者先交有关的专门委员会审议、提出报告，再决定列入常务委员会会议议程。如果委员长会议认为法律案有重大问题需要进一步研究，可以建议提案人修改完善后再向常务委员会提出
	常务委员会组成人员10人以上联名	由委员长会议决定是否列入常务委员会会议议程，或者先交有关的专门委员会审议、提出是否列入会议议程的意见，再决定是否列入常务委员会会议议程。不列入常务委员会会议议程的，应当向常务委员会会议报告或者向提案人说明

表6-15反映出我国不同的立法提案权主体，其所提法案在列入国家立法机关议程上存在明显的“差别待遇”。这主要表现在：全国人大主席团向全国人大提出的法案和委员长会议向常委会提出的法案，分别直接进入人大会议或者常委会会议审议；全国人大常委会、国务院、中央军委、最高人民法院、最高人民检察院、全国人大各专门委员会向全国人大提出的法案和国务院、中央军委、最高人民法院、最高人民检察院、全国人大各专门委员会向常委会提出的法案，分别由主席团和委员长会议进行形式审查，决定列入会议议程；而一个代表团或者30名以上的代表联名向全国人大提出的法案和常委会组成人员10人以上联名向常委会提出的法案，则分别由主席团和委员长会议进行实质审查，决定是否列入会议议程。据此，对于上述机构提案权主体而言，其所提法律案均能进入会议议程，所谓“决定列入会议

议程”，主要是一种程式，并无实质意义。[①] 而对于代表或常委会组成人员所提法案而言，要列入全国人大或常委会会议议程则实属不易。据统计，从六届全国人大一次会议到八届全国人大四次会议的13年间，代表共提出议案6382件，列入议程审议的仅4件，不到代表议案总数的1‰。[②] 而全国人大代表联名所提立法议案，也只有2件在全国人大会议期间被列入会议议程，其中一件还是在主席团发动之下由代表联名提出的宪法修正案。[③] 这种严重的比例失调，对于我国立法的民主性而言，不能不说是一种欠缺，它“必然无助于各种利益主张的充分表达，更难以形成有效的交涉”[④]。

因此，应当进一步完善现行的法律案列入议程制度，建立更为科学、合理的法律案列入议程程序。首先，应当改变“机构法律案”不经实质审查直接由主席团或委员长会议决定列入会议议程的做法，规定此类法律案和“代表（团）法律案”一样先交付有关专门委员会审议，提出是否列入会议议程的意见，再由主席团或委员长会议决定是否列入会议议程。这样，既可以保证法案列入议程程序的民主性和公平性，又有助于提高法案审议阶段的效率。[⑤] 其次，实行法律案咨询论证程序，即立法机关在受理法律案后，应当在一定时间内由专家机构或者专家小组对该法律案进行咨询和论证，以便立法机关决定是否以及何时将其列入立法机关的议事日程。[⑥] 再次，应当更加重视全国人大各专门委员会对法律案的初步审议，要充分利用专门委员会的专业性来审议法律案。这需要在现行规定的基础上，进一步加大专门委员会对法律案的审议力度。专门委员会应在专家咨询论证意见的基础上，提出进一步修改完善的意见和法律案是否列入会议议程的建议。[⑦]

提出法案的目的是使之在立法机关获得通过而成为法律。但是，由于一些特殊原因，应当允许提案人撤回已经提出的法案。在我国，提案人向全国人大或其常委会提出的法律案也允许其撤回。[⑧] 但提案人在行使法律案撤回权时因立法机关

---

① 周旺生：《再论全国人大立法运作制度》，载《求是学刊》2003年第4期。

② 程湘清：《依法治国必须坚持和完善人民代表大会制度》（上），载《人大工作通讯》1998年第12期。

③ 蔡定剑：《一个人大研究者的探索》，武汉大学出版社2007年版，第210页。

④ 孙潮、徐向华：《论我国立法程序的完善》，载《中国法学》2003年第5期。

⑤ 全国人大及其常委会会议期间法案审议时间极为有限早已被学者视为我国立法程序的弊端之一。参见孙潮、徐向华：《论我国立法程序的完善》，载《中国法学》2003年第5期。

⑥ 李林：《立法理论与制度》，中国法制出版社2005年版，第188页。

⑦ 朱力宇、张曙光：《立法学》，中国人民大学出版社2009年版，第146页。

⑧ 我国现行立法虽然允许提案人有条件地撤回其提出的法律案，但在立法实践中提案人要求撤回法律案的情况比较罕见。1985年，国务院曾向全国人大常委会提出矿产资源法的议案，全国人大常委会在经两次审议后，认为仍有不少问题值得研究，国务院即自行将该法律议案撤回。参见蔡定剑：《一个人大研究者的探索》，武汉大学出版社2007年版，第211页。

对该法律案审议处于不同阶段而不同。

(二)审议法案

1. 审议法案的基本模式

审议法案是立法机关运用审议权对提案权人提出的法案进行审查、讨论和辩论的专门活动。[①] 法案审议的过程,也就是对提案人所提出的法案是否符合社会发展需要,立法条件是否具备,法案本身是否科学、合理、可行,与其他法律是否协调等一系列的政策性、合法性、技术性问题,由立法机关的组成人员直接发表意见,进行最后阶段的可行性论证、修改、补充和完善的过程。法案审议的质量如何,直接关系到法案以何种形式和内容进入随后的法案表决阶段,关系到法案能否获得通过以及通过后实施的社会效果。

我国全国人大及其常委会审议法律案的程序,既不是由大会到专门委员会再到大会,也不是由专门委员会到大会,更不是由大会直接审议,而是通常履行由相关审议主体的领导机构到有关会议再到大会审议的程序。[②]

2. 立法机关委员会对法案的审议

尽管立法机关委员会在各国立法过程中的作用不尽相同,但几乎都把委员会的审议作为立法过程的一个重要环节和必经程序。在我国,《全国人大组织法》第37条为全国人大专门委员会审议法律草案提供了法律依据,《立法法》则确立了法律委员会统一审议和有关专门委员会并行审议相结合的委员会审议模式。

全国人大专门委员会分别在以下四种情形下行使法案审议权:第一种是在全国人大会议期间,对于一个代表团或者30名以上的代表联名提出的立法议案,由主席团决定是否列入会议议程,或者先交有关的专门委员会审议、提出是否列入会议议程的意见,再决定是否列入会议议程。第二种是常委会组成人员10人以上联名向全国人大常委会提出的立法议案,由委员长会议决定是否列入常委会会议议程,或者先交有关的专门委员会审议、提出是否列入会议议程的意见,再决定是否列入常委会会议议程。第三种是全国人大主席团决定提请全国人大全体会议审议的法律草案,交付有关专门委员会和法律委员会审议。第四种是委员长会议决定提请全国人大常委会审议的法律草案,交付有关专门委员会和法律委员会审议。

在前两种情形下,专门委员会审议的是尚未确定是否列入议程的立法议案,专门委员会审议后可以在其审议结果报告中提出不予列入会议议程的建议,由主席

---

① 由于对审议对象的界定不同,审议法案在外延上有广义和狭义之分。广义的审议法案,既包括对已经列入立法机关会议议程的法案的审议,也包括对尚未列入立法机关会议议程的法案的审议;而狭义的审议法案,其审议对象仅限于已经列入立法机关会议议程的法案。这里所指审议法案系狭义的。

② 周旺生:《立法学教程》,北京大学出版社2006年版,第250页。

团或委员长会议决定是否列入。从全国人大的立法实践来看,很少有全国人大代表所提立法议案被专门委员会采纳而直接进入立法程序的。这表明专门委员会对于此类立法议案的审议实际上是有否决权的,尽管是不完全的否决权。

在后两种情形下,专门委员会对法律草案的审议,采取的是有关专门委员会审议和法律委员会统一审议相结合的双重审议体制。[①] 在这种体制下,提请全国人大全体会议或全国人大常委审议的法律草案,在全国人大或全国人大常委全体会议听取提案人关于法律草案的说明后,交付给有关专门委员会进行审议,法律委员会再根据各代表团或小组会议和有关专门委员会的审议意见,对法律草案进行统一审议。

3. 立法机关大会对法案的审议

在我国,列入全国人大会议议程的法律案,其审议程序如下:(1)审议前的准备工作,包括提案人向会议提供法律案的有关资料,在会议举行的一个月前将法律草案发给代表,听取和征求意见,提交大会审议的法律案先经常委会审议并将审议意见印发大会会议;(2)听取关于法律草案的说明,对于列入全国人大会议议程的法律案,提案人须在大会全体会议上作关于该法律草案的说明,法律草案的说明包括制定该法律的必要性、主要内容、立法依据和法律草案的起草经过等;(3)各代表团审议和讨论,在大会全体会议听取提案人的说明后,由各代表团进行审议,必要时,主席团常务主席可以召开各代表团团长会议,就法律案中的重大问题听取各代表团的审议意见,进行讨论,并将讨论的情况和意见向主席团报告;(4)有关专门委员会和法律委员会进行审议,在代表团审议的同时,将法律案交付给有关专门委员会和法律委员会进行审议;(5)听取法律委员会关于法律草案审议结果的报告,法律委员会根据各代表团和有关专门委员会的审议意见,对法律案进行统一审议,向主席团提出审议结果报告和法律草案修改稿,对重要的不同意见应当在审议结果报告中予以说明,经主席团会议审议通过后,印发会议;(6)通过审议结果的报告和法律草案修改稿,大会主席团在法律委员会提出审议结果的报告和法律草案修改稿后,进行研究和审议,并决定是否同意该报告和法律草案修改稿,或提出进一步修改的意见,法律委员会则据此再作修改,在此基础上形成正式修改稿之后,于提交表决前印发各代表团征求意见,若没有特别的意见,则提交大会表决通过;(7)全国人大常委会进行进一步审议,当法律案在审议中有重大问题需要进一步研究时,经主席团提出,由大会全体会议决定,可以授权常务委员会根据代表的意见进一步审议,作出决定,并将决定情况向全国人大下次会议报告,也可以授权常务委员会根据代表的意见进一步审议,提出修改方案,提请全国人大下次会议审议决定。

---

① 这里的"有关专门委员会"是指全国人大九个专门委员会中,法律委员会以外的其他委员会。

列入全国人大常委会会议议程的法律案，一般应当经三次常委会会议审议后再交付表决。[①] (1)初次审议。在全体会议上听取提案人的说明，由分组会议进行初步审议；初步审议后，常委会组成人员把法律草案带回去调查研究，同时，法律草案交有关专门委员会审议，并交法律委员会统一审议；常委会工作机构将收集整理分组审议的意见和各方面提出的意见以及其他有关资料，分送法律委员会和有关的专门委员会，并根据需要，印发常委会会议。(2)二次审议。在上次常委会审议的2个月后再次举行的常委会例会上，对法律草案进行第二次审议，即在全体会议上听取法律委员会关于法律草案修改情况和主要问题的汇报，由分组会议进一步审议；二次审议后，有关专门委员会和法律委员会以及常委会工作机构分头就常委会上反应的重要问题进行调查、研究和协调意见；法律委员会根据常委会组成人员和有关专门委员会的审议意见和各方面意见，进行统一审议，提出审议结果的报告和法律草案修改稿。(3)三次审议。在全体会议上听取法律委员会关于法律草案审议结果的报告，由分组会议对法律草案修改稿进行审议；在这次审议的基础上，法律委员会再集中大家的审议意见，提出一个草案最后表决稿，由委员长会议提请常委会全体会议表决。(4)进一步审议。法律案经常委会三次审议后，仍有重大问题需要进一步研究的，由委员长会议提出，经联组会议或者全体会议同意，可以暂不表决，交法律委员会和有关的专门委员会进一步审议。(5)终止审议。列入常委会会议审议的法律案，因各方面对制定该法律的必要性、可行性等重大问题存在较大意见分歧搁置审议满两年的，或者因暂不付表决经过两年没有再次列入常委会会议议程审议的，由委员长会议向常委会报告，该法律案终止审议。[②]

三、表决法案和公布法律

(一)表决法案

1. 表决法案的原则

表决法案是指有权的机关和人员依据一定的原则和方法对法案表示赞同或反对之态度的过程。表决法案是立法过程中最重要的一个环节，因为它直接关系到法案能否获得通过而成为法。在现代代议民主制下，多数决是各国议会立法程序的基本原则。多数决原则作为一项政治原则最初被称为“多数的统治”，“意指组织

---

① 三次审议是全国人大常委会审议法律案的通常情况。当然，并非所有法律案都要经过三次审议，根据《立法法》第28条规定，列入常务委员会会议议程的法律案，各方面意见比较一致的，可以经两次常务委员会会议审议后交付表决；部分修改的法律案，各方面的意见比较一致的，也可以经一次常务委员会会议审议即交付表决。有些法律草案在讨论中争议较大的，可能经过三次以上的常委会审议。

② 《立法法》颁布至迄今，有2个法律案被搁置而终止审议。参见蔡定剑：《一个人大研究者的探索》，武汉大学出版社2007年版，第213页。

和群体用来做决定的手段和方法，它运用在界限分明的组织团体中，团体成员就表决而言被视为是平等的，多数成员的意见被视为是集体意志的表达”[①]。随着民主政治和人类文明的发展完善，它已演化成为一种“尊重少数，服从多数”的政治理念。

多数决之所以成为各国立法程序的基本原则，在法案表决中必须运用多数决来形成立法机关的集体意见，一般认为其合理性至少包括：(1)从政治学的角度看，多数决原则有其政治上的合理性，因为在通常的情况下，只有采用多数决原则对法案进行表决，才能兼顾个人意志与人民意志，协调公平与效率的价值冲突；[②](2)从决策学的角度看，多数决原则有其经济上的合理性，它有利于减少集体决策的外部风险，平衡集体决策的内部成本和外部风险；(3)从社会道义的角度看，多数决原则也具有其合理性，它把多数人的利益视为代表着社会整体的利益，把多数人的选择与判断推定为可以被接受的选择与判断；[③](4)从实际操作的层面上看，立法机关的会议为合议制会议，在没有其他方法能使全体成员得出一致结论的情况下，取决于多数便是现实可行的方法。[④]

多数决原则虽然有其内在的合理性，也存在一些自身难以克服的弊端。例如，在多数决原则之下，容易忽视少数的权利而形成多数对少数的压制，甚至是多数的暴政，或者由于过分强调多数的意见而导致议而不决。因此，对多数决原则在立法中的适用也应有所限制。这主要表现在：(1)不得运用多数决来否定已为根本法所确立的普遍原则(如民主共和政体、人民主权和基本人权等)，亦不得运用多数决来否定多数决原则本身；(2)多数决原则的运用要受到“变动多数规则”的限制。[⑤] 所

---

① [美]约翰·吉尔伯特·海因伯格：《多数决原则的历史》，张卓明译，http://fashi.ecupl.edu.cn/article_show_full.asp? ArticleId=442，下载日期：2009 年 2 月 8 日。

② 正如有学者所指出的，“多数决原则是一种兼顾少数意见之尊严与多数意见之权威的一种决策方式，它可以有效地解决群龙治国既无条理也无序的困境，把复杂多义的各种意见通过数字化的方法进行形式上的处理，以少数服从多数的简单易行的规则有效率地整合出统一意见”。于兆波：《立法决策论》，北京大学出版社 2005 年版，第 42 页。

③ 多数决原则自身虽然也存在一些缺陷，但在民主政治的发展历程中，迄今为止还找不出比它更少缺点的其他可行的方式。正如罗伯特·达尔所言：“事实上，每一项法律或公共政策，无论执行者是民主形成的多数派，少数寡头，或者是仁慈的独裁者，注定要对一部分人造成损害……。问题是，从长远看，民主过程相比其他非民主的过程，对公民基本权利和利益造成的损害是不是会少一些？仅仅是由于民主政府避免了滥用权力的专制统治，它就比非民主政府更合乎这项要求。”[美]罗伯特·达尔：《论民主》，李柏光、林猛译，商务印书馆 1999 年版，第 55 页。

④ 易有禄：《各国议会立法程序比较》，知识产权出版社 2009 年版，第 103～106 页。

⑤ 科恩曾指出：“在一个比较健康的民主社会中，真正有最后裁定权的不是多数，而是成员经常改变的不同的多数。我把这称为‘变动多数’的裁定。”[美]卡尔·科恩：《论民主》，聂崇信、朱秀贤译，商务印书馆 1988 年版，第 75 页。

谓“变动多数规则”，是指“多数”的构成不是永恒不变的，而是可变的，也就是说，多数与少数是可以相互转换的，这就促使每个参与决策的成员在作出决定时进行必要的换位思考。在此意义上，多数决原则的运用也受到了“变动多数规则”的限制。

2. 我国法律案表决程序的完善

在全国人大及其常委会的立法实践中，我国形成了颇具中国特色的法案表决制度和做法。但不容忽视的是，这套制度和做法也存在这样或那样的不足甚至缺陷，实有予以完善之必要。下文将在剖析全国人大及其常委会法案表决程序之现状与问题的基础上，就其完善提出相应的建议。

(1)转变表决观念

在全国人大及其常委会以往的立法实践中，法律案一旦交付表决，其通过率几乎接近100%，只有极个别的法律案在表决阶段因未达到法定的赞成票票数而未获通过，[①]而且在获得通过的法律案中，赞成票的票数也非常高。[②] 形成这种“双高”现象的原因是多方面的，其中很重要的一点，就是在立法实践中形成了一种以“通过”代替“表决”的立法程序观念。而此种观念的形成和我国以往的立法程序理论将表决法案和通过法案混为一谈又有着直接的关联。这种理论将表决法案和通过法案看成一回事，将通过法案看作立法的一道必经程序，从而使法案的表决程序淹没于“通过”程序之中，丧失了独立存在的地位。在这种观念支配下，法案“表决”程序实际上已演变成法案的“通过”程序，通过法案往往被预设为表决的当然结果。这就使得法案表决程序丧失了其应有的地位和作用，也使得表决者成为无条件通过法案的“工具”。

以“通过”代替“表决”的立法程序观念不仅在理论上是错误的，而且对立法实践的影响也是有害的。就前者而言，法案的表决和通过虽然关系密切，但并非同一概念，表决法案是通过法案的必经阶段，是法案获得通过的前提，通过法案则是表决法案的可能结果之一，[③]两者之间存在着诸多区别。例如，每个列入审议议程的法案都要经过表决这一程序，但并非所有经过表决的法案都能获得通过；表决是有表决权的主体行使表决权的活动，通过则是指表决最终出现了什么结果。[④] 就后者而言，在这种观念的支配下，很容易把通过法案视为表决的自然而然的结果。这样一来，就意味着参加表决者在表决过程中没有了选择的权利，只能或尽可能地投

---

① 迄今为止，只有两件法案，即《公路法(修正草案)》和《城市居民委员会组织法(草案)》在交付全国人大常委会会议表决时未获通过。

② 近年来，此种状况有所改变。相关数据，参见朱景文：《中国法律发展报告——数据库和指标体系》，中国人民大学出版社2007年版，第118～119页。

③ 法案经表决后的可能结果有三：一是达到法定人数的赞成票而获得通过；二是未达到法定人数的赞成票而未获得通过；三是赞成票与反对票持平。

④ 周旺生：《立法学教程》，北京大学出版社2006年版，第259～260页。

赞成票。而且，这还不仅仅是表决者选择权的丧失问题，更是表决程序本身的民主价值丧失殆尽的问题。实际上，法案表决程序的设置，其目的之一，就是要发挥其"过滤"功能——淘汰那些不能代表民意或存在其他问题的法案。而要实现此目的，就必须赋予表决者以选择权，使其能够对进入表决程序的法案的命运作出自己的选择，以赞成、反对或弃权的方式来自由地表达自己及其所代表的选民的意愿。

有鉴于此，笔者认为，全国人大及其常委会法案表决程序的完善，也应当提倡"观念先行"，即应当摒弃以"通过"代替"表决"的观念，还法案表决程序以应有的独立地位。同时，在立法表决实践中，要充分发挥法案表决程序的"过滤"功能和民主价值，反对片面追求法案高通过率和高赞成票率的倾向，从而使法案表决程序真正成为实现科学立法和民主立法目标的有效机制。

(2)完善表决规则

全国人大及其常委会在表决法律案时，有效议事的法定人数要求分别是"全体代表的 2/3 以上"和"全体组成人员的过半数"。二者出席法定人数的范围规则均是应到基数制，而其比例规则，全国人大是特别多数规则，全国人大常委会则是普通多数规则。全国人大及其常委会通过法律案的法定人数要求，分别为"全体代表的过半数"和"全体组成人员的过半数"。由此可见，全国人大及其常委会通过法律案，在范围规则上是应到基数制，在比例规则上是普通多数规则，是应到基数制和普通多数的比例规则的结合。

我国法律案表决程序中的多数决规则在制度设计上是侧重于民主价值的。但是，任何一种类型的多数决规则都既有其有利的一面，也有其不利的一面。所以，尽管我国法律案表决程序中的多数决制度有其值得肯定的一面，但也存在某些不足：其一，全国人大常委会的出席法定人数要求偏低，这不仅成为全国人大常委会会议缺席现象较为严重的制度原因之一，而且导致表决结果有时因缺席人数过多而失真；①其二，全国人大及其常委会通过法律案的计票基准均是应到基数制，它在具有突出表决的民主性和强调立法机关组成人员履行参政议政职责的优点的同时，也存在"缺席效应"和降低议决效率等不足，采用这种计票基准，必然将缺席者和弃权者预先划入反对者的行列，这不仅容易造成在缺席者和弃权者人数较多情

① 由于我国现行法律只规定了常委会组成人员有出席常委会会议的义务和相应的请假制度，但对无正当理由不参加会议的常委会组成人员缺乏必要的惩戒措施的规定；同时，常委会会议的出席情况也只是由办公厅印发常委会组成人员，而不是向社会公告；加之常委会组成人员中"兼职委员"较多，再加上年龄和身体等方面的原因，以致全国人大常委会每次举行会议时，都有多人缺席。在此情况下，因我国表决通过法律案的法定人数的范围规则采用的又是应到基数制，从而使表决结果往往难以全面、准确地体现大多数常委会组成人员的真实意愿，也容易使法律案仅仅因为缺席人数过多而难以在常委会获得通过。

况下的“双重隐性”投票，而且使弃权者的意愿无法得到真实的反映。[①]

有鉴于此，建议从以下三个方面完善我国法律案的表决规则：第一，将全国人大常委会会议出席法定人数的比例要求提高至2/3，并严格常委会组成人员请假制度，这样做，既有助于促使常委会组成人员出席会议和提高议事效率，也可以在一定程度上防止将通过法律案的计票基准由现行的应到基数制改为出席会议基数制后，所可能出现的投票率过低和“少数人立法”之情形的发生；第二，将全国人大及其常委会通过法律案的法定人数的计票基准，由现行的应到基数制改为出席会议基数制，即在全国人大全体会议和全国人大常委会全体会议表决法律案时，以出席会议的代表或常委会组成人员的人数作为通过法律案的计票基准；[②]第三，细化全国人大及其常委会通过法律案的比例规则，即在改采出席会议基数制的前提下，确立弃权票达到一定数量时表决结果无效择日另行表决的制度。[③]

(3)改进表决方式

对于全国人大及其常委会表决法律案的具体方式，《立法法》未予明确，但在相关组织法和议事规则中笼统地规定了全国人大及其常委会表决议案的方式。《全国人大组织法》第18条规定：“全国人民代表大会会议进行选举和通过议案，由主

---

① 弃权和赞成、反对一样，也是表决者在进行表决时表明自己对法案所持态度的一种方式。弃权者之所以投弃权票，可能是因为对法案不感兴趣或不甚了解，也可能是因为法案本身不够成熟，还可能是在赞成者和反对者势均力敌时为了表示善意的中立，等等。但是，无论如何，弃权都是一种具有独立法律地位的意思表示，有其特有的法律意义，在表决程序中应受到承认和尊重。无论是缺席者，还是弃权者，其对法案的态度不一定就是反对，而采用应到基数制的计票方式却将他们一概划入反对者的行列。例如，第十一届全国人大常委会组成人员为176人(已有1人辞职获准，故实为175人)，因此，在表决法律案时，不管有多少缺席者、弃权者，都必须至少有88票赞成才能获得通过。假设某次常委会会议有130人出席，在表决某项法律案时，有87人赞成，23人反对，20人弃权，按照现有的计票基准和“过半数”的比例规则，该法律案便不能通过。在全国人大常委会的立法实践中确实发生过类似的实例，即1999年4月29日九届全国人大常委会第九次会议在表决《公路法(修订草案)》时，常委会组成人员中有125人出席会议(当时全体组成人员有155人，其中1人去世，故实为154人)，表决的结果是：赞成77票、反对6票、弃权42票(含2人未按表决器)，由于赞成票未“过”154人的半数，从而以1票之差未获得通过。虽然当时交付表决的《公路法(修订草案)》本身也有可能存在这样那样的问题，但仅仅就表决程序制度本身的设置而言，是很难找出6票否决77票的合理根据的。

② 当然，出席会议基数制本身也不是尽善尽美的，也有其固有的缺陷。例如，在出席会议基数制下，如果会议的出席率不高，仍然有可能出现少数或个别控制多数的少数人立法的现象；而且，它和应到基数制一样，也存在将出席弃权者简单地列入反对者行列的弊端。笔者认为，前一方面的问题可以通过提高会议出席率来解决，后一方面问题的解决则有赖于第三点建议所涉及的制度设计。

③ 例如，规定全国人大及其常委会表决法律案时，如弃权票达到一定比例(1/4或1/3)，表决结果无效，择日另行表决。这样，就可以在一定程度上克服应到基数制和出席会议基数制均具有的将弃权者简单地列入反对者行列之弊端。

席团决定采用无记名投票方式或者举手表决方式或者其他方式。"《全国人大常委会议事规则》第33条规定:"常务委员会表决议案,采用无记名方式,举手方式或者其他方式。"《全国人大议事规则》第53条规定:"会议表决议案采用投票方式、举手方式或者其他方式,由主席团决定。宪法的修改,采用投票方式表决。"因为法律案属于议案的一种,因此,上述规定可以视为是我国法律案表决方式的规范形态。在立法实践中,表决法律案通常采用举手表决方式,从1986年六届全国人大常委会第十五次会议开始,常委会表决法律案采用电子表决器,而从1990年七届全国人大三次会议起,全国人大表决法律案也开始采用电子表决器。无论是以往的举手表决,还是现在的电子表决器表决,均是无记名的。我国现行的法律案表决方式制度和实际做法有其符合我国国情并为代表和委员所熟悉和习惯等优点,但同时也存在一些问题和缺陷。

其一,法律案表决方式的规范形态过于简单和笼统,存在诸多不明确且易生歧义之处。上述组织法和议事规则列举规定的几种表决方式,除举手表决和无记名投票方式外,其他几种表决方式的表述,皆不甚明确。例如,《全国人大常委会议事规则》第33条规定的"无记名方式"就包括公开的无记名表决和秘密的无记名表决,前者如口头、举手、起立、鼓掌欢呼等,后者如无记名投票、无记名电子表决器等,该条规定的"无记名方式"究竟是哪一种无记名表决,从条文本身无法明确,但从其和举手表决并列及我国的惯常做法来看,似乎应该是指无记名投票表决。又如,《全国人大议事规则》第53条规定的"投票方式",在理论上也可以分为记名投票和无记名投票,究竟是前者,还是后者,从条文本身亦无从判断。此外,依据《全国人大议事规则》第53条之规定,可以知道全国人大会议表决议案是由主席团决定采用何种具体的表决方式,但《全国人大常委会议事规则》对于常委会会议表决议案由谁决定表决方式却没有予以明确。再者,相关法律对于电子表决器表决及其类型未予明确规定。电子表决器已被包括我国在内的许多国家的立法机关用于表决法案。在使用电子表决器进行法案表决的绝大多数国家中一般皆规定是以记名公开的方式加以采用。但在我国,这种表决方式虽然已使用多年,但在相关法律中并没有予以明确规定,从而使其至今仍然只能为相关法律中的"其他方式"所涵盖,而且,与其他国家不同的是,我国采用的电子表决器表决是不记名的。

其二,立法实践中采用的举手表决和电子表决器表决,均不利于公众了解表决者的表决意向并监督其表决行为。在我国以往的立法实践中,全国人大及其常委会表决法律案通常采用举手表决方式。举手表决虽然属于公开表决,且简便易行,但由于是不记名的,因此,从公众了解代表或委员在立法中的表现和监督其表决行为而言,存在明显不足。而目前采用的电子表决器表决方式,则更是因为其属于秘密表决而存在同样的问题。如果说,举手表决由于其公开性,表决者的表决意向至少在表决现场和当时是为一定范围的外界所知晓的话,那么,无记名的电子表决器表决，表决者的表决意向则是完全不为外界所知晓的。这种表决方式虽然可以使代表或委员不受任何干扰、独立自主地进行表决，但存在致命的缺陷：当表决成本对于表决者而言已降低到几乎可以忽略不计却又对其所应承担的政治责任无任何制度性约束时，他们的自由选择就会因缺乏民众的监督而变得过大。也正是因为这点，绝大多数国家的议会往往会针对不同议决对象采用不同的表决方式，就使用电子表决器进行法案表决而言，一般是以公开且记名的方式加以采用。但我国却未针对议决对象的不同而规定采用不同的表决方式，在表决法律案时，也像表决其他事项一样采用无记名表决方式。这种做法不仅有违我国社会主义民主政治的代表制原理，而且也很容易造成代表或委员表面上为民众争取权益而认真发言，但在表决法律案时，却为某些特殊利益集团“服务”而通过有损民众利益的法律案或“阻挠”通过有利于民众利益的法律案，并且无须承担任何政治责任。①

其三，法律案表决方式比较单一，对于委托表决和逐步表决这两种表决方式未予以规定，在立法实践中也很少使用。我国现行法律案表决方式制度的规范形态不仅过于简单和笼统，而且其规定的表决方式比较单一。从其列举性规定来看，基本上是限于举手和投票这两种表决方式，对于是否可以进行委托表决和逐步表决则未置可否。虽然有“其他方式”这样的模糊表述兜底，但从全国人大及其常委会的立法实践来看，表决法律案主要采用举手表决、无记名电子表决器表决及一次性整体表决的方式，只在个别法律案的表决中采用过部分表决的方式，②至于委托表决，则迄今未见有被采用的先例。然而，无论是逐步表决，还是委托表决，都各有其优势和适应性，如果在相应的制度设计上安排得较为合理的话，将其运用于我国法律案的表决中，还是能够发挥它们特有的功效，并且可以在一定程度上解决我国特定国情下法律案表决中存在的一些实际问题。因此，现行法律对其缺乏相应规定，可以说是我国法律案表决方式制度的缺憾之一。

针对我国法律案表决方式制度存在的上述问题，建议从以下三个方面加以改进：

其一，确立公开表决原则，细化表决方式制度。公开表决是各国立法机关表决法案所采用的普遍方式，只有极少数国家采用秘密表决方式进行法案表决。而我

---

① 在采用举手表决和无记名电子表决器表决这两种方式表决法律案的情况下，由于我国目前全国人大及其常委会会议的公开度仍然比较有限，对于法律案表决的相关报道也过于“概括”，因此，社会公众很难甚至无法知道特定代表或委员对于某项法律案是持赞成、反对还是弃权的态度。这就必然导致我国对人大代表的表达责任，目前仍然停留在道德责任的层面上，其政治责任并没有真正体现出来。

② 如1980年五届全国人大三次会议表决《婚姻法(草案)》时，曾就法定婚龄进行过单独表决；1989年七届全国人大常委会第十一次会议表决《城市居民委员会组织法(草案)》时，曾就居民委员会是否可以搞生产问题进行单独表决。

国目前普遍采用的无记名电子表决器表决恰恰属于后者。因此，无论是从世界潮流，还是从我国的代表制理论和民主政治实践发展来看，都应当确立公开表决的原则，并在坚持公开表决的前提之下，细化表决方式制度。首先，应在《立法法》中以专门条文对法案表决的具体方式进行列举性的规定。鉴于举手表决和电子表决器表决这两种方式已在我国立法实践中使用多年，因此，可以将它们规定为可供选择的两种表决方式，同时以“其他方式”予以“兜底”，具体采用何种方式，全国人大表决法律案时由主席团决定，全国人大常委会表决法律案时由委员长会议决定，一定数量的代表或委员也可提议以何种方式表决。其次，应当规定电子表决器表决为记名、公开表决，每位代表或委员对法律案的表决意向必须同步显示在表决系统的显示屏上，并将相关表决信息予以储存和记录且允许公众查询；在电子表决器发生故障时，对于相应表决者的表决态度不宜当作弃权处理，而应当转换采用投票表决的方式。再次，应当确立立法表决结果异议处理制度，规定全国人大采用举手表决方式表决法律案时，如果有 1/5 以上的代表对表决结果提出异议，主席团应当决定采用记名电子表决器进行再次表决；全国人大常委会采用举手表决方式表决法律案时，如果有 1/4 以上的常委会组成人员对表决结果提出异议，委员长会议应当决定采用记名电子表决器进行再次表决。

其二，引入委托表决方式，建立委托表决制度。对于我国法律案表决中是否允许委托表决，相关组织法、议事规则和《立法法》均未作规定，在全国人大及其常委会的立法实践中，亦没有先例。然而，从全国人大及其常委会表决法律案的现状来看，有必要在法律案的表决中允许委托表决。这是因为：从全国人大及其常委会存在的较低出席率的现状来看，有必要允许委托表决，[①]而且，委托表决亦有助于弥

① 据统计，由 176 人（已有 1 人辞职获准，故实为 175 人）组成的第十一届全国人大常委会每次举行会议时，总有多人缺席。例如，2008 年 10 月 28 日第十一届全国人大常委会第五次会议表决《企业国有资产法（草案）》和《消防法（修订草案）》时，175 名组成人员出席者 154 人，缺席 21 人，缺席率为 12%；2008 年 12 月 27 日第十一届全国人大常委会第五次会议表决《防震减灾法（修订草案）》和《修改〈专利法〉的决定》时，175 名组成人员出席者 158 人，缺席 17 人，缺席率为 9.7%。参见 http://www.npc.gov.cn，下载日期：2009 年 2 月 17 日。而第八届全国人大第三次会议于 1995 年 3 月 18 日表决《中国人民银行法（草案）》时，2976 名全国人大代表，参加表决者 2678 人，缺席者 298 人，缺席率达 10%。参见《两法表决通过之时》，载《法制日报》1995 年 3 月 19 日。

补我国现行体制下对法律案之通过所要求的高得票率制度之不足。[①] 在我国法律案的表决中允许委托表决，不仅有其必要性，而且具有可行性：首先，《立法法》、《全国人大议事规则》及《全国人大常委会议事规则》等现行法律中关于会前向代表或委员送达有关法律案审议和表决的必要材料的规定，使代表和委员有时间和条件对将表决的法律案进行充分审阅和考虑，形成自己的表决意向；其次，近年来，全国人大代表和全国人大常委会组成人员参政议政能力的不断提高，为其在审阅法案有关材料的基础上提出独到见解、形成表决意见及作出表决委托提供了主观条件。鉴于委托表决方式自身亦有缺陷，为避免代表或委员滥用委托表决，必须对其适用规定严格的限制性条件。[②]

其三，推广逐步表决方式，完善逐步表决制度。由于逐步表决和整体表决在功能上具有互补性，恰当结合使用这两种表决方式，既可以发挥二者之长处，又可以避免各自存在的缺陷。因此，大多数国家的立法机关在表决法案时均将二者加以结合使用。在全国人大及其常委会的立法实践中，也曾有过实行逐步表决的先例，但由于缺乏制度上的明确规定，因而被采用的个案非常少。此外，当前我国仍处体制改革和社会转型期，立法过程中的各种争议表现得相当激烈，采用逐步表决的方式也可以在一定程度上缓解这种激烈的争议，有利于法案的表决通过。因此，建议在《立法法》中规定表决法案可采取逐步表决的方式，并对其适用条件、适用对象及其和整体表决方式之间的关系予以明确。在适用条件上，以较多代表或委员对提请表决的法律案持有不同意见或存在争议为前提，在一定数量（如1/5）以上的代表或委员向全国人大主席团或全国人大常委会委员长会议提出采用逐步表决方式的动议时，后者必须作出予以采用的决定，当全国人大主席团或委员长会议认为对某一法律案应当采用逐步表决方式时，也可以作出采用该方式表决的决定；在适用对象上，以法律案中有较大争议的条款或部分为限，对于无争议的条款或部分实行

① 由于我国目前在表决通过法律案的法定人数计票基准上实行的是应到基数制，加上全国人大及其常委会会议期间代表和委员缺会率较高，所以，在我国当前社会利益多元化的情况下，法律案的通过需要较高的赞成票率，就有可能使得变动的少数利用这种机制否决多数的意志。的确，在我国过去所有制形式比较单一，代表或委员所代表的利益具有高度一致性的前提下，代表或委员的表决意向比较容易形成高度统一，因而一般不会出现这种情况。但是，现阶段的中国，所有制形式日趋多样化，已然是一个利益多元化的社会，代表或委员的表决意向不再容易形成高度统一，这就使得这种情况很有可能发生。而允许委托表决方式，则可以在一定程度上弥补我国现行法律案表决制度的此点不足。

② 此类限制性条件应当包括：(1)委托人必须是确因正当事由不能亲自参加表决；(2)必须是委托者通过对法案相关资料的审阅和参观考察等对法案的内容业已了解，并形成了明确的表决意向；(3)委托者已做成书面的表决意见和亲笔签名的委托表决书；(4)每名代表或委员连续委托表决行为不得超过两次；(5)被委托人必须是能够真实传达委托人表决意向的代表或委员；(6)受委托者仅能接受一个表决者的委托并且必须亲自履行受托的表决行为，不得转委托。

整体表决，如有较多代表或委员对提请表决的整个法律案持有不同意见或存在争议，则应当对该法律案的全部实行逐条表决；[①]在逐步表决与整体表决的关系上，以整体表决为常规、逐步表决为例外。在整体表决的基础上，按照先逐步表决、后整体表决的顺序对法律案进行表决，也即先对法律案中有较大争议的条款或部分付诸逐步表决，然后根据逐步表决的情况对法律案做进一步修改，再将修改后的法律案付诸整体表决；也可以是先逐步表决争议条款或部分，次整体表决其余条款或部分，最后分别根据逐步表决和整体表决的情况来确定法律案是否获得通过。

（二）公布法律

1. 公布法律的主体

在我国，全国人大及其常委会通过的法律的公布权之归属，经历了一个发展变化的过程。1954 年《宪法》第 40 条规定，国家主席根据全国人大和全国人大常委会的决定，公布法律和法令。1975 年《宪法》取消了国家主席设置，也没有规定公布法律的主体。1978 年《宪法》第 26 条规定，全国人大常委会委员长根据全国人大和全国人大常委会的决定，公布法律和法令。[②] 1982 年《宪法》恢复了国家主席的设置，并于第 80 条规定，中华人民共和国主席根据全国人大和全国人大常委会的决定，公布法律。国家主席选出以后，多数法律是由其公布，也有少数法律未标明是由谁公布，例如《关于严惩严重危害社会治安的犯罪分子的决定》《关于在沿海港口设立海事法院的决定》等，是由国家主席公布的，而《关于授权国务院改革工商税制发布有关税收条例草案试行的决定》《关于海南行政区建制的决定》，则没有示明是由谁公布的。近年来，这种情况得以逐步改变。[③]《立法法》第 25 条和第 44 条分别规定：全国人大和全国人大常委会通过的法律均由国家主席签署主席令予以公布。至此，我国国家立法机关通过的法律，由国家主席签署主席令的方式予以公布已成定制。

在我国，国家主席是国家元首，由其公布法律主要是起一种国家权威的象征意义。因为国家主席是根据全国人大和全国人大常委会的决定公布法律，国家主席

---

① 在实际操作的过程当中，决定对于有较大争议的条款或部分是否采用逐步表决的方式时，也应当考虑争议条款或部分本身的重要性程度。换言之，逐步表决应当主要应用于重要条款和原则性条款的表决，如果是无关紧要的条款或非原则性条款，则一般不必采用逐步表决方式，而以整体表决为宜。

② 但实际上，公布的主体并不统一，如 1979 年 7 月 1 日第五届全国人大第二次会议通过的《刑法》，于 1979 年 7 月 7 日以第 6 号委员长令的形式公布；1982 年 8 月 23 日第五届全国人大常委会第二十四次会议通过的《海洋环境保护法》《商标法》，则是以全国人大常委会令的形式公布；还有的直接由全国人大公告公布施行，如 1982 年 12 月 10 日第五届全国人大第五次会议通过的《全国人大组织法》即是。

③ 周旺生：《立法学教程》，北京大学出版社 2006 年版，第 266 页。

对于全国人大和全国人大常委会提交其签署公布的法律没有拒绝签署的权力。在以往的立法实践中也没有发生过国家主席拒绝签署公布的情况。因此,国家主席行使的公布法律权并不包含审查批准的权力。

2. 公布法律的方式和时限

在我国,根据《立法法》第52条的规定,签署公布法律的主席令载明该法律的制定机关、通过和施行日期;法律签署公布后,及时在全国人民代表大会常务委员会公报和中国人大网以及在全国范围内发行的报纸上刊载;在常委会公报上刊登的法律文本为标准文本。因此,《全国人大常委会公报》是公布全国人大及其常委会通过的法律的正式刊物,而在全国范围内发行的报纸则是法定的公布法律的传播媒介。事实上,在《立法法》之前,全国人大及其常委会通过的法律的公布方式也基本上是如此,《立法法》只是对以往实践中的相应做法予以确认而已。但是,这种确认式的规定却改变了我国过去没有任何法律或规范性文件规定法律公布方式的现状,对于完善我国的法律公布制度是有积极意义的。然而,这些规定还不够完善,仍有待进一步予以改进。例如,《全国人大常委会公报》作为我国公布法律的正式刊物,受其发行周期、发行范围及发行数量等因素的影响,并不一定能够及时、广泛地公布法律。因此,应当在现行做法的基础上,明确规定《全国人大常委会公报》公布法律的时限,加快其发行速度以缩短发行周期,并增加发行量;同时明确指定刊登法律文本的具体报纸,并规定其刊登的时限。此外,还应当通过广播、电视和网络等传播媒介及时传播新近出台的法律的内容,以及通过网络查询系统为人们提供便捷的查询、获取法律文本信息的服务。

公布法律的时限,是指法案经立法机关通过及有关方面批准后,享有法律公布权的主体应当在一定的时间限度内予以公布。对此,有的国家有明确的规定,而有的国家则无明确的规定。在对公布法律的时限有明确规定的国家,规定的时限也长短不一。我国现行法律对于国家主席签署公布法律的时限未作规定,只是在《立法法》第58条第2款规定:"法律签署公布后,及时在全国人民代表大会常务委员会公报和中国人大网以及在全国范围内发行的报纸上刊载。"这里规定的"及时"不仅在表述上比较模糊而颇具"弹性",而且,严格说来也并非"公布法律的时限"意义上的时间要求,而只是法律文本和国家主席签署的公布法律的主席令在《全国人大常委会公报》上和在全国范围内发行的报纸上刊登的时间要求。从我国以往法律公布的实践来看,主要有两种做法:一种是在法律通过的当日即由国家主席签署主席令予以公布;另一种做法是在法律通过后间隔几日,才由国家主席签署主席令予以公布。[①] 笔者认为,为了统一法律公布的时限,应当在《立法法》中明确规定,法律经全国人大或全国人大常委会通过后,国家主席应当在一定时限内(如7天内)

---

① 周旺生:《立法学教程》,北京大学出版社2006年版,第268页。

签署主席令予以公布。

第四节　国家立法权行使过程中的公众参与

一、公众参与立法的制度依据

在新中国的立法史上，从中华人民共和国成立初期第一部《宪法》的制定，到改革开放之后1982年《宪法》的修改和《刑法》《刑事诉讼法》《民法通则》《民事诉讼法(试行)》等多部重要法律的制定，坚持民主立法原则，在立法过程中采用立法调研、座谈会、论证会、听证会、书面征求意见、公布法律草案征求意见、公开征集立法项目建议、列席和旁听立法机关会议等形式，广泛征求相关机关、单位和各方面专家、实际工作者以及群众的意见，形成了比较浓厚的民主立法氛围。因此，公众参与立法的实践可谓由来已久。不仅如此，在我国，作为民主立法的一种重要形式，公众参与立法还有相应的制度依据。

首先，1982年《宪法》第2条第3款规定："人民依照法律规定，通过各种途径和形式，管理国家事务，管理经济和文化事业，管理社会事务。"第27条第2款规定："一切国家机关和国家工作人员必须依靠人民的支持，经常保持同人民的密切联系，倾听人民的意见和建议，接受人民的监督，努力为人民服务。"上述规定中均包含公民直接参与立法的内容，从而确立了公众参与立法的宪法依据。

其次，《立法法》第5条规定："立法应当体现人民的意志，发扬社会主义民主，坚持立法公开，保障人民通过多种途径参与立法活动。"第36条规定："列入常务委员会会议议程的法律案，法律委员会、有关的专门委员会和常务委员会工作机构应当听取各方面的意见。听取意见可以采取座谈会、论证会、听证会等多种形式。"第37条规定："列入常务委员会会议议程的法律案，应当在常务委员会会议后将法律草案及其起草、修改的说明等向社会公布，征求意见，但是经委员长会议决定不公布的除外。向社会公布征求意见的时间一般不少于三十日。征求意见的情况应当向社会通报。"第67条规定："行政法规由国务院有关部门或者国务院法制机构具体负责起草，重要行政管理的法律、行政法规草案由国务院法制机构组织起草。行政法规在起草过程中，应当广泛听取有关机关、组织、人民代表大会代表和社会公众的意见。听取意见可以采取座谈会、论证会、听证会等多种形式。"这是我国公众参与立法的法律依据。

此外，在国务院发布的《行政法规制定程序条例》《规章制定程序条例》和各省、自治区、直辖市人大通过的地方立法条例中对于行政法规、部门规章、地方性法规、地方政府规章制定过程中公众参与的形式和途径也有相关规定。有些地方，还就地方立法中的公众参与出台了专门的规范性文件。[①]

二、公众参与立法的主要形式

在我国，公众参与立法的形式主要有：公开征集立法项目建议或法律法规草案、立法调研、座谈会、书面征求意见、论证会、公布法律草案征求意见、列席和旁听立法机关会议、立法听证等形式。[②] 就绝大多数社会公众而言，公布法律草案征求意见是他们参与立法过程的最主要的形式。从全国人大及其常委会的立法实践来看，公布法律草案征求意见也是绝大多数社会公众参与国家立法过程的最普遍的形式。

公布法律草案征求意见，是我国长期坚持的一种公众参与立法的形式。自1949年以来到2012年3月31日《资产评估法（草案）》征求意见截止，我国先后公布了2部宪法草案和51部法律草案向社会公开征求意见，其基本情况见表6-16。

表6-16 全文公布征求意见的53部法律草案

序号	法案名称	公布日期	征求意见时间	收到意见数（条）	通过日期
1	《资产评估法》	2012-02-29	至 2012-03-31	156122	
2	《出境入境管理法》	2011-12-31	至 2012-01-31	1193	
3	《清洁生产促进法（修改）》	2011-10-29	至 2011-11-30	179	2012-02-29
4	《精神卫生法》	2011-10-29	至 2011-11-30	2868	
5	《刑事诉讼法（修改）》	2011-08-30	至 2011-09-30	80953	2012-03-14
6	《职业病防治法（修改）》	2011-07-01	至 2011-07-31	4520	2011-12-31
7	《个人所得税法（修改）》	2011-04-25	至 2011-05-31	237684	2011-06-30
8	《车船税法》	2010-10-28	至 2010-11-30	97295	2011-02-25
9	《全国人民代表大会和地方各级人民代表大会代表法（修改）》	2010-08-29	至 2010-09-30	1984	2010-10-28
10	《涉外民事关系法律使用法》	2010-08-29	至 2010-09-30	766	2010-10-28
11	《刑法修正案（八）》	2010-08-29	至 2010-09-30	7848	2011-02-25
12	《非物质文化遗产法》	2010-08-29	至 2010-09-30	240	2011-02-25

① 例如，2006年6月27日，广州市政府第十二届106次常务会议讨论通过了《广州市规章制定公众参与办法》。

② 朱力宇、张曙光：《立法学》，中国人民大学出版社2009年版，第93～94页。

续表

序号	法案名称	公布日期	征求意见时间	收到意见数(条)	通过日期
13	《水土保持(修改)》	2010-08-29	至 2010-09-30	7189	2010-12-25
14	《预备役军官法(修改)》	2010-07-01	至 2010-07-31	76	2010-08-28
15	《人民调解法》	2010-07-01	至 2010-07-31	2871	2010-08-28
16	《行政监察法(修改)》	2010-02-28	至 2010-03-31	277	2010-06-25
17	《村民委员会组织法(修改)》	2009-12-26	至 2010-01-31	6526	2010-10-28
18	《侵权责任法》	2009-11-06	至 2009-12-05	3468	2009-12-26
19	《选举法(修改)》	2009-11-06	至 2009-12-05	348	2010-03-14
20	《石油天然气管道保护法》	2009-11-06	至 2009-12-05	489	2010-06-25
21	《行政强制法》	2009-08-28	至 2009-09-30	3874	2011-06-30
22	《可再生能源法(修改)》	2009-08-28	至 2009-09-30	254	2009-12-26
23	《保守国家秘密法(修改)》	2009-06-27	至 2009-07-31	2112	2010-04-29
24	《驻外外交人员法》	2009-06-27	至 2009-07-31	837	2009-10-31
25	《海岛保护法》	2009-06-27	至 2009-07-31	244	2009-12-26
26	《国防动员法》	2009-04-24	至 2009-05-31	417	2010-02-26
27	《人民武装警察法》	2009-04-24	至 2009-05-31	411	2009-08-27
28	《社会保险法》	2008-12-28	至 2009-02-15	68208	2010-10-28
29	《农村土地承包经营纠纷仲裁法》	2008-12-28	至 2009-02-15	4125	2009-06-27
30	《统计法(修改)》	2008-12-28	至 2009-02-15	432	2009-06-27
31	《防震减灾法(修改)》	2008-10-28	至 2008-11-30	7308	2009-02-28
32	《国家赔偿法(修改)》	2008-10-28	至 2008-11-30	1966	2010-04-29
33	《邮政法》	2008-10-28	至 2008-11-30	5365	2009-04-24
34	《专利法(修改)》	2008-08-29	至 2008-10-10	1530	2008-10-27
35	《保险法(修改)》	2008-08-29	至 2008-10-10	2756	2009-02-28
36	《刑法修正案(七)》	2008-08-29	至 2008-10-10	3238	2009-02-28
37	《消防法(修改)》	2008-05-04	至 2008-06-05	2180	2008-10-28
38	《食品安全法》	2008-04-20	至 2008-05-21	9556	2009-02-28
39	《水污染防治法(修改)》	2007-09-05	至 2007-10-11	1408	2008-02-28

续表

序号	法案名称	公布日期	征求意见时间	收到意见数(条)	通过日期
40	《就业促进法》	2007-03-25	至2007-04-25	7647	2007-08-30
41	《劳动合同法》	2006-03-20	至2006-04-19	187773	2007-06-29
42	《物权法》	2005-07-10	至2005-08-20	9605	2007-03-16
43	《婚姻法(修改)》	2001-01-11	至2001-02-28	4000	2001-04-28
44	《合同法》	1998-09-04	至1998-10-15	160多封来信	1999-03-15
45	村民委员会组织法	1998-06-26	至1998-08-01	541封来信	1998-11-04
46	《土地管理法(修改)》	1998-04-29	至1998-06-01	675封来信	1998-08-29
47	《澳门特别行政区基本法》	1991-07-09;1992-03-16	征求意见稿4个月;草案4个月	3380条左右,意见书840多份	1993-03-31
48	《香港特别行政区基本法》	1988-04;1989-02	征求意见稿5个月;草案8个月	仅第一次就作了100多处修改	1990-04-04
49	《集会游行示威法》	1989-07-06	至1989-08-10	根据公民意见,草案中22处“不得”减至12处	1989-10-31
50	《行政诉讼法》	1988-11-09	至1988-12-31	130多条意见,300多封来信	1989-04-04

续表

序号	法案名称	公布日期	征求意见时间	收到意见数(条)	通过日期
51	《全民所有制工业企业法》	1988-01-12	至 1988-02-25	500 多封来信	1988-04-13
52	1982 年《宪法》	1982-04-26	至 1982-08-31	许多意见被采纳,近百处补充修改	1982-12-04
53	1954 年《宪法》	1954-06-15	历时 2 个多月	118 万	1954-09-20

注:1～14 收到意见的件数是通过中国人大网反映的意见件数。

从表 6-16 的"公布日期"一栏可以发现,在全国人大及其常委会向社会全文公布征求意见的 53 部法律草案中有 38 部是在 2008 年及以后年份公布的,而此前的 54 年间(1954 年至 2007 年)仅有 15 部法律草案向社会全文公布征求意见。之所以如此,其主要原因是:2008 年之前,全国人大及其常委会向社会全文公布法律草案征求意见是有选择性的,即只公布"重要的"法律草案;而 2008 年 4 月 15 日之后,全国人大常委会审议的法律草案,一般都予以公开,向社会广泛征求意见。[①] 这标志着全国人大常委会公布法律草案征求意见工作已进入常态化,也意味着我国国家立法过程的民主化进程进入了一个新的阶段。1954 年至 2011 年,各年度全国人大及其常委会向社会全文公布征求意见的法律草案的数量情况,详见表 6-17。

表 6-17 各年度全文公布征求意见的法律草案的数量情况(1954—2011)

年度	法律草案的数量(部)	年度	法律草案的数量(部)	年度	法律草案的数量(部)
1954	1	1974	0	1994	0
1955	0	1975	0	1995	0
1956	0	1976	0	1996	0
1957	0	1977	0	1997	0
1958	0	1978	0	1998	3

① 之所以如此,其原因又在于:2008 年 4 月 15 日召开的第十一届全国人大常委会第二次委员长会议决定,今后全国人大常委会审议的法律草案,一般都予以公开,向社会广泛征求意见。这标志着全国人大常委会公布法律草案、公开征求意见工作已进入常态化。

续表

年度	法律草案的数量(部)	年度	法律草案的数量(部)	年度	法律草案的数量(部)
1959	0	1979	0	1999	0
1960	0	1980	0	2000	0
1961	0	1981	0	2001	1
1962	0	1982	1	2002	0
1963	0	1983	0	2003	0
1964	0	1984	0	2004	0
1965	0	1985	0	2005	1
1966	0	1986	0	2006	1
1967	0	1987	0	2007	2
1968	0	1988	2	2008	11
1969	0	1989	2	2009	11
1970	0	1990	0	2010	9
1971	0	1991	0	2011	6
1972	0	1992	1		
1973	0	1993	0		

注:征求意见时间跨年度的法律草案计入公布日期所在年度。

全国人大及其常委会公布法律草案征求意见的时间大多数在一个月左右,一般是在法律草案经全国人大常委会初次审议之后开始公布。在公布的53部法律草案中,征求意见持续时间最长的是《香港特别行政区基本法(草案)》,历时8个月,紧随其后者是1982年《宪法(草案)》,征求意见时间为四个月零五天,《澳门特别行政区基本法(草案)》征求意见的时间也达到了4个月,1954年《宪法(草案)》历时2个月;此外,自公布之日起至征求意见截止日期,征求意见持续时间在40天以上的法律草案有:《社会保险法(草案)》《农村土地承包经营纠纷仲裁法(草案)》《统计法(修订草案)》《专利法(修订草案)》《保险法(修订草案)》《刑法修正案七(草案)》《物权法(草案)》《婚姻法(修订草案)》《合同法(草案)》《行政诉讼法(草案)》《全民所有制工业企业法草案》。

在53部已结束征求意见的法律草案中,就不同法律草案所收到的意见的数量差异很大。其中,1954年《宪法(草案)》所收到的意见数量最多,为118万条,收到意见数最少的是《预备役军官法(修订草案)》,仅为76条。[1] 2006年3月20日至4月19日公布征求意见的《劳动合同法(草案)》是首部收到意见数突破10万条的普通法律草案,在征求意见期间通过中国人大网反映的意见数就达到了187773条;而2011年4月25日至5月31日公布征求意见的《个人所得税法(修订草案)》则再次刷新了该记录,在征求意见期间通过中国人大网反映的意见数突破了20万,为237684条。在征求意见期间收到意见数在1万条以上还有:《资产评估法(草案)》《刑事诉讼法(修订草案)》《车船税法(草案)》《社会保险法(草案)》。[2] 就总体而言,愈同广大人民群众切身利益直接相关的法律草案,就愈受到社会各界的广泛关注,在征求意见期间收到的意见的数量也就愈多。[3]

三、公众参与立法的发展趋势

随着民主立法原则在立法实践中的深入贯彻,我国立法过程中的公众参与日益呈现出参与形式多元化、参与广度扩大化、参与深度增强化及参与主体群体化的发展趋势,表明我国立法民主化程度的不断提高。

(一)参与途径的多元化趋势

在我国,以往广大社会公众参与立法的途径较为单一,主要有全民讨论和群众来信两种途径,即绝大多数社会公众是通过参与全民讨论和向立法机关写信来反映对法律草案的意见的。[4] 近年来,随着媒体和网络的日益发达,公众参与立法的途径开始呈现出向多元化发展的趋势。除了传统的全民讨论和群众来信外,公众还可以通过报刊、网络等途径向立法机关反映对法律草案的意见。为给社会公众提供立法参与更加便捷的通道,全国人大常委会和许多地方人大常委会还在其官方网站设置了法律/法规草案征求意见管理系统,公众不仅可以通过该系统获得法律、法规草案的文本,而且可以通过该系统提交自己对法律、法规草案的意见。在比较重要的法律、法规草案征求意见期间,全国及地方的主要报刊一般也会开辟专栏作为收集公众意见的平台。与此同时,立法机关工作机构举行的立法听证会也逐渐成为公众参与立法的一个重要途径。1999年9月,广东省人大环资委就《广

---

① 该统计数据不含表6-16中未标明收到意见具体条数的法律草案。

② 该统计以通过中国人大网反映的意见数为据,不含通过其他途径向全国人大及其常委会反映的意见数。

③ 参与立法过程的公众数量的多寡,在很大程度上受到特定社会和国家经济发展水平,政治民主化程度,公众参与意识和参与能力、参与渠道等因素的影响,在我国尤其受到社会动员的力度和所立之法与公众切身利益的关联度的影响,一般而言,政府愈重视、社会动员力度愈大的立法(如《宪法》)和那些与公众切身利益密切相关的立法(如《个人所得税法》《劳动合同法》等),公众参与的数量就愈多,所提的意见和建议也就越多。

④ 其中,全民讨论主要适用于制宪和修宪过程中的公众参与。

东省工程招投标条例(修订草案)》举行了听证会,首开我国立法听证会的先河。[①] 2009年5月27日,全国人大法律委员会、财经委员会和全国人大常委会法制工作委员会联合举行立法听证会,就《个人所得税法(修订草案)》有关工薪所得扣除费用标准进行听证。这是我国国家立法机关首次采用立法听证这一公众参与立法的形式。公众参与立法途径的增多对于增加立法参与的公众数量、进一步提高我国立法的民主化程度起到了重要的作用。

(二)参与广度的扩大化趋势

公众参与立法的广度,是指通过各种途径和方式参与某项法案的制定过程,并试图影响立法结果的公众在数量上的多寡,参与的公众数量在整个社会成员中所占的比例越大,参与的广度就越广。虽然单纯用广度这样的数字标准来衡量立法过程的民主性是不够全面的,但它至少在一定程度上体现了公众就某项立法参与的普遍性程度。公众参与立法广度的理想状态,是所有受某项法案影响的社会成员都能参与其制定过程。但事实上,这只能是一个柏拉图式的神话,不用说以直接影响的方式去参与,就是把间接影响的方式也算在内,也难以让所有受法案影响的社会成员都参与其中。因为特定社会或国家的公众立法参与的广度,要受到其经济发展水平、政治民主化程度、公众参与意识和参与能力等因素的限制。因此,大多数社会和国家的立法过程,在整体上面对的仍然是"沉默的多数"。

随着社会经济的快速发展和政治民主化程度的逐步提高,我国公众立法参与的广度正呈现出日益扩大化的趋势,尤其是在那些和人民群众切身利益密切相关的法律的制定过程中,公众参与的积极性和主动性有了很大程度的提高。从表6-16的相关统计数据可以发现,对于不同的法律草案,社会各界的反响程度是不同的,这主要表现在不同法律草案全国人大常委会收到意见或建议的数量存在较大的差异,但就总体而言,其数量是呈上升趋势的。

(三)参与深度的增强化趋势

公众参与立法的深度是衡量一个国家公众立法参与水平的又一个重要的评价指标,它是指公众参与对立法的最终结果所产生的实际效应,换言之,也就是立法过程中的公众参与对立法的结果产生了多大的实际影响。公众参与立法的广度是通过公众参与的普遍性程度来反映公众立法参与的民主效应;而公众参与立法的深度则是通过公众参与的实际影响来说明公众立法参与的结果效应。但必须指出的是,在评价一个国家或社会的公众立法参与水平时,应当将这两个标准统一起来

---

① 据统计,截至2006年上半年,除5个省(市、自治区)未举行立法听证会外,其他省(市、自治区)在地方立法过程中均至少举行了一次听证会。其中,举行立法听证会次数较多的有上海(4次)、湖南(4次)、天津(4次)、广东(3次)、浙江(3次)。参见李林:《立法过程中的公共参与》,中国社会科学出版社2009年版,第48页。

进行综合考虑，而不能将它们割裂开来。这是因为，立法过程中公众参与的广泛程度是衡量立法过程是否民主的首要标准，如果立法过程中只有少数人参与，那么这种少数人的参与即使是最有效的，也不能说它是民主的；而立法过程中公众参与的结果效应如何，又会反过来影响公众参与的广度——参与行动对立法结果的实际影响越大，公众参与的动力和积极性也就越高。

衡量立法过程中公众参与深度的标准是公众的参与行动对立法的最终结果产生了多大的影响。因此，评估公众立法参与深度的最直观的方法，就是看公众在立法参与过程中提出的意见和主张，在立法机关最终通过的法律中得到了多大程度的体现。从我国以往立法过程中公众参与的实践来看，立法机关日益重视公众参与的重要性，尤其是在那些与公众生活密切相关的法律的制定过程中，则是尽可能让更多的公众参与其中。但不容忽视的是，对于立法过程中的公众参与，以往我们所追求的似乎更多的只是一种民主的形式，而不是民主的实质。换言之，就是重视公众立法参与的“量”要甚于重视公众立法参与的“质”。这就必然导致立法过程中的公众参与流于形式，而难以产生实际的效应。

从《物权法》《劳动合同法》《食品安全法》《社会保险法》《车船税法》《个人所得税法》等法律制定或修订过程中的公众参与的实践来看，我国国家立法机关正日益重视社会各界对法律草案提出的意见和建议，形成了有效的处理机制，使各种意见和建议在法律草案乃至最终通过的法律案中得到体现。例如，在这些法律制定或修订过程中，对于各地群众提出的意见，全国人大常委会法制工作委员会将其整理成《各地人民群众对××法草案的意见》，并通过媒体予以公开发布。此举不仅具有传达和公布民意的形式意义，更重要的是它对于民意在立法过程中作用的切实发挥，具有重要的实质意义。因为将民意公之于众，无疑将在一定程度上对立法者的选择和决断形成一种有形的压力，从而促使立法更多地反映“公意”。这表明我国公众立法参与所发挥的实际效应正在逐步增强。

（四）参与主体的群体化趋势

始于20世纪70年代末80年代初的改革开放，在推动我国经济快速发展的同时，也带来了利益关系的复杂化和利益格局的多元化，从而使我国的社会阶层构成趋于多样化，并从中分化组合出许多新的社会利益群体。如果说，在我国改革开放初期政府主导型的社会治理结构下，立法活动对于社会利益群体的变化和发展曾经起过十分重要的作用的话，那么，随着利益群体的形成与发展，随着他们接近和影响立法活动的动力和能力不断加强，我国的立法过程及其结果已经开始呈现出不同利益群体间互相博弈、制衡和妥协的态势。成长起来的利益群体，已经不甘心于被动地接受立法活动的既定事实，转而主动地寻求接近立法活动的途径，从而影响立法活动的过程及其结果。我国现阶段立法过程中的公众参与虽然在组织化程度上仍然不高，像西方国家那样的通过利益集团这样一种有组织的力量来参与和

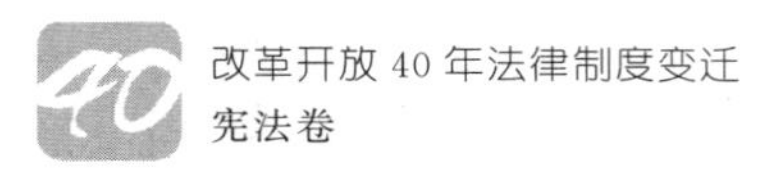

影响立法的现象并不普遍，但是其群体化趋势却日益外显。[①]

所谓公众立法参与主体的群体化趋势，是指在一个利益多元化的社会中，参与立法过程的社会公众根据其利益诉求的不同，总是可以将他们归于特定的利益群体，不同利益群体的人们在立法参与中有着不同的利益诉求，而属于同一利益群体的人们在立法参与中则有着大体一致的利益诉求。这样一来，就必然导致公众立法参与的过程表现为不同利益群体间利益诉求的冲突和同一利益群体中利益诉求的聚合。这点在《物权法》制定过程中就表现得非常明显。综观《物权法》制定过程中的各种热烈的争议和讨论，例如："《物权法（草案）》是否违宪？""国家、集体、私人的物权应否给予与同等保护？""政府征收、征用中公共利益如何界定？""物业小区中的绿地、道路、车库、会所应归谁所有？"等，无不折射出不同利益群体间的利益交锋和冲突。当今中国，无论人们承认与否，法律已日益成为重要的利益调整和分配机制。立法的过程实质就是一个在多重相互冲突的利益之间进行选择和取舍的过程。在这个过程中要使各种可能受到立法影响的利益主体参与其中。面对立法过程中不同利益群体的利益诉求和相互间的冲突，立法机关不仅要作出利益的合理选择和取舍，更重要的是要通过合理的利益整合机制使不同利益群体和谐相处，而不是使他们之间的矛盾和冲突更加表面化和激化。[②]

---

① 随着利益群体组织化程度的不断提高和随之而来的各种利益集团的形成，利益集团将成为我国今后公众立法参与的主要组织形式。

② 朱景文：《物权法引起争议的启示》，载《中国社会导刊》2006年第7期。

第七章

宪法与国家行政权

第一节 概　　述

行政权是一个国家的权力体系最基本的组成部分，因此，在近现代国家，规范行政权一直是宪法的主要功能之一。由于权力是一把双刃剑，因此，既要使它发挥作用，也要使它能够规范地行使；人们通过宪法使之服从于人民主权以及人权保障的价值，比如，洛克就将一个国家对内的权力分为立法权、行政权、对外的权力，[①]而孟德斯鸠则进一步将国家权力分为立法权、行政权、司法权，并设计了三者相互制约的国家权力制衡的理论框架，奠定了西方国家宪法的理论基础。[②] 我国实行人民代表大会制度，虽然没有采用西方国家的三权分立，但权力应当受到制约的理念仍然贯穿于宪法的始终。行政权的规范对宪法价值的实现具有特殊的意义，有学者甚至将行政法看成是一部“小宪法”。

1954 年第一部社会主义宪法将行政权的规范作为宪法文本重要内容，并确立了我国行政权规范的基本框架。1982 年《宪法》继承并发展了 1954 年《宪法》对行

① [英]洛克：《政府论》(下)，叶启芳、瞿菊农译，商务印书馆 2008 年版。

② [法]孟德斯鸠：《论法的精神》上册，张雁深译，商务印书馆 1961 年版。

政权的限制规范。40年来，随着宪法的实施和改革开放的深入，宪法观念深入人心，一方面，宪法在总体上控制着实践中行政权的运行，通过行政权运行，促进了以经济建设为中心的国家发展任务的实现，推进了改革开放的顺利进行，实现了宪法价值；另一方面，行政权的规范在实践中不断地得到丰富和完善，使现行宪法的价值得到了具体落实。可以说，40年来，宪法与行政权的发展主要是通过改革开放这个实践联结起来的，2018年正好是改革开放40年，在这个时刻回顾宪法与行政权发展的关系，可以帮助我们理解行政权在实现宪法价值中的重要作用，以及宪法价值对行政权的运行所发挥的作用。

第二节　宪法与行政法发展的总体回顾

一、1982年《宪法》对1954年《宪法》中有关行政权的发展

1954年《宪法》确立了我国行政权规范的基本框架，主要包括：(1)宪法中规定了中华人民共和国的一切权力属于人民（第2条）。(2)确立了人民代表大会制度，即人民通过各级人民代表大会行使国家权力（第2条）。(3)规定了包括行政机关在内的国家机关活动的基本原则是民主集中制（第2条）。(4)规定了国务院和地方各级人民政府作为国家行政机关，行使行政权。其中，国务院即中央人民政府，是最高国家权力机关的执行机关，是最高国家行政机关，并规定了国务院17项职

权(第 49 条)。[①] 在地方,设立地方人民政府作为地方国家行政机关。(5)规定了群众路线的原则,即包括行政机关在内的一切国家机关必须依靠人民群众,经常保持同群众的密切联系,倾听群众的意见,接受群众的监督(第 17 条)。(6)公民对于任何违法失职的国家机关工作人员,有提出控告的权利以及由于国家机关工作人员侵犯公民权利而受到损失获得国家赔偿的权利(第 97 条)。

现行 1982 年《宪法》继承了 1954 年《宪法》中关于行政权的基本定位和规范,并有所发展。如规定了法治的原则。一切法律、行政法规和地方性法规都不得同宪法相抵触。一切国家机关和武装力量、各政党和各社会团体、各企业事业组织都必须遵守宪法和法律。一切违反宪法和法律的行为,必须予以追究。任何组织或者个人都不得有超越宪法和法律的特权(第 5 条)。同时完善监督权,规定了公民的批评和建议、申诉、控告或者检举的权利以及国家赔偿的权利。[②] 宪法规定了国务院即中央人民政府,是最高国家权力机关的执行机关,是最高国家行政机关,并

---

① 第 49 条 国务院行使下列职权:

(一)根据宪法、法律和法令,规定行政措施,发布决议和命令,并且审查这些决议和命令的实施情况;

(二)向全国人民代表大会或者全国人民代表大会常务委员会提出议案;

(三)统一领导各部和各委员会的工作;

(四)统一领导全国地方各级国家行政机关的工作;

(五)改变或者撤销各部部长、各委员会主任的不适当的命令和指示;

(六)改变或者撤销地方各级国家行政机关的不适当的决议和命令;

(七)执行国民经济计划和国家预算;

(八)管理对外贸易和国内贸易;

(九)管理文化、教育和卫生工作;

(十)管理民族事务;

(十一)管理华侨事务;

(十二)保护国家利益,维护社会秩序,保障公民权利;

(十三)管理对外事务;

(十四)领导武装力量的建设;

(十五)批准自治州、县、自治县、市的划分;

(十六)依照法律的规定任免行政人员;

(十七)全国人民代表大会和全国人民代表大会常务委员会授予的其他职权。

② 1982 年《宪法》对于 1954 年《宪法》在国家赔偿方面有所发展,即加进了因国家机关受到损失的赔偿。

将国务院原来17项职权扩大为18项(第89条)[①]。

二、40年来宪法与行政权的发展

回顾40年来宪法对行政权的规范,大体上可以分为以下几个阶段:

(一)20世纪80年代,行政权的运行主要是以经济建设为中心,推进改革开放,同时,行政权运行也成为改革的一部分,主要表现为政企分开和权力下放,但总体上讲,法治政府的理念缺失

20世纪70年代末,党的十一届三中全会将党和国家的任务调整到以经济建设为中心上来,法制建设的任务主要是为改革开放和经济发展提供稳定的社会秩序提供保障。行政权的主要任务也要围绕经济建设这个中心,推进改革和开放,实现宪法价值,其自身也得到了发展。首先表现为经济领域行政管理权的变化,政企分开和权力下放,逐步提出政府职能的科学定位问题。但总体上讲,法治政府的理念在法治建设的初期是缺失的,而是在改革开放的实践中逐步形成与完善。

我国对法治建设的重视主要是从20世纪70年代末开始的,首先是因为其时刚刚结束"文革",摆在全国人民面前的当务之急是拨乱反正,全面恢复正常的社会秩序。由于十年"文革"期间在"砸烂一切公检法"的口号下,整个国家法律秩序处

---

① 第89条 国务院行使下列职权:

(一)根据宪法和法律,规定行政措施,制定行政法规,发布决定和命令;

(二)向全国人民代表大会或者全国人民代表大会常务委员会提出议案;

(三)规定各部和各委员会的任务和职责,统一领导各部和各委员会的工作,并且领导不属于各部和各委员会的全国性的行政工作;

(四)统一领导全国地方各级国家行政机关的工作,规定中央和省、自治区、直辖市的国家行政机关的职权的具体划分;

(五)编制和执行国民经济和社会发展计划和国家预算;

(六)领导和管理经济工作和城乡建设;

(七)领导和管理教育、科学、文化、卫生、体育和计划生育工作;

(八)领导和管理民政、公安、司法行政和监察等工作;

(九)管理对外事务,同外国缔结条约和协定;

(十)领导和管理国防建设事业;

(十一)领导和管理民族事务,保障少数民族的平等权利和民族自治地方的自治权利;

(十二)保护华侨的正当的权利和利益,保护归侨和侨眷的合法的权利和利益;

(十三)改变或者撤销各部、各委员会发布的不适当的命令、指示和规章;

(十四)改变或者撤销地方各级国家行政机关的不适当的决定和命令;

(十五)批准省、自治区、直辖市的区域划分,批准自治州、县、自治县、市的建置和区域划分;

(十六)决定省、自治区、直辖市的范围内部分地区的戒严;

(十七)审定行政机构的编制,依照法律规定任免、培训、考核和奖惩行政人员;

(十八)全国人民代表大会和全国人民代表大会常务委员会授予的其他职权。

于瘫痪状态，社会不满情绪比较突出，甚至出现了一些恶性事件。“没有广泛的民主是不行的，没有健全的法制也是不行的，我们吃尽了动乱的苦头。”[①]因此，进行法制建设，恢复社会秩序就成了执政党当时面临的首要任务。于是，1979 年，一批维护社会秩序的法律，诸如刑法等法律出台。在拨乱反正，恢复社会正常秩序的任务完成后，党的十一届三中全会就将党的主要任务转移到经济建设上来，并实施了改革开放，这就赋予了法治建设以新的时代任务：一方面要为经济建设的顺利进行提供稳定的社会环境，另一方面要为改革提供法制保障。其基本的标志就是 1982 年《宪法》的制定和实施，可以说，它构成了我国法治建设的基本任务。

这时期的法治建设，首先是制定各项完善的法律制度。为保证社会主义初级阶段的现代建设任务的完成，邓小平提出了“两手都要抓，两手都要硬”“一手抓建设，一手抓法制”的发展方针，[②]还完整地提出了“有法可依，有法必依，违先必究，执法必严”法制建设的十六字方针。[③] 这十六字集中体现了法制建设的任务。当时，使用的不是“法治”，而是“法制”，即制度的“制”，也就是说，我们把法治建设的主要任务就看成是法律和制度建立和完善，即首先要“有法可依”。因此，立法成了当时的首要任务。应该说，这十六字方针把立法放在法治建设的首要地位，这对我国的法治建设实践影响深远，直到 2011 年，我国才宣布社会主义法律体系初步建成。[④] 其次，通过法治建设保障改革开放的顺利进行。改革的成功和顺利进行需要法制加以确认和保障。因此，在改革开放初期的 80 年代，法制建设主要是对新的社会关系的确认与法律秩序的保障，比如，1986 年通过的民法通则就属于这种情形。

在改革开放的过程中，政府的权力也自然会成为改革的对象，首先是经济管理方面的权限改革，主要表现为政企分开和权力下放。由于长期以来，我国的经济体制一直是计划经济体制，行政权在整个国家的国民经济的运行中处于绝对的支配地位，这不利于生产力的解放，不利于创新。1975 年小平同志提出：“像鞍钢这样的大企业，有管理问题，也有个体制问题。大的钢铁厂整个生产过程从上到下是一环扣一环的，要有一个指挥生产的好办法。公司必须单独有一个班子，不是管油、

---

① 《邓小平文选》(第二卷)，人民出版社 1994 年版，第 189 页。

② 1986 年 1 月 17 日，邓小平在中共中央政治局常委会上说：“搞四个现代化一定要有两手，只有一手是不行的。所谓两手，即一手抓建设，一手抓法制。”参见《邓小平文选》(第二卷)，人民出版社 1994 年版，第 154 页。

③ 1978 年 12 月，邓小平在党的十一届三中全会前召开的中央工作会议上讲话指出“有法可依，有法必依，执法必严，违法必究”，十一届三中全会确立了社会主义法制建设的十六字方针，为社会主义法制建设开启了崭新征程。

④ 2011 年 3 月 10 日，吴邦国委员长在十一届全国人大四次会议第二次全体会议上宣布：中国特色社会主义法律体系已经形成。

盐、酱、醋、柴，而是指挥生产的，有一个单独的系统。”[①]党的十一届三中全会提出，“现在我国经济管理体制的一个严重缺点是权力过于集中，应该有领导地大胆下放，让地方和工农业企业在国家统一计划的指导下有更多的经营管理自主权；……应该坚决实行按经济规律办事，重视价值规律的作用……应该在党的一元化领导之下，认真解决党政企不分、以党代政、以政代企的现象……”[②] 1986 年《民法通则》的制定，第一次将作为民事主体的政府与作为管理机关的政府区别开来，体现了政企分开的价值理念。但由于改革开放初期，并没有提出法治政府的理念，改革也处于“摸着石头过河”的阶段，于是权力下放，同时造成一放就乱，一乱就收，一收就死的问题，表明权力与社会之间的良性互动并没有建立起来，但在改革开放过程中体现出来的行政权自身的改革和发展的要求已经提出来了。

（二）20 世纪 90 年代初，随着改革开放的深入，提出权力受到制约和法治政府的理念

如前所述，改革开放初期，法治建设的主要任务是维护社会的稳定，其内容主要是加强对社会治理的法治建设，不包括法治政府。事实上，整个 80 年代，法治政府的建设并没有得到重视，直到 1989 年才出台《中华人民共和国行政诉讼法》，其他的如《中华人民共和国国家赔偿法》《中华人民共和国行政处罚法》等一大批约束权力的法律到 90 年代中期才制定出来，但在这一时期还没有完整地提出“法治政府”建设的概念。[③]

应该说，在当时缺乏相关的法律规范的情形下，法治建设的任务首先是对法律制度的完善，这也是非常必要的，而且，这一时期重视的法治建设的确起到相应的作用，恢复并稳定了社会秩序，并且为整个 80 年代集中精力搞经济建设提供了稳定的社会环境。然而，无论是为拨乱反正，还是为经济发展提供稳定的社会秩序，在理念上，有时法律被看成是恢复和维护社会稳定的工具，法治政府，制约权力的理念还是缺失的。在当时的法制建设的十六字方针中，只强调行政权执法要严，但执法要以经济建设为中心。当时，行政法被理解为管理法，方便行政权的行使和管理的法律规范，以提高效率为中心。因此，虽然我们提出了“两手抓，两手都要硬”的方针，但在实践中并没有把它与经济发展放在同等重要的地位上，只是为了经济发展保驾护航，这就不可避免地带来一些不良的后果。比如，当时法院在审判工作

---

① 《邓小平文选》（第二卷），人民出版社 1994 年版，第 8～11 页。

② 《中国共产党第十一届中央委员会第三次全体会议公报》。

③ 其实早在 1978 年 12 月，邓小平在党的十一届三中全会前召开的中央工作会议上讲话指出：“为了保障人民民主，必须加强法制。必须使民主制度化、法律化，使这种制度和法律不因领导人的改变而改变，不因领导人的看法和注意力的改变而改变。”这实际上就提出了法治政府建设的问题，但作为一种立法或法治建设中的理念也没有提出来。

中就提出，“要为经济发展保驾护航”，于是法治的公平正义在一些个案中没有得到体现，甚至，一些地方为了突出经济发展这个任务，法治工作本身也可能被放置一边，影响了社会治理的法治化。

权力受到制约的观念，是随着改革开放的深入，要求社会公平正义的理念才逐步被提出来的。1989 年 4 月 4 日通过《行政诉讼法》，才使行政权也要受到制约的理念向前推进一步。小平同志 1992 年南方谈话后，社会主义市场经济建设的命题被提出来，法治政府的建设才被逐步提上日程。在计划经济条件下，政府的职能既是运动员又是裁判员的角色，政府是全能的角色，而在市场经济条件下，市场对资源的调配起到主要的作用，政府的作用是有限的，政府既要能够调控经济，其自身也要受到市场的制约，此时政府更多地担任裁判员的角色。于是，一批约束政府的有关法律法规，要求政府依法行政的法治政府、责任政府的理念逐步产生了，这主要体现在 20 世纪 90 年代中后期《中华人民共和国行政处罚法》《中华人民共和国国家赔偿法》《中华人民共和国行政复议法》等一批约束政府权力的法律法规的出台。为响应这一时代的要求，在 1997 年 9 月召开的中共十五大上，江泽民同志明确提出依法治国的基本方略，将过去“建设社会主义法制国家”的提法，改变为“建设社会主义法治国家”，鲜明地突出了“法治”的价值，将原来的法制建设的理念向前推进了一大步，即把“法制”提升到了“法治”。首先，从字面看，法治建设的对象不再仅仅是静态的法律制度完善，而是强调法治是一个完整的治理方式，在国家建设各个环节之中都要强调法治的动态的治理方式。其次，“刀制”改成“水治”，喻义社会治理的目标不再仅仅是为了追求经济发展，还要实现社会公平正义。以追求公正正义为理念的法治深入人心，使法治迅速为人们所接受，极大地提升了人们对法治建设的信心，同时权力制约的观念和法治政府建设的观念也更是成为实践的追求。依法治国，即党领导人民治理国家的基本方略，就是广大人民群众在党的领导下，依照宪法和法律规定，逐步实现社会主义民主的制度化、规范化、程序化，使这种制度和法律不因领导人的改变而改变，不因领导人看法和注意力的改变而改变。1999 年九届人大二次会议通过了宪法修正案，“中华人民共和国实行依法治国，建设社会主义法治国家”，把这一个法治的理念写进了《宪法》。法就不再仅仅被理解为是被政府用来治理社会的工具，政府本身也应该，甚至是首要的治理对象，法治政府建设的理念就提出来了，这是法治中国建设理念的又一次提升。法治政府建设理念的提出使法治中国建设走上了快车道。法治，首先是依宪而治，此后的历届领导人都强调了这一原则。

(三)20世纪末，随着改革开放的深入，中国积极投入国际社会中，成为世界贸易组织的一员，21世纪初我国加入世界贸易组织后，遵守世界贸易规则，兑现对世界贸易组织的承诺，转变政府职能，推进建设法治政府

2001年11月11日，中国加入世贸组织议定书仪式在卡塔尔首都多哈举行。中国代表团团长石广生在议定书上签字。当年12月11日，中国正式成为世贸组织成员。根据《中华人民共和国加入世界贸易组织议定书》规定，“中国地方各级政府的地方性法规、规章及其他措施应符合在《WTO协定》和本议定书中所承担的义务”，“中国应设立或指定并维持审查庭、联络点和程序，以便迅速审查所有与《1994年关税与贸易总协定》(GATT 1994)第10条第1款、GATS第6条和《TRIPS协定》相关规定所指的法律、法规、普遍适用的司法决定和行政决定的实施有关的所有行政行为。此类审查庭应是公正的，并独立于被授权进行行政执行的机关，且不应对审查事项的结果有任何实质利害关系”。“审查程序应包括给予受须经审查的任何行政行为影响的个人或企业进行上诉的机会，且不因上诉而受到处罚。如初始上诉权需向行政机关提出，则在所有情况下应有选择向司法机关对决定提出上诉的机会。关于上诉的决定应通知上诉人，作出该决定的理由应以书面形式提供。上诉人还应被告知可进一步上诉的任何权利。”这些规定均对我国包括行政诉讼法、行政复议法提出了新要求。因此，为适应这一变化，修订相关的法律提上了日程，如1999年《行政复议法》的制定、1999年《最高人民法院关于执行〈中华人民共和国行政诉讼法〉若干问题的解释》出台，以及《中华人民共和国行政许可法》出台。

(四)2004年，宪法修正案中加入了人权保障条款，对法治政府建设提出新要求

自从人权入宪后，国家权力的行使从观念到制度都要以人权保障为出发点。比如，完善了《中华人民共和国行政诉讼法》《中华人民共和国国家赔偿法》，制定了《中华人民共和国行政强制法》等一系列的加强政府法制建设的法律。值得一提的是，2004年，国务院发布了《全面推进依法行政实施纲要》，提出6项原则，即合法行政、合理行政、程序正当等，适应了当时的改革开放的要求，文中“提出用十年左右的时间建成法治政府”。各地方还据此提出自己的建设目标，比如广东省当时就明确提出分为两个阶段：前5年制定各种指标和考核体系，后5年落实执行。当然，这个时期的法治政府建设还仅仅是政府对自身的行为提出依法行政的要求，并不是法治政府建设的全部。依法行政只是法治政府建设的一个方面，法治政府建设不仅要求政府依法行政，而且首先要求政府职能的转变和科学设置。可以说，如果没有以政府职能转变和科学设置以及权责一致为内容的法治政府的建设，依法

行政也不可能做到。

（五）法治国家、法治政府、法治社会一体建设目标

党的十八大提出法治是治国理政的基本方式，并提出法治国家、法治政府、法治社会一体建设的目标。十八大以来，中国共产党对法治的认识有了全面的提升，法治被上升为治国理政的方式的高度，在十九大报告中，"全面依法治国"更是作为新时代治国理政的十四个基本方略之一被确定下来。

这种认识上的提升是源于执政党对新时期的社会基本矛盾有了全新的判断。坚持矛盾论的辩证唯物主义一直是中国共产党认识社会，以确定其在一定历史时期内基本任务，并采取相应的治理方法的基本方法论。在改革开放初期，1981 年党的十一届六中全会就指出，在当时，我国社会的主要矛盾是人民日益增长的物质文化需要同落后的社会生产之间的矛盾。这个主要矛盾，贯穿于我国社会主义初级阶段的整个过程和社会生活的各个方面，决定了我们的根本任务是集中力量发展经济，法制建设的主要功能是维护社会稳定和保障经济发展。2017 年 10 月 18 日，习近平同志在十九大报告中指出，中国特色社会主义建设进入了新时代，我国社会主要矛盾已经转化为人民日益增长的美好生活需要和不平衡不充分的发展之间的矛盾。要在继续推动发展的基础上，着力解决好发展不平衡不充分问题，大力提升发展质量和效益，更好满足人民在经济、政治、文化、社会、生态等方面日益增长的需要，更好推动人的全面发展、社会全面进步。随着社会的基本矛盾发生了变化，对法治的期待自然也发生了变化，它作为以"五位一体"建设的治国理政的基本方式被提出来了。就其内容来讲，法治国家、法治政府、法治社会要一起建设；在法治建设的基本要求上，也不仅仅在静态的法制建设场面，还包括立法、执法、司法、守法等各个环节都提出了要求。

法治中国是一个划时代意义的命题。中国人传统上讲的伦理是一种以家国天下、推己及人，都是以己为中心向周边扩散的理，它必然带有圈子的文化，不同的圈子形成不同的规则，熟人与生人之间规则不同，公平正义就不同，这与现代的市场经济的要求是完全不同的。在法治中国建设的构架中，法治社会只是基础，法治政府才是关键。20 世纪 80 年代的教训告诉我们要使整个社会走向法治的轨道，仅通过法治社会无法形成整个法治。法治的核心在于限制公权力。法无明文禁止即自由，人们并不完全生活在法中，伦理道德建设也是需要的。

法治政府建设是现代文明的治理方式，是人民当家作主的基本要求，也是法治治理方式的精髓，应当把法治政府建设放在法治中国建设的优先地位，以法治政府建设来带动法治社会建设，乃至整个法治中国建设。但从我国法治建设的 40 年实践来看，我国的法治政府建设更多的是对社会发展和改革的被动反应，是以倒逼的方式进行的，我们缺乏建设法治政府的自觉，因此，执政党虽然为法治中国建设确立了目标，公布了《法治政府建设实施纲要（2015—2020 年）》，但法治政府的建设

仍然任重而道远。

2015年颁布的《法治政府建设实施纲要（2015—2020年）》，提出职能科学、权责法定、执法严明、公开公正、廉洁高效的原则。此后，随着"一带一路"倡议的提出以及人类命运共同体理念的提出，法治国家成为法治中国建设的重要组成部分。因此，法治中国建设就包含法治国家、法治政府与法治社会在内一起全面建设的内容，体现了中国共产党人全面推进深化改革开放，融入全球治理的决心，以及共建人类命运共同体的使命担当。

综上所述，法治政府概念的提出和深化，与改革开放进程是分不开的。权力制约的观念和法治政府建设的观念都是改革开放的产物，并在改革过程中形成发展起来的。

第三节　行政权规范的各项制度的发展评述

一、行政诉讼制度的产生与发展

行政诉讼，也称民告官，它是约束行政权，保障公民基本权利的最基本的手段。长期以来，我国并没有形成这一观念，也不可能产生行政诉讼的制度，只有在改革开放的过程中才逐步形成并完善起来。我国的《行政诉讼法》经历了制定和修改的两个阶段。

（一）《行政诉讼法》的制定

我国的行政诉讼制度是在1978年实行改革开放政策以后，随着社会主义商品经济和民主政治的发展而逐步建立起来的。行政诉讼制度的建立，既是顺应时代的需要，也是历史发展的产物，同时还有一个逐步建立和发展的过程。[①]

在改革开放的形势下，一方面，公民的权利意识、自主意识、平等意识较改革开放以前发生了质的变化，在行政权力与公民权利出现矛盾和对立越来越多的情况下，为了保障自己的合法权益不受违法或者不当行为的侵害，公民对于建立和完善行政救济制度的要求日增。而经济独立和民主、法律意识的增强必然使行政机关与被管理的个人之间产生行政争议的数量增多，这也需要有保护人民民主、保障人权以及加强对行政机关是否依法行使职权进行有效监督的法律制度。另一方面，从行政机关内部来说，为适应改革开放的新形势，建立廉洁高效的政府和反腐败，需要有一套对行政机关及其工作人员依法行使职权的外部监督机制。而行政诉讼

① 林莉红：《中国行政诉讼的历史、现状与展望》，载《河南财经政法大学学报》2013年第2期。

制度可以通过日常的诉讼程序对那些受到行政机关违法行为侵犯的公民、法人和其他组织提供一个广泛而经常的救济手段，来达到促使行政机关依法行政的目的。党的十三大报告中提出："为了巩固机构改革的成果并使行政管理走上法制化的道路，必须加强行政立法，为行政活动提供基本的规范和程序"，"要制定行政诉讼法，加强对行政工作和行政人员的监察，追究一切行政人员的失职、渎职和其他违法乱纪行为"。

1989年《行政诉讼法》的制定和实施，主要解决了以下问题：(1)行政诉讼法的实施，使宪法赋予公民、法人和其他组织的合法权益，得到了充分的、有力的、切实的保障；同时使行政机关的行政管理活动受到司法监督和支持，促进了行政机关改进管理水平，严格依法行政。(2)行政诉讼法的实施使有法可依、有法必依、执法必严、违法必究的社会主义的法制原则得到了发展和完善。过去人民法院的审判工作局限在刑事、民事，经济审判，行政审判的开展改变了"官管民必须听、民告官没有门"的状况，体现了社会主义民主。(3)行政审判拓宽了司法监督的范围。仅以上海为例，案件类别在三年中不断发展，已开始了对行政行为的全面干预。除了常见的治安、规划、拆迁、工商、土地、税务行政案外，还涉及客运管理、户籍管理、收容审查劳动收养、企业经营自主权、收容遣送等过去没有涉及的行政管理活动。提起诉讼的原告除公民外，法人和其他组织作为原告的案件也逐渐增多，合法性审查的内容，从仅根据原告的诉讼请求进行审查，扩展到对具体行政行为的全面的合法性方面。(4)行政审判工作的开展，促进了经济体制改革，对计划经济向市场经济转化，起了积极作用。通过案件审判，使一些长期习惯于用行政命令、长官意志办事的观念，逐步转向依法行政的轨道。[①] 因此，有学者评价"行政诉讼法的制定和实施，其意义不仅有利于法院审理行政案件，而且对立法、执法都将产生深刻的影响，必将促进我国政治体制的改革，加快实现行政管理法制化的步伐，推动国家整个社会主义民主建设和法制建设的发展"[②]。

"行政诉讼法在一定程度上起到了保护行政相对人合法权益的作用，在相当大的程度上实现了监督行政机关依法行使职权的目的。微观上，如果对每个行政诉讼案件进行个案分析，可能难言法院做到依法裁判。但从宏观上说，行政诉讼法的立法目的在某种程度上基本实现。"[③]也有法官认为："《行政诉讼法》的实施，填补了我国诉讼法律制度的空白，它与刑事诉讼、民事诉讼形成鼎足之势，是我国社会主义民主、法制建设史上的一个新的里程碑。通过三年的行政审判实践，具有中国

① 王振峰、陈有西：《法官谈行政诉讼的现状与思考》，载《中外法学》1994年第1期。

② 顾昂然：《行政诉讼法的制定对我国社会主义民主政治和法制建设有重大意义》，载《中国法学》1989年第3期。

③ 林莉红：《中国行政诉讼的历史、现状与展望》，载《河南财经政法大学学报》2013年第2期。

特色的社会主义行政审判制度初步建立，为法院拓宽审判领域，发挥职能作用，树立法律的尊严和权威起到了不可替代的作用；为行政机关自我完善，依法管理，强化监督机制，起到了不可替代的作用；为提高全民族的法律意识，保证社会的稳定，起到了不可替代的作用。”①

（二）《行政诉讼法》的修改

行政诉讼制度虽然建立起来了，但在实践中仍然存在着“立案难、审理难、执行难”，以及行政诉讼制度与社会经济发展不相适应、不相协调等问题，不能适应依法治国、依法执政和依法行政共同推进，法治国家、法治政府和法治社会一体建设的新要求。因此，需要通过修订行政诉讼法来破解实践中的“立案难、审理难、执行难”，实现对公民、法人和其他组织合法权益的有效保障。②

2014年，《行政诉讼法》的修改坚持从实际出发，坚持问题导向，着力解决行政诉讼存在的“立案难、审理难和执行难”问题，作了如下修改③：(1)扩大了受案范围。从理论上说，所有行政争议都应当能够通过行政诉讼解决，扩大《行政诉讼法》的受案范围具有进步意义。实践中行政诉讼立案难，主要原因是法律、法规明确规定应当受理的案件，法院不受理。所以，此次修改的重点是解决法院该立案而不立案的问题，畅通诉讼渠道，强化对不受理的约束。当然，根据实践的发展和需要，适当扩大了受案范围。(2)扩大了原告资格。新法第25条规定：“行政行为的相对人以及其他与行政行为有利害关系的公民、法人或者其他组织，有权提起诉讼。”将“有利害关系”作为原告的资格要件。原法两个条款规定行政诉讼的原告资格：一是第24条第1款规定，依照本法提起诉讼的公民、法人或者其他组织是原告。二是第41条中规定：原告是认为具体行政行为侵犯其合法权益的公民、法人或者其他组织。这两款并没有明确原告的客观标准，只规定了主观标准，即“认为”自己的合法权益受到侵犯。这种主观“认为”，不利于法院对起诉人是否具有原告资格作出客观判断。由于没有客观标准，有的法院不愿受理行政案件，对原告资格作过度限制，比如将原告解释为行政行为的相对人，使一些应当纳入行政诉讼解决的争议没有纳入。(3)完善了审判体制机制。司法地方化是影响人民法院公正行使审判权的一个重要原因。新《行政诉讼法》完善了管辖制度，为司法体制改革留下空间：一是肯定了提级管辖。新《行政诉讼法》第15条中规定中级人民法院管辖对县级以上地方人民政府所作的行政行为提起诉讼的案件。二是明确了跨行政区域管辖。新法第18条第2款规定：经最高人民法院批准，高级人民法院可以根据审判工作的实际情况，确定若干人民法院跨行政区域管辖行政案件。(4)完善了执行制

① 王振峰、陈有西：《法官谈行政诉讼的现状与思考》，载《中外法学》1994年第1期。

② 薛刚凌：《行政诉讼法修订基本问题之思考》，载《中国法学》2014年第3期。

③ 童卫东：《进步与妥协：〈行政诉讼法〉修改回顾》，载《行政法学研究》2015年第4期。

度，解决了执行难。执行难是《行政诉讼法》实施中存在的主要问题之一。修改以前的《行政诉讼法》对行政机关拒绝履行法院判决、裁定，规定了一些处罚措施，如对行政机关每日处 50 元至 100 元的罚款，但实践中效果并不好，行政机关不怕罚款。这次修改明确对行政机关负责人按日处 50 元至 100 元的罚款；可以将行政机关拒绝履行的情况予以公告，社会影响恶劣的，可以对行政机关直接负责的主管人员和其他责任人员予以拘留。

对于此次《行政诉讼法》的修改，有学者认为："《中华人民共和国行政诉讼法》是我国法治政府建设中的第一个起点，也是我国行政法治发展的第一个里程碑。本次修改《行政诉讼法》，是在我国经济社会发展和司法实践所积累的丰富经验基础上，对行政诉讼法律制度的进一步完善，大大推进了对公民权利保护的力度，解决了许多行政诉讼实践中存在的问题和困难，大体上反映了实际的需要，达到了预期的目标。"①"新《行政诉讼法》将'具体行政行为'一律修改为'行政行为'，实现了'行政行为'学术概念与法律概念的统一，对我国行政行为理论的发展产生了深刻影响。新法的实施为行政行为事实判断、法律判断与效力判断三维体系的建构提供了可能，为行政行为无效、有效、失效三维效力形态体系的形成奠定了基础。"②实务部门的同志认为："尽管理论界和实务界对《行政诉讼法》某些修改内容仍有不同意见，但总体来说，《行政诉讼法》的修改对保护公民、法人和其他组织的合法权益，提高行政机关法治意识和依法行政水平，提升行政审判权威和司法公信力，解决长期困扰行政审判发展的突出问题，无疑都发挥了十分积极的作用。"③

（三）国家赔偿制度的形成

对于国家赔偿责任，1954 年《宪法》中就有了明确的规定，1982 年《宪法》即现行宪法重申了 1954 年《宪法》关于国家赔偿的原则并有所发展。《宪法》第 41 条规定："由于国家机关和国家机关工作人员侵犯公民权利而受到损失的人，有依照法律取得赔偿的权利。"同 1954 年《宪法》相比增加了两项内容：第一，增设了国家机关对其侵权行为应负赔偿责任之规定。这一规定是对马克思主义传统国家观念的突破，承认"人民当家作主的国家"也可能侵犯人民的权利。第二，增加了"有依照法律取得赔偿的权利"，而当时并无专门规定赔偿的"法律"。这就以根本大法的名义提出了制定专门确认国家赔偿责任的法律要求，为随后《国家赔偿法》的制定提供宪法依据。根据 1982 年《宪法》精神，1986 年颁布的《民法通则》第 121 条，规定了国家机关及其工作人员侵权行为的赔偿责任。1988 年，最高人民法院关于贯彻民法通则意见进一步规定："国家机关工作人员在执行职务中给公民、法人的合法

① 应松年：《行政诉讼法律制度的完善、发展》，载《行政法学研究》2015 年第 4 期。

② 章志远：《新〈行政诉讼法〉实施对行政行为理论的发展》，载《政治与法律》2016 年第 1 期。

③ 耿宝建：《新〈行政诉讼法〉实施一年回顾与展望》，载《法律适用》2016 年第 8 期。

权益造成损害的,国家应当承担赔偿责任。”1989年颁布的《行政诉讼法》规定了国家行政机关的赔偿责任。在一些单行法规,如《治安管理处罚条例》《海关法》《民用航空器适航管理条例》《草原法》《商标法》《森林法》《国家建设征用土地条例》等法律、法规中,也从不同的角度和层次规定了国家要承担赔偿责任。司法实践中也审结了一批涉及国家赔偿的案例。这一切为我国国家赔偿法的诞生提供了相应的理论、政策和法制环境。在没有制定国家赔偿法之前,适用有关民事法律进行国家赔偿。1986年制定的《民法通则》第121条规定:“国家机关和国家机关工作人员在执行职务中,侵犯公民、法人的合法权益造成损害的,应当承担民事责任。”1989年我国制定了《行政诉讼法》,其中,第67条第1款规定:“公民、法人或者其他组织的合法权益受到行政机关或者行政机关工作人员作出的具体行政行为侵犯造成损害的,有权请求赔偿。”但相关规定非常概括,缺乏操作性。

1994年《国家赔偿法》正式出台,1995年1月1日该部法律开始实施。《国家赔偿法》的实施标志着中国国家赔偿制度(包括行政赔偿和司法赔偿)正式建立。这是从人治到法治转变的一个里程碑,其中确立的行政赔偿制度是法治政府和责任政府的标志。全国人大法工委原主任顾昂然指出,国家赔偿法的制定和施行,对保障公民的合法权益具有重要意义。但更深刻的意义还在于它是我国社会主义法制进一步健全和社会主义民主政治进一步发展的一个重要标志。①

那么,当时我国国家赔偿法所希望达到的目的是什么呢?首先,从国家赔偿法的法理来说,它的产生与完善,就是为了解决国家赔偿责任的客观需要。其次,我们也应看到,国家行为毕竟不同于公民、法人的行为,它具有特殊性,这种差异性体现在国家赔偿法中,就是要承认国家行为的特殊性,保护国家的根本利益,减少国家赔偿制度对国家主权行为的不利影响。再次,国家赔偿制度是现代国家必然采用的一项制度,它是协调国家利益与被害人利益的有效手段之一。通过以上三个方面的分析,可以看出,我国国家赔偿法是在保护国家根本利益的前提下,尽可能地保障被害人的利益,显示了侧重于保护主权、兼顾保护人权的轮廓,同时也带有公正和功利的色彩。② 程雁雷认为,我国国家赔偿法的制定与颁布,标志着我国民主法制建设步入了一个新的进程,然而,这部具有划时代意义的法律的实施将会是一个艰难的历程。③ 肖峋认为,我国的国家赔偿法是一部赔偿范围很宽,对行使国家权力的行为的监督很广的法律,同其他国家特别是英美的国家赔偿法相比,它在各方面都是先进的。但是,它是否能起到保障人权,促进稳定的作用,还要取决于

---

① 顾昂然:《国家赔偿法制定情况和主要问题》,载《中国法学》1995年第2期。

② 王新:《我国国家赔偿法的运作与目的》,载《中外法学》1995年第1期。

③ 程雁雷:《论国家赔偿法的实施保障》,载《行政法学研究》1995年第3期。

执法机关及各方的努力。[①]

(四)国家赔偿制度的发展

虽然《国家赔偿法》被誉为"国家保护人权之法",但 1995 年 1 月 1 日起施行的旧《国家赔偿法》存在赔偿范围过窄,赔偿程序对赔偿义务机关约束不够,没有明确检察机关的监督程序,赔偿经费不到位等问题,以致《国家赔偿法》被人们戏称为"国家不赔法"。为解决这样突出问题,2010 年 4 月 29 日,十一届全国人大常务委员会对《国家赔偿法》进行了第一次修改。这次修法主要修改了国家赔偿的归责原则、赔偿范围、赔偿程序、监督程序、精神损害赔偿、赔偿费用支付保障等方面,从而大大完善了我国国家赔偿制度。为与新修改的《刑事诉讼法》相衔接,2012 年 10 月又对《国家赔偿法》进行了第二次修改,这次修法只修改了《国家赔偿法》第 19 条第 3 项。17 年的国家赔偿实践,17 年的社会经济发展,17 年的法制建设完善,使我们对国家赔偿制度的认识,有了进一步的深入和提高。

新《国家赔偿法》规定的立法宗旨有两个方面:一是为了保障公民、法人和其他组织享有依法取得国家赔偿的权利,二是为了促进国家机关依法行使职权。立法宗旨的这两个规定,其实就是国家赔偿制度修改目的的表述。具体来说,新《国家赔偿法》解决的问题,主要有以下几个:其一,改变了原有的单一归责原则,变为"法定的损害结果归责"。在 20 世纪 90 年代初,"违法"归责原则同当时的法学理论和法治发展水平是基本相适应的,[②]但是之后的实践又说明了单一的"违法"归责原则的弊端。其二,扩大了行政赔偿的范围,行政侵权的方式被扩大例举,改变了旧《国家赔偿法》对精神损害不承担金钱赔偿责任的规定。其三,改进了财政预算管理与支付办法。其四,完善了行政赔偿程序和举证制度。其五,提高了赔偿标准,并完善了获取赔偿金的方式。其六,追偿制度更为明确,请求赔偿时效的计算方法更为合理、更符合法治精神。尽管,新《国家赔偿法》所确立的行政赔偿制度尚有不足,但同原法律相比,新法律的进步显而易见。

新《国家赔偿法》的颁布和实施,对于促进国家机关依法行使职权,保障公民法人和其他组织的合法权利,维护社会公平正义,促进社会和谐稳定,对于进一步加强和改进人民法院的国家赔偿审判工作,具有非常重要的意义。最高人民法院赔偿办负责人指出,修改后的《国家赔偿法》取消了确认程序、畅通了请求渠道、改变了归责原则、扩大了赔偿范围、完善了赔偿程序、提高了赔偿标准、改进了经费保障,但是与此同时,考虑到旧观念阻碍、行政成本上升、配套制度落实等因素,新《国家赔偿法》所确立的行政赔偿制度在实施中必定会任重道远![③]

---

① 肖峋:《论国家赔偿立法的几个基本观点》,载《中国法学》1994 年第 4 期。

② 马怀德:《国家赔偿法的理论与实务》,中国法制出版社 1994 年版。

③ 胡仕浩:《国家赔偿法修改的新精神和新内容》,载《人民司法》2010 年第 23 期。

二、《行政处罚法》的出台

(一)《行政处罚法》的变迁过程

1996年3月17日,第八届全国人民代表大会第四次会议通过的《中华人民共和国行政处罚法》,成为我国行政法律体系中一部基本法,并于同年10月1日起施行。2009年8月27日第一次修订。第十一届全国人民代表大会常务委员会第十次会议通过的《全国人民代表大会常务委员会关于修改部分法律的决定》(以下称《决定》),分别对《行政处罚法》第42条、第61条进行修改,并于《决定》公布之日起施行。2017年9月1日第二次修改。第十二届全国人民代表大会常务委员会第二十九次会议通过的《全国人民代表大会常务委员会关于修改〈中华人民共和国法官法〉等八部法律的决定》,对《中华人民共和国行政处罚法》作出修改,在第38条中增加一款,作为第3款:“在行政机关负责人作出决定之前,应当由从事行政处罚决定审核的人员进行审核。行政机关中初次从事行政处罚决定审核的人员,应当通过国家统一法律职业资格考试取得法律职业资格。”自2018年1月1日起施行。

(二)《行政处罚法》的主要内容

自20世纪80年代改革开放以来,在《行政处罚法》颁布之前,行政处罚的有关规定在各类单行的法律、法规、规章及其他规范性文件中分散分布,通常出现在它们的“法律责任”之中,因此行政处罚几乎涉及了行政管理的各个领域,罚款的适用尤其广泛。其中不乏暴露出乱处罚的问题。1986年起,全国人大常委会、国务院针对乱处罚等问题,在专门几个行政管理领域制定出了《治安管理处罚条例》、《违反财政法规处罚暂行规定》及其实施细则、《投机倒把行政处罚暂行条例》、《海关法行政处罚实施细则》、《金融稽核检查处罚规定》、《违反外汇管理处罚实施细则》等行政处罚的法律、法规,初步统一了处罚的条件、种类和程序。但由于各地区、各部门竞相效仿,使得《行政处罚法》的出台陷入困境。据统计,当时我国280余个法律中,有202个法律在法律责任中规定了行政处罚,还有700多个行政法规,4000多个地方性法规涉及行政处罚。行政处罚的乱设定、乱适用等问题愈演愈烈,致使行政机关依法行使的职权无法监督,公民法人的合法权益得不到保障,具体表现为:(1)行政处罚设定乱。无权设定行政处罚的一些行政机关甚至一些社会团体、企业事业组织随意设定行政处罚,违法设定或者越权设定行政处罚,以牟取小团体利益。由于设定行政处罚的主体混乱,尤其是部门规章与地方规章之间、部门规章与地方法规之间有的规定很不一致,行政处罚规定随意性大,处罚规定过重,侵犯了公民和组织的合法权益。(2)行政处罚主体乱。行政处罚应当由行政机关依法作出,经法律、法规授权的组织也可以在授权范围内依法作出行政处罚。但是,除了上述两种行政主体之外,当时在行政执法过程中,作为行政处罚的主体还有很多,如行政机关的内设机构、规章授权的组织、企事业单位甚至个人(各种协助行政机关维护秩序的聘用人员)。因为行政处罚依据混乱,导致行政管理罚字当头,社会公众对此强烈不满。(3)行政处罚程序乱。行政处罚一直没有如同刑事处罚一样有一套完整的法律程序加以规范,致使行政机关在作出行政处罚时随意性大,事先听取意见、处罚决定说明理由等保护行政相对人合法权利的程序性制度空缺。(4)行政处罚监督乱。因为缺少必要的监督、制约机制,有些行政处罚只要罚了钱,行政机关就任凭违法行为泛滥,置之不理,同时也存在着行政机关放弃职责,该管的不管等问题,破坏了社会秩序,侵害了大多数人民群众的利益;上述问题从一定程度上影响了行政处罚的公正性,侵犯了公民、法人和其他组织的合法权益。为规范行政处罚的设定和实施,保障和监督行政机关有效实施行政管理,维护公共利益和社会秩序,保护公民、法人或者其他组织的合法权益,迫切需要制定法律,对行政处罚的设定、行政处罚的实施以及程序等问题作出规范。

于是,《中华人民共和国行政处罚法》于1996年3月17日由第八届全国人民代表大会第四次会议通过,并于同年10月1日起施行。《行政处罚法》的通过和施行,是中国法治发展史上一个里程碑,创造了中国行政法的多项第一:第一次引入了“听证”的概念和制度;第一次确立了当事人的陈述、申辩权,以及行政机关的告知义务;第一次明确规定了行政行为(行政处罚)不遵守法定程序无效;第一次采用了“设定”以及“设定权”的概念等。

值得提及的是行政处罚法将“分散的行政处罚”规定为“相对集中行政处罚权”再到后来的“综合行政执法”。过去,行政执法一直处于一种执法人员多,但执法力量与效果不明显的现象。主要原因在于,改革开放后政府职能并未紧跟时代发展步伐,才会出现行政与经济发展不协调的局面,在行政执法领域所表现的具体问题为:权能交错、多头执法、机构臃肿、效率低下、执法推诿等。因此,1996年《行政处罚法》颁布运行之后开始了“相对集中行政处罚权”的试点性工作。从该法第16条出发,北京市宣武区(现西城区)首先进行试点。集中内容主要是城市管理领域内的9个部门,共311项行政处罚权。2002年,国发〔2002〕17号文件和办公厅转发中央编办的《关于清理整顿行政执法队伍实行综合行政执法试点工作的意见》,文件中决定在全国推进试点,涉及领域也从城市管理扩展到其他行政执法领域,包括文化市场、资源环境、农业管理、交通运输。而后,相对集中行政处罚权逐渐衍生为综合行政执法,所覆盖的领域也从城市管理领域延伸到文化管理、资源环境管理等其他社会管理领域,所涉及的行政执法权力也不仅只停留在行政处罚权上,还囊括了行政许可权、行政强制权等更多的行政执法权力。

对行政处罚的出台,有学者认为,“《行政处罚法》的制定和实施,是我国行政法制建设中的一件大事，也是加强我国民主政治建设的一个重要步骤和重大举措”[①]。“1996年出台的行政处罚法是行政法进步和发展的又一里程碑，实现了行政法上的若干制度创新，实现了对传统行政法律制度的突破，并为行政法律制度的进一步发展奠定了基础……但随着民主法制的完善、市场经济的发展、社会的文明进步和全球化的进程，现行行政处罚制度的局限性越来越显现出来，或者表现为制度本身存在一定程度的不足，或者表现为一些制度落后于不断进步的法治行政理念。”[②]“《行政处罚法》的诞生，对于完善行政法制以至整个社会主义法制都具有重要意义。行政处罚法规定了处罚法定的原则，规定了行政处罚的程序，规定了行政处罚相对人在行政处罚过程中的权利，这些都充分体现了依法治国、依法行政的精神。《行政处罚法》实施10多年来，从根本上制止了‘三乱’现象，既有力地促进了政府依法行政，又切实保障了公民的权利。当然，《行政处罚法》也存在需要进一步完善的问题，例如，立法用语模糊；欠缺重要内容（现行《行政处罚法》关于行政处罚各项制度的规定，存在若干欠缺，如关于行政处罚的无效制度、行政处罚的授权制度与委托制度、行政处罚的一些程序制度等，虽有规定却往往规定得比较抽象，有诸多空白与漏洞）；‘灰色地带’较多，等等，这都需要我国进一步完善《行政处罚法》，使之更好地对社会关系进行调整。”[③]“《行政处罚法》的颁布实施填补了行政法律体系中的一项空白，规范了行政执法程序，完善了我国法律责任制度，对于保证行政机关依法行政、提高行政工作效率起到了促进作用……《行政处罚法》是一部规范行政处罚的设定和实施的重要法律，与行政机关的关系甚大。这部法律确立的不少原则和制度，是对现行行政执法体制的重大改革，对政府职能的转变和整个政府法制建设都将产生深远的影响，这部法律对行政机关的影响是以往任何一部法律所不能比拟的。”[④]

三、《行政许可法》的出台以及行政审批制度改革

（一）行政审批改革、立法及其进展

2001年9月，国务院成立了行政审批改革工作领导小组，行政审批制度改革工作全面启动。2004年7月1日，《中华人民共和国行政许可法》正式施行。自2013年起，国务院着手推行行政审批权力清单制度。根据2017年《中国人权法治化保障的新进展》白皮书，党的十八大以来，国务院各部门累计取消行政审批事项618项，彻底清除非行政许可审批；中央指定地方实施行政许可事项目录清单取消

① 胡锦光、牛凯：《以案说法——行政处罚篇》，中国人民大学出版社2001年版，第1页。
② 肖金明：《行政处罚制度研究》，山东大学出版社2004年版，第1页。
③ 关保英：《行政处罚法新论》，中国政法大学出版社2007年版，第1页。
④ 应松年：《行政处罚法教程》，法律出版社2012年版，第28页。

269 项，国务院行政审批中介服务清单取消 320 项，国务院各部门设置的职业资格许可和认定事项削减比例达 70%以上，三次修订政府核准的投资项目目录，中央层面核准的投资项目数量累计减少 90%。[①]

(二)《行政许可法》的修改背景

改革开放以后，计划经济体制开始向市场经济体制转变，从而出现了大量行政审批，但法制化、规范化程度很低，存在设定权不明确、设定事项不规范、实施环节过多、手续烦琐、时限过长等问题。因此，行政许可立法的主要目的就是针对行政许可滥设滥用现象进行规范。此外，有些行政机关把行政许可作为权力"寻租"的一种手段，助长了腐败现象的蔓延。同时按照世贸组织协定和我国对外承诺，行政许可应当以透明和规范的方式实施，行政许可条件和程序对贸易的限制不能超过必要的限度。因此，制定《行政许可法》，对于巩固行政审批制度改革成果，履行我国对外承诺，进一步推进行政管理体制改革，从源头上预防和治理腐败，都有重要意义。[②]

对于行政许可法的出台，有学者认为，"《行政许可法》的通过乃我国行政法治建设历程中具有里程碑意义的一件大事，它对于规范政府行政许可行为，进而促进政府行政管理体制、目标、方式、程序的改革，促进政府及政府公职人员执政观念的转变，建设法治政府将产生重要和深远的影响"[③]。"《行政许可法》不仅使行政许可权受到行政系统内部的制约与监督，而且使其受到外部的制约与监督。通过正当程序方式使公民、法人或其他组织参与行政过程，它们将取得与行政机关平等的法律地位。这意味着：在我国，政府和公民的关系正在重新定位，一个'平权型'的以利民为根本宗旨的法治政府正在建设过程中。"[④]"《行政许可法》的实施和落实，具有重要意义。它对行政许可的设定和实施的严格规范，不仅将有力推进我国行政许可制度本身的规范化、统一化和理性化，有利于从根本上解决我国现行行政许可制度存在的问题和痼疾；更为重要的是，该法所确定和确立的一系列规则、原则和制度，将有助于各级政府和广大公务员更新观念，树立正确的管理理念，增加制度变革和创新的自觉性和主动性，并以此为契机和突破口，实现政府管理的根本转型。"[⑤]"《行政许可法》体现了许多先进的观念或原则，如权利观念、有限政府观念、

---

① 2017 年 12 月 15 日国务院新闻办公室发布的《中国人权法治化保障的新进展》白皮书，http://www.scio.gov.cn/zfbps/32832/Document/1613514/1613514.htm，下载日期：2018 年 5 月 20 日。

② 2002 年 8 月 23 日杨景宇在第九届全国人民代表大会常务委员会第二十九次会议上所作的《关于〈中华人民共和国行政许可法〉(草案)的说明》。

③ 姜明安：《〈行政许可法〉颁布与中国行政法治事业》，载《法学》2003 年第 10 期。

④ 杨海坤：《〈行政许可法〉立法精神解读》，载《法学》2003 年第 11 期。

⑤ 应松年：《〈行政许可法〉与政府管理转型》，载《国家行政学院学报》2004 年第 4 期。

有效政府观念、责任政府观念、公开政府观念、服务型政府与程序公正观念、廉洁政府观念和发挥中央与地方两个积极性的观念等。但在其实施以来，在实践中遇到诸如法律规范与社会发展之间不同步、行政许可法立法模式本身的局限性、既得利益集团的抵制、行政许可法本身的缺憾与立法技术的限制等诸多方面的问题。”[①]“第十届全国人民代表大会常务委员会第四次会议于2003年8月27日通过、自2004年7月1日起施行的《中华人民共和国行政许可法》，实乃是相关理论和制度规范之集大成，它不仅成为行政审批、行政许可领域的基本法规范，而且也成为对整个行政领域的依法行政具有重要示范作用的标杆性法典。”[②]

四、行政强制法的产生

在2000年之前，我国尚无统一的行政强制法典。有关行政强制的规定一方面散见于《海关法》《治安管理处罚条例》等行政法律中；另一方面不同位阶的法律皆可设定行政强制，甚至许多地方的规范性文件都在设定行政强制，对公民的人身自由造成严重的威胁。另外，有关行政强制执行过程的程序性立法严重缺失，导致执法人员随意执法。制定统一的《行政强制法》有利于消除既有规范体系的混乱性和执行实践的随意性。由于我国尚无统一的行政强制法律，已有的相关法律条文许多是简单的、不明确的、不详细的，因而在实际中存在不少问题。“制定一部统一的行政强制法，从源头上理清和完善行政强制的类别、设定权、程序等等，进而将行政强制实践纳入法治轨道，是我国建立社会主义法治国家的一项迫切任务。”[③]

应该《行政强制法》出台过程最为艰难，是否需要有统一的强制立法一直存在争议。《行政强制法》征求意见稿于2002年出台后，历经2005年和2007年两次审议，但皆无法最终获得通过。曲折的立法历程反映出行政强制立法过程中政府公权力和公民权利的冲突，以及部分行政机关为了维持既有的部门利益与新法所做的激烈博弈，可以从一个侧面窥探《政强制法》所涉及面之广泛、所牵涉利益主体之众多。在2005年第一次进行审议时，时任全国人大常委会法工委副主任信春鹰指出：“《行政诉讼法》颁布之前，由国家法律、行政法规、规章所规定的具体行政强制措施和执行方式，名称就有200多种。作为一个法律制度，其最大的缺陷是没有对行政强制措施和决定的可诉性作规定，也缺乏法律救济的规定。行政管理相对人对行政强制措施和行政强制执行的侵权争议大都只能通过信访途径解决。”[④]因此，需要根据“规范行政强制的设定和实施，保障和监督行政机关依法履行职责，维

---

① 周汉华：《行政许可法：观念创新与实践挑战》，载《法学研究》2005年第2期。

② 杨建顺：《中国行政规制的合理化》，载《国家检察官学院学报》2017年第3期。

③ 应松年：《行政许可与行政强制法律制度——全国人大常委会法制讲座讲稿摘登》，载《中国人大》2002年第8期。

④ 信春鹰：《我国的行政强制法律制度》，载《中国人大》2005年第9期。

护公共利益和社会秩序，保护公民、法人或者其他组织的合法权益”的立法宗旨，在具体制度设计上，拟从以下几个方面入手：第一，明确行政强制的设定权，解决设定权“乱”的问题……第二，统一行政强制方式，解决行政强制种类繁多的问题……第三，规范行政强制程序，保障行政强制的公正性……第四，完善申请法院强制执行制度，解决行政决定执行难的问题……第五，规范行政强制权的主体，解决执法队伍“滥”的问题。

2011 年，《行政强制法》的最终出台，总体来看，行政强制的法律责任机制设计充分考虑了各项法律责任的合法、恰当和有效，规定得比较科学合理。这一机制包括责任主体、责任形式和责任条件等几个方面的内容。其中，责任主体包括三类：一是行政机关及其工作人员；二是人民法院及其工作人员；三是金融机构及其工作人员。承担责任的形式包括五类：一是责令改正；二是处分；三是赔偿；四是行政处罚（罚款）；五是刑事责任。承担责任的条件一般是违法或者不当实施行政强制的行为。《行政强制法》重在约束行政强制权力行使，因此，《行政强制法》应当被解读为“行政强制行为规范法”或者“行政强制行为控制法”，其价值追求是：秉持平衡理念，贯彻兼顾原则，强化权力约束，重在权利保护。这样的解读对于全面准确地贯彻实施这部行政法律具有特殊的重要意义。有学者认为：“在以人为本、执政为民、建设服务型政府和法治政府的大背景下，经过长期研究修改、经过全民参与讨论的《行政强制法》，作为我国行政法律体系中最新出台的一部重要法律，较之既往一些行政法律，体现了更多的人文关怀和法治精神。”①

五、行政复议法的产生与发展

1999 年 4 月 29 日，九届人大常委会第九次会议审议通过了《中华人民共和国行政复议法》。该法是在 1990 年国务院颁布的《行政复议条例》基础上修改而成的，它既对近 10 年来行政复议实践进行了总结和完善，也在行政监督与救济方面进行了有益的尝试和突破。对比旧条例，新法增加了“公开复议原则”并删除了“不适用和解及调解原则”，扩大了受案范围并丰富了公民可通过复议渠道主张的权利的类型，同时完善了行政复议的程序，也强化了复议人员的法律责任。《行政复议法》与《行政复议条例》相比，最突出的一个特点就是明显扩大了行政复议的范围。根据《行政复议条例》不能受理的或立法未明确规定可以受理的行政复议案件，依《行政复议法》可进入行政复议范围。行政复议法是通过两种方式扩大行政复议范围的：一是扩大复议机关受理的行政行为的范围，包括具体行政行为和抽象行政行为；二是扩大行政复议法所保护的公民、法人或其他组织的权利范围。

① 莫于川：《依法实施行政强制 努力建设法治政府——〈行政强制法〉的立法背景、创新亮点和后续课题》，载《中国工商管理研究》2011 年第 9 期。

尽管《行政复议法》尚未将10年来行政复议理论与实践成果全部吸收进去，在复议范围及最终复议裁决的设置方面，以及过于简化程序有可能弱化复议功能等方面仍有不尽如人意之处；但与《行政复议条例》相比，已经有了不小的进步。特别是扩大行政复议范围，启动对抽象行政行为的监督机制，增加行政复议公正、便民程序，加强行政复议法律责任的新规定，对于进一步完善行政复议制度，改革行政诉讼制度都具有极其重要的意义。《行政复议法》正是在总结《行政复议条例》实施8年以来实践经验基础上制定的，其内容与《行政复议条例》相比，更加具体、充实，易于操作，对我国现行行政复议制度有重大的发展与完善。

2009年，修改了实施10年的《行政复议法》主要原因是实施10年后并未取得理想的社会效果，复议维持的案件占比居高不下，行政复议制度在老百姓心中的权威地位难以建立，复议冷、信访热的局面并未得到很好的改善。因此，社会各界呼吁完善《行政复议法》。此次修法的变化集中在受案范围增大、复议时限延长、程序更为便民、复议机关可主动要求侵权的下级行政机关履行赔偿责任等方面。此外，在此次修法过程中，不少学者呼吁在复议机关内部建立独立性和专业性更强的行政复议委员会。虽然该制度最终并未被明确写入新法中，但欣喜的是近几年各级地方政府都有意识地推动该制度进行改革试点工作，相信会对未来行政复议制度的完善带来显著的益处。王万华认为，行政复议在其他国家与行政诉讼相比较一般居于补充性地位，但在中国，行政复议较之行政诉讼除了具有高效、便捷、专业等制度优势外，还具有行政特有的资源配置优势，更有利于行政争议的解决，实现案结事了，在有的案件中因而更有利于申请人利益的实现与保护。因此，行政复议与行政诉讼二元并行的行政争议解决机制在中国目前及未来的一段时间内有必要维持。但前提是行政复议需要对复议体制、复议程序等重大制度进行专业性与公正性改造，使复议能够及时、公正化解行政争议。[①]

六、行政立法的发展

行政立法是指制定包括行政法规、部门规章及地方政府规章这两类规则在内的活动，相关内容规定在《立法法》的第三章和第四章当中。《立法法》的出台为政府行使行政立法权力提供了清晰的法律依据，明确了政府为实现行政管理目的而制定规则的活动属于广义上的"立法"行为。2000年，《立法法》颁布。上官丕亮认为，《立法法》的通过和施行不仅完善了我国的人大立法制度，而且也发展了我国的政府立法（即行政立法）制度。第一，《立法法》把行政法规和规章纳入调整范围，首次在法律上承认行政法规和规章的制定也属于立法活动，确立了"行政立法"的地位，从而基本上结束了法学界近几年来关于是否只有全国人大及其常委会才能立

① 王万华：《〈行政复议法〉修改的几个重大问题》，载《行政法学研究》2011年第4期。

法的争论，行政法学上的“行政立法”概念也从此有了法律根据。第二，《立法法》规定了行政立法的权限范围，明确了行政立法主要是执行性立法的性质。第三，《立法法》确认了国务院部、委以外的中国人民银行、审计署和具有行政管理职能的直属机构也可以制定规章，扩大了行政立法的主体范围。第四，《立法法》第一次规定了起草行政法规应当广泛听取公民的意见，并首次把听证会引入了我国行政立法程序。第五，《立法法》统一规定了规章的决定程序以及行政法规和规章的签署公布形式。[①]徐向华认为，《立法法》在中央权力机关和中央行政机关立法权限关系上，充分兼顾了权力机关的权威性和行政机关的专业性。《立法法》在配置全国人大及其常委会和国务院的立法权限时，既未同德国那样严格限定政府只能根据议会法律的授权颁布法令，也不像法国那样采用列举的方式限定议会制定法律的权限，用概括的方式将剩余立法事项全部交给政府制定法令，而是兼顾了权力机关的权威性和行政机关的专业性。[②]

谈行政立法的发展，不能不谈孙志刚案件。2003 年发生在广州的孙案所形成的巨大震动和冲击突出表现在，中央高层高度关注该案，使案件以前所未有的速度和效率完成一审，随后国务院又审议并原则通过了《城市生活无着的流浪乞讨人员救助管理办法(草案)》，同时废止 1982 年 5 月国务院发布的《城市流浪乞讨人员收容遣送办法》(以下简称《收容遣送办法》)。这种学界、社会和政府之间迅速、有效、良性的沟通和互动，与十六大之后政治文明建设和政治体制改革进程的实践相互呼应。该案的历史意义主要从以下三点加以体现：第一，三位青年法学博士和五名法学教授先后以普通公民的名义上书全国人大常委会，要求对国务院的《收容遣送办法》进行违宪审查，这是中国公民首次行使违宪审查建议权。第二，国务院在处理这个问题上出乎多数人的意料，于 6 月 18 日果断废止了这个办法，并明确指出，该“办法”已经不适应新形势的需要。而会议审议并原则通过的《城市生活无着的流浪乞讨人员救助管理办法(草案)》的目标，则是“为从根本上解决城市生活无着的流浪乞讨人员的问题，完善社会救助制度和相关法规”。新的办法标志着新一届政府更加重视战略思路，也是新一届中央领导集体努力实践“三个代表”，加强社会主义政治文明建设的重要姿态。第三，应该看到，通过孙志刚案，我们看到了学者、社会民众和政府之间的建设性的相互协调、互动关系。这是中国传统中过去较为缺乏，但对一个可持续发展的社会所必需坚持的一种互动形式。

2015 年，《立法法》进行了修改。此次《立法法》修改后有关行政立法部分最大的亮点在于对规章，包括部门规章和地方政府规章的制定作出了更为严格的规定。

---

① 上官丕亮：《立法法对行政立法程序规定的缺陷及其完善》，载《行政法学研究》2001 年第 1 期。

② 徐向华、林彦：《我国立法法的成功和不足》，载《法学》2000 年第 6 期。

一是禁止规章在无上位法为依据的前提下减损公民权利、减少本部门职责、增加本部门权力，为公民利益的保护及敦促政府部门完整勤勉地履行职责提供了有力的保障。二是强调了地方政府规章的次位性，原则上只得作为地方性法规暂时缺失的情况下的短期性规范，不得取代地方性法规的地位，维护了人大在立法活动中的主导地位。另外，有关行政法规制定的内容的部分，新法强调了国务院法制机构对于重大行政法规起草过程的主导地位，也强调了该机构在行政法规制定活动中的事前统筹、事中协调、事后监督的作用；有利于破除立法部门化和部门利益固化的困局，提升行政法规的体系化和协调性。武增认为，关于规章的权限范围，是长期以来困扰立法理论和实践工作的一道难题，《关于修改〈中华人民共和国立法法〉的决定》的相关规定，不仅明确了规章本身权限，同时也从一个方面明确了地方性法规的权限，这对于完善我国立法体制具有深远的意义，同时也将对今后立法工作机制产生重大影响。① 姜明安认为，在现行立法实践中，一些部门规章和地方政府规章存在着"任性"限制公民权利、自由和扩大自身权力、权利的现象，屡遭人诟病。为尽量消除这种现象，这次《立法法》修改，分别对部门规章和地方政府规章调整事项的范围和界限加大了限制。②

① 武增：《2015年〈立法法〉修改背景和主要内容解读》，载《中国法律评论》2015年第1期。

② 姜明安：《改进和完善立法体制〈立法法〉呈现七大亮点》，载《行政管理改革》2015年第4期。

第八章

宪法与国家司法权

1978年，中共十一届三中全会的召开，标志着我国改革开放时代的到来，推动了1978年与1982年的宪法修改，迎来了我国司法权①运行体制恢复与发展的新时期。本章将从司法机关的宪法性质及其职权、内部组织管理和外部关系的发展三个方面展开，对1978年以来，主要是1982年《宪法》及其后的五次修改与国家司法权运行体制的变迁进行概括与评析。

第一节　司法机关的宪法性质及其职权的演变状况

一、法院的宪法性质的演变

人民法院的宪法性质是指人民法院在一国宪法所确立的国家制度中发挥作用的形态。1978年《宪法》对人民法院宪法性质规定的表述与1954年《宪法》和1975年《宪法》相仿。但是，1982年《宪法》第123条规定："中华人民共和国人民法院是国家的审判机关。"（见表8-1）可见，1982年《宪法》对该规定的表述有了新的发展：

① 本章所谓的司法权仅指由我国宪法规定的审判权。司法机关专指由我国宪法设立的行使审判权的国家机关，即人民法院。

一则，就人民法院的表述来看，从列举各级各类法院改为对法院的总称；二则，就职权性质的规定来看，除了重申人民法院行使审判权以外，还增加了"国家的"性质规定；三则，就规定修改的整体意图来看，主要是为了强调我国各级人民法院都是代表国家行使审判权的国家机关。由是，下文将从审判机关和国家机关两个方面来概括人民法院性质发展状况。

表 8-1　人民法院的宪法性质的规定

年份	1954 年《宪法》	1975 年《宪法》	1978 年《宪法》	1982 年《宪法》
宪法性质	第 73 条规定："中华人民共和国最高人民法院、地方各级人民法院和专门人民法院行使审判权。"	第 25 条规定："最高人民法院、地方各级人民法院和专门人民法院行使审判权。"	第 41 条规定："最高人民法院、地方各级人民法院和专门人民法院行使审判权。"	第 123 条规定："中华人民共和国人民法院是国家的审判机关。"

（一）审判机关性质的凸显

十年内乱期间，林彪、江青反革命集团大肆推行"砸烂公检法"的极"左"路线，摧残法院干部队伍，搞垮了人民法院的组织机构，导致私设公堂，草菅人命的事件层出不穷。现行《宪法》第 123 条规定："中华人民共和国人民法院是国家的审判机关。"正是经历了这种惨痛的历史教训后反省的结果，表明了只有人民法院有权代表国家对犯罪的公民进行审判。

从历史上看，刑事审判和民事审判是人民法院传统的两大审判。改革开放以来，随着我国经济建设和民主法制建设的发展，审判领域不断拓宽。1979 年 2 月，重庆市中级人民法院成立了全国第一个经济审判庭；同年 9 月，最高人民法院也设立了经济审判庭。1984 年 11 月 14 日，第六届全国人大常委会第八次会议通过了《关于在沿海港口城市设立海事法院的决定》。同年 11 月 28 日，最高人民法院作出了《关于设立海事法院几个问题的决定》，决定在广州、上海、青岛、天津、大连设立海事法院；以后又陆续在武汉、海口、厦门、宁波、北海设立海事法院。1986 年 11 月 3 日，湖北省武汉市中级人民法院率先在全国成立了第一个行政审判庭；1988 年，最高人民法院设立行政审判庭；1989 年 4 月 4 日，七届全国人大第二次会议通过了《中华人民共和国行政诉讼法》。1994 年 5 月 12 日，八届全国人大七次会议通过了《中华人民共和国国家赔偿法》，规定中级以上的人民法院设立赔偿委员会。可见，人民法院的审判工作由原来的刑事审判和民事审判拓宽到经济审判、海事审判和行政审判，知识产权、金融证券、涉外商事、企业破产、劳动争议等新类型案件不断涌现，人民法院受理的案件急剧增加。这显示了人民法院在国家权力配置中职能的专门性，是行使审判权的国家机关；人民法院行使权力的方式，是通过审判活动，来解决纠纷，保障公民基本权利，以及维护国家法制统一。

（二）国家机关性质在探索中强化

1982年《宪法》第123条的规定表明了人民法院代表国家行使审判权，各级法院统一以国家的名义对各类纠纷进行裁决。虽然根据1982年《宪法》和1979年修订以来的《中华人民共和国人民法院组织法》的规定，我国地方法院以行政区划为基础，分为高级人民法院、中级人民法院和基层人民法院，甚至我国地方各级法院都以地方的名称命名为，××省法院、××市法院、××县法院等，且地方法院的数量占全国法院的99.9%以上，但是，各级人民法院仍然是国家的法院，而非地方的法院，人民法院行使权力代表着国家的意志，而非任何地方、团体或个人的意志。这种机构设置只是为了满足审判职能行使的具体性和可操作性。毕竟，我国采用单一制的国家结构形式，明显有别于实行联邦制的国家。

然而，在我国司法实践活动中却始终存在着严重的审判权地方化的倾向，地方保护主义扭曲了人民法院的国家机关性质。令人欣慰的是，2013年11月15日，中国共产党十八届三中全会通过《中共中央关于全面深化改革若干重大问题的决定》，明确了设立最高人民法院巡回法庭，以及省级以下跨地市的人民法院制度，来优化司法职权的配置。[①] 2014年12月2日，中央全面深化改革领导小组第七次会议审议通过了《最高人民法院设立巡回法庭试点方案》和《设立跨行政区划人民法院、人民检察院试点方案》。[②] 2014年11月1日，第十二届全国人民代表大会常务委员会第十一次会议表决通过了修订《行政诉讼法》的决定，新《行政诉讼法》第18条第2款增加了行政案件跨区域管辖制度，规定“经最高人民法院批准，高级人民法院可以根据审判工作的实际情况，确定若干人民法院跨行政区域管辖行政案件”。该制度建立的初衷之一，旨在打破地方行政区域界限的限制，改善地方人民法院为地方局部利益保驾护航的司法功能异化现象。但是，该制度的关键在于，省级人民法院的财政人事体制未变。该管辖制度是在最高人民法院和省级以下人民法院的层次上实施改革，让省级人民法院这个关键层次具有对下级更直接和强大的控制力，在二审终审的框架下，绝大多数案件无法突破这个层次，结果只能是省级以下的司法地方化减弱，但省级的司法地方化却强化了。质言之，设立跨行政区域的司法管辖制度欲纠正人民法院的地方化，其重要前提是，需要进一步修改《人民法院组织法》等相关法律规定，改革省级地方人民法院财政人事受制于地方政府

① 《中共中央关于全面深化改革若干重大问题的决定》，人民出版社2013年版，第31～34页。此外，2014年7月，上海市召开全市司法改革先行试点部署会，具体内容见徐昕、黄艳好、卢荣荣：《中国司法改革年度报告(2014)》，载《政法论坛》2015年第3期。

② 安克明：《最高法巡回法庭：司改先锋 服务窗口》，载《人民法院报》2017年3月11日。

的制度。但无论如何，决定和试点方案的出台，以及《行政诉讼法》的修改，标志着我国司法改革探索地方法院回归国家性已初见端倪。

二、司法审判的人权保障功能的逐渐彰显

1982年《宪法》在修宪精神上强调对公民基本权利的保障，这充分体现在宪法结构上。1982年《宪法》将“公民的基本权利和义务”置于“国家机构”之前，紧接在第一章“总纲”之后，这体现了国家在价值理念上的重大变化。此外，较之前的1978年《宪法》，涉及该章节的宪法条款数量由原来的16条增加到24条，宪法规范结构也更加完善。到2004年，“国家尊重和保障人权”的概括性条款入宪，顺应时势地写入对财产权和社会保障制度的规定，则体现了现行宪法对人权的保障趋于全面和充分。由此，我国在建立和完善死刑复核制度、人民陪审制度、未成年人审判制度、辩护制度、罪刑法定制度等司法审判制度的过程中，不断彰显人权保障功能，也就成为题中应有之意。

（一）死刑复核制度的下放与回收

我国宪法没有具体规定生命权问题，在宪法上生命权是否属于基本权利并不明确。但是，当涉及生命权的问题时，我们需要提供宪法依据，以此为依据处理宪法中的生命权问题。其实，从1982年《宪法》第37条公民人身自由的规定，以及第38条公民人格尊严权的规定中，可以推导出保护生命权的宪法价值。而与生命权密切相关的就是死刑制度，死刑的存废以及决定程序很大程度上反映了一国人权保障的水平。在我国，尽管死刑的废除还停留在学术讨论和社会争议的层面，但最高人民法院死刑复核权的下放与回收，却可以在一定程度上看作是中国司法审判的人权保障功能发挥状况的一个晴雨表。

1954年9月颁布的第一部《法院组织法》规定死刑复核权由最高人民法院和高级人民法院共同行使。“文化大革命”后，第五届全国人大于1979年7月通过了《刑事诉讼法》和《刑法》，上收死刑复核权，规定由最高人民法院统一行使。然而，《刑事诉讼法》和《刑法》实施仅一个多月后，1980年2月12日，五届全国人大常委会第十三次会议即批准对1980年内的杀人、强奸、抢劫、放火等犯有严重罪行应当判处死刑的案件，最高人民法院可以授权省、自治区、直辖市高级人民法院核准。之后，全国人大常委会于1981年6月通过的《关于死刑核准权问题的决定》规定，在1981年至1983年内，对犯有杀人、强奸、抢劫、爆炸、放火、投毒和破坏交通、电力等设备的罪行，由省、自治区、直辖市高级人民法院终审判处死刑的，或者中级人民法院一审判处死刑，被告人不上诉，经高级人民法院核准的，以及高级人民法院判处死刑，被告人不上诉的，都不必经最高人民法院核准。

按照1981年6月的决定，死刑复核下放的期限为1983年年底。但是，在1983年，中央作出了“严打”的重大决定，为了配合“严打”，部分死刑复核权被无限期地

下放给了地方。在那一年,六届全国人大常委会第二次会议又通过修改《法院组织法》对上述决定进行了强化。同年9月2日,《关于修改〈中华人民共和国人民法院组织法〉的决定》第13条规定:"死刑案件除由最高人民法院判决的以外,应当报请最高人民法院核准。杀人、强奸、抢劫、爆炸以及其他严重危害公共安全和社会治安判处死刑的案件的核准权,最高人民法院在必要的时候,是授权省、自治区、直辖市的高级人民法院行使。"9月7日,即该决定通过后5天,最高人民法院发出《关于授权高级人民法院和解放军军事法院核准部分死刑案件的通知》,授权各省、自治区、直辖市高级人民法院和解放军军事法院核准杀人、强奸、抢劫、爆炸等严重危害公共安全和社会治安犯罪的死刑案件。

后来,为了打击毒品犯罪,最高人民法院又于1991年6月6日、1993年8月18日、1993年8月19日和1997年6月23日,分别授权云南、广东、广西、四川、甘肃和贵州等6个省、自治区的高级人民法院,对毒品犯罪死刑案件行使核准权。

1996年、1997年全国人大先后对《刑法》和《刑事诉讼法》进行了修改,修改后的新《刑法》第48条、新《刑事诉讼法》第199条内容和1979年的规定一样,死刑案件的核准权仍然由最高人民法院行使。但就在新《刑法》即将实施的前5天,死刑核准权又一次被最高人民法院下放。1997年9月26日,《关于授权高级人民法院和解放军军事法院核准部分死刑案件的通知》中规定,自1997年10月1日修订后的《刑法》正式实施之日起,依据《人民法院组织法》第13条的规定,仍授权各高级人民法院行使其已获得授权的死刑案件核准权。最高人民法院继续授权的原因是"鉴于目前治安形势以及及时打击严重刑事犯罪的需要"。

死刑复核权的下放形成了死刑复核中央与地方分工的格局,导致许多死刑案件由高级人民法院自己判,自己复核,使得死刑复核程序形同虚设。在死刑尚未废除的情况下,将死刑复核权收归最高人民法院是唯一现实的方式。2006年10月31日全国人大常委会将《人民法院组织法》第13条修改为"死刑除依法由最高人民法院判决的以外,应当报请最高人民法院核准"。2006年12月28日,《最高人民法院关于统一行使死刑案件核准权有关问题的决定》公布,决定从2007年1月1日起,过去根据《人民法院组织法》原第13条规定发布的关于授权高级人民法院和解放军军事法院核准部分死刑案件的通知,一律予以废止。这得到了社会各界和国际社会的一致好评,认为是体现了"慎刑"、"少杀"、尊重生命的现代人权理念。

2015年2月1日,最高人民法院开始施行《关于办理死刑复核案件听取辩护律师意见的办法》。其中主要规定了最高人民法院死刑复核中,就辩护律师提出查询立案信息、查阅案卷材料、当面反映意见、提交书面意见、送达裁判文书等事项的处理办法和流程。其中明确,辩护律师可以联系最高人民法院查询立案信息和查阅、摘抄、复制案卷材料。辩护律师要求当面反映意见的,案件承办法官应当及时安排。在《关于办理死刑复核案件听取辩护律师意见的办法》末尾,还公布了最高人民法院相关审判庭的电话和通信地址。[①] 总之，最高人民法院收回死刑复核权后的这十几年，该制度一直在发展进步，司法审判的人权保障功能不断得到强化。

（二）人民陪审制度失而复得，且在探索中前行

1982年《宪法》第2条第1款和第3款规定："中华人民共和国的一切权力属于人民。""人民依照法律规定，通过各种途径和形式，管理国家事务，管理经济和文化事业，管理社会事务。"第41条规定："中华人民共和国公民对于任何国家机关和国家工作人员，有提出批评和建议的权利；对于任何国家机关和国家工作人员的违法失职行为，有向有关国家机关提出申诉、控告或者检举的权利。"人民陪审制度是人民行使参政权和监督权的表现，是公民通过直接参加审判活动来对审判权实行监督的一种特定形式。人民陪审制度通过普通公民参与司法审判过程，代表民意发表意见，影响法院和法官的决策判断，对于强化法官的人权保障意识，促进案件当事人对法院裁判的认可度，实现其基本权利，提升司法权威发挥积极作用。改革开放以来，人民陪审制度走上了失而复得的探索之路，逐渐恢复了公民参与司法审判和监督司法审判的权利。

"文化大革命"时期，人民陪审制度基本被废除。1978年《宪法》在一定程度上恢复了人民陪审制度，并规定，"人民法院审判案件，依照法律的规定实行群众代表陪审的制度"。并在其后颁布的1979年《刑事诉讼法》和《法院组织法》都规定了人民陪审制度。然而，1982年《宪法》没有对陪审制度作出规定。1983年修改《人民法院组织法》时，将原规定第一审应实行陪审的制度改为"由审判员组成合议庭或者由审判员和人民陪审员组成合议庭进行"，从而赋予了人民法院选择适用陪审制度的灵活性。1989年《行政诉讼法》和1991年《民事诉讼法》也作出类似的规定。

20世纪90年代末期，根据司法实践与司法民主化发展的需要，最高人民法院积极推动陪审制度的改革。在1999年印发的《人民法院五年改革纲要》中明确提出完善人民陪审员制度，提出"对担任人民陪审员的条件、产生程序、参加审判案件的范围、权利义务、经费保障等问题，在总结经验、充分论证的基础上，向全国人大常委会提出完善我国人民陪审员制度的建议，使人民陪审员制度真正得到落实和加强"。2004年8月，第十届全国人大常委会通过了《完善人民陪审员制度的决定》，于2005年5月1日正式实施。这一决定，具有单行法律的性质，对人民陪审员审理案件的范围、人数、条件、任期、选任方式、经费保障、有关单位的义务等问题进行了较为全面的规定，从立法上完善了这项制度，在一定意义上赋予了陪审制度新的内涵。

2009年6月，河南省高级人民法院制定了《关于在刑事审判工作中实行人民

① 《最高人民法院关于办理死刑复核案件听取辩护律师意见的办法》，载《人民法院报》2015年1月30日。

陪审团制度的试点方案(试行)》,将新乡市、开封市等6个市法院确定为在刑事审判工作中实行人民陪审团制度的试点法院。[①] 河南省法院推行人民陪审团制度引起了学界关于人民陪审员与人民陪审团的关系、陪审团制度适用于刑事案件是否合法、以法院文件的形式推行这一制度是否具有合法性等问题的讨论。尤其是,1982年《宪法》没有直接规定人民陪审员制度,而引发了人民陪审员制度合宪还是违宪的学术争论。[②] 其实,正如肖蔚云教授所说,1982年《宪法》修改时,不具备实现人民陪审制度的现实条件,在宪法上规定这一制度会有违宪之嫌。而且,宪法没有规定人民陪审员制度,并不排除有条件的地方可以继续实行这一制度。这样比较符合我国的实际。[③] 实际上,究竟如何使人民陪审制度良性运行,才是当今中国法学界和司法界亟须解决的课题。

2013年11月15日,中国共产党十八届三中全会通过《中共中央关于全面深化改革若干重大问题的决定》,提出广泛实行人民陪审员制度,拓宽人民群众有序参与司法渠道。[④] 2014年10月23日,中国共产党十八届四中全会又通过《中共中央关于全面推进依法治国若干重大问题的决定》,也提出完善人民陪审员制度,保障公民陪审权利,扩大参审范围,完善随机抽选方式,提高人民陪审制度公信度。逐步实行人民陪审员不再审理法律适用问题,只参与审理事实认定问题。[⑤] 2015年4月24日,中国共产党第十二届全国人民代表大会常务委员会第十四次会议还通过了《全国人民代表大会常务委员会关于授权在部分地区开展人民陪审员制度改革试点工作的决定》。随后,最高人民法院会同司法部先后印发《人民陪审员制度改革试点方案》(以下简称《试点方案》)和《人民陪审员制度改革试点工作实施办法》。[⑥] 该制度改革前后的变化如表8-2所示。

---

① 王红伟:《中国特色的人民陪审团》,载《河南商报》2010年3月26日。

② 王敏远:《中国陪审制度及其完善》,载《法学研究》1999年第4期;申君贵:《对我国陪审制的否定性思考》,载《中国律师》1999年第4期;刘艺工、李拥军:《关于人民陪审制度难以执行根源的探讨》,载《甘肃政法学院学报》1998年第1期;左为民、周石帆:《国外陪审制的比较与评析》,载《法学评论》1995年第3期;司英:《坚定地推进人民陪审员制度——关于完善人民陪审员制度的决定立法回顾》,载《中国人大》2005年第6期;等等。

③ 肖蔚云:《论宪法》,北京大学出版社2004年版,第549页。

④ 《中共中央关于全面深化改革若干重大问题的决定》,人民出版社2013年版,第31页。

⑤ 《中共中央关于全面推进依法治国若干重大问题的决定》,人民出版社2014年版,第30页。

⑥ 最高人民法院、司法部:《人民陪审员制度改革试点方案》,载《人民法院报》2015年5月22日;最高人民法院、司法部:《人民陪审员制度改革试点工作实施办法》,载《人民法院报》2015年5月22日。

表 8-2 改革试点前后人民陪审员制度的变化

年份	改革前	改革后
选任条件	23周岁、一般具有大专以上文化程度	28周岁、一般具有高中以上学历(农村和贫困偏远地区公道正派、德高望重者不受此限)
选任程序	组织推荐或者个人申请	每五年制作候选人名册,随机抽选
参审范围	社会影响较大的刑事、民事、行政案件;刑事案件被告人、民事案件原告或者被告、行政案件原告申请由人民陪审员参加合议庭审判的案件。适用简易程序审理的案件和法律另有规定的案件除外	涉及群体利益、社会公共利益的,人民群众广泛关注或者其他社会影响较大的第一审刑事、民事、行政案件,以及可能判处10年以上有期徒刑、无期徒刑的第一审刑事案件;第一审刑事案件被告人、民事案件当事人、行政案件原告申请由人民陪审员参加合议庭审判的案件
参审机制	人民陪审员和法官组成合议庭审判案件时,合议庭中人民陪审员所占人数比例应当不少于1/3	合理确定每位人民陪审员每年参与审理案件的数量比例,探索重大案件由3名以上人民陪审员参加合议庭机制。健全提前阅卷机制
参审职权	除不得担任审判长外,同法官有同等权利,有权对事实认定和法律适用发表意见	独立就案件事实认定问题发表意见,不再对法律适用问题发表意见
退出惩戒机制	具有下列情形可免除人民陪审员职务:(1)本人申请辞去人民陪审员职务的;(2)无正当理由,拒绝参加审判活动;(3)违反有关法律及相关规定,徇私舞弊,造成错误裁判或者其他严重后果的	建立人民陪审员职责豁免机制,对无正当理由拒绝履行陪审职责,有损害陪审公信或司法公正等行为的惩戒制度
履职保障机制	因参加审判活动而支出的交通、就餐等费用,由人民法院给予补助。所在单位不得克扣或者变相克扣其工资、奖金及其他福利待遇。无固定收入的人民陪审员参照当地职工上年度平均货币工资水平,按实际工作日给予补助。人民陪审员的补助和所必需的开支,列入人民法院和司法行政机关业务经费,由同级政府财政予以保障	建立人民陪审员宣誓制度,制定人民陪审员权利义务清单。加强对人民陪审员个人信息和人身安全的法律保护。所在单位不得因人民陪审员履行陪审职责而对其实施解雇以及减少工资或薪酬待遇等不利措施。人民陪审员制度实施所需经费列入人民法院、司法行政机关业务费预算予以保障

之后，最高人民法院指导各试点法院认真落实《试点方案》和《全国人民代表大会常务委员会关于授权在部分地区开展人民陪审员制度改革试点工作的决定》要求，各试点法院改革人民陪审员选任条件，完善人民陪审员选任程序，扩大人民陪审员参审范围，调整人民陪审员参审职权，建立健全人民陪审员退出、惩戒和履职保障制度等，试点工作平稳推进，取得阶段性成效。[①]

但由于试点工作仍处于不断探索、逐步完善的过程中，有些问题还没有充分显现，还需要一段时间进一步研究和总结。最高人民法院分析其中原因有：一是缺乏事实审和法律审区分的有效机制，二是全面实行随机抽选难度较大且不尽合理，三是大合议庭陪审机制有待进一步完善。基于此，2017 年 4 月 24 日，十二届全国人大常委会第二十七次会议第一次全体会议审议并通过了最高人民法院提请的《关于延长人民陪审员制度改革试点期限的决定（草案）》。至此，人民陪审员制度改革试点工作延期一年至 2018 年 5 月。[②] 这也印证了肖蔚云教授对 1982 年《宪法》没有直接规定人民陪审制度的解释，在实践中，我国在条件成熟的地区探索性地推行人民陪审员制度，从而保证其有效运行。

第二节　司法机关内部组织管理的发展概况

一、人民法院对内部重大事务的决定

（一）人民法院设立机构的授权性规定与自行决定

1982 年《宪法》第 124 条第 3 款规定："人民法院的组织由法律规定。"据此，人民法院的组织由全国人大及其常委会通过法律规定，没有法律规定的，人民法院不能私自组建。另外，根据 2006 年《人民法院组织法》第 28 条规定："专门人民法院的组织和职权由全国人民代表大会常务委员会另行规定。"即使是根据全国人大常委会的授权设立法院的做法，应该也是合法的。例如，1984 年，全国人大常委会依据《人民法院组织法》作出《关于在沿海港口城市设立海事法院的决定》。1998 年 12 月 29 日，全国人大常委会通过了《全国人大常委会关于新疆维吾尔自治区生产建设兵团设置人民法院和人民检察院的决定》。而且，最高人民法院还先后批复了北京、天津、广州、武汉、成都、大连、烟台、秦皇岛、淄博、廊坊、杭州等几十个城市的经济技术开发区人民法院。但是，与该宪法规定明显相违背的是，最高人民法院在

① 许聪：《推进司法民主　促进司法公正——人民陪审员制度改革试点一年工作回顾》，载《人民法院报》2016 年 7 月 1 日。

② 殷泓：《人民陪审员制度改革试点拟延期一年》，载《光明日报》2017 年 4 月 25 日。

没有法律规定、没有全国人大常委会授权的情况下，以批复的形式，批准成立了诸多经济技术开发区人民法院。有学者认为，这种经济技术开发区人民法院成立后存在的问题是：第一，开发区并非一级行政区划，也没有设置人民代表大会，那么，经济技术开发区人民法院的院长如何产生和罢免？第二，根据法律的规定，县级以上的各级人民法院对本级人大负责，受本级人大及其常委会监督，经济技术开发区没有人大及其常委会，它该接受谁的监督？向谁负责？第三，经济技术开发区人民法院院长连赖以依法产生的人民代表大会都没有，它的任期又将与哪个国家机构相同？是否经济技术开发区人民法院的任期可以没有限制？这些悬而未决的问题都缺乏宪法和法律依据，因此，最高人民法院批准设置经济技术开发区人民法院存在严重的违宪违法嫌疑。[①]

（二）人民法院自行决定系统内部重要事务

首先，最高人民法院对系统内部的改革和建设提出自己的具体设想。最高人民法院于1999年发布了《人民法院五年改革纲要（1999—2003）》，2000年发布了《关于加强人民法院基层建设的若干意见》，2001年颁布了《地方各级人民法院及专门人民法院院长、副院长引咎辞职规定（试行）》，2005年发布了《人民法院第二个五年改革纲要（2004—2008）》，2009年发布了《人民法院第三个五年改革纲要（2009—2013）》，2014年发布了《人民法院第四个五年改革纲要（2014—2018）》，2015年最高人民法院同司法部先后印发《人民陪审员制度改革试点方案》和《人民陪审员制度改革试点工作实施办法》，2015年最高人民法院还制定了《人民法院落实〈领导干部干预司法活动、插手具体案件处理的记录、通报和责任追究规定〉的实施办法》。

其次，最高人民法院还制定一些类似法规的规范性文件。比如，1997年5月4日，最高人民法院发布了《人民法院司法警察暂行条例》（法发〔1997〕11号）（以下简称《暂行条例》），对法院法警的职权、职责、来源、管理和保障等作出具体的规定。《暂行条例》指出其制定依据是《法院组织法》和《警察法》，但这两部法律均未授权最高人民法院制定这样的条例。2000年10月20日，《法官培训条例》（法发〔2000〕24号，2006年3月30日修订）对法官培训的组织、管理、内容、方式、保障等作出详细的规定。其立法声称依据《中华人民共和国法官法》（以下简称《法官法》）和《公务员法》，但这两部法律同样也没有授权最高人民法院制定这样的条例。其实，法院应该对其内部事务制定一些规范性文件加以管理约束，但这种权力的行使必须得到法律的授权，否则即有违其司法机关的性质。

---

① 刘松山：《开发区法院是违宪违法设立的审判机关》，载《法学》2005年第5期。

二、人民法院行政事务的管理:从与法院分离到与法院合一

1982年《宪法》第123条规定:"中华人民共和国人民法院是国家的审判机关。"这表明我国法院专司审判职能,但是,人民法院行政事务管理权却经历了一个由与法院分离到与法院合一的过程。1979年《法院组织法》第17条第3款规定:"各级人民法院的司法行政工作由司法行政机关管理。"1983年修改后的《法院组织法》删去了上述规定,实际将法院司法行政事务管理权改由法院自己行使。虽然这种改变符合一定的司法规律,但是,在我国法院的司法事务管理制度中,仍然存在影响审判权合理行使的问题。具体表现为以下三个方面。

(一)司法行政事务管理权的高度集中化

从《法院组织法》、有关诉讼法和《法官法》对法院行政事务管理权的规定来看,司法事务管理权主要集中在法院院长手中。如各级法院副院长、审判委员会委员、庭长、副庭长和审判员由本级法院院长提请同级人民代表大会常务委员会任免;法院的助理审判员由本院院长任免;①法官考评委员会主任由本院院长担任;②合议庭由院长或者庭长指定审判员一人担任审判长;③审判人员的回避,由院长决定;④各级人民法院审判委员会会议由院长主持;⑤各级人民法院院长对本院已经发生法律效力的判决和裁定,如果发现在认定事实上或者在适用法律上确有错误,有权提交审判委员会处理;⑥拘传、罚款、拘留必须经院长批准;⑦院长有权决定延长案件的审理期限;⑧等等。法院司法行政事务管理权过于集中严重地威胁着司法独立和司法公正,并且容易诱发司法腐败。

(二)法院的案件审判权依附于司法行政管理权

我国法院在案件审理过程中的一般程式是,立案庭在立案之后,按照案件的性质交给具体的业务庭审理;业务庭长根据案件的难易程度决定采用合议庭或者独

---

① 《法官法》(2001年修订本)第11条;《法院组织法》(2006年修订本)第10条第2款。

② 《法官法》(2001年修订本)第49条。

③ 《法院组织法》(2006年修订本)第9条第4款;《民事诉讼法》(2012年修订本)第41条;《刑事诉讼法》(2012年修订本)第178条第6款。

④ 《法院组织法》(2006年修订本)第15条;《民事诉讼法》(2012年修订本)第46条;《刑事诉讼法》(2012年修订本)第30条。

⑤ 《法院组织法》(2006年修订本)第10条第3款。

⑥ 《法院组织法》(2006年修订本)第13条第1款;《民事诉讼法》(2012年修订本)第198条第1款;《刑事诉讼法》(2012年修订本)第243条第1款。

⑦ 《民事诉讼法》(2012年修订本)第116条第1款;《刑事诉讼法》(2012年修订本)第188条第2款。

⑧ 《民事诉讼法》(2012年修订本)第149条和第180条。

任审判，并且指定审判人员以及审判长；独任审判员或者合议庭开放审理之后，向业务庭长汇报案件审理结果；如果业务庭长同意该处理结果，则继续向主管院长汇报，如果主管院长也同意该处理结果，就可以开庭宣布判决；庭长或者院长如果不同意审判人员的意见，可以要求合议庭或者独任审判员重新审议，直到审判人员与庭长、院长的意见取得一致；如果是重大、复杂或者疑难的案件，则由院长提交审判委员会讨论决定，审判委员会的决定合议庭或者独任审判员应当执行。这样，法院的审判人员实际上都是在法院院长、庭长的领导下进行审判工作。由此不难看出，我国法院的案件审判权在很大程度上处于附属地位，完全处在法院司法行政管理权的控制下。

(三)法院的案件审判权在一定程度上与司法行政事务管理权相混同，两者之间没有严格的区分界限

这主要表现在，行使案件审判权的主体与行使法院司法行政事务管理权的主体具有高度的同一性。如法院的院长、庭长不仅从事一些案件的审理，还承担行政管理职能；决定重大、复杂、疑难案件处理结果的审判委员会与从事法官培训、考核、评议指导工作的法官考评委员会在人员构成上高度重合。这种从事不同职能的主体在人员构成上的同一化，势必导致法院审判权与行政事务管理权的混淆或者混同。[①]

总之，我国法院现行的司法行政事务管理权的设置模式严重地影响了审判权的合理行使，模糊了人民法院专司审判职能的性质。

三、法官的管理

(一)法官专业管理的改革和完善

法官是依法行使国家审判权的审判人员，因此，法官必须具备法律专业知识，从事审判工作。但是，中华人民共和国成立60多年来，我国法官一直作为国家行政工作人员，而非法律专业人员来进行管理。这主要是源于党政机关的工作人员、审判机关的审判人员和企事业单位的人员，过去都统称为“国家干部”，按照统一模式管理。这是高度集中统一的计划体制下的产物。然而，当市场经济和依法治国入宪后，改革法官制度被提上日程。

1995年，全国人大常委会通过了《中华人民共和国法官法》，对法官的专业管理有了突破和发展，具体体现在六个方面：第一，完善了担任法官的条件。把具有“高等院校法律专业毕业或者高等院校非法律专业具有法律专业知识，工作满两年

① 胡夏冰:《司法权:性质与构成的分析》，人民法院出版社2003年版，第245～246页。

的"[①],作为担任法官必须具备的条件之一。保证了法官的业务素质。第二,建立了法官考试制度。规定"初任审判员、助理审判员采用公开考试、严格考核的办法,按照德才兼备的标准,从具备法官条件的人员中择优提出人选";[②]最高人民法院法官考评委员会"组织初任审判员、助理审判员的全国统一考试"。[③] 法官考试制度的正式建立,标志着我国法官考试进入了法制化、民主化、科学化的时代,从而在程序上为成为法院专业人员把关。第三,建立了法官工资制度。"法官的工资标准,根据审判工作特点,由国家规定。"[④]从而在法律上第一次确立了法官工资制度,把法官工资从国家公务员的工资序列中分离出来。第四,建立了法官退休制度。"法官的退休制度,根据审判工作特点,由国家另行规定。"[⑤]第五,建立了法官培训制度。"对法官应当有计划地进行理论培训和业务培训";"国家法官院校和其他法官培训机构按照有关规定承担培训法官的任务"。[⑥] 第六,设置了法官考评委员会。

随着依法治国的推进,法院改革的逐步深化,《法官法》原有的一些规定与形势的发展越来越不相适应。2001 年,全国人大常委会通过了《全国人民代表大会常务委员会关于修改〈中华人民共和国法官法〉的决定》,对法官提出了更高的专业要求,具体表现在五个方面:第一,提高了法官任职的条件,即将任职的学历,由高等院校法律专业专科毕业,改为高等院校法律专业本科毕业。[⑦] 第二,确立了统一的国家司法考试制度。将过去分别由最高人民法院、最高人民检察院和司法部主持的法官考试、检察官考试和律师资格考试,改为"国家对初任法官、检察官和取得律师资格实行统一的司法考试制度。国务院司法行政部门会同最高人民法院、最高人民检察院共同制定司法考试实施办法,由国务院司法行政部门负责实施"[⑧]。从而统一为国家司法考试,为我国建立统一的司法准入制度创造了有利条件。第三,确定了担任法院院长、副院长的任职条件。1995 年的《法官法》规定"担任院长、副院长、审判委员会委员、庭长、副庭长,应当从具有实际工作经验的人员中择优提出人选",[⑨]修改后规定为"人民法院的院长、副院长应当从法官或者其他具备法官条

---

① 《法官法》(1995 年)第 9 条第 6 项。
② 《法官法》(1995 年)第 12 条。
③ 《法官法》(1995 年)第 46 条第 3 款。
④ 《法官法》(1995 年)第 34 条。
⑤ 《法官法》(1995 年)第 40 条。
⑥ 《法官法》(1995 年)第 25 条。
⑦ 《法官法》(2001 年修订本)第 9 条第 6 项。
⑧ 《法官法》(2001 年修订本)第 51 条。
⑨ 《法官法》(1995 年)第 12 条第 2 款。

件的人员中择优提出人选”[①]。进一步提高了高级法官的专业素质要求。第四，建立了对违法任命法官的监督制约机制。根据《法官法》的规定，初任法官采用严格考核的方法，按照德才兼备的标准，从具备法官条件的人员中择优提出人选。针对实践中违法任命法官的现象，修改为：“对于违反本法规定的条件任命法官的，一经发现，作出该项任命的机关应当撤销该项任命；上级人民法院发现下级人民法院法官的任命有违反本法规定的条件的，应当建议撤销该项任命，或者建议下级人民法院依法提请同级人民代表大会常务委员会撤销该项任命。”[②]第五，确认可以制定各级法院法官名额比例办法。“最高人民法院根据审判工作需要，会同有关部门制定各级人民法院法官在人员编制内的名额比例。”[③]以此来克服审判工作管理行政化的倾向。

2014年，最高人民法院发布《人民法院第四个五年改革纲要(2014—2018)》，明确指出，我国法院实行法官员额制，对法官在编制限额内实行员额管理，确保优秀法官主要集中在审判一线。[④] 尽管法官员额制度力图在保障法官审判的专业水准，实现司法公正，去法院内部管理行政化，减少行政干扰，保证审判独立方面发挥积极的作用。但是，法院要在实践中将院长和庭长真正拉回审判一线，挽留住具有专业水准的法官，尤其是年轻法官，还需要结合其他配套机制予以完善。

此外，《法官法》第26条规定，“对法官应当有计划地进行理论培训和业务培训”。其实，法官专业素养的强化，为法官依靠扎实的法律知识独立审判以及有效落实现行《宪法》第126条审判独立的规定，奠定了基础。

(二)法官廉政建设和监督制约机制的加强与漏洞

保证法官作风优良、清正廉洁、品德高尚，是人民法院履行宪法和法律职责的重要保障。2001年，最高人民法院根据《法官法》的规定，制定了《法官职业道德基本准则》，要求每一位法官必须做到保障公正、提高司法效率、保持清正廉洁、遵守司法礼仪、加强自身修养、约束业外活动，充分体现了法官职业道德的特点。此外，最高人民法院还制定了《法官行为规范》《关于严格执行〈中华人民共和国法官法〉有关惩戒制度的若干规定》《人民法院审判人员违法审判责任追究办法(试行)》《人民法院执行工作纪律处分办法(试行)》等纪律规范。由此，初步建立了比较完整的法院廉政制度体系。

此外，不容忽视的是，法官反腐建设还存在某些制度上的障碍。经研究显示，与普通法官相比，具有法官和法院领导双重身份的法院院长、副院长既像普通法官

---

① 《法官法》(2001年修订本)第12条第2款。

② 《法官法》(2001年修订本)第14条。

③ 《法官法》(2001年修订本)第50条。

④ 施鹏鹏：《法院人员分类管理制度的学理逻辑》，载《人民法院报》2016年5月5日。

那样行使审判权，又控制着普通法官命运的人事变动与升迁等，因此，他们违法犯罪更为普遍，性质更恶劣。其实，这都是前文所述的我国法院司法行政事务管理权的设置模式，为那些具有行政领导职务的法官提供了滋生腐败的温床。毕竟，法官作为公平正义的化身，其知法犯法，对社会的危害更大，直接影响公众对法治的信心。这意味着，改革我国法院司法行政事务管理权的现有设置模式，成为今后有效实施宪法，保证法院独立行使审判权，建设社会主义法治国家的努力方向。

四、行政机关对人民法院非审判事务的长期干涉

行政机关对司法机关的非审判事务一直都有很大的管理权，包括人财物各方面。

首先，司法机关的财政预算一直是由财政部门编制，然后报由人大批准。各级人民法院的经费需求，按财政预算管理要求编入部门预算，实行统一管理。1985年，最高人民法院、财政部制定了《关于法院业务费开支范围的规定》[法（司）发〔1985〕23号，1985年9月20日实施，2002年1月1日废止]。之后，1994年的《预算法》和1995年的《预算法实施条例》均未明确指明法院的预算编制问题。但实践中一如既往。2001年年底，财政部和最高人民法院制定了《人民法院财务管理暂行办法》，该办法第5条第1款规定："人民法院预算是指人民法院根据其职责、工作任务和业务发展计划编制的年度财务收支计划。"而第6条则规定："人民法院预算按现行财政体制分别列入同级财政预算。财政部门要根据人民法院所担负的工作任务，按照国家有关政策和要求，保障人民法院履行职能所需经费。"法院负责其预算的编制，但由财政部门来予以审批①，形成同级财政预算，再报请人大批准。

对于诉讼费用的收取，最初的收费办法是由最高人民法院自己制定的，即1985年1月1日开始实施的《民事诉讼收费办法》。② 之后在1989年又制定了适用于民事诉讼和行政诉讼的《人民法院诉讼收费办法》(1989年6月29日最高人民法院审判委员会第411次会议通过，1989年9月1日起实行)。但是，在《最高人民法院关于印发〈人民法院诉讼收费办法〉的通知》[法（司）发〔1989〕14号，1989年7月12日]中，最高人民法院亦作出说明："《办法》中所规定的收费标准，已经国家

---

① 例如，《上海市财政局、上海市高级人民法院、中国农业银行上海市分行关于上海市法院诉讼费收入纳入预算管理的通知》（沪财行〔2002〕3号）指出："人员经费、公用经费以及审判业务经费按定额标准编制预算，物资装备和'两庭'建设项目按照轻、重、缓、急编制项目预算，并按规定编制政府采购预算，由财政部门按各级人民法院履行职能的需要核定，确保经费供给，支持和推动各级人民法院完成各项行政和审判工作。各级人民法院应严格按同级财政部门的预算批复执行。"

② 《民事诉讼收费办法》第1条声称"根据《中华人民共和国民事诉讼法（试行）》的规定，制定本办法"，而《中华人民共和国民事诉讼法（试行）》第80条第2款规定的却是"收取诉讼费用的办法另行制定"，并未明确授权给其他机关制定。因此，最高人民法院有僭越之嫌。

各有关方面同意。”1999年7月28日，则对上述文件作出补充，即《〈人民法院诉讼收费办法〉补充规定》。然而，国务院却于2006年制定了《诉讼费用交纳办法》(2006年12月8日国务院第159次常务会议通过，自2007年4月1日起施行)，对民事诉讼、行政诉讼的诉讼费用作出规定，其声称的依据是《民事诉讼法》和《行政诉讼法》的有关规定。虽然没有明确宣称废止了《人民法院诉讼收费办法》，但实际上后者不再发生效力，而执行了作为行政法规的《诉讼费用交纳办法》。在诉讼费用的管理上，最高人民法院则和财政部自1985年开始便联手制定了一系列文件，在诉讼费用的收支方面接受财政部门的监督。具体包括：《关于法院业务费开支范围的规定》[最高人民法院、财政部，法(司)发〔1985〕23号]，《关于加强诉讼费用管理的暂行规定》[最高人民法院、财政部，法(司)发〔1997〕25号]，《人民法院诉讼费用暂行管理办法》[财政部、最高人民法院，财文字〔1996〕4号]和《关于最高人民法院集中部分诉讼费用的实施办法》[最高人民法院、财政部，法字〔1996〕81号]，后两个文件在1999年7月20日为《人民法院诉讼费用管理办法》(财政部、最高人民法院，财公字〔1999〕406号)所取代。

其次，法官的来源也要受到行政机关的管理。如前所述，1979年《人民法院组织法》第17条第3款规定：“各级人民法院的行政工作由司法行政机关管理。”第22条第3项规定：“基层人民法院在上级司法行政机关授予的职权范围内管理司法行政工作。”第37条第1款规定：“各级人民法院按照需要可以设助理审判员，由司法行政机关任免。”第42条规定：“各级人民法院的设置、人员编制和办公机构由司法行政机关另行规定。”这些规定赋予了行政机关极大的管理权，在1983年修改《人民法院组织法》时均被废止或修改，一定程度上从人事上拿开了行政之手。[①]但行政机关还是在很大程度上掌握着法官的人事权，最典型的例子就是复员军人根据政府的安排进入法院担任法官，这种做法一直持续到2001年实施国家统一司

---

① 王汉斌在修改草案说明中指出：“《法院组织法》第17条第3款规定：‘各级人民法院的司法行政工作由司法行政机关管理。’各级人民法院要求改由法院管理。从实际情况看，国家的司法行政工作，总是应由司法行政机关管理，但法院内部的司法行政工作如果都由司法行政机关管理也有问题，可以由法院和司法行政机关共同研究商定分别管理的办法。考虑到这类工作的分工较易发生变动，为了有利于法律的稳定性，《法院组织法》以不作规定为好。因此，决定草案删去了这一规定，并将第22条第3项基层人民法院‘在上级司法行政机关授予的职权范围内管理司法行政工作’，第42条‘各级人民法院的设置、人员编制和办公机构由司法行政机关另行规定’，也都相应删去。同时将第37条第1款中助理审判员‘由司法行政机关任免’的规定，修改为‘由本级人民法院任免’。”“关于修改‘人民法院组织法’、‘人民检察院组织法’的决定和‘关于严惩严重危害社会治安的犯罪分子的决定’等几个法律案的说明。”虽然并未言明修改目的是保障法院的独立性，但客观上具有这样的效果。参见《全国人大常委会公报》1983年第4期。

法考试为止。[①] 但是，按照《法官法》的规定，司法考试仍是由国务院司法行政部门负责实施，虽然这只是技术性的安排。2005 年的《公务员法》将法官也作为公务员来管理，实行了行政、法院等人员的大一统管理，法官在法院系统内部管理的行政化，以及外部的行政化管理在不同程度上都存在。

再次，司法人员的着装需要国务院批准。1983 年 12 月 29 日，《国务院关于人民法院、人民检察院干部穿着统一制服的批复》批准了人民法院干部的统一着装(〔1983〕国函字 273 号)。[②] 后来由于法官戴肩章、大檐帽在外观上近似军警，一直遭受较多批评。为了体现中国法官和检察官的公正形象，从国情出发并借鉴国外的有益经验，2000 年 3 月 7 日，经国务院批准，最高人民法院、最高人民检察院和财政部发布公告，对法官制服进行重大改革，取消肩章和大檐帽，采用西服式制服佩戴胸章的款式。[③] 2003 年，国务院办公厅发布《关于整顿统一着装的通知》(国办发〔2003〕104 号)，要求“经国务院批准统一着装的单位要严格按照国家有关规定执行，不得擅自改变着装范围、着装标准和自费比例”。这里的“经国务院批准统一着装的单位”就包括法院。

此外，法院的其他设备装置等在类型、管理、使用方式等方面均受到行政机关的限定。例如，法院的警车使用要符合公安部的《警车管理规定》。(公安部令第 27 号，1995 年 10 月 1 日施行，2001 年 11 月 29 日为公安部令第 89 号所废止。新的《警车管理规定》于当日开始施行)

行政机关对法院人财物等诸多事项的管理，在一定程度上影响了法院监督行政机关的独立性，甚至是审判的独立性。或许正是基于这种考虑，最高人民法院在 2008 年 1 月 14 日公布了《关于行政案件管辖若干问题的规定》(法释〔2008〕1 号，2007 年 12 月 17 日由最高人民法院审判委员会第 1441 次会议通过，2008 年 1 月 14 日公布，自 2008 年 2 月 1 日起施行)，试图通过调整诉讼管辖的方式来减少行政对具体行政审判的干预。而且，如前文所述，2014 年以来，我国开始探索最高人民法院设立巡回法庭，省级以下设立跨行政区划法院的司法制度改革试点工作，该制

① 虽然充当初任法官应经过司法考试，但是，依据《法官法》第 12 条第 2 款规定：“人民法院的院长、副院长应当从法官或者其他具备法官条件的人员中择优提出人选。”法院的院长、副院长不一定需要参加司法考试。

② 全文如下：“最高人民法院、最高人民检察院：国务院同意你们《关于人民法院、人民检察院干部穿着统一制服的报告》。从 1984 年开始，各级人民法院担任现职的审判员、助理审判员、书记员，各级人民检察院担任现职的检察员、助理检察员、书记员，穿着统一的法院、检察院制服。《关于人民法院、人民检察院干部穿着统一制服的几项规定》由你们与财政部联合下达执行。统一着装所需经费，同意按现行财政体制，分级负担。”

③ 《最高人民法院、最高人检察院、财政部关于做好 2000 式审判服检察服换装试穿工作的通知》(法发〔2000〕8 号)；《最高人民法院、最高人民检察院、财政部关于做好 2000 式审判服、检察服换装工作的通知》(法发〔2001〕3 号)。

度的逻辑指向就在于使司法管辖权和行政权适当错位，从而降低行政机关对法院的干预，最终达到保障审判独立。

第三节　司法机关外部关系的发展

一、人民法院与中国共产党的宪法关系

改革开放前后，我国宪法始终明确，中国共产党的领导地位（见表 8-3）。1978 年《宪法》对中国共产党在国家生活中的法律地位的规定与 1975 年《宪法》基本一致，延续了“文化大革命”期间党政合一的精神。只是在中国共产党的职权方面，1978 年《宪法》删除了 1975 年《宪法》中关于对全国人民代表大会领导权的规定，保留了军事统率权、总理提名权等重要职权。1982 年《宪法》在序言中确认了中国共产党在国家生活中的领导地位，而没有再在正文中规定中国共产党的具体职权，中国共产党对中国各项事业的领导权被确认在宪法上，成为一项宪法原则。2018 年修宪将中国共产党领导引入正文，规定“中国共产党领导是中国特色社会主义最本质特征”。

表 8-3　中国共产党领导地位在宪法中的确认和规定

1978 年《宪法》	1982 年《宪法》	2018 年《宪法修正案》
《宪法》序言第四自然段规定：“……。根据中国共产党在整个社会主义历史阶段的基本路线，……；……。” 第 2 条第 1 款规定：“中国共产党是全中国人民的领导核心。……经过……中国共产党实现对国家的领导。”第 19 条第 1 款和第 2 款规定：“……武装力量由中国共产党中央委员会主席统率。”“……是中国共产党领导的……，是……。……。”第 22 条规定：“全国人民代表大会行使下列职权：……；（四）根据中国共产党中央委员会的提议，决定……；……。”	《宪法》序言第七自然段规定：“……在中国共产党领导下，……，……。”	第 36 条修正案规定：“《宪法》第 1 条第 2 款‘……’后增加一句，内容为‘中国共产党领导是中国特色社会主义最本质特征’。”

具体到人民法院与中国共产党的宪法关系而言，该宪法原则还需结合现行《宪法》第 126 条的审判独立条款来解释。其实，现行《宪法》第 126 条的“列举式排除干涉”的表述，也是考虑了人民法院要接受中国共产党领导。法学界普遍认为，1982 年《宪法》将中国共产党的领导写进序言，说明中国共产党的领导体现在政

治、思想和组织三个方面,而不会直接对人民法院审判工作做判断、决定、执行和管理。①

1978年6月20日,中共中央批准成立中央政法小组,协助中央处理最高人民法院等四个部门的一些政策方针问题,它与最高人民法院的关系也由"领导"变成"协助",②这就回归到1956年的宪法体制。之后,这种协助关系被体现在中共中央于1979年9月9日发布的《关于坚决保证刑法、刑事诉讼法切实实施的指示》(即"64号文件"),该指示结束了党委审批案件的制度。③ 1980年1月24日,中共中央发出《关于成立中央政法委员会的通知》,决定设立中央政法委员会,规定它把握法律中的政治方向,并不干预具体的司法审判工作。④ 1987年,中国共产党十三大召开,将实现党政分开作为政治体制改革的首要目标与突破口。1988年5月19日,中共中央发出《关于成立中央政法领导小组的通知》,这个通知贯彻十三大报告,成立中央政法领导小组。政法小组的职能较政法委员会大大削弱,它一般不开政法工作会议,不发文件,体现了依法办事,党政分开的精神。⑤

1990年3月6日,中共中央决定恢复中央政法委员会,从相关文件所列举的政法委员会五项任务来看,特别强调"宏观指导"的性质,要求"办案由各部门依法各司其职"。⑥ 随后,政法委员会又两次扩权。1994年,《中共中央办公厅关于印发〈中共中央政法委员会机关职能配置、内设机构和人员编制方案〉的通知》(厅字〔1994〕9号)中将政法委员会的职权扩大到7项。⑦ 1995年又扩大至10项。

2014年,为了加强中国共产党的领导,在一定程度上纠正有些地方的政法委员会超越宪法界限干预司法审判的现象。中国共产党十四届四中全会《决定》提出建立党政机关和领导干部干预司法活动、插手具体案件处理的记录、通报和责任追究制度,规定任何党政机关和领导干部都不得让司法机关做违反法定职责、有碍司法公正的事情,任何司法机关都不得执行党政机关和领导干部违法干预司法活动的要求。对干预司法机关办案的,给予党纪政纪处分;造成冤假错案或者其他严重后果的,依法追究刑事责任。⑧ 2015年,中共中央办公厅、国务院办公厅颁发《领导

---

① 肖蔚云:《我国现行宪法的诞生》,北京大学出版社1986年版,第79页。

② 俞敏声:《中国法制化的历史进程》,贵州人民出版社1997年版,第232页。

③ 崔敏:《64号文件:官大还是法大》,载《炎黄春秋》2009年第12期。

④ 林中梁:《各级党委政法委的职能及宏观政法工作》,中国长安出版社2004年版,第72页。

⑤ 林中梁:《各级党委政法委的职能及宏观政法工作》,中国长安出版社2004年版,第68页以下。

⑥ 林中梁:《各级党委政法委的职能及宏观政法工作》,中国长安出版社2004年版,第74页以下。

⑦ 林中梁:《各级党委政法委的职能及宏观政法工作》,中国长安出版社2004年版,第76页。

⑧ 《中共中央关于全面推进依法治国若干重大问题的决定》,人民出版社2014年版,第26页。

干部干预司法活动、插手具体案件处理的记录、通报和责任追究规定》(中办发〔2015〕23号)。同年,最高人民法院结合审判工作实际,制定了《人民法院落实〈领导干部干预司法活动、插手具体案件处理的记录、通报和责任追究规定〉的实施办法》。

二、人民法院与人民代表大会的宪法关系

(一)法律解释制度的演进:从立法解释到司法解释再到案例指导

1982年《宪法》与1954年《宪法》相同,将法律解释权规定在全国人大常委会的职权之列,学界称之为"立法解释"。然而,1955年6月23日,第一届全国人大常委会第十七次会议通过《全国人大常委会关于解释法律问题的决议》,全国人大常委会授权最高人民法院审判委员会可以就审判过程中如何具体应用法律、法令的问题进行解释;1981年6月10日,第五届全国人大常委会第十九次会议通过《全国人大常委会关于加强法律解释工作的决议》,全国人大常委会再次授权最高人民法院同样的职权。但是,即使是1983年修改《法院组织法》时也没有将这一项职权列入其中。现实中,最高人民法院一方面就下级法院在审判过程中所提出的问题作出解答;另一方面就法院审判过程中可能会出现的问题作出系统的预设性"解答"。而后者实际上是一种立法行为,对法律规定得不清楚的条文解释清楚、对没有规定的进行补充规定,它成为司法的一个依据。2000年《立法法》再次仅将法律解释权规定在全国人大常委会的职权之中,而只规定最高人民法院可以向全国人大常委会提出法律解释要求。2006年《各级人民代表大会常务委员会监督法》又将司法解释列为其监督对象之一。这似乎又表明,全国人大常委会仍然承认司法机关的解释权。

改革开放后,最高人民法院针对审判实践中存在的"同案不同判"的情况,自觉试验推行案例指导制度。为了保证审判质量,最高人民法院早在1985年之前,就将一些典型案例作为一般文件下发,供各级法院参照执行。但这种做法实际上是通过类似于内部行政命令的方式进行的。至1985年,最高人民法院创办《最高人民法院公报》(以下简称《公报》)刊登典型案例。其法律依据是《法院组织法》第11条第1款的规定,案例指导被作为最高人民法院发挥审判监督职能的一种方式加以定位,可供各级人民法院借鉴。在《公报》上发布的案例是由各级人民法院(包括最高人民法院)已经审决的案件,这些案件经过上报或推荐,由最高人民法院公报编辑部整理成案例材料,经最高人民法院审判委员会讨论通过。在案例载体上,实现了从内部文件到公开刊物的转变;在发布程序上,实现了从无序到有序的转变。可以这么认为,1985年开始以《公报》形式登载案例标志着我国案例指导制度的正式形成。

1992年,最高人民法院在继续定期出版《公报》的基础上,开始组织出版《中国

审判案例要览》《人民法院案例选》。1995年6月，最高人民法院公报编辑部在《中华人民共和国最高人民法院公报全集》出版说明中如是说："《公报》发布的案例，也是经最高人民法院审判委员会反复推敲、字斟句酌，从众多案件中精选出来的。每个案例都有详细的事实、判决理由和结果，蕴含了深刻的法律意义。它既不同于用作法制宣传的一般案例，也不同于学者们为说明某种观点而编撰出来的教学案例。它具有典型性、真实性、公正性和权威性特点，是最高人民法院指导地方各级人民法院审判工作的重要工具，也是海内外人士研究中华人民共和国法律的珍贵资料。"为了加强审判指导与监督，最高人民法院各审判庭也相继编辑、出版了各种审判参考和审判指导。2004年最高人民法院《公报》所载案例或裁判文书选登中加入"裁判摘要"。至2005年，最高人民法院与最高人民检察院联合编辑的《中国案例指导》出版。同时，对于最高人民法院自身的判决，2000年6月最高人民法院发布的《最高人民法院裁判文书公布管理办法》规定最高人民法院可以在《人民日报》、《法制日报》、《人民法院报》和《公报》上公布"有重大影响的"和"具有典型意义、有一定指导作用的"最高人民法院裁判文书。裁判文书在公布之前就经过了一定的挑选与加工，实际上与以《公报》方式发布案例基本相同。至2005年10月26日，最高人民法院发布了《人民法院第二个五年改革纲要(2004—2008)》，纲要第13项明确指出："建立和完善案例指导制度，重视指导性案例在统一法律适用标准、指导下级法院审判工作、丰富和发展法学理论等方面的作用。"在最高人民法院的积极推动下，指导性案例的概念正式出现。

除了最高人民法院及其审判庭的努力探索外，很多地方法院也自发探索。例如，河南省郑州市中原区人民法院的先例判决制度。"2002年7月26日，敢为天下先的河南省郑州市中原区人民法院发布了《关于实行先例判决制度的若干规定》。该规定指出：'依照《法院组织法》第11条和其他有关法律、法规的精神，为体现审判委员会总结审判经验和指导审判工作的职能，合理规范法官的自由裁量权，维护司法公正，提高审判效率，结合该院的实际情况，制定先例判决制度。'该制度是指经过某种程序被确认的先例生效判决对该院今后处理同类案件具有一定的拘束力，其他合议庭或独任法官在处理同一类型、案情基本相同的案件时，应当遵循先例作出大体一致的判决。该规定对先例判决应当符合的条件、先例判决的制定程序、先例判决应当废止的情形、先例判决的适用原则等方面作出了具体的规定。"①河南省郑州市中原区人民法院的先例判决制度有着鲜明的特征：第一，开始了裁判要旨的编纂尝试。从其先例判决第一号开始，就有"裁判要旨"部分，裁判要旨部分阐述了该案的主要法律问题，法院的主要理由以及该案中反映的主要规范。第二，出现了明确其效力的尝试。在前五号先例判决中附上有关该案效力的"通

① 徐景和：《中国判例制度研究》，中国检察出版社2006年版，第76页。

知”，明确规定了先例的效力。中原区人民法院在“通知”中声明：“各审判员（助理审判员）现公布先例判决第×号，自公布之日起，参照执行。”第三，用“公告”的形式对先例的效力进行废止。第四，对不参照执行先例的，应当提出理由并报请审判委员会讨论决定，对没有正当理由不参照先例判决造成裁判错误的，依法追究法官的审判责任。再如，四川省成都市中级人民法院的示范性案例制度。“2005 年 4 月 19 日成都市中级人民法院发布了《成都市中级人民法院示范性案例评审及公布实施办法》，就示范性案例的范围、评审工作机构、申报和推荐条件、评审及公布和配套制度等问题作出了明确而具体的规定。按照该办法的规定，所谓示范性案例是指成都市中级人民法院办理且裁判已经发生法律效力的，在事实认定、法律适用和审判技巧等方面具有典型性和示范性，对同类案件具有指导和参考作用，在审判技巧和审判质量等方面具有示范作用的案件。经该院审判委员会确认的示范性案例，对全市法院办理同类案件具有指导、参考和借鉴作用。”①成都市中级人民法院示范性案例制度具有以下特点：第一，整个案例编纂采取了传统案例评析的体例。包括标题、要点提示、案情、审判、评析、案例编写人、案例评析人七个部分。第二，设立了专门机构负责示范性案例的初评。示范性案例初评委员会由本院相关部门的人员组成，并邀请具有丰富审判经验、深厚法学功底的资深法官、学者兼职从事案例的评析工作，最终由审判委员会进行确认。第三，示范性案例的发布主体多元化。经审判委员会确认为示范性案例的，通过本院《审判委员会示范性案例专刊》和成都法院网、成都市中级人民法院网发布。第四，对示范性案例的效力范围和效力内容作出了总体规定。凡经本院审判委员会确认的示范性案例，对全市法院办理同类案件具有指导、参考和借鉴作用。② 据报道，2017 年 2 月，新发布的《最高人民法院公报案例汇编（1985—2015）》中收录案例近 1000 件，这不仅总结了人民法院案例指导工作，还为进一步完善我国法院案例指导制度提供了有益参考。③

虽然司法解释和案例指导具有一定的现实合理性，但从规范角度，其合法性基础仍有争议。因为我国的根本政治制度是人民代表大会制度，制定、修改、解释法律的权力均在全国人大及其常委会。如果由最高人民法院行使具有“抽象性的”法律解释权，甚至最高人民法院和地方人民法院建立不属于正式法律渊源的指导案例，难免有稀释人大立法权的嫌疑。然而，也有学者通过对民主集中制原则的功能主义解释角度，认为从立法解释到司法解释再到指导案例，其中的制度逻辑恰恰是功能适当，这符合邓小平、彭真等“宪法工程师”确定的权力配置的实质标准——

① 徐景和：《中国判例制度研究》，中国检察出版社 2006 年版，第 81 页。

② 张炜达、李瑰华：《我国案例指导制度的发展和完善——基于判例概念的启示》，载《河北法学》2011 年第 6 期。

③ 罗书臻：《沈德咏：坚持正确政治方向　加强〈公报〉信息化建设　进一步加强和完善案例指导制度》，载《人民法院报》2017 年 2 月 25 日。

"权力行使的正确性"。[①]

(二)个案监督制度的演化:从在争议中推行到放弃

改革开放以来,一些地方人大常委会为了摆脱"橡皮图章"的监督疲软状况,在处理群众来信来访的工作中加强了对个案的监督,人大对人民法院的个案监督制度就这样在20世纪80年代后期应运而生。最早对其进行地方立法的,是1987年11月辽宁省制定的《辽宁省地方各级人大常委会监督司法工作的暂行规定》。随着"市场经济"和"建设社会主义法治国家"先后于1993年和1999年引入宪法,该制度在各地方实践中不断得到发展,各地方人大常委会相继制定了类似的地方性法规或其他规范性文件。

虽然在防止司法腐败、确保司法公正和降低司法成本方面取得了一定的良好效果,但是,法学界和司法界却对个案监督的实行众说纷纭。有代表性的观点主要有三种:第一种持赞成观点。它认为个案监督既有宪法和法律依据,又具有降低司法成本、确保司法公正、防止地方保护主义和保证市场经济有序运行的现实意义……[②]第二种持反对观点。它认为个案监督缺乏宪法和法律依据,是只顾眼前个案得失的短期应对措施,从长远上看是得不偿失的,这既削弱了司法机关本来就薄弱的独立性,也不符合全国人大至高宪法地位……[③]第三种持折中观点。它认为人大对司法机关的个案监督不能一概而论,而应当区分不同情形:一是对法院的审判活动是否合法进行监督;二是对审判人员是否有徇私舞弊、枉法裁判的行为进行监督;三是对裁判结果进行监督。前两种情况中人大监督未介入司法过程;而最后一种情形,人大监督将对裁判的结果产生影响,意味着人大事实上分享了司法权,这与宪法的规定相违背。因此不应进行第三种意义上的个案监督。[④]

尽管2005年12月16日,十届全国人大常委会第四十次委员长会议通过了《司法解释备案审查工作程序》,为全国人大常委会审查司法解释提供了具体的程

① 张翔:《我国国家权力配置原则的功能主义解释》,载《中外法学》2018年第2期。

② 童之伟:《理顺关系、摆正位置——评人大代表质询法院引起的争论》,载《法学》1997年第9期;于晓青、李永红:《论人大对司法机关进行个案监督的必要性和可行性》,载《法学》1999年第12期;胡建成、苏梅芳:《人大"个案监督"问题探讨——接受人大的个案监督有利于保障司法公正》,载《政治与法律》2000年第2期;林薇:《浅谈人大对司法机关的个案监督权》,载《当代法学》2001年第1期;曹冠祥、蒋卫忠:《权力机关的司法监督可涉及具体案件》,载《法学》1990年第8期;等等。

③ 李晓斌:《对"人大"质询法院的质疑》,载《法学》1996年第9期;贺日开:《也谈人大对法院进行个案监督》,载《政治与法律》2000年第2期;谢鹏程:《人大的个案监督权如何定位》,载《法学》1999年第9期;裴永新、李少鹏:《浅谈人大"个案监督"》,载《法制日报》1999年8月19日;祁建建:《个案监督的目的合理性考察》,载《政治与法律》2000年第2期;沈庆中:《对地方人大开展个案监督的反思》,载《政治与法律》2000年第2期;黎国智、冯小琴:《人大对法院个案监督的反向思考》,载《法学》2000年第5期;等等。

④ 蔡定剑、傅静:《人大制度20年发展与改革讨论会综述》,载《中外法学》2000年第2期。

序规定。然而，此后并没有公之于众的个案审查。而且，在《中华人民共和国各级人民代表大会常务委员会监督法》(以下简称《监督法》)的起草过程中，是否纳入个案监督也多有困扰。在多个草案有所规定的情况下，最终出台的《监督法》却排除了个案监督，原因在于很多人认为这是人大在"代行审判权"。[①] 有学者认为，人大的组织方式、人员构成和专业能力，都决定了其无能力行使个案审判权，勉强进行个案监督必然导致不正确的案件判断。正如彭真的说法，人大常委会把审判权拿回来，管不了也管不好。[②]《监督法》放弃规定个案监督，既维护了人大的权威地位，也坚持了法院独立审判的宪法原则。

(三)人民法院向人大汇报工作的制度变化:保留或取消

与1954年《宪法》和1975年《宪法》相似，[③]1978年《宪法》第42条第3款规定:"最高人民法院对全国人民代表大会和全国人民代表大会常务委员会负责并报告工作。地方各级人民法院对本级人民代表大会负责并报告工作。"而1982年《宪法》第128条规定:"最高人民法院对全国人民代表大会和全国人民代表大会常务委员会负责。地方各级人民法院对产生它的国家权力机关负责。"(见表8-4)

表8-4　人民法院向人大汇报工作的规定

1978年《宪法》	1982年《宪法》
第42条第3款规定:"最高人民法院对全国人民代表大会和全国人民代表大会常务委员会负责并报告工作。地方各级人民法院对本级人民代表大会负责并报告工作。"	第128条规定:"最高人民法院对全国人民代表大会和全国人民代表大会常务委员会负责。地方各级人民法院对产生它的国家权力机关负责。"

由此可见，1982年《宪法》为了维护审判独立，没有规定各级法院向人大报告工作。两位参与过1982年《宪法》起草的宪法学者的说明也印证了上述推论。张友渔教授指出:"国务院是国家最高权力机关的执行机关，它是具体执行人大、人大常委会原则上决定的东西，所以执行情况必须报告。法院、检察院的工作、性质不同，可以作工作报告，也可以不作工作报告。根据实际需要决定。不宜硬性规定必

① 林彦:《通过立法发展宪法——兼论宪法发展程序间的制度竞争》，载《清华法学》2013年第2期。

② 张翔:《我国国家权力配置原则的功能主义解释》，载《中外法学》2018年第2期。

③ 1954年《宪法》第80条规定:"最高人民法院对全国人民代表大会负责并报告工作;在全国人民代表大会闭会期间，对全国人民代表大会常务委员会负责并报告工作。地方各级人民法院对本级人民代表大会负责并报告工作。"1975年《宪法》第25条规定:"各级人民法院对本级人民代表大会和它的常设机关负责并报告工作。"

须作工作报告，但也不能硬性规定不作工作报告。"[①]肖蔚云教授认为，第 128 条"写了人民法院，对各级人大和它的常务委员会负责，而没有写报告工作。这就是说报告工作有灵活性，可以是口头的，也可以是书面的"[②]。有学者认为，"从文义解释出发，现行宪法删除'并报告工作'完全可能被解释为废除了法院报告工作的制度。但从历史解释（依据张、肖两位先生的记述）出发，则可以解释为：可以报告工作（且方式灵活），也可以不报告工作。但无论如何，现行宪法都取消了法院报告工作的强行性规定，而是赋予立法机关在建构具体制度上以巨大的灵活性"[③]。

然而，1982 年 12 月 10 日全国人大关于修改地方组织法若干规定的决议，未严格实施刚刚通过的新宪法，而是保留了地方各级人大听取和审查本级法院工作报告的规定，而这些规定当初都是依照 1978 年《宪法》写成的。同样，1983 年 9 月全国人大常委会修改《法院组织法》时，也没有实施新宪法的相关规定，而是保留了各级法院向本级人大及其常委会报告工作的条款，这些条款当初也是依照 1978 年《宪法》的相关规定写成的。再往后，2006 年全国人大常委会通过的《各级人民代表大会常务委员会监督法》，就差不多完全是顺着这个方向来规定的。

反观现实，人大代表听取和审议司法机关的工作报告，逐渐成为一种较为有力的监督形式。2001 年沈阳市第十二届人大四次会议上，由市中级人民法院所作的 2000 年沈阳市中级人民法院工作报告，未获得代表通过。这在中国各级人大会议的历史上创造了第一次纪录。[④] 安徽省濉溪县在 2002 年 2 月举行的人大会议上，采用无记名投票方式对各项报告进行表决，法院工作报告得票率仅为 51.7%。2007 年 3 月，台州市人大三届三次会议上，法院的得票率仅为 50.43%，仅比半数多 1 票，涉险过关。[⑤] 从基层到最高，各级法院都开始越来越重视人大会议的审议，越来越重视得票率高低所透露出的信息，越来越重视在人大会议审议之前做好工作。但令人担忧的是，全国人大代表、浙江高级人民法院院长齐奇先生在全国人大浙江团发言，总结了三种"干扰"司法的行为，其中最受关注、引起争议最大的内容是：有个别地方人大代表利用其身份过问个案审理，造成诉讼的不公平；为达到

① 张友渔：《张友渔文选》，法律出版社 1997 年版，第 260 页。

② 肖蔚云：《我国现行宪法的诞生》，北京大学出版社 1986 年版，第 192 页。

③ 张翔：《"应有的独立性"、报告工作与制度变革的宪法空间——关于〈人民法院组织法（修订草案）〉第 11 条的修改意见》，载《中国法律评论》2017 年第 6 期。

④ 姜敏、陈孟阳：《沈阳中级法院报告未获市人大通过》，载《人民日报（海外版）》2001 年 2 月 15 日。

⑤ 吕明合：《台州"两院报告涉险过关"》，载《南方周末》2007 年 4 月 5 日。

左右法院审判结果之目的，有的代表甚至以对法院工作报告投反对票来要挟法院。[①] 诚然，我国尚缺乏行之有效的宪法监督制度；在一些不符合宪法的法律条款被宣布无效前，1982年《宪法》还要继续执行；法院仍须向人大报告工作，人大代表也还会对法院报告提意见和投表决票。然而，正如有学者所指，"法院向人大汇报工作与十八大以来中央对法院体制改革的总体思路——'权责统一'和'审理者裁判、裁判者负责'不相一致，会导致审判责任主体归属不明，使得审判权的行政化和地方化痼疾难以根治，从而影响法院的独立审判权"。并提出，"随着中央司法体制改革部署的推进，应该对法院向人大汇报工作的传统做法进行改革：法院的工作报告主要内容是针对年度经费支出、日常行政事务的管理以及辖区法官队伍的总体情况"。

（四）法院在违宪审查制度中角色的发展：从启动主体的定位到违宪审查主体的抢夺再到援引宪法主体的践行

违宪审查制度的有效运作是一个宪治国家的重要标志，然而，该制度在我国始终处于瓶颈状态。1978年，我国重新恢复1954年《宪法》的规定，规定全国人民代表大会监督宪法的实施。到了1982年《宪法》，该制度得到了进一步完善发展，规定全国人大及其常务委员会监督宪法的实施。尤其是2000年《立法法》对违宪审查程序较之以前所作的具体性规定，使得人们对于该制度的启动跃跃欲试。

21世纪初期，我国现实中出现了一批试图推进违宪审查制度的"宪法案件"。首先是2001年被称为"宪法司法化第一案"的齐玉苓案。[②] 该案中，最高人民法院在所作的批复（法释〔2001〕25号）中指出："陈晓琪等以侵犯姓名权的手段，侵犯了齐玉苓依据宪法规定所享有的受教育的基本权利，并造成了具体的损害后果，应承担相应的民事责任。"此批复似乎象征着我国宪法可适用时代的到来。作为一种标志和符号，它不仅引发了学术界关于宪法司法适用问题的热烈讨论，还激发了媒体进一步炒作"宪法案件"的热情，如2001年被誉为"宪法平等权第一案"的蒋韬诉中国人民银行成都分行身高歧视案，[③]2003年被称作"中国乙肝歧视第一案"的张先著诉芜湖市人事局乙肝歧视案等。[④] 其实，学术界对上述这些案件作了冷静分析，认为它们都不是真正意义上的宪法案件，而只是民事诉讼案件或行政诉讼案件，所谓的"宪法案件"只是媒体炒作宪法司法适用的结果；而且，还指出这种炒作只能使

---

① 蒋生：《浙江高法院长：个别人大代表以投反对票来要挟法院》，http://news.ifeng.com/mainland/special/2013lianghui/tianyian/detail_2013_03/11/22946463_0.shtml，下载日期：2013年8月13日。

② 韩大元：《中国宪法事例研究（一）》，法律出版社2005年版，第1～2页。

③ 韩大元：《中国宪法事例研究（一）》，法律出版社2005年版，第34～35页。

④ 韩大元：《中国宪法事例研究（一）》，法律出版社2005年版，第52～54页。

宪法陷于被泛化的境地，混淆了宪法与法律的功能，降低了宪法在整个法律体系中的地位。[①] 也就是说，这是为了启动违宪审查的权宜之计，是一种只顾眼前短期利益的不明智的做法。

其次，2008 年 12 月 18 日，最高人民法院发布公告称，自 12 月 24 日起，废止 2007 年年底以前发布的 27 项司法解释，其中，最高人民法院就"齐玉苓案"所作的《最高人民法院关于以侵犯姓名权的手段侵犯宪法保护的公民受教育的基本权利是否应承担民事责任的批复》(法释〔2001〕25 号)，因"已停止适用"而被废止。自此，司法机关在违宪审查中所扮演的角色开始得到反省。有学者认为，应当回到宪法文本与宪法规定的宪法制度中来寻求共识。宪法和法律的解释权主体是全国人大常委会，这一点是不可逾越的法律界限，但在审理活动中也需要法官具有宪法意识，对案件所适用的法律、法规等的合宪性进行必要的判断，如有违宪之嫌的法律、法规，应提交给最高人民法院，由最高人民法院再向全国人大常委会提出审查或解释的要求。如果最高人民法院积极运用法律赋予的这一职权，有可能在一定程度上避免"法律问题宪法化"现象，能够为法官的审理活动提供确定性的规则，既维护国家宪政体制，同时也有利于在法律框架内推进中国违宪审查制度的发展，还可以减轻法院在宪法问题上承受的不必要的政治或社会压力。[②] 换言之，依据现行《宪法》第 62 条和第 67 条，[③]以及 2000 年《立法法》第 90 条，[④]司法机关理应从违宪审查主体回归到违宪审查启动主体的地位，发挥违宪审查启动主体的功能，来推动我国违宪审查制度的有效运行。

最后，司法判决援引宪法的实践在"法释〔2001〕25 号"司法解释被停止适用后依然存在。据有学者统计，在裁判文书网的"法律依据"字段检索"宪法"，得到判决书共 221 件；排除明显无关的结果，并将每组系列案件视为一件判决，最终得到 135 件援引宪法的样本判决，只占法院判决总体数量(裁判文书网上全部判决书有 900 多万份)的极少部分。这些判决的数量随着法院整体判决数量的增多，从 2007

---

① 童之伟：《宪法司法适用研究中的几个问题》，载《法学》2001 年第 11 期。

② 韩大元：《以〈宪法〉第 126 条为基础寻求宪法适用的共识》，载《法学》2009 年第 3 期。

③ 1982 年《宪法》第 62 条规定："全国人民代表大会行使下列职权：……(二)监督宪法的实施；……"第 67 条规定："全国人民代表大会常务委员会行使下列职权：……(一)……，监督宪法的实施；……。"

④ 2000 年《立法法》第 90 条规定："国务院、中央军事委员会、最高人民法院、最高人民检察院和各省、自治区、直辖市的人民代表大会常务委员会认为行政法规、地方性法规、自治条例和单行条例同宪法或者法律相抵触的，可以向全国人民代表大会常务委员会书面提出进行审查的要求，由常务委员会工作机构分送有关的专门委员会进行审查、提出意见。""前款规定以外的其他国家机关和社会团体、企业事业组织以及公民认为行政法规、地方性法规、自治条例和单行条例同宪法或者法律相抵触的，可以向全国人民代表大会常务委员会书面提出进行审查的建议，由常务委员会工作机构进行研究，必要时，送有关的专门委员会进行审查、提出意见。"

年至2016年逐年增加;涉及民事案件、刑事案件和行政案件三种判决类型;主要集中在基层人民法院和中级人民法院;所有样本判决共援引27条宪法条文,其中25条是现行宪法条文,有11条属于"总纲",13条属于"公民的基本权利和义务",3条属于"国家机构"。[①] 据分析,这些判决中援引的宪法的功能主要有三。第一,合宪性解释。第二,基本权利第三人效力。第三,宪法条文和其他法律相结合,共同作为某种判决依据。但是,这种判决有的在学术层面存在严重问题,在具体法律适用的技术层面有瑕疵,影响了我国宪法的权威性,也有碍法院援用宪法增强判决书正当性和说服力的初衷。总体而言,在这些判决中,法院援引宪法时关注的重点在于其内容,而不关注宪法效力,尤其是,最高人民法院在2016年6月底发布的《人民法院民事裁判文书制作规范》(以下简称《制作规范》),明确规定:"裁判文书不得引用宪法和各级人民法院关于审判工作的指导性文件、会议纪要、各审判业务庭的答复意见以及人民法院与有关部门联合下发的文件作为裁判依据,但其体现的原则和精神可以在说理部分予以阐述。"[②]这一方面决定了人民法院在援引宪法时必须小心谨慎地避免"解释宪法"的嫌疑,避免"判定法律效力"的嫌疑,避免"直接评判人大立法"的嫌疑。另一方面,《制作规范》也为人民法院在现行宪法体制下援引宪法提供了进一步提升的空间。这正如诸多学者所指,通过将"宪法适用"与"违宪审查"相互剥离,人民法院仍然有权援引宪法。[③] 只是,人民法院还需要在制度可接受性、技术可行性和满足司法实践需要三者之间寻求平衡,在司法论证的过程中彰显宪法精神。

三、人民法院与行政机关的宪法关系

(一)有限司法审查的出现与发展

在1982年《宪法》规定的人民代表大会制度之下,人大产生法院,法院对人大负责,受人大监督,而法院对人大则不存在制约。然而,在行政诉讼制度建立之后,这种局面开始被打破。

根据1982年《宪法》和《立法法》的规定,法律规范之间有位阶之分,且上位法优于下位法。但是,在现实中仍然会有法规范之间相互抵触的现象。对此,1989

---

① 冯健鹏:《我国司法判决中的宪法援引及其功能——基于已公开判决文书的实证研究》,载《法学研究》2017年第3期。

② 冯健鹏:《我国司法判决中的宪法援引及其功能——基于已公开判决文书的实证研究》,载《法学研究》2017年第3期。

③ 张翔:《没有违宪审查的宪法适用》,载傅华伶、朱国斌:《宪法权利与宪政——当代中国宪法问题研究》,香港大学出版社2012年版,第253页以下;徐显明:《中国法制现代化的理论与实践》,经济科学出版社2011年版,第249页;王禹:《法院裁判文书必要时可以并且应当援引宪法》,载《法学》2009年第4期。

年，全国人大常委会法制工作委员会《关于如何理解和执行法律若干问题的解答》第18点中明确指出："人民法院在审理行政案件的过程中，如果发现地方性法规与国家最高权力机关制定的法律相抵触，应当执行国家最高权力机关制定的法律。"1993年3月11日，最高人民法院在给福建省高级人民法院《关于人民法院审理行政案件对地方性法规的规定与法律和行政法规不一致的应当执行法律和行政法规的规定的复函》(法函[1993]16号)中指出："《中华人民共和国渔业法》第30条规定：'未按本法规定取得捕捞许可证擅自进行捕捞的，没收渔获物和违法所得，可以并处罚款；情节严重的，并可以没收渔具。'这一条未规定可以没收渔船。《福建省实施〈中华人民共和国渔业法〉办法》第34条规定，未取得捕捞许可证擅自进行捕捞或者伪造捕捞许可证进行捕捞，情节严重的，可以没收渔船。这是与渔业法的规定不一致的。人民法院审理行政案件，对地方性法规的规定与法律和行政法规的规定不一致的，应当执行法律和行政法规的规定。"这实际上就允许了法院在不同位阶的法律规范之间进行选择，对下位法进行评价和有限的审查监督。在现实中，主要体现在以下案例和最高人民法院的答复中。

1998年12月15日，酒泉中级人民法院在马玉琴诉酒泉地区技术监督局案判决中指出，《产品质量法》并未赋予产品质量监督管理部门对维修者的行政处罚权，上诉人对被上诉人实施行政处罚所依据的《甘肃省产品质量监督管理条例》第13条、第30条有关产品质量监督管理部门对维修者实施行政处罚的规定，有悖于《行政处罚法》的规定，不能作为实施处罚的依据。①

1999年，最高人民法院行政审判庭经征求国务院法制办公室的意见，作出《对〈关于审理公证行政案件中适用法规问题的请示〉的答复》②中指出："《中华人民共和国公证暂行条例》是行政法规，《上海市公证条例》是地方性法规。两者规定不一致时，人民法院应当选择适用前者。另外，有关财产转移的公证事务由主要财产所在地的公证处管辖，有利于保证公证结论的客观性和公正性，也符合解决财产纠纷的管辖原则。"

2001年，最高人民法院在《关于对人民法院审理公路交通行政案件如何适用法律问题的答复》③中指出："人民法院审理公路交通行政案件涉及地方性法规对交通部门暂扣运输车辆的规定与《中华人民共和国公路法》有关规定不一致的，应当适用《中华人民共和国公路法》的有关规定。"

2003年，最高人民法院《对〈关于秦大树不服重庆市涪陵区林业局行政处罚争

① 王宏：《中院对省人大法规说"不"?》，载《甘肃经济日报》2000年10月18日。

② 《给上海市高级人民法院的答复》(法行〔1999〕4号)。

③ 《给广西壮族自治区高级人民法院的答复》(〔1999〕行他字第29号)。

议再审一案如何适用法律的请示〉的答复》[1]中指出："根据《中华人民共和国行政处罚法》第11条第2款关于'法律、行政法规对违法行为已经作出行政处罚规定，地方性法规需要作出具体规定的，必须在法律、行政法规规定的给予行政处罚的行为、种类和幅度的范围内规定'的规定，《重庆市林业行政处罚条例》第22条第1款第1项关于没收无规定林产品运输证的林产品的规定，超出了《中华人民共和国森林法》规定的没收的范围。人民法院在审理有关行政案件时，应当适用上位法的规定。"

2003年，最高人民法院在《对人民法院在审理盐业行政案件中如何适用国务院〈食盐专营办法〉第二十五条规定与〈河南省盐业管理条例〉第三十条第一款规定问题的答复》[2]中指出："根据《中华人民共和国行政处罚法》第11条第2款关于'法律、行政法规对违法行为已经作出行政处罚规定，地方性法规需要作出具体规定的，必须在法律、行政法规规定的给予行政处罚的行为、种类和幅度的范围内规定'的规定，《河南省盐业管理条例》第30条第1款关于对承运人罚款基准为'盐产品价值'及对货主及承运人罚款幅度为'1倍以上3倍以下'的规定，与国务院《食盐专营办法》第25条的规定不一致。人民法院在审理有关行政案件时，应根据《中华人民共和国立法法》第64条第2款、第79条第2款规定的精神进行选择适用。"

2003年洛阳中院的(2003)洛民初字第26号民事判决书中写道："……《河南省农作物种子管理条例》作为法律位阶较低的地方性法规，其与《种子法》相冲突，自然无效。……"河南省人大常委会旋即予以回击，指出法院行为违背了我国人民代表大会制度，侵犯了权力机关的职权，是严重违法行为。[3] 当事人不服一审判决，向河南省高级人民法院提起上诉。河南省高院受理后，向最高人民法院进行了请示。最高人民法院于2004年3月30日作出《关于河南省汝阳县种子公司与河南省伊川县种子公司玉米种子代繁合同纠纷一案请求的答复》，指出《立法法》第79条规定："法律的效力高于行政法规，地方性法规、规章，行政性法规的效力高于地方性法规、规章。"《最高人民法院关于适用〈中华人民共和国合同法〉若干问题的解释(一)》第4条规定："合同法实施以后，人民法院确认合同无效应当以全国人大及其常委会制定的法律和国务院制定的行政法规为依据，不得以地方性法规和行政规章为依据。"根据上述规定，人民法院在审理案件过程中，认为地方性法规与法律、行政法规的规定不一致，应当适用法律、行政法规的相关规定。河南省高级人民法院据此作出终审判决，维持洛阳市中级人民法院的原判。

---

① 《给重庆市高级人民法院的答复》(〔2001〕行他字第7号)。

② 《给河南省高级人民法院的答复》(法行〔2000〕36号)。

③ 马德华：《"反多数难题"在中国：法院有权审查地方性法规吗》，载《政治与法律》2006年第10期。

司法机关在法律以下的规范冲突之中作出选择，依据上位法优于下位法的原则，不适用违反法律或行政法规的地方性法规，甚至对地方性法规的合法性进行评判。这就意味着司法审查已经发生，现行宪法规定的人大对司法机关单线条的监督关系，在现实中开始有了突破，即司法机关对人大产生反作用。但是，值得注意的是，这种司法审查还是相当有限的：一则，司法审查多局限于行政案件；二则，司法审查仅局限于法律以下的规范冲突；三则，司法机关在判决书中，既不能详尽论证下位法无效理由，也不能直接宣告与上位法相冲突的下位法无效。也就是说，这与真正的司法审查还有相当的距离。

2014 年 11 月 1 日，十二届全国人大第十一次会议表决通过了关于修改《行政诉讼法》的决定，《行政诉讼法》新增第 53 条附带审查规范性文件条款，规定："公民、法人或者其他组织认为行政行为所依据的国务院部门和地方人民政府及其部门制定的规范性文件不合法，在对行政行为提起诉讼时，可以一并请求对该规范性文件进行审查。""前款规定的规范性文件不含规章。"2015 年 4 月 20 日，最高人民法院审判委员会第 1648 次会议通过《最高人民法院关于适用〈中华人民共和国行政诉讼法〉若干问题的解释》（法释〔2015〕9 号），第 20 条规定："公民、法人或者其他组织请求人民法院一并审查行政诉讼法第五十三条规定的规范性文件，应当在第一审开庭审理前提出；有正当理由的，也可以在法庭调查中提出。"第 21 条规定："规范性文件不合法的，人民法院不作为认定行政行为合法的依据，并在裁判理由中予以阐明。作出生效裁判的人民法院应当向规范性文件的制定机关提出处理建议，并可以抄送制定机关的同级人民政府或者上一级行政机关。"如此一来，新修改的《行政诉讼法》及其司法解释对原有的司法审查制度作了进一步完善，但是，人民法院对自认不合法的规范性文件的审查仍然非常有限，新的审查体制就规范性文件的效力判定问题，建立了一个司法向立法、行政进行"输送"的机制，司法只是开启了规范性文件效力否定的可能性，而最终决定权则在司法之外。

（二）人民法院既试图摆脱行政机关的控制，又加强了对行政机关的监督

改革开放以来，虽然行政机关始终较人民法院处于强势，但人民法院也在不断增强自己的权威，具体表现在以下两个方面。

1. 人民法院试图通过人事任免制度的改变来摆脱行政机关的控制

在 1979 年以前，除了法院名存实亡之外，法院的人员编制、人事任免和司法行政工作等都操纵在行政机关的手中。虽然 1979 年《人民法院组织法》第 4 条规定"人民法院独立进行审判，只服从法律"，但其独立性无法保障，对行政机关的监督也无从谈起。然而，1982 年《宪法》对人民法院的独立地位较之前提供了保障。首先，1982 年《宪法》第 126 条规定："人民法院依照法律规定独立行使审判权，不受行政机关、社会团体和个人的干涉。"其次，1983 年修改《人民法院组织法》之后，对法院的独立审判也明文予以支持，同时规定法院的院长、副院长、庭长、副庭长、审

判员由人大任免，助理审判员则由本级人民法院任免。这样就能让法院在人事上有可能摆脱行政机关的控制，使得法院对行政机关的监督有了现实保障。

2. 人民法院通过建立行政诉讼制度来加强对行政机关的监督

1979年《人民法院组织法》将法院的任务限定于“审判刑事和民事案件”。1982年《宪法》规定“中华人民共和国人民法院是国家的审判机关”，但对法院审判职能的范围并无规定，也没有关于行政审判职权的规定。然而，1989年的《行政诉讼法》创设了“行政案件审判权”，并配置给人民法院。因此，行政诉讼制度的建立对司法权与行政权之间的关系进行了重新配置和调整。按照立法者的说明，“行政诉讼法的制定，对于贯彻执行宪法和党的十三大报告提出的保障公民合法权益的原则，对于维护和促进行政机关依法行使行政职权，改进和提高行政工作，都有重要的积极的意义”[①]。据此，有学者认为，这次权力配置是以行政职权行使的“正确性”为目标，符合“功能适当”这一民主集中制的实质内涵，具有合宪性。[②]

首先，行政审判庭先后在各级法院的设立。1986年10月6日，湖南省汨罗县法院成立了全国第一个基层法院的行政审判庭；同年11月3日，湖北省武汉市中级人民法院成立了全国第一个中级人民法院的行政审判庭。到1988年6月底，已有21个高级法院、224个中级人民法院、1154个基层法院正式建立了行政审判庭。全国人大常委会于1988年6月任命黄杰为最高人民法院行政审判庭庭长；同年9月5日，最高人民法院正式建立行政审判庭。这为司法机关监督行政机关提供了组织上的基础。

其次，各种人民法院监督行政机关的程序法和实体法纷纷出台。在1982年以前，无论是程序上，还是实体上，人民法院对行政机关加以规制的法律都相当少。1982年《民事诉讼法(试行)》颁布实施，该法第3条第2款规定：“法律规定由人民法院审理的行政案件，适用本法。”这是人民法院监督行政机关在程序法上迈出的第一步。当时法律所规定的多数行政案件属于经济管理领域。1986年《治安管理处罚条例》通过之后，行政诉讼进入社会治安管理领域。这样，人民法院就开始能够对行政权行使的重要领域——社会治安——进行监督。1989年《行政诉讼法》通过，1990年正式实施之后，人民法院对行政机关的监督有了自己独特的程序保障。另外，1994年《国家赔偿法》，1996年《行政处罚法》，2003年《行政许可法》，2005年《公务员法》《治安管理处罚法》，2007年《城乡规划法》等重要法律的通过更为司法机关的监督增添了实体法上的有力支持。如此，人民法院对行政机关的监督从无“法”监督发展到依“法”监督，从有程序法监督发展到有实体法监督。虽然

---

① 王汉斌：《关于〈中华人民共和国行政诉讼法(草案)〉的说明》，第七届全国人民代表大会第二次会议，1989年3月28日。

② 张翔：《我国国家权力配置原则的功能主义解释》，载《中外法学》2018年第2期。

这种监督在制度设计和执行上都还存在不足，但是它毕竟还是在艰难中得以诞生和发展。而且，自《行政诉讼法》颁布施行之后，人民法院对行政机关的监督力度越来越强。

四、人民法院与人民检察院和公安机关的宪法关系：分工、配合和制约关系的建立与调整

1949年后，我国长期强调法院、检察院、公安机关和司法行政机关几个部门共同协作，通过刑事诉讼活动，打击犯罪。虽然这对于阶级斗争形势相当复杂的新中国早期而言，具有一定的现实合理性，但是，“文化大革命”期间的极端做法却严重破坏了司法独立原则。基于历史的教训，现行《宪法》第135条首次明确规定：“人民法院、人民检察院和公安机关办理刑事案件，应当分工负责，互相配合，互相制约，以保证准确有效地执行法律。”但是，在该宪法规范实施初期，在三机关之间分工、配合和制约的工作关系之中，配合是首要的，分工是为了更好地配合；制约是次要的，制约的方式是按照法律的规定推进程序，根本目的是维护社会秩序的基本稳定。因此，1983年“严打”期间，公检法再度联手打击犯罪。即使是在近年来的各种严打、专项斗争中，各部门仍然是联袂出击，相互制约的程度特别低。另外，公检法司联合发文已司空见惯。例如，1982年3月29日《最高人民法院、最高人民检察院、公安部、林业部、工商行政管理总局关于查处森林案件的管辖问题的联合通知》，1984年3月3日《最高人民法院、最高人民检察院、公安部、司法部关于办理劳教人员犯罪案件中执行有关法律的几个问题的答复》，1984年5月26日最高人民法院、最高人民检察院、公安部印发《关于怎样认定和处理流氓集团的意见》的通知，1984年8月7日《最高人民法院、最高人民检察院、公安部关于卖淫、嫖宿暗娼案件应如何处理的意见》，1985年5月13日《公安部、最高人民检察院、最高人民法院关于盗伐滥伐森林案件改由公安机关管辖的通知》，1986年9月13日《最高人民检察院、最高人民法院、公安部关于严格依法处理反盗窃斗争中自首案犯的通知》，1987年2月20日《最高人民法院、最高人民检察院、公安部、司法部关于罪犯在看守所执行刑罚以及监外执行有关问题的通知》，1988年10月22日《最高人民法院、最高人民检察院、公安部关于全国人大常委会两个〈补充规定〉中有关几类案件管辖问题的通知》，1998年10月19日《最高人民检察院、最高人民法院、公安部关于严格执行刑事诉讼法关于对犯罪嫌疑人、被告人羁押期限的规定，坚决纠正超期羁押问题的通知》，2005年9月28日《最高人民法院、最高人民检察院、公安部、司法部关于刑事诉讼法律援助工作的规定》，2010年6月24日最高人民法院、最高人民检察院、公安部、国家安全部和司法部五部门联合发布《关于办理刑事案件排除非法证据若干问题的规定》，2014年3月25日《最高人民法院、最高人民检察院、公安部关于办理非法集资刑事案件适用法律若干问题的意见》，2015年3月2

日《最高人民法院、最高人民检察院、公安部、司法部关于依法办理家庭暴力犯罪案件的意见》,2016年12月19日《最高人民法院、最高人民检察院、公安部关于办理电信网络诈骗等刑事案件适用法律若干问题的意见》,这些联合发文也都是人民法院、人民检察院和公安机关在现实中相互合作的佐证。

其实,近年来,随着佘祥林"杀妻"[①]、赵作海"杀人"[②]等一系列冤假错案的发生,暴露出了人民法院、人民检察院和公安机关在监督制约有效性方面存在的缺陷:公安机关强大的侦查权未能得到有效约束;检察院对公安机关的制约能力有限,甚至弱于公安机关对检察院的制约;法院的地位相对"虚弱",缺乏作出无罪判决的能力。[③] 而且,在我国进入社会主义建设时期,尤其是转型时期之后,司法权的价值选择也将产生新的变化。随着"市场经济"在我国宪法中的确立,[④]我国的社会结构被调整,利益格局发生变化,经济结构和社会结构不平衡、不协调,个人贫富差异悬殊,导致我国当前社会纠纷多发且凸显,纠纷的类型也日趋多元化,涉及土地征收、城市建设拆迁、环境保护、企业重组改制和破产等各种民事、经济、行政纠纷层出不穷。由此,中华人民共和国成立初期以刑事纠纷为主的社会局面已经被打破,过去法院和检察院围绕公安机关"生产"出的案件进行"深加工",偏重配合而怠于彼此之间有效制约的司法运作方式,已经既不能满足保障公民基本权利的宪法价值的要求,也不能适应当前现实的需要。由是,积极发挥法院审判权的公正判断的功效,强调人民法院、人民检察院和公安机关之间的相互制约,兼顾三者之间的相互配合,保持适度的制约与配合,以达到在保证社会公正的基础上维护整个社会秩序,成为我国司法改革今后努力的重要方向。

五、人民法院与监察委员会的宪法关系

2016年10月,中国共产党第十八届中央委员会第六次全体会议指出,"各级党委应当支持和保证同级人大、政府、监察机关、司法机关等对国家机关及公职人员依法进行监督,人民政协依章程进行民主监督,审计机关依法进行审计监督"。[⑤]不难看出,监察机关置于政府和司法机关之间。这预示着,监察机关将从过去位列政府职能部门的从属地位,上升至与政府和法院、检察院平级的独立地位。同年11月,中共中央办公厅印发《关于在北京市、山西省、浙江省开展国家监察体制改革试点方案》,部署在三省市设立各级监察委员会,从体制机制、制度建设上先行先

---

① 张旭阳:《杀妻冤案与一群人的命运转折》,载《南方都市报》2005年4月5日。

② 张远:《蒙冤"杀人犯"赵作海亲属提出50万国家赔偿》,载《新闻晨报》2010年5月10日。

③ 韩大元、于文豪:《法院、检察院和公安机关的宪法关系》,载《法学研究》2011年第3期。

④ 1999年,我国宪法确立了"市场经济"。参见《宪法修正案》第16条:"……修改为:'在法律规定范围内的个体经济、私营经济等非公有制经济,是社会主义市场经济的重要组成部分。'……"

⑤ 《中国共产党第十八届中央委员会第六次全体会议公报》,人民出版社2016年版,第20页。

试、探索实践，为在全国推开积累经验。2017 年 11 月，第十二届全国人大常委会第三十次会议表决通过全国人大常委会关于在全国各地推开国家监察体制改革试点工作的决定。

2018 年 3 月，为了推进全面依法治国，实现国家监察全面覆盖，深入开展反腐败工作，第十三届全国人民代表大会第一次会议通过《宪法修正案》和《中华人民共和国监察法》（以下简称《监察法》），在我国国家机构体系中增设了“监察委员会”。至此，我国政权组织形式由人大领导下的一府两院制演变为人大领导下的一府一委两院制。其中，人民法院与监察委员会的宪法关系主要体现在以下两个方面。

（一）新增监察委员会对法官纪律的监察

为了实现对公职人员监察全覆盖，以免反腐败大量留白，《监察法》第 15 条规定：“监察机关对下列公职人员和有关人员进行监察：（一）中国共产党机关、人民代表大会及其常务委员会机关、人民政府、监察委员会、人民法院、人民检察院、中国人民政治协商会议各级委员会机关、民主党派机关和工商业联合会机关的公务员，以及参照《中华人民共和国公务员法》管理的人员；……”可见，法官被纳入监察委员会的监察对象。

另外，自中国共产党十八届四中全会以来，司法责任制度改革进入快车道。在“让审理者裁判、由裁判者负责”的目标指引下，最高人民法院等机关先后出台了 2015 年 9 月《完善人民法院司法责任制的若干意见》、2016 年 10 月《关于建立法官、检察官惩戒制度的意见（试行）》、2017 年 4 月《关于落实司法责任制完善审判监督管理机制的意见（试行）》和 2017 年 7 月《最高人民法院司法责任制实施意见（试行）》等一系列指导性文件，逐步明晰、确立了关于审判权力的运行机制、司法人员的职责权限、审判责任的认定及追究程序等制度安排。因此，法官纪律惩戒委员会的设立是司法体制改革的一项重要制度设计。当下已经展开的向法院派驻监察机构活动，如何与司法改革的设计保持良性协调，监察派驻机构如何与法院的纪律惩戒机构兼容，或者让监察派驻机构很好地嵌入法院中去，是今后一个值得研究的重大问题。

（二）人民法院与监察机关之间既独立，又相互配合和制约

1982 年《宪法》第 52 条修正案规定，增加第 127 条，即“监察委员会依照法律规定独立行使监察权，不受行政机关、社会团体和个人的干涉”。“监察机关办理职务违法和职务犯罪案件，应当与审判机关、检察机关、执法部门互相配合，互相制约。”监察委员会的宪法定位，以及监察程序与司法程序的严格拆分，决定了监察委员会“依法独立行使监察权”。就监察委员会与人民法院的宪法关系而言，它要求监察委员会独立行使监察权，不得阻碍人民法院独立行使审判区的实现。

随着监察委员会改革完成，反腐败资源整合，反腐败力度将大大增强、效

率将大幅提高，对反腐败产生积极作用。随着2018年“监察委员会”的入宪和《监察法》的颁布，客观上需要对我国《法院组织法》《法官法》《刑事诉讼法》等法律进行修改。

第九章

宪法监督制度的完善与发展

第一节 引 言

中国宪法文本之中，涉及宪法监督问题的用语是“监督宪法实施”，这在《宪法》第62条有关全国人大职权和第67条有关全国人大常委会的职权之中有明确的规定。但在宪法学中，与宪法监督实施相关的概念则比较多，没有形成统一的用语，主要有：宪法监督、宪法监督实施、宪法适用、违宪审查、合宪性审查、宪法保障等。

宪法监督有广义和狭义之分。广义的宪法监督是对有关宪法的活动实行全面的监督，从监督主体来说，除了专职的宪法监督机关外，还包括其他国家机关、政党、人民团体、群众组织以及公民。从宪法监督的对象看，其既包括国家机关的立法活动、行政活动、司法活动，也包括公民个人的活动以及公民的组织如政党、人民团体、群众组织的活动。狭义的宪法监督一般是指由国家专司宪法监督的机关实行的监督，在监督对象上偏重于对国家立法机关的立法活动以及行政机关的行政活动所实施的监督。[①]

宪法监督是指为保证宪法规范和宪法精神的全面实现而构建起来的一套程序

① 殷啸虎、王月明、朱应平：《宪法学专论》，北京大学出版社2009年版，第311页。

和制度。其具有的特征可概括为:(1)监督主体的广泛性。监督主体,不仅包括国家机关、政党、社会团体、其他组织,也包括普通公民。(2)监督客体的特定性。宪法监督的客体大多应与公权力的行使有关,仅囿于立法行为、司法行为、行政行为或与公权力行使有关的其他行为。(3)监督原则的权威性。宪法监督的原则是合宪性监督原则,而不是合法性监督原则。(4)监督模式和方法的多元性。宪法监督的手段既包括违宪审查、宪法诉讼、司法审查与宪法适用等,也包括不具有强制力的宪法批评等。[①]

第二节 宪法监督理论的争议焦点

一、地方人大常委会是否享有宪法监督权

在代表机关监督这种体制下,宪法明确规定了全国人大及其常委会享有监督宪法实施的权力。现在的问题是,除了全国人大及其常委会,其他机关,主要是指地方人大及其常委会、国务院和省级人民政府是否也享有宪法监督的权力,或者说在宪法监督上发挥其作用。我国的代表机关即权力机关,是由全国人大及其常委会与地方各级人大及县级以上地方人大常委会构成的,关于地方人大是否享有宪法监督的权力,宪法学界存在着不同的认识。

有研究者根据宪法关于地方人大及其常委会有保障宪法在本行政区域内的实施之职责的规定,认为:“我国宪法监督制度形成了以全国人大及其常委会为核心,包括地方各级人民代表大会及其常委会在内的宪法监督机关网络,共同履行着宪法监督的职责。”[②]《宪法》第99条规定:地方各级人大在本行政区域内,保证宪法、法律、行政法规的遵守和执行;县级以上的地方各级人大有权改变、撤销本级人大常委会不适当的决定;县级以上地方各级人大常委会有权撤销本级人民政府的不适当的决定和命令,撤销下级人民代表大会的不适当决议。有研究者认为宪法的这一规定实际上赋予了地方人大及其常委会享有宪法监督权。主要根据是,保证宪法的遵守和执行,除了采取各种措施促使国家机关、社会组织、公民个人严格的遵守宪法外,也包括对违宪的行为进行处理和制裁。当地方人大按照宪法的规定对违反宪法的行为进行处理和制裁时,明显地就是在适用宪法。再者,宪法规定县级以上的地方各级人大有权改变、撤销本级人大常委会不适当的决定;县级以上地方各级人大常委会有权撤销本级人民政府的不适当的决定和命令,撤销下级人大

① 周叶中、韩大元:《宪法》,法律出版社2006年版,第533页。

② 刘茂林:《中国宪法导论》,北京大学出版社2005年版,第70页。

不适当的决议。违反宪法的决议和命令，毫无疑问应属于"不适当"之列，对其改变或撤销，难以否认其具有宪法监督，也就是宪法适用的性质。[①]

反对将地方人大以及县级以上人大常委会作为宪法适用机关的学者认为，宪法监督和宪法解释是紧密结合在一起而不能分开的。为了维护社会主义法制的统一和尊严，对宪法必须有统一的解释，以消除人们对宪法认识和理解上存在的分歧，保证人们对宪法遵守上的一致。根据我国宪法的规定，宪法解释权仅赋予全国人大常委会行使，没有规定地方人大及其常委会有权解释宪法，事实上也不可能将宪法解释权赋予地方人大常委会行使。因此，只有全国人大及其常委会才能对宪法的实施进行监督。[②]

笔者认为，如何理解宪法关于"地方各级人民代表大会在本行政区域内，保证宪法、法律、行政法规的遵守和执行"的规定，实质就是如何理解"保证"这一概念在宪法规范中的意义问题。对"保证"这一概念含义的理解，显然不能泛泛而论，而应区别对待。如果在"担保"的意义上使用"保证"的概念，它所表示的是行为者向他人作出的承诺。如果是在"要求"的意义上使用"保证"的概念，则表示的是上级对下级的命令。就我国宪法的规定来看，显然应对"保证"作后一种理解。宪法关于地方人大在本行政区域内，保证宪法、法律、行政法规的遵守和执行，是作为地方人大的职权来规定的。这种意义上的"保证"，目的是使地方各级人大通过自己积极的作为，使国家的宪法、法律和国务院的行政法规所规定的内容能够在其所管辖的行政区域内得到有效的落实，但不包括赋予地方人大享有监督宪法实施权力的意思在内。如果将该规定理解为包括行使适用宪法的权力在内，各个地方都根据自己的理解，对自己认为违宪的行为进行制裁，到头来，会引发各地方自行其是，宪法和国家法制的统一将成为一句空话。

关于地方人大改变或撤销同级人大常委会、人民政府和下级人民代表大会不适当决定决议的性质，笔者也认为不是严格意义上的宪法适用，不具有宪法监督权力的性质，而是在行使上级人大对下级人大、对同级人大常委会和同级人民政府的工作监督权。虽然我们不排除存在着因这些决定、决议违宪而被地方人大撤销或加以改变的可能性，但在地方机关主要行使的是对具体事务性工作管理的权力之下，实际发生的可能性是不大的。至于说认为享有违宪审查权的机构必然享有宪法解释权，因而将是否享有宪法解释权作为判断是否为宪法监督机关、享有宪法监督权的根据，[③]显然也是不充分的，因为中国宪法明确规定全国人大享有宪法监督

---

① 王世茹：《我国违宪审查制度初探》，载《山西大学学报》1991 年第 4 期；苗连营：《关于设立宪法监督专责机构的设想》，载《法商研究》1998 年第 4 期。

② 王叔文：《我国宪法实施中的几个认识问题》，载《中国社会科学院研究生院学报》1988 年第 5 期。

③ 胡锦光：《中国宪法问题研究》，新华出版社 1998 年版，第 221～222 页。

权，但并没有规定全国人大有宪法解释权。

二、对规章的撤销权是否属于宪法监督权

还有的研究者不仅认为地方人大享有宪法监督权，就连国务院和各级行政机关对行政规章进行的审查也具有违宪审查的性质。根据《规章制定程序条例》规定，“国家机关、社会团体、企事业组织、公民认为规章同法律、行政法规相抵触的，可以向国务院书面提出审查的建议，由国务院法制机构研究处理。国家机关、社会团体、企事业组织、公民认为较大的市的人民政府制定的规章同法律、行政法规相抵触或者违反其他上位法的规定的，也可以向本省、自治区人民政府书面提出审查的建议，由省、自治区人民政府法制机构研究处理”。《法规规章备案条例》第9条规定：“国家机关、社会团体、企事业组织、公民认为地方性法规同行政法规相抵触的，或者认为规章以及国务院各部门、省、自治区、直辖市和较大的市的人民政府发布的其他具有普遍约束力的行政决定、命令，同法律、行政法规相抵触的，可以向国务院书面提出审查的建议，由国务院法制机构研究并提出处理意见，按照规定程序处理”。由此可知，这些规定不仅赋予了国家机关以提起对法规规章进行审查的权利，而且赋予了社会组织和公民个人向国务院和省级人民政府提出对法规和规章进行“违宪审查”的建议权。[①] 这实际上就是将国务院和省级人民政府对法规、规章的审查权也看作是宪法监督权，与全国人大及其常委会的宪法法监督权不存在差别。且不说这样的认识有泛化宪法监督权的嫌疑，单纯就所依据的《规章制定程序条例》和《法规规章备案条例》的规定看，国家机关、社会团体、企事业组织、公民提出审查请求的理由是地方性法规、规章同法律、行政法规相抵触，而不是与宪法相抵触，这样的请求行为显然不具有宪法监督的性质，国务院和省级人民政府据此而进行的审查行为也不是在行使宪法监督权，而是对行政立法工作的监督权。

三、全国人大及其常委会的立法是否需要纳入宪法监督的对象之中

在我国的宪法监督制度中，全国人大及其常委会的立法没有被纳入监督的对象，对此，早在现行宪法修改之时，著名宪法学家张友渔先生就指出：“有人提出，全国人大常委会违宪怎么办？不应该有这个问题。还可进一步问，全国人大违宪怎么办？这是绝不可能的。这是对我们国家根本制度的怀疑。如果真的出现，那就是说整个国家出问题了。”[②]而对于全国人大的立法何以不需要纳入违宪审查的范围，有研究者基于我国人民代表大会制所遵循的民主集中制原则以及《立法法》对全国人大及其常委会的立法是否受违宪审查保持沉默而认为，全国人大的立法无

---

① 王振民：《中国违宪审查制度》，中国政法大学出版社2004年版，第131页。

② 张友渔：《加强宪法理论的研究》，载《宪法论文选》，法律出版社1983年版，第14页。

所谓合宪不合宪。违宪审查制度的理论前提是认为人民的立法主权不是绝对的，应该受约于作为根本法的宪法。我国当前实践的民主集中制不接受这一理论，我国宪法实质上是基于人民拥有绝对立法主权的理论，而不是用根本法限制人民立法主权的理论，因而既不容忍也不需要对法律作合宪性审查。因此，无论是《宪法》还是《立法法》对全国人大的立法是否可以进行合宪性审查没有作出明确的规定，这样的沉默就不是什么疏忽所致，而是有意为之了。①

有研究者对全国人大及其常委会的立法为何不纳入违宪审查的范围作出了更加具体的分析。首先，就全国人大制定的基本法律而言，如果和宪法的通常含义公然且明显抵触，那就表明宪法被基本法律赋予了新的含义；若该基本法律还获得了全国人大代表 2/3 多数的通过，该基本法律就修改了宪法，因此，在实在法秩序的逻辑内，对全国人大的立法进行合宪性质疑是没有意义的。其次，就全国人大常委会的立法而言，全国人大可以以"不适当"为理由加以改变或撤销，学界的普遍认识是"违宪"自然属于"不适当"的性质。然而，宪法关于法源正当性的评价标准，在法律之下的行政法规、地方性法规使用的是同宪法相抵触即"违宪"的标准，而在授权国务院及省级政府以及各级人大以修改及撤销本系统下级单位的规范的权力时，使用的是"不适当"标准。这表明"不适当"和"违宪"是不同的。具体就现行宪法而言，它对法律内容并没有实体的命令和禁止性条款，如果全国人大常委会的立法符合宪法，自然不需要从是否违宪的角度进行评判，但可作出是否合理或适当的判断。加之全国人大常委会是全国人大的常设机关，全国人大对全国人大常委会立法的评判，不受"违宪"的限制，即使不违宪，只要对其不满意，自然也可以改变或撤销。另外，宪法的具体修改实际上是在全国人大常委会的主导下进行的，它若要制定某些违反宪法的法律，可以通过提议修改宪法的办法来实现。即便是已经进行的立法有违宪的嫌疑，则可以通过享有的宪法解释权来使之符合宪法。由此可以得出的结论是，纯粹从法秩序的逻辑来说，在中国宪法上，全国人大及其常委会不可能违宪。②

上述分析，在各自的逻辑范围内确实有其一定的合理性。但是，从实践的层面看，若将全国人大这一最高权力机关排除在宪法监督的范围之外，存在着以下几个方面的问题：

首先，违背近代以来世界宪法发展过程中达成的普遍共识。近代以降的宪法制度以主权在民为原理，以规范国家权力为内容。在整个国家权力都是有限的前提下，具体的国家机关所掌握的权力自然也应该是有限的，这构成了对国家权力进

---

① 洪世宏：《无所谓合不合宪法——论民主集中制和违宪审查制的矛盾及解决》，载《中外法学》2000 年第 5 期。

② 翟小波：《论我国的宪法实施制度》，中国法制出版社 2009 年版，第 55～63 页。

行规范的前提。所谓的规范，就是遵循法治主义的原理，将国家权力纳入法制化的轨道，使其运用符合法律规定的条件和程序，以避免滥用造成对个人权利的侵犯。宪法监督就是用宪法去衡量某种行为或某个法律是否符合宪法，倘若某个机关被排除在外，也就意味着其不受宪法的约束，可以凌驾于宪法之上，那么，宪法的最高权威将无法树立和维持，宪法的最高法律效力也难以实现。

其次，从我国宪法的相关规定看，也找不到全国人大作为最高权力机关不受监督的依据。宪法明确规定，宪法具有最高法律效力。宪法理论认为，宪法的最高法律效力不仅表现为普通法律不能和宪法相违背的方面，还体现在作为最高的行为准则之上，即无论是个人、社会组织还是国家机关的行为，都不能违背宪法，必须与宪法的要求相一致。这里的“一切国家机关”当然也包括最高权力机关。非但如此，宪法总纲还明确规定，一切违反宪法和法律的行为都必须予以追究。根据这一规定，倘若全国人大采取了违反宪法和法律的行为，当然也应该受到追究，这样，宪法的最高权威才能树立起来，法治国家才有可能建成。

最后，将全国人大排除在宪法监督的范围之外这样的论证，遵循的主要是民主的逻辑，强调的是人大制度的民主性。[①] 经过1993年的宪法修改，市场经济已入宪，成为宪法的一部分，治国的方略也由过去的人治转变为法治，由此而导致社会关系的结构发生了巨大的变化。在此情形下，需要将市场经济、法治、人权保障等因素加以吸纳，以适应新的历史时期的需要，体现我们的相关制度在社会发展过程中所具有的时代精神。全国人大及其常委会的立法不受合宪性质疑仅仅是根据民主的逻辑所作的理论演绎，并没有宪法上的直接依据。根据法治原则，将全国人大及其常委会的立法纳入宪法监督的范围之中，有助于实现宪法精神。

第三节　完善宪法监督制度的理论构想

现行宪法生效至今，如何完善我国的宪法监督制度，是一个持续受到社会高度关注的热点问题，法学界更是给予了极大的关注，进行了大量的研究，提出了各种有价值的建议和主张。特别是在1999年《宪法》修正案增加了“依法治国，建设社会主义法治国家”的规定以后，宪法监督的完善与有效运行成为法治国家建设的核心问题。因为依法治国在根本上讲就是依宪治国，没有宪法权威的确立和保障，普通法律的正当性，也就是到底是良法还是恶法的问题就没有办法解决，国家法制的统一就没有保障，由此更激发了人们，特别是理论研究者对如何完善我国的宪法监

---

① 陈端洪：《立法的民主合法性与立法至上——中国立法批评》，http://www.publiclaw.cn/?c=news&m=view&id=559，下载日期：2018年8月10日。

督制度进行思考的热情，并日益让人们感觉到了这一问题的重要性与迫切性。

一、维持代表机关监督体制

如何坚持现行的代表机关监督体制，研究者的主张之间也是存在差别的。有的主张，在我国现行以人大为核心的宪法监督体制下，要想使其发挥实际的效果，现有的制度资源足以可以支撑，需要的是对现有的制度资源进行必要的完善，融合预防型、释疑型和救济型三者为一体的混合型是最具可能性的选项：即完善备案审查程序，以形成预防型宪法监督程序；完善释宪制度，以形成释疑型宪法监督程序；完善抽象性审查制度，以形成救济型宪法监督程序。在程序的具体设计中，可大胆借鉴世界各种宪法监督模式下运行程序的科学合理成分，推进宪法监督的切实有效运行。①

该主张中，更多的人倾向于设立具体的工作机构，所基于的立场仍然是我国的人民代表大会制的权力结构中，全国人大是最高国家权力机关，享有比较大的权威，由其来行使宪法监督权可以维持现行的权力机构不会发生比较大的改变。还有，这样的主张者，其潜意识认为我国宪法监督不能有效运转不是体制本身的问题，而是缺乏具体的机构来承担人大享有的宪法监督职责。因此，只要在人大之下设立相应的机构，具体负责对发生的宪法性争议进行受理和审查即可。关于专门机构的名称，该主张的提出者基本上同意称之为“宪法委员会”。

对“宪法委员会”是一个什么性质的机构，该主张的提出者认为，应该是属于人大内部的工作机构即专门委员会的性质，承担宪法监督权运用所涉及的具体工作，定期向人大汇报有关的工作情况，而不是一个独立的国家机关。由此决定了“宪法委员会”对所涉及的宪法性争议只有在审查的基础上向全国人大或全国人大常委会提出处理意见和建议的权力，自己不能对该争议进行裁决，更不能对违宪行为给予制裁。因此，宪法委员会拥有的职权是专门负责调查、研究宪法实施的状况，并就宪法实施中需解决的问题及时提出意见和建议；对法律、行政性法规等规范性文件进行初步审查，确定其是否与宪法或法律相一致，并向全国人大及其常委会提出正式的报告意见；监督国务院及其所属机关，最高人民法院和最高人民检察院的活动是否合宪。通过以上工作的开展，充分发挥宪法监督的效用。②

但有研究者主张，宪法委员会应与全国人大常委会平行，宪法委员会可分为两级：中央一级设立中央宪法委员会，省级行政区域设立地方宪法委员会。宪法委员会从属于人大，向人大报告工作，与人大常委会平行。③ 该委员会由全国人大产

---

① 陈冬：《宪法监督程序论纲》，载《国家检察官学院学报》2008 年第 3 期。

② 林沛华：《刍议我国的宪法监督制度》，载《法制与社会》2007 年第 5 期。

③ 申亚东：《我国宪法监督模式的构想》，载《学术论坛》2002 年第 1 期。

生，直接对全国人大负责，专司宪法监督职责，可以独立作出具有约束力的违宪裁决。[①] 在性质上，宪法委员会是最高国家权力机关的特设机构，其地位必高于国家行政机关、检察机关、审判机关，同时也不受常设机关即全国人大常委会的制约，宪法委员会行使宪法赋予全国人大的“监督宪法实施”的职权，对除全国人大以外的一切国家机关、政党、武装力量、社会团体、企事业组织、公民的行为是否符合宪予以监督，因此行政机关、检察机关、审判机关，包括全国人大的常设机关的行为都要受其监督。[②]

宪法委员会与全国人大常委会平行，固然解决了对全国人大常委会的立法及行为的监督问题，但能否监督全国人大，特别是全国人大的立法，始终是一个绕不开的问题。对此，有研究者建议，它虽然名义上列于全国人大之下，并由全国人大产生，却是相对独立的国家最高机关，可以对全国人大行使违宪审查权。一则宪法赋予它专门的宪法监督权；二则宪法可规定它不对全国人大负责，而只对宪法负责，对全国人民负责。[③]

实际上，如果设立的宪法委员会是一种独立的机关，且处于与全国人大常委会平行的地位，享有实际的宪法监督权力，已经改变了现行宪法规定的权力结构，不再是全国人大自己而是另外一个机关在行使宪法监督权力了。尽管这个独立的机关在地位上低于全国人大，向全国人大负责，但毕竟与全国人大自己行使宪法监督权不同。因此，这个所谓的独立的宪法委员会，已经具有专门机关的性质，由此而形成的宪法监督体制更应该归入专门机关的范围内。只是这个宪法委员会与宪法法院相比较，司法性比较弱，政治性比较强而已。

二、实行专门机关监督体制

在完善我国宪法监督制度的主张和建议中，也有不少研究者认为无论是从国外宪法监督的实践效果还是我国建设社会主义法治国家的需要看，现行的代表机关监督体制都难以达到预期的效果，因而主张实行专门机关的监督体制。

有研究者从分析代表机关监督体制存在的缺陷为切入点，认为由代表机关行使宪法监督权具有的弊端是：立宪权和立法权的合二为一，导致了全国人大的权力中心主义，全国人大及其常委会的立法无法纳入宪法监督的范围之中；人大作为权力机关，行使宪法监督权只能进行抽象审查，不涉及具体的法律是否适用以及宪法

---

① 冯永军：《健全和完善我国宪法监督制度的模式选择》，载《河南师范大学学报（哲学社会科学版）》2003年第1期。

② 陈丹频：《论我国建立宪法监督专门机构的必要性与可行性》，载《湖南社会科学》2003年第2期。

③ 那述宇：《关于宪法监督委员会的设立及其可行性分析》，载《哈尔滨市委党校学报》2003年第2期。

诉讼问题；从实践的效果看，代表机关的监督难以落实，且不说1954年《宪法》的不宣而废，即便是现行宪法至生效以来，宪法监督也从未真正被启动过。由此说明它不可能担任宪法监督的重任，唯一可行的办法就是顺应人类政治文明发展的趋势，设立专门的宪法监督机关。①

还有的研究者从区分人大监督和宪法监督的角度来论证设立专门宪法监督机关的必要性，指出目前在理论与实践中，人们一谈到宪法监督往往将其与人大监督混为一谈，其实，人大监督是人大及其常委会依据法定的职权对其他的国家机关是否遵守宪法和法律所进行的监督。而宪法监督是一种专门性活动，是特定的国家机关为保障宪法的实施，对国家的根本性活动（主要是立法活动）是否合宪进行审查，并对违反宪法的行为予以纠正和必要制裁。二者不仅在性质上存在差异，人大监督是领导者对被领导者的监督，宪法监督是一种专门的司法活动；在范围上也有不同，人大监督的范围既可以针对其他国家机关，又可以针对社会团体、企事业组织、公民个人进行监督；在内容上涉及违宪、违法以及其他不当行为。宪法监督中，公民个人一般不作为宪法监督的对象。人大监督与宪法监督在方式上也存在着差异。人大监督的方式有：听取和审查“一府两院”的工作报告和专题报告，质询、罢免、组织特定问题的调查，组织代表视察、接受公民以及其他组织的来信来访，执法检查和述职评议。宪法监督的方式是“受理”“审查”“裁判”“处理”，其行为模式存在于一个法律程序之中。在此基础上，考虑到我国的法律文化，在更多类似大陆法系国家借鉴其设立专门宪法监督机关的成功经验并结合我国的具体实际情况加以改造，可以说是一种较合理的选择。②

关于专门宪法监督机关的名称，有研究者主张使用“宪法委员会”，有研究者则建议使用“宪法法院”。

关于专门宪法监督机关的组成，研究者提出了以下方案：

有研究者建议，宪法委员会作为全国人大的特设机关，其产生和组织应由全国人大专门通过法律予以规定。一是宪法委员会应由全国人大选举产生。担任宪法委员会的委员一般应有必要的条件：如年满35周岁以上，必须从高等政法院系毕业，有丰富的阅历、经验，长期从事法律教学研究、法庭审判或从事律师职业的人员，而且必须德高望重、公正无私等。只有这样，宪法委员会行使职权才能具有权威性。二是任期。以6到12年为宜，不宜与全国人大每届改选相重合。三是宪法委员会人数。以20到30人为宜，另外还可以有4至5个在全国各地的巡视小组，

① 高宝琴：《对我国宪法监督模式的反思》，载《中国特色社会主义研究》2007年第1期。

② 刘嗣元：《宪法监督司法化若干问题的理论探讨》，载《法商研究》2002年第3期。

监督地方区域内的宪法实施情况，保证宪法确实得到贯彻实施。①

还有的研究者主张，宪法委员会的成员应由全国人大提名，由国家主席亲自任命，并且其委员的组成应包括一定数量宪法学界的权威专家和理论学者。另外，宪法委员会的成员不得再担任其他各项工作，以保证宪法监督工作开展得及时有效性和公正性。委员会成员的任期应长于全国人大代表的5年任期，以使宪法监督不受外界干扰和权力的压制，从而保持宪法监督的有效性和持续性。②

关于宪法专门监督机关的职权，研究者的主张如下：

首先，作为宪法法院的专门监督机关，其履行的主要职责有：第一，接受其他国家机关包括最高人民法院的申请，解释宪法。普通法院在审理一般民事刑事案件时如果遇到要解释宪法的情况，必须向宪法法院提出申请，然后根据宪法法院的解释再继续审理案件。如果各机关对法律的解释有争议，由宪法法院作出最终的解释。第二，对全国人大及其常委会的立法是否违宪进行审查，对国务院和中央军事委员会制定的法规、地方人大制定的地方性法规和行政机关制定的规章是否违宪进行审查。第三，接受并处理国家机关之间发生的权限争议。第四，接受公民提出的宪法控诉案件，在处理这些案件的时候，任何立法和行政行为一旦被宪法法院宣布违宪，立即失效。③

其次，作为全国人大特设机关的宪法委员会，它以行使"监督宪法实施"为唯一职权，具体包括以下几方面：一是解释宪法。我国宪法把"解释宪法"的权力赋予全国人大常委会，这样有时会导致一方面宪法解释的工作开展太少，另一方面有时宪法解释与立法原意不尽相符。而把解释宪法的权力赋予全国人大的特设机关——宪法委员会则是恰当的，这样会使宪法解释权得到充分有效的行使，同时又有较高的权威性。国家行政机关、检察机关、审判机关，以及全国人大常设机关或一定数量的公民、政党团体，可以就宪法某一条文的含义及适用时的疑义提请宪法委员会作出专门的解释。二是违宪审查权。宪法委员会有权审查全国人大常委会通过的法律法规、国务院通过的行政法规、国家主席发布的命令、人民法院和人民检察院的司法解释，对其是否合宪予以裁决。三是接受有关宪法实施中的控诉并对此进行裁决。一般来说，国家机关在依法执行职务、行使职权时往往会与当事人（包括公民、法人）发生一定的关于法律理解的冲突和纠纷。当这种冲突、纠纷直接涉及对宪法的具体理解时，当事者双方应可以直接向宪法委员会控诉。宪法委员会认为依法可以受理时，应受理并作出裁决。四是其他与宪法实施紧密相连、应由宪法

① 陈丹频：《论我国建立宪法监督专门机构的必要性与可行性》，载《湖南社会科学》2003年第2期。

② 林沛华：《刍议我国的宪法监督制度》，载《法制与社会》2007年第5期。

③ 王振民：《中国违宪审查制度》，中国政法大学出版社2004年版，第386～387页。

委员会实施的权力。如监督各国家机关领导人的选举,审查各国家机关的权限争议等。在此前提下,专门的宪法监督机关不宜干扰其他国家机关由宪法规定的固有职权;对其他国家机关的行为以及国家主要领导人的行为是否合宪的监督,应由法律明确规定,不宜过多地干预。宪法委员会不是司法机关,没有审判权和审判监督权,因此它不能干扰、限制最高司法机关的最高审判权和最高法律监督权。①

三、采用司法机关监督体制

有研究者以宪法的法律性为立足点,分析了宪法监督司法化的必然性,认为宪法的法律性是科学完整的宪法观的组成部分。我们强调宪法是最高法律,强调宪法与普通法律的不同之处,却忽略了高高在上的宪法与普通法律的共同之处,忽略了宪法作为法律所应具备的一般性质,进而影响了合理有效的宪法监督制度的建立。我国宪法确立了由最高国家权力机关监督宪法实施的模式,实践证明,这是一个失效的制度设计。失效的根本原因不在于宪法监督程序不完善,而在于这一模式背离了宪法监督的本质。宪法监督是多数民主的"制动器",唯有司法化的监督才能担此重任。宪法是法律,然后才是最高法律,宪法的法律性也意味着宪法可以而且应当由司法化的机关加以适用。由司法机关适用宪法,进行宪法监督,是宪法法律性的必然要求。因为司法化的监督在客观上用法律的程序和用语掩饰了代表机关监督的政治功能,在一定程度上抑制了或者说至少是掩饰了监督机关的政治判断力,因而其裁决容易为争端各方所接受。宪法监督变得更合法、更有效了。②

从性质上讲,宪法监督权,尤其是在与违宪审查权性质上理解的宪法监督权,本质上属于司法权的范畴,因此,宪法法院也应当属于司法机关。但前面已经将宪法法院的监督体制归入专门机关之列,这里的司法机关也就仅指普通法院而言。

普通法院行使宪法监督权实质上就是宪法的司法适用,包括两个方面的含义:其一,将宪法规范作为判断当事人之间权利义务纠纷的直接规范依据;其二,将宪法作为判断当事人之间权利义务纠纷的直接法规规范依据的依据,这种意义上的宪法司法适用,实际上是普通司法机关享有违宪审查权。③

由最高人民法院来实施宪法监督。法院作为当代社会中权力的监测器和权利的卫士,没有理由对大量的违宪案件置若罔闻。诉讼监督被认为是最公正,也是最有监督力量的方式,因此,将违宪审查权赋予最高人民法院是符合法治原则的。法院在审理具体案件中,认为有法律、法规、规章违宪的,应当停止审理,直接向违宪

---

① 陈丹频:《论我国建立宪法监督专门机构的必要性与可行性》,载《湖南社会科学》2003 年第 2 期。

② 李树忠:《论宪法监督的司法化》,载《政法论坛》2003 年第 2 期。

③ 王族臻:《宪法诉讼研究》,中国政法大学硕士学位论文,2003 年。

审查庭提出裁决。即使社会团体、公民个人等认为有关法律、法规、规章违宪侵犯其合法权益的,也可以通过有关程序向违宪审查庭提出控诉。这是一种最直接、最有效的救济途径。[①]

要改变长期以来公民基本权利受侵害无法救济的状况,必然要在公民的基本权利无具体法律法规加以保护时赋予法院宪法解释权和适用权,允许法院直接引用宪法进行判案。这一权力要通过宪法来授予,必然要涉及对现行宪法的修改。[②]

有研究者指出,我国现行的代表机关监督模式存在的弊端可以概括为不民主、违正义、乏能力、无实效等。宪法法院在我国的不可行性,原因有两个方面:从外部来看,欧洲大陆法系国家实行宪法法院体制是出于对议会的怀疑和对法院的信任,且这些国家存在多元的司法机构,这些在中国均不存在。从内部看,我国人口众多、法治传统缺乏、法治意识淡薄,违宪行为肯定相当多,宪法法院只有一个,宪法法院法官的人数也十分有限,一个宪法法院根本应付不了这么多的案件,这势必造成案件的大量积压,而使其解决宪法性纠纷的作用十分有限。而选择司法审查模式,有助于培养司法权威,是启动宪法实施、树立宪法权威的需要。另外,选择司法审查模式,可以减少频繁修宪对宪法权威的损害。[③]

四、建立复合型宪法监督体制

所谓复合型宪法监督体制,实际上就是将不同的宪法监督体制嫁接在一起。这种主张最早是由中国社会科学院法学研究所李忠提出的。[④] 至于代表机关、专门机关和司法机关的监督体制之间如何嫁接,研究者的主张也是不同的。

一种是代表机关监督体制与司法机关监督体制的复合。这种主张的建议者认为,在当下中国的权力架构与制度环境下,无论是采取美国式的司法审查制还是奥地利式的宪法法院模式,都缺乏可行性,至少是在可以预期的将来还难以实现。选择代表机关和司法机关并行行使违宪审查权的复合型模式当是我国的必然选择。[⑤]

有研究者建议,我国普通法院违宪审查的对象应限于行政机关的抽象行政行为,包括行政立法行为和其他抽象行政行为;而对权力机关立法的合宪性审查则由宪法委员会来进行。宪法委员会的职权包括违宪审查权及其相关权力。违宪审查

① 肖红:《关于完善我国宪法监督的设想》,载《西南民族大学学报(人文社科版)》2003年8期。

② 徐丽红:《试论目前我国宪法司法化的实现形式》,载《理论与改革》2003年第5期。

③ 舒小庆、贺日开:《司法审查:中国违宪审查模式的必由选择》,载《江苏行政学院学报》2007年第2期。

④ 李忠:《宪法监督论》,社会科学文献出版社1999年版,第275~277页。

⑤ 张洪峰、翟朝阳、王志峰:《关于建立复合型违宪审查制的几点设想——兼议由各省级人大产生全国宪法委员会的新思路》,载《湖北社会科学》2004年第6期。

权包括事前审查和事后审查，全国宪法委员会的事前审查包括：对纳入立法计划的全国人大制定的基本法律，全国人大常委会的法律草案进行审议，提出意见，即将原来由全国人大及其常委会负责审议法律草案的专门委员会的职权吸收过来；对自治区人大制定的自治条例、单行条例的批准权。事后审查主要包括：接受行政法规，地方性法规、规章等的备案，对不合宪的予以撤销；撤销全国人大及其常委会不合宪的决定、决议和解释等；接受有权申请审查的机关和个人对立法文件的合宪审查申请，其中包括普通法院诉讼中遇到的合宪性问题而由最高人民法院转交的审查申请。与违宪审查权相配套，全国宪法委员会的职权还应当包括解释宪法权、修宪提议权、处理国家机关之间的权限争议权。

普通法院受理宪法诉讼，与宪法委员会分工行使违宪审查权。公民如果认为自己的宪法权利受到了侵害可向法院起诉，并可附带提起对立法文件的合宪性审查申请，法院在其职权范围内进行审查处理；无权处理的，由法院分别报高级法院交省级宪法委员会或报最高人民法院报全国宪法委员会处理，在此期间，中止诉讼。公民对法院依宪法委员会的意见作出的裁判不服可向上一级法院上诉，但宪法委员会的意见有终局性，上级法院裁判必须以此为基础。公民不能直接就立法文件的合宪性问题向宪法委员会提出，只能向法院或其他有权提出合宪性审查的国家机关或代表提出，由他们按法定程序向宪法委员会提出申请。[①]

还有研究者主张，在全国人大及其常委会下设立宪法委员会，宪法委员会的地位高于其他各专门委员会。由宪法委员会专门行使对规范性文件的违宪审查权；在最高人民法院内设立宪法法庭，由它专门行使对具体违宪案件的司宪权。这种宪法监督制度最大限度地吸收了宪法法院型与普通法院型的优点，给我国单纯的代表机关宪法监督制度注入了司法的成分，实为我国现行宪政体制下最为可行的方案。

宪法委员会的成员由全国人大选举产生，其中人大代表和法律专家各占多数；对于入选该委员会的法律专家应当严格限制其职称、工作资历、年龄等条件，以保证法律专家的质量。宪法委员会的职权主要是：(1)对全国人大、全国人大常委会、国务院(包括国务院各部、委员会)、最高人民法院、最高人民检察院制定的规范性文件是否违宪具有审查权和强制性建议权；(2)对上述国家机关以外的其他国家机关制定的规范性文件是否违宪具有独立的决定权；(3)协助解释宪法，但全国人大及其常委会有权撤销或变更其解释性决定；(4)检查宪法执行情况，向全国人大常委会报告。

宪法法庭的成员应当由全国人民代表大会或者全国人大常委会按照一定的比例和严格的条件，从权力机关、司法机关、法学界通过选举和使命的方式选定。对

---

① 杨汉国、范光杰：《论复合型违宪审查模式》，载《成都行政学院学报》2008年第6期。

宪法法庭的成员实行专职和限任制，其人身、地位等权利应由法律给予特殊保障。宪法法庭的职权应当由全国人大授予。鉴于宪法诉讼的特定性，笔者认为：(1)宪法法庭的首要职权是适用宪法的权力。即宪法法庭对于规范性文件以外的权限争议、宪法控诉和选举诉讼等具体违宪案件的裁决权；宪法法庭在行使裁决权时，只依据宪法、不受任何干涉。(2)宪法法庭享有建议权。建议权的主要内容是指宪法法庭在审理过程中发现法律、行政法规、地方性法规和宪法相抵触时，有权向宪法委员会建议修改或废除。对于宪法法庭的建议，宪法委员会必须在一定期限内给予明确答复。[①]

另一种是普通法院与宪法法院的复合。对此，有研究者建议，设立宪法法院，它是全国人民代表大会之外独立自主地实施宪法监督和进行违宪审查的专门机构，不对全国人大及其常委会负责。宪法法院分为两个审判庭，各8名法官。一个叫作基本权利庭，一个叫作国家法庭，每一庭中至少有3名最高人民法院前资深法官。全国人民代表大会主席团在全国人大代表中的高级政府官员、高级法官和法律专家中提名，名额比例为3∶3∶4，由全国人民代表大会以出席大会代表的2/3多数赞成票通过。名额以16人为宜，任期10年，不得连任，实行专职制。宪法法院的职权如下：(1)全国人大在表决法律草案的30日前把该草案提交宪法法院进行合宪性审查，宪法法院在人大开会前15日提出书面审查决定。全国人大应当接受。宪法法院对全国人大已颁布生效的法律，认为与宪法相抵触的，有权向全国人大主席团提出修正意见，主席团应当把该修正意见提交大会表决。非有3/4以上的代表多数通过，该法案即为无效，由宪法法院予以宣告，丧失其效力。(2)全国人大常委会必须在通过法律和决议之后的7天内提交宪法法院审查，后者在15日内作出审查决定，合宪者，予以公布施行；认为与宪法相抵触的，常委会必须对审查结论进行表决，非有3/4的多数通过，不得否决宪法法院的决定。(3)对最高人民法院违宪审查庭移交法律的违宪性与否在15日内作出裁决并加以公告。(4)对最高人民法院违宪审查庭移交的无法通过具体法律之规定予以救济的案件作出裁决，并在公告后将该裁决的内容转交全国人大常委会研究并由其推动立法程序，在两年内通过立法予以规定。该裁决于两年内具有个案效力。

在最高人民法院设立违宪审查庭，属于受最高人民法院领导的专门的违宪审查机构，由院长、副院长和部分大法官组成。院长兼任庭长，任期5年，连续任期不得超过两届。除副院长外，其他组成人员由院长在大法官中任命，实行专职制，无过失应长期任职。违宪审查庭的职权是：(1)最高人民法院各审判庭在审理诉讼案件的过程中，认为有关法律和规章违反宪法的，提交违宪审查庭审查或裁决；违宪审查庭有权宣布违宪的地方性法规、行政法规和规章无效。认为全国人大及其常

① 王族臻：《宪法诉讼研究》，中国政法大学硕士学位论文，2003年。

委会制定的法律违宪的，应向宪法法院提交并由其作出裁决。(2)各级法院在审理具体案件中，认为有关法律、规章违宪的，应当停止审查，通过相应的高级法院向违宪审查庭提出裁决申请，后者自己或转由宪法法院在1个月内答复并且公布违宪的条款。(3)公民个人认为有关法律和法规与宪法相抵触而侵犯了宪法所保障的基本权利，有权通过相应的高级法院向违宪审查庭提出控诉，后者自己或转由宪法法院在2个月内答复并公布违宪的条款。(4)接受各级法院通过相应的高级法院报送的无法通过具体法律予以救济的案件并由违宪审查庭提交宪法法院审判。所有经宪法法院宣布违宪的法律和经最高人民法院违宪审查庭宣布违宪的行政法规、地方性法规、自治条例和单行条例在法院审判中将不再具有司法适用力。①

以上初步梳理了完善我国宪法监督制度研究成果，并不能涵盖所有方面，特别是关于完善我国宪法监督制度的设想类型的归类更是相对的。实际上，不仅各种主张之间在具体建议内容方面有交叉，而且在如何实现上也存在着差别。如关于建立宪法法院的主张，就存在着全职式宪法法院、多职式宪法法院、少职式宪法法院的不同。关于我国宪法监督制度完善的进程，很多主张实际上是希望能够一步到位，也有渐进式的建议，具体是由现实改革方案的宪法委员会、经中间改革方案的普通法院型违宪审查制，最终达到超前型改革方案的宪法法院。②

第四节　2018年修宪与宪法监督体制的展望

2018年3月11日，十三届全国人大一次会议通过《宪法》第44条修正案，将《宪法》第70条第1款规定的全国人大法律委员会更名为全国人大宪法和法律委员会。同年6月22日，全国人大常委会通过了《关于全国人民代表大会宪法和法律委员会职责问题的决定》(以下简称《决定》)，明确宪法和法律委员会在继续承担统一审议法律草案等工作的基础上，增加推动宪法实施、开展宪法解释、推进合宪性审查、加强宪法监督、配合宪法宣传等工作职责。

根据《决定》关于全国人大宪法和法律委员会的机构设计，宪法和法律委员会作为协助全国人大和全国人大常委会监督宪法实施的专门职能机构，归结起来，宪法和法律委员会具有以下五大基本功能：

(一)推动宪法实施

所谓宪法实施，是指宪法在国家现实生活中的贯彻落实，是使宪法规范的内容

---

① 刘志刚：《中国宪法诉讼机制的模式设计及其民主性论证》，载《武汉大学学报(社会科学版)》2003年第4期。

② 林广华：《违宪审查制度比较研究》，社会科学文献出版社2004年版，第204～207页。

转化为具体社会关系中的人的行为。法律实施是宪法实施的重要环节;法律得到实施,便意味着通过法律得到具体化的宪法实质上也得到了实施。[①] “宪法的生命在于实施,宪法的权威也在于实施”。[②] 实施意味着实现、施行,宪法实施则意味着宪法规范在现实生活中得以运行,产生法律上的实际效力。宪法文本是无言的、静止的,宪法的实施需要制度保障才能有效运行,发挥其应有的作用。我国宪法规定了宪法实施的主体与义务主体,即《宪法》序言最后一段所指出的:“全国各族人民、一切国家机关和武装力量、各政党和各社会团体、各企业事业组织,都必须以宪法为根本的活动准则,并且负有维护宪法尊严、保证宪法实施的职责。”《宪法》序言的表述表达了两种意义:一是宪法实施的主体;二是保证宪法实施的义务主体。首先,全国各族人民、一切国家机关和武装力量、各政党和各社会团体、各企业事业组织,只要在现实生活中以宪法为根本的活动准则,按照宪法规范要求行为,宪法规定自然得到落实和实现,所以,宪法实施主体是上述各个主体,由于实施宪法是他们的共同宪法义务,所以,他们又称为宪法实施的义务主体;从义务判断的完整性看,序言的表述只告诉人们谁是保证宪法实施的义务主体,却不是义务责任主体,因而《宪法》序言的规定可有可无,并不能使上述宪法义务主体成为宪法实施的力量。[③] 全国人大及其常委会作为监督宪法实施的机关,由于自身缺乏专门负责监督宪法实施的机构而使监督活动一直处于停滞状态,无法真正监督各类宪法实施主体的具体实施行为。宪法将“宪法和法律委员会”确立为协助全国人大及其常委会负责监督宪法实施的专职机构,就能够经常性地通过监督宪法实施的各项活动,并就宪法实施中存在的问题进行专门调研,提出对策或方案,从而有效推动宪法实施。

(二)开展宪法解释

宪法解释是指有权解释机关在监督宪法的实施过程中对宪法条文的理解与说明。[④] 在我国,宪法解释是由享有宪法解释权的全国人大常委会在宪法实施过程中就宪法的规定需要进一步明确具体含义或出现新的情况,需要明确适用宪法依据的活动。我国现行宪法把解释宪法的职权授予全国人大常委会,全国人大常委会应该就宪法实施中出现的问题作出必要的解释和说明,使宪法的规定得以有效落实。尤其是“在对违宪活动的审查过程中,往往由于对宪法条款的含义有不同理

---

① 《宪法学》编写组:《宪法学》,高等教育出版社、人民出版社2011年版,第296页。

② 习近平:《在首都各界纪念现行宪法公布施行三十周年大会上的讲话》,载《十八大以来重要文献选编》(上),中央文献出版社2014年版,第88页。

③ 范进学:《中国宪法实施与宪法方法》,上海三联书店2014年版,第12页。

④ 韩大元、张翔等:《宪法解释程序研究》,中国人民大学出版社2016年版,第4页。

解，发生争执。为解决这种争执，就需要全国人大常委会作出宪法解释”。[①] 改革开放40年，是我国社会处于一个大变革的时代，从计划经济到社会主义市场经济的形成，从人治到社会主义法治国家的建设，从毛泽东思想到习近平新时代中国特色社会主义思想的确立，宪法需要面对不断变化的新情况、新问题而与时俱进，社会变迁除了通过宪法修改应对外，还应当更加注重通过对宪法的解释。修宪固然是必要的，但频繁修宪则直接影响宪法的稳定性，而宪法解释在保持宪法文字不变的前提下，保持了宪法文本的稳定，所以，“宪法解释可以在不变动宪法文本的情况下，使宪法适应社会现实的变迁，这就很好地协调了宪法的规范性价值与现实性价值，保证了二者是平衡和统一”。[②] 作为改革开放的1982年《宪法》，迄今已作了5次修改，[③]近40年来我国宪法仅仅通过修宪这一单一的方式来应对社会、政治、经济、文化等各种复杂关系所发生的急剧变革，然而作为具有宪法解释权的全国人大常委会却一直没有启动解释宪法的程序，未对宪法的内容作出任何解释，在改革开放40年的社会变迁的过程中，没有充分发挥宪法解释对宪法规范与宪法价值的整合、修补、引导、规制作用。宪法和法律委员会的确立，使全国人大常委会“解释宪法”的职权有了负责实施的平台与机制，对于今后开展宪法解释活动提供了有力的制度保障。

（三）推进合宪性审查

“推进合宪性审查工作”[④]是党的十九大报告首次提出来的新要求。严格说，1982年《宪法》确立的宪法审查制度是一种合“法”性审查制度，或者说是一种融合法性审查与合宪性审查一体的制度，其中的“法”，既包括宪法，也包括法律。宪法上的审查制度作为一种原则性顶层设计，只是初步构建了我国以最高国家立法机关为审查主体的合法性审查机制，这种审查制度需要由法律及相关规范性文件加以具体化、程序化、可操作化。2000年由全国人大制定通过的《立法法》以及由全国人大常委会通过的《行政法规、地方性法规、自治条例和单行条例、经济特区法规备案审查工作程序》以及全国各省、市、自治区制定的地方规范性文件备案审查规定或条例，[⑤]则具体规定了备案审查的主体、对象、时效、程序及后果等，从而构筑

---

① 王汉斌：《王汉斌访谈录——亲历新时期社会主义民主法制建设》，中国民主法制出版社2012年版，第133页。

② 韩大元、张翔：《宪法解释程序研究》，中国人民大学出版社2016年版，第7～8页。

③ 1988年4月12日第七届全国人大一次会议、1993年3月29日第八届全国人大一次会议、1999年3月15日第九届全国人大二次会议、2004年3月14日第十届全国人大二次会议和2018年3月11日第十三届全国人大一次会议分别对1982年《宪法》进行了部分修改。

④ 《中国共产党第十九次全国代表大会文件汇编》，人民出版社2017年版，第31页。

⑤ 全国人大常委会法制工作委员会法规备案审查室：《地方规范性文件备案审查法规汇编》，中国法制出版社2012年版。

起规范性文件备案审查制度，这种备案审查制度遂成为中国特色的宪法审查制度或合宪性审查制度。然而，我国的备案审查制度是集合法性审查与合宪性审查一体的审查制度，因为合宪审查是针对所要审查的对象是否违反宪法而进行的审查，也可称之为违宪审查；合法（律）审查则是对所要审查的对象是否违反法律或上位法而作的审查，也称违法审查。合宪审查意旨通过宪法的理解与解释，撤销并纠正违宪的规范性文件，以维护宪法的尊严与最高权威，保障宪法得到根本实施；合法审查则意在通过理解与解释法律，撤销并纠正违法的规范性文件，以维护我国法制的统一与尊严。合宪审查机制通常是由专门的宪法监督机关实施，而合法审查则无须专门监督机构，一般立法机关与司法机关均可实施。我国《立法法》将合宪性审查与合法性审查不加区分地置于同一个条款之中，加之二者审查主体、审查程序等完全相同，从而导致了合宪审查与合法审查之混同。十九大报告特别提出“推进合宪性审查工作”的要求，意味着需要重点突出合宪性审查在全面依法治国进程中对于维护宪法权威的重要意义，加强合宪性审查工作的开展。

目前对行政法规、地方性法规、司法解释的具体审查研究工作是由2004年5月全国人大常委会在法工委内设立的“法规备案审查室”负责。根据全国人大常委会法工委主任沈春耀的报告，十二届全国人大以来，截至2017年12月上旬，常委会办公厅共接收报送备案的规范性文件4778件，收到公民、组织提出的各类审查建议1527件。[①] 法制工作委员会对上述文件存在的与法律相抵触或者不适当问题积极稳妥地作了处理。然而，目前我国备案审查制度明显存在两大问题：一是法规备案审查工作室地位低（相当于司局级）、规模小（8到12人左右），不足以应对大量法律文件的备案审查工作；二是法工委对依申请进行的审查，均属于合法性审查，根本未触及合宪性审查。可以说，这种状况与弘扬宪法精神、履行宪法使命、树立宪法至上、培育宪法信仰、全面贯彻实施宪法的新时代下的新要求是不相适应的。因此，为落实十九大提出的“推进合宪性审查工作，维护宪法权威”的要求，就必须设立推动合宪性审查工作的专门机构，宪法和法律委员会的成立恰逢其时，它应当担负起推动合宪性审查工作的历史使命。

（四）加强宪法监督

宪法监督从学理上可分为广义的宪法监督与狭义的宪法监督。广义的宪法监督是指国家为了监督宪法的实施而确立各种外部措施制度的统称，既包括狭义上的宪法监督即“由特定国家机关按照法律程序对国家机关作出的宪法行为进行合

---

① 沈春耀在第十二届全国人大常委会第三十一次会议上作全国人大常委会法工委《关于十二届全国人大以来暨2017年备案审查工作情况的报告》，www.npc.gov.cn/npc/xinwen/2017－12/27/content_2035723.htm，下载日期：2018年8月10日。

宪性审查的制度”[①]，也包括“除宪法监督专门机关之外的其他国家机关、社会团体、政党组织和公民个人对宪法的监督和制约”。[②] 从狭义上说，宪法监督与合宪性审查是不可分的，宪法监督是通过合宪性审查实现的，合宪性审查本身就是宪法监督的有机组成部分。然而，宪法监督不能等同于合宪性审查，合宪性审查只是针对法律、法规、规章和司法解释等规范性文件是否合乎宪法进行的审查，是宪法监督的主要形式而绝非唯一形式，《宪法》第 5 条明确要求：“一切国家机关和武装力量、各政党和各社会团体、各企业事业组织都必须遵守宪法和法律。一切违反宪法和法律的行为，必须予以追究。”可见，宪法监督的主体除了合宪性审查机关外，还包括全国各族人民、一切国家机关和武装力量、各政党和各社会团体、各企业事业组织，这意味着宪法监督的形式还涵盖人民监督、国家机关监督、政党监督、社会监督、舆论监督等形式；同时，也意味着他们也是被监督的对象，他们是否以宪法为其根本的活动准则？他们是否遵守宪法？另外，宪法修改确立的“国家工作人员就职时应当依照法律规定公开进行宪法宣誓”制度，也是监督国家机关工作人员实施宪法的一项重要形式，公职人员借助宪法宣誓，借助一种戏剧化、具象化、符号化的仪式而将对宪法的情感、价值、信念表达出来，使宣誓人对宪法的神圣价值获得了内心的认同和良心上的绝对忠诚，以庄严、肃穆的仪式，烘托出宪法不可侵犯的神圣性，昭示宪法的至上权威，同时也使全体社会成员对他们已经宣誓的承诺与宪法履职行为进行广泛社会监督。上述宪法监督同样需要一个专门的宪法监督机构予以落实，尤其是需要让第 5 条所规定的“一切违反宪法和法律的行为，必须予以追究”的宪法规范得以有效落实。因此，宪法和法律委员会在加强宪法监督方面可以发挥更大优势与作用。

(五)配合宪法宣传

宪法是国家的根本法，“我国宪法以国家根本法的形式，确立了中国特色社会主义道路、中国特色社会主义理论体系、中国特色社会主义制度的发展成果，反映了我国各族人民的共同意志和根本利益，成为历史新时期党和国家的中心工作、基本原则、重大方针、重要政策在国家法制上的最高体现”；[③]尤其是 2018 年的宪法修改，把党的十九大确定的重大理论观点和重大方针政策特别是习近平新时代中国特色社会主义思想载入国家根本法，为新时代坚持和发展中国特色社会主义提

---

① 《宪法学》编写组：《宪法学》，高等教育出版社、人民出版社 2011 年版，第 299 页。

② 李忠：《宪法监督论》，社会科学文献出版社 1999 年版，第 4 页。

③ 习近平：《在首都各界纪念现行宪法公布施行三十周年大会上的讲话》，载《十八大以来重要文献选编》(上)，中央文献出版社 2014 年版，第 86 页。

供了有力的宪法保障。[①] 因此，在全社会树立宪法至上、弘扬宪法精神、增强宪法意识、养成宪法信仰、培育宪法文化，就必须加强宪法宣传。习近平总书记指出："我们要在全社会加强宪法宣传教育，提高全体人民特别是各级领导干部和国家机关工作人员的宪法意识和法制观念，弘扬社会主义法治精神，努力培育社会主义法治文化，让宪法家喻户晓，在全社会形成学法尊法守法用法的良好氛围。我们要通过不懈努力，在全社会牢固树立宪法和法律的权威，让广大人民群众充分相信法律、自觉运用法律，使广大人民群众认识到宪法不仅是全体公民必须遵循的行为规范，而且是保障公民权利的法律武器。我们要把宪法教育作为党员干部教育的重要内容，使各级领导干部和国家机关工作人员掌握宪法的基本知识，树立忠于宪法、遵守宪法、维护宪法的自觉意识。"[②]普法宣传的主要职责由新组建的司法部负责，[③]宪法和法律委员会作为推动宪法监督与实施的专门机构，通过宪法解释、合宪性审查、宪法监督等方面的工作，能够通过其具体的职权行使开展宪法宣传。

---

① 张德江：《在第十三届全国人大一次会议上作的全国人大常委会工作报告》，载《光明日报》2018年3月12日第2版。

② 习近平：《在首都各界纪念现行宪法公布施行三十周年大会上的讲话》，载《十八大以来重要文献选编》(上)，中央文献出版社2014年版，第91页。

③ 《深化党和国家机构改革方案》第32项规定：重新组建的司法部的主要职责之一是"负责普法宣传"。国务委员王勇在十三届全国人大一次会议上作《关于国务院机构改革方案的说明》中重申了这一职责。

第十章

宪法与民法关系的演变

从法学史的发展与法律文化传统看，改革开放以来宪法与民法关系在中国的演变大体经过了三个阶段，即“母子”阶段、“分化”阶段与“回归宪法”阶段。三个阶段的划分主要以宪法与民法关系在学术演变史上的相互影响为基础，以学术发展脉络中出现的学术观点为主要学术评价依据。

从学说史的视角看，宪法和民法发展之间存在着密切的关系，一方面宪法的发展为民法提供价值基础与规范合法性的来源；另一方面民法的发展丰富宪法学说的内涵，使国家、社会与个人在“公权控制”与“私权保护”的整体框架下形成良性互动的内在机制。可以说，宪法与民法关系的学说成为中国法学史的重要组成部分，体现中国法学的历史脉络与学术自主性。

宪法与民法关系的发展背后存在着互动的内在价值以及社会结构与文化传统，但根据目前的研究资料，无法深入到两者的内在机理以及对不同发展阶段之间的学术逻辑。面对宪法与民法关系的当代命题，我们需要回归历史，寻找本国的学术传统，增强学术的自主性，推进法学研究的“学术化”。本章旨在梳理宪法与民法关系的学术脉络，为科学地编纂《民法典》提供学说史的参考。

第一节 改革开放初期宪法与民法关系

自1949年以来，受政治革命和意识形态的影响，社会主义法律体系和法学学说完全取代了民国时期的法律体系和法学学说。因此，1949年以来的中国法学主要受到苏联法学的影响，在相当长一段时间内，学术界对社会主义条件下划分公法、私法的问题大都持否定或者回避的态度。

由于公法与私法的划分被否定，社会主义法律体系和法学理论表现为高度的一元性，即宪法与民法虽都是法律体系的组成部分，但民法完全从属于宪法体系，缺乏应有的自主性。这种人为地拉近宪法与民法关系导致了宪法与民法关系的高度一体化，削弱了民法应有的自主性。

1982年12月4日《宪法》颁行，包括民法在内的普通法律要体现1982年《宪法》精神。12月5日《人民日报》刊文《新时期治国安邦的总章程》，对当时的宪法与普通法关系作了如下表述："在整个法律体系中，宪法具有最大的权威性与最高的法律效力，宪法是普通法律的'母法'，普通法律是宪法的'子法'。"当时宪法学者一致认为宪法是国家根本法和母法。20世纪80年代最具影响力的宪法学教材《宪法学》一书认为"宪法是国家的根本大法，这是宪法在法律方面的特有属性，也是它和普通法律的不同之处"[①]；认为宪法规定国家生活中最根本、最重要的问题，成为立法机关进行立法活动的法律基础。在这一共识下，宪法学界把宪法确立为"母法""最高法"，把其他法律称为"子法"。当然，在强调宪法根本法地位时，宪法学界也关注宪法与普通法律应有的界限，即"宪法中只规定立法原则，宪法不能代替普通立法"。[②]

由于1982年《宪法》的颁行，宪法秩序的转型自然成为中国法治发展的新要求。在1975年《宪法》、1978年《宪法》下形成的民法秩序要向新的1982年《宪法》秩序转型。在这种背景下，民法理论、民事立法以及民法学教育要体现1982年《宪法》的规定与原则，需要增加宪法元素，建构新宪法下的"宪法—民法"关系。民法的一些教材在介绍民法法源时，明确将宪法列为第一位的"最高"法源，例如，佘能斌和马俊驹主编的《现代民法学》一书中的一段论述代表了当时民法学界具有一定共识的观点，原文如下：

---

① 吴家麟：《宪法学》，群众出版社1983年版，第21页。该书被许崇德誉为"破国内数十年法学研究之冰封，开日后宪法学繁茂之先河"，是1982年《宪法》颁布后国内发行的第一部宪法学教材。该书作为全国大专院校通用教材的时间比较长，它的体系内容和编排模式成为后来各类宪法学教材的重要范本。

② 吴家麟：《宪法学》，群众出版社1983年版，第22页。

宪法是国家的根本大法，具有最高的法律效力，由国家最高权力机关通过和修改，是制定其他法律法规的依据。其中包含的民事法律规范所依据的原则规定及民事法律方面的具体规定，就是民法的重要渊源——我国《民法通则》就是根据宪法并结合我国实际情况制定的，其他民事法律法规也必须遵循宪法的有关规定，以宪法为法律依据。因此，我国宪法的有关规定是我国民法的最重要也是最高渊源。[①]

进入20世纪80年代后，为了建立与改革开放相适应的法律体系，我国又恢复了民法典的起草工作。1979年11月，全国人大常委会法制委员会组建了民法起草小组，开始第三次民法典的起草工作。到1985年5月，先后草拟4稿民法典草案。但考虑到民法典制定可能遇到的一些复杂问题，起草小组调整原来的思路，以民法典草案为基础制定了1986年民法通则。围绕当时的民法草案，政界、学界关注了民法起草过程中可能涉及的一些宪法问题。彭真在1981年5月召开的民法座谈会上提出了民法起草与中国实际、民法的立法与宪法关系等问题。他指出：我们的民法是中华人民共和国民法，不是苏联、东欧的民法，也不是英美、欧洲或者日本的民法，我们的民法要从中国实际出发。"如果说什么是民法的母亲的话，就法律体系本身来说是宪法"。[②]《民法通则》第1条明确写"本法是依照宪法制定"，确立了民法通则的宪法基础，也为宪法学与民法学的交流提供话语体系。民法学者对民法通则的宪法依据问题没有提出质疑，认为"根据我国新《宪法》第62条的规定，我国民法是社会主义法律体系中的一个基本部门法"[③]，"根据我国新宪法的规定，民法的基本原则主要有以下几条……"[④]当时争论的主要焦点是，民法是"公法"还是"私法"的问题。佟柔教授认为，"我国民法是社会主义民法，是公法"，并认为"那种民法只是调整公民之间的相互关系的'私法'观点，在方法论上也是错误的"。[⑤] 对此，谢怀拭教授提出民法是私法的观点。在当时的历史条件下，这一争论体现了学界自由的学术氛围，同时也反映出民法学者在特定政治环境下的一种策略性选择。[⑥]

这一时期，在宪法与民法关系上，宪法学界与民法学界存在着一定的共识，即宪法的"根本法"地位成为民法体系存在的基本前提。认为，任何法律都具有"公"的性质，宪法和民法都是社会主义法律体系的组成部分，但两者的法律位阶是不同的。在宪法学者看来，在一个国家的法律体系中，只能存在着一个最高法，这个最

① 余能斌、马俊驹：《现代民法学》，武汉大学出版社1995年版，第29～30页。

② 《彭真文选：一九四一—一九九〇年》，人民出版社1991年版，第423页。

③ 佟柔：《民法》，法律出版社1986年版，第1页。

④ 佟柔：《民法》，法律出版社1986年版，第10页。

⑤ 佟柔：《民法》，法律出版社1986年版，第10页。

⑥ 感谢熊丙万博士提供资料。

高法只能是宪法,而不是民法,民法以宪法为基础,违反宪法的任何民事法律都是无效的。可以说,宪法与民法是“母子关系”的理论是由当时的政治和经济背景所决定的,并一直持续到了改革开放初期。

第二节　20世纪90年代的宪法与民法关系

自20世纪80年代改革开放以来,随着经济体制改革,长期被压抑的社会个体的自主性得到释放,社会主体期待合理划分公私领域、国家与社会领域,强化对私权的保障。在法学界,尤其是民法学界,又重新提出公法与私法的划分问题。在公法与私法划分的价值重新得到肯定之后,民法学者强调弘扬私权,论证私法(民法)的自主地位,提出民法要从宪法的“统治”下摆脱出来,与宪法价值保持距离,出现了所谓相互“分化”的现象。因此,这里所谓的“分化”实际上是指部分民法学者试图论证宪法与民法“二元化”,使之成为与“国家的根本法”相并列的“社会的根本法”。于是,自1990年代初宪法学与民法学界出现了“民法优位说”、“宪法—民法同位说”和“宪法优位说”等不同的学说。

一、民法优位说

民法优位说是一些民法学者在对待宪法和民法的关系上的一种立场,这种观点认为,相比较于宪法和其他法律来说,在保障公民权利、建设法治社会方面,民法应该处于一种优越的地位。这种观点也称为“私法优位说”。

梁慧星教授认为,在公法和私法的关系上,私法具有优越于公法的地位,提出“必须从公法优位主义转变到私法优位主义上来”[①]。由于在传统上民法乃是私法的代表,而宪法则是公法的典型,因而,在宪法和民法的关系问题上,民法自然也具有优越于宪法的地位。

二、宪法—民法同位说

宪法—民法同位说是部分民法学者在处理宪法与民法关系时所持的观点。这种观点认为,宪法和民法各有自己的调整领域,各有自己的功能和局限。因而在各自所调整的范围内,二者是一种并列的或者大致并列的关系。其主要观点大致有细分为“民法基本法说”“民法根本法说”“民法权利法说”等几种主要的观点。

(一)民法基本法说

王利明教授认为,民法不仅是市场经济的基本法,而且同时也是市民社会的基

① 梁慧星:《必须转变公法优位主义观念》,载《法制日报》1993年1月21日第3版。

本法。民法学者强调，宪法和民法各有自己的调整领域，各有自己的功能和局限。因而在各自所调整的范围内，二者是一种并列的或者大致并列的关系。[①]

认为，从民法的历史沿革上看，民法始终是与商品经济或市场经济的发展紧密联系在一起的。……民法是市场经济的基本法，这就意味着市场经济的建立和完善，离不开民法的支持，同时，民法制度也应当按照市场经济的内在要求来构建，符合市场经济的运行规律。如果我们要确认我国的经济是以平等等价和自由竞争，由市场引导生产要素自由流转和组合的市场经济，那么就应当充分贯彻意思自治、诚实信用、鼓励交易、公平正义等基本价值理念，尽量减少国家对经济生活的干预，加强对民事主体权利的保障。所以，市场经济的成熟很大程度上是以民商事规则的成熟为标志的。

因此，对于市场经济来说，民法不仅是一种规则意义上的保障作用，而且更重要的是体现了市场经济的内在的经济规律。换句话说，民法不是外在于市场经济的法律规则，而是内化于市场经济本身的重要组成部分。所以，从这个意义上讲，市场经济在本质上就是一种法治经济。其中对市场经济主体保障权利最为有利的就是民法。[②]

(二)民法根本法说

徐国栋教授认为，和宪法的根本法地位相比，民法也是根本法，只不过民法是市民社会领域中的根本法，而宪法是政治国家领域中的根本法而已。徐国栋教授通过对罗马法的研究发现，现今通行的民法(civil law)实际上是一个误译，正确的译法应该是“市民法”。我们现在所说的市民法，并非早期罗马史上的市民法，而是私法的总和。在考虑市民法的存在依据及其沿革，以及考虑到把市民法阉割为“民法”的种种不利后果后，徐国栋教授建议，要为民法正名，使民法恢复市民法。将民法正名为市民法，可明确地昭示民法中的人是市民，不是公民。市民即私人，因此，民法当然为私法。同时，将民法正名为市民法，它为市民社会的法之意义不言自明，而市民法和市民社会是与公法和政治国家相对立的存在之意义也就明确了，这有助于我们正确理解民法的调整对象。民法所调整的市民社会，为社会整体的二分之一(另一半为政治国家)，因此民法是与宪法相并列地存在，高于其他部门法，为根本法之一。[③]

(三)民法权利法说

在有些民法学者看来，民法的核心就是权利，民法以保护权利为根本归宿，一

---

① 王利明：《我国民法的基本性质探讨》，载《浙江社会科学》2004年第1期。

② 王利明：《我国民法的基本性质探讨》，载《浙江社会科学》2004年第1期。

③ 徐国栋：《市民社会与市民法——民法的调整对象研究》，载《法学研究》1994年第4期。

言以蔽之,“民法就是权利法”。民法是权利法的提出有其特定的背景,主要是针对“公法即权力法”或“宪法即权力法”而言,换句话说,民法学者提出“民法权利说”的论断主要是为了证明民法优越于公法或宪法之所在。

有学者认为,明确民法是权利法,不仅有助于明确民法的性质和功能,还有助于我们在当前的民事立法中,贯彻以民事权利为中心构建私法体系的思想,真正使我国民法典成为一部现代的权利宣言和权利宪章,从而为我国社会主义市民社会的发育和市场经济的完善提供制度支撑。

三、宪法优位说

与民法学者力挺民法的优越地位相比,宪法学者和一些法理学者则从国家法律体系的总体框架出发,论证了公法在法律体系中的重要地位,认为从宪法与民法的地位及其相互关系上看,宪法在一国的法律体系中应该具有优越的地位,宪法的法律位阶要高于民法。

(一)公法优位说

如谢晖教授认为,法律是社会关系的调节器,公法和私法的区别,应以其所调节的不同社会关系为标准,在这种意义上,公法是用以调整非平权关系的“管理与被管理”或“监控与被监控”为特征的社会关系的法律;而私法是用来调整平权的以相互协作为特征的社会关系的法律。[①]

针对民法学者所主张的“公法是权力法、私法是权利法”的论断,谢晖教授也提出了质疑。他认为相对于私法对权利的保障而言,公法对权利的保障是更为重要的。在市场经济条件下,私法对公法具有基础性,公法对私法具有优位性。中国现代化的法律规范,必须以私法基础和公法优位的原则展开。

(二)宪法根本法说

宪法学者认为,国家与社会中宪法都是国家根本法,不能把宪法调整范围只限定在国家领域。如童之伟教授认为,在一国的法律体系中,民法确有其特殊的重要性。作为一种法律学说民法根本说所反映的是宪法与民法真实关系的倒影,它的形成在认识上根源于两大错觉。就现实性而言,民法根本说在使命和地位方面赋予了民法以其不可承受之重,也倾覆了法治秩序。民法至上论是毫无历史依据和现实根据、违反法律生活常识的臆想。民法、宪法平起平坐论违背文艺复兴以来社会发展的基本方向和法治的精神。公法、私法两极化划分的种种说法将法律间的形式方面的差别夸大为性质不同,凭空想象和虚构公私法划分的价值,过度诠释私

---

① 谢晖:《价值重建与规范选择:中国法制现代化沉思》,山东人民出版社1998年版,第274页。

法自治，并将其作为民法与宪法切割的理由，这些都脱离了法律生活的实际，偏离了建立健全法治秩序的要求。中国要消除民法根本说已产生的和将会有的不良影响，让人们真正信仰和坚持宪法根本说，在促进法学学术进步和促使宪法充分实施两方面都还需要付出巨大的努力。[①]

从客观上讲，当民法学界热衷于推进“民法的泛宪法化”时，宪法学界保持了适度的学术关注，但面对民法学界强大的理论“攻势”，宪法学界对民法与宪法“分化问题”缺乏必要的理论回应与反思。

第三节　进入21世纪以来的宪法与民法关系

进入21世纪后，宪法与民法关系总体上进入“回归宪法”的阶段，在共识与分歧中积极开展学术对话，在回归宪法的过程中寻求学术共识，呈现出日益活跃的学术研究。

一、宪法学与民法学学术对话

2000年初，法理学者和宪法学者开始回应民法学界提出的与宪法相关的命题。如谢晖教授认为，“私法对公法具有基础性，公法对私法具有优位性”。[②] 2001年徐秀义和韩大元教授共同主编了《现代宪法学基本原理》一书，其中第二编第20章专门设了宪法与民法关系专题，由林来梵教授撰写这部分，提出宪法与民法关系基本问题，内容涉及宪法学与民法学对话的意义、作为法规范的宪法与民法的关系、作为社会现象的宪法与民法的关系。[③] 又如，2004年，在中国人民大学法学院举办了“宪法学与民法学的学术对话”；2005年8月，中国宪法学研究会和烟台大学法学院共同举办了“宪法与物权法学术讨论会”等。围绕宪法与民法关系，宪法学界与民法学界的互动是良好的，但在具体理论问题的解读以及现实问题的评价等方面仍存在学术分歧。

二、《物权法》制定过程中的宪法与民法关系

随着2005年的《物权法（草案）》的合宪性争论，宪法与民法关系重新成为社会

① 童之伟：《宪法民法关系之实像与幻影——民法根本说的法理评析》，载《中国法学》2006年第6期。

② 谢晖：《价值重建与规范选择：中国法制现代化沉思》，山东人民出版社1998年版，第274页。

③ 徐秀义、韩大元：《现代宪法学基本原理》，中国人民公安大学出版社2001年版，第473～498页。

各界普遍关注的热点问题。学界围绕《物权法》是否违宪进行争论，出现了违宪论与合宪论两派。

（一）《物权法》违宪论

在法学界尤其是宪法学界内部，对于《物权法》违宪的观点主要集中在以下几个方面：第一，《物权法》中所确立的公私财产一体保护原则违反了宪法中的区别保护的规定；第二，《物权法（草案）》中并没有写明“根据宪法，制定本法”字样，因而缺少合宪性基础；第三，《物权法》作为民法之重要组成部分，主要是调整平等主体之间的权利义务关系，规定征收征用条款，缺少正当性依据。

1. 公私财产平等保护违宪论

这种观点认为，我国是社会主义国家，公有制经济是我国经济的经济基础，公有财产在国家财产体系中具有优先的地位，因而，在公私财产保护问题上，我国宪法的立场是鲜明的，就是优先保护公共财产，因而，《物权法（草案）》将公私财产平等予以保护，不符合我国宪法的规定，违反了宪法的基本原则。这种观点的主要代表人物是童之伟教授。[①]

2. 无“根据宪法”违宪论

除了公私财产平等保护涉嫌违宪以外，《物权法（草案）》中尤为受人批评的地方则在于其草案中无“根据宪法，制定本法”的规定。因为，在现代宪政理念中，宪法是国家根本法，在一国的法律体系中具有至高无上的地位，不仅其他部门法不能违反宪法的规定，而且在合法性来源上，其他部门法也必须以宪法为依据，从宪法那里获得自身的合法性根据。

对于《物权法（草案）》中是否有必要规定其宪法根据的问题，民法学者与宪法学者给予了不同的解释。1986年制定的《民法通则》第1条立法目的中规定：“根据宪法和我国实际情况，总结民事活动的实践经验，制定本法。”《物权法（草案）》中不写“根据宪法”可能有以下几种解释：一是作为基本法律的物权法当然要根据宪法，没有必要特别地宣明其立法依据；二是立法上的疏忽，没有特别仔细地思考立法依据的表述问题；三是基于宪法和民法上不同原理的特殊考虑，认为作为私法的物权法没有必要写“根据宪法”，以回避因公法介入私法而可能出现的争议。

当时，笔者提出的基本看法是，从物权法在我国社会主义法律体系中的地位、性质、功能与社会效果来看，在《物权法》第1条中明确写“根据宪法”是必要的，其理由在于：(1)作为基本法律，在立法目的上明确写“根据宪法”是其法律性质的要求；(2)有利于全面地表述物权法的基本价值，有利于从整个法律体系的角度理解物权法的性质；(3)有利于从宪法秩序的角度评价物权法存在的社会价值与功能，

---

① 童之伟：《〈物权法（草案）〉该如何通过宪法之门——评一封公开信引起的违宪与合宪之争》，载《法学》2006年第3期。

物权法是私法，但它存在于宪法秩序之下，受宪法制度，特别是基本经济制度的制约，《物权法（草案）》第1条“两个维护”目的实际上明确了物权法应承担的某“公法”功能；(4)有利于揭示宪法变迁与民法发展之间的关系。[①]

3．征收征用条款不当论

这种观点认为，从法律性质上来看，物权法属于私法的范畴，调整的是平等主体之间的人身和财产关系，而征收征用问题则是一个公法的问题，涉及国家权力机关和公民私人财产的关系问题，因而，在一个以私法为根本特征的法律中，试图解决公法上的问题，则存在着明显的不当之处。[②]

（二）《物权法》合宪说

1．实质合宪说

如郝铁川教授认为，要判断《物权法（草案）》是否违宪，不能仅仅从宪法的条文的形式性规定来看，而且更要从宪法的价值等实质性的精神来加以判断。如果从实质性因素加以考查的话，《物权法（草案）》并没有违反宪法的基本价值和基本原则，因而在实质上是合宪的。[③]

2．民事领域合宪说

如焦洪昌教授通过《宪法》文本的分析，得出了三点结论：第一，历部宪法均高度重视保护公共财产，并且有两部宪法明确规定公共财产“神圣不可侵犯”；第二，虽有曲折，但历部《宪法》都承认公民有一定的财产权，并加以必要的保护；第三，我国对财产宪法保护的基本方法是分类，即将财产分为公共财产和私有财产。由于宪法是国家的根本法，具有最高的法律效力，因此，宪法保护便成为对财产保护的前提和基础。

3．正当用途合宪说

张千帆教授认为，宪法的用途有“误用”和“正当用途”两种，一些学者以物权法违宪为借口，对物权法上纲上线地进行批判，是对宪法的一种“误用”。因而从宪法的“正当用途”来看，物权法并没有违宪。[④]

综合当时的争论，宪法与民法关系的讨论进入自觉的学术对话阶段，虽受到一定的政治影响，但整体上没有离开学术对话与范畴。从它的基本规定和价值趋向看，体现了人权保障的基本原则和要求，是我国宪法保护的财产权的具体化，有利

---

① 韩大元：《由〈物权法（草案）〉的争论想到的若干宪法问题》，载《法学》2006年第3期。

② 刘勇：《物权法草案第49条应当取消——评物权法草案关于公益征收与征用制度的规定》，载《政治与法律》2006年第4期。

③ 郝铁川：《〈物权法（草案）〉“违宪”之我见》，载《法学》2006年第8期。

④ 张千帆：《宪法的用途与误用——如何看待物权法中的宪法问题》，载《法学》2006年第3期。

于使公民具体享受宪法所赋予的财产权。[①]

三、民法典编纂：宪法与民法的新一轮对话

经过《物权法》的争论，宪法学界再次确认宪法为国家与社会根本法的理念，强调宪法作为根本法的地位，成为法治发展的基础性价值。学者普遍认为，宪法在一国的法律体系中具有根本法、高级法与“统帅”的地位，包括民法在内的其他法律不得与宪法相抵触。在社会与国家关系上，宪法学者认为，宪法在国家与社会中发挥着国家根本法功能，不能把宪法调整功能只限定在国家领域。

党的十八届四中全会审议通过的《中共中央关于全面推进依法治国若干重大问题的决定》，以政治文件的形式明确要求“制定民法典”，基于这种“政治决断”，民法学界开始民法典编纂工作，使之成为当前法治工作的重要课题。根据“分两步走”的立法思路，第一步编纂民法典总则编，第二步编纂民法典各分编，争取于2020年3月将民法典各分编一并提请全国人民代表大会会议审议通过，从而形成统一的民法典。[②] 随着《民法总则》（以下简称《总则》）在2017年十二届人大五次会议上获得正式通过，我国的民法典编纂工作进入了快车道。自《民法总则（草案）》征求意见以来，新一轮的“宪法、民法”的讨论随之展开，虽不同于当年“物权法是否违宪”的争论，但围绕《总则》第1条以及国家与社会关系而展开的讨论也引发了学术争鸣。当然，虽摆脱了意识形态的影响，但这一争论也包含着“政治意识形态上的分歧”[③]，需要坚持学术对话，切忌把学术问题政治化。

《总则》以及民法典编纂中可能涉及的宪法与民法问题主要有：

第一，是否在《总则》第1条写“根据宪法，制定本法”，如何理解“根据宪法”？龙卫球教授发表《民法典编纂要警惕“宪法依据”的陷阱》一文[④]，从民法视角对“宪法依据”可能遇到的法律问题提出不同的学术观点，认为要注意“宪法依据对民法典编纂”的影响。对此，宪法学界提出不同的观点，认为“对市民社会概念的过分依赖阻碍了宪法高于民法的认识，私权的宪法基础被遮蔽”[⑤]。“根据宪法”实际上表

---

① 韩大元：《由〈物权法（草案）〉的争论想到的若干宪法问题》，载《法学》2006年第3期。

② 李适时：《关于中华人民共和国民法总则（草案）》的说明。其实这种分步骤的立法技术也是我国民事立法的传统，如从1907年到1911年清朝制定《大清民律草案》，也是分步骤制定的。体例为：第一编总则、第二编债权、第三编物权、第四编亲属编、第五编继承编。1928年制定《中华民国民法》时也采用先制定民法总则编，再制定其他分编的立法体例。

③ 林来梵：《民法典编纂的宪法学透析》，载《法学研究》2016年第4期。

④ 龙卫球：《民法典编纂要警惕“宪法依据”陷阱》，http://opinion.caixin.com/2015-04-22/100802509.html，下载日期：2018年7月21日。

⑤ 郑贤君：《作为宪法实施法的民法——兼议龙卫球教授所谓“民法典制定的宪法陷阱”》，载《法学评论》2016年1期。

明了立法者的一种宪法义务,即接受宪法的约束,依照宪法制定法律,并遵守宪法,履行维护国家法制统一的义务。在这里,“根据宪法”的“宪法”,包括宪法条文、宪法精神与宪法原则,是宪法整体体系对民法制定、民法适用过程的规范约束。

第二,民法典能否发挥宪法功能的问题。无论是“民法基本说”“民法根本法说”或者“宪法—民法同位说”,其理论论证的背后存在着民法功能过于自信,也就是过分强调民法发挥“宪法功能”。如认为“私法被誉为真正的宪法”①,认为“对于社会生活而言,民法是实质意义上的根本法”,发挥着“宪法性功能”②。也有民法学者主张,民法典要发挥宪法性功能,可以将一些“宪法性条款”写入民法典。③ 对这一问题,有宪法学者认为,民法功能与宪法功能有区别,即使民法典被寄予宪法性功能,但该功能只有限定性的内容,不能刻意夸大。④ 苗连营教授认为应“界分宪法与民法功能”,反对在民法典中规定征收条款。⑤ 这个争论还在进行,笔者认为“宪法的民法化”“民法的宪法化”都应当遵循应有的界限,即使客观上存在着功能互动,但不宜超越由规范确定的实效性范围。

第三,一般人格权与宪法人格权的关系。《总则》第五章规定的民事权利与宪法规定的基本权利之间如何保持应有的界限?这是宪法学与民法学需要从原理上共同研究的问题。《民法总则》规定的“民事权利”是否是宪法上人格权的具体化?是否存在宪法上的人格权与民法上的人格权概念?对此宪法学者与民法学者开始了不同视角的研究。如尹田教授认为,“人格权应由宪法来规定,‘民法典’没有必要规定”⑥,也有学者认为“人格权既可以由宪法规定,也可以由民法规定,由民法规定更好”等。对此宪法学者提出需要探讨的三个问题:我国宪法是否规定了一般人格权?宪法上的一般人格权到底有何作用?宪法上的一般人格权与民法上的一般人格权有何区别与联系?⑦ 在宪法学者看来,《宪法》第 38 条规定的“人格尊严”在内涵上倾向于一般人格权,民法上一般人格权是宪法上一般人格权“间接”适用于民法的产物,同时,民法典规定一般人格权成为民事立法者落实基本权利国家保

---

① 赵万一:《从民法与宪法关系的视角谈我国民法典制订的基本理念和制度架构》,载《中国法学》2006 年第 1 期。

② 徐国栋:《民法典与民法哲学》,中国人民大学出版社 2007 年版;林来梵:《民法典编纂的宪法学透析》,载《法学研究》2016 年第 4 期。

③ 王涌:《民法典编纂的雄心、野心与平常心》,载《凤凰周刊》2015 年第 10 期。

④ 林来梵:《民法典编纂的宪法学透析》,载《法学研究》2016 年第 4 期。

⑤ 苗连营、郑磊:《民法典编纂中的宪法三题》,载《法制与社会发展》2015 年第 6 期。

⑥ 尹田:《论人格权的本质——兼评我国民法草案关于人格权的规定》,载《法学研究》2003 年第 4 期。

⑦ 王锴:《论宪法上的一般人格权及其对民法的影响——2016 年 8 月 27 日在“民法总则(草案)中的宪法问题”学术研讨会上的发言》。

护义务的结果。① 在近期民法学者的回应中，基本权利作为民法人格权制度合法性来源以及发展与完善动力的规范地位获得了学界更多的认可。② 有学者指出，《总则》对于一般人格权的规定是对宪法中人格尊严等基本权利的私权利化，在相应权利受到私主体的侵害时能够借助民事救济制度得到更好的保护。③

第四，法人的性质与宪法问题。《总则》第三章规定法人，第四章规定非法人组织，同时在法律上把法人分为营利性法人和非营利性法人，并规定社会团体的地位与职责等。在宪法学上，法人是否成为基本权利主体是一直有争论的问题，学界主流观点是法人可以行使自然人行使的部分权利，但与自然人行使的权利有本质的区别。《总则》中规定大量的社团法人以及非法人组织等宪法性权利，有可能混淆法人人格与自然人人格之间的界限，需要合理区分不同主体之间的功能。

第四节　宪法与民法关系的未来

以上我们分析了改革开放以来宪法与民法关系在中国的演变过程以及学术界的回应。从法制近代化的过程看，宪法与民法关系体现了中国社会结构的演变，为国家与社会的良性互动奠定了基础。由于百年中国社会的基本目标是建构合理的国家秩序，制度选择与政体的变动成为主流的价值导引，民法生活并没有获得应有的生活方式。因此，宪法作为根本法的价值体系与规范体系成为整个法治进程与法律体系的基本命题，总体上没有形成相对独立的社会规范，民法生活应体现宪法精神，"远离宪法"并不是民法学发展的主流。

随着民法典编纂工作的深入，有关宪法与民法关系的研究将成为未来几年中国法学界的重大课题。我们基于历史发展的脉络，要以本土文化与传统为基础，把两者关系理论化、具体化，为民法编纂工作提供智力支持。在民法典编纂问题上，我们需要打破学科界限，同时关注国际学术界的新的理论发展动态，不要仅仅囿于本土化的法学问题。

总之，在"依宪治国"的背景下，学界要寻求共识，将宪法精神体现在民法典编纂的过程之中，排除各种非学术的干扰。要坚持学术共识与法律常识，加强理论论证，尊重学术逻辑，开展学术对话，推动法治的发展与学术的进步。

---

① 王锴：《论宪法上的一般人格权及其对民法的影响》，载《中国法学》2017年第3期。

② 石佳友：《人权与人格权的关系——从人格权的独立成编出发》，载《法学评论》2017年第6期。

③ 杨立新：《人身自由与人格尊严：从公权利到私权利的转变》，载《现代法学》2018年第3期。

第十一章

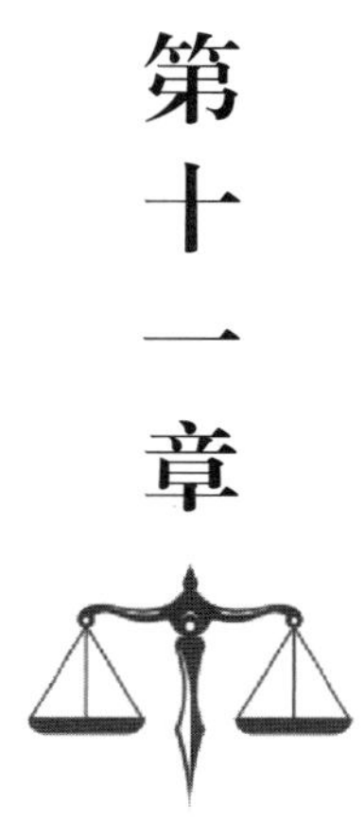

宪法与人格权保护

第一节　从宪法上的人权保护到民法典中的人格权保护

十八届四中全会提出，坚持依法治国首先要坚持依宪治国。而宪法在本质上是一部人权保障之法，其核心就是规范权力运行、保障基本人权。既有的观念总是将宪法与人权纳入公法的视野，认为维护宪法、保障人权主要是公法的职能。就历史而言，人权最早确实是作为对抗公权力而被提出的概念，强调人权的主要目的也在于缓和公民与国家之间的不对等，防止国家对公民的侵害，就此而言，人权当然构成了公法的一个重要内容。

但必须指出的是，限于公法的人权观念其实是一种狭隘的人权观念，是对宪法与民法关系的误解，并不符合当代法治发展的趋势。事实上，民法也担负着落实宪法，保障人权的重要使命。[①] 作为市民生活之百科全书的民法典，调整着从摇篮到坟墓的大量社会关系，无疑也要承载和体现以人为本、保护人权的基本价值追求。正是在此意义上讲，编纂民法典绝不仅仅是对现行民事法律规范进行整合的一项技术任务，更肩负了保护和实现人权的历史重任。

① 黄忠：《通过民法典编纂落实人权保障目标》，载《中国社会科学报》2015年5月13日。

一个时代有一个时代的价值，一个时代有一个时代的法律。我国正在进行的民法典编纂工作与欧陆传统民法典的制定完全分处于不同的历史时期。因此，身处21世纪的中国民法典不仅要在具体制度上较前人有所发展，而且更应注入更多的现代性价值观念。不难发现，二战后，尊重与保护人权不仅成为国际社会的共识，而且成为法治文明的核心标志。换言之，21世纪的核心价值观念是人的保护。以人为本，保护人、尊重人、发展人已经成为当代社会的基本价值共识，因此，民法典的编纂理应旗帜鲜明地把人权保障作为其核心目标。

而要通过民事立法来强化人权保障，落实宪法精神就需要制定专门的人格权法。单独的人格权法不仅可以克服从个案出发的"合宪性裁判"的弊端，而且可以最大限度地丰富和发展权利的内涵，并彰显中国民事立法的独特个性。1986年的《民法通则》在"民事权利"一章中单设"人身权利"一节的做法，不仅为其赢得了"中国权利宣言"的美誉，也为我国正在进行的《民法典》的体系设计提供了一个崭新思路。《民法通则》所确立的体系不仅是其他国家的民法典难以比拟的立法成果，而且是被实践所证明的先进的立法经验，已经对我国民事司法实践与民法理论都产生了积极和深远的影响。因此，在民法典的编纂中，强化人格权的保护，既是对我国民事立法、司法传统的一种坚守，同时也可以为民法典注入更多的人权保障理念，提升我国民法的现代化水平。

诚然，就其积极意义而言，人格权法编的独立有助于凸显我国民法的现代性，也有利于人权保护目标的实现。但是，在讲究体系和谐、逻辑严谨的民法典中，任何创新都必须遵循基本的体系与逻辑。因此，基于体系效应的考虑，在推进人格权法的过程中，我们有必要对人格权法与其他法律制度间的关系予以认真对待。有学者提出：中国在进行民法典起草的过程中，如何妥当进行民法典人格权益的规则设计，尤其是宪法上的人格权益与民法上人格权益的关系如何确定、如何妥当协调人格权法编与总则编民事主体制度以及侵权责任法编的相关内容等等，都是立法机关无法回避的问题。[①] 事实上，在我国民法典的编纂过程中，人格权是否独立成

---

① ［法］让·米歇尔·布律格耶尔：《人格权与民法典——人格权的概念和范围》，肖芳译，王轶点评，载《法学杂志》2011年第1期。王轶教授所概括的问题也是当前部分学者反对人格权法独立成编的基本理由。参见尹田：《论人格权的本质——兼评我国民法草案关于人格权的规定》，载《法学研究》2003年第4期；尹田：《论人格权及其在我国民法典中的应有地位》，载《人民法院报》2003年7月11日；尹田：《论人格权独立成编的理论漏洞》，载《法学杂志》2007年第5期；梁慧星：《民法典不应单独设立人格权编》，载《法制日报》2002年8月4日版；柳经纬：《民法典应如何安排人格权制度》，载《河南政法管理干部学院学报》2004年第3期；钟瑞栋：《人格权法不能独立成编的五点理由》，载《太平洋学报》2008年第2期；邹海林：《再论人格权的民法表达》，载《比较法研究》2016年第4期。

编无疑是一项具有重大争议的问题。[①] 虽然2002年全国人大常委会审议的《中华人民共和国民法(草案)》已明确了人格权法独立成编的初步格局,[②]但在我国民法学界内部,反对人格权法独立成编的声音依旧很强。因此,如何看待人格权法的地位仍值得认真对待。

第二节 宪法人格权与民法人格权的联系与区别

从历史演进而言,民法上的人格权确实要先于宪法上的人格权出现,因为在整个19世纪——也就是说一直到1900年资产阶级法典编纂为止——私法都具有一个独立的、自足的法律领域所具有的那种系统封闭性。[③] 但是以法、德为代表的近代民法上的人格权的最终发展壮大,却又是依靠宪法中公民基本权利的发展而推动的。所以有学者认为,人格权"天生"就是一种宪法权利,且在宪法的基本权利谱系中居于核心地位。[④] 受此影响,在我国就有学者认为在现代社会,神圣的人格权不能被规定在民法之中,而应当上升到宪法的位阶。[⑤] 然而,在我们看来,基于人格权的神圣性而试图以宪法上之基本权利规范取代民法上的人格权规范的结论在理论上是存疑的,在实践上是有害的,不值赞同。

一、宪法"创设"了人格权?

按照一些学者的看法,人格权为自然人人格构成要素中非财产性要素(包括政治要素与伦理要素)的权利表达,系基于人格的获得而当然产生,故其创设依据为

① 新近争论可以参见杨立新:《对民法典规定人格权法重大争论的理性思考》,载《中国法律评论》2016年第1期;中国社会科学院民法典工作项目组:《民法典分则编纂中的人格权立法争议问题》,载《法治研究》2018年第3期;王利明:《使人格权在民法典中独立成编》,载《当代法学》2018年第3期。

② 2017年11月,全国人大常委会法工委民法室还起草了《中华人民共和国民法人格权编(草案)》(室内稿)。

③ [德]哈贝马斯:《在事实与规范之间:关于法律和民主法治国的商谈理论》,童世骏译,生活·读书·新知三联书店2003年版,第493页。其实,如果将民法典编纂视为一个国家私法秩序建构的最显著的标志,则可以发现,欧洲主要国家的民法典编纂都不是在民主宪政体制之下完成的。参见薛军:《"民法—宪法"关系的演变与民法的转型——以欧洲近现代民法的发展轨迹为中心》,载《中国法学》2010年第1期。

④ 尹田:《论人格权的本质——兼评我国民法草案关于人格权的规定》,载《法学研究》2003年第4期。

⑤ 尹田:《论人格权的本质——兼评我国民法草案关于人格权的规定》,载《法学研究》2003年第4期;尹田:《论人格权独立成编的理论漏洞》,载《法学杂志》2007年第5期。

宪法而非民法，其性质应为宪法性权利而非民事权利。换言之，在其看来，人格权属于一项自然权利，因此民法不得对其进行正面染指。① 然而，这里的疑问是：为什么唯独认为作为实证法的民法不能染指人格权，而同为实证法的宪法却可以对其进行赋权？

从终极意义上讲，我们也认为民法并非是“创设”人格权的上帝，②而由此当然推论应当是——宪法同样也不是“创设”人格权的上帝。因为包括人格权在内的宪法权利在终极意义上讲并不是来源于宪法规范，人权才是宪法权利的基础，宪法权利根本上来源于人权，人类根据一定历史时期的实际情况将那些对人类至为紧要的权利由宪法予以规范，从而形成“公民基本权利”。换言之，人之为人所拥有的平等、自主、自尊、自卫之类的“自然本性”，因为源于自然，而又为人的理性所支持，所以才被16、17世纪的自然法学家宣布为自然权利。这种权利出自“本性”“自然”，为自然法这个超验的权威所支持，表达了人之作为人的基本规定。③ 可见，正确的结论应当是：自近代社会以来，生命权与自由权、财产权共同成为人们普遍公认的自然权利。④ 而宪法本身并不“创造”公民权利，它不过也是对公民之基本权利的“确认和保障”而已。⑤

张新宝指出，我们不能说某项权利（包括人格权）能够找到宪法上的依据，就否定其民事权利的性质而定义为宪法权利。如果这样思考问题，所有权利差不多都能找到宪法依据，都可能被“宪法化”，其结果是取消部门法。⑥ 其实，如果将人格权宪法化的观点进一步演绎，则其结果就不单纯是取消部门法，同时也会取消宪法本身。因为从终极意义上看，包括人格权在内的基本权利应当是源于自然法。宪法也只是对其的发现和确认罢了。但这一观点又是无法为我们所接受的，因为其将会从根本上取消宪法、民法等所有实证法存在的必要性，从而回到所谓的自然法

---

① 尹田：《论人格权独立成编的理论漏洞》，载《法学杂志》2007年第5期。

② 但一种更为激进的观点则认为，相对于民法来说，宪法通常是对既有权利的肯认，只有民法才有创设权利的功能。宪法不是个人权利的来源，而是其结果。就此推论，则人格权应当是民法权利，而非宪法权利。参见赵万一：《从民法与宪法关系的视角谈我国民法典制订的基本理念与制度架构》，载《中国法学》2006年第1期；赵万一、周清林：《再论民法与宪法之间的关系——与童之伟教授商榷》，载《法学》2007年第4期。

③ 夏勇：《人权概念起源——权利的历史哲学》，中国政法大学出版社2001年版，第166～167页。

④ 韩大元：《中国宪法学应当关注生命权问题的研究》，载《深圳大学学报》2004第1期；夏勇：《人权概念起源——权利的历史哲学》，中国政法大学出版社2001年版，第166～167页；[美]列奥·施特劳斯：《自然权利与历史》，彭刚译，生活·读书·新知三联书店2003年版；[美]迈克尔·扎科特：《自然权利与新共和主义》，王崇兴译，吉林出版集团有限责任公司2008年版。

⑤ 焦洪昌：《“国家尊重和保障人权”的宪法分析》，载《中国法学》2004年第3期。

⑥ 张新宝：《人格权法的内部体系》，载《法学论坛》2003年第4期。

状态。然而,自然法从根本上说是一种理想的、先验的法律制度,它的内容模糊含混,在逻辑上存在许多含糊不清、难以证明的命题,同时也无法用经验的方法来测量与判断。正是因为自然法自身的不确定性和虚妄性,所以在明智的法学家眼里,它不过是一块食之无味、弃之可惜的"鸡肋"。[①] 换言之,现实的选择还是需要实证法的,而完全将人格权作为自然权利对待其实是一种立法者的不作为。[②]

从实证法的层面上来看,究竟是由宪法来规定人格权,还是由民法来规定人格权,这只是一个法律分工问题,并不涉及所谓的价值选择,而仅仅是解释选择的问题。[③] 因此所谓"人格权是一种宪法赋予自然人的基本权利,而不是由民法赋予的民事权利"[④]的结论,是一个以偏概全的结论。申言之,说基于自然权利而生的人格权为"宪法权利",而不是"民事权利",其实也是承认实证法之后的"片面之词",不得当真。实际上,权利的神圣性与法律将其明文化两者之间是不矛盾的。不难发现,私有财产同样被视为是一项具有神圣性的权利,甚至也可以说是自然权利,[⑤]但这丝毫不妨碍民法将物权、债权、知识产权等财产权作为民事权利的类型在民法典中进行独立规定,当然也不妨碍宪法将私有财产的保护明定在宪法规范当中。[⑥]

二、将人格权完全上升为宪法权利可行么?

分明是自然权利的人格权,为何在某些学者眼里就单单成了宪法权利了呢?这是因为在这些学者看来,将人格权规定为民事权利就有损于人的全面保护,而将人格权还原为宪法权利就会使人权保障获得何等广阔辉煌的前景。而学者作上述判断的理由又在于:将人格权与物权、亲属权并列的做法会使人格权从宪法权利彻底沦落为由民法创设的民事权利。这一做法完全截断了在自然人基本权利的保护领域,民事司法直接向宪法寻求裁判规范之依据的进路,完全否定了被我国宪法直接赋予自然人的许多被视为"公法权利"的人格权(如宗教信仰自由权、劳动权和劳

---

① 陈林林:《从自然法到自然权利——历史视野中的西方人权》,载《浙江大学学报》2003年第2期。

② 张素华:《人格权法独立成编必须正视的几个基本问题》,载《东方法学》2018年第2期。

③ 关于法律(民法)问题的类型及其区别,参见王轶:《民法原理与民法学方法》,法律出版社2009年版,第19～27页。

④ 尹田:《论人格权及其在我国民法典中的应有地位》,载《人民法院报》2003年7月11日。

⑤ 易继明:《评财产权劳动学说》,载《法学研究》2000年第3期;霍毅斌、李英田:《财产权:自然权利中的核心因素——对洛克的财产权思想的探析与评价》,载《生产力研究》2007年第12期。

⑥ 因为财产权不仅是一种民事权利,更是一种宪法权利。参见高全喜:《财富、财产权与宪法》,载《法制与社会发展》2011年第5期。

动者休息权、受教育权等）获得民法保护的可能。[①] 可见，某些学者之所以力主应将人格权定位于宪法权利，其现实的考虑在于担心由于民法规范的局限性会束缚对人格权的全面保护。然而，就此的疑问是，将人格权上升为宪法权利就必然会获得对人权保障的广阔辉煌前景么？

首先，需要指出的是，基于成文法的局限性，民法典对具体人格权的列举确实可能会存在遗漏，进而导致所谓的保护不周的问题。[②] 宪法上的基本权利也不会包罗万象，而只是对重要的基本权利的提炼，因此其不仅规范简单，而且同样可能会有遗漏。正如有学者所言，基于人的认识能力有限性、成文宪法本身的局限性和基本权利内容的发展性，任何国家都不可能在宪法文本中将应当受到保障的基本权利尽数列举，由此就会产生所谓宪法未列举权利的问题。[③] 在我国，由于现行宪法是在特殊历史背景下修改的，有关公民基本权利的规范受到时代的局限，更会存在不周延和遗漏的问题。例如现行宪法规定的公民人格权主要为人格尊严、人身自由、信仰自由、住宅自由、通信自由等几类原则性、基本性的权利，而市民社会中最经常行使、最易受侵犯的生命权、健康权、身体权、姓名权、名誉权、隐私权、肖像权、信用权等，在宪法中却是不见踪影的。[④]

一旦我们承认宪法上之基本权利规范的局限性，并考虑到宪法作为高级法所要求的相对稳定性特征，[⑤]则在面对宪法未明确之人格权的保护问题时，所谓“还原为宪法权利就会使人权保障获得何等广阔辉煌的前景”的追求就会化为泡影。换言之，作为成文法的民法对人格权的列举会存在遗漏，而同为成文法的宪法对人格权的规定也会存在遗漏，而考虑到宪法修改的复杂性，因此通过民法的方法应该更容易将发展中的人格权吸收到法典中去。而且，独立的人格权法，或者说是人格权法定并不是绝对封闭的，而是呈现相当的开放性，因为人格权法定主义是一种弱度的法定主义，仅排斥当事人基于己意创设人格权，并不限制法官进行创造性司法。[⑥]

其次，将人格权还原为宪法权利的结论也是基于对宪法与民法关系的片面认识上的可疑结论，它错误地解读了宪法基本权利的司法属性，在理论上过高地评价了宪法基本权利的现实意义。我们知道，宪法上的基本权利与民法上的民事权利

---

① 尹田：《论人格权的本质——兼评我国民法草案关于人格权的规定》，载《法学研究》2003年第4期。

② 但必须指出的是，上述结论是在严格的人格权法定主义模式下的结论。而我们并不认同未来的人格权法应当采取严格的人格权法定主义模式。

③ 王广辉：《论宪法未列举权利》，载《法商研究》2007年第5期。

④ 刘凯湘：《人格权的宪法意义与民法表述》，载《社会科学战线》2012年第2期。

⑤ 焦洪昌：《“国家尊重和保障人权”的宪法分析》，载《中国法学》2004年第3期。

⑥ 易军：《论人格权法定、一般人格权与侵权责任构成》，载《法学》2011年第8期。

虽然存在重叠的地方，但二者还是有重大区别的。[①] 换言之，虽然宪法与民法中常常有同名的权利，如财产权、人身自由等，但同名却不意味着同质。一如于飞博士所言，宪法中的财产权是指国家不得侵犯公民的财产权，不得随意没收；宪法中的人身自由权是指国家不得侵犯公民的人身自由，非经正当司法程序不得逮捕公民或限制其人身自由。如果不得已要限制公民的基本权利，如征收、征用制度，则在理论上也须通过法律保留原则与比例原则的审查。而民法中的财产权与人身自由权针对的是其他私主体，并得依私人合意进行限制，没有适用法律保留原则与比例原则的余地。正是由于基本权利与民事权利所处的法律关系不同，义务人不同，权利强度不同，因此即使重名，两者也是存在于平行领域的不同事物。[②] 可见，宪法基本权利的宣告在于界定政府行使权力的目的，防止政府权力滥用。[③] 正是由于宪法上的权利概念更多地指向的是对国家权力的行使方式的限制，[④]因此，一般不存在与这些"宪法权利"相对应的可以供普通公民使用的普通的诉讼程序。[⑤] 比如，宪法规范规定了劳动权，但普通公民是不能因为宪法规定了劳动权便可以起诉要求国家给其提供一个工作岗位。无救济则无权利，因此在无任何可行的诉讼程序的前提下，人格权宪法化后又如何能使人权保障获得何等广阔辉煌的前景呢？

而且，如果民事主体的人格权仅由宪法规定，则其直接的后果就是其只能得以预防和对抗政治国家和公权力，即只能规范国家机关行使公权力的行为以防止其侵害公民的人格权，而无法面对更多、更经常、更普遍的"私对私"的侵害。[⑥] 此外，按照一种更为激进的观点，宪法属于公法范畴，而民法属于私法范畴。公法和私法作为两类不同性质的法律制度，两者在法律地位和效力是平等的，既无高下优劣之分，也不应当有统率和被统率之分。因此，正确的说法应当是：宪法是公法的基本法，而民法则是私法的基本法。[⑦] 既然宪法与民法的关系是平行的，两者所调整的领域并不重合，那么在具体的法律适用上就不能按照"特别法无规定，适用一般法"的规则进行处理。[⑧] 如果按照上述观点，则在民事主体之间发生所谓的人格权纠纷时，试图从宪法上寻找法律依据，进而使人权保障获得何等广阔辉煌的前景，其

---

① 陈道英：《从德国法上的一般人格权看宪法权利与民事权利的协调》，载《法学评论》2011年第5期。

② 于飞：《基本权利与民事权利的区分及宪法对民法的影响》，载《法学研究》2008年第5期。

③ 张善斌：《人格与人格权相关问题探讨》，载《法学评论》2011年第6期。

④ 比如，宪法规定公民有健康权、受教育权、劳动权等，这些宪法规范指向的是国家有义务通过一定的财政资源、立法手段来使公民得到有效的治疗，获得教育资源，扩大就业机会等。

⑤ 薛军：《人格权的两种基本理论模式与中国人格权立法》，载《法商研究》2004年第4期。

⑥ 刘凯湘：《人格权的宪法意义与民法表述》，载《社会科学战线》2012年第2期。

⑦ 赵万一：《从民法与宪法关系的视角谈我国民法典制订的基本理念与制度架构》，载《中国法学》2006年第1期。

⑧ 于飞：《基本权利与民事权利的区分及宪法对民法的影响》，载《法学研究》2008年第5期。

立论基础本身就是错误的。

其实，在欧洲就流行着一种将民法典本身视为宪法的观点。比如德国民法典起草过程中第二届委员会的重要成员、著名法学家索姆就主张，保障自由的"宪章"是由私法所构成的，而不是宪法所构成的。其实，这一说法并非是他的一己之见，在欧洲19世纪中后期的语境中，民法典在法律体制中具有一种实质上的"宪法性"地位的观点是得到欧洲学界公认的。甚至在当代，这样的判断仍然得到了欧洲各国学者的广泛认同。因为民法典编纂，本身就具有明确的政治性内涵，它是资产阶级的政治规划的重要组成部分，目的在于建立体现其核心价值选择的国家法律体系。在这一时代，民法以及作为其集中载体的民法典，并非"政治无涉"，相反它具有鲜明的政治性内涵。甚至可以说，民法典编纂，对于资产阶级国家的建构而言，本身就是一个具有确切无疑的"立宪性"意义的事件。[①] 如果我们放弃宪法是民法的上位法的认识，甚至接受民法本身就是宪法的观点，则所谓的人格权不能为民法所赋予，而应回归到宪法的结论就更为荒谬了。

退一步来讲，即使我们不接受民法与宪法泾渭分明的观点，转而采信考夫曼等人对宪法概念和宪法基本权利的新认识，则是否能将包括人格权在内的宪法规范在民事纠纷中予以适用仍值怀疑。在考夫曼等人看来，宪法中所规定的基本权利的功能已经不仅是用于对抗国家公共权力，而且是具有更加广泛的内涵。具体来说，宪法中所规定的基本权利，应该被理解为是作为一个整体而被一个政治共同体(国家)所接纳的一套价值体系的体现，这样的价值体系，能够整合一个政治共同体，并且赋予其政治体制以及法律体制以合法性。[②] 基于此种认识，就产生了所谓的"宪法规范的第三人效力"学说，并且发展出直接效力说与间接效力说两种不同的理论模式。[③]

然而，必须首先指出的是，说宪法规范具有第三人效力，却绝不意味着宪法上的所有基本权利规范都可以适用到民法领域当中。正如张千帆教授所指出的那样，承认宪法的法律效力及其法律适用的必要性，并不意味着每一条宪法规定都必须得到直接适用。[④] 这是因为宪法上的有些基本权利，其主要以国家为义务对象，是个人从国家获取利益或要求国家为一定行为或不为一定行为的权利，因此就其本质及渊源来看，不可能适用于私法关系。[⑤] 所以如果要在民事纠纷中对宪法基

---

① Cfr.，U. Petronio，La lotta per la codificazione，Torino，2002，p. 214；薛军：《"民法—宪法"关系的演变与民法的转型——以欧洲近现代民法的发展轨迹为中心》，载《中国法学》2010年第1期。

② 薛军：《"民法—宪法"关系的演变与民法的转型——以欧洲近现代民法的发展轨迹为中心》，载《中国法学》2010年第1期。

③ ［德］迪特尔·施瓦布：《民法导论》，郑冲译，法律出版社2006年版，第59～61页。

④ 张千帆：《论宪法的选择适用》，载《中外法学》2012年第5期。

⑤ 张红：《方法与目标：基本权利民法适用的两种考虑》，载《现代法学》2010年第2期。

本权利规范进行适用，则民事法官首先需要辨识哪些宪法基本权利规范具有第三人效力，而哪些宪法基本权利规范没有第三人效力。但就我国目前的司法实践来看，委任民事法官来区分具有第三人效力的基本权利规范与无第三人效力的基本权利规范，不仅与法无据，同时也是强人所难。因此，如果将人格权统归于宪法，则其后果或是导致民事法官为“减负”而对人格权的保护诉求一概拒绝，从而导致人格权的保护无法可依；或是民事法官为“权利神圣”而无限度地扩大宪法基本权利规范的适用范围，进而导致“权利爆炸”，影响社会交往。很明显，无论是何种后果，均与“使人权保障获得何等广阔辉煌的前景”之追求相去甚远。相反，一旦人格权进入民法，则人格权的保护因为有了具体的民事规范可兹参照，故而可以大大缩减民事法官的辨识工作，进而为人格权的保护提供更具可行性和预见性的指引。

而且，无论是直接效力说还是间接效力说，其对市民社会的正常关系都可能会造成过度的损伤。这实际上是由基本权利的特征所决定的，因为基本权利在其产生之初主要是公民针对国家的防御权，而由于国家与公民之间的不平等性，在制度安排上，宪法通常都会对公民基本权利作倾斜性配置，并以此来强化公民基本权利的维护。但在一般的民事活动中，基于民事主体之间的平等性，倾斜性的保护通常就没有必要了。相反，如果把广泛的基本权利无论以直接或间接的手法纳入民法中，则看似更多地确认了人民权利，其实反而会限制人民的自由——如果把刚性的基本权利直接纳入民法适用，则有造成权利冲突和损伤私法自治的弊端；而若把基本权利转换成基本权利价值体系后间接地引入民法，虽可暗地里抽去基本权利的刚性，但基本权利的广泛性依然会造成实践中民事权利的过度确认。[①] 以平等权为例，宪法上的平等权是公民要求国家平等地对待自己的权利，以避免国家依其强权在国民中划分等级。然而，能否基于宪法的规定，而在私人之间也要求他人一律平等地对待自己呢？如果承认私人应当有一定的思想自由和行为自由，那就会承认私人可以拥有自己的爱憎好恶并在社会允许的范围内表达之，进而也就不得不承认私人无法要求他人一概平等地对待自己。换言之，在私人之间，过高的道德要求会严重限制个人的思想与行为自由。[②]

因此，试图用宪法的基本权利来直接或间接指引民事审判，其后果是用宪法基本权利的规范来约束私人的关系，这是与宪法基本权利产生的初衷相悖的，同时也极不利于私人自治的实现。正如同样反对人格权独立成编的梁慧星教授在反思“受教育权案”时所指出的那样：唯有国家、社会、学校和家庭，才是保障公民“依据宪法规定所享有的受教育的基本权利”的义务主体；也唯有国家、社会、学校和家庭，才可能侵害公民“依据宪法规定所享有的受教育的基本权利”。因此，对于齐玉

---

① 于飞：《基本权利与民事权利的区分及宪法对民法的影响》，载《法学研究》2008 年第 5 期。

② 于飞：《基本权利与民事权利的区分及宪法对民法的影响》，载《法学研究》2008 年第 5 期。

苓案，我们勉强可以说被告滕州八中和滕州市教委侵犯了原告齐玉苓“依据宪法规定所享有的受教育的基本权利”，但绝不能说被告陈晓琪、陈克政侵犯了齐玉苓“依据宪法规定所享有的受教育的基本权利”。[①] 很明显，梁教授在此完全否定了被我国宪法直接赋予自然人的受教育权经由民法在私人之间获得适用(效力)的可能。可见，不加任何鉴别，一概将宪法上的基本权利直通民事审判，在理论上并不妥当，在现实中则会对私人自治产生过度的冲击，不值赞同。就此而言，正确的选择是，在宪法规定基本权利以外，还应通过民法对调整私人关系的民事权利(包括人格权)进行甄别和确认。[②]

上述结论，可能会遭遇这样的质疑：在民法规定了民事权利之后，为何宪法又需要再次就此予以规定？这一问题的答案在于民法与宪法的本身的差别。宪法之所以重申民法上的权利，其原因主要有二：第一，由于在现代社会中对于财产权、人身权造成威胁的不仅是私人，更可能是国家。同时，有些人身权、财产权的实现需要国家给付，因此有必要将一些重要的财产权、人身权上升到宪法权利，进而使国家担负尊重和保护的义务。第二，宪法重申民事权利也是旨在宣告此等民事权利的高贵性，由此导致若要对此等权利予以限制，就必须遵循法律保留原则与比例原则。值得注意的是，无论如何，将某种权利(比如说生命健康权、人身自由权等)界定为宪法意义上的权利，绝不意味着它因此就不再是一种民法意义上的权利，这只意味着，相对于那些没有被界定为宪法上的基本权利的权利类型而言，它应该受到更加绝对的保护。换言之，要对它们进行限制和剥夺，必须符合更加严格和苛刻的条件。所以，在民法规定人格权后，宪法就其认为重要的人格权利再次予以规范则是正当的，而完全否定人格权的民法化，一概将人格权宪法化则并不可行。

再次，考虑到中国的现状，如果仅有宪法对人格权的表述，而没有民法对人格权的赋权性规定和具体的规范，则人格权就只能停留在宪法的宣示性条款之上而难以为民事主体所真实享有，从而使得宪法创设人格权的立法目的落空。因为根据我国《宪法》第 67 条第 1 项的规定，“解释宪法，监督宪法实施”的职权仅仅被赋予全国人民代表大会常务委员会，司法机关包括最高审判机关都不能享有解释宪法的权力，这显然就排除了法院通过解释宪法而在民事案件直接援引宪法条款为判案依据的可能性。[③] 所以，在此背景下，如果仍然固执地认为人格权只是宪法权利，而不能由民法规定的观点，则表面上似乎是提高了人格权的地位，但实际上却

---

① 梁慧星：《最高法院关于侵犯受教育权案的法释〔2001〕25 号批复评析》，http://bmla.chinalawinfo.com/newlaw2002/slc/SLC.asp? Db=art&Gid=335573762，下载日期：2018 年 7 月 28 日。

② 张善斌：《民法人格权和宪法人格权的独立与互动》，载《法学评论》2016 年第 6 期。

③ 张新宝：《民事法官能够直接引用宪法条文判案吗？——最高人民法院法释〔2001〕25 号司法解释另解》，载杨立新主编：《民商法前沿》(1、2 合辑本)，吉林人民出版社 2002 年版，第 128 页。

是将人格权架空，[①]进而将导致司法实践在处理人格权纠纷时出现无法可依的不利局面。

最后，即使宪法司法化有朝一日在中国也被付诸实践，则单纯依靠宪法之基本权利规范来实现人格权的周延保护也仍然是一个“过于浪漫”的想法。首先，由宪法本身的特性决定，宪法至多是宣示性地规定一些具体的人格权，并确立“各种人格性质的法益应该得到保护”这一原则，而不会对人格权的具体内容、效力、行使方式、受侵害情形、救济方式等作出全面的规定，[②]因此就势必会出现无法解决保护的路径(请求权基础)，尤其是各种人格法益应该如何得到保护的问题。申言之，宪法上的基本权利规范充其量只是解决了人格权“应当保护”的问题，至于如何保护、保护到何种程度等细节问题却均无答案。因此在实践中，这些问题也就只能笼统地由法官来作个案决断了。[③] 这种个案决断模式的结果将是任由法官依据其处理具体案件的情况，来确定适用于其处理案件的规范的具体构成要件。很明显，这一模式与我们在处理民事纠纷时所采取的事先确定一系列构成要件明确、具体的规范化思路不同，它已经不再是一种通过制定法来解决问题的方法了，[④]而带有了判例法的色彩。

选择“个案判断”的思路，究竟是否合适，当然在很大程度上取决于具体国家的法官(以及更加广泛的法律职业共同体)的平均水准、思维习惯等因素。也许在德国的语境下，把人格法益的保护工作(以及与之相伴随的，将人格性质的法益与其他各种性质的利益的斟酌、权衡等工作)托付给法官，大体上合适。[⑤] 但在中国，这样的选择可能并不合适。质言之，由宪法规范的高度概括性决定了司法者必须具有高超纯熟的司法技能和公正无私的职业操守。而我国幅员辽阔，法官的素质参差不齐，因而试图完全依赖法官按照宪法的概括条款来定分止争，化解人格权纠纷，显然不现实。

总之，只要我们的宪法司法化闸门未予打开，或者即使是在宪法司法化闸门开放后，我们在人格利益的保护问题上，仍不希望完全采取司法导向的个案判断思

---

① 曹险峰：《论人格权的法定化——人格权法独立成编之前提性论证》，载《吉林大学社会科学学报》2006 年第 2 期。

② 刘凯湘：《人格权的宪法意义与民法表述》，载《社会科学战线》2012 年第 2 期。

③ 薛军：《揭开“一般人格权”的面纱——兼论比较法研究中的“体系意识”》，载《比较法研究》2008 年第 5 期。

④ 薛军博士进一步论证说，由于这种法益保护模式并非“立法”导向的法益保护模式，所以赞扬它能够避免人格利益的民法保护上的不周延性、滞后性等缺陷，基本上属于无的放矢。参见薛军：《揭开“一般人格权”的面纱——兼论比较法研究中的“体系意识”》，载《比较法研究》2008 年第 5 期。

⑤ 薛军：《揭开“一般人格权”的面纱——兼论比较法研究中的“体系意识”》，载《比较法研究》2008 年第 5 期。

路，而是继续坚持立法导向的规范化思路，则人格权的民法化就实属必要。实际上，如前文所述，人格权自其历史沿革而言，其最初的诞生地是民法。比如隐私权，最早是作为美国侵权行为法上的概念并受到法院的保护，而直到20世纪70年代，隐私权作为一项基本权利才得到西方司法界和学术界的承认。可见，在人格权诞生之初，宪法根本就不曾存在，因此如果按照人格权依宪法而生的论点，则无异于说人格权是近代立宪主义的产物，这与人类发展的史实是不符的。事实上，就中国而言，自《民法通则》以来，我们已经强烈感受到其对于人格关系的明确界定作用以及对于我们这个发展中社会的个人人格意识的促进价值，所以，今日我国民法上人格权之实证化确属一种法律现实的必然要求。①

当然，在人格权法的立法中，我们也应当充分注意宪法的意义。关注宪法上之基本权利的意义主要有两点：第一，对于已为宪法所确认的人格权益，则应当给予最高限度的保障，进而在对其的限制中务必接受法律保留原则和比例原则的审查。② 第二，基于宪法对“国家尊重和保护人权”的确认，因此要求民法在规定具体人格权时，不能采取严格的人格权法定主义立场。所谓人格权法定是指法律将其欲保护的人格利益类型化为各种具体人格权，舍此之外的人格利益则不予保护。严格的人格权法定主义显然会成为人格权发展的枷锁，③最终背离宪法所强调的人格独立、人格自由、人格尊严的基本立场，因此有必要软化人格权的法定原则，④并通过设计一般人格权制度，或设立“人格权的一般规定”，或采用“保护其他人格法益”的表达方式，⑤来谋求人格权法与宪法的互动，最终成就民法对人格权，乃至对人的全面保护。⑥

---

① 龙卫球：《人格权的立法论思考：困惑与对策》，载《法商研究》2012年第1期。

② 孟勤国：《人格权独立成编是中国民法典的不二选择》，载《东方法学》2017年第6期；张平华：《人格权的利益结构与人格权法定》，载《中国法学》2013年第2期。

③ 尹田：《人格权独立成编的再批评》，载《比较法研究》2015年第6期；韩强：《人格权确认与构造的法律依据》，载《中国法学》2015年第3期。

④ 有学者建议在立法中明确规定：本法(编)对“具体”或“某些”人格权的列举，不得被解释为否定或忽视人的其他人格权利。参见曹险峰：《论人格权的法定化——人格权法独立成编之前提性论证》，载《吉林大学社会科学学报》2006年第2期。

⑤ 考虑到“一般人格权”概念的引入会导致我国“人格权”“具体人格权”与“一般人格权”三者之间在概念和逻辑上的混乱，因此笔者倾向于后面两种思路。对一般人格权概念的反思，参见姚辉、周云涛：《关于民事权利的宪法学思维——以一般人格权为对象的观察》，载《浙江社会科学》2007年第1期；薛军：《揭开“一般人格权”的面纱——兼论比较法研究中的“体系意识”》，载《比较法研究》2008年第5期；冉克平：《一般人格权理论的反思与我国人格权立法》，载《法学》2009年第8期；马俊驹、王恒：《未来我国民法典不宜采用“一般人格权”概念》，载《河北法学》2012年第8期。

⑥ 黄忠：《〈人格权法〉立法须协调三大关系》，载《中国社会科学报》2011年8月9日。

第三节　重识民事主体与人格权的关系

证立人格权并非为宪法独享的观点后，能够推导出民法也可以规定人格权的结论。但民法在其自身的内部体系安排上又该如何安放人格权的规范呢？

由于人格权法所要调整的是人格权法律关系，而所谓人格权是指民事主体依法固有的，为维护自身独立人格所必备的，以人格要素为客体的权利。① 一般来说，人格权专属于特定主体，其对于权利主体具有强烈的依附性，与民事主体不能分离。正是鉴于人格权与民事主体之间的这种强烈依附性，所以有学者就主张应当将人格权作为民事主体制度的一部分进行规定，而不宜将其单独成编进行立法。② 在主张人格权应当被置于"民法典总则"之自然人部分的学者眼中，人格权是自然人作为民事主体资格的题中应有之义，因此人格权不能远离自然人的规定。比较法上将人格权作为民事主体制度的一部分予以规范的做法确实存在。比如《法国民法典》就是在"人"卷中增设了"尊重人之身体"一章，规定了人身权的具体内容。此外，在人格权的发展史上具有里程碑意义的《瑞士民法典》也是在"自然人"一章中专设"人格法"和"身份登记"，而同样未能让人格权的内容完全超脱于民事主体制度的视野。但是，将人格权纳入自然人部分的认识是否科学，仍然值得思考。

一、人格权与民事主体的可分离性

随着社会的发展和观念的更新，人对自身的认识也开始出现了变化。现代社会中人的伦理价值的财产化、商业化倾向不仅动摇了自罗马法以来的"人格与财产相对峙"的基础，而且使得人格权与民事主体的依附性出现了一定的变化。这其中最为典型的当属人格权商品化现象。③

① 关于人格权客体的问题，理论上存有争议。参见马骏驹：《从人格利益到人格要素——人格权法律关系客体之界定》，载《河北法学》2006 年第 10 期；李倩、尹飞：《人格权客体的再思考》，载《甘肃社会科学》2011 年第 3 期；郑晓剑：《人格权客体理论的反思——驳"人格利益说"》，载《政治与法律》2011 年第 3 期。

② 梁慧星：《民法典不应单独设立人格权编》，载《法制日报》2002 年第 3 期；梁慧星：《中国民法典中不能设置人格权编》，载《中州学刊》2016 年第 2 期；柳经纬：《民法典应如何安排人格权制度》，载《河南政法管理干部学院学报》2004 年第 3 期；邹海林：《再论人格权的民法表达》，载《比较法研究》2016 年第 4 期。

③ 杨立新、林旭霞：《论人格标识商品化权及其民法保护》，载《福建师范大学学报》2006 年第 1 期。

所谓人格权商品化是指在市场经济条件下，人格权与财产权结合在一起，形成一种商业化的利益。在现代社会，除了生命、健康、自由等权利以外，可以说几乎所有的人格权都在一定程度上被商品化了。例如，自然人的姓名不仅可以注册成为商标，而且可以作为商号使用。此时，作为商品化的人格权就出现了与民事主体的分离，并且还很可能是主动分离。[①] 正如王泽鉴先生所说，"依传统见解，人格权乃存于权利人自己人格上的权利，因出生而取得，因死亡而消灭，在权利关系存续中不得让与或抛弃，系属于所谓的非财产权。值得注意的是，因社会经济活动的扩大，科技的发展，特定人格权（尤其是姓名权及肖像权）即已进入市场而商业化，如作为杂志的封面人物，推销商品或出版写真集等，具有一定经济利益的内涵，应肯定其具有财产权的性质，此涉及特定人格利益的让与及授权等问题"[②]。

在市场经济条件下，既然人格标识是一种经济资源，那么人为地将它压制，限制其利用和流通是违背市场经济规律的。而且，像影星、歌星和运动员等，他们为成名而投入了大量的财力、智力和劳力，为自己的人格因素的可商品化付出了大量的劳动，因此，在其成为公众人物后利用自己的人格标识去取得经济利益是对其先前劳动的回报，是理所当然的，也能得到社会一般公众的认同。所以，人格权的商品化在市场经济中已经成为一种必然。[③] 政治经济学的研究甚至还表明，在现实的约束条件下，允许人格资源的市场交易可能比禁止更有效率。[④]

在人格权商品化后，人们所关注的已经不仅是"使其人格权不被他人损害"，[⑤] 而且更多的是考虑如何才能"保护自然人对其人格标志（如肖像）的使用"，或者说，人格权问题已经不只是在受到侵害时才有意义了。[⑥] 在理论上，以康德为代表的人格理论也承认人格权的财产化。一方面，康德等人的思想注重人的伦理价值；另一方面，他也强调人格权的财产化，主张人格权同物权一样，可以对其自由地行使占有、使用、收益和处分，以获得相应的经济利益。因此姓名、肖像等人格标识的持有人可以对其人格标识作出如同他对待物一样的各种权利，这包括对其中蕴含的经济利益行使占有、使用、收益和处分的权能。[⑦] 实际上，在我国的人格权保护实

---

① 姚辉：《关于人格权性质的再思考》，载《暨南学报》2012年第3期。

② 王泽鉴：《民法总则》，中国政法大学出版社2001年版，第134～135页。

③ 洪伟、郑星：《试论人格权的商品化》，载《浙江社会科学》2008年第12期。

④ 杨彪：《不可让与性与人格权的政治经济学——一个新的解释框架》，载《法律科学》2015年第1期。

⑤ 尹田：《论人格权独立成编的理论漏洞》，载《法学杂志》2007年第5期。

⑥ 薛军：《人格权的两种基本理论模式与中国的人格权立法》，载《法商研究》2004年第4期。

⑦ 洪伟、郑星：《试论人格权的商品化》，载《浙江社会科学》2008年第12期；王利明：《论民法总则不宜全面规定人格权制度——兼论人格权独立成编》，载《现代法学》2015年第3期。

践中,法院也是通过拟制当事人之间存在授权使用合同来计算原告所受损害的。[①]

针对人格商业化的现象,20 世纪以来,美国法和德国法经过较长时间的讨论,分别形成了保护姓名、肖像等人格标志上经济利益的两种权利模式。美国法采用财产权模式,创立了公开权理论,将人格标志上的公开权设定为一种新型财产权,而德国法采用人格权模式,通过构造人格权的财产成分来保护人格标志上的经济利益。但无论是美国模式,抑或是德国模式,两者都承认这些人格标志的利用权可以转让、可以许可使用,也可以继承。[②] 可见,当人的价值中的财产利益产生之后,人格权除了固有的"不可侵犯性"以外,又出现了"可让与性",因而以人格权与民事主体的依附性来反对人格权法的独立就颇为可疑。而且,在人格权商业化利用中,如果站在利用人的角度来看,其享有的人格标志使用权就是对身外之人的权利。因此所谓的"人格权不是主体对身外之物、身外之人的权利,而是主体对存在于自身的权利"[③]的结论就值得商榷了。

当然,人格权的商品化并非毫无限制,否则就会出现有悖公序良俗的问题,[④] 因此需要在人格权神圣与人格权自由二者之间进行妥当协调与平衡,尤其是要尝试构建出一套体现人格权特质的人格权之让与及其权利变动规则。[⑤] 毕竟人格权的变动与财产权的变动仍然有别。而传统民法在权利变动的讨论中却主要是以物权和债权为范本的,对人格权的变动问题则关注较少,因此亟须研究。[⑥] 在我们看来,这或许也可以成为中国民法学界在 10 余年的"照着讲"之后,开始进入"接着

---

① 相关案例参见苏平:《无锡宣判国内最大肖像权案,张柏芝一审获赔百万》,载《人民日报》2006 年 4 月 12 日;江彬:《孙悦肖像权案和解》,载《楚天都市报》2009 年 1 月 22 日。

② 王卫国:《现代财产法的理论建构》,载《中国社会科学》2012 年第 1 期;韩强:《人格权确认与构造的法律依据》,载《中国法学》2015 年第 3 期。

③ 梁慧星:《民法典不应单独设立人格权编》,载《法制日报》2002 年 8 月 4 日。

④ 在商业化利用程度的认定上,存在着一个随利用方式自许可、继承再到转让,商业化程度由弱到强发展的基本序列。其中,许可使用的商业化利用方式已在我国的理论和实践中取得了较为普遍的认同。在现有的理论下,许可他人使用被认为是人格权商业化利用的主要的形式,而在实践中,对于自然人的姓名、肖像的商业化利用,亦主要是通过签订许可合同的方式,授权他人使用来实现的。而对商业化利用较强的继承和转让方式,鉴于人格权的固有性及专属性的限制,国内外理论界和实务界都保持较为谨慎的态度,较为常见的做法是,对于继承及法人人格权的转让实行有条件的承认。而对于自然人人格权的转让则基本采取否定态度。参见姚辉:《关于人格权商业化利用的若干问题》,载《法学论坛》2011 年第 6 期;王叶刚:《人格权商业化利用与人格尊严保护关系之辨》,载《当代法学》2018 年第 3 期。

⑤ 姜福晓:《人格权财产化和财产权人格化理论困境的剖析与破解》,载《法学家》2016 年第 2 期。

⑥ 我国民法学的研究主要关注的是物权的变动,少数文献涉及债权变动问题。参见王轶:《物权变动论》,中国人民大学出版社 2001 年版;孙鹏:《物权公示论——以物权变动为中心》,法律出版社 2004 年版;申建平:《债权让与制度研究——以让与通知为中心》,法律出版社 2008 年版。

讲"时代的一个绝佳契机。[①]

二、民事主体对其人格要素的支配属性

人格权的商品化现象说明人格权与民事主体(人格)可以分离已是一个不容争辩的事实了。如果基于人格与人格权的可分离性观点,可作进一步的推论就是人格权具有支配性——因为民事主体对人格权(人格要素)具有支配性,所以才能转让。然而,部分学者对人格权的支配属性存在偏见,认为人格权不得有支配属性。[②]

之所以否认人格权的支配属性,其主要理由有二:一方面是在逻辑上认为"如果承认人格为权利,则必然要将生命、身体、自由等人格利益作为权利客体,这样必然造成人既是权利主体,又是权利客体的混乱现象"[③]。换言之,如果权利的客体是"内在于人"的,那么这就意味着权利将"反指"主体本身。这种情况下,由于主体与客体发生了混同,权利便丧失了存在的意义。[④] 另一方面是在价值上担心按照支配权的方式来构思人格权会使得人格权沦为与物权同化而失去伦理品格,进而出现"自杀合法""自残正当"的问题。[⑤] 比如萨维尼就曾指出,一个人是不能拥有对自己的身体及其各个组成部分的权利的,否则人就会拥有自杀的权利。[⑥]

对于逻辑上的矛盾,我们认为,这需要重新解释人格权的主体与客体。在笔者看来,作为人格权主体的是人,而作为人格权客体的则不是人格利益。如果将人格利益解释为人格权客体,就会出现人格权客体与人格权内容的混淆,因此应当把人格权的客体解释为是人格要素。上述意见则把具体的人格权(人格要素)当作主体来看待了,这在逻辑上是有重要缺陷的。如果据此逻辑,则当自由权、健康权、身体权受到限制时,无异于说该自然人的民事主体地位(人格)也会同样受到了限制?[⑦]因此,在我们看来,作为人格权之权利主体的是人,而作为权利客体的则是人格要素。具体的人格要素(作为人的物质载体)的缺失,或受限,并不影响作为主体的人的权利主体地位,正如残疾人或病人,虽其身体和健康要素并不健全,但其人格本

---

① 王轶:《民法原理与民法学方法》,法律出版社2009年版,第5页。

② 尹田:《自然人具体人格权的法律探讨》,载《河南省政法管理干部学院学报》2004年第3期;钟瑞栋:《人格权法不能独立成编的五点理由》,载《太平洋学报》2008年第2期;韩强:《人格权确认与构造的法律依据》,载《中国法学》2015年第3期;邹海林:《再论人格权的民法表达》,载《比较法研究》2016年第4期。

③ 姚辉、周云涛:《人格权:何以可能》,载《法学杂志》2007年第5期。

④ 马俊驹、张翔:《人格权的理论基础及其立法体例》,载《法学研究》2004年第6期。

⑤ 龙卫球:《人格权立法面面观——走出理念主义与实证主义之争》,载《比较法研究》2011年第6期。

⑥ 张红:《19世纪德国人格权理论之辩》,载《环球法律评论》2010年第1期。

⑦ 比如某人因行政处罚或刑罚而导致被限制人身自由,但这并不导致其人格的受限或贬损。

身却并未遭受任何影响。

如果这样理解人格权的客体，则民事主体对其人格要素享有支配的权利，就丝毫没有什么可奇怪的。相反，若是认为自然人不得对自己的人格要素享有支配权，则我们日常生活中的很多现象就无法解释：首先，就生命权而论，即使我们不讨论安乐死问题，单就现实而言，我们发现按照《医疗机构管理条例》等的规定，凡重大手术、疑难手术、重要脏器切除、截肢和首次开展的新手术等，都需要征得病人及其家属同意，这里病人之所以能够选择医疗方案，其根源在于其对自己的生命权拥有支配力。其次，就健康权而言，按照《侵权责任法》的规定，在医疗活动中的医务人员之所以要向患者说明医疗风险，其理由也在于承认患者对其健康权的支配力。再次，就身体权而言，对于器官、血液、精子等人格要素的捐献也是需要以自然人对其身体要素的支配力为前提的。[①] 此外，在体育比赛中之所以将自愿承担风险作为侵权行为的免责事由，根源也在于尊重运动员对自己生命权、健康权、身体权的处分。[②] 其实，在保险法上，我们也可以发现，人身保险合同其实就是以人的寿命、健康和身体为保险标的的。[③] 很明显，如果一律否定民事主体对人格要素的支配性，则上述现象就难以解释了。[④]

进一步而言，如果我们把劳动权（或劳动能力权）作为人格权的一种，[⑤]则对人格权的支配属性的认识就更为深刻。所谓劳动权是劳动法上的劳动者享有的与资方平等自由地订立劳动契约，通过让渡自身的劳动力使用权以获取工资报酬的权利。[⑥] 肯定公民享有劳动的权利乃是承认每一个公民享有以劳动作为谋生手段获取生活资料的权利。在理论上，以洛克为代表的劳动理论学说为较早地认识到了人格权的支配属性。洛克的劳动理论学说主张人们对其所创造的价值享有财产权，即每个人对自己的人身享有一种所有权，只要人们在公序良俗的范围内用他身体的劳动所创造的价值都应当享有相应的经济利益。[⑦] 事实上，随着社会分工的

---

① 《埃塞俄比亚民法典》第 18 条规定："自然人对其身体的全部或某一部分所为的处分行为，如果在其生前执行该行为将对其人身的完整性造成严重损害，则该处分行为在民法上无效。上述规定不适用于被医疗行业规则证明为合理的行为。"参见《埃塞俄比亚民法典》，薛军译，中国法制出版社 2002 年版，第 18 页。

② 彭婕：《受害人同意和风险自负在体育运动侵权领域的应用》，载《广西政法管理干部学院学报》2007 年第 2 期；韩勇：《体育伤害自甘风险抗辩的若干问题研究》，载《体育学刊》2010 年第 9 期。

③ 韩长印、韩永强：《保险法新论》，中国政法大学出版社 2010 年版，第 147 页。

④ 顾长河、张婧：《人格权合同的正当性及其法律规范应遵循的原则》，载《南昌大学学报》2011 年第 1 期。

⑤ 我们认为，在立法上将劳动能力权作为一种人格权具有重要的意义，尤其是可以解释死亡赔偿金的计算问题。

⑥ 秦国荣：《劳动权的权利属性及其内涵》，载《环球法律评论》2010 年第 1 期。

⑦ 洪伟、郑星：《试论人格权的商品化》，载《浙江社会科学》2008 年第 12 期。

深化，劳动力作为一种商品在“人力（才）市场”上交易，已成为现代市场经济条件下的常态与必然。而作为交易客体的“劳动力”从表现形式来看与作为主体的“人”并无差异，但其实交易的是人格的要素——劳动力的使用权。正是由于劳动者出卖的以及用人单位需求的东西都不过是一种物化了的，可以被评估、利用和转让的“劳动价值”，故而这种表面上看上去是对整个“人身”的支配与利用仍然不是将主体作为手段和客体的利用，[①]在伦理上并不反动。

还需要明确的是，认为肯认了人格权的支配属性就必然会导致承认“自杀权”的观点其实是一种误解——它完全忽视了支配权及其限制的问题。正如物权的支配力也会导致“上至天穹、下至地心”的“滥用”可能，但近代民法上，物权的支配力却均是有限制的。然而，对物权的行使存在限制的事实却丝毫不影响我们对物权作为支配权的判断。同理，赋予人格权的支配效力，也并不意味着要承认自杀的合法性。或者说，基于对人格权的行使予以限制的事实并不能得出人格权非为支配权的结论。

在某些学者看来，人格权是自然人人格（法律地位）的一种权利表达，[②]因此“有人格，即有人格权；无人格，即无人格权”[③]。但在我们看来，这一非此即彼的判断中出现的两个“人格权”的含义其实是有差别的。申言之，在“有人格，即有人格权”的判断中，其所谓的“人格权”应当是从抽象意义上讲的。换言之，如果是针对具体的人格权而言，则上述结论的荒谬性就不言而喻了。比如，某人因违法而遭到刑罚（拘役、有期徒刑等），从而导致其人身自由受到限制，但这并不说明其人格就不完整了。此外，在“无人格，即无人格权”的判断中，其所谓的“人格权”则应当是指具体的人格权。如自然人死亡后，人格消灭，则诸如生命权、健康权等具体的人格权（物质性人格要素）也就不复存在了。但需要注意的是，不能认为自然人死亡，人格消灭后，其人格利益就一概烟消云散了，否则便会与胎儿和死者的人格利益保护间形成矛盾。这一辩证分析也说明，不能简单地将人格与人格权予以混同。

实际上，如果一概让人格权蜷缩于民事主体的自然人部分，那在立法技术上也

---

① 胡平仁、梁晨：《人的伦理价值与人的人格利益——人格权内涵的法哲学解读》，载《法律科学》2012年第4期。

② 尹田：《论人格权独立成编的理论漏洞》，载《法学杂志》2007年第5期。

③ 尹田：《论人格权的本质——兼评我国‘民法’草案关于人格权的规定》，载《法学研究》2003年第4期。

是有问题的。因为人格权不仅为自然人所享有，法人和其他组织也得享有。[①] 换言之，不仅自然人具有人格权，法人也具有人格权，[②]甚而在将来还会明确规定胎儿和死者在一定限度内也享有人格权。[③] 显然，在此背景下，若仍让人格权寄居于自然人一节就颇为不妥了。事实上，新颁布的《民法总则》也没有将人格权的保护规范置于第二章自然人的部分进行处理。

第四节 澄清《侵权责任法》与人格权的关系

2009 年年底通过的《侵权责任法》作为一部民事权利的保护法，已明确将包括人格权在内的绝对权作为其保护对象：《侵权责任法》第 2 条在规定了《侵权责任法》的保护对象为"民事权益"的同时，还明确列举了一些具体的民事权益。这其中就包括生命权、健康权、姓名权、名誉权、荣誉权、肖像权、隐私权、婚姻自主权等重要的人格权益。但是，《侵权责任法》中涉及人格权的保护规范的存在并不意味着其就可以完全取代人格权法。换言之，在我们看来，《侵权责任法》本身并未，也不能涵盖人格权的全部内容。

首先，《侵权责任法》对于具体人格权的规定并不齐备。姑且不论性自由权、信用权、基因信息等新型人格权，即使是对身体权、劳动权这样已经为我国司法实践认可的人格权类型，《侵权责任法》也都未予明确。这就充分说明在《侵权责任法》颁布之后继续制定人格权法的必要性。或者说，《侵权责任法》第 2 条对身体权等具体人格权的沉默显然是为人格权法的单独立法埋下了伏笔。当然，也有论者认为，《侵权责任法》的上述不足可通过增加对"人格权"类型的列举来加以改良。我们认为这种措施也于事无补，因为《侵权责任法》根本不能发挥对权利加以确认的

---

① 对于法人是否享有人格权，理论上存在争议。在笔者看来，既然法人可以承载物质利益，同样，在某些情况下也得承载精神利益。另外，以法人不享有人格权，进而认为人格权独立成编会破坏民法总则与分则的逻辑的论调明显是"栽赃嫁祸"。试问在婚姻法、继承法上是否有法人的存在空间？参见钟瑞栋：《"法人人格权"之否认——兼评我国〈民法〉草案关于"法人人格权"的相关规定》，载柳经纬主编：《厦门大学法律评论》(第 7 辑)，厦门大学出版社 2004 年版；尹田：《论法人人格权》，载《法学研究》2004 年第 4 期；李永军：《论我国人格权的立法模式》，载《当代法学》2005 年第 6 期。

② 薛军：《法人人格权的基本理论问题探析》，载《法律科学》2004 年第 1 期；许中缘、颜克云：《论法人名誉权、法人人格权与我国民法典》，载《法学杂志》2016 年第 4 期；许中缘：《德国潘德克吞式〈民法总则〉之后的人格权法的立法》，载《东方法学》2017 年第 6 期；张力：《论法人的精神损害赔偿请求权》，载《法商研究》2017 年第 1 期。

③ 马俊驹、刘卉：《论法律人格内涵的变迁和人格权的发展——从民法中的人出发》，载《法学评论》2001 年第 1 期。

功能，也无法说明对人格利益进行保护的理论基础。[①] 这其实也是由《侵权责任法》与人格权法二者的不同定位所决定的。

从定位上讲，依据《侵权责任法》第1条，《侵权责任法》主要是作为权利(益)保护法进行展开的，因此不可能专门对保护的对象做正面的规定。但如果只有对“人格权”进行保护的《侵权责任法》规定，而没有对人格权的正面的确证，那就会给司法实践和日常生活造成诸多麻烦。尤其是在没有人格权理论指导下的《侵权责任法》，极有可能会限缩或不当扩张“人之为人”本质要求的范围。[②] 因为如果缺乏人格权法对具体人格权类型和内容的正面规定，则侵权法该保护什么以及保护到何种程度就都会成为问题。

而无论是作为行为规范，抑或作为裁判规范的民法规范，其均需要相当的确定性。正如苏永钦先生所言，“要让行为人对其行为负起民事上的责任，都必须以该行为涉及某种对世规范的违反为前提，其目的就在于建立此一制度最起码的期待可能性，以保留合理的行为空间”[③]。显然，如果立法未能事前就人格权的类型和内容作出明确规定，则行动自由就会因为担心“亲吻权”“牵手权”“拥抱权”等的出现而受到极大的限制。相反，事先确定了相对明确和具体的关于人格权的规则，则有助于行为人预测自己的行为在法律上的意义，进而发挥引导功能。举例来说，虽然清晰地界定肖像权的内涵和边界并非易事，但如果能围绕这种人格利益形态建构出一个典型的权利类型，尽可能地把其内涵和外延，以及受到的限制界定下来，那么它毫无疑问会有助于行为人相对准确地预测自己行为的法律意义，也有助于法官在遇到类似纠纷的时候，在当事人之间分配相关的论证责任。[④] 因此，作为绝对权的人格权，由于其是一种制约他人行为自由的权利，它不仅关系权益享有者的自身利益，而且与他人(社会大众)的利益息息相关，[⑤]所以不仅需要通过侵权法予以保护，同时更需通过人格权法予以正面规定。[⑥] 而《侵权责任法》由其性质决定其只能够在这些权利遭受损害以后对其提供救济，却无法就权利的确认和具体类

---

① 曹险峰：《论人格权的法定化——人格权法独立成编之前提性论证》，载《吉林大学社会科学学报》2006年第2期；王叶刚：《人格权确权与人格权法独立成编——以个人信息权为例》，载《东方法学》2017年第6期。

② 王利明：《使人格权在民法典中独立成编》，载《当代法学》2018年第3期；曹险峰：《论人格权的法定化——人格权法独立成编之前提性论证》，载《吉林大学社会科学学报》2006年第2期；徐钝：《论新型人格权司法证成的基本准则》，载《法商研究》2018年第3期。

③ 苏永钦：《走入新世纪的私法自治》，中国政法大学出版社2002年版，第306页。

④ 薛军：《揭开“一般人格权”的面纱——兼论比较法研究中的“体系意识”》，载《比较法研究》2008年第5期。

⑤ 易军：《论人格权法定、一般人格权与侵权责任构成》，载《法学》2011年第8期。

⑥ 王利明：《人格权的积极确权模式探讨——兼论人格权法与侵权法之关系》，载《法学家》2016年第2期。

型进行规定。质言之，人格权法的上述功能是《侵权责任法》所无法替代和实现的。[①]

其次，从人格权的自身特性来看，其不仅具有不可侵犯性，同时也具有支配属性，因此将人格权纳入《侵权责任法》的观点无异于是将人格权的法律意义仅仅局限于侵权法上的保护，而忽略了社会生活对于人的伦理价值的"可支配性"的要求。[②] 就立法论而言，由于人格权具有支配性，因此需要对人格权的具体权能进行明确。所谓"权能"，也称为权利的作用或功能。每一种权利，都具有其自身的作用或功能。例如，个人信息资料权包括个人信息资料的确认、利用、更正、更新等权能。个人信息资料权的这些权能具有独特的、不同于传统权能的特点。因为传统的权能通常都是权利受到侵害之后才谋求救济，具有"防御性"。而更新、更正个人信息资料的行为具有"主动性"，即只要权利人发现其信息资料不完整或有错误，都可以主动要求进行更改。由此可见，法律不仅要列举、表彰各种权能，也要具体规定各种权能的行使和表现效果。正是在此意义上，所以我们才认为，只有制定内容全面的人格权法，方能更充分地体现私权行使和保护的需求。[③] 现行的《侵权责任法》虽然列举了八项人格权，却没有，实际上也不可能对各种人格权的具体权能进行明确，因此亟须人格权法的补充。

再次，从权利保护而言，虽然人格权与物权一样虽同为绝对权，但其具有不可恢复性的特征，因此对人格权的保护也应予以特别对待。正是由于人格权的不可恢复性，因此迫切需要在人格权的保护上采取事先预防的措施。学者指出，特别是对于隐私等权利的侵害，事先预防比事后补救更为有效，因此在人格权法中应当规定包括禁令等在内的一些特殊的权利保护方式。[④] 而且人格权请求权因以预防和排除妨害为目的，故其并不考虑加害人是否有过错以及损害事实发生与否，[⑤]从而与一般的损害赔偿请求权存在差异。然而《侵权责任法》除了在第二章"责任构成和责任方式"中规定了侵害人格权的责任方式外，却并未就人格权的保护作出专门的规范设计。这一缺陷恰好是在为人格权法的单独立法留下了充分的空间。

当然，我们也必须清醒地认识到，就目前有关人格权法的几个草案来看，有关

---

① 王利明：《再论人格权的独立成编》，载《法商研究》2012年第1期。但也有不同意见认为，人格权内容不应当在法律中进行确认。参见中国社会科学院民法典工作项目组：《民法典分则编纂中的人格权立法争议问题》，载《法治研究》2018年第3期。

② 马俊驹、张翔：《人格权的理论基础及其立法体例》，载《法学研究》2004年第6期。

③ 王利明：《再论人格权的独立成编》，载《法商研究》2012年第1期。

④ 杨立新、袁雪石：《论人格权请求权》，载《法学研究》2003年第6期；王利明：《独立成编的人格权法与侵权责任法的关系》，载《社会科学战线》2012年第2期。

⑤ 杨立新、袁雪石：《论人格权请求权》，载《法学研究》2003年第6期；姚辉：《论人格权法与侵权责任法的关系》，载《华东政法大学学报》2011年第1期。

人格权的具体规则主要涉及的是人格权的确认与保护这两大内容。而关于人格权的民法保护则实际上又多是通过侵权责任的方式予以展开的。而在后《侵权责任法》时代，这样的规范设计显然颇为可疑。[①] 为了避免人格权法与《侵权责任法》的重复，甚至矛盾，有学者就曾提出人格权法只规定权利的种类和具体内容，而不涉及权利的保护问题。[②] 这一方案虽然可以在很大程度上避免人格权法与《侵权责任法》的重复或矛盾，但同时也无疑会折损人格权法的规范数量和独立意义。[③] 因此我们认为，理想的人格权法不应简单将人格权的保护规范内容予以舍弃，而应当在充分考虑人格权特殊性的前提下，力图设计出更为科学和有效的救济方式。比如，考虑到人格权遭受侵害后的不可逆性，因此就有必要设计专门的人格权请求权和人格权救济方法，从而最终达到人格权法与《侵权责任法》珠联璧合、相得益彰，共同成就民法对于人格权，乃至对于人的全面保护。

最后，作为一部权利救济法，《侵权责任法》的主要功能是在权利遭受侵害时予以救济，因而通常不会专注于从正面去确认和规范权利的行使本身，因此对于人格权行使中常见的权利冲突问题，显然是难以在现行的《侵权责任法》框架中找到合适答案的。而在现实世界中，人格权与财产权[④]、隐私权与新闻自由[⑤]、名誉权与舆论监督[⑥]等的冲突却极为常见。其实，人格权自身也可能相互之间发生冲突。因此有必要在人格权法中确立冲突解决的规则，这一做法将进一步细化责任构成要件、免责事由等问题，从而形成对《侵权责任法》的补充。例如，在名誉权与舆论监督发生冲突的情况下，人格权法中可规定公众人物的概念，对公众人物的名誉权作必要的限制，其在内容上就相当于是对免责条款的内容作了更为细化的规定。从这个意义上说，人格权法独立成编还可以起到与《侵权责任法》相互配合的作用。[⑦] 所以说，《侵权责任法》绝不是人格权法的终结者，毋宁是吹响人格权法独立的号角。

---

① 尹田：《论人格权独立成编的技术障碍》，载《政法论丛》2016年第1期。

② 姚辉：《论人格权法与侵权责任法的关系》，载《华东政法大学学报》2011年第1期；王利明：《中国民法典草案建议稿及说明》，中国法制出版社2004年版，第321页。

③ 当然，我们并不认同以条文多少来判定人格权法是否独立的意见。参见钟瑞栋：《人格权法不能独立成编的五点理由》，载《太平洋学报》2008年第2期。我们可以发现，在英美法上，某些重要的成文法，其条文数量并不多。因此，以条文之数量来决定是否独立的思考模式不免要被讥为"得形忘意"。参见苏亦工：《得形忘意：从唐律情结到民法典情结》，载《中国社会科学》2005年第1期。

④ 姚辉：《关于人格权商业化利用的若干问题》，载《法学论坛》2011年第6期。

⑤ 杨立新、曹英博：《论人格权的冲突与协调》，载《河北法学》2011年第8期；黄茂荣：《台湾人格权法的最新发展——基于法官造法与法律修订的双重观察》，载《华东政法大学学报》2017年第3期。

⑥ 张新宝：《名誉权的法律保护》，中国政法大学出版社1997年版。

⑦ 杨立新、袁雪石：《论人格权请求权》，载《法学研究》2003年第6期。

第五节 人格权的保护展望

就终极意义而论，说人格权为宪法权利抑或民事权利均属不当。而自实证法而言，则究竟是由宪法，抑或是由民法来规定人格权，这只是一个法律分工问题，并不涉及任何价值判断。只要我们继续采取立法导向的规范化思路，则人格权的民法化就是必要的。由于自然人对其人格要素享有支配权，并且在现代社会中，人格权的商业化倾向也使得人格权与自然人间发生了主动分离，这就使得人格权已经不能再寄居于民事主体的自然人部分了。此外，从《侵权责任法》的定位和人格权的特征及其现实需求来看，人格权法也不宜为《侵权责任法》所涵盖。因此就体系和技术而言，在未来民法典分则中将人格权法独立成编在理论上是可以被证成的。正是在此意义上，所有论者甚至提出，人格权法能否在民法典中独立成编更多是形式意义上的立法选择，而非主要是法律规范意义上的价值体现。[①]

实际上，1986 年的《民法通则》在“民事权利”一章中已单设了“人身权利”一节。《民法通则》的这一在民法外部体系上的重大创新，不仅为其赢得了“中国权利宣言”的美誉，同时也为我国正在进行的《民法典》的体系设计提供了一个崭新思路。学说认为，《民法通则》所确立的体系是其他国家的民法典难以比拟的立法成果，是已经被实践所证明了的先进的立法经验，已为我国民法学者所普遍认可，[②]并对我国民事司法实践与民法理论产生了深远的影响。[③]

新颁布的《民法总则》在很大程度上继承了上述传统，于第五章专门规定了民事权利。相比《民法通则》，《民法总则》将人格权的相关规范置于财产权利规范之前，从而大大提升了人格权的地位，但在规范数量和人格权的具体展开上却仍旧供给不足。[④] 从先总后分的立法逻辑上看，未来的民法典分则部分的内容在很大程度上可以说是对各种民事权利的进一步展开，因此，从逻辑、历史和价值等角度，我们认为《民法总则》第五章的规定其实已经为强化人格权的保护，甚至人格权法的

---

① 彭诚信、王聪：《“人格”澄明对“人格权”立法之争的调和》，载《吉林大学社会科学学报》2016 年第 3 期。

② 王利明：《人格权制度在中国民法典中的地位》，载《法学研究》2003 年第 2 期；王利明：《论人格权独立成编的理由》，载《法学评论》2017 年第 6 期。

③ 比如，在最高人民法院发布的《民事案件案由规定》中，人格权纠纷一直是作为一项独立的案由进行规定的。

④ 江平：《人格权立法与民法典编纂体例》，载《北京航空航天大学学报(社会科学版)》2018 年第 1 期。

独立成编埋下了伏笔,[①]而我们目前需要努力的工作应当是以民法典的编纂为契机,将人格权的具体规范进行科学、合理的设置,[②]从而大力提升我国人格权保护的水平。

① 王利明:《论我国〈民法总则〉的颁行与民法典人格权编的设立》,载《政治与法律》2017年第8期;许中缘:《德国潘德克吞式〈民法总则〉之后的人格权法的立法》,载《东方法学》2017年第6期。

② 石佳友:《守成与创新的务实结合:〈中华人民共和国民法人格权编(草案)〉评析》,载《比较法研究》2018年第2期。

第十二章

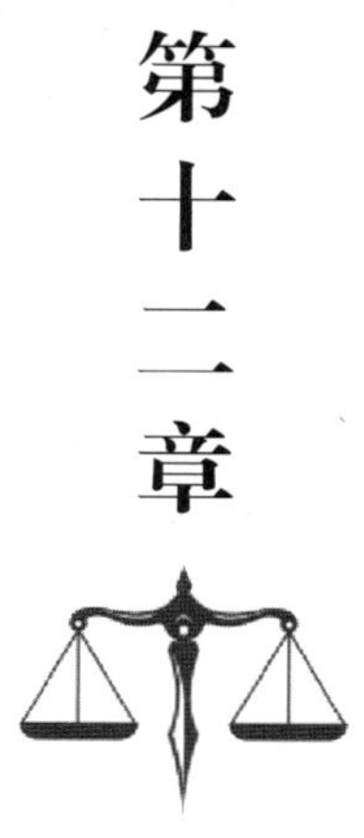

宪法与刑事法制

第一节 刑事法制概况

与行政法、宪法等法律部门相比，刑法是在中国法制建设中取得突破相对较快的一个部门法。1982 年颁布《宪法》时，在大陆实施的是于 1979 年制定的、粗具规模的刑法典(以下简称 1979 年《刑法》)。全国人大常委会随后就开始着手刑法典的修订工作。1982 年至 1997 年之间社会发展迅速，出现了许多新型犯罪、严重犯罪，而那些新型犯罪并没有规定在 1979 年《刑法》中，因而在 1997 年修订新刑法典之前，有必要通过一系列单行刑法来加强对犯罪的打击，暂时为国家打击相关犯罪提供更为充分的法律依据。1997 年全国人大修订了 1979 年《刑法》，形成 1997 年《刑法》。为了弥补和完善 1997 年《刑法》，全国人大常委会积极进行了对 1997 年《刑法》的解释和修改工作。至今共制定了 13 个刑法解释、9 个刑法修正案和 1 个单行刑法。最高人民法院负责具体适用并在适用中解释刑法的含义，它在审判实践中不断补充、完善刑事法制，以使抽象、笼统的刑法规定具有可操作性。最高人民法院和最高人民检察院自1979年以来共制定了大约187件与刑法有关的司法解释。[①]

《全国人大常委会公报》和《最高人民法院公报》对全国人大、全国人大常委会以及最高人民法院进行的刑事法律、刑事司法解释所做的统计如表12-1所示。

表12-1　按年份统计的刑事法数量

年　份	全国人大	全国人大常委会	最高人民法院	总　计
1979	1	0	未检索	1
1980	0	0	未检索	0
1981	0	2	未检索	2
1982	0	1	未检索	1
1983	0	1	未检索	1
1984	0	0	未检索	0
1985	0	0	2	2
1986	0	0	0	0
1987	0	0	1	1
1988	0	4	2	6
1989	0	0	5	5
1990	0	3	4	7
1991	0	3	1	4
1992	0	2	3	5
1993	0	2	9	11
1994	0	2	7	9
1995	0	3	7	10

① 在我国宪法中，人民法院、人民检察院都有一定程度上解释刑法的权力，它们所颁布的文件，都被法律确认为是"解释"，学界一般称之为司法解释。但是，我们在此所统计的文件，主要是法院的司法解释。原因在于：虽则法律规范上承认人民检察院解释法律之适当性及其可适用性(《立法法》第104条)，但是人民检察院的解释活动是不是司法性质的执行法律，这是第一个疑问。人民检察院的司法性质不够明显，因而不便于将其与人民法院相提并论。第二，如果人民检察院确实是司法性质的法律执行机关，可以决定法律在适用过程中的含义，那么人民检察院既负有追诉的权能，又能以解释权来左右所应适用的法的含义，这在权力分立的立场上，很难认为是正当的。这样一来，人民检察院对法律的解释权似乎应居于人民法院的审判权能之下。基于上述考虑，本章统计的司法解释以最高人民法院发布的为主。通过对《最高人民法院公报》的检索，以最高人民法院为主发布的刑事司法解释，总数约为187件。

续表

年　份	全国人大	全国人大常委会	最高人民法院	总　计
1996	0	0	4	4
1997	1	0	3	4
1998	0	1	11	12
1999	0	2	5	7
2000	0	1	16	17
2001	0	3	17	20
2002	0	5	12	17
2003	0	0	6	6
2004	0	1	3	4
2005	0	3	4	7
2006	0	1	4	5
2007	0	0	9	9
2008	0	0	1	1
2009	0	1	4	5
2010	0	0	6	6
2011	0	1	8	9
2012	0	0	2	2
2013	0	0	8	8
2014	0	4	7	11
2015	0	1	6	7
2016	0	0	8	8
2017(1～6月)	0	0	2	2
总计	2	47	187	236

说明：本章所谓的刑事法，如无特别说明，均是指全国人大、全国人大常委会制定的刑法及其修正案、刑法解释，以及最高人民法院制定的刑法司法解释。统计的数据来自于全国人大常委会网络版公报以及最高人民法院网络版公报。

图12-1和表12-1反映出了很多信息，也基本描绘了我国自1979年以来，全国人大常委会制定法律和最高人民法院制定司法解释的发展状况以及二者之间的关系。我国刑事法制建设自1979年以来经历了一个快速的发展时期，20世纪80年代至21世纪初是我国经济发展、社会进步最为快速的时期，这表明刑事法制建设

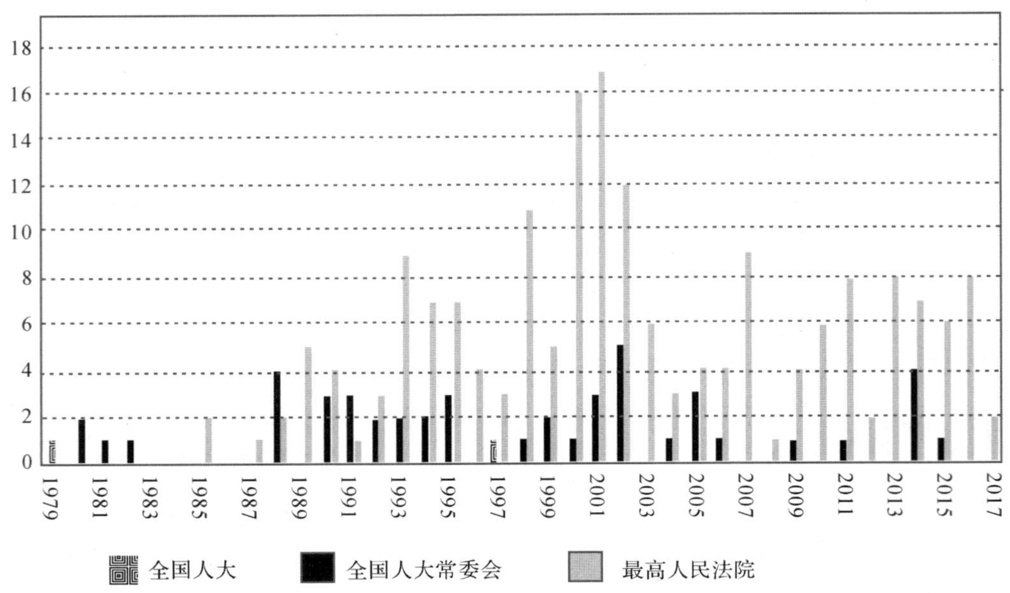

图 12-1　全国人大、全国人大常委会和最高人民法院关于刑法、刑法修正案与刑法解释和司法解释年度分布

资料来源：根据表12-1的数据制作而成。

基本上是对应着社会的发展变化的。同时，司法解释与刑法立法的同步性较为明显，刑法立法能够显著影响刑法司法解释的制定，这表明了刑事司法解释对刑法立法的依附关系。

本章将以实际的立法活动及立法文件为研究、分析的对象，在论述我国刑事法制建立、发展的历程的基础上，分析：(1)全国人大与全国人大常委会在刑事立法过程中的作用与相互关系；(2)司法解释与立法活动的关联程度，以此推论司法机关与立法机关的相互关系；(3)上述发展历程及其揭示的国家机关之间的相互关系，有何宪法依据，又可能给宪法的实施带来什么样的影响。

第二节　刑事法制发展特征

我国自制定1979年《刑法》起，就是在与犯罪不断进行斗争的实践中推动刑事法制的建设和日益完善。综观刑事法制的发展过程，可以发现我国自1979年以来的刑事法制建设的特点。

一、总体概述

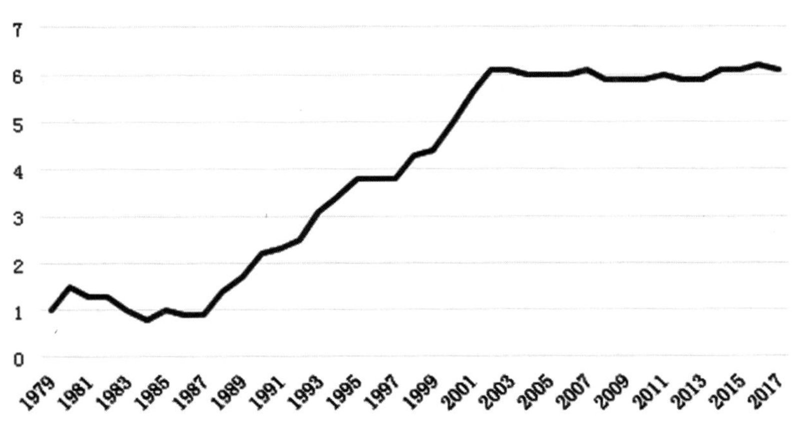

图 12-2 刑事法年均立法数量统计

资料来源：为了显示年均刑事法数量增减的变化趋势，笔者如此计算该图中的年均立法数，以 1979 年为例，从 1979 年起至当年，刑事法总数为 1 件，年度为 1 年，平均值为 1/1＝1。至 2000 年，刑事法制定总数已经增加至 109 件，年度是 22 年，平均值为 109/22＝5.0。年均制定刑事法的数量从 1979 年 1 件增加至 2000 年的 5 件，这反映了一种增长的趋势。

从图 12-2 中可以很明显地看出，刑事法制建设的活跃时期是 1987—2002 年的 15 年间，对照图 12-1 可以发现，1999—2002 年刑事立法数量最多。制定、修订刑法典的 1979 年和 1997 年，法律和司法解释的数量相对而言并不多，数量最多的年份则是 2001 年，也就是说，1997 年《刑法》实施 3 年后刑事法制迎来了法律和司法解释制定数量最多的一年。从 2002 年开始，刑事法的制定数量开始急剧下降，但是年均制定数量则已经稳定下来，大约是 6 件。在 1987—2002 年间刑事法的年均制定数量一直保持增长的趋势，2002 年以后，虽然刑事法的立法数量会高于或低于平均数量，但整体的年均制定数量基本不变，这可以说刑事法的建设已经趋于稳定，现有的刑事法制度已经能够满足实践需要，国家基本不需要大规模和加速立法了。

由此可以看出，我国刑事法制的建设时期是 1979—2002 年，1979 年开始起步，也正是 1979 年全国人大制定了 1979 年《刑法》。至 2002 年刑事法体系基本上已经完成，因为自 2002 年起刑事法律文件年均制定数量已经能够保持稳定，平均每年 6 件。如果刑事法的建设已经完全成熟，那么年均立法数量应当会逐渐递减。我国的刑事法年均制定数量在 1979 年只有 1 件，到 2002 年以后至今，增加到 6 件的水平上基本保持不变，却没有降低，说明现有的刑事法体系正在接受实践的检验。如果随着年份的增加而逐渐降低年均制定数量，说明刑事法体系已经成熟，通过法院的案例就能满足实际需要，对立法的需求已经很低了。

上述内容只是对刑事法制建设的一个大体上的描述，刑事法制的建设过程还可以按照立法主体的参与程度进一步予以分析。

二、刑事立法的发展过程及其特征

（一）刑事立法的发展过程[①]

1. 起步阶段：1979—1988年

国家刚刚经历了"文革"的动乱，在思想政治上也是初步进行了拨乱反正，肃清"左"的思想错误路线，终止"以阶级斗争为纲"的错误方向，将国家有限的资源用于社会主义现代化建设。在这一时代背景下，许多部门法的建设基本都是从较低水平上起步的，刑法也是如此。1979年是刑事法制建设的起步阶段，当时1979年《刑法》刚刚制定，已经粗具规模，但由于当时社会治安状况较为恶劣，全国人大常委会为了加强对犯罪的打击力度，制定了4件决议以打击犯罪，[②]以适应当时的社会形势。

2. 填补1979年《刑法》立法空白的阶段：1988—1997年

改革开放后，宪法上重大制度变化之一就是加强了全国人大常委会的职能。这一制度所发挥的功能在刑事法制的发展历程中十分明显。自1988年全国人大常委会开始快速立法，以打击改革开放10年来所引发的新型犯罪，填补1979年《刑法》的立法空白。直至1995年，这一工作基本完成。就起步阶段的立法而言，1981年和1982年所制定的4件决议，主要是针对旧的犯罪类型，而1988年起的立法活动，则主要是为了填补1979年《刑法》的立法空白、打击新出现的犯罪类型而作出的立法努力。

3. 修订1979年《刑法》，使之形成较为完备的刑事基本法：1997年

自1982年《宪法》颁布至1997年，得益于《宪法》第67条对全国人大常委会职能的加强，全国人大常委会能够积极从事对1979年《刑法》的修订工作。经过前述

---

① 本章所指的"立法"，如无特别说明，均是指全国人大或其常委会制定的法律，包括刑法修正案和刑法立法解释。

② 这4件决议分别是1981年6月10日颁布的《全国人民代表大会常务委员会关于处理逃跑或者重新犯罪的劳改犯和劳教人员的决定》、1982年3月8日颁布的《全国人民代表大会常务委员会关于严惩严重破坏经济的罪犯的决定》，1983年9月2日颁布的《全国人民代表大会常务委员会关于严惩严重危害社会治安的犯罪分子的决定》以及1981年颁布的《中华人民共和国惩治军人违反职责罪暂行条例》。但《中华人民共和国惩治军人违反职责罪暂行条例》是对1979年《刑法》的补充，而不纯粹是基于社会效果才出台的决议。

填补1979年《刑法》立法空白的阶段之后，国家立法机关对刑事领域的立法范围已经比较全面了。1997年全国人大对已有的立法进行了梳理和整合，废止了一部分全国人大常委会的单行刑法，吸收了一部分单行刑法，对1979年《刑法》进行了全面修订，形成了体系严密、逻辑严谨、内容全面的刑法典。这次修订不但形成了新的刑法典，同时也结束了在刑事法律领域全国人大常委会立法与1979年《刑法》共同实施的状态，这是非常重要的一个立法事件。

4. 以1997年《刑法》为中心，对其解释和修正使之完善：1998年至今

尽管全国人大修订形成了更为周密严谨的刑法典，但是社会的发展实际上始终领先于立法活动。为了保持1997年《刑法》的适应性，全国人大常委会对其进行了补充、完善，其所采用的方式是通过《立法法》第7条第3款的基本法律修改权以及第45条的立法解释权，而不是使用其享有的制定单行刑法的立法权。如上文所述，至1997年，刑事法制体系已经比较全面。之后的10多年，全国人大常委会根据社会的发展，对1997年《刑法》进行9次的修正、13次的解释和1次单行立法的补充。这些立法都是以1997年《刑法》为中心，尊重1997年《刑法》的体系完整性和功能稳定性，对1997年《刑法》所做的部分的修改和补充。此时期采取的手段，主要已不是法律制定权，而是法律的修改和解释权。

综上所述，在1979年时是全国人大开始建立刑事法制体系的，当时全国人大常委会只有法令的制定权，而没有法律制定权，但是1979年《刑法》中规定刑法典的效力高于其他法律和法令，而只有法律才能修改刑法典总则的规定，这便否定全国人大常委会以法令修改刑法总则的合法性。[①] 1981—1983年因社会治安状况恶劣，全国人大常委会制定了3件决议，这些决议没有以全国人大常委会委员会令的

① 1979年《刑法》第89条规定："本法总则适用于其他有刑罚规定的法律、法令，但是其他法律有特别规定的除外。"因此，如果全国人大常委会希望修改刑法典，除非使用法律，但是1978年《宪法》没有授予全国人大常委会立法权，法令不是法律，现行宪法解决了这一矛盾，使得全国人大常委会可以积极参与刑事立法的建构过程。

形式发布，因而严格说来不是刑事法令（立法）。[1] 1982年《宪法》颁布实施，全国人大常委会获得了制定法律的权力，其以单行立法的方式迅速填补刑事立法领域的空白，形成了全国人大的1979年《刑法》和全国人大常委会的单行立法共同构成刑事法律体系的状况。1997年全国人大修订了1979年《刑法》，吸收了全国人大常委会的单行立法成果，形成了较为完备的刑法典，自1997年起，我国刑事法制领域就形成以全国人大的刑法典为中心、以全国人大常委会对1997年《刑法》所做的修正、解释为补充的刑事法律体系了。

1979—1988年刑事法律几乎是单一的，主要是全国人大制定的基本法律。而1988—1997年刑事法律是分散的，以全国人大的基本法律和全国人大常委会制定的普通法律并驾齐驱为特征。而1997年以后则又形成了相对集中的法律体系，即以全国人大的基本法律为核心、以全国人大常委会制定的普通法律、修正案以及法律解释为补充，以1997年《刑法》为中心的刑事法律体系已经日益完备。

（二）对全国人大常委会立法方式和立法内容的分析

在构建刑事法律体系的过程中，若从立法数量来看，全国人大及其常委会的关系经历了从全国人大单独从事刑事立法，到全国人大及其常委会共同构建刑事法律体系，再到以全国人大为中心、以全国人大常委会为辅助的发展历程。

从立法现象来看，全国人大常委会始终是在辅助全国人大立法：它在1979年后以辅助为目标开始积极参与立法，在1997年以大量的立法成果为全国人大修订基本法律提供坚实的法律基础，而且在1997年后自觉限制自己的立法方式，转而使用解释、修正的方法，来补充1997年《刑法》，以避免单行立法权对刑事法律体系的冲击。

总而言之，刑事立法过程凸显的是全国人大常委会立法功能的辅助性，这是比较直接、显而易见的一个方面。然而，这一特征只能解释1997年修订《刑法》以及1999年之后单行刑法的立法方式为何不再适用，却不能解释全国人大常委会在立

---

① 在1982年以前，由于没有国家主席，常委会的法令，皆须以委员会令的形式发布，并且附有委员长的签署，而1982年前的3件决议，皆欠缺此形式要件，严格地讲，不是刑事法令。1983年的决议，则同样欠缺国家主席令的发布，没有经过国家主席的签署，是常委会自己所做的决议，不能归属于《立法法》第2条所谓的法体系之中，只能看作是议会意志的自我表达，只能影响执行机关对法律的执行，而不能取代法律成为执法权的依据。严格地讲，1981—1983年常委会所做的3件决议，都不能归入刑事立法的范畴。但是，由于1997年《刑法》的附件中，全国人大明确对这些文件进行了扬弃，对其予以扬弃的行为，表明全国人大承认这些欠缺形式要件的法文件，对于法制体系建设所具有的重要意义。试想，如果一份决议，没有正式的法律约束力，又有何必要在基本法律的附件中予以评价呢？因此，虽然上述文件欠缺形式要件，但是实质上其约束力和效果，是得到了全国人大的明确追认的。至于作为最高权力机关的全国人大，能否以基本法律中的明确方式，赋予或者承认一项欠缺法定形式要件的文件的法律约束力，仍是有疑问的。

法内容上的偏好与特征。其实，从总的趋势来看，"辅助性"是明显的；从内容来看，"实用性"也是很强的，这是全国人大常委会立法的另一个侧面"适应性"。但是，适应性却可能与辅助性存在一定程度的冲突，这也为思考全国人大及其常委会的宪法关系提供了实践素材。

1. 对1979年《刑法》的修改、补充

全国人大的刑事立法活动是很少的，仅有1951年、1979年和1997年3次，但是这3次立法都是制定刑事方面的基本法律，建立了犯罪和刑罚的基本体系，为其他更为细致的刑事立法设定了框架，打下了基础。

从图12-1来看，全国人大常委会的刑事立法活动较为活跃的时期，集中在1988—1995年、1998—2002年这两个期间，其中立法数量最多的一年是2002年。具体地说，在1988—1995年间，全国人大常委会每年制定刑事立法的数量都相差不多，但是年均立法数是在快速增加的，立法是加速的。1998—2002年立法数量几乎逐年增长，直至2002年达到最高峰，之后立法数量基本逐渐减少。从图12-3显示的全国人大常委会的立法趋势来看，它比较显著的增长年度是1988—1995年和2000—2003年，与其立法数量的年度分布基本一致。

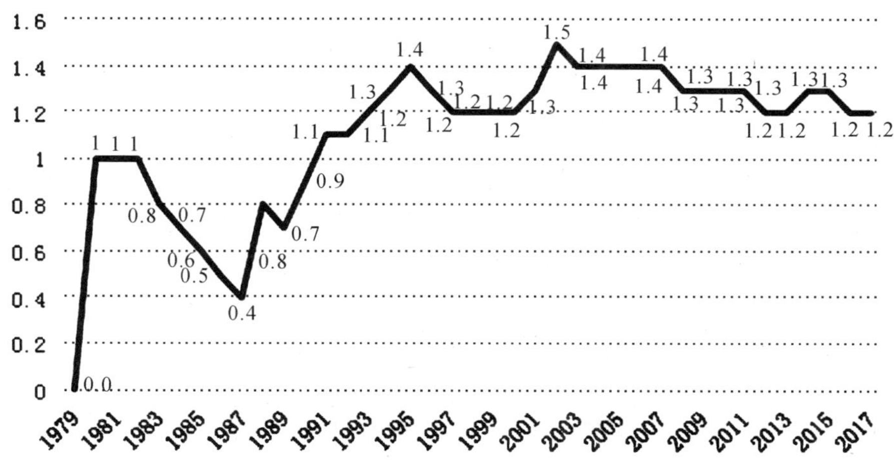

图12-3　全国人大常委会1979—2017年年均刑事立法数量

全国人大常委会的立法活动之所以较为活跃，是因为它于1982年通过宪法获得了立法权，这就是1982年《宪法》第67条赋予全国人大常委会的立法权限，这是改革开放后确立的重要宪法制度之一，它使得全国人大常委会积极参与刑事法律体系的建设成为可能。1979年《刑法》的体例较为简单、粗糙，而改革开放的迅速发展又使得国家要应对刑事法律领域的许多新问题，因而填补立法空白、使刑事法律体系保持对时代发展的适应性，就显得十分重要。也正是这一点，凸显了全国人大常委会对全国人大的辅助作用：全国人大受到客观条件限制过多，难以及时行使立法权以制定和修改基本法律，而全国人大常委会在一定程度上可以满足社会发展对立法的需求。其实这也符合1980—1982年修改宪法时所考虑的相关背景。在1997年以后，即使已经制定了体系较为完备的刑法典，全国人大常委会仍在积极地发挥它的立法功能，以修正和解释的方式，丰富、完善刑事法律体系。

全国人大常委会对1979年《刑法》的补充立法，主要是基于实践需要，目标在于及时填补1979年《刑法》的立法空白以及修改相关规定以惩治犯罪。比如1992年公安部部长陶驷驹在《关于惩治劫持航空器、船舰犯罪的补充规定(草案)》进行说明时就指出：

> 我国现行刑法虽有对劫机罪的规定，[①]但尚不完善。按照刑法第一百条第三项的规定，劫机行为都是以反革命罪论处的。实践中对有些劫机行为以此定性有问题，尤其是对外国人劫持外国航空器到我国的，或者外国人劫持我国航空器的，在定罪量刑时，难以直接适用刑法。因此，对我国刑法加以补充是完全必要的。[②]

在起草《严惩组织、运送他人偷越国(边)境犯罪的补充规定(草案)》时，其补充规定也是为了应对新的情况。

> 近年来，出现以劳务输出、经贸往来、旅游或者其他名义，骗取主管部门批准，取得护照、签证等出境证件，组织他人从边境口岸非法出境的严重情况。这是当前组织他人偷越国(边)境犯罪出现的一种新情况。[③]

如果将1981—1995年的23部单行法的内容，与1979年《刑法》的内容合并，再对照1997年《刑法》的体例，可以发现合并的内容基本上相当于1997年《刑法》的分则内容。分则对于刑法而言，相当于刑法的调整范围(对犯罪的打击范围)，由于罪刑法定原则的要求，只有规定于刑法分则的行为才能受到刑罚的惩处。因而，分则的对比，最能体现出单行刑法对于修订形成新的刑法典的积极作用，这也能凸显1979—1997年间社会实践的发展如何不断对1979年《刑法》提出新的要求。

---

① 指1979年《刑法》。

② 陶驷驹：《关于〈关于惩治劫持航空器、船舰犯罪的补充规定(草案)〉的说明》，载《全国人大常委会公报》1992年第7号，http://www.npc.gov.cn/wxzl/gongbao/2000-12/14/content_5002825.htm，下载日期：2017年6月8日。

③ 顾昂然：《关于〈严惩组织、运送他人偷越国(边)境犯罪的补充规定(草案)〉的说明》，载《全国人大常委会公报》1994年第1号，http://www.npc.gov.cn/wxzl/gongbao/2000-12/28/content_5003100.htm，下载日期：2017年6月8日。

表 12-2 单行刑法对 1997 年《刑法》分则体例、内容的影响

章节	1979 年《刑法》	刑事单行法	1997 年《刑法》
国家安全	分则第一章，共 15 条	《关于惩治泄露国家秘密犯罪的补充规定(1988)》	分则第一章，共 12 条
公共安全	分则第二章，共 11 条	《关于惩治劫持航空器犯罪分子的决定(1992)》	分则第二章，共 26 条
经济秩序	分则第三章，共 15 条	《关于惩治走私罪的补充规定》(1988)、《关于惩治偷税、抗税犯罪的补充规定》(1992)、《关于惩治假冒注册商标犯罪的补充规定》(1993)、《关于惩治生产、销售伪劣商品犯罪的决定》(1993)、《关于惩治侵犯著作权的犯罪的决定》(1994)、《关于惩治违反公司法的犯罪的决定》(1995)、《关于惩治破坏金融秩序犯罪的决定》(1995)、《关于惩治虚开、伪造和非法出售增值税专用发票犯罪的决定》(1995)	分则第三章，共 93 条，大幅度的增加，得益于吸收左列刑事单行法的立法成果
人身权利	分则第四章，共 19 条	《关于严惩拐卖、绑架妇女、儿童的犯罪分子的决定》(1991)	分则第四章，共 31 条
财产权利	分则第五章，共 6 条		分则第五章，共 14 条
社会秩序	分则第六章，共 22 条	《关于惩治捕杀国家重点保护的珍贵、濒危野生动物犯罪的补充规定》(1988)、《关于惩治侮辱中华人民共和国国旗国徽罪的决定》(1990)、《关于禁毒的决定》(1990)、《关于惩治走私、制作、贩卖、传播淫秽物品的犯罪分子的决定》(1990)、《关于惩治盗掘古文化遗址古墓葬犯罪的补充规定》(1991)、《关于严禁卖淫嫖娼的决定》(1991)、《关于严惩组织、运送他人偷越国(边)境犯罪的补充规定》(1993)	分则第六章，共 92 条，篇幅增加原因与第三章相同
婚姻家庭	分则第七章，共 6 条		归入第四章
国防利益	无规定		分则第七章，共 14 条

续表

章节	1979年《刑法》	刑事单行法	1997年《刑法》
贪污	分则第五章，共1条	《关于惩治贪污罪贿赂罪的补充规定》(1988)	分则第八章，共15条
贿赂	分则第八章，共1条		
渎职	分则第八章，共7条		作为分则第九章，共23条
军人职责	无规定	《惩治军人违反职责罪暂行条例》(1981)	分则第十章，共32条

从表12-2可以看出，1979年《刑法》的分则体例是不完备的，存在很多实实在在的立法空白，特别是在社会主义(市场)经济秩序、社会管理秩序、国防利益的保障以及军人职责的监督上，1979年《刑法》有很多空白，而单行刑法基本上补充了上述的立法空白，正是存在这样的立法成果，1997年《刑法》的分则体例才得以确定，内容大为充实。单行刑法对1997年《刑法》的基础作用，从1997年《刑法》的附件也能看出来。在附件一和附件二中，1997年《刑法》分别废除了一部分的单行刑法，同时也宣布已经吸收了另一部分单行刑法，按照新法优于旧法、基本法律优于常委会立法的规则，那些被新法吸收的单行刑法也不再适用了。这两个附件很突出地表明了单行刑法对形成1997年《刑法》的贡献作用，它们已经被最高国家权力机关承认，通过修订，已经从全国人大常委会立法转变为全国人大立法的一部分。

全国人大常委会对1979年《刑法》所做的补充立法，是为了填补相应的立法空白。而对1979年《刑法》规定所做的修改，则是为了使1979年《刑法》的规定适应社会的发展要求。同样以上述单行刑法的制定为例，在修改1979年《刑法》的相关规定时，都是从实践出发的，比如：

> 对组织他人偷越国(边)境犯罪的处罚。根据调查，偷越国(边)境的违法犯罪活动之所以屡禁不止，主要是因为境内外有些犯罪分子猖狂地违法组织他人偷越国(边)境。因此，对组织他人偷越国(边)境的犯罪分子应作为打击的重点，从严惩处。……有些犯罪分子为牟取非法利益，专门伪造、变造、倒卖出境证件，供他人非法出境使用。这种犯罪活动社会危害性大，适用刑法第一百六十七条关于伪造证件罪的规定处刑过轻，需要加重刑罚。①

① 顾昂然:《关于〈严惩组织、运送他人偷越国(边)境犯罪的补充规定(草案)〉的说明》，载《全国人大常委会公报》1994年第1号，http://www.npc.gov.cn/wxzl/gongbao/2000-12/28/content_5003100.htm，下载日期:2017年6月8日。

在1997年《刑法》修订形成之前，全国人大常委会立法的特点更多地倾向于适应性，这影响了辅助性，甚至可以说，由于与1979年《刑法》并驾齐驱发挥作用的单行刑法足有23部，这从一定程度上掩盖了常委会立法的辅助性。适应性与辅助性之间可能存在一定程度的冲突。但是，1997年《刑法》修订形成之后，辅助性得到了强调。

2. 对1997年《刑法》的修正、补充

全国人大常委会对1997年《刑法》的修正和解释，也是为了使1997年《刑法》适应社会发展的需要。虽然从直观来看，全国人大常委会解释、修正1997年《刑法》和以单行刑法修改、补充1979年《刑法》的动机区别不大，但是对比1997年前后全国人大常委会的立法重点和立法方式，可以发现1997年制定刑法对于全国人大常委会而言是一个转折点。之前是与全国人大共同构建刑事法律体系，二者几乎并驾齐驱，1997年之后则是以全国人大的基本法律为中心，全国人大常委会的修改、解释权，主要是为了……虽然《立法法》也规定全国人大常委会有权制定单行的刑事法律，但是在构建刑事法律体系的过程中，全国人大常委会已经自1999年起不再使用单行刑法这种方式。全国人大常委会已经自觉意识到应当维护1997年《刑法》的完整性和统一性：

> (一)《关于惩治违反会计法犯罪的决定(草案)》
>
> 鉴于现行刑法中对于大多数做假账构成犯罪的行为已有不少规定……《关于惩治期货犯罪的决定(草案)》中规定的犯罪行为，许多与刑法中已规定的证券犯罪行为相类似。一些委员、部门和专家提出，考虑到刑法的统一和执行的方便，不宜再单独搞两个决定，认为采取修改刑法的方式比较合适。[①]

我们可以这样推论：全国人大常委会已经意识到了时代的进步和自身在刑事法律体系建设中的定位转换，自觉地以“辅助者”的立场参与刑事法律体系建设。因此，自全国人大修订刑法之后，全国人大常委会开始以“辅助者”的身份，以修正、解释为手段，在不破坏1997年《刑法》的完整性的前提下，尽量使1997年《刑法》对社会发展保持一定的适应性。

与强调辅助性相适应，对适应性的强调重点也不再是对立法空白进行体系性的补充，而是细节上的解释和修正。在1979年《刑法》有效期间，我们可以将全国人大常委会制定刑事立法的动机概括为“完善和维护刑事法律体系，增强刑法的适应性”。立法重点是“体系”，立法目标则是“适应性”。这一特点一直延续至1997年刑法修订，1997年《刑法》生效至今，立法侧重已经从体系的构建转向细节的充

---

① 顾昂然：《关于〈中华人民共和国刑法修正案(草案)〉的说明》，载《全国人大常委会公报》1999年第7号，http://www.npc.gov.cn/wxzl/gongbao/2000-12/06/content_5007223.htm，下载日期：2017年6月8日。

实，从全国人大常委会对1997年《刑法》修改内容的分析可以反映出这一点。9个《刑法修正案》共有162个条款，其中112个是针对既有的刑法条款作出的规定，占总数70%，这体现了修改对细节的侧重。刑法解释就更是如此了。而在具体章节的修正、解释方面，使刑事立法活动能更好地适应实践发展需要，追求立法的"适应性"，这一目标也较为明确。"适应性"的程度与刑法相关部分的完备程度是直接相关的，它会直接影响立法的必要性。

全国人大常委会对1997年《刑法》的修正，主要是针对分则第三章"破坏社会主义市场经济秩序罪"，其次是总则第四章"刑罚的具体运用"和分则第二章"危害公共安全罪"、第六章"妨害社会管理秩序罪"，至今为止全国人大常委会从未对总则第一章和附则进行过修正，对分则第十章仅仅修正了两条。其对1997年《刑法》的解释，主要是针对分则第三章、第六章和第九章"渎职罪"，至今为止全国人大常委会从未对总则第一章、分则第十章和附则进行过解释。图12-4是根据全国人大常委会所做的刑法修正案以及刑法解释案的内容所统计，纵轴代表着1997年《刑法》中被修改的条款数量。

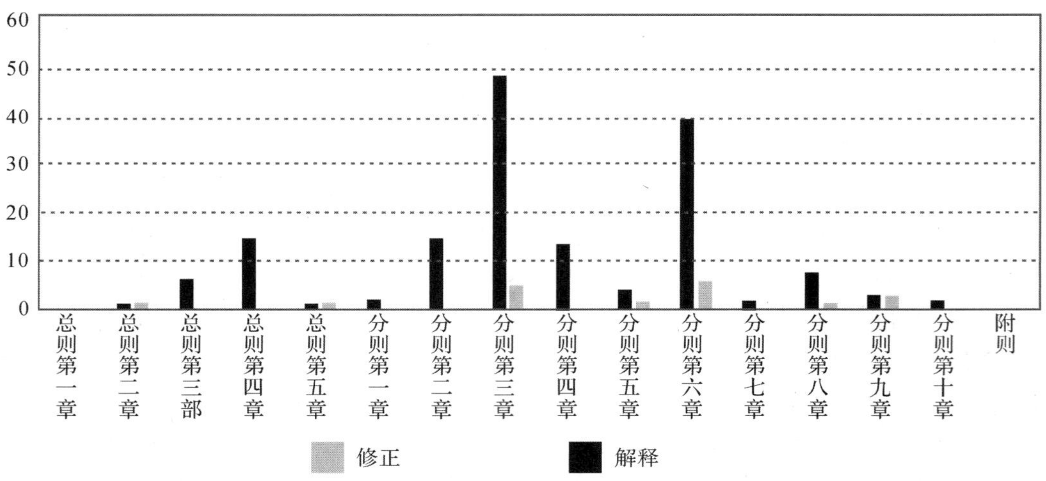

图12-4　全国人大常委会对1997年《刑法》的解释与修正情况

在内容上，全国人大常委会对1997年《刑法》的修正和解释之所以有所侧重，部分是出于实践的需要，部分则是出于宪法和基本法律《立法法》对全国人大常委会所设置的限制。现行《宪法》第67条第3项和《立法法》第7条第3款，均规定了全国人大常委会在修改基本法律时，不得与基本法律的基本原则相抵触。从这一点来看，基本原则不但是不可抵触的，更是不可修改的，而1997年《刑法》总则第一章的标题就是"刑法的任务、基本原则和适用范围"。由于第一章与1997年《刑法》基本原则密切相关，是整个刑事法制体系的基础原理，因而全国人大常委会至今从未对其进行过修正和解释，体现了全国人大常委会对基本法律的尊重，体现了对既有刑事法律体系的尊重。

而修正、解释的对象集中于总则第四章，分则第二章、第三章和第六章，则可能与司法实践有一定的关系，一定程度上反映了立法追求的适应性。根据最高人民法院对2002—2015年全国法院审理一审刑事案件的收案数量所做的统计（如图12-5），法院审理的刑事案件最多的是侵犯财产的犯罪，其次是侵犯公民人身权利、民主权利的犯罪、妨害社会管理秩序的犯罪（分则第六章）以及危害公共安全的犯罪（分则第二章），这“或许”与全国人大常委会对1997年《刑法》分则第二章和第六章进行较多修改的情况是有关的，说明在1997年《刑法》制定之后，有关公共安全和社会秩序的刑事法律，仍不能满足实践中打击犯罪的需要，因而需要全国人大常委会适当修正1997年《刑法》。但是，破坏社会主义市场经济秩序的案件则是相对较少的，这与图12-4形成显著的差异。

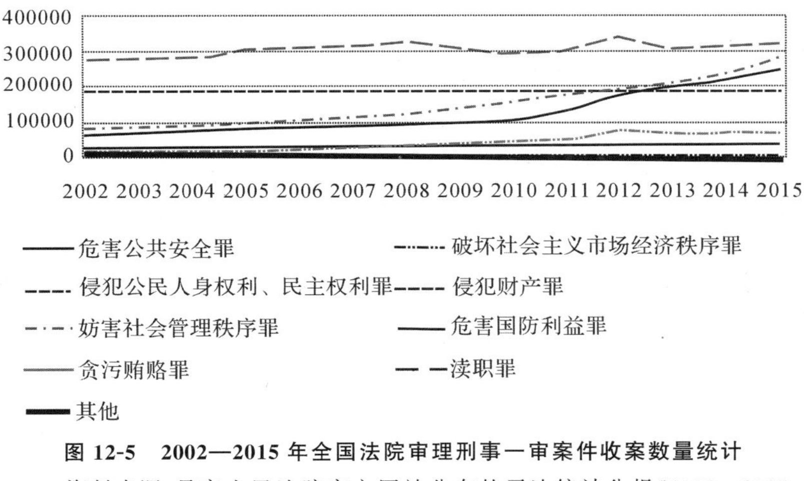

图12-5　2002—2015年全国法院审理刑事一审案件收案数量统计

资料来源：最高人民法院官方网站公布的司法统计公报（2002—2015年），http://gongbao.court.gov.cn/ArticleList.html? serial_no＝sftj，下载日期：2017年6月9日。

从图12-5中的司法统计数据可知，在我国发生的犯罪主要还是集中于自然犯，而非行政犯。[①] 比如违反1997年《刑法》分则第四章和第五章的案件总共占了全年刑事案件的一半以上，但是全国人大常委会对这两章所做的修正并不多。根

① 自然犯与一般的伦理道德观念有较大的联系，变易性较低，容易为人们所认知；而行政犯则是因触犯了法律规定的法益，也称法定犯，与一般伦理道德观念联系程度较低，具有更容易变易的特点，因而不宜为人们所认知。有关自然犯和行政犯的区分标准及其法律意义，参见张明楷：《刑法学》，法律出版社2007年第3版，第92页。

据图 12-4,全国人大常委会对分则第三章所做的修正、解释是最多的,在修正案和解释中,有 49 个修正条款或者解释涉及这一章的规定,但是有关分则第三章的案件却是相对较少的。

如果过于强调全国人大常委会的立法活动受到司法实践的影响,这并不能解释图 12-5 与图 12-4 之间显著的差异:如果案件越多,实践可能就会越复杂,需要的法律可能也就越多,那么全国人大常委会就应增加立法。这一假定勉强可以解释全国人大常委会对分则第二章、第六章所做的修正和解释,却完全不能解释:为什么分则第三章的案件很少,全国人大常委会对其所做的解释和修正却如此频繁?为什么分则第四章、第五章的案件最多,全国人大常委会对它的解释和修正却很少?这表明,上文的假定不能充分解释观察到的实际现象,因而是需要修正的。

笔者将图 12-4 和图 12-5 的数据进行整合,根据图 12-4,计算出累计修正或解释的数量,根据图 12-5,统计出年均收案数量,用年均收案数量除以累计修正或解释的立法数量,形成图 12-6。

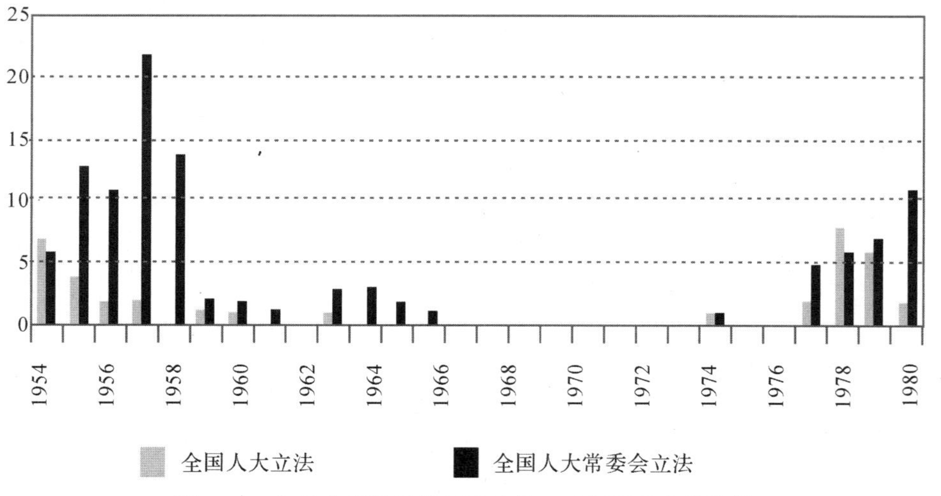

图 12-6　年均收案数量除以累计修正或解释的立法数量

图 12-6 或许可以更进一步反映出全国人大常委会对 1997 年《刑法》予以修正、解释的原因。从图 12-6 来看,分则第五章在整个刑法分则中是最为完备的领域,因为它以较少的刑事法律,就能解决最多的案件,这代表着在保护财产领域,刑事法律已经较为稳定,分则第五章及其修正和解释的适应性是最强的,基本能够适应社会发展对立法的需求。分则第四章的适应性与稳定性不如第五章,却高于刑法其他章节。这两章所规定的犯罪几乎都属于自然犯,打击这样的犯罪具有更多的历史经验,也比较容易形成较为完备的刑事法律体系。由于在保护人身权、民主权利和财产权领域的刑事法律已经比较完备,因而全国人大常委会也就较少对这

两章进行修正、解释了。在惩治贪污腐败、维护公共安全和社会秩序方面，刑事法律对社会发展的适应性不如分则第四章、第五章，因而全国人大常委会加强对相关规定的修正、解释，还有一定的必要性。结合图 12-4 和图 12-5，这类案件在逐年增长，立法上历年来所做的补充和解释也为数不少，因此它们的适应性还不够，体系建设不够完善。这些领域的犯罪则包含了自然犯和行政犯。而在维护经济秩序方面，由于改革开放使经济建设所发生的极大变化持续至 1997 年之后，经济形势的发展速度很快，法制经验很容易过时，因而 1997 年《刑法》中的相关规定还不能满足经济建设进一步发展所产生的法制需求，这方面的案件虽少，但是全国人大常委会对此所做的修正和解释却是最多的，因为在维护经济秩序方面，刑事法律体系的适应性相对而言是最弱的。同时需要指出的是，分则第三章规定的犯罪几乎都是行政犯。危害国防利益罪几乎每年的收案数量都是最低的，渎职罪也较低。打击这类犯罪的实践需求可能相对而言比较有限，现有的刑法规定基本能够满足实际需要，就这两类犯罪的刑事法制而言，现在来看是稳定的、适应的。

全国人大常委会在立法内容上的侧重，反映的并不是实际案件的数量需求，而是结合实际的案件数量，能够反映出相关领域刑事法律的完备程度。这就是对立法“适应性”较准确的诠释，也可以解释图 12-4 和图 12-5 之间的数量关系。分则第四章、第五章是最普遍的自然犯，发案率最高，但是这方面的刑事法律最完备，适应性最强，因而全国人大常委会的解释、修正很少；分则第三章是行政犯，与实际经济发展程度联系最为紧密，案件虽然少，但是应对的经验最少，法律建制最不完备，适应性最弱，因而全国人大常委会一直在对该章内容进行解释、修正；分则第二章和第六章的完备程度，则介于二者之间。

综上分析，全国人大常委会的立法辅助作用是很重要的。它不但在刑事法制体系建立时期积极，填补刑事法律的空白，而且在形成较为完备的刑事法律体系之后，仍然积极修正、解释 1997 年《刑法》，以加强 1997 年《刑法》对社会发展的适应性，促进社会各个领域的刑事方面的法律规则趋于完备，越是完备的刑事法律体系，对社会发展的适应性越强。“适应性”是全国人大常委会的主题词，这一点正是对全国人大“稳定性”的补充。而在整个 1997 年《刑法》中，规定的内容越偏向自然犯，其对社会发展的适应性就越强，对立法的需求越小；越偏向行政犯，适应性越弱，对立法的需求越大。从立法内容的偏好来看，也能解释全国人大常委会立法活动对适应性的追求，同时也凸显其对全国人大的辅助作用。但我们也能察觉到“辅助性”与“适应性”之间的潜在矛盾：“适应性”可能会影响甚至削弱“辅助性”，二者之间可能存在一定程度的冲突。

三、最高人民法院制定司法解释的历程及其特征

最高人民法院则毫无疑问是制定刑事法数量最多的主体，其先后作出的司法

解释数量远远超出了全国人大与全国人大常委会的立法数量。根据图 12-1，大致可以描述司法解释的发展状况。自 1985 年开始，司法解释的数量逐渐递增，至 1993 年达到高峰，之后开始回落。但是自 1998 年又以更快的速度增加，至 2001 年达到司法解释年发布量的最大值，2003 年之后又开始逐渐回落，2002 年起至今，年均刑事司法解释发布量保持在一个相对稳定的水平上。由于司法系统直接要承担处理具体个案的任务，因而司法解释的年均发布数量可以直接反映出刑事法律体系能否满足实际需要的状况，如果年均发布数量在增长，说明刑事司法解释还不足以满足实践需要。当保持在一个相对稳定的水平上时，说明刑事司法解释已经基本能满足实践需要。当这一体系完善成熟之后，制定司法解释的需求量就会被降低，此时年均司法解释发布数量应当会逐渐下降到一般水准上。2002 年之后，年均司法解释数量基本保持稳定。在这个意义上，可以说 2002 年刑事法律体系从整体上来说已经基本形成了，它能较好地适应社会发展对立法的需求。根据上文对刑法法律的分析，我们得出的结论也是如此。由此可以认为，我国刑事法律体系自 2002 年以后趋于完善(如图 12-7)。

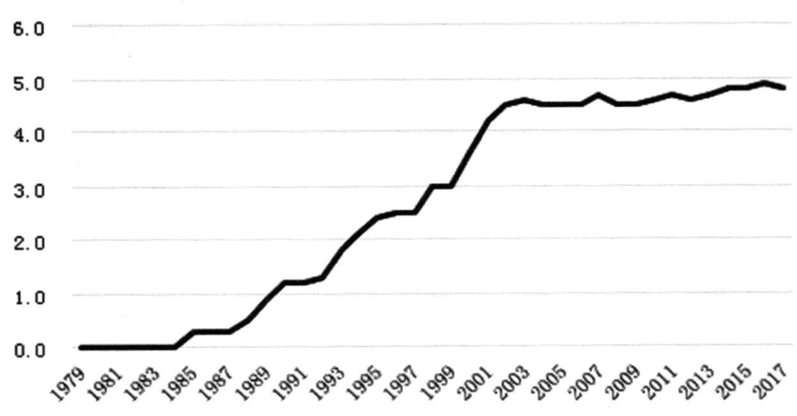

图 12-7　最高人民法院年均制定刑事司法解释数量统计

最高人民法院所起的作用完全不同于全国人大及其常委会的创制功能，它仅仅负责将抽象的规定予以明确化、具体化。这一点决定了最高人民法院的刑事立法活动有两个特征：第一是其立法活跃领域与全国人大常委会的立法活跃领域相关，如果全国人大常委会在某一领域制定、修改了较多的刑事立法，如果全国人大及其常委会所使用的立法用语较为抽象，那么最高人民法院就需要对这些立法进行更多的解释。这就是我们在开篇提出问题时所提的司法解释对立法活动的依赖性。第二是其立法活跃领域会与实践性强的分则章节有关，如果一种案件属于经常发生的案件，并且这类案件时常出现新的情况，需要解释已有的规则才能方便各级法院对立法的适用，那么这类司法解释也会偏多。这是在搜集数据的过程中发现的另一种现象。下面就对这两个特征予以论述，力求尽可能细致地描述立法活动与司法实践究竟是在怎样的方向上影响司法解释活动的，第一个特征表征着立法的主导作用，第二个特征则表征着司法的相对独立性，这两个特征所代表的因素的作用大小，决定着要如何看待立法机关与司法机关的关系。

按照宪法和《立法法》的规定，构建刑事法律体系的主体，应当是全国人大和全国人大常委会，最高人民法院不能制定法律。《法院组织法》第 32 条说明司法解释依赖于立法，《监督法》第 33 条、《立法法》第 104 条也说明了司法解释的效力低于法律(立法解释)，[①]这些都决定了最高人民法院的司法解释应当会随着立法活动的增加而增加。根据图 12-4 所示，全国人大常委会对 1997 年《刑法》的解释、修正集中于总则第四章，分则第二章、第三章和第六章，其中对分则第三章的修正、解释是最多的。因此，为了实施上述修正 1997 年《刑法》的立法规定，最高人民法院制定了许多有关的司法解释，这基本能够对应全国人大常委会的立法活动。

从图 12-8 可以看出，最高人民法院对刑法分则第六章的解释是最多的，对第三章和第五章的解释居其次，对总则部分的解释以及对分则第二、四、八、九章的解释数量相当，对总则第一章、分则第一章以及第七章、第十章的解释极少，没有解释过总则第五章和附则。而全国人大常委会对 1997 年《刑法》的解释、修正集中于总则第四章(即刑罚的具体适用)和分则第二、三和六章。这表明两院的司法解释活动基本上和全国人大常委会的立法活动保持一致。而分则第四、五章的司法解释较多，可能跟发案率较高有关。分则第六章和第八、九章的司法解释显得有些过多了，这与立法用语比较抽象有关联。

1997 年《刑法》对于犯罪和刑罚的规定都是略微抽象、概括的，一般而言按照对社会危害的程度，对危害行为在情节、后果严重与否或者数额大小方面作出区分，而衡量情节、后果和数额的标准，则是由最高人民法院以司法解释的形式予以

---

① 由于《立法法》第 50 条规定法律的效力等同于立法解释的效力，而《监督法》第 33 条又规定立法解释可以撤销司法解释的效力，那么就说明司法解释的效力不同于法律的效力，它的效力要低于法律，这一点是确定的。最高人民法院所主张的“司法解释具有法律效力”，必须在这一法律框架内被加以限定的解释。如果将这一规定解释为司法解释具有等同于法律的效力，那么就与《立法法》第 50 条和《监督法》第 33 条相抵触了，所以，只能将此规定解释为，司法解释具有法律效力，但是该“法律”是广义上的法律，而非狭义上的“法律”，司法解释可以具有法律效力，但是这种法律效力既不等同于法律，更不能高于法律。2015 年修正的《立法法》第 104 条对此作出了确认。这便会发生司法解释的法律约束力与行政法规，乃至地方性法规之间法律约束力的高低问题，不过这超出了本章的论述范围，在此就不予论述了。

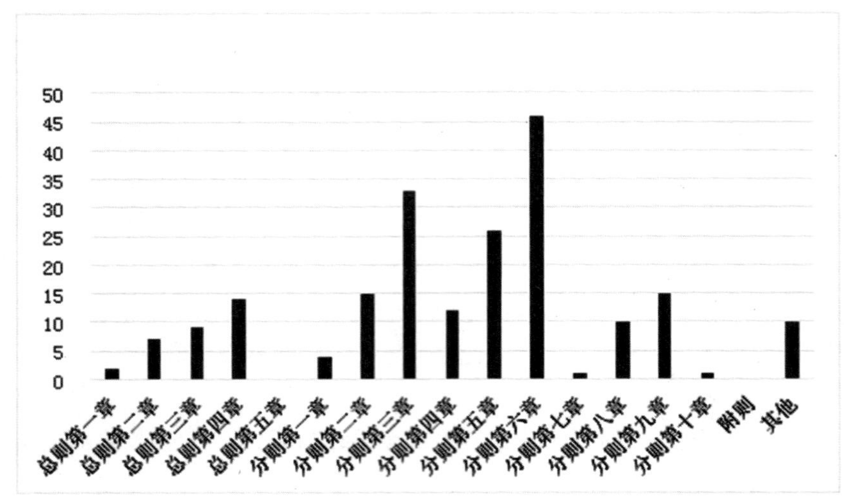

图 12-8　最高人民法院刑事司法解释在刑法各章中的分布

资料来源：本数据来自于对《最高人民法院》刑事司法解释的检索，检索1985—2017年最高人民法院所制定的与刑法有关的司法解释。由于有的司法解释的内容与不止一个章节有关，因而本统计的总数与检索的司法解释总数，其实是不相等的。

明确的（如表12-3）。因此，越是需要明确化、具体化的章节，相应的司法解释也就越多，这表明，司法解释的数量不但取决于立法活动的活跃度，也取决于实践中对法律含义进行明确的需要程度。在图12-8的数据中，分则中的司法解释最多的章节是刑法分则第三章、第五章和第六章，基本上也能对应全国人大在1997年《刑法》中所使用立法语言的明确程度。第八章和第九章的发案率很低，立法也不多，司法解释却显得比较多，或许更是因为这两章的用语，包含了较多需要解释的词语。

表 12-3　"数额""情节""后果"在刑法分则中出现的频率统计

分则章节	"数额"出现频率	"情节"出现频率	"后果"出现频率	总计
第一章	0	8	0	8
第二章	0	17	24	41
第三章	89	95	14	198
第四章	0	27	4	31
第五章	26	16	0	42
第六章	2	69	21	92
第七章	0	17	9	26

续表

分则章节	"数额"出现频率	"情节"出现频率	"后果"出现频率	总计
第八章	18	17	0	35
第九章	0	24	8	32
第十章	0	32	9	41

第三章"数额""情节""后果"等需要进一步界定含义的词语共出现了198次，第六章则出现了92次，特别需要法院在司法实践中予以具体化，因而这两章的司法解释偏多，很可能是出于适应司法实践的需要。就第五章而言，在全国人大常委会对分则第五章的修正、解释偏少的情形下，司法解释竟能居高不下，可能与发案率较高有关。侵犯财产的犯罪案件，每年都是最多的。因此，第三章、第五章和第六章的司法解释最多，第八章、第九章的司法解释也不少，表明发案数量因素和立法用语需要进一步明确的必要性占了主导地位。尽管有关分则第三章的案件每年相对较少，但是第三章需要具体化的规定实在是太多了，这一点和全国人大常委会的立法推动所起的作用之和，大大超越了每年实际受案数量对司法解释的影响。与此相反的是，尽管危害国防利益罪、军人违反职责罪两章中需要具体化的内容也不在少数，但是实践中每年受案数量和常委会立法活动对法院的司法解释活动起了决定作用。由于这类案件极其稀少，常委会也很少立法，因而法院没有动力，也没有必要将有限的司法资源用在制定这两章的司法解释上。

综上所述，最高人民法院的司法解释活动受到全国人大、全国人大常委会这两个立法机关的影响，以及司法实践的影响，具体体现为：(1)如果立法机关的立法语言较为抽象，则授予法院较大的裁量余地，那么就会使司法解释数量增加；(2)如果立法机关在某个领域加强了立法活动，辅助立法以便其实施的司法解释也会相应地增多；(3)如果实践中某类案件发案率高，那么这样的司法解释也会很多——毕竟繁杂的实践最能向法院提出疑难法律问题，以此推动司法解释的发展。反之，司法解释则会较少。

那么，全国人大常委会的立法活动和司法实践对司法解释活动所起的作用分别如何，是并驾齐驱，还是有主次之分，以分则第三章为例，我们前面统计过，这一章的发案量较低，但是司法解释数量最多，原因应当是受了立法活动的影响。而分则第五章，虽然立法活动较少，但是发案量极高，这使得第五章的司法解释数量也较多。因此，两种因素究竟是什么关系，囿于统计知识和分析方法以及手段的缺乏，我们很难对此做精确的评论。仅仅从直观的现象来看，立法活动的活跃程度、发案率的高低，都直接影响到司法解释的数量，且与之是正相关的数量关系。

综合发案数量和立法活动的关系，我们还可以观察到相应领域刑事法体系的完备程度。对人身权利的保护，是1997年《刑法》最为完备的领域，不但立法数量少，司法解释的数量也很少，作为自然犯的传统类型，虽然发案率很高，但是极少的法就能解决众多的案件，与此类似的是对财产权的保护。而与之相反的，则是对社会主义市场经济秩序的保护，尚处于不完备的阶段，表现为发案率较低（姑且不论犯罪黑数问题），而立法活动和司法解释的数量却居高不下。

四、小　　结

在刑事法制建设中，全国人大与全国人大常委会是居于主导地位的立法机关。而全国人大常委会的角色，从与全国人大几乎并驾齐驱的参与者，转换为辅助者。刑事法律体系从分散式立法，转换为以1997年《刑法》为中心。全国人大常委会的立法重点，也从填补立法空白逐渐转换为根据实践需要对已有规定进行修正和解释。总而言之，在刑事立法的活动中，全国人大是最为核心的国家机关，而常委会则日益成为辅助机关，它的目标是保持刑事立法体系的“适应性”，以保障1997年《刑法》的“稳定性”。

最高人民法院以司法解释的方式对立法机关的立法进行具体化，虽然司法解释的数量最多，却不是刑事法制体系建设的主导因素。它不但受立法用语清晰程度和频率的影响，还受司法实践的影响。刑事法制发展历程表明全国人大与全国人大常委会、司法机关的关系并不是偶然形成的，它是在现行宪法文本的控制下逐渐形成的，有其充分的宪法根据。

第三节　现行《宪法》与刑事法制发展的关系

在建设刑事法律体系的进程中，全国人大常委会在1982年以前处于非正式的辅助地位，“非正式”是指常委会没有立法权，只能根据1959年全国人大的决议行使对法律的修改权。[①]“辅助地位”是指它除了发布一些决议之外，从没有以法律的形式修改过1979年《刑法》——因为常委会决议没有经过国家主席签署或者以委员会令的形式发布，就不是法律。因此，非正式的辅助地位源于1954年《宪法》的制度设计：全国人大常委会不是立法机关，没有制定法律的权力。

但是改革开放之后，宪法修改顺应了时代需要，对人大制度进行了重要调整。在1982年《宪法》颁布之后，全国人大常委会获得了立法权和基本法律修改权，这

① 《第二届全国人民代表大会第一次会议关于全国人民代表大会常务委员会工作报告的决议》，载《全国人大常委会公报》1959年第4号，http://www.npc.gov.cn/wxzl/gongbao/2000-12/23/content_5328362.htm，下载日期：2017年6月16日。

为其积极参与刑事法律体系的建设提供了充分的依据和有效的手段。全国人大常委会积极行使立法权和修改权，填补刑事法律体系的立法空白，致力于保持1979年《刑法》对社会发展的适应性。现行《宪法》第67条第2项、第3项的规定对于刑事法律体系的建设是十分重要的。

1997年全国人大修订刑法典之后，1997年《刑法》被认为总结了过去的刑事立法经验，吸收了历史上的立法成果。这也是对全国人大常委会刑事立法权的限制。全国人大以修订基本法律的方式设计了我国刑事法律体系的基本结构和主要内容，将刑事立法领域的分散立法状态整合为以1997年《刑法》为中心的法律体系：1997年《刑法》是刑事法律体系的核心。之后，全国人大常委会的立法活动就局限于围绕着1997年《刑法》进行修正、解释工作，依据现行《宪法》第67条第2项制定单行立法这种方式基本上已经不用了。[①] 在刑事法律领域，现行《宪法》第67条第2项很少使用，而第3项"基本法律修改权"和第4项"法律解释权"得到了积极运用(如表12-4)。

表12-4 现行《宪法》第67条第2项、第3项、第4项在刑事立法中的使用频率

时间	立法权(第67条第2项)	基本法律修改权(第67条第3项)	法律解释权(第67条第4项)
1979—1997年	23	0	0
1997—2017年	1	9	13

从表12-4来看，1997年以前立法权是全国人大常委会积极参与刑事法律体系建设的主要手段，它没有启动过修改1979年《刑法》或者解释1979年《刑法》的立法程序。1997年后，立法权让位于基本法律修改权和法律解释权。原因可能是：单行立法会造成刑事法律体系的分散立法状态，会使得法律不统一，不利于法律的适用。而解释1997年《刑法》或者以修正案的形式修改基本法律，则不会损害基本法律的稳定性和统一性。修正和解释是在已经基本建成刑事法律体系之后，对1997年《刑法》进行完善的主要方式。而立法权则是填补立法漏洞的手段，适用于初步建设刑事法律体系。图12-9较直观地显示了这一发展趋势：从立法权转向解

① 全国人大常委会只在1998年通过一部单行刑法《关于惩治骗购外汇、逃汇和非法买卖外汇犯罪的决定》，在1999年，本欲再通过两个单行刑法，但是考虑到刑法典的体系完整性，决定改用修正案的方式修改刑法典。参见《关于〈中华人民共和国刑法修正案(草案)〉的说明》，载《全国人大常委会公报》1999年第7号，http://www.npc.gov.cn/wxzl/gongbao/2000-12/06/content_5007223.htm，下载日期：2017年6月16日。修正案这种修改方式一直延续至2015年8月第9次对刑法的修正。可以推测，全国人大常委会已经认识到维护1997年《刑法》体系的重要性和常委会的辅助地位，不会再用单行刑法的方式来修改1997年《刑法》。

释权、修正权,而修正权的重要性逐步超过解释权。解释的灵活性毕竟更小,而修正可以根据实践的要求修改法律规定,有着近乎无限的发展空间。因而至2005年后,解释权也很少使用,对修正权的使用则表现出趋于稳定的态势。

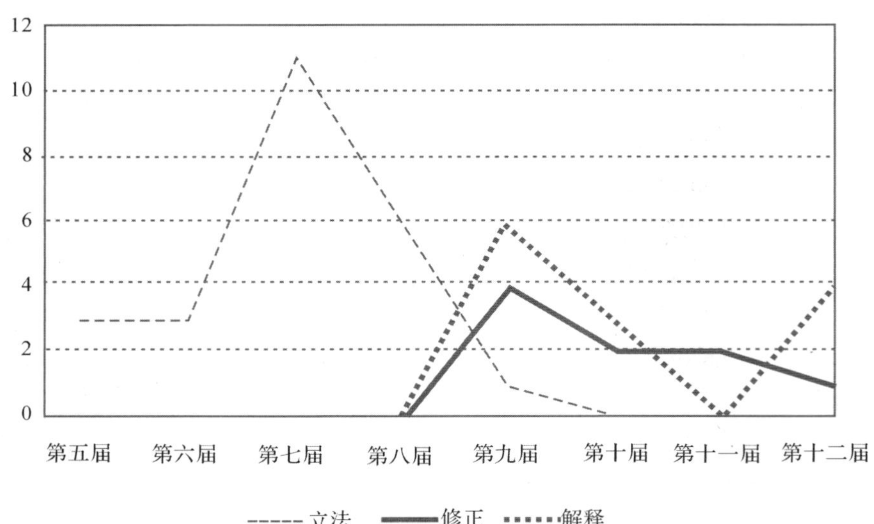

图12-9 在刑事立法历程中全国人大常委会行使现行《宪法》第67条第2项、第3项、第4项的频率

上述趋势所体现的,基本符合改革开放对人大制度的实际需求,符合现行宪法的制定原意:在立法工作中,要充分加强全国人大常委会的职权,发挥它的作用。1980—1982年修改宪法期间,修宪委员会就提及要充分加强全国人大常委会的工作,发挥它的作用。在1980年10月的宪法修改委员会秘书处第四次会议上,"健全和加强常委会"就被确定为一个重点问题。在1982年2月宪法修改委员会第二次全体会议上,秘书处就指出草案中规定全国人大与全国人大常委会是国家的立法机关,主要是为了大量立法工作的进行,而胡乔木则指出加强全国人大常委会是为了弥补全国人大客观上所受的限制。在4月的第三次全体会议上,胡乔木也指出全国人大常委会不能与全国人大并列。彭真在常委会第二十三次会议上指出扩大常委会的职权是为了解决发挥国家最高权力机关作用的问题。[①] 从修改宪法时对全国人大与其常委会之间相互关系的讨论来看,修宪委员会的意图是坚持全国人大最高国家权力机关的地位,并充分发挥它的作用。但是全国人大受到人数、规模的限制,因而通过加强全国人大常委会的方式来加强人大的作用。而加强工作的重点,则是立法需求。

刑事立法实践还提出了全国人大常委会立法权限的问题,促使人们反思在加

① 许崇德:《中华人民共和国宪法史》,福建人民出版社2005年版,第345～478页。

强常委会职权的同时，也应当按照宪法原意对其进行必要的约束。全国人大常委会在1997年前由于积极行使立法权，使得在刑事法律领域几乎形成了单行立法和1979年《刑法》不相伯仲的形势，这在构建刑事法律体系、填补立法漏洞的当时，有其客观的必要性，但是实际上不能否认的是，那些单行立法不乏超越权限的规定，正是在这个意义上，我们认为对1979年《刑法》的补充立法，有些超越了常委会所应发挥的“辅助性”作用。1997年后，全国人大常委会逐渐开始使用修正案和法律解释的方法，始终围绕着全国人大制定的基本法律，对刑事法律体系进行修改、完善。1997年《刑法》成为我国刑事法律体系的核心，也成为全国人大常委会制定刑法修正案和刑法解释所依赖的对象。这时，全国人大常委会才开始实现自身“辅助性”角色的转型，在坚持“适应性”的同时，注重“辅助性”对立法行为的限制。从1999年至今，全国人大常委会再也没有行使过刑事单行法的制定权。

结合刑事法律体系建设的发展历程，可以发现现行《宪法》第67条第2项、第3项和第4项是有层次的。第一层次是在刑事法制建设初期阶段的刑事立法权，第二层次是修正刑法的权力和解释刑法的权力。这三项规定不仅体现出我国刑事法制体系的发展历程，同时也确定了全国人大及其常委会在构建刑事法律体系过程中的相互关系，而且也为全国人大常委会辅助全国人大提供了充分的宪法权力。

现行《宪法》第67条第2项、第3项和第4项，为我国刑事法律体系起步、发展和基本形成，提供了宪法依据、宪法方向和宪法手段。而法院在立法机关的引领下，通过司法解释实施、完善立法规定，符合现行宪法对权力机关与审判机关之间关系的设计：法院要向权力机关负责，随着权力机关的立法活动而加强司法活动。同时，审判机关有相对的独立性，权力机关不能干预审判机关的审判独立。审判独立的一个客观理由，就是审判机关直接要面对众多纷繁复杂的司法实践。如上文所述，刑事司法解释也的确受到实践的影响，司法实践的客观性，使得审判机关的相对独立始终有其必要性。

因此，现行宪法为全国人大、全国人大常委会和最高人民法院分配了不同的角色定位，它们在构建、完善刑事法律体系的过程中基本上坚持了各自所应扮演的角色，现行宪法的原意基本得到了贯彻，改革开放的制度需求基本得到了满足。从这个意义上来说，宪法的实施是比较有成效的。现行宪法的规定及其实施，与刑事法律体系建设的成就，是密不可分的。特别是常委会职权的扩大，在刑事法制体系的建构与完善中起了主导作用，是改革开放后形成的重要的宪法制度。

但是与此同时也必须注意到，我们在前述探究全国人大常委会以及最高人民法院立法活动的动机及其影响因素时，都提到了实践对立法活动的推动力：全国人大常委会的“适应性”与最高人民法院审判工作的“实践性”。不可否认，这的确推动了刑事法体系的发展与完善，但是实践需求是存在非理性的因素的，为了满足实践的需求，全国人大常委会制定过违背基本法律、宪法的单行法，最高人民法院也制定过超越法律范围的司法解释。一方面，规范化的要素在制约着刑事法体系的建设过程，基本法律引导着常委会立法，二者同时引导着最高人民法院的司法解释。另一方面，实践需求有时也为全国人大常委会和最高人民法院提供了超越规范的理由。这是不利于宪法实施的因素。如何使实践需求的满足也被纳入规范的指导范围之内，是今后整备刑事法体系的一个重点问题，这就需要对司法解释是否合法进行审查以及对全国人大常委会立法权设置更加明确的限制。2015 年《立法法》的修改实现了前者，但对全国人大常委会刑事立法权的限制，仍然是一个需要正视和解决的问题。

第四节　刑事法制发展趋势及其对宪法的影响

根据上文的论述，在刑事法律体系建设的初期，由于刑事法律还存在很多漏洞，而全国人大在那样一个急需立法的时代，又因受到客观限制而不能及时立法，因而全国人大常委会运用立法权对此进行了积极的弥补，以满足改革开放对立法的需求。经过 10 多年的发展，至 1997 年时刑事法律体系已经基本形成，它的主要内容和基本范围都在 1997 年《刑法》中得到了体现。1997 年《刑法》也整合了以往的分散立法，成为刑事法律体系的核心。在这一时期，法律体系的建设目标是在已有的、基本全面的体系框架内，修正、完善这一法律体系。因而社会的迅速发展对单独立法的需求与立法漏洞较多之间的矛盾已经不是主要矛盾了，改革开放 40 年已经使得社会关系基本稳定，“转型社会”逐步成为“定型社会”。在刑事法制层面，对现有的 1997 年《刑法》进行修正、解释，使其不断在适应实践的过程中发展、完善，成为法制建设的主要任务。1997 年《刑法》被制定之后，全国人大常委会的立法活动已经从制定单行法转向解释与修正并重，最高人民法院的司法解释年发布量日趋稳定。可以说 2002 年后刑事法律体系已经基本成型，它已经足以适应社会的发展，无论是立法机关还是司法机关，都没有进行大规模立法的客观需要了。2003 年之后，全国人大常委会的年均立法数量逐渐减少到一个相对稳定的水平上，最高人民法院的刑事司法解释年均发布数量也达到一个相对稳定的水平上。随着改革开放对社会带来的剧烈变革逐渐减弱，社会关系已经日趋稳定，大规模的立法不会成为今后刑事立法的主要任务。这种发展历程及其趋势对现行宪法而言有何启示？

自 1978 年改革开放至今，在法律体系建设方面，国家面临着两个主要问题：在 1982 年颁布《宪法》的时候，主要问题是如何使全国人大常委会积极立法，以满足因改革开放而日益增长的立法需求。因此宪法上被充分运用的权限是第 67 条第 2 项，第 3 项和第 4 项当时并不是主要的立法手段。1979 年《刑法》也授权单行立法可以改变其分则的规定，这说明当时的主要任务是构建规范体系。现在刑事规范体系已经成型，主要的立法活动已经不是“抢滩登陆”式的单行立法，而是以基本法律(1997 年《刑法》)为中心的修正和解释。于是，第 67 条第 3 项、第 4 项便成为宪法上的主要问题。1980—1982 年修宪，授予全国人大常委会“立法权”，以此解决了第一个主要问题。而 1997 年后，全国人大常委会修正、解释 1997 年《刑法》的界限，就应当是予以澄清的第二个问题。但是，从 2008 年全国人大常委会法工委就《律师法》第 33 条与《刑事诉讼法》第 96 条的答复来看，①国家立法机关并没有澄清全国人大及其常委会之间的立法关系，该答复也没有解释清楚其修改、解释基本法律所受到的限制。

就第二个问题而言，还会联系到现行《宪法》第 62 条第 11 项全国人大对其常委会决议的“撤销权”。在构建刑事法律体系的时期，由于全国人大常委会的积极立法，似乎逐渐形成其与全国人大并驾齐驱的局面。但是在 1997 年时全国人大以“修订”的方式改变了形势。1997 年《刑法》以其较为完善、全面的体系，几乎涵盖了刑事法律领域的全部，由此限制了全国人大常委会的立法作用，使其逐渐从制定单行立法转而修正、解释 1997 年《刑法》。因此 1997 年是一个转折点，不但意味着刑事法律体系从分散转为集中，而且全国人大常委会也从“喧宾夺主”的角色迅速回归到“辅助”的角色。这一事例说明：直接导致全国人大与全国人大常委会发生冲突的撤销权，并不一定是解决立法冲突的最理想、最必要的手段。相比之下，“修订”的方式不但能够区分全国人大与全国人大常委会的宪法地位，而且在实践中有反复操作的经验，可以将国家机关之间的冲突降低到最低，并且不违反宪法的精神。

但是，在全国人大常委会制定越来越多的修正案之后，全国人大是否还会再以“修订”的方式吸收、废止已有的立法成果，则是难以预测的。虽然修正案的理论基本上能够在承认立法主体的差别上满足刑法的适应性，但是如果全国人大不修订 1997 年《刑法》，如何对待日益增多的刑法修正案，就是一个很难处理的问题。虽然学界在理论上也强调区分文本与修正案的宪法意义，但是直观地看，如果大量的

---

① 就《刑事诉讼法》(1996)与《律师法》(2007)之间的冲突问题，全国人民代表大会常务委员会法制工作委员会对政协十一届全国委员会第一次会议第 1524 号(政治法律类 137 号)提案的答复：十届全国人大常委会于 2007 年 10 月 28 日通过了修订的律师法，该法已于 2008 年 6 月 1 日开始施行。依照宪法规定，全国人大常委会对于全国人民代表大会制定的法律，在不与其基本原则相抵触的情况下，可以进行修改和补充。新修订的律师法，根据中央关于司法体制改革的精神和国务院提出的修订草案以及各方面的意见，总结实践经验，对刑事诉讼法有关律师在刑事诉讼中执业权利的有些具体问题作了补充完善，实际上是以新的法律规定修改了刑事诉讼法的有关规定，对此应按修订后的律师法的规定执行，http://www.chinalawedu.com/lvshi/cqsjzjy64585714/5_4586.shtm，下载日期：2018 年 5 月 18 日。

条款都是修正案，而非原来的文本，似乎就很难认为全国人大常委会仍在发挥“辅助性”作用了。

司法解释突破规范框架的现象和问题由来已久，但是面对数量众多的司法解释，全国人大常委会的工作量显得很庞大。这一定会降低全国人大常委会审查司法解释的热情和效率。但是，从实践来看，全国人大常委会对此已经予以关注。一个最典型的事例就是如何解释司法解释的法律效力。2007年最高人民法院发布的《关于司法解释工作的规定》第5条规定司法解释具有法律效力，可是2000年的《立法法》中没有规定司法解释，也就是说司法解释不能作为正式的法。如果主张司法解释与法律具有“同等”效力，则与2006年《监督法》第33条有抵触的可能。《监督法》第33条规定全国人大常委会有权制定立法解释，意在排除其认为不合法的司法解释。立法解释的效力等同于法律，这显然表明了全国人大常委会的立法意图：司法解释只能有效，但效力必须低于法律。这一点在2015年修正《立法法》时得到了确认。《立法法》第104条规定了司法解释应当接受全国人大常委会的备案审查，一个没有法律效力的文件根本没有备案审查的必要，因此司法解释是有效的。但是可以被立法解释排除，说明它的效力低于法律。既然在体制上为审查司法解释的合法性建立了框架，也以《立法法》第45条第2款为根据从内容上限制了司法解释的范围，相信司法解释的作用会被限制在宪法预定的规范框架内。可以说改革开放40年，司法解释权已经基本被放在了制度框架之内。

综上所述，全国人大制定基本法律，全国人大常委会通过解释、修正的方式来补充基本法律，而最高人民法院通过司法解释和司法实践来实施以基本法律为核心的相关法律体系。前述整个发展过程中的特点，不仅是刑事法律体系今后发展的趋势，或许也可以用来预测民事、行政等法律体系的起步、发展和完善。由此来看，现行《宪法》第67条第2项、第3项和第4项与第62条第3项，不但反映了时代特征，而且为国家法制建设指明了方向，更为相应的国家机关设置了各自的职责和界限，是改革开放40年来重要的宪法权限。刑事立法机关可能不会再进行大规模立法，但是在不修订1997年《刑法》的情形下，全国人大似乎只有以撤销权的实际行动才能监督其常委会对刑法的不适当修正，如何规范全国人大常委会对基本法律的修改作用，这一改革开放中日益重要的实际需求可能会逐渐为合宪性审查制度的起步提供实践动力。

在1982年颁布《宪法》时，由于法律体系基本上是一片空白，那时候合宪性审查是没有基础的。只有在法律体系基本形成之后，规范的建构基本完成，才会有如何对规范的层次进行细致排列这一问题。全国人大常委会在构建法律体系的过程中功不可没，但是正是其所立下的汗马功劳，可能将会催生推动合宪性审查制度的实践因素，而这一制度所监督的主要对象，正是全国人大常委会。如果这一点推测是符合实际的，那就可以说刑事法制体系的发展对宪法的实施所具有的重要作用，在于它会推动法治建设水平的进一步提高，有益于宪法向更高的层次实施——规范和限制国家立法权。这也是在国家机构领域不断坚持改革开放的客观发展趋势，改革开放会不断提升人民对国家机关在提供公共服务水平方面的需求。司法解释的发展过程基本印证了这一判断。起初最高人民法院制定了众多的司法解释，其中有的甚至突破了法律的限制。即便如此，司法解释仍然“大行其道”。但是，随着法制体系的健全与完善，司法解释必须被限定在法律允许的范围内，这一点越来越引起重视。2015 年全国人大常委会修正《立法法》，表明司法解释的合法性也是必须受到监督的。《立法法》第 45 条第 2 款和第 104 条明确限制了司法解释的必要性和解释的内容。因此，全国人大及其常委会的刑事立法权限，会推动刑事法律体系的完善，这一完善将会推动合宪性审查制度的发展。加强对国家立法权的监督和规范，不仅是宪法实施的内在要求，而且是进一步深化改革、提高国家机关公共服务水平的重要方面。

第十三章

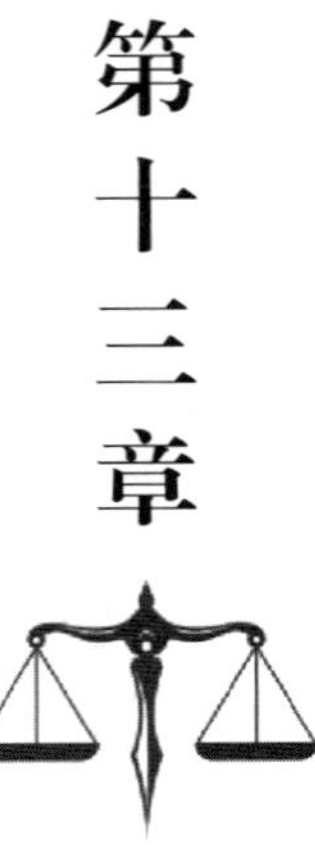

宪法与环境法

自从1962年卡逊发表著名的《寂静的春天》以来，环境问题逐渐成为社会关注的中心议题，并在20世纪60年代后期形成了声势浩大的环境保护运动。1972年在斯德哥尔摩展开的第一次联合国人类环境会议则代表着世界范围内“环境保护时代”的来临。宪法作为统摄一国法律体系的最高法，自然应对这一趋势有所反应。正是在这一历史背景下，“环境保护入宪”构成了当代世界各国宪法发展的趋势所在，“环境宪法”逐渐成为现代宪法中不可或缺的重要组成部分，构成了宪法与环境法进行规范连接的外在表现形式。概言之，“环境保护作为部门宪法之一环，学界的任务，在于对该部门加以界定，找出相应的条文，并探讨其在宪法各环节中的议题”。①

环境法是我国改革开放后首先得以发展的部门法之一，以1979年《环境保护法（试行）》的颁布为标志。同时，改革开放后的我国宪法也高度关注与环境法的关系，形成了具有中国特色的规范条款。我国宪法首次对环境保护内容加以规定，是1978年《宪法》第11条第3款：“国家保护环境和自然资源，防治污染和其他公害。”该条款为现行1982年《宪法》所继承，表现为第26条之规定：“国家保护和改善生活环境与生态环境，防治污染和其他公害；国家组织和鼓励植树造林，保护林木。”同时，1982年《宪法》中与环境保护相关的条款还有第9条第2款之规定“国

① 黄锦堂：《环境宪法》，载苏永钦：《部门宪法》，台湾元照出版有限公司2006年版，第710页。

家保障自然资源的合理利用，保护珍贵的动物和植物。禁止任何组织或者个人用任何手段侵占或者破坏自然资源”。上述条款构成了当前我国“环境宪法”的主要规范依据，形成了我国宪法与环境法进行沟通互动的制度语境与场域。在改革开放 40 年之际，有必要对当前 1982 年《宪法》与环境法关系及其制度实践进行回顾，并对其未来发展进行展望。

第一节 1982 年《宪法》与环境法关系的规范定位

一般而言，“环境保护入宪”包括两种模式：一是宪法中规定个人所享有的清洁、健康的环境的一般性权利，即制定环境基本人权；二是将环境保护作为国家的政策目标与行为义务，即制定“环境基本国策”。[①] 从文义和体系解释的角度看，1982 年《宪法》中的环保条款无疑应属于基本国策的范畴，具体分为两个方面：(1)第 26 条归属于宪法对社会政策的规定，主要包括：医疗卫生政策（第 21 条）、人口政策（第 25 条）、环境保护政策（第 26 条）、劳动政策（第 42 条、第 43 条）、弱势群体保护政策（第 44 条、第 48 条、第 49 条）、社会保险与社会救济政策（第 45 条）；(2)第 9 条第 2 款归属于宪法对经济政策的规定，主要包括第 6 条（所有制）、第 7 条（国有经济）、第 8 条（农村集体所有制经济）、第 9 条（自然资源权属与利用）、第 13 条（财产保护制度）、第 15 条（市场经济）等。基于这一分类看，1982 年《宪法》采取了前述第二种“环境保护入宪”模式，即通过制定环境基本国策的方式将环境价值纳入宪法保护的框架秩序之内。

从宪法变迁的角度看，基本国策作为国家积极干预社会生活的规范表述，是近代宪法“两结构模式”（国家机构与人权规定）发展成为现代宪法“三结构模式”的关键所在，构成了现代宪法的基本内容。但从“规范宪法学”考察，单纯的“环境基本国策”是否足以构成规范意义上的“环境宪法”并切实发挥作用，仍然面临着诸多困境。一般认为，基本国策的规定相当丰富，应依据现实情况和具体规定，区别对待各基本国策条款的法律效力，主要存在“方针条款”和“宪法委托”两种学说。[②] 然而，作为“方针条款”的环境基本国策仅具有“宣示性”和“期待性”之象征效力，作为“宪法委托”的环境基本国策则只对立法者提出规范性要求，不涉及其他国家权力，极大限缩了环境基本国策的适用空间，也不利于环境公共利益的维护，两者都不足

---

① Ernst Brandl & Hartwin Bungert, Constitutional Entrenchment of Environmental Protection: A Comparative Analysis of Experiences Abroad, 16 *Harv. Envtl. L. Rev.* 1,8(1992)；吴卫星：《生态危机的宪法回应》，载《法商研究》2006 年第 5 期。

② 陈新民：《宪法学释论》，三民书局 2005 年版，第 905～908 页。

以为一国“环境宪法”的构建提供理论支撑。另外，将大量国家政策纳入宪法，极易超出国家所能负担的能力，会威胁到宪法的权威性和稳定性，国民也会感觉上当受骗。[①] 为解决上述问题，需要摈弃“方针条款”理论，借鉴“宪法委托”理论并在此基础上将其效力范围扩展至所有国家权力而成为“国家目标条款”，这是环境基本国策理论发展之核心要义；环境基本国策应定位为对所有国家权力构成约束的“国家目标条款”，对现在及未来的国家行为设定环境保护的任务与方向。[②] 对环境保护的“国家目标条款”进行具体展开，则不能简单地、单向度地理解为各不同国家权力的行使，而应整体地、双向地理解为国家权力在不同任务要求下所展现出的特征并予以类型化，具体包括三个方面的国家义务：现状保持义务、危险防御义务、风险预防义务。[③]

基于上述理论定位，我们得以重新审视现行1982年《宪法》中的“环境基本国策”，并分析其是否足以作为“国家目标条款”。从宪法变迁角度分析，相较于1978年《宪法》，1982年《宪法》对环境基本国策的规定在形式上进行了“拆分”，即在不同条文中分别规定环境保护（第26条）和自然资源保护（第9条第2款）的内容，这固然是制宪者出于完善自然资源国家所有权规定而作的选择，客观上也“扩充”了环境基本国策的规范空间，为形成“国家目标条款”创造了更大可能。

从内容上比较，现行《宪法》的规定具有明显进步，体现在：(1)理念的进步。1978年《宪法》第11条第1款、第2款是对国家发展国民经济的规定，在此之后规定环境基本国策（第3款），显然是将环境保护作为经济发展的补充。而现行《宪法》第26条是一个独立条文，体现出环境保护的独立性，强化了环境基本国策在国家目标体系中的地位。(2)内容的进步。1982年《宪法》除保留“防治污染和其他公害”的规定之外，对1978年《宪法》中“国家保护环境和自然资源”的规定进行了细化和大幅度扩充，具体为：在第26条中，将原“国家保护环境”的规定细化为“国家保护和改善生活环境与生态环境”，即将“环境”具体分解为“生活环境”和“生态环境”，并加入了“改善”一词；在第9条第2款中，将原“国家保护自然资源”的规定，扩充为“国家保障自然资源的合理利用，保护珍贵的动物和植物。禁止任何组织或者个人用任何手段侵占或者破坏自然资源”，丰富和完善了自然资源保护的内容。

就对国家权力的约束而言，现行《宪法》“环境基本国策”的规定可归纳为三个等级：(1)“国家保障”。具体是第9条第2款中“国家保障自然资源的合理利用”的规定。这是对行使自然资源使用权的规定，属于“赋权型”条款。但根据“合理利

① [德]康拉德·黑塞：《联邦德国宪法纲要》，李辉译，商务印书馆2007年版，第163～164页。

② 陈海嵩：《国家环境保护义务论》，北京大学出版社2015年版，第75～84页。

③ 陈海嵩：《国家环境保护义务论》，北京大学出版社2015年版，第94～128页。

用"之精神，也可对国家权力构成间接约束。(2)"国家保护"。第 26 条"国家保护和改善生活环境与生态环境"的规定，和第 9 条第 2 款"国家保护珍贵的动物和植物"的规定，从规范层面看，应解释为隐含有"应当"的价值判断和立法宗旨而对公权力设定义务。据此，生活环境和生态环境是否得到有效保护和改善，以及珍贵动植物保护的情况，对包括立法、行政、司法在内的国家权力构成直接约束。(3)"禁止任何组织……"。第 9 条第 2 款中"禁止任何组织或者个人用任何手段侵占或者破坏自然资源"之规定，一方面表明自然资源使用权和受益权受到一定的限制，另一方面意味着代管国有资源的行政机关在执法过程中也必须受宪法约束。[①]

综上，现行《宪法》"环境基本国策"之规定在理念和内容上具有先进性，对包括立法、行政、司法在内的国家公权力也构成了约束，足以作为我国环境保护领域的"国家目标条款"，构成了中国"环境宪法"的主要规范依据和解释基准。

第二节　宪法与环境法关系的展开

2014 年 4 月 24 日，十二届全国人大常委会第八次会议审议通过了《环境保护法修订草案》，这是我国环境法治发展进程中的重要里程碑。纵观修改《环境保护法》的全过程，经历了四次审议和二次公开征求意见，体现出立法机关的高度重视，修改思路也从原先的"修正"变为"修订"，[②]全面反映了当前生态环境保护的重点问题，立法质量有较大进步，是目前我国环境法律体系的"基本法"。从宪法实施角度看，新《环境保护法》在实现国家现状保持义务、危险防御义务、风险预防义务三个方面均有着针对性的规定，较好地落实了 1982 年《宪法》中环境保护"国家目标条款"的要求。

一、现状保持义务的实现

国家不得使环境保护水平发生倒退，是国家在环境保护事项上对于人民的基本政治承诺。在这个意义上，国家存在的目的，就在于对其人民及其环境负有一定的保护义务。[③] 由此，国家天生的具有保障其领土环境品质不发生倒退的责任，这构成了国家统治正当性的重要一环，法律则起到确认和完善的作用。一直以来，我

---

① 王旭：《论自然资源国家所有权的宪法规制功能》，载《中国法学》2013 年第 6 期。

② 在 2012 年 8 月、2013 年 6 月，全国人大常委会对《环境保护法(修正草案)》进行了两次审议；2013 年 10 月、2014 年 4 月，全国人大常委会对《环境保护法(修订草案)》进行了两次审议。2012 年 8 月和 2013 年 7 月两次公开征求意见。

③ 宫文祥：《中国环境法制战略突破口的另向思考——一个学术对话的尝试》，载《上海交通大学学报(哲学社会科学版)》2010 年第 3 期。

国环境状况总体恶化的趋势尚未得到根本遏制。在某种意义上说，不断恶化的环境状况与公民不断提高的环境质量要求，是我国当前最为突出的社会矛盾之一。在现阶段，通过有针对性的制度设计落实国家的现状保持义务，是实践国家环境保护义务的优先目标。

根据我国的生态环境现状，造成“环境状况总体恶化”的原因并不仅仅是污染物排放超过环境容量阈值，还包括生态系统的持续退化和资源压力的不断增大。扭转这一趋势，就需要根据我国经济社会可持续发展的需要，在生态、环境、资源三大领域明确各自的“底线”，①并通过相应的制度安排予以保障。这也符合前述环境保护“国家目标条款”将“环境”和“自然资源”进行整体保护之基本精神。

基于此，新《环境保护法》对“生态红线制度”进行了专门规定，以保障生态、环境、资源三大领域的“底线”不被突破。其要点包括：(1)新设生态功能红线，确保最为基础的生态功能基准。新《环境保护法》增加了对生态空间保护红线制度的规定(第29条)和生态补偿制度的规定(第31条)，明确在“重点生态功能区、生态环境敏感区和脆弱区”等重点生态区域划定保护性红线并建立生态补偿制度，有效维护生态系统功能的实现。(2)完善环境质量红线，维护最为基本的环境质量需求。以排污许可为基础，主要涉及两个部分：基于浓度的环境标准制度、基于总量的污染物排放总量控制制度。针对前者，新《环境保护法》第15条、第16条对国家环境质量标准和国家污染物排放标准进行了专门规定；针对后者，新《环境保护法》第44条第1款对重点污染物总量控制制度进行了专门规定。(3)强化资源利用红线，保障与经济社会发展相适应的资源承载能力。新《环境保护法》第30条规定，开发利用自然资源，应当合理开发。从法律解释角度看，这一原则性条款应视为对《节约能源法》《水法》《土地管理法》等法律中所确立资源利用保护制度体系(能源利用、水资源利用、土地资源利用)的强化。

可见，作为现阶段落实国家现状保持义务的核心内容，生态红线制度超越了单纯的污染水平控制范畴(如前述美国《清洁水法》中的“禁止倒退”规则)，体现生态环境质量控制的综合性、整体性思维，对扭转我国生态环境恶化趋势具有重要意义。但是也必须看到，新《环境保护法》第29条仅为一原则性条款，所增加的“生态功能红线”还需要细化。在推进路径上，考虑到目前我国在自然保护区域的管理上存在严重的“分散保护”和“部门立法”现象，存在立法层次低、调整范围窄、内容封闭滞后、部门色彩浓厚等诸多问题，早已不能适应生态环境保护的现实需要，②应

① 李干杰：《“生态保护红线”——确保国家生态安全的生命线》，载《求是》2014年1月21日。

② 肖建华、胡美灵：《国内自然保护区的立法争议与重构》，载《法学杂志》2009年第10期；高利红、程芳：《我国自然遗产保护的立法合理性研究——兼评〈自然遗产保护法〉征求意见草案》，载《江西社会科学》2012年第1期。

以推动立法完善为主要目标，主要思路是：对目前《自然保护区条例》《风景名胜区条例》《森林公园管理办法》等相关法规进行归纳整理，尽早出台我国生态保护区域的统一立法，确认“管理与监督相分离”的自然保护区域管理体制，建立生态功能红线分级分类管控制度，细化区域生态补偿制度等。

二、危险防御义务的实现

自近代国家产生以来，保护境内人民生命、财产安全一直是国家的基本职责，从中导出了国家维护公共安全、保障公共秩序的危险防御义务。在环境保护领域，国家的危险防御义务意味着阻止、排除因环境污染造成的公民权益侵害。此时，国家应基于因果关系的经验法则，对侵害环境权益的各种因素进行识别与判断，进而采取一定的干预手段来制止此危险发生。从总体上看，我国环境立法已经历40年的发展，目前已经基本形成环境保护法律体系，包括法律30余部、行政法规90余部及一大批环境保护地方性法规；尽管存在一些立法不完善之处，但更重要的是确保环境法律法规的遵守与执行。[①] 在某种意义上，“实施不力”是环境法治被广为诟病的主要原因。这也正是近年来学界一再呼吁强化政府环境责任、促进环境法实施的宗旨所在。在现阶段，通过政府环境责任的设定落实国家的危险防御义务，是实践国家环境保护义务的主要目标。

在1989年《环境保护法》中，相关条文为第16条“各级人民政府对所辖区的环境质量负责”的规定，仅对政府环境责任提出了模糊的总体要求，无法明确“如何负责”，不具备可操作性。基于此，新《环境保护法》将政府责任作为修法重点之一，对政府行为形成强有力的约束。其要点在于：(1)政府环境职责。新《环境保护法》第6条第2款规定：“地方各级人民政府应当对本行政区域的环境质量负责。”这一“总则式”规定为具体责任的承担提供了基础。(2)政治责任。根据新《环境保护法》第26条、第27条的规定，国家实行环境保护目标责任制和考核评价制度；将环境保护目标完成情况纳入各级人民政府及其负责人的考核内容，并确立了政府对同级人大的报告义务。根据目前的干部考核评价制度，对领导干部的综合评价“定性与定量相结合”，不区分具体等级，应视为一种政治层面的责任设定。(3)行政处分责任。新《环境保护法》第68条针对各级政府、环保部门及相关部门“不作为”“滥作为”的环境违法行为，对主管人员和其他直接责任人员设定了严格的行政处分责任，包括记过、记大过、降级、撤职、开除等。(4)管理行为责任。在法理上，管理行为责任是指违反管理义务的地方政府及其工作人员，以其经济管理行为受到

① 孙佑海：《如何使环境法治真正管用——我国环境法治40年回顾和建议》，载《环境保护》2013年第14期。

某种限制为代价承担责任的方式。[①] 根据新《环境保护法》第44条第2款的规定，对超过重点污染物排放总量控制指标或者未完成环境质量目标的地区，环保部门应当采取"区域限批"措施，暂停该地区新增建设项目的环评审批，确认了地方政府因违反环境职责而承担的管理行为责任。

纵观上述责任形式，根据强制性的强弱，可分为"软法责任"（政治责任）和"硬法责任"（行政处分责任和管理行为责任），这表明新《环境保护法》在政府责任设定上的层次性。值得指出的是，从实践角度看，环境保护的政治责任并不仅仅产生"软法责任"，也可能与相应的"硬法"相衔接而具有强制效力。例如，根据目前的节能减排问责制，节能与减排目标的完成情况实行"一票否决"。实践中，多地出台的具体实施意见均规定，未完成节能减排目标的部门领导干部在年度考核中一律评定为"不称职"，这就和《公务员法》第37条产生了衔接，领导干部由此承担具有强制效力的法律责任，在调整职务、级别、待遇上受到直接影响。可见，新《环境保护法》对政府环境责任的设定具有较强效力，内容上也较为全面，为实现国家的危险防御义务提供了坚实保障。

三、风险预防义务的实现

在现代风险社会中，造成环境及生态破坏的因素已不再限于具有确定性的"危险"，而更多地包含了具有不确定性的"风险"。此时，国家基于环境保护义务，就必须采取相应预防措施而不能放任不管，由此产生针对环境风险的预防任务，对公民加以必要的保护。一般而言，风险规制主要通过政府进行，其依据立法者的授权，在国民面临风险威胁时采取相关行动。[②] 从我国环境风险规制的现状看，尽管国家日益重视环境风险的防范与管理，并将环境保护工作作为战略任务之一，但从近年来多地发生的由邻避设施建设（如PX化工项目、垃圾焚烧厂、核电站等）引发的环境群体性事件看，政府往往束手无策而被迫宣布项目"下马"，非理性的社会情绪则日益高涨，被妖魔化的"PX项目"即为一个突出的例子。[③] 同时，以水污染事故和重金属污染事故为代表的环境公共事件频发，政府的应对措施极易引发社会争议，面临着越来越大的舆论压力。这些都充分暴露出政府风险规制能力的缺失，亟待改进。在现阶段，通过政府风险规制能力的提升落实国家的风险预防义务，是实践国家环境保护义务的关键目标。

---

① 漆多俊：《经济法基础理论》，法律出版社2008年版，第152页。

② 金自宁：《风险规制与行政法治》，载《法制与社会发展》2012年第4期。

③ 在所有的PX事件中，"民意"都是一边倒地强烈反对，"反对PX被视作英雄，支持PX则会被视为阶级敌人"，所有不同意见都被排斥；PX项目则在一次次的网络狂欢中被彻底妖魔化。参见龙小农、舒凌云：《自媒体时代舆论聚变的非理性与信息公开滞后性的互构》，载《浙江学刊》2013年第3期。

纵观新《环境保护法》,涉及风险规制的规定主要有三大部分,其要点为:(1)管理体制的完善与优化。根据新《环境保护法》第 10 条的规定,环保部门对本区域内的环境保护工作实行"统一监督管理",相较于 1989 年《环境保护法》第 6 条环保部门"统一管理"的规定,新法赋予环保部门以统一监督的权力,为改变环境风险规制机构重叠、职能交叉现象,①强化规制机构的负责性提供了法律基础。(2)环境应急法律制度的强化与补充。新《环境保护法》第 47 条第 1 款在《突发事件应对法》的基础上,强化了政府应对突发环境事件时在风险控制、应急准备、应急处置、事后恢复上的行为义务;该条第 2 款新增了"建立环境污染公共监测预警机制"的规定,对政府提出三个方面的要求:制定预警方案、及时公开相关信息、及时启动应急措施并组织实施,为政府有效应对环境公共事件提供了制度框架。(3)信息公开与公众参与制度的突破。新《环境保护法》专门设立第五章"信息公开与公众参与",将原先分散在《环境影响评价法》《政府信息公开条例》等法律法规中的信息公开和公众参与规定予以集中,并在以下方面有所突破:明确宣示公民的环境知情权(第 53 条第 1 款);政府环境信息公开范围的具体化(第 54 条第 1 款、第 2 款),建立环境违法企业的"黑名单"并予以公开(第 54 条第 3 款);企业环境信息公开的法定义务(第 55 条);建设项目的环境影响评价报告书全文公开,并对其公众参与情况进行监督检查(第 56 条第 2 款)。

本质上,风险规制的要旨在多方主体间通过有效的风险沟通,对行政决策构成实质性参与而形成真正意义上的社会共识。实践中已经出现相关案例以资参考。② 从风险沟通的角度看,新《环境保护法》关于信息公开和公众参与的规定尽管取得了较大进步,但仍然体现为"发布—接受"的单向度公开模式,没有确立政府的回应义务,不足以确保政府的公信力。因此,政府在风险规制过程中除严格遵守新《环境保护法》规定外,还应注重信息的反馈,及时回应公众意见,通过程序的交涉性实现与民众的双向互动,持续提升环境风险规制能力,更好地实现国家风险预防义务。

---

① 对我国风险规制领域机构重叠、职能交叉现象的分析,参见赵鹏:《我国风险规制法律制度的现状、问题与完善——基于全国人大常委会执法检查情况的分析》,载《行政法学研究》2010 年第 4 期。

② 有学者指出,深圳深港西部通道环评事件之所以得到较好的解决,关键在于政府和居民之间的风险交流获得了成功;这展示了公众推进风险交流而实质性参与行政决策的可能性。参见金自宁:《跨越专业门槛的风险交流与公众参与》,载《中外法学》2014 年第 1 期。

第三节 宪法与环境法关系的展望

进入21世纪以来，随着人类活动对自然界影响的不断加深，环境问题日益显现出全球化、整体化的特点，并演变为生态危机，如生物多样性减少、臭氧层破坏、全球变暖等。生态危机作为环境问题累计、进化的产物，体现了人与自然矛盾的激化，对人类文明造成了严重的挑战。美国著名生态学家爱德华就把全球生态危机的严重性比喻为“第三次世界大战”。[①] 在新的形势下，人们逐渐认识到，单单进行传统的污染防治已经无法有效阻止生态危机的破坏与蔓延，必须在观念和制度上有全方位的突破，建设生态文明成为社会共识。宪法作为法律体系的基础，自然应作出相应的调整，进一步将生态保护纳入宪法秩序的范围内，实现宪法的生态化。

此时，就面临着如何认识前述“环境保护入宪”和宪法生态化相互关系的问题。应该说，“环境保护入宪”顺应了环境保护运动对法律变革提出的要求，发挥了极大的历史作用。但我们也必须看到，不能简单地将“环境保护入宪”等同于宪法生态化。在新的时代背景下，“环境保护入宪”同样具有难以克服的自身局限。概言之，传统上的“环境保护入宪”具有强烈的“人类利益中心”意涵，并不完全符合法律生态化的发展趋势。在越来越强调生态保护、肯定自然内在价值的今日，宪法的生态化显然不是简单的“环境保护入宪”就能完成的，需要在理念和规范上有所创新。具体包括如下两个方面：

一、在环境权或国家目标规定中确认生态利益

随着生态危机的不断加剧，生物多样性及生态系统保护的重要性与日俱增。而传统的宪法环境保护条款及“环境宪法”仅限于人类健康的保护，无疑具有较大的局限性。在某种意义上说，完全基于“人类中心主义”采取的环境保护措施恰恰可能造成生态退化。[②] 对此，一些国家已经在宪法中加入生态保护的内容，以因应法律生态化趋势对宪法的要求。具体方法有：

1. 在宪法环境权条款中确认生态利益，即在对“环境”的描述中加入“生态平衡的”(ecologically balanced)或“生态安全的”(ecologically safe)的修饰语。如此，公民所享有的环境权就不仅关涉个体的生存与健康，而且进一步对生态系统的良

---

① 高中华：《环境问题抉择论——生态文明时代的理性思考》，社会科学文献出版社2004年版，第14页。

② Prudence E. Taylor, From Environmental to Ecological Human Rights: A New Dynamic in International Law?, 10 Geo. Int'l Envtl. L. Rev. 1998, p. 352.

好性提出了要求。如哥斯达黎加《宪法》第 50 条规定:“任何人都享有对健康和生态平衡环境的权利。”巴西《宪法》第 225 条规定:“所有人都有权享有一个生态平衡的环境,这是供公共使用并对健康生活质量非常重要的财产。”另外,菲律宾、东帝汶、肯尼亚、摩尔多瓦、巴拉圭、俄罗斯、葡萄牙、塞舌尔、委内瑞拉、厄瓜多尔等国宪法的环境权条款中也有类似规定(共 13 个国家)。

2. 将生态保护作为国家任务或目标,即在宪法中有关“环境保护国策”规定的基础上,加入保持生态平衡或生态稳定的要求。如葡萄牙《宪法》第 165 条规定:“议会有义务制定如下方面的法律:……g)保护自然、生态平衡及文化遗产要素。”安哥拉《宪法》第 24(2)条规定:“国家应采取的必要的措施,保护环境和国境内的动植物,并保持生态平衡。”如莫桑比克《宪法》第 37 条规定:“为了公民生活质量的提高,国家应采取措施保障生态平衡和环境的保存。”据笔者统计,共有 36 个国家在宪法中将生态保护作为国家目标或任务。

另外,有些国家虽然未直接纳入生态保护的规定,但对生物多样性保护进行了规定,也可以间接地视为确认了生态保护的宪法地位。如阿根廷《宪法》第 41 条在对规定了公民环境权后,第 2 款规定:“政府机关应对上述权利、自然资源的合理使用、自然与遗产的保存和生物多样性提供保护。”类似情况还有尼泊尔、玻利维亚、芬兰等国的宪法。

二、在宪法中体现代际正义

生态危机不仅对当代人的生存造成威胁,也严重地挤压了后代人生存和发展的空间和资源,极大地影响到后代人的利益。如何在当代人和后代人(future generations)之间公平地分配资源并传承人类文明成果,正是代际正义(intergenerational justice)所关注的课题并受到越来越多的重视。在法学研究中,代际正义问题是指当代人在涉及有关后代人利益和需要的行动时,应该承担什么样的义务或者责任的问题。[①] 20 世纪 70 年代以后,随着人们对代际正义的意义和保护后代人急迫性认识的加深,代际正义理论逐步获得法律上的承认。在诸多国际条约上,已经对后代人利益给予了法律确认,如 1992 年《联合国气候变化框架公约》原则 3(1)规定:“各缔约方应当在公平的基础上,并根据它们共同但有区别的责任和各自的能力,为人类当代和后代的利益保护气候系统。”

在宪法中,已有多个国家在环保基本国策中体现代际正义的理念,纳入后代人利益。从时间上看,1975 年巴布亚新几内亚宪法对后代人利益的宣示应为肇端。该法在“国家义务与指导原则”部分中,第 4 项规定:“巴布亚新几内亚的自然资源

① 刘雪斌:《正义、文明传承与后代人:代际正义的可能与限度》,载《法制与社会发展》2007 年第 6 期。

和环境的保存和利用应基于人民共同的利益，并基于后代人利益得到补充。"随后，1980年圭亚那《宪法》第36条规定："为了保护当代和后代人利益，国家将保护并合理使用土地、矿产、水资源、植物和动物，采取合适的措施保存并提高环境。"其他例证包括：1988年巴西《宪法》第46条规定，政府和公众有义务为当代和未来世代的人保护环境。1995年格鲁吉亚《宪法》第37条第4款规定："为建立有益于人类健康的环境并使之符合社会生态和经济利益，为当代和未来世代利益，国家对保护环境和合理开发自然资源予以保障。"另外，德国1994年修宪通过的基本法第20a条明确规定国家应"保护自然的生命基础并同时向未来的世代负责"，也是在环境基本国策中体现代际正义的代表性立法例。据笔者统计，共有19个国家在宪法中加入了保护后代人利益的条款。

值得注意的是，个别国家宪法中已经对后代人权利进行了确认，为后代人利益赋予更强的保护力度。如莫桑比克《宪法》第117(2)条规定："为了在可持续发展的框架内保障对环境的权利，国家应采取政策：……d)保证自然资源的合理利用，确保其再生、生态稳定和后代人权利的实现。"挪威《宪法》第110b条规定："自然资源的利用应对在全面和长远计划的基础上展开，这样未来世代人的此项权利也可得到保障。"伊朗宪法也有类似的规定。

综上，确认生态利益和后代人利益(权利)是宪法生态化的两种主要途径。从理论上看，宪法生态化通过确认自然的内在价值和未来世代人法律地位，突破了传统宪法及法律体系的"人类中心主义"价值取向，为生态文明的发展提供了法律依据与价值支撑。反观我国现行"环境宪法"，尽管为环境法治的发展作出了较大贡献，但显然受到人类中心主义理念的束缚，无法适用于区域性、整体性、积累性的生态危机，越来越不能适应生态文明建设的时代趋势与现实需要，应通过适当的方式在宪法中确认生态利益，实现从"环境保护入宪"到"生态文明入宪"的跨越式发展。

第十四章

宪法与国际条约

宪法与对外关系是紧密相连的,制定一国的对外政策时,不能不在宪法中规定其基本原则。[①] 从1980年学术界开始关注宪法与对外关系、宪法与国际事务的问题开始,到90年代以来学者们侧重研究国际法与国内法关系、条约在国内的地位及效力、条约适用的理论及实践等问题,形成的观点、看法既有共识也有分歧。从30多年来的研究成果看,多是国际法学者对条约适用的理论与实践问题展开讨论、进行论证,鲜有宪法学者的专门分析,这与条约适用的宪法研究的重要性和紧迫性极不相称。笔者将1980年以来研究国内法与条约关系的文献以时间顺序,从条约地位及效力和条约适用的理论与实践等几个角度进行梳理,据此厘清我国宪法与条约关系的历史演变过程。

第一节 条约在宪法体系中的地位

一、1980年至1989年的研究状况

1980年朱奇武在《国际法与国内法的关系》一文中对国际法与国内法关系的

① 黄炳坤:《我国宪法与国际事务》,载《法学评论》1983年第1期。

理论率先进行了研究，他认为国际法在国内法上的地位包含着两个问题：一是国内法院是否执行国际法；二是如果国际法与国内法发生冲突，国内法如何选择适用判决依据。他介绍了国外对这一问题的三种学说：(1)国内法优先于国际法学说；(2)国内法与国际法是两个自成一体的平行的法律学说；(3)国际法优先于国内法学说。[①] 黄炳坤提出宪法与国际法的关系实质上就是国内法与国际法的关系，归纳了两者关系的四种主张：(1)主张国内法在适用和效力上优先于国际法，即两者发生抵触时适用国内法。(2)主张国际法优先于国内法，两者发生抵触时适用国际法。(3)认为国内法与国际法是两种不同的法律范畴，各自独立，不相干扰，效力对等，无所谓先后之分。发生问题时，本国法院自然适用国内法，但不排除本国法院在必要时根据一定程序"采用"或"转化"国际法的某些原则。(4)认为国内法与国际法应互相调剂，而不应互相排斥。[②] 孙昂、王丽玉认为应是三种学说：(1)优先适用国际条约；(2)条约和国内法具有同等的法律效力；(3)优先适用国内法。[③]

1982年《宪法》对条约地位未作明文规定，但1986年《民法通则》第142条"中华人民共和国缔结或参加的国际条约同本法有不同规定的适用国际条约"的规定表明条约优于普通法律。学者开始注意条约是否优于宪法的问题，比如孙昂、王丽玉认为民法通则所规定的条约在我国优于普通法律，这不意味着条约优于宪法，并解释了理由：首先，宪法是我国的根本法，规定的是我国社会制度和国家制度的根本问题，而条约的内容既有涉及重大原则问题，也有只涉及具体权利义务的内容；其次，宪法是我国的最高法，如果条约优于宪法则损害了宪法的最高性；最后，宪法的修改程序比条约批准的程序严格，宪法的修改由全国人民代表大会以全体代表的2/3以上多数通过，而条约的批准只需由全国人大常委会以简单多数通过。[④]

二、1990年以来的研究状况

这一时期学者将条约的地位、效力作为条约适用的主要方面，不明确区分条约的地位与条约的适用进行综合性讨论。王铁崖认为条约适用的一个基本问题是国际条约在国内法律体系中的地位、效力。[⑤] 尽管我国1982年《宪法》仅规定了全国人大常委会对条约和重要协定的决定批准和废除权(第67条)及国务院的缔约权(第89条)，[⑥]而未规定条约与国内法的关系，但不妨碍学者从理论和实践两个方面进行研究。

① 朱奇武：《国际法与国内法的关系》，载《政法论坛》1980年第2期。
② 黄炳坤：《我国宪法与国际事务》，载《法学评论》1983年第1期。
③ 孙昂、王丽玉：《试论条约的国内法效力》，载《法学评论》1986年第5期。
④ 孙昂、王丽玉：《试论条约的国内法效力》，载《法学评论》1986年第5期。
⑤ 刘爱文：《国际法的适用与我国宪法的完善》，载《政治与法律》1996年第6期。
⑥ 朱晓青：《〈公民权利和政治权利国际公约〉的实施机制》，载《法学研究》2000年第2期。

首先，学者从理论上比较和借鉴，主要考察了国外的研究情况。比如李振华在其文章中就将各国的制度归纳为三类：(1)条约与国内法地位平等，如美国；[①](2)国内法优于条约，如阿根廷规定条约的地位低于宪法和法律；(3)条约优于国内法，如法国、德国、荷兰奉行条约的地位优于国内法的原则。[②] 万鄂湘、石磊、杨成铭、邓洪武的《国际条约法》中认为有四种情况：一是条约的效力高于国内法，如德国、法国；二是条约与国内法的效力相等，如美国；三是规定经过一定的国内立法程序后，条约与国内法具有同等效力；四是条约的效力与国内法的效力被独立看待，只有当在对某一问题的规定上国内法的规定与条约的规定相抵触时，才优先适用国际条约的规定。[③]

其次，国际法学者立足我国法律、法规规定的实践对这一问题形成了三种不同的观点：

第一种观点认为，国际条约优于国内法，这是一部分国际法学者所持有的观点。[④] 龚瑜通过我国一些基本法律中规定国际条约的优先地位，以及一些专门性法律中“参照条约办理”的规定，认为国际条约优先于国内法。[⑤] 赵建文认为在我国如此多的法律、法规规定了条约优先原则，而且如此多的司法解释也坚持条约优先原则，从未有过相反的立法和司法解释，所以完全可以归纳出我国实行条约优先的一般原则。条约具有低于宪法高于法律的效力地位，这是从我国法律中的几十个条约适用条款规定条约优于相关法律的事实及我国一贯的条约实践得出的结论。[⑥]

第二种观点认为国际条约与国内法具有同等地位。王铁崖根据条约的批准和废除、法律的制定和修改都由全国人大常委会决定、国家主席进行公布，认为条约

---

① 关于美国条约在国内的地位，根据对美国《联邦宪法》第 6 条的理解，一些宪法学者认为条约不是与美国国内法地位相同，而是条约与宪法的地位相同。参见韩大元、林来梵、郑贤君：《宪法学专题研究》，中国人民大学出版社 2004 年版，第 223 页。

② 李振华：《论国际条约在国内的适用问题》，载《武汉大学学报（社会科学版）》1993 年第 5 期。与此相似的观点还有刘爱文在其文中提到“对于国际条约，很多国家在宪法中确认它在适用中的效力高于国内法，如法国、日本、刚果、扎伊尔、中非、希腊、荷兰等国；另有一些国家认为，条约在国内适用中的效力与国内法相等，如美国。”参见刘爱文：《国际法的适用与我国宪法的完善》，载《政治与法律》1996 年第 6 期；万鄂湘、石磊、杨成铭、邓洪武：《国际条约法》，武汉大学出版社 1998 年版，第 186—192 页。

③ 万鄂湘、王磊、杨成铭、邓洪武：《国际条约法》，武汉大学出版社 1998 年版，第 186—192 页。

④ 刘永伟：《国际条约在中国适用新论》，载《法学家》2007 年第 2 期。

⑤ 龚瑜：《国际法与国内法关系的中国实践》，载《贵州警官职业学院学报》1997 年第 3 期。

⑥ 赵建文：《国际条约在中国法律体系中的地位》，载《法学研究》2010 年第 6 期。

和法律在中国法律体系中具有同等的效力。[①] 黄瑶认为，我国缔结或参加的国际人权条约与我国法律在国内具有同等效力。[②] 朱晓青认为，我国缔结的条约在国内法上处于低于宪法，而与一般国内法同等的地位，从宪法、一般国内法和条约的批准程序可以推断确定。根据《宪法》第64条宪法的修改须经全国人民代表大会以全体代表的2/3以上的多数通过方为有效；《宪法》、《缔结条约程序法》和《全国人民代表大会组织法》还规定了条约和重要协定签署后，报请国务院审核，以国务院议案的形式，提请全国人大常委会审议批准；而待批准的、以议案形式提出的条约和重要协定及制定法律的议案均由全国人民代表大会或其常委会以全体代表或全体组成人员的过半数通过。这就表明，条约在中国国内法上的地位应该低于宪法，而与一般国内法同等。[③]

第三种观点认为国际条约的效力取决于批准或核准机关的层级。比如有学者认为国际条约在法律的效力等级上可分为：第一，凡由全国人大常委会决定批准的，均具有与“法律”同等的效力——低于宪法和全国人大制定的法律；第二，凡由国务院缔结的，而不需要全国人大常委会决定批准的，均具有行政法规的效力——低于宪法、全国人大制定的法律和全国人大常委会制定的法律。[④] 也有学者认为，从条约的缔结程序和法律的制定程序基本相同的角度，依据国内法的位阶来比照国际条约在我国的效力地位，即把国内法的制定机关和条约的批准机关相比照，把立法权限和缔约权限相比照，推断出条约在我国法律体系中的地位。[⑤] 他们认为条约的效力等级有：第一，我国所缔结与参加的任何条约的效力都在宪法的效力之下，任何条约条款都不得与宪法规定相冲突。第二，全国人大常委会批准的“条约和重要协定”与全国人大及全国人大常委会制定的法律具有同等效力。第三，我国对外缔结的不须经全国人大常委会批准而须经国务院核准生效的条约和协定，与国务院制定的行政法规具有同等效力。第四，以我国政府部门的名义对外缔结的

---

① 王铁崖：《条约在中国法律制度中的地位》，载王铁崖：《中国国际法年刊（1993年）》，法律出版社1994年版，第5～6页。

② 黄瑶：《国际人权法与国内法的关系》，载《外国法译评》1999年第3期。

③ 朱晓青：《〈公民权利和政治权利国际公约〉的实施机制》，载《法学研究》2000年第2期。持有这一观点的还有田军、陶蕾：《宪法与〈经济、社会和文化权利国际公约〉的实施机制》，载中国法学会宪法学研究会：《宪法研究》，法律出版社2002年版，第637页。

④ 张乃根：《重视国际法与国内法关系的研究》，载《政治与法律》1999年第3期。

⑤ 赵建文：《国际条约在中国法律体系中的地位》，载《法学研究》2010年第6期。

协定与国务院部委规章具有同等效力。[①]

宪法学者对这一问题也有相似的研究，他们以宪法制定或修改程序的严格程度与条约批准程序做比较，依此确定条约在国内法律体系中的效力等级关系。徐秀义、韩大元在《现代宪法学基本原理》一书中认为如果一个国家批准条约的程序比制定或修改宪法的程序更加严格、要求更高，应当视条约具有高于宪法的效力；如果一个国家批准条约的程序与制定或修改宪法的程序一致，那么条约应当具有与宪法一样的法律效力；如果一个国家制定或修改宪法的程序严格于批准条约的程序，宪法就具有高于条约的效力。在各国批准条约和制定或修改宪法的实践中，条约与宪法两者之间有三种逻辑关系：(1)条约优于宪法，如德国、比利时、荷兰；(2)条约与宪法地位相同，如奥地利；(3)条约低于宪法，多数国家属于这种情况。我国1982年《宪法》没有明确规定条约、协定与宪法和一般法律的关系，从制定宪法、法律和批准条约及协定的程序看，条约和协定一旦经有关部门批准后，其在国内的地位应当低于宪法。[②] 同时，与上述国际法学者的第三种观点吻合，认为如果是全国人大或全国人大常委会批准的条约或协定，其效力应当与法律相等；如果是国务院批准的条约或协定，其地位只能相当于国务院制定的行政法规。[③]

第二节　条约适用的理论

一、条约适用的概念

对于“条约适用”从表述到内涵学者看法不一，主要有如下几种：

一是认为执行条约就是适用条约。这一观点的最有力的支持者是李浩培，他认为一方面条约可以由国际机关予以适用；另一方面，在条约当事国国内，立法、司法、行政三个部门，都有适用条约的职务。就立法机关来说，有些条约规定其当事

① 车丕照：《论条约在我国的适用》，载《法学杂志》2005年第3期。持这一看法的论文还有陈寒枫、周卫国、蒋豪：《国际条约与国内法的关系及中国的实践》，载《政法论坛》2000年第2期。有学者同意这一观点，认为“与我国宪政制度等权力配置相吻合”，如肖冰：《论我国条约适用法律制度的构建》，载陈安：《国际经济法论丛》(第5卷)，法律出版社2002年版，第46页；陈永胜：《论条约的适用》，载《陕西省经济管理干部学院学报》2006年第2期；朱鹏飞：《解决国际条约与国内法冲突问题的新思考——以〈宪法〉和〈缔结条约程序法〉为依据》，载《江南社会学院学报》2005年第2期。

② 曲亚囡、韩立新：《论国际条约与国内法的关系》，载《东北师大学报(哲学社会科学版)》2013年第6期。

③ 徐秀义、韩大元：《现代宪法学基本原理》，中国人民公安大学出版社2003年版，第559～563页。

国必须采取适当的立法措施以执行条约。就司法机关来说，不论在审判民事、商事或刑事案件的过程中，都须适用条约。[①] 此外持有这一观点的还有，李兆杰用“条约在国内法中的效力”取代适用与执行概念，即是指条约在当事国的立法、司法及行政机关如何依其职能在本国执行条约的规定。[②] 李振华认为，条约的适用实质上是条约的执行问题。它有两个含义：其一是条约在国际机构的执行，其二是条约在国内的执行。条约的国内执行问题，即国内的立法、司法、行政三个部门如何在国内适用条约的问题。[③] 王勇博士认为“条约的适用”与“条约执行”“条约的实施”是同义语。其引用周鲠生先生的观点认为，“国家如何在国内执行国际法的问题，也就是国家履行依国际法承担的义务的问题”，“因为条约的效力在原则上不能直接涉及于人民和法院，国家是为了在国内执行条约，还需要采取一定的立法措施”。[④]

二是从履行国际义务的角度，强调条约适用就是在发生法律冲突的情况下国内法院选择适用可裁判的依据。李玫在《论国际条约的域内效力》一文中，并没有直接强调条约执行或条约适用的概念，仅指出条约是否具有域内效力，本国法院能否直接适用国际条约、如何适用、当条约同本国法律发生冲突时法院如何优先选择适用这样的问题。[⑤] 王丽玉认为，国际法在国内法中的适用主要包括两个方面：一是如何在国内法中适用国际条约，二是如何在国内法中解决国际条约与国内法的冲突。[⑥] 张晓东教授认为，国际条约在国内的适用是一个由国家承担保证义务的国民之间权利和义务的法律实现的过程，即一国国内执法机关（司法机关及有关行政部门）以一定的方式使其本国在国际条约上的相应义务得以承担和执行，它涉及条约适用的方式、时间范围与空间范围等。一国依其内国法律而采取采纳或转化的方式适用国际条约，或者两者兼用，本质上并无不同。[⑦]

三是将条约适用的概念同条约与国内法的关系相等同，研究分析中不做明确区分。万鄂湘、石磊、杨成铭、邓洪武在《国际条约法》中也没有用“条约适用”的表述，书中认为条约的执行就是解决条约在当事国国内法中发生的效力问题，其核心

---

① 李浩培：《条约法概论》，法律出版社 1987 年版，第 379 页。

② 李兆杰：《条约在我国国内法效力若干问题之探讨》，载王铁崖：《中国国际法年刊(1993)》，中国对外翻译出版社 1993 年版，第 269 页。

③ 李振华：《论国际条约在国内的适用问题》，载《武汉大学学报(社会科学版)》1993 年第 5 期。

④ 王勇：《条约在中国适用之基本理论问题研究》，华东政法大学博士学位论文，2006 年。

⑤ 李玫：《论国际条约的域内效力》，载《西北政法学院学报》1988 年第 1 期。

⑥ 王丽玉：《国际条约在中国国内法中的适用》，载王铁崖：《中国国际法年刊(1993)》，中国对外翻译出版社 1993 年版，第 280 页。与此观点相同的还有刘爱文：《国际法的适用与我国宪法的完善》，载《政治与法律》1996 年第 6 期。

⑦ 张晓东：《也论国际条约在我国的适用》，载《法学评论》2001 年第 6 期。

就是条约在国内法中的地位以及条约与国内法的相互关系。在一定意义上执行条约就是实施条约,使条约条款在国内法中得以贯彻,但执行条约不止于实施条约。① 车丕照教授认为,条约在国内的适用,主要涉及两个问题:一是条约的转化和并入问题,二是当条约规定与国内立法相冲突时如何处理的问题。②

二、条约在国内适用的理论

在条约适用的理论上,学者的研究主要是借鉴吸收了国外的理论。比如朱奇武认为,各国在国内法中执行国际法的方式方法很多,大体上可以分为两种制度:(1)有些国家在宪法中规定一个一般性的原则,宣告公认的国际法为本国法的一部分,如美国、法国、比利时等。(2)有些国家就各种具体事项分别采取立法措施来履行国际法义务,如我国外交特权与豁免制度。③

学者对条约使用理论的研究注重用比较的方法,借鉴吸收一元论和二元论的方法,认为条约适用有两种基本的方式。李浩培认为,一个在国际上已生效的条约,其规定在各国国内得到执行,以得到各国国内法的接受为前提要件。接受条约规定的各国国内法,可以是宪法、议会制定法或者判例法。接受本身可以分为两种:一是将条约规定转变(transformation)为国内法;二是将条约规定纳入(adoption)国内法。他认为我国个别法律关于条约适用的规定是我国最高立法机关对条约的国内执行作出的原则规定,按照这个原则,我国与外国所缔结的条约在生效时,就当然被纳入国内法,由我国各主管机关予以适用,而无须另以法律转变为国内法。④ 李浩培的这一观点对后来学界的研究产生了很大影响,成为我国条约适用实践中的主流看法。之后的学者多数都与李浩培的观点一致。比如,李兆杰认为,条约在国内法上的接受分为两种方式:一种是将条约规定通过国内立法机关转变为国内法;另一种方式则是将条约纳入国内法。⑤ 王丽玉认为在国内法中适用国际条约的方式,可以区分为两大类:一是赋予国际条约以国内法效力,从而在国内法中直接适用国际条约;二是将国际条约的规定制定成国内法规范,从而在国内法中间接适用条约。直接适用条约的方式也被称为国际条约"纳入"国内法,间接适用条约的方式则被称为"转变"为国内法。⑥ 除此之外,刘玮的观点对后来

---

① 万鄂湘、石磊、杨成铭、邓洪武:《国际条约法》,武汉大学出版社1998年版,第186页。

② 车丕照:《论条约在我国的适用》,载《法学杂志》2005年第3期。

③ 朱奇武:《国际法与国内法的关系》,载《政法论坛》1980年第2期。

④ 李浩培:《条约法概论》,法律出版社1987年版,第380页。

⑤ 李兆杰:《条约在我国国内法效力若干问题之探讨》,载王铁崖:《中国国际法年刊(1993)》,中国对外翻译出版社1994年版,第269～270页。

⑥ 王丽玉:《国际条约在中国国内法中的适用》,载王铁崖:《中国国际法年刊(1993)》,中国对外翻译出版社1994年版,第281页。

条约适用的研究也有很大影响。他认为我国对国际条约不是当然承认其有国内效力的，主要的做法是就具体义务分别采取立法措施，或制定新法规，或修改现行法律，以履行所承担的条约义务。因此，除了规定国际条约得适用或优先适用的情形外，法院并不能直接适用国际条约，在发生冲突的场合下，如果无法解释推定为无冲突，法院应当适用国内法。①

南京大学彭岳副教授提出了条约国内适用的新模式——“宪法规定＋单行法立法＋司法裁量”，即现阶段仅应规定条约在国内法的效力问题，其他问题则留给单行法立法和司法裁量加以解决。② 对此，王勇教授提出“条约适用入宪”的建议，即我国1982年《宪法》没有规定条约适用问题，这给司法实践造成了诸多弊端，将条约适用制度载入我国宪法已经成为一件紧迫的事情。③

第三节　条约适用的实践

一、20世纪80—90年代的状况

对条约适用的实践，学者先是对国外的情况进行类型化的分析，基本上达成了共识，认为国外条约适用的实践分为两种情形：一是“纳入型”，如美国、日本、法国、瑞士、芬兰、奥地利等。二是“转化型”，以意大利和英国最有代表性。比如刘玮在《论国际条约的国内执行》一文中，指出国际条约在各国法律中的地位并不一样，各国所采取的执行程序或立法措施也就不可能一致，归纳起来，国家在国内履行国际条约的方式，可大致分为两类：一是宪法型，二是转化型。所谓宪法型，即国家在宪法上作出规定，把国际条约认作法律在国内当然执行，在宪法中承认条约的国内效力的国家有美国、墨西哥、巴拉圭、阿根廷、韩国、瑞士、法国、芬兰、奥地利、厄瓜多尔、尼加拉瓜等。所谓转化型是指国家为了条约的国内执行，需要有立法行为，即制定法律，将条约转化成国内法，英国是这样做法的典型。④

我国条约适用的实践，根据学者的研究形成了两种不同的看法：

第一种观点认为条约在我国一般地纳入国内法，在国内直接适用。⑤ 李兆杰认为我国对条约的接受是直接纳入的方式，即条约规定直接成为国内法的一部分，

---

① 刘玮：《论国际条约的国内执行》，载《汕头大学学报（人文科学版）》1989年第2期。

② 彭岳：《国际条约在国内适用中的制度僵化及其解决》，载《中国法学》2014年第4期。

③ 王勇：《论条约适用制度载入我国宪法》，载《江苏社会科学》2013年第2期。

④ 刘玮：《论国际条约的国内执行》，载《汕头大学学报（人文科学版）》1989年第2期。

⑤ 王铁崖：《条约在中国法律制度中的地位》，载《中国国际法年刊（1994）》，中国对外翻译出版社1994年版，第6～7页。

意味着我国所缔结或参加的国际条约一旦在国际法上生效，无须转变即获得国内法上的效力。比如《民法通则》第142条第2款的规定具有普遍的意义，就是说我国缔结或参加的条约生效后，就可以自动地成为我国国内法的一部分而不必将条约规定事先转换成国内法。[①]

第二种观点认为我国条约适用实践采取的是一种综合的方式，即条约除了直接适用外，还包括制定、修改国内立法的转化方式。比如李适时认为，中国在立法中处理同国际条约、国际法的衔接与适用，有三种方式：一是直接将国际条约的规定或国际法规则在国内法上予以明确规定，如将国际法规则直接转化为国内法规定，或者国内法律起草时直接参照有关国际法规则。二是直接将国际条约、国际法规则转化为国内法规定，就国际条约的适用问题作出原则性规定。如《民法通则》第142条第2款"中华人民共和国缔结或参加的国际条约同民事法律有不同规定的，适用国际条约的规定，但声明保留的条款除外"，他指出这是中国国内法关于国际条约适用问题的一项基本原则，因为该条款将条约作为我国国内法的一部分，如果条约与国内法的规定不一致，条约处于优先地位。三是根据中国缔结或参加的国际条约的规定，及时对国内法作出相应修改或补充。[②] 王丽玉根据我国已有的立法和司法实践，认为条约适用的方式有三种：(1)在国内法中直接适用国际条约，比如1982年《民事诉讼法(试行)》《商标法》《海上国际集装箱运输管理规定》《海关总署关于外国驻中国使馆和使馆人员进出境物品的规定》中都有类似"参照缔结或参加的国际条约办理"的规定。(2)将有关国际条约的内容制定成国内法而予以实施，如根据《维也纳外交关系公约》和《维也纳领事关系公约》，我国分别于1986年和1990年制定《外交特权与豁免条例》和《领事特权与豁免条例》。(3)只允许间接适用国际条约。[③] 李振华指出我国1982年《宪法》没有对条约在国内的执行作出规定，但一些其他国内立法却在这个问题上规定了明确的原则，如《民法通则》《民事诉讼法》《中华人民共和国合资企业所得税法》，他认为在上述各有关范围内，我国与外国缔结的条约生效后，即被纳入国内法，由我国各主管机关予以适用，此外，我国还采取了具体的立法措施，或制定新法，或修改现行法律，以履行我们承担的条约义务，保证条约的适用。[④] 万鄂湘、石磊、杨成铭、邓洪武在《国际条约法》中认为我国在条约与国内法关系问题上采取的是"优先适用条约规定"的立场，同时结

---

① 李兆杰：《条约在我国国内法效力若干问题之探讨》，载王铁崖：《中国国际法年刊(1993)》，中国对外翻译出版社1994年版，第270页。

② 李适时：《中国的立法、条约与国际法》，载王铁崖：《中国国际法年刊(1993)》，中国对外翻译出版社1994年版，第264～266页。

③ 王丽玉：《国际条约在中国国内法中的适用》，载王铁崖：《中国国际法年刊(1993)》，中国对外翻译出版社1994年版，第282～284页。

④ 李振华：《论国际条约在国内的适用问题》，载《武汉大学学报(社会科学版)》1993年第5期。

合自身实践也有将条约转化为国内法的方式，如《中华人民共和国领海毗连区法》《中华人民共和国专属经济区与大陆架法》《中华人民共和国外交特权与豁免条例》。[①] 第二种观点成为后来学术界许多学者持有的主张。

二、2000年以来的状况

2001年我国加入世界贸易组织以后，社会各阶层掀起了研究、讨论"WTO规则适用实践"的热潮。[②] 学者加深了对条约适用的认识，认为条约适用既是国际法在国内适用的问题，也是一个宪政问题。[③] 关于国际法与国内法关系的理论上都赞成运用一元论、二元论或混合说来解释我国条约适用实践中所采取的具体方法。[④] 学者对于条约在国内适用的理论进行了细化研究，形成了三种观点：第一，并入或纳入。即条约一般地纳入国内法，在国内直接适用，而无须将其转变为国内法，采取这种方式的有法国、瑞士、荷兰、日本等。[⑤] 第二，转化（transformation）。即条约必须经国内立法机关转变为国内法后，才能在国内适用，如英国和意大利。第三，兼采用纳入和转化的综合方式。刘永伟认为，理论上的纳入方法赋予条约以法律效力的一元论方法，及将条约转化的二元论方法，在各国的实践中，完全采取一元论方法或二元论方法的国家非常少见，没有哪个国家奉行严格的一元论或完全的二元论，也没有哪个国家要求其他国家信奉一元论。比如很多学者认为美国属于"并入"或"纳入"的一元论方式使用条约，但江国青认为美国的司法实践将条约区分为"自执行"（self-executing）条约和"非自执行"（non self-executing）条约两种类型，只有自执行条约才能在美国直接适用，而非自执行条约通常是通过一个履

① 万鄂湘、石磊、杨成铭、邓洪武：《国际条约法》，武汉大学出版社1998年版，第192～193页。

② 肖冰：《论我国条约适用法律制度的构建》，载陈安：《国际经济法论丛》（第5卷），法律出版社2002年版，第20页。

③ 周忠海：《中国的和平崛起需要加强对国际法的研究》，载周忠海：《中国的和平发展与国际法》，中国政法大学出版社2006年版，第5页。

④ 几乎所有的学者都同意借鉴国外学者关于国际法与国内法关系的理论来解释中国条约适用所采取的方式，即对国际条约与国内法关系的理论划分已经达成共识。比如同意此主张的学者还有江国青：《国际法与国际条约的几个问题》，载《外交学院学报》2000年第3期；张晓东：《也论国际条约在我国的适用》，载《法学评论》2001年第6期；刘永伟：《国际条约在中国适用新论》，载《法学家》2007年第2期；赵建文：《国际条约在中国法律体系中的地位》，载《法学研究》2010年第6期。

⑤ 江国青：《国际法与国际条约的几个问题》，载《外交学院学报》2000年第3期。车丕照认为条约的适用方式有两种，并入和转化，通过并入而适用条约可称为直接适用；通过转化而适用条约可称为间接适用。车丕照：《论条约在我国的适用》，载《法学杂志》2005年第3期。类似的观点还有：余敏友、周阳：《论从建设社会主义法治国家角度构建条约在我国的适用模式》，载《武汉大学学报（人文社会科学版）》2000年第2期；赵建文：《国际条约在中国法律体系中的地位》，载《法学研究》2010年第6期；姚小林：《论条约适用的宪法规制》，载《晋阳学刊》2006年第5期。

行条约的立法后才能在国内执行，这是一种同时采取并入和转化两种形式的适用条约的方式，即混合适用方式。[①]

这一时期学者对条约在国内适用具体实践的研究更为细致，主要有三种观点：

第一种观点认为我国条约适用是整体并入的方式，在具体的实践中既有直接适用也有间接适用。赵建文认为我国在国际条约的并入模式上，属于一元论的整体并入法，中国宪法和一系列法律中关于适用条约的规定包含着相关条约"已经纳入中国法律体系"的假定。凡是根据国际法对我国生效的国际条约，均无须另外通过法律将其转化为国内法就直接并入我国法律体系，可以在我国国内适用。一元论的并入模式并不一定能够在司法机关直接适用，如美国区分直接适用的条约和间接适用的条约。我国也有直接适用和间接适用的实践：(1)直接适用民商事性质的涉及私人利益的条约；(2)间接适用民商事以外的条约，即通过立法加以转化。[②]

第二种观点认为我国在适用国际条约方面采取的是一种纳入适用与转化适用相结合的方式。江国青认为我国一方面可以在国内法中直接适用国际条约，即将国际条约并入国内法，及其他部门法律和行政法规中也都有类似规定；另一方面将有关国际条约的内容在国内法中以明确规定或者及时对国内法作出相应修改和补充。[③] 沈四宝认为条约在我国国内的适用方式主要有两种：一是直接适用，即条约对我国生效以后无须任何后续立法程序即可如国内法一样在国内适用；另一种是转化适用型，即条约对我国生效以后，还须进行补充性立法，将条约的相关规定转化为国内立法方可在国内予以适用。[④] 车丕照认为条约在国内的适用采取的是逐一立法的方式，只有当我国的一项立法明确规定某项或某类条约可在我国直接适用时，该项(类)条约才可以通过并入的方式直接在我国适用；否则，只有通过制定国内法的方式将条约内容转化为国内法。[⑤] 周忠海认为我国是以具体的国内部门

---

① 江国青：《国际法与国际条约的几个问题》，载《外交学院学报》2000年第3期。刘永伟也认为美国条约适用是一种混合方式，参见刘永伟：《国际条约在中国适用新论》，载《法学家》2007年第2期。

② 赵建文：《国际条约在中国法律体系中的地位》，载《法学研究》2010年第6期。

③ 江国青：《国际法与国际条约的几个问题》，载《外交学院学报》2000年第3期。与此相同的观点，参见朱志晟、张亮：《条约在国内适用的若干问题探讨》，载《现代法学》2003年第4期。如"我国在实践中倾向于直接采纳与转化相结合的做法"，参见侯连琦：《论我国宪法中有关国际条约适用的缺失》，载《江南大学学报(人文社会科学版)》2008年第1期。"一方面允许直接适用，另一方面又将条约内容制定成国内法予以实施"，侯放：《新中国国际法60年》，上海社会科学院出版社2009年版，第140页。如"中国适用条约的方式称为混合适用模式"，参见魏明杰：《中国与国际条约六十年》，载《国际观察》2010年第1期。如"条约在我国适用方式有两种：直接适用和转化适用"，参见沈四宝、谢进：《论国际条约在我国的适用》，载《甘肃社会科学》2010年第3期。

④ 沈四宝、谢进：《论国际条约在我国的适用》，载《甘肃社会科学》2010年第3期。

⑤ 车丕照：《论条约在我国的适用》，载《法学杂志》2005年第3期。

法律来调整直接适用条约问题的,某一条约是否被直接适用取决于是否存在允许直接适用该条约的国内法规定。[①]

第三种观点采取了回避"纳入""转化"或混合适用三种学说的立场,认为在条约适用这一问题上,我国没有原则性的规定,既没有规定转变方式,也没有规定纳入方式,而是规定在国内法与条约发生冲突的场合,通过条约优先适用的方式进行选择适用。余民才、马呈元认为,条约在我国的适用方式究竟是采纳还是转化,或者二者并存,或者是采纳为主转化为辅各有理由,不必拘泥于形式。至于是直接适用还是需要国内立法,则视条约的性质和条约的内容而定。国内法院以适用国内法律为主,只有当法律与条约规定不一致时,或者在某种情况下没有规定时,才直接适用国际条约。[②] 廖扶摇、刘健认为尽管一些法律规定了具体事项上的直接适用,在法律没有具体明确规定的项目上,不能直接适用条约。如果以法律关于优先适用条约的规定来推断我国采用的是直接适用的方式,当条约与国内法冲突时,优先适用条约当然是直接适用,但当二者没有冲突时,则不一定直接适用条约。[③] 陈寒枫认为,我国一般不单独制定"实施某条约"的法律把条约内容转变为国内法,这就是说没有采用转变的方式,但是我国也没有将条约纳入国内法的明确规定,法律、法规中仅是含有条约与之发生冲突时适用条约的规定。[④] 张晓东认为在立法层面上肯定国际条约的适用,如同外国法的适用一样,并不意味着国内法院可以直接依照国际条约作出判决。一国国内法院的法官只有义务执行本国法,只能根据本国法判决。正如国际法院的法官也不能直接适用各缔约国的国内法,因此,国内法院的法官也不能直接适用国际条约。[⑤]

小　结　问题的再认识

通过对条约的国内地位及效力、条约适用的理论与实践两个方面的梳理,40多年来,我国学界对宪法与条约关系问题的研究主要围绕条约适用的理论与实践展开,研究的学者多是国际法学界的学者,研究的内容具有连续性、继承性和反复性的特点,研究的结论多是将我国条约适用实践中存在诸多不同看法的理由归结

---

① 周忠海:《中国的和平崛起需要加强对国际法的研究》,载周忠海:《中国的和平发展与国际法》,中国政法大学出版社2006年版,第7页。

② 余民才、马呈元:《国际法专论》,中信出版社2003年版,第16页。

③ 廖扶摇、刘健:《论国际条约在中国的适用》,载《天水行政学院学报》2004年第1期。

④ 陈寒枫、周卫国、蒋豪:《国际条约与国内法的关系及中国的实践》,载《政法论坛》2000年第2期。

⑤ 张晓东:《也论国际条约在我国的适用》,载《法学评论》2001年第6期。

于1982年《宪法》未规定条约的适用方式及未规定条约与国内法的效力等级关系。30多年来，我国学界在研究条约适用的理论与实践问题上的这些特点，固然符合研究的连续性和继承性要求，但学者对同一命题的多个不同观点反复争论、莫衷一是的研究做法，并没有促进和推动我国条约适用理论与实践的发展。比如从20世纪90年代以后，在条约的地位及效力方面，有的学者认为条约与国内法地位等同，有的学者认为条约优于国内法；在条约适用的方式选择上，有的学者认为是“纳入”，有的学者认为是“转化”，还有的学者认为是两者混合的方式，并对这些问题和观点一直重复辩驳。据此学者得出的结论认为我国条约适用实践运作混乱的根本原因在于缺乏宪法条文的原则性规定，[①]并认为有必要在宪法或宪法性法律中对国际法在我国法律体系中的地位进行规定。[②] 笔者认为条约在我国的地位及适用的原则是可以确定的，即从多个法律、法规、司法解释、政府讲话中可以判断条约一般地纳入我国国内法的体系，而且许多部门法、单行法律、法规中有“条约优先适用”的条款，条约在我国具有优于国内法律低于宪法的地位应是一个普遍原则。而司法实践中的条约执行及适用，到底是直接适用还是间接适用不能简单地得出结论。既然全国人大常委会是我国唯一有资格解释宪法的机关，可以考虑通过宪法解释的方式获得在审查批准条约的同时决定条约如何在司法实践中执行或适用，比如全国人大常委会在审查后作出批准决定时可以规定由司法机关直接适用，或者在作出批准决定的同时通过立法将条约内容转化。[③]

建议修改宪法的学者，提出了需要增加的具体条文内容，比如《宪法》应该明确规定“对我国生效的条约是我国法律的重要组成部分”“中华人民共和国遵守国际法和信守条约”“对我国生效的条约具有高于除宪法以外法律的效力”“我国实行‘自动执行条约’和‘非自动执行条约’的制度”。[④] 对条约在国内法上的地位及适用由宪法作出规定显然是一劳永逸的事，但这一规定的作出必须考虑社会、经济、文化、政治等各个领域已经缔结和将要缔结的条约所承担的条约义务以及各国的司法现状等若干因素，否则，即使宪法中有相关规定，也不能完全解决条约的国内适用问题。以美国为例，其《宪法》第6条明确规定条约是国家最高法律的一部分，应当可以在美国国内直接适用，然而，司法审判实践中法院实际上区分了“自动执行条约”和“非自动执行条约”，前者可以在国内直接适用，后者须经转化才能在国内适用。表明条约的国内适用问题不一定必须由宪法来指明，它的适用实践更多

---

① 王勇：《条约在中国适用之基本理论问题研究》，北京大学出版社2007年版，第222页。

② 秦晓程：《条约的国内适用——中国国内立法中的状况分析及思考》，载朱晓青、黄列：《国际条约与国内法的关系》，世界知识出版社2000年版，第159页。

③ 田军、陶蕾：《宪法与〈经济、社会和文化权利国际公约〉的实施机制》，载中国法学会宪法学研究会：《宪法研究》，法律出版社2002年版，第638页。

④ 王勇：《条约在中国适用之基本理论问题研究》，北京大学出版社2007年版，第223页。

时候是依靠立法机关或司法机关进行具体处理的。那些试图通过修改宪法的方式在宪法条文中明确规定条约在国内法上的地位以解决条约的适用问题的建议，并不是一种可行的方法。[①]

① 田军、陶蕾：《宪法与〈经济、社会和文化权利国际公约〉的实施机制》，载中国法学会宪法学研究会：《宪法研究》，法律出版社2002年版，第638页。

第十五章

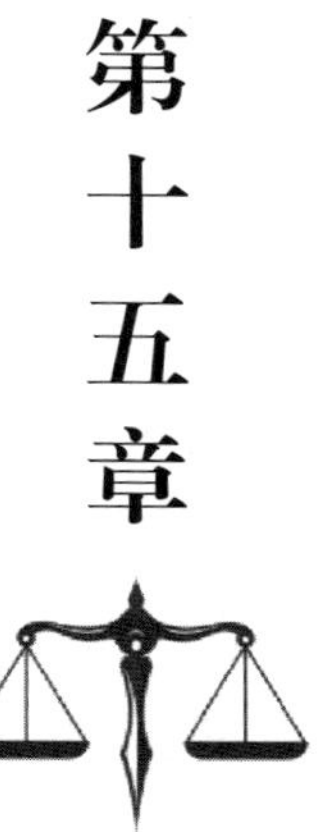

宪法与基本法研究40年

第一节 引言:基本法研究范围的界定

1982年《宪法》颁布施行,中国宪法学研究"迎来了迅速发展的黄金时期"。[①]与此同时,港澳基本法研究作为我国宪法学的一个重要分支和专题性研究,也开始了不断发展的进程。1982年《宪法》修改以来,宪法学的综述一直得到重视,不仅有每年的年会综述,亦有一定历史跨度的综述,还有专题性综述,[②]可谓成熟和常

① 韩大元:《中国宪法学研究三十年:1978—2008》,载《湖南社会科学》2008年第5期。

② 关于这方面的概况,可参阅邹平学:《我国基本法研究30年综述》,载中国宪法学研究会:《中国宪法学三十年(1985—2015)》,法律出版社2015年版,第270页。

态化。但遗憾的是，专题综述基本法研究尚属凤毛麟角。[①] 这似乎佐证了如下这段话："总体来说，我国基本法的研究还不能适应形势的需要，无论是研究机制的完善、成果水准的提升，还是研究力量的加强和整合，都还存在较大的发展空间。"[②] 不过，近些年来，基本法研究越来越受到重视，发展步伐在加快，已有显学端倪，2017年有高校将其确立为独立意义二级法学学科。[③] 这意味着基本法从此不再只是宪法学之下的学科方向，而开始成为基本法二级学科。故此之际，对基本法研究作出专题综述，意义显而易见。

需要首先明确的是，本章对于基本法研究的发展历程之梳理，将从1978年开始而不是1982年《宪法》开始。也即本章通过梳理和总结40年来基本法研究的发展历程，客观评估我国基本法研究的学术进展和研究现状，并前瞻其未来发展。

在开始正文之前，有必要对"基本法研究"的范围在时间和空间的界定作一个交代。

从时间来看，一般而言，对基本法展开研究，始于"香港基本法"这个概念产生后。1985年5月27日中英两国政府在北京互换批准书，《中英联合声明》正式生效，同年6月成立香港基本法起草委员会，7月1日香港基本法起草工作正式开始。因此，从严格的学术意义上考量，似乎可以从1985年这个时间节点作为基本法研究的肇始。不过，考虑到1982年《宪法》第31条已经预设了成立特别行政区及在特别行政区内实行的制度由全国人大以法律规定，而这里的"法律"就是基本法。故从1982年开始的宪法学对第31条的解读研究当然属于基本法研究的范畴。两部基本法都是根据1982年《宪法》制定的，1982年《宪法》第31条为设立特别行政区和在特区实行特别行政区制度奠定了宪法依据。从基本法与1982年《宪

---

① 迄今为止，除笔者所作的相关综述外，找到基本法研究综述还有4篇：骆伟建、王禹：《澳门基本法研究的简单回顾与展望》，载骆伟建、王禹：《澳门人文社会科学研究文选：基本法卷》，社会科学文献出版社2009年版，第1～8页；孙成：《大陆学界对基本法相关理论的研究综述(1985—2009)——以中国期刊网"基本法"关键词为检索依据》，载周叶中、邹平学：《两岸及港澳法制研究论丛》(第一辑)，厦门大学出版社2011年版，第62～75页；刘永奇：《香港基本法研究综述》，载《东南大学学报(哲学社会科学版)》2010年第12卷增刊；郭永虎、闫立光：《1997—2017香港"一国两制"问题研究回顾与前瞻》，载《深圳大学学报(人文社会科学版)》2017年第4期。

② 邹平学：《香港基本法实践问题研究》，社会科学文献出版社2014年版，第27页。

③ 2017年5月，中山大学在全国首次启动自主设立"港澳基本法"目录外二级学科获得通过，笔者作为专家组组长参与了评议会。

法》的内在联系来看，有必要将基本法研究开始的时间节点提前到1982年。[①] 诚如寻找西方文明的渊源需要从古希腊文明但从历史制度主义视角来看，我们还必须放大历史视角，通过追寻制度变迁和重大事件发生的大跨度历史轨迹来找出过去对现在的重要影响，唯其如此，才可能更清晰地发掘研究对象的来龙去脉。因此，我们还必须把时间节点进一步提前，定在1978年。因为这是中国改革开放元年，中国40年来发展奇迹都可以从这一年找到它的逻辑起点。为什么把基本法研究的起始时间节点定在1978年，后面将详述理据。

从空间来看，"基本法研究"主要应包含以下三个方面内容：

其一，最核心的内容应当是作为"学科"的基本法范畴内的相关研究，亦即被归类于"基本法学"学科领域内的相关研究。从基本法已经开始被视为一门形成中的部门法学的事实来看，它可以被定义为以"基本法现象"为研究对象的法律学科，即"基本法学"。而所谓"基本法现象"本身是一种复合性的结构，参照日本公法学者山下健次教授关于宪法现象的论述，可以类推出"基本法现象"应该包含四个方面的结构性要素：(1)基本法规范；(2)基本法制度；(3)基本法意识以及；(4)围绕前述三要素所展开的特定社会关系(即基本法关系)。[②] 如果按照由近及远、由内及外的逻辑，"基本法现象"亦可包括：(1)基本法规范；(2)基本法制度；(3)决定基本法规范实施和基本法制度运行的政策基础、基本原则与理论原理；(4)基本法规范实施和基本法制度运行的实践；(5)直接影响基本法规范实施和基本法制度运行的政治经济基础、历史文化条件和国际社会环境等因素。因此，凡属前述"基本法现象"的研究成果，都可纳入本章所指的"基本法研究"。

其二，主要内容应当是长期隶属于宪法学研究并外溢于法学其他学科的基本法相关研究。基本法研究属于宪法学的一个分支或专门领域，至少与两个因素有关。一是实务因素，两部基本法在两个特区具有凌驾性地位，是宪制性法律，香港甚至有人称基本法为"小宪法"，香港法律法学界往往视香港法院审理的是否违反

① 需要注意的是，由于基本法是实践"一国两制"方针的全国性法律，"一国两制"基本方针政策是基本法的政策基础，因此不能割裂基本法研究与"一国两制"研究之间的逻辑传承关系。由此，如果以更长远历史跨度的眼光视之，"一国两制"构想的提出到形成基本国策，到基本国策的精神体现在1982年《宪法》第31条这一时期的研究成果都应当纳入本章的视野之中。当然，从学科隶属关系看，从1982年《宪法》开始至今的基本法研究，应构成本章研究的主要对象。确定1982年的时间节点主要是针对香港基本法研究而言，鉴于两部基本法制定颁布时间有先后，具体细分研究阶段的话，澳门基本法研究的起步阶段将确定在稍后几年。本章后续将对此作出说明。

② 山下健次教授认为"宪法现象系由宪法规范、制度、意识所构成，系属动态的社会现象"，"作为科学的宪法学，即是以此三要素中的各个要素，或由此三要素所构成的整体变动社会关系或过程的人士"，为其研究对象。详见[日]阿部照哉、池田政章、初宿正典等：《宪法——总论篇、统治机构篇》(上册)，中国政法大学出版社2006年版，第103～104页。另参见林来梵：《从宪法规范到规范宪法》，法律出版社2001年版，第1～2页。

基本法的司法复核案件为"宪法案件"，习惯于交叉使用"司法审查""司法复核""违宪审查"。二是学术因素，以王叔文教授①、肖蔚云教授②、许崇德教授③等老一辈宪法学家为代表，在基本法研究方面开天辟地，作出了功不可没的历史性贡献，奠定了基本法研究的基本问题域和基础理论格局。今天在内地和港澳学界十分活跃的中青年基本法学者大都亦是宪法学者。故基本法研究被划属于宪法学研究自不待言④。不过，基本法研究并不限于宪法学视域。以法学的立场观之，基本法的制定和实施是新中国法制史上的重要制度创新，其制度内容涉及宪法、行政法、立法法、刑法、程序法、国际法等几乎所有的部门法，其法学基础涉及宪法学、法理学、比较法学、国际法学、法律解释学、冲突法学、法律文化学等几乎所有从实体法学到程序法学，其实施实践展现出不同的法律制度、法律传统、法律文化之冲突和调适，极大地丰富了我国的法制建设实践和法学理论研究素材，引起了我国理论法学和各个部门法学的关注和重视，也奉献了不少有益成果。所以基本法研究呈现出溢出宪法学研究而广及众多二级法学学科的特点。

其三，"基本法研究"也涵括那些以基本法现象为主要研究对象，但研究外延扩及政治学、科学社会主义国家学说、哲学、历史学、经济学、国际关系学、社会学等领域的相关研究。基本法研究"绝不仅仅是一个全国性法律的实施实践问题，而是与香港回归前后的方方面面，与香港的政治、经济、法治、文化、社会发展、香港与中央

---

① 以专著为例，王叔文教授的基本法研究代表作有：《香港特别行政区基本法导论》，中共中央党校出版社1990年版；《澳门特别行政区基本法导论》，中国人民公安大学出版社1994年版；《香港公务员制度研究》，中共中央党校出版社1999年版。

② 以专著为例，肖蔚云教授的基本法代表作计有：《一国两制与香港基本法律制度》，北京大学出版社1990年版；《一国两制与香港特别行政区基本法》，香港文化教育出版社1990年版；《一国两制与澳门特别行政区基本法》，北京大学出版社1993年版；《香港基本法与一国两制的伟大实践》，海天出版社1993年版；《香港基本法的成功实践》，北京大学出版社2000年版；《香港基本法讲座》，中央广播电视出版社1996年版；《论香港基本法的三年实践》，法律出版社2001版；《依法治澳与稳定发展：基本法实施两周年纪念研讨会论文集》，澳门科技大学2002年版；《论香港基本法》，北京大学出版社2003年版；《论澳门基本法》，北京大学出版社2003年版；《论澳门特别行政区行政长官制》，澳门科技大学2005年版。

③ 以专著为例，许崇德教授的基本法代表作计有：《港澳基本法教程》，中国人民大学出版社1994年版；《香港法律与律师制度》，经济管理出版社1994年版；《学而言宪》，法律出版社2000年版；《许崇德全集》，中国民主法治出版社2009年版；《"一国两制"理论助读》，中国民主法制出版社2010年版。

④ 毫无疑问，基本法研究随着我国宪法学研究的整体发展而获得发展，也因其独特的研究对象、特殊的实践需求呈现出与宪法学其他专题研究差异化的发展特色。由于基本法研究始终受制于母体性的中国宪法学的话语体系、论证逻辑、专业化程度和现有水平，故其研究现状的成绩或不足，都可以从我国宪法学研究的成绩与不足中找到答案。

及内地的关系、香港的对外经贸等国际联系"均存在直接或间接关系的。[①] 这使得基本法现象不仅是法学，亦是政治学、经济学、历史学、社会学、国际关系学等多个学科所关注的研究对象，故其研究一开始就带有较广泛的多元学术面向，具有科际研究的特点。[②] 不宜固守学科边界而将那些与基本法关涉程度较高但主要研究方法或研究视角属于政治学、社会学、经济学等其他学科领域的相关研究排斥在"基本法研究"的范畴之外。

基本法研究学术发展应着眼于学科自主性的确立、研究"问题域"的拓展深化、知识生产规模的扩大、研究的规范化程度的提升、学术交流与研讨活动的开展、研究的实践功能增强等六大趋势性指标来加以判断。[③] 根据这六大指标，本章通过撷取40年来内地和港澳台出版的有关代表性中文著作(含少量英文著作。以专著为主，含少量教材、辞书和专题资料汇编)，以及"知网"收录的代表性论文，从三个方面进行梳理：一是界分基本法研究的四个发展阶段；[④]二是以问题域展示主要学术进展；[⑤]三是总体评估40年基本法研究情况并展望发展趋势。

第二节　基本法研究的起始节点：1978年

1978年5月，《光明日报》一版刊发一篇石破天惊的特约评论员文章《实践是检验真理的唯一标准》，从而掀起了席卷中国的真理标准大讨论，发出了改革开放的思想先声。1978年12月18—22日，举世瞩目的党的十一届三中全会在北京召开，全会确立了解放思想、实事求是的指导思想，作出把党和国家的工作重点转移到社会主义现代化建设上来和实行改革开放的重大战略决策，形成了以邓小平为核心的党中央第二代领导集体。中国从此走上了改革开放、建设中国特色社会主义的正确道路，全国人民同心协力为实现社会主义现代化，实现祖国统一和反对霸权主义、维护世界和平三大任务而努力奋斗。

1978年开始的改革开放，不仅开启了40年新的伟大革命，创造了"人类发展史上最激动人心的奇迹"，也为中国带来了实现祖国统一的重大历史机遇，其标志

---

① 邹平学：《香港基本法实践问题研究》，社会科学文献出版社2014年版，第15页。

② 学科分类固然是基于学术分工发展的需要而产生的必然现象，但由于各个学科的门户之见，也会带来割裂研究对象具有的系统性、整体性和与其他社会现象的普遍关联性，使得研究结论可能存在"盲人摸象"的弊端，所以，科学的基本法研究必然需要多学科的视角与方法。

③ 张文显、黄文艺：《中国高校哲学社会科学发展报告1978—2008：法学》，广西师范大学出版社2008年版，第3～19页。

④ 本部分主要以专著为综述对象，辅之以论文。

⑤ 本部分主要以论文为综述对象，辅之以专著。

性的事件就是香港问题、澳门问题的先后和平解决。[①] 从香港问题来看,从中华人民共和国成立到改革开放之前,我国既不承认三个不平等条约,也不急于收回香港,实行"长期打算,充分利用"的方针政策。[②] 香港问题作为历史遗留问题,总是必须解决的,恢复对香港行使主权,是中国政府坚定不移的立场与决心。剩下的关键就是选择一个合适的时机和妥善的办法。这个时机的形成需要天时、地利和人和的机缘巧合,而能否找到妥善的办法则取决于领导人的智慧和远见卓识!

早在20世纪70年代,随着国际形势的发展变化,解决香港问题的历史条件和时机开始逐渐成熟。1974年,81岁的毛泽东会见来访的英国前首相、保守党领袖希思,在谈到香港未来时,毛泽东与希思都同意,"香港在1997年应该有一个平稳的交接"。毛泽东不无遗憾地告诉希思,中国统一这件事自己恐怕看不到了。他又指着旁边的邓小平说,"这是他们的事"。这是毛泽东首次正式就香港的回归问题同英国高层领导人进行的磋商。这冥冥之中也预示着,实现香港回归的重任历史地落到了以邓小平为核心的中共第二代领导集体身上。

20世纪70年代末80年代初,随着1997年新界租期届满日趋接近,新界土地开发的批租问题让港英当局大为头痛。根据英国法律,香港所有的土地都属于英国皇室所有,如果有人想要取得土地使用权,须向政府提出申请,并支付一定金额,政府才按照一定年限批出土地。根据《展拓香港界址专条》,英国强行租借的新界,为期99年,将于1997年6月30日到期。这块有租期的新界占整个香港地区面积的92%。由于"新界"是租借地,它的批租年限要受到租借期的限制,租借期届满日期的临近,土地使用年限日渐缩短,而土地投资一般需要较长投资期才能获得收益,这使得中外投资者持观望态度,地产商的信心开始崩溃,土地竞价不断下滑,政府收入持续锐减,整个香港经济前景蒙上阴影。英国政府估计,如不设法改变这个不明朗情形,在80年代初期到中期,可能会出现信心崩溃的现象。

麻烦的事情还不仅仅是新界的租期到期问题。英国人还发现他们陷入了三个

---

① 香港问题源自英国入侵中国后迫使清朝政府签订三个不平等条约而产生。1842年8月29日,清政府被迫在南京江面上的英国军舰上签订中国近代史上第一个不平等条约——《南京条约》,约75平方公里的香港岛被割让给英国。1860年9月,英法联军攻占北京,火烧圆明园,迫清政府签订《北京条约》,将九龙半岛今界限街以南的7.93平方公里的中国领土(包括昂船洲)割让给英国。1898年6月9日,英国又强迫清政府缔结中英《展拓香港界址专条》,强行租借界限街以北、深圳河以南的大片土地及附近235个岛屿,总面积975.1平方公里,即现在所说的"新界",租期99年,到1997年6月30日期满。至此,英国完成了对整个香港的占领,从而产生了长达一个半世纪的香港问题。

② 中华人民共和国成立后,中国政府明确对香港问题的原则立场是:第一,香港自古以来就是中国的领土,中国不承认帝国主义列强强加于中国头上的一切不平等条约,包括三个不平等条约;中国政府将在条件成熟的时候,通过与英国政府进行和平谈判解决香港问题。第二,可以有条件地维持香港的现状,基本政策是"长期打算,充分利用。"

条约有效论的悖论。他们主张三个条约有效论是为了证明他们占据香港是合理合法的,但这是把双刃剑。现在有效论对准了他们自己,他们必须履约,按期归还新界。由于香港港岛、九龙半岛和新界三大区域早已连成一片,其中新界面积占92%,如果新界交还给中国,剩下的部分——也就是根据《南京条约》和《北京条约》割让的港岛和九龙,无论从经济的联系性、交通的整体性还是从行政管理的可行性看,将无法实施单独管理。用"皮之不存,毛将焉附"这句话来形容,面积九成以上的新界要交还给中国,区区港岛和九龙半岛还能留在英国人手上独善其身吗?

1979年3月,港督麦理浩访问北京,代表英国政府开始试探我国对解决香港问题的信心及政策。麦理浩面陈邓小平,试探中国政府有无可能1997年后续约或以别的形式允许英国继续管治香港。当时,中国政府没有把主要精力放在香港问题上,全力以赴考虑的是改革开放和以经济建设为中心这些大事。针对英国政府提出的问题,邓小平在会谈中只原则阐述了中国的立场,指出香港属于中国,这个问题本身不能讨论。人们担心1997年新界问题会出现,还有18年,我们可以到时候再根据具体情况商谈怎样从政治上解决这个问题,我们将把香港作为一个特殊地区,在相当长时间内,香港还可以搞资本主义,我们搞社会主义。不管中国如何决定,香港投资者的利益都会受到保护。实事求是地看,麦理浩访华,提出香港问题,对中国来说,恰逢启动这一问题解决摆上议事日程的最好时机。这个时机是1978年十一届三中全会赋予,是由此开启的三大时代潮流所决定的,这三大潮流一是改革开放的潮流,香港回归必将适应和推动这一个潮流。二是实现祖国统一的潮流。1979年1月中美建交后,邓小平把解决台湾问题提上了议程,尝试用"一个国家,两种制度"的方式实现祖国统一。但是美国政府并未放弃干涉中国内政,又搞了一个《与台湾关系法》。在这种情况下,香港回归可以作为先驱者率先承担起一国两制的伟大试验,为台湾问题的最后解决提供示范。三是世界和平和发展的潮流。这些都为香港问题的和平解决创造了有利的外部条件。

从1979年上半年到1982年上半年,中央对香港问题进行了逾三年时间的调查研究,按照"一国两制"的思路制定了对香港的十二条基本方针政策。① 这一段时期的1981年4月,英国外交大臣卡林顿访华,小平对卡林顿重申了对麦理浩讲

① 1981年3月,在廖承志主持的、由进行香港问题调查研究工作的有关单位负责人参加的统一思想的"神仙会"上,"1997年收回香港"的第二种方案就替代了"维持香港的现状"的第一种方案,成为主流意见。其中,外交部副部长章文晋的发言颇具代表性:"在这样的形势下,如果中国不收回香港主权,上无以对列宗列祖,下无以对子孙后代;内无以对十亿人民,外无以对第三世界!""神仙会"一结束,廖承志即向邓小平汇报了"1997年收回香港"的倾向性意见,重点是章文晋的发言。邓小平表示赞赏:"如果这个时候我们再不收回香港而再签一个不平等条约,我们就都变成李鸿章了,任何一个政府都会垮台;中国领导人不可以做第二个李鸿章。"引自齐鹏飞:《邓小平关于香港问题的调查研究和"一国两制"新思维的初步形成》,载《中共党史研究》2004年第4期。

过的话，还讲了一句“你们可以研究我们对台湾的政策”。1982年1月，英国前掌玺大臣阿德金斯访华，中国政府公开声明，中国拥有整个香港地区的主权，中英双方将讨论安排香港的将来地位。不久，英国前首相希思受首相撒切尔夫人委托前往北京，1982年4月6日，邓小平在中南海接见了希思。邓小平表示，中英谈判的时机已经成熟。他告诉希思，恢复对香港行使主权，成立香港特别行政区，由港人治港，保持香港现行制度和生活方式不变，将是中国对英谈判的基点。可以说到了这个时候，“一国两制”政策差不多跃然纸上。英国政府也摸清了中国决心于1997年收回香港的立场及政策主张，决定同我国政府谈判解决香港问题。后来的历史发展是如此清晰和按部就班：1982年《宪法》的颁行、中英开始关于香港问题的谈判、中英签署关于香港问题的联合声明、1990年全国人大制定香港基本法、1997年7月1日香港回归祖国、香港特别行政区成立、香港基本法的正式开始实施等。1984年香港问题解决后，澳门问题也提上了日程并得到圆满解决。[①]

毫无疑问，40年前的1978年十一届三中全会确立改革开放大政方针，是决定当代中国命运的关键一招，是当代中国发展进步的活力之源，是探索、坚持和发展中国特色社会主义的突破口，是今天我们党和人民大踏步进入新时代、实现中华民族伟大复兴的源头活水。特别是这一年也开启了解决香港问题实现祖国统一的重大历史机遇期。从1978年到1982年《宪法》的制定，国家有关单位组织的关于香港问题研究的一些成果，虽然相当部分侧重于政策研究性质，学术成果数量并不多，且不是直接研究基本法的成果，却构成我们研究基本法的重要历史背景，可以视为基本法研究的酝酿准备阶段。

第三节　基本法研究的发展阶段和现状

自1978年国家确定改革开放国策开始，到20世纪80年代香港回归进入国家

① 1986年6月，中葡两国关于澳门问题的谈判开始，至1987年3月，先后举行了四轮会谈。1987年4月13日，中葡联合声明正式签署仪式在北京人民大会堂隆重举行，两国总理分别代表本国政府在联合声明文本上签字，邓小平亲自出席了签字仪式。联合声明宣布中国将于1999年12月20日恢复对澳门行使主权，从而圆满解决了历史遗留下来的澳门问题。联合声明签署后，中国全国人大常委会和葡萄牙国会分别于当年6月和10月予以批准。1988年4月13日，第七届全国人民代表大会第一次会议决定，成立澳门特别行政区基本法起草委员会，负责基本法的起草工作。1993年3月31日，第八届全国人民代表大会第一次会议通过了《中华人民共和国澳门特别行政区基本法》及其3个附件。1999年12月20日零时，举世瞩目的中葡两国政府澳门政权交接仪式在澳门文化中心花园馆隆重举行，中国政府从此对澳门恢复行使主权，澳门特别行政区正式成立，澳门基本法开始正式实施。

议事议程及至“一国两制”基本方针政策被正式确立，基本法研究从酝酿到起步，再到发展壮大，大体经历了从“酝酿准备”到“初创起步”，到“稳步发展”，到“务实深化”，再到现阶段的“步入成熟”阶段。这五个发展阶段与改革开放国策确立，“一国两制”政策的确定，1982年《宪法》的颁布，中英（中葡）联合声明签署，港（澳）基本法的起草、制定到实施的整个实践过程的重要时间节点相吻合。

首先，如前所述，可以把1978—1982年这一阶段作为基本法研究的“酝酿准备”阶段，也可以视为两部基本法研究的共同的历史背景阶段，由于这一阶段“基本法”的概念都没有产生，没有直接研究基本法的成果，一般侧重于香港问题的政策研究，学术文献少而零散，本章不打算展开综述其具体内容，但明确这一阶段的意义显然不可低估，它对于我们认识和把握基本法研究的实质阶段很有帮助。

其次，考虑到香港基本法、澳门基本法的起草、制定及实施的时间先后，以及两部基本法规定的内容既有共性的一面，亦有个性的一面，有必要具体细分香港基本法与澳门基本法的具体研究阶段，当然它们属于两种并非相互独立且存在相互影响的研究领域。就两部基本法的研究成果数量来检视，存在明显的“重港轻澳”现象，[①]故实有必要分开阐述各自的发展阶段与现状。鉴于两部基本法起草、制定和实施的时间差异，二者在“初创起步”“稳步发展”“务实深化”阶段时间节点的划分上存在差异，不过，大致在2012年前后，两部基本法的研究差不多同时“步入成熟”阶段。

本章将香港基本法研究的“初创起步”阶段定为1982—1985年，将“稳步发展”阶段定为1985—1997年，“务实深化”阶段定为1997—2012年，“步入成熟”阶段定为2012—2017年。如此的判断理据在于：1982年《宪法》第31条为未来特区制度和制定基本法提供了宪法依据，与此同时，对“一国两制”理论的研究以及对香港回归的探讨，可视为香港基本法研究的开端，不过1985年之前，基本法起草工作尚未启动，直接研究基本法的成果甚少，故此阶段定为“初创起步”阶段。1985年基本法起草工作启动，其后在香港成立咨询委员会，此时的研究大都是对基本法文本草案的探讨。1990年4月4日基本法获得全国人大通过后，法律文本定型，但在1997年基本法实施之前，相关研究仍然以法律释义、文本解说为主，研究方法以规范分析为主，成果形式以教材和普及宣传读物居多，故此阶段可概括为“稳步发展”阶段。从1997年7月1日香港基本法开始实施，到2010年政改获得通过之前，这一时期大量具有挑战性、争议性的理论实践问题开始涌现，针对基本法理论以及实践问题展开研究的成果开始增多，案例分析、实证分析、比较分析的研究方法运用

---

① 一个显明的例证是，笔者通过登陆全国哲学社会科学规划办公室的主页并进入“项目数据库”检索，截至2016年9月，共找到各个学科与“香港”有关研究立项70项，与“澳门”研究有关的立项共6项。

增多,故可确定这一时期的研究进入“务实深化”阶段。[①] 2010年政改通过之后,2012年特区首次按照通过的政改方案选出新的特首和新一届立法会,从此香港特区进入了着力推进双普选的时期,政改争议不断升温及至白热化,特别是2014年白皮书的发表、“8·31”决定的出台、非法“占领中环”运动的爆发及2015年政改方案被立法会否决、2016年人大解释基本法第104条、2017年香港回归20周年等重大事件,标志着基本法实施和特别行政区制度运行到了一个需要全面总结、提升完善的新阶段,这时期的成果大增,务实深化特点更加突出,而且首个全国性的基本法研究、港澳研究学术团体获得成立,[②]2013年内地第一本基本法专业刊物《港澳研究》创刊,《当代港澳研究》入选2016—2017年CSSCI来源期刊,且专业类连续出版物问世,专业学术网站和微信公众号涌现,交流研讨活动蓬勃开展,这些都标志着香港基本法研究进入了成熟阶段。

本章将澳门基本法研究的“初创起步”阶段定为1988—1993年,“稳步发展”阶段定为1993—1999年,“务实深化”阶段定为1999—2012年,“步入成熟”阶段定为2012—2017年。如此判断的理据在于:1988年1月,中葡两国政府互换批准书,《中葡联合声明》正式生效,同年9月,澳门基本法起草委员会成立并正式开始工作,1993年3月全国人大通过澳门基本法。这之前成果不多,不仅与澳门基本法起草过程争议甚少,过程平稳有关,也与澳门本地基本法研究人才匮乏,内地对澳门基本法的研究投入不够有关,故将这一时期定为“初创起步”阶段;之所以将1993—1999年确定为“稳步发展”阶段,是因为这一时期对澳门基本法的研究,主要任务是阐释基本法的立法精神、立法意图和立法背景,解释、宣传和普及基本法,让社会正确理解和掌握基本法,确保过渡期澳门的各项制度的变化能与基本法的规定相衔接,达到平稳过渡的目标。[③] 1999年12月20日澳门回归,澳门基本法正式开始实施,这时“不仅需要进一步宣传基本法,而且还要研究和解决基本法实施过程中遇到的具体问题,使基本法的研究进入一个新的阶段。面对实践中的问题,面对不同的理解与争论,基本法研究的范围在扩展,研究的内容在深化,研究的方

---

① 这个阶段有个小插曲,即1997年之后的香港基本法研究呈现出一段时间的“沉寂期”,特别是内地学界的研究出现趋冷的态势,内地有关研究力量在回归后呈现自发的、散兵游勇状态。究其原因,可能与一种香港已经回归、万事大吉的误解有关,实践证明,这种状况恰好不利于基本法的顺利实施。但在2003年香港“七一”大游行后,这个局面得到有力扭转,国家有关方面开始高度重视香港基本法实施的学术研究活动,组织整合社会力量,加强协调和投入,内地的相关研究已经重新步入健康发展轨道。参见邹平学:《香港基本法实践问题研究》,社会科学文献出版社2014年版,第14~15页。

② 中国法学会香港基本法澳门基本法研究会于2014年11月在北京成立,全国港澳研究会于同年12月在北京成立。

③ 骆伟建、王禹:《澳门人文社会科学研究文选:基本法卷》,社会科学文献出版社2009年版,第1页。

法更加多样化”[①],故此阶段可称为“务实深化”阶段。之所以把澳门基本法研究步入“成熟阶段”确定在2012年,是因为当年2月29日十一届全国人大常委会第二十五次会议通过了《全国人民代表大会常务委员会关于澳门特别行政区2013年立法会产生办法和2014年行政长官产生办法有关问题的决定》,这是中央首次依据澳门基本法的有关规定及其有关解释,根据澳门特区的实际情况,对澳门回归以后政制发展问题作出决定。这个时间节点与香港政制发展在2012年得到实质性的进展不约而同。结合这个时段涌现的大批量研究成果以及全国性的基本法及港澳研究学术团体先后成立等标志性事件,判断两个基本法的研究均在此时步入成熟阶段,理据是充分的。

一、基本法研究的初创起步阶段

(一)香港基本法研究的初创起步阶段(1982—1985)

20世纪70年代末80年代初,为和平解决历史遗留的香港、澳门、台湾问题,实现祖国统一大业,邓小平代表中国共产党,提出了“一个国家,两种制度”,学界从此开始关注“一国两制”基本方针政策的提出对于国家学说、国家结构形式理论的创新意义。[②] 1982年《宪法》颁布,其中第31条标志着“一国两制”构想正式载入国家根本大法,[③]宪法学界开始关注和研究通过“一国两制”解决台港澳等历史遗留问题的宪法制度安排。1984年9月26日,中英双方草签关于香港问题的联合声明,11月19日正式签署该声明,声明还包括三个附件,其中附件一《中华人民共和国政府对香港的基本方针政策的具体说明》中明确表示“中华人民共和国全国人民代表大会将根据中华人民共和国宪法制定并颁布中华人民共和国香港特别行政区基本法”,由此,“香港基本法”这个概念正式登堂入室,引起了包括学界在内的各界关注。这一时期产生了可能是最早公开出版的研究香港基本法的著作[④],亦产生

---

① 骆伟建、王禹:《澳门人文社会科学研究文选:基本法卷》,社会科学文献出版社2009年版,第3页。

② 吴丽琼:《邓小平“一国两制”理论研究综述》,载《上海党史与党建》2002年第10期。

③ 《宪法》第31条规定:“国家在必要时得设立特别行政区。在特别行政区内实行的制度按照具体情况由全国人民代表大会以法律规定。”

④ 即由施钧安等编、香港金陵出版社于1984年出版的《基本法面面观》。随后艾凡著的《港人治港,行!》(香港广角镜出版社1984年版)、黄学海著的《香港前途与基本法——特别行政区的政治蓝图》(香港国际事务书院1985年版)、鲁凡之著《评中英双方与基本法问题》(香港北辰学社和集贤社1985年版)等著作。

了一批研究香港回归问题及香港政制与法制问题的专著。[①] 这些成果，开启了基本法研究的序幕，标志着基本法研究的起步。

(二)澳门基本法研究的"初创起步"阶段(1988—1993)

从1988年澳门基本法开始起草到1993年全国人大通过基本法期间，产生了可能是最早若干本针对澳门基本法问题进行研究的论著，[②]其中的代表作是肖蔚云主编的《一国两制与澳门特别行政区基本法》(北京大学出版社1993年版)。值得一提的是，澳门基本法研究"起步阶段"的时间跨度相较香港为短，这主要是因为起步早于澳门基本法的香港基本法研究及其成果对澳门基本法研究具有理论借鉴与指导意义，先期起草香港基本法所积累的经验和立法技术对澳门基本法的起草也发挥了积极作用。

二、基本法研究的稳步发展阶段

(一)香港基本法研究的稳步发展阶段(1985—1997)

1985年4月10日全国人大通过了成立香港基本法起草委员会的决定。同年6月，起草委员会组成。同年7月基本法起草工作正式展开。1988年在香港成立了基本法咨询委员会。1990年全国人大通过颁布《香港基本法》。[③] 从1985年启动基本法起草、公布法律草案、公开咨询工作到1990年全国人大通过基本法这一时期，海内外各界针对基本法起草的原则、草案框架、具体制度设计等问题高度关注，研究基本法成为时政热点，基本法研究著作陆续问世，例如容川著的《基本法——香港未来的勾画》(香港金陵出版社1986年版)、陈弘毅著的《香港法制与基本法》(香港广角镜出版社有限公司1986年版)、赵春义著的《一国两制概论》(吉林大学出版社1988年版)、赵小芒等合著的《一个国家两种制度》(解放军出版社1989年版)以及黄炳坤主编的《"一国两制"法律问题面面观》[三联书店(香港)有限公司1989年版]等。由于基本法尚未出台，此时的成果主要针对政权移交、"一国两制"及基本法立法问题，较多体现了政论性和政策解读性。这些成果为基本法制定后的研究热起到了很好的"预热"作用。

---

① 如曾澍基著的《五星旗下的香港：香港前途问题探讨》(香港曙光图书公司1982年版)，[英]诺曼·J.迈因纳斯著的《中国与香港的前途》(上海翻译出版公司1984年版)，张汉德、卢子健编著的《政制改革何去何从》(香港金陵出版社1984年版)、穆迈伦著的《香港政务官阶层的构成》(上海翻译出版公司1984年版)等。

② 台北港澳之友协会编的《澳门基本法与澳门之未来》(1992年在台北出版)、《澳门基本法文献集》(澳门日报出版社1993年版)等。

③ 《香港基本法》由序言、总则、正文、附则等九章共160条构成，还包括行政长官产生办法、立法会产生办法和表决程序以及在特区实施的全国性法律等三个附件。

在基本法获得全国人大通过后，出现了一批系统解读基本法文本的研究成果，掀起了基本法研究的第一个高潮。代表性成果有王叔文主编的《香港特别行政区基本法导论》（中共中央党校出版社 1990 年版）、肖蔚云主编的《一国两制与香港基本法律制度》（北京大学出版社 1990 年版）及《一国两制与香港特别行政区基本法》（香港文化教育出版社 1990 年版）、李昌道和龚晓航著的《基本法透视》（香港中华书局 1990 年版）、许崇德主编的《港澳基本法教程》（中国人民大学出版社 1994 年版）、肖蔚云著的《香港基本法讲座》（中国广播电视出版社 1996 年版）等。[①] 由于这个时期基本法尚未正式实施，故这批成果主要聚焦于规范层面，偏重于解读基本法条文，对宣传普及基本法起了积极作用。值得注意的是，尽管基本法尚未实施，但不等于没有基本法的实践，肖蔚云著的《香港基本法与一国两制的伟大实践》（海天出版社 1993 年版）题名含有"实践"二字，作者显然认为，尽管基本法尚未实施，但为实施基本法、保证平稳过渡所做的各项准备工作属于基本法的实践范畴。不过，在基本法正式实施前，基本法仅具有对特定对象和特定有关事项的"相对法律效力"[②]，故这一时期成果总体上缺乏实践性特点。当然，亦有一些论著开始触及争议焦点，颇具前瞻性，这主要体现在这一时期探讨香港政制架构、香港民主发展和政改的论著，这些成为今天研究政制发展脉络的重要参考文献，如陈弘毅的《香港法律与香港政治》（香港广角镜出版社 1990 年版）和刘兆佳的《过渡期香港政治》（香港广角镜出版社有限公司 1993 年版）就是两部深入探究过渡期香港政治的力作。赖其之编的《关于香港 94—95 选举安排问题会谈的前前后后》（香港广宇出版社 1994 年版）及开放杂志社编的《中英世纪之争：彭定康政改方案论战集》（香港开放杂志社 1994 年版）则对当时中英政改之争的实质和核心有生动的描述。此外，

---

① 此外，还有张结凤著《不变，五十年：中英港角力基本法》（香港浪潮出版社 1991 年版），董立坤主编的《香港法律和司法制度》（广东人民出版社 1991 年），张炳良等合著的《走向未来：基本法通过之后的香港》（香港社会科学研究会 1990 年版），Ming K. Chan（陈明）和 David J. Clark editors（贾德伟）编著的 *The Hong Kong basic law : blueprint for 'stability and prosperity' under Chinese sovereignty?*（香港基本法研究：中国主权下的繁荣安定）（香港大学出版社 1991 年版），云冠平、钟业坤主编的《中华人民共和国香港特别行政区基本法概论》（暨南大学出版社 1993 年版），董和平著的《香港基本法概要》（西北大学出版社 1993 年版），刘清泉著的《香港特别行政区基本法》（五洲传播出版社 1995 年版），王泰铨著的《香港基本法》（台湾三民书局 1995 年版），张虎著的《港澳基本法释论》（台湾桂冠图书股份有限公司 1996 年版）等。

② 张根大、侯淑雯：《试论相对法律效力》，载《法律科学》1998 年第 2 期。

还有一批专门研究香港政治体制的专著问世。①

（二）澳门基本法研究的稳步发展阶段（1993—1999）

在澳门基本法通过后到回归前的过渡期，一系列的论著陆续问世，②代表作有：肖蔚云著的《一国两制与澳门特别行政区基本法》（北京大学出版社1993年版）和《澳门基本法讲座》（澳门日报出版社1994年版）、王叔文主编的《澳门特别行政区基本法导论》（中国人民公安大学出版社1994年版）、杨允中著的《澳门与澳门基本法》（澳门基金会1994年版）和《"一国两制"与现代宪法学》（澳门大学出版中心1996年版）、许昌著的《澳门过渡期重要法律问题研究》（北京大学出版社1999年版）等。除了这些解读性质的教材、普及读物外，亦有对港澳两部基本法进行综合阐释或比较研究的，如许崇德主编的《港澳基本法教程》（中国人民大学出版社1994年版），张虎著的《港澳基本法释论》（台湾桂冠图书股份有限公司1996年版），蓝天主编的《"一国两制"法律问题研究（总卷）》（法律出版社1997年版），杨静辉、李祥琴著的《港澳基本法比较研究》（北京大学出版社1997年版）等。这些论著奠定了澳门基本法的理论研究基本框架。

这一时期出版了一些从政治学、社会学、历史学等角度研究澳门问题的论

① 如雷兢璇著《香港政治与政制初探》（香港商务印书馆1987年版）；文思成著《香港政府与施政架构》[三联书店（香港）1990年版]；史深良著《香港政制纵横谈》（广东人民出版社1991年版）；徐克恩著《香港：独特的政制架构》（中国人民大学出版社1994年版）；郑宇硕、雷兢璇著《香港政治与选举》（牛津大学出版社1995年版）；关志钢著《走向特区的香港政制》（海天出版社1997年版）；郑宇硕和卢兆兴编《九七过渡：香港的挑战》（香港中文大学出版社1997年版）。

② 如《中国简况：澳门基本法诞生记》（新星出版社1993年版）；杨静辉著《澳门特别行政区基本法100问》（江苏人民出版社1994年版）；梁凡著《基本法九九讲》（澳门基金会1994年版）；《澳门基本法问答集》（澳门大众报有限公司1995年版）；邓伟平编著《澳门基本法知识》（中山大学出版社1996年版）；钟业坤主编《中华人民共和国澳门特别行政区基本法论略》（暨南大学出版社1996年版）；杨静辉等合著《澳门基本法简释》（人民出版社1997年版）；杨允中著《澳门基本法释要》（澳门日报出版社1998年版）；中央人民广播电台等主编《澳门与澳门基本法》（中国检察出版社1998年版）；杨允中、张学森主编《回归前的思考：〈澳门基本法〉颁布五周年专题座谈会文章汇编》（澳门大学学生会1998年版）；杨允中著《论回归意识》（澳门经济学会1999年版）；赵国强著《澳门特别行政区基本法ABC》（五洲传播出版社1999年版）；蔡新华等合著《话说澳门基本法》（珠海出版社1999年版）；杨静辉著《澳门基本法释义》（人民出版社1999年版）等。

著，[①]论题包括回归前的澳门政治、澳门政制的沿革与发展以及过渡期的澳门政治、社会现状及过渡期急需解决的法律本地化、公务员本地化与政制衔接等问题。这些成果为澳门基本法研究提供了有益的素材，其中吴志良、余振等人的论著影响较大。

三、基本法研究的务实深化阶段

（一）香港基本法研究的务实深化阶段（1997—2010）

1997年7月1日香港回归，基本法正式实施，实施过程中出现的一些影响重大且具争议性的案件裁决、判决以及重大且具有争议性立法事项的出现为学者提供了基本法研究的丰富素材，直面问题、重视判例、强调实证的研究成果开始增多，呈现出明显的务实深化特点。

其一，从1997年到1999年，密集出版的大量论著标志着香港基本法研究的第二次高潮。[②] 代表性成果有：蓝天主编的《"一国两制"法律问题研究（香港卷）》（法律出版社1997年版）、陈弘毅和陈文敏合著的《人权与法治——香港过渡时期的挑战》（香港广角镜出版社1997年版）、朱国斌和黄辉等合著的《香港司法制度》（河南人民出版社1997年版）、宋小庄著的《香港基本法与后过渡期争拗》（香港文化教育出版有限公司1998年版）、范忠信著的《一国两法与跨世纪的中国》（香港文教出版企业有限公司1998年版）、佳日思著的《香港新宪法秩序：中国主权恢复与基本法》（英文版）（香港大学出版社1999年版）、陈弘毅等编的《香港法概论》[三联书店（香港）有限公司1999年版]、王叔文著的《香港公务员制度》（中共中央党校出版社1999年版）以及李昌道著的《香港政治体制研究》（上海人民出版社1999年版）

① 余振编《澳门政治与公共政策初探》（澳门基金会1993年版）；吴志良著《澳门政治制度——沿革、现状和展望》（澳门公共行政管理学会1993年版）；余振编《澳门：超越九九》（香港广角镜出版社1993年版）；李炳时著《澳门总督与立法会》（澳门基金会1994年版）；魏美昌著《澳门纵横》（澳门基金会1994年版）；吴志良著《澳门政制》（澳门基金会1995年版）；余振编《双城记——港澳的社会、经济及社会发展》（澳门社会科学学会1998年版）；吴志良著《生存之道——论澳门政治制度与政治发展》（澳门成人教育学会1998年版）；余振编《澳门回归前后的问题与对策》（香港名流出版社1999年版）等。

② 傅思明著《香港特别行政区基本法通论》（中国检察出版社1997年版）；李昌道等合著《创造性的杰作：解读〈中华人民共和国香港特别行政区基本法〉》（上海人民出版社1998年版）；杨静辉著《香港基本法释义》（人民出版社1999年版）。

等。[①] 值得一提的是,曾任香港大学公法学讲座教授的印度裔学者佳日思教授的《香港新宪制秩序——中国主权恢复与基本法》在香港法律界影响甚大,成为英语世界里研究基本法的必备参考书,香港法院的很多涉及基本法的案件判决书引用其书中的观点,但书中俯拾即是的普通法中心主义立场和偏见使得其不少论断并不公允和科学。[②]

其二,以1999年终审法院"吴嘉玲案"判决为标志的香港基本法实施后的"司法化"特点引起了陆港两地学者围绕终审法院的权力、中央与特区关系、基本法解释等问题展开了大范围的讨论。陆续出现的基本法第23条立法、特首补选二五之争、双普选政制改革论争等事件,深刻影响基本法研究的发展重点和方向,彰显了对基本法实践问题及其基础理论展开研究的重要性,由此催生的一批论著成果十分务实,有学术深度,如Yash Ghai等主编的《居港权引发的宪法争论》(香港大学出版社2000年版)、王家英编的《香港的"一国两制"实践发展与挑战》(香港中文大学香港亚太研究所2000年版)、肖蔚云和饶戈平主编的《基本法的三年实践》(法律出版社2001年版)、王振民著的《中央与特别行政区关系——一种法治结构的解释》(清华大学出版社2002年版)、徐静琳著的《演进中的基本法》(上海大学出版社2002年版)、张勇和陈玉田合著的《香港居民的国籍问题》[三联书店(香港)有限公司2002年版]、宋小庄著的《论"一国两制"下中央和香港特区的关系》(中国人民大学出版社2003年版)、王振民著的《中国违宪审查制度》(中国政法大学出版社2004年版)、岱旭著的《一国两制——新挑战与新课题》(香港镜报文化事业有限公司2004年版)、黄江天著的《香港基本法解释研究》[三联书店(香港)有限公司2004年版]以及傅华伶等合编的*National Security and Fundamental Freedoms—Hong Kong's Article 23 Under Security*(香港大学出版社2005年版)等。这一时期还出版了一批名家力作和权威文集,如许崇德著的《学而言宪》(法律出版社2000年版)、肖蔚云著的《论香港基本法》(北京大学出版社2003年版)、北京大学宪法与行政法研究中心编著的《宪法与港澳基本法理论与实践研究——纪念肖蔚云教授八十华诞志庆文》(北京大学出版社2004年版)、王巧珑主编的《香港基本法辞典》(新香港年鉴有限公司2001年版)、廉希圣著的《廉希圣文集》(中国政法大学出版社2007年版)、全国人大常委会香港基本法委员会办公室编的《纪念香港基本法实施十周年文集》(中国民主法制出版社2008年版)、国务院

① 其他相关论著还有:杨静辉等编《香港基本法简释》(人民出版社1997年版);任万兴著《香港特别行政区基本法概说》(中国方正出版社1997年版);关志刚著《走向特区的香港政制》(海天出版社1997年版);汤华著《神圣的承诺:香港基本法的诞生》(人民文学出版社1997年版);胡景耀著《也谈一国两制》(香港高业企业有限公司1997年版);王家英著《香港民意与"一国两制"实践》(香港海峡两岸关系研究中心1999年版)等。

② 邹平学等:《香港基本法实践问题研究》,社会科学文献出版社2014年版,第18页。

发展研究中心港澳研究所编写的《香港基本法读本》(商务印书馆2009年版)等。肖蔚云教授的《论香港基本法》对基本法实施的基础理论和重大问题有深入探究，堪称权威代表作。陈端洪著的《宪治与主权》(法律出版社2007年版)，其中《主权政治与政治主权：香港基本法对主权理论的应用与突破》一文以深入细密的政治哲学方法对基本法实践主权理论的表现作了创新的法理阐释。强世功著的《中国香港——政治与文化的视野》(三联书店2010年版)则以大历史观和政治、文化视角对基本法实践问题作了高屋建瓴的阐释。

其三，香港基本法研究务实深化的成果还表现在一批论及广泛专题的专著或文集的推出，[①]较有代表性的有刘曼容著的《港英政府政治制度论(1841—1985)》(社会科学文献出版社2001年版)及《港英政治制度与香港社会变迁》(广东出版集团、广东人民出版社2009年版)、陈建民和王家英编的《政改的困局与出路》(香港中文大学香港亚太研究所2006年版)、孟庆顺著的《"一国两制"与香港回归后的政治发展》(香港社会科学出版社2005年版)、范振汝著的《香港特别行政区的选举制度》[三联书店(香港)有限公司2006年版]、周平著的《香港政治发展》(中国社会科学出版社2006年版)、陆恭惠和思汇政策研究所编辑的《功能界别——香港立法会的一个特性》(*Functional Constituencies A Unique Feature of the Hong Kong Legislative Council*)(香港大学出版社2006年英文版)、梁美芬著的*The Hong Kong Basic Law: Hybrid of Common Law and Chinese Law*(Lexis Nexis Hong Kong 2006年版)、朱世海著的《香港立法机关研究》(中央编译出版社2007年修订版)、陈友清著的《1997—2007:一国两制法治实践的法理学观察——以法制冲突为视角》(法律出版社2008年版)、罗敏威著的《香港人权法新论》(香港城市大学出版社2009年版)等。这些论著贴近基本法的重要制度运行或重大实施问题，一些专论不乏学术创见，如周平的《香港政治发展》全面深入研究了香港回归前后政治发

① 如傅思明著《香港金融制度与香港基本法》(中国法制出版社2000年版)；潘叔明著《"一国两制"与台湾问题》(人民出版社2003年版)；董立坤著《中国内地与香港地区法律的冲突与协调》(法律出版社2004年版)；孙承谷著《〈基本法〉与香港特别行政区政治体制》(香港世界华文出版机构2005年版)；齐鹏飞著《邓小平与香港回归》(华夏出版社2004年版)；陈丽君著《"一国两制"在港澳实践与两岸统一研究》(香港天马出版有限公司2005年版)；张定淮著《1997—2005:香港的管治问题研究》(香港大公报出版有限公司2005年版)；张定淮主编《面向2007的香港政治发展》(香港大公报出版有限公司2005年版)；田恒国著《"一国两制"的法律化实践》(中共中央党校出版社2006年版)；王禹著《"一国两制"宪法精神研究》(广东人民出版社2008年版)；冷夏和吴文涛合著《论立法会议员专职化》[三联书店(香港)2009年版]；王仲兴和郭天武主编的《内地与香港法律体系的冲突与协调》(中山大学出版社2009年版)；焦洪昌主编《港澳基本法》(北京大学出版社2007年版)；王英津著的《港澳特区政府与政治》(台湾博扬文化实业有限公司2009年版)；黄湛利著的《港澳政府咨询委员会制度》(广东人民出版社2009年版)；张炳良的《反思香港发展模式》(天地图书有限公司2009年版)等。

展。刘曼容的《港英政府政治制度论(1841—1985)》和《港英政治制度与香港社会变迁》则从历史演变角度分析回归前香港政治体制。孟庆顺的《"一国两制"与香港回归后的政治发展》探究了"一国两制"理论提出后香港过渡时期的政制发展、"一国两制"实施后港人的政治参与、香港的政党与政治、香港特区的政府与政治发展以及香港的政制改革等理论实践问题。范振茹的《香港特别行政区的选举制度》对2007年后香港选举制度的四点展望具有新意和启示;刘兆佳等的《香港社会政治的延续与变迁》(香港中文大学香港亚太研究所2004年版)则具体分析了回归后政治社会的发展变迁情况;陈和顺、张炳良编辑的《十年回归　十年盘点》论文集收录了香港政治学者论证香港民主发展、政制改革等话题的论文;袁尚华主编的《未来民主路》(法住出版社2009年版)收录了香港政法学者及立法会议员、港区人大代表对香港民主发展之路的思考之作。李晓惠的《困局与突破——香港难点问题专题研究》(天地图书有限公司2010年版)全面探讨了香港所面对的政治、经济、社会民主和香港与内地及澳台关系等各方面的热点、焦点问题。一些政论时评文集[①]则反映了不同政治主张的作者对于当下政治的评论和呼声。此外,还有专门针对政制发展某一具体问题进行深度阐述的论著,如王家英、尹宝珊的《主要官员问责制的成效及其对香港政治发展的影响》(香港中文大学亚太研究所2003年版)评估了高官问责制实行之后对政治发展的影响;陈健民、王家英编的《政改的困局与出路》(香港中文大学香港亚太研究所2006年版)专门研究了政改论争及解决之道。

(二)澳门基本法研究的务实深化阶段(1999—2012)

1999年12月澳门回归祖国后,澳门基本法进入实施阶段,这一时期澳门基本法研究从以往偏重于文本阐释开始转向回应基本法实践问题,扩大了澳门基本法研究的广度和深度。这一阶段,澳门政府特别重视基本法的研究,投入大量资源宣传普及基本法,澳门基本法推广协会每年邀请海峡两岸暨香港、澳门的学者到澳门

① 如陆恭惠和思汇政策研究所编印的《创建民主》(香港大学出版社2003年版);王友金著《23条立法论丛》(明报出版有限公司2004年版);丁松泉著《时政新观察》(香港文汇报出版社2005年版);香港民主发展网络学者联合编著《民主十问》(汇智出版有限公司2005年版);吴康民著《谁是2012年行政长官?》(天地图书有限公司2008年版);刘廼强著《强港箴言政治篇》(中华书局香港有限公司2009年版);陆恭蕙及思汇政策研究所编《让民意声音响起来:给香港人参与公共事务的指南》(香港大学出版社2002年版)等。

举办学术会议，并将会议论文汇集成册出版，[①]这些文集论及港澳基本法特别是澳门基本法实施的基础理论、重要原则与制度实践。

本阶段澳门基本法研究有了迅速发展，其标志性成果表现在如下方面：

一是一批重要专著出版，专著数量就达到了40余本[②]，代表作有肖蔚云等编的《依法治澳与稳定发展：基本法实施两周年纪念研讨会论文集》（澳门科技大学出版社2002年）和《论澳门特别行政区行政长官制》（澳门科技大学出版社2005年）、杨允中的《一国两制》（澳门基本法推广协会2002年版）、杨允中的《澳门基本法释要》（澳门特别行政区政府法务局2003年修订版）、王振民著的《"一国两制"与澳门基本法》（澳门特别行政区立法会2008年版）、骆伟建著的《"一国两制"与澳门特别行政区基本法的实施》（广东人民出版社2009年版）、王禹著的《授权与自治》（澳门濠江法律学社2008年版）、全国人大常委会澳门基本法委员会办公室编的《纪念澳门基本法实施10周年文集：1999—2009》（中国民主法制出版社2010年版）、廉希圣等著的《澳门司法制度与基本法实施：专题研究报告》（澳门理工学院一国两制研究中心2010年版）、吴志良著的《澳门政治制度史》（广东人民出版社2010年版）、刘高龙和赵国强主编的《澳门法律新论》（社会科学文献出版社2011年版）、骆伟建著的《澳门特别行政区基本法新论》（社会科学文献出版社2012年版）、杨允中的《"一国两制"理论探析》（澳门理工学院一国两制研究中心2012年版）等。

二是具有学术创见的专题性研究论著的问世，提升了基本法研究的学术水准。如肖蔚云教授著的《论澳门特别行政区行政长官制》提出论证了一个非常重要的学

① 如《基本法对澳门发展的保障——基本法与澳门发展学术研讨会论文集》(2002)、《依法治澳与稳定发展——澳门基本法实施两周年纪念研讨会文集》(2002)、《国家安全与公民意识——有关基本法第23条立法的论文汇编》(2003)、《依法治澳和特区发展》(2004)、《依法治澳经验与前瞻》(2005)、《基本法：构建和谐社会的根本保障——纪念澳门基本法颁布13周年学术研讨会论文集》(2006)、《基本法与澳门特区的可持续发展——纪念澳门基本法颁布14周年及中葡联合声明签署20周年学术研讨会论文集》(2007)、《澳门基本法的正确理解与贯彻》(2008)、《成功的十年："一国两制"在澳门的实践——纪念澳门基本法颁布16周年学术研讨会论文集》(2009)、《基本法与澳门特区的第二个十年——纪念澳门基本法颁布17周年学术研讨会论文集》(2010)、《"一国两制"与澳门的善治之路——纪念澳门基本法颁布19周年学术研讨会论文集》(2012)等。

② 如彭小燕编辑《国家安全是"澳人治澳"基石》（澳门基本法推广协会2002年版）；杨允中著《论正确实践"一国两制"》（澳门大学澳门研究中心2005年版）；杨允中著《"一国两制"与国际竞争力》（澳门大学澳门研究中心2007年版）；邓伟平著《澳门特别行政区基本法论》（中山大学出版社2007年版）；张元元著《澳门法治化治理中的角色分析》（澳门理工学院一国两制研究中心2009年版）；王伟华著《澳门检察制度》（中国民主法制出版社2009年版）；米健著《一国的保障　两制的体现》（澳门科技大学出版社2009年版）；潘冠瑾著《澳门社团体制变迁：自治、代表与参政》（社会科学文献出版社2010年版）；李燕萍著《澳门的法院和审判制度》（中国民主法制出版社2011年版）；张德瑞主编《澳门基本法导论》（知识产权出版社2011年版）；李燕萍著《濠江法治论衡》（澳门学者同盟2012年）等。

术观点，即行政长官制是单一制下澳门特别行政区的地方政权形式。骆伟建教授著的《“一国两制”与澳门特别行政区基本法的实施》则全面深入探究了基本法实施相关制度机制。王禹著的《“一国两制”宪法精神研究》对港澳基本法上的国家行为和政治问题、澳门基本法对澳门法院管辖权的规定及其限制、香港的行政主导体制等问题做了深入研究。骆伟建、王禹主编的《澳门人文社会科学研究文选（基本法卷）》（社科文献出版社2009年版）则是本澳学者对基本法研究的精品荟萃。饶戈平教授主编的《燕园论道看港澳》（北京大学出版社2013年版）对香港的对外法律事务及其制度、澳门特区政制发展与法律改革、港澳共同面临的法律问题进行了深入探讨。

三是澳门理工学院一国两制研究中心不遗余力地推动基本法研究，成为澳门基本法研究重镇。该中心2009年创刊《“一国两制”研究》学术季刊，办刊宗旨期以全方位视野探讨一国两制和基本法相关议题，理论与实务并重，建立关于落实一国两制原则的策略性资料库。该中心从2009年开始，出版一系列专著和论文集，其中“一国两制”文库系列就出版了30多种，[①]代表性论著有：杨允中著的《论“一国两制”澳门实践模式》（2009），张元元著《澳门法治化治理中的角色分析》（2009），王磊、甘超英著的《澳门回归十年宪制发展研究》（2010），林园丁和张德荣合著的《澳门特区民主发展前景研究：以选举制度为视角（专题研究报告）》（2010），饶戈平著《国际条约在澳门的适用问题研究》（2011），李元起、许崇德等著《〈澳门基本法〉解释体制研究》（2011），庄金锋著《繁荣稳定大局与“一国两制”澳门模式》（2011）等。

四是针对赌权开放后澳门经济与社会的高速发展，政治领域出现的一些新问题、新矛盾，一批政治学、社会学论著围绕新时期特别行政区政府的政制、政治发展与治理模式作了有益探讨，如余振、余永逸、邝锦钧编的《双城记Ⅱ——回归后港澳的政治、经济与社会发展》（澳门社会科学学会2003年版），吴志良和陈欣欣著《澳门政治社会研究》（澳门成人教育学会2000年版），吴志良著《旧区重整、社会建设与社会发展》（2004年版），娄胜华教授著的《转型时期澳门社团研究》（广东人民出版社2004年版），余振和林媛主编的《澳门人文社会科学研究文选》（社科文献出版社2010年版）等。这些代表作提出论证了不少有价值的观点，有的提出澳门21世

---

① 杨允中等编《“一国两制”澳门模式学术研讨会论文集》（2009），杨允中等编《“一国两制”与宪政发展——庆祝澳门特别行政区成立十周年研讨会论文集》（2009），杨允中等编《“阳光政府与公民社会建设”学术研讨会论文集》（2010），姬朝远等合著《澳门特别行政区高度自治保障研究》[澳门理工学院一国两制研究中心（2011年）]，梁文慧等合著《澳门居民基本权益保障研究：专题研究报告》（2011），庄金峰著《繁荣稳定大局与“一国两制”澳门模式》（2011），林园丁等合著《“一国两制”文化与澳门和谐社会研究》（2011），杨允中著《我的“一国两制”观》（2011），常江、张梓轩著《“一国两制”下澳门广播电视业发展路径研究》（2012），樊建民等著《澳门与内地合作打击贿赂犯罪问题研究》（2012），宋锡祥、庄金锋等著《“一国两制”与中国区际民商事司法协助》（2012）等。

纪的政治建制发展存在不少变数，要考虑民主参与的增量，由民间社会推动较高层次的民主政治改革。有的认为澳门的行政主导体制是民主代议制的常态，不是反民主的制度。有的提出，在澳门社会处于转型的关键时期，澳门有必要重温和重建社群主义传统。有的对澳门独特的社团资源、社会政治功能在"一国两制"框架下澳门治理模式中的地位和作用作了深入的分析，提出借鉴社会合作主义治理模式的现实可能性。还有的分析香港在政治民主化过程中的经验与教训及其对澳门的借鉴作用。还有的建议完善澳门现行的咨询制度，有的建议要警惕赌权开放后代表赌场的政治势力增大了干扰政府博彩政策的能力，须防范其对澳门政治的不良影响。还有论著探讨了澳门在区域经济合作中的地位和作用以及澳门经济适度多元化发展的必要性及路径，分析了澳门特区政府施政理念和治理模式的变革问题，如周运源教授著的《澳门在珠三角经济区合作发展研究》（中山大学出版社2013年版）。

四、基本法研究步入成熟阶段（2010—2017）

前已述及，香港基本法研究从2010年之后步入成熟阶段，澳门基本法在2012年步入成熟阶段。其步入成熟的标志表现如下：

一是基本法的专题化研究不断拓深拓展，学术探讨日渐精深，为形成基本法理论体系提供了丰硕的成果支撑。

（1）香港基本法的专题化研究聚焦现实，回应实践，成果迭出

代表性作品有：董茂云等合著的《香港特别行政区法院研究》（商务印书馆2010年版）、李晓惠著的《困局与突破——香港难点问题专题研究》（天地图书有限公司2010年版）、饶戈平和李赞合著的《国际公约在香港的适用问题研究》（中国民主法制出版社2010年版）、郝建臻著的《香港特别行政区行政与立法关系》（法律出版社2011年版）、李太莲著的《〈香港特区基本法〉解释法制对接》（清华大学出版社2011年版）、张宏任著的《香港发展前景与政争困境》（和平图书有限公司2011年版）、杨艾文和高礼文合著的《选举香港特区行政长官》（香港大学出版社2011年版）、朱世海著的《香港政党研究》（时事出版社2011年版）、白晟著的《香港基本法解释问题研究——以法理学为视角》（中国政法大学出版社2012年版）、尤韶华著的《香港司法体制沿革》[商务印书馆（香港）有限公司2012年版]、杨允中等合作主编的《特别行政区制度与我国基本政治制度研究》（中国民主法制出版社2012年版）、蒋晓伟和程维荣主编的《"一国两制"理论与特别行政区制度研究》（上海社会科学院出版社2013年版）、黄振著的《特别行政区高度自治权研究》（厦门大学出版社2013年版）、李晓惠著的《迈向普选之路——香港政制发展进程与普选模式研究》（香港新民主出版有限公司2013年版）、郑永年著的 *Hong Kong under Chinese Rule: Economic Integration and Political Gridlock*［《中国统治下的香港：经济一

体化和政治僵局》(Singapore:World Scientific Publishing Company,2013)]、马岳著的《港式法团主义:功能界别25年》(香港城市大学出版社2013年版)、董立坤著的《中央管治权与香港特区高度自治权的关系》(法律出版社2014年版)、杨艾文等著的*Hong Kong's Court of Final Appeal:The Development of the Law in China's Hong Kong*[《香港终审法院:法律在中国香港的发展》(New York:Cambridge University Press,2014)]、黄湛利著的《香港政府咨询委员会制度》(香港中华书局2015年版)、余非著的《"占中"透视》(香港三联书店2015年版)、顾瑜著的*HongKong's Legislature under China's Sovereignty*[《中国主权之下的香港立法机关》(Leiden:Brill,2015)]、阎小骏著的《香港治与乱:2047的政治想象》(人民出版社2016年版)、朱世海著的《香港行政主导制研究》(法律出版社2016年版)、齐鹏飞著的《"一国两制"在香港、澳门成功实践及其历史经验研究》(人民出版社2016年版)、王贵国等编《"一带一路"的国际法律视野:香港2015"一带一路"国际论坛文集》(浙江大学出版社2016年版)、林健忠编《"一带一路"与香港》[三联书店(香港)2016年版]、黄湛利著《香港公务员制度》[中华书局(香港)2016年版]、曹旭东著的《香港政党与良性政治:宪制与法律的视角》[三联书店(香港)2016年版]、王振民著的《"一国两制"与基本法:二十年回顾与展望》(江苏人民出版社2017年版)等。以备受关注的政改问题为例,相关论著不仅着眼于民主政制发展讨论,视野大为开阔,覆盖了香港政治文化解析、市民政治参与行为变化、社会福利制度对公众利益诉求的满足等内容。张宏任著的《香港发展前景与政争困境》(和平图书有限公司2011年版)重点分析了香港政治生态的深刻变化、旷日持久的政制争拗对于香港经济发展的阻碍和影响,对香港如何走出政争困境提出了系统的建议和对策。港大法律学者杨艾文、高礼文的《选举香港特区行政长官》(香港大学出版社2011年版)是一部实证色彩浓厚的专著,该著仔细调查了800人的选举委员会以及自1996年以来的所有特首选举、任命的历史,还探讨了选举委员会对香港和中国内地的意义以及2012年选举委员会如何改革以达至2017年普选的话题。陆恭惠、思汇政策研究所编辑的*Functional Constituencies A Unique Feature of the Hong Kong Legislative Council*(《功能界别——香港立法会的一个特性》)是一本由香港学者和外国学者合作的著作,该著分十章专门研究了政改中最大的焦点争议问题——功能界别选举制度的性质、地位、改革的原则及技术路径等问题。

(2)澳门基本法专题化研究向纵深发展

这些成果主要有赵向阳著的《澳门选举制度》(社会科学文献出版社2013年版)、冷铁勋著的《一国两制与澳门特区制度建设》(社会科学文献出版社2013年版)、王禹编的《澳门立法技术讨论文集》(澳门濠江法律学社2013年版)、陈海帆著的《澳门的居留及身份认别制度》(社会科学文献出版社2013年版)、史彤彪著的

《"一国两制"下内地与澳门法律文化比较研究》(澳门理工学院一国两制研究中心2013年)、麦瑞权等合著的《澳门社团参政问题研究》(澳门理工学院一国两制研究中心2013年)、庞嘉颖著的《一国两制与澳门治理民主化》(社会科学文献出版社2013年版)、孟庆顺著的《澳门廉政制度研究》(中国方正出版社2013年版)、黄湛利著的《澳门公务员制度》[中华书局(香港)有限公司2014年版]、赵琳琳著的《澳门司法制度新论》(社会科学文献出版社2015年版)、张雪莲著的《澳门教育制度与受教育权保护》(社会科学文献出版社2015年版)、米健著的《澳门发展中的法治利益》(社会科学文献出版社2015年版)、刘倩著的《澳门行政主导体制研究》(社会科学文献出版社2016年版)、蔡永君著的《转型时期的澳门政治精英》(社会科学文献出版社2016年版)等。还有一些通过全面数据统计和社会经济实证经验总结的论著,从一个侧面对澳门基本法实施的成就作了很好的注脚,如陈嘉贤著的《澳门回归中国十五年的回望:与中国香港和新加坡数据比较给出的启示》(中央民族大学出版社2015年版)不仅比较了港澳基本法的异同,还以大量不同领域的数据统计分析展现了澳门回归后的成就和发展中出现的问题。吴志良、郝雨凡等编著的《澳门经济社会发展报告(2015—2016)》(社会科学文献出版社2016年版)不仅有专门分析政治法制方面的发展,还对经济贸易、经济适度多元发展、社会文化方面进行的客观分析。此外,在本阶段澳门基本法学界仍继续借由研讨会论文集的形式批量地推出研究成果的合集。[①]

(3)全面深入研究基本法理论和实践问题的专著陆续出版

如强世功著的《中国香港——政治与文化的视野》(三联书店2010年版)、朱国斌著的《香江法政纵横——香港基本法学绪论》(法律出版社2010年版)、陈弘毅著的《一国两制下的香港法治探索》[中华书局(香港)有限公司2010年版]、罗沛然著的 *The Hongkong Basic Law* (Lexis Nexis 2011年版)、郭天武等合著的《香港基本法实施问题研究》(中国社会科学出版社2013年版)、刘兆佳著的《回归十五年以来香港特区管治及新政权建设》[商务印书馆(香港)有限公司2013年版]、郝铁川著的《在香港基本法争议问题述评》[中华书局(香港)有限公司2013年版]、Danny Gittings(贾廷思)著的 *Introduction to the Hong Kong Basic Law*[《香港基本法导论》(Hong Kong University Press,2013)]、邹平学等著的《香港基本法实践问题研究》(社会科学文献出版社2014年版)、刘迺强著的《香江话民主》(法律出版社

① 如杨允中主编的《"一国两制"与澳门法律体系完善:学术研讨会论文集》(澳门理工学院一国两制研究中心2013年)、《基本法与2013澳门立法会选举:学术研讨会论文集》(澳门学者同盟2013年)、《澳门回归十五年:发展与改革——纪念澳门基本法颁布21周年学术研讨会论文集》(2014)、杨允中和饶戈平主编《开脱"一国两制"实践新征程——纪念澳门基本法颁布22周年学术研讨会论文集》(2015)、杨允中和邹平学主编《"一国两制"实践与基本法实施的澳门模式(学术研讨会论文集)》(2016)等。

2014年版)、刘兆佳著的《香港独特的民主路》[商务印书馆(香港)2014年版]、田飞龙著的《香港政改观察》[三联书店(香港)有限公司2015年版]、庄金锋著的《十论香港基本法在实施中》(中国评论学术出版社2015年版)、陈弘毅和邹平学主编《香港基本法面面观》[三联书店(香港)2015年]、刘兆佳著的《香港人的政治心态》(中信出版社2016年版)、刘兆佳著的《香港社会的政制改革》(中信出版社2016年版)、刘兆佳著的《香港社会的民主与管治》(中信出版社2016年版)等属于此类型著作的典型代表作。其中刘兆佳教授以学者之胸怀与学养阅历政事,对香港社会与政治,尤其是港人政治心态、特区管治与政权建设以及“一国两制”诸多重大课题的论著,认识之深,见解之独,论证之新,堪为大家。他寓理论于实践并在实践之中提升理论,对香港社会政治研究客观而中肯,不少著述已成经典文献,成为研究香港基本法绕不过去的学术著作。邹平学牵头内地和香港10多位学者合作完成93万字的《香港基本法实践问题研究》,是内地较全面系统研究香港基本法实践现实问题的学术专著,全书以问题为导向,对策性和实证研究突出。《香港基本法面面观》则是内地和香港学者共同编撰的基本法读物,记载和见证了两地学者合作阐释基本法的情谊。值得注意的是,这些论著交替运用法学、政治学、社会学、历史学等的知识体系和具体方法,或总体研究与个案研究相互为用,或规范研究与实证研究有机结合,或理论研究与对策应用研究融会贯通。

(4)各种专题基本法资料文献汇编出版

反映基本法研究步入成熟的又一重要标志是多部专题基本法资料汇编的出现,如全国人大常委会香港基本法委员会办公室编的《中华人民共和国香港特别行政区基本法起草委员会文件汇编》《中华人民共和国香港特别行政区筹备委员会文件汇编》《中华人民共和国澳门特别行政区基本法起草委员会文件汇编》《中华人民共和国澳门特别行政区筹备委员会文件汇编》,均由中国民主法制出版社2011年出版;李浩然编的《香港基本法起草过程概览》(三册)[三联书店(香港)有限公司2012年版],李浩然和尹国华编的《香港基本法案例汇编1997—2010》[三联书店(香港)有限公司2012年版],王禹编的《港澳基本法草案汇编》(澳门濠江法律学社2014年版)以及强世功编的《香港政制发展资料汇编》[三联书店(香港)有限公司2015年版]等。

二是基本法连续出版物批量出现。学科类论丛或综合性评论系列丛书的出现是一个学科走向成熟的重要标志之一。2010年,由许崇德教授主编、中国民主法制出版社出版的“一国两制”知识丛书正式推出。[①] 此外,周叶中、邹平学主编的

① 该套丛书由18部论述基本法各子领域问题的专著组成,除陈弘毅著的《香港特别行政区的法治轨迹》(中国民主法制出版社2010年版)、傅思明著的《香港特区行政主导政治体制》(中国民主法制出版社2010年版)等专门针对外,亦包括多部针对澳门基本法领域问题进行研究的专著。

《两岸及港澳法制研究论丛》[①]、饶戈平和王振民主编的《香港基本法澳门基本法论丛》[②]、邹平学主编的《港澳基本法实施评论》[③]、周叶中总主编的"两岸及港澳法制研究系列"[④]，这些丛书的出版，极大地推进了基本法研究专题化的广度和深度。

三是不同形式的基本法研究刊物不断出现。[⑤] 反映学科步向成熟的另一重要标志是有关专业研究刊物的涌现。目前还没有定名为基本法的刊物，但已有一些相关刊物，如中山大学港澳珠江三角洲研究中心创办的《当代港澳研究》[⑥]，2016年入选南京大学CSSCI刊物。目前内地唯一的专门性港澳研究学术刊物《港澳研究》于2013年创刊，它由国务院港澳事务办公室主管、港澳办港澳研究所主办。[⑦]总体而言，目前有关的公开刊物还是太少，[⑧]为适应发展迅速的研究需要，一些公开刊物便开设相关专栏，[⑨]在期刊资源受到严控的形势下，这也不失为一种变通的发展之道。

四是全国性基本法及港澳研究学术团体先后成立。2013年11月26日，香港基本法澳门基本法研究会在北京成立，新成立的香港基本法澳门基本法研究会是一个全国性的学术研究团体。2013年12月6日，由国务院港澳事务办公室主管的全国港澳研究会在北京成立，这是在国家民政部注册的全国性民间学术社团，以统筹、协调"一国两制"理论与实践研究，加强港澳与内地相关领域学术交流合作为宗旨，发挥民间智库功能。这两个全国性的学术团体的成立，表征了基本法研究学术共同体的发展壮大，可谓基本法研究步入成熟的又一重要标志。

---

① 由厦门大学出版社出版，已出第一辑(2011)。

② 由中国民主法制出版社出版，已出第一辑(2011)、第二辑(2013)、第三辑(2016)。

③ 由法律出版社出版，已出2014年卷·总第1卷(2015)、2015年卷·总第2卷(2016)。

④ 由厦门大学出版社出版，已经出版易赛键著的《香港司法终审权研究》(2013)、黄振著的《特别行政区高度自治权研究》(2013)、朱孔武著的《香港特别行政区立法会特权与调查权研究》(2016)。

⑤ 香港和澳门回归前后都创办有不少刊物，其中一些法律期刊和社科综合期刊也经常登载研究基本法问题的论文。目前香港主要的法律期刊有：香港大学法律学院1971年创刊的《香港法律学刊》(Hong Kong Law Journal)；香港城市大学法律学院1992年创刊的《亚太法律学刊》(Asia Pacific Law Review)；香港律师会创办的《香港律师》(Hong Kong Lawyer)；澳门学术机构、政府机构、社团编辑发行了《澳门研究》《澳门法学》《九鼎》《法域纵横》《行政》《"一国两制"研究》《基本法研究》《澳门理工学院学报》等刊物。

⑥ 该刊系以书代刊的学术集刊，按季度出版，于2009年创刊，前身是创刊于1993年的《当代港澳》。

⑦ 值得一提的是，国务院发展研究中心港澳研究所2005年创办的内刊《港澳研究》刊发了大量基本法研究论文，在业内颇受关注。在同名公开刊物创刊后不久，该刊已经停刊。

⑧ 中国法学会2013年5月创办有《一国两制和基本法》(内刊)，中山大学粤港澳发展研究院、深圳大学港澳基本法研究中心也创办有不定期印发的内部研究通讯之类的内刊。

⑨ 如《深圳大学学报(人文社科版)》自2013年开设"港澳研究"专栏，《江汉大学学报(人文社科版)》自2014年开设"特别行政区制度研究"专栏。

五是基本法方面的专业网站、学术网站、微信公众号日渐增加。适应网络时代的发展需要，基本法研究的成熟度也体现在网络世界。目前有代表性的网站有：由香港基本法推广督导委员会策划的《基本法》案例资料库[①]、香港大学比较法及公法研究中心与港大图书馆联合开发的香港基本法草拟过程资料库[②]、香港特区立法会资料检索网站[③]、香港特区政府律政司设立的电子版香港法例[④]、澳门特区立法会网站[⑤]、澳门法务局宪法与基本法专题网站[⑥]、澳门法务局主办的澳门法律网[⑦]、深圳大学港澳基本法研究中心与深大图书馆联合开发的基本法专题数据库[⑧]。有关学术团体和基本法研究机构均开设有官方网站及微信公众号，其内容更新十分迅速，是重要的基本法研究网络资源。

六是基本法的学术交流与研讨活动蓬勃开展，基本法研究的智库功能明显增强。这一阶段，境内外的基本法学术研讨活动举办频率越来越高，形式越来越多样化，研讨质量水准也不断提升。这已经成为促进港澳与内地学术交流、激发学术争鸣、荟萃学术成果的重要平台。与此同时，适应国家高度重视发挥智库功能的需要，众多基本法学术团体、专业研究机构和基本法学者也奉献了不少内部咨政服务报告，明显增强了基本法研究的实践功能。

第四节　基本法研究的未来发展

应当看到，40年来我国基本法研究取得了长足进步，可谓硕果累累。具体表

---

① http://www.basiclawcourtcase.gov.hk/tc/home/index.html。该网站收录回归以来的部分以《基本法》作为基础进行申请的诉讼案例。

② http://sunzi1.lib.hku.hk/bldho/home.action。目前有四个数据库可供公众免费使用。DRAFTING MATERIALS存放了1985年至1990年间起草和颁布的《基本法》和1990年至1997年间由各种官方机构和个人编制或使用的为恢复主权而准备的近900份文件。NEWS COVERAGE提供关于1985年至1990年间各官方委员会和小组委员会会议的报刊文章。LEGCO DATABASE收集香港立法会从1986年到1991年在基本法及其起草过程中的相关争论。TEXTUAL HISTORY包含了《基本法》中每一条的各种草案版本，以及可用的官方评注。

③ http://www.legco.gov.hk/guided-search/chinese/guided-search.html.

④ https://www.elegislation.gov.hk.

⑤ http://www.al.gov.mo/cn/cn_main.html.

⑥ https://www.basiclaw.gov.mo/web/zh.收录宪法、澳门基本法及相关法律条文、澳门基本法起草过程中的历史文献、图片资料、会议论文等。

⑦ http://www.macaulaw.gov.mo/cn/index2.asp.

⑧ http://basiclaw.szu.edu.cn/，2013年创建，按照基本法的章节条文内容，共设置118个研究专题，涵盖港澳政治、法律、历史、人文、社会、经济等内容，截止到2017年7月29日，容纳信息近9万多篇，总访问量465000余次。

现在如下几个方面：

一是成果来源及所涉学科多元，显示了基本法研究"领地"日益扩展。相关学术论著既较多地涌现在法学和政治学领域，亦有少数分布于经济学、历史学和社会学领域。这些成果不乏权威论著，也不乏学术创见，不仅丰富了基本法领域的知识存量，提升了基本法研究的学术含量，也奠定了知识增量的路径和方法，同时发挥了基本法学术研究对"一国两制"成功实践、基本法的顺利实施的理论指引作用。特别是基本法研究既从中国宪法学研究获取知识和方法的养分，反过来也促进了中国宪法学研究，王磊就认为，港澳基本法的实施给宪法学研究带来了新鲜空气，带来了活力，使得原本相对较为静止的宪法学研究开始逐步成为活的宪法学研究。[①]

二是"问题域"十分丰富，覆盖相当全面。甚至可以说，迄今为止学者对基本法的所有问题都已经有不同程度的关注和研究，没有"死角"和"空白点"。其中基本法的理论难点问题、制度机制的热点问题都有所研究，比如中央与特区关系、港澳的政制结构及其互动关系（行政长官、行政机关、立法机关、司法机关）、行政主导体制及其实践运行问题、基本法的解释问题、特区的违宪审查制度、特区的政制发展、"一国两制"下的法律冲突和司法协助、特区的对外事务等。

三是理论和问题探讨均在持续深化之中，理论研究的学术味、规范性渐趋浓厚，问题意识和实践导向亦越来越强烈。内地学者的成果长于从"一国两制"的高度和宪法、国家体制的角度来审视和分析基本法问题，在基础理论研究方面贡献突出，规范分析运用成熟。后期研究越来越重视基本法实施实践的倾向，强调问题意识，突出对策研究和智库功能。当然，内地的成果较多体现了实用主义、国家主义风格。海外研究成果在资料占有和方法运用上有其优势，而且敢于触及重大事件和敏感问题，研究的时效性、实证性色彩浓厚。总体风格上立宪主义的色彩较为明显。

四是专题化研究日益凸显。从时间顺序看，早期的论著从宏观上研究"一国两制"、法理上研究基本法规范和特别行政区制度居多，2010年、2012年之后的论著比较注意紧扣"一国两制"实践和基本法的实施，关注聚焦重大理论和现实问题，由实践问题、具体现象、司法案例切入的专题性研究不断增加，比如香港基本法的"普通法化"现象，政制发展中的提名委员会、功能界别选举，国家认同中的"本土意识""港独"现象，香港与内地合作发展中的"一地两检"、"双非儿童"、双边投资协定等。

五是研究方法不断更新和多元，实证研究凸显，经验研究增多。2010年之前，规范研究、比较研究、文献研究、历史制度主义研究、政策研究方法在基本法研究论著中运用较多，但随着2010年之后基本法专题化研究的广度和深度的发展，研究

① 王磊：《港澳基本法实践对宪法学研究的促进》，载《检察日报》2012年12月2日。

方法出现了更新与多元化趋势，上述规范研究等研究方法虽然还存在，但相对减少，通过司法判例、实地调研等方式进行经验实证研究的论著增多，研究方法的精致和集约程度在提升，教义研究、社科研究的针对性、时效性越来越强，水准在不断提高。特别是以往基本法研究较多存在的政治论辩、政治解读有所减弱，法理阐述和法学专业论辩有所增强。这可能与基本法实施进入“深水区”有关，需要攻坚克难的新情况新问题日渐增多，基于法治立场的对话需求明显增强有关。

当然，毋庸讳言，我国基本法研究也存在一些突出的问题和不足，需要认真对待。

一是对“一国两制”实践和基本法实施的规律性研究缺乏高水平、有分量、有深度的成果，特别是有效解决疑难问题、足资回应实践挑战的成果还不多，不少专题研究落后于实践需要，分析解决现实问题时捉襟见肘，对一些重大和关键问题说理不够、分析不透甚至无法自圆其说的现象还比较严重。这说明我国基本法研究的理论成果对基本法实践发展的功效比较有限，总的来说，现有成果与基本法的性质、地位及其成功实践的深远意义和实施以来的复杂挑战性尚不相称。[①] 朱国斌就尖锐地指出，回归以来基本法实践中问题层出，理论研究捉襟见肘、疲于奔命，香港基本法主流理论未得到根本整合，香港的回归实践呼唤香港基本法学的诞生。[②]

二是基础理论研究还比较薄弱，有关“学科”建构的基础理论研究谈不上成熟，还没有形成一套适应“一国两制”要求、符合港澳实际的基本法理论体系。尽管已经有内地高校将基本法作为法学二级学科看待，但作为学科的理论建构还十分薄弱，谈不上成熟。通常，一门学科的成立，至少应具备其独特的研究对象和较严密的学科体系。如果“基本法学”可以成立，那么参照日本学者小林直树教授有关宪法学体系的论述，可以将“基本法学”的学科体系区分为“理论基本法学”和“实用基本法学”两大部分。而目前学界对“实用基本法学”研究的偏重程度远超过“理论基本法学”。即使是“实用基本法学”，严谨、规范的法学方法运用并不充分，“泛政治化”“政治实用主义”的现象时有发生，而且内地和海外的成果均有此类现象。至于基本法自身学科建设的诸如“学科定位”“学科体系”等基础理论研究还非常薄弱，这一现象未来如不能有效改观，将严重制约基本法学科的长远发展。

三是内地和海外的成果之间歧见纷呈，共识性成果不多，[③]现有成果还无法支撑形成一门综合、开放、包容、融合的基本法法哲学。这既有政治意识形态对立所致，也有学术思维和方法的不同所致。就前者而言，海外学者的成果良莠不齐，有

---

① 邹平学：《香港基本法实践问题研究》，社会科学文献出版社2014年版，第16～20页。

② 朱国斌：《回归实践呼唤“香港基本法学”》，http://www.calaw.cn/article/default.asp? id=625，下载日期：2017年8月1日。

③ 相对来说，内地学者和澳门学者在相关问题上的研究共识比较多，但和香港学者之间的歧见较多，共识性成果少。

"一些论著,基于作者的意识形态的泛化情绪、偏狭坚持普通法的立场和对中国大陆法的偏见,对基本法实践问题的分析不够科学和客观,以政治立场代替学术研讨,以政治取向取代理性研究,不免失之简单和片面,有的甚至充满质疑、歪曲和诋毁,比如佳日思的论著表现出十分明显的'普通法中心主义'所引申的'香港中心主义'或'两制中心主义'以及泛政治化促成的'后殖民心态';激进学者陈云的《香港城邦论》(香港天窗出版社2011年版)则强调一切以香港为本位,突出香港优先、香港第一和本土意识,鼓吹香港的完全自治;……部分英美学者基于唱'衰'回归后的香港之情结,质疑'一国两制'构想的意义和基本法的成功实践,至于那些受外部势力支持和声援的民主派人士的论著及台湾当局资助出版的论文集,则充满了抵触香港回归、反对'一国两制'、诋毁基本法成功实践的论调"。[①] 就后者而论,"无论内地还是包括香港在内的海外学者的论著,撇开政治立场的分歧,仅看作者的知识专业背景,似乎可以清晰地看出基于中国法(大陆法)和普通法两种法学传统、研究思维和叙事风格的分野,这可能是可以解释体现这种差异的论著为什么会对于香港基本法同一条文、同一事件或同一案件的分析结论有时竟会大相径庭的理据之一。如果我们进一步深入检视大多数香港学者乃至英美学者出版的有关香港基本法论著,不难发现,基于普通法的传统立场、研究思维、分析方法来解读香港基本法似乎是这些论著一个共同的、突出的特点。当然大陆学者的论著在'换位思考'方面也有不足"[②]。这也充分说明,很有必要加强内地和港澳、理论与实务之间的深度对话交流,以学术为纽带,以法会友,拉近彼此之间的距离,化解歧见,弥合鸿沟,增进互相了解。

四是研究领域和主题仍有薄弱环节。基本法实施中出现的政治、法律、经济、社会、文化心理、教育媒体等问题往往纠结在一起,尽管目前多学科研究基本法蔚为大观,但真正的科际互动还十分缺乏。此外,研究中重港轻澳的现象还需要得到根本性扭转。

2017年6月29日至7月1日,国家主席习近平视察香港并参加了香港回归祖国20周年庆典暨香港特别行政区第五届行政长官就职仪式。习近平访港期间发表了系列重要讲话,涉及香港政经、社会、民生等方面。他宣示了在实行"一国两制"的香港不能触碰的底线,即绝不能允许任何危害国家主权安全、挑战中央权力和香港特别行政区基本法权威、利用香港对内地进行渗透破坏的活动。同时,习近平还指出:"在'一国'的基础之上,'两制'的关系应该也完全可以做到和谐相处、相互促进。要把坚持'一国'原则和尊重'两制'差异、维护中央权力和保障香港特别行政区高度自治权、发挥祖国内地坚强后盾作用和提高香港自身竞争力有机结合

---

① 邹平学:《香港基本法实践问题研究》,社会科学文献出版社2014年版,第23页。

② 邹平学:《香港基本法实践问题研究》,社会科学文献出版社2014年版,第24页。

起来，任何时候都不能偏废。”这些重要论断对于“一国两制”实践行稳致远，具有立标指路的指导意义。习近平还殷切勉励香港同胞珍惜优势，把握机遇，与国家一同发展，极大地鼓舞了香港同胞砥砺前行、兢兢业业的士气。

2017年10月18日，中共十九大召开。十九大报告总结了过去5年的港澳工作，指出“港澳台工作取得新进展”，具体表现在“全面准确贯彻‘一国两制’方针，牢牢掌握宪法和基本法赋予的中央对香港、澳门全面管治权，深化内地和港澳地区交流合作，保持香港、澳门繁荣稳定”。报告从认识角度提出要全面准确贯彻落实“一国两制”方针，从权力运行角度强调必须牢牢掌握宪法和基本法赋予的中央对香港、澳门全面管治权，从发展路径角度指出要深化内地和港澳地区交流合作，保持香港、澳门繁荣稳定。这种三位一体的总体把握是对港澳回归以来伟大成就的高度概括和总结提炼，是我们把握“一国两制”的过去、现实和未来走向和基本规律的纲领和指导。报告还指出：“坚持‘一国两制’和推进祖国统一，保持香港、澳门长期繁荣稳定，实现祖国完全统一，是实现中华民族伟大复兴的必然要求。”这一论断，是从新时代中国特色社会主义思想和基本方略的高度，对港澳回归祖国以来的伟大成就、重大意义作出的科学提炼，特别是把港澳回归后坚持“一国两制”、维护国家统一、保持港澳长期繁荣稳定的极端重要性放在中华民族伟大复兴的必然要求的历史新高度来加以强调，意义重大而深远。报告还强调，“必须把维护中央对香港、澳门特别行政区全面管治权和保障特别行政区高度自治权有机结合起来，确保‘一国两制’方针不会变、不动摇，确保‘一国两制’实践不变形、不走样”。这是我们理性反思“一国两制”实践遇到的新情况和新问题的出发点，科学前瞻“一国两制”在港澳的未来发展路向与前景的立足点。[①] 根据宪法和两个基本法治理好香港、澳门特别行政区，运行好特别行政区制度，对于维护国家主权、安全和发展利益，对于在国家发展战略全局中保持港澳长期繁荣稳定，具有十分重要的地位和作用。未来基本法研究，需要围绕贯彻落实十九大报告涉港澳论述的精神，恪守严格按照宪法和基本法办事的法治立场，针对“完善与基本法实施相关的制度和机制”和提升学科建设的两大目标展开研究。

就“完善与基本法实施相关的制度和机制”这一目标来说，具体包括：

一是要围绕维护国家主权、安全和发展利益，保持港澳长期繁荣稳定，从国家治理体系和治理能力现代化角度和全面依法治国高度，正确阐明“一国两制”政策本身就是中央治理的国策和方式，它基于国家主权和宪法，从而从顶层设计上明确中央对港澳的治理不仅是“港人治港”“澳人治澳”的问题，也是国家治理体系组成部分，解决特区特别是香港特区存在的过分强调“两制”、忽略“一国”的现象，扭转以往港澳治理中中央角色相对被动、权力运用相对缺位的不足，改善缺乏从国家治

① 邹平学：《“一国两制”实践再现华章》，载《今日中国》2018年第1期。

理体系和治理能力现代化的长远战略部署角度来管治港澳的不足。

二是系统梳理中央依据宪法和基本法行使对港澳管治权的相关制度机制，理清宪法和基本法规定的属于中央的权力谱系，不仅要梳理列举的权力，还要发掘和明确一些没有列举的、隐含的权力，落实完善中央管治权的法律机制和细节程序，使中央与特别行政区的关系切实纳入法治化、规范化轨道运行。

三是探索完善特区行使高度自治权的相关制度机制的可行路径，特别应当围绕如何提高特区政府依法施政的能力和水平这一核心和关键，根据自治权的内容，分类研究有关特区行政管理权实施制度机制的完善、有关特区立法权实施制度机制的完善、有关特区司法权实施制度机制的完善，并对其中的重点和关键问题作出充足的学术论证。

四是要准确分析和把握港澳经济、港澳社会及港澳舆论等要素的脉搏走向，研究如何优化与基本法实施的相关制度机制运行的经济社会文化等基础条件与舆论环境等。

五是要围绕落实“一带一路”倡议和服务粤港澳大湾区建设国家战略，发挥港澳在国家战略和区域合作中的独特作用，研究如何健全深化内地与港澳经贸关系、推进港澳融入祖国发展大局的制度机制建设，推进粤港澳区域法治实践的制度借鉴、体制创新和机制衔接，提升港澳同胞的认同，促进人心回归，保障特区居民中的中国公民在国家事务中发挥积极作用。

就提升学科建设的目标而言，具体包括：

一是要以提升我国宪法学与基本法学科建设为目标和宗旨，强化基本法“学科”的基础理论。这其中如何突出基础研究和应用研究并重，紧紧围绕国家治理中的“一国两制”实践及港澳基本法实施的重大理论原理和实践挑战问题，增强宪法学和基本法理论与港澳工作实践的深度结合，提升学科的基础理论研究水准尤为重要。这里仅以宪法和基本法之间的关系为例重点分析一下基本法的基础理论研究需要特别注重发掘宪法的理论与制度资源的问题。应当说，这一问题是基本法学科的重要基础，但现有研究没有突破，导致相关实践无力感严重。香港回归20年，治港仍存在一些挑战，很大原因是宪法在特区的效力和适用没有很好地解决。学者也公认，香港社会出现的种种困扰“一国两制”实践、干扰甚至破坏基本法顺利实施的严重乱象的根本原因就是在宪法认同、宪法共识方面出现了严重问题。2015年政改方案没有得到通过的根本症结在于香港社会缺乏国家认同和政治共识，其实质就是……如果认同宪法规定的国家体制，承认宪法规定的中央对香港的管治权，接受中央对政改的主导权和决定权，不会有这么多的争论。香港社会的人心回归没有完全回归，香港社会的国家认同缺位，有些人恋殖怀旧归英意识抬头，抗拒与大陆合作发展的本土主义甚至“港独”意识滋长，这一切都源自于对中国宪法不正确的认识，否定排斥中国宪法在特区的效力和适用；香港社会以各种借口迟迟不完成《基本法》第23条立法，本质就是源于否定、排拒单一制国家的地区承担的维护国家安全的宪法义务；近几年，香港发生的所谓城邦运动、分离运动、自治运动，乃至“五区公投”“公民提名”“香港独立”等违法社运，香港主流媒体视为“言论自由”，执法和司法机关往往高举轻放，处置不力，溯其缘由，无不与否定宪法规定的单一制国家结构、基本法是“小宪法”的认识有关；基本法实施中产生的各种争议、紧张和冲突，实质是“一国”宪法在宪法所包容和构建的“两制”中实施所遇到的困难和阻挠。白皮书指出香港有人不适应回归的历史性转折，根本症结在于没有正确认识国家宪法的地位和作用。但问题的关键在于，当出现上述基本法实施遇到的重大挑战时，我们没有用好用足宪法，缺乏运用宪法规定、宪法原理阐明法理道理的理论勇气与制度自信。例如，学界有一种比较主流的观点，在谈到宪法在香港特别行政区的效力和适用时，总是强调宪法关于社会主义制度和政策的条款在特区没有效力，不在香港适用。这就使得在香港特区出现对共产党执政地位、对内地实行社会主义制度和政策的错误甚至违宪言行时缺乏鲜明立场和有效的法理阐明，而这些问题牵涉到国家认同的关键环节。如果用好用足宪法原理，可以很好地解决国民教育中涉及中国共产党领导、涉及……即宪法所规定的党的执政地位、社会主义制度和政策，香港对此必须认可、接受和尊重，这就像内地要尊重香港实行的资本主义制度和政策，也是宪法所要求的。两制互相尊重，就是遵守宪法。因为两个制度正是宪法所包容、保障的。再如，韩大元教授在学界首次提出论证了“宪法和香港基本法共同构成香港特别行政区的宪制基础”这一十分重要的观点，官方还把这一观点写进了白皮书，白皮书还强调要“坚决维护宪法和香港基本法的权威”，但客观讲，学界至今对于共同构成特区宪制基础的宪法和基本法的关系架构和内在机理探讨甚少，实际工作中也讲基本法多，讲宪法少，或者空洞地讲宪法多，解决实际问题时讲宪法少。1999年特区法院在判决中将基本法称为“小宪法”，这就等于把基本法和宪法等量齐观、平起平坐，同时也架空了宪法在香港的根本法地位，这个恶果非常严重，至今后患犹在。对“小宪法”之说不予以明确辩驳，正反映出我们对宪法地位的宣示不够。十八大报告和十八届四中全会决定都提出了“要完善与基本法实施的制度机制”这个重要的命题，但如何从宪法学的角度来落实，我们做得很不够。当然，上述这些问题本质上与我国宪法实施的制度机制不完善、失之空乏有关。总之，实践证明，在治港工作中，一些基本法没有明确的内容，必须从宪法规定和原理中寻找依据，寻找宪理法理。认真对待宪法实施，着力发掘宪法的理论和制度资源，对于完善基本法实施的制度机制，建构基本法学的理论体系，至关重要。

二是要重视跨学科研究，拓展基本法研究的层次和领域。目前，基本法研究侧重于法学研究，但基本法涉及的理论和实践问题却与政治、经济和社会有密切关系，未来应展开多学科、跨学科的研究，围绕“一国两制”实践及基本法实施，注重跨学科综合优势、全面推进学术研究创新与研究方法创新，在理论构建分析框架下，完成综合政治、社会、经济和法律的制度研究与政策创新，丰富学科建设的内容和问题域。

三是以取得重大标志性成果为抓手，凝练并研究解决基本法实施和特别行政区制度运行中具有原创性、关键性和应用性的基础学术问题和重大对策问题，积极承担国家重大科研项目，发表出版高水平论著，快速产出优质的智库成果，显著提升学科的学术和社会影响力。

四是重视基本法的人才队伍建设，培养创新型复合人才，培养一批既有深厚理论功底，同时对粤港澳现实问题有长期深入了解，对重大问题能及时提出对策的稳定的学科队伍。推出一批在全国有较大影响力的基本法研究骨干人才和优秀青年学者，使得他们政治坚定、具备国际视野、恪守中国立场、熟悉港澳区情，不断奉献拿得出、用得上、影响大的高质量学术成果。

后　　记

1978年开启的改革开放与我国宪法发展之间是一个良性互动的过程。一方面,改革开放的历史进程使得我国长期停滞的宪法学研究逐步恢复,并迅速得到发展;另一方面,在改革开放不同阶段,面对实践中提出的新情况、新问题,宪法学界以问题为导向,在正当性与合法性、规范与事实的冲突中体现了学术的专业精神与社会责任,为我国进一步深化改革、扩大开放提供了有力的理论支撑。

值此改革开放40周年之际,本书特以专题研讨的形式,对改革开放背景下中国宪法发展进行了系统的回顾与梳理,选取的专题不仅包括宪法的基本制度、基本权利与国家机构等宪法学的基础内容,也涉及宪法与民法、刑事法、环境法等部门法之间的关系发展,以及对于40年来公民宪法意识变迁的实证分析与基本法理论研究的演变。希望读者通过本书能够对改革开放以来我国宪法各主要研究领域的发展脉络有一个较为全面的把握。当然,各专题的选取是否恰当,是否准确反映了宪法学发展的整体情况,还有待于读者的判断。因文献收集、研究能力的限制,书中纰漏错误之处在所难免,恳请读者批评指正。

本书系厦门大学出版社“改革开放40年法律制度变迁”丛书宪法卷,同时也是韩大元教授主持的教育部人文社科项目“现行宪法颁布30年实施状况研究”(项目批准号:11YJA820021)的最终研究成果。该项目于2017年结项。

本书从开始策划到最终付梓,得到了厦门大学出版社的大力协助,特此致谢。全书由韩大元教授统稿,西南政法大学行政法学院张震教授、中国人民大学法学院博士生姜秉曦同学协助，在确定全书框架、协调各专题作者以及部分文字编校等方面做了大量的工作。博士生钱坤，硕士生梁效基、刘洪淑、孙鑫、方兴萍参与文字校对工作。对此表示感谢。

本书具体参编人员与各章写作分工如下：

韩大元（中国人民大学法学院教授）：导论、第一章、第五章（第一节之五）、第十章；

孟凡壮（华东师范大学法学院讲师）：第一章；

郑海平（对外经济贸易大学法学院副教授）：第二章；

程雪阳（苏州大学王健法学院教授）：第三章；

张　翔（中国人民大法学院教授）、姜秉曦（中国人民大学法学院博士研究生）：第四章、第五章（第一节之一、二、三）；

张震（西南政法大学行政法学院教授）：第五章（第一节之四，第二节）；

易有禄（江西财经大学法学院教授）：第六章；

夏正林（华南理工大学法学院教授）：第七章；

杨小敏（中南财经政法大学法学院副教授）：第八章；

王广辉（中南财政政法大学教授）：第九章；

黄　忠（西南政法大学民商法学院教授）：第十一章；

柴　华（河南农业大学文法学院讲师）：第十二章；

陈海嵩（中南大学法学院教授）：第十三章；

沈子华（新疆财经大学法学院副教授）：第十四章；

邹平学（深圳大学法学院教授）：第十五章。

韩大元　谨识

2018年12月1日